전환기의 개혁신학

전환기의 개혁신학:
20세기 후반 영미 개혁신학의 동향

출판일 · 2024년 10월 28일
지은이 · 이승구
펴낸이 · 김현숙
편집인 · 윤효배
펴낸곳 · 도서출판 **말씀과 언약**
　　　　서울시 서초구 명달로 15길 11, 402호
　　　　T_010-8883-0516
디자인 · Yoon & Lee Design

ISBN : 979-11-987009-5-7 93230

가격 : 32,000원

*잘못된 책은 교환하여 드립니다.

전환기의 개혁신학:

20세기 후반 영미 개혁신학의 동향

이승구

도서출판 말씀과 언약

2024

Reformed Theology in the End of 20th Century

by

Seung-Goo Lee

Verbum Dei Minister

BA, MA, M. Div., M. Phil., Ph. D.

Namsong Professor of Systematic Theology

Hapdong Theological Seminary

ⓒ 2008, 2016, 2024   Seung-Goo Lee

The Word and the Covenant

2024

이 책은 〈한국개혁주의연구소〉의 후원으로 출간이 가능하게 되었습니다.
이 땅에 개혁파적인 사상이 가득하게 하기 위해
성경에 충실한 개혁파적인 책들을 출간하도록
귀한 도움을 주신 〈한국개혁주의연구소〉에 감사드립니다.
또한 이런 일이 일어날 수 있도록 매달 연구소를 위해 귀한 후원비를 보내주시는
다음 여러 교회와 성도들께도 깊이 감사드립니다.
이런 후원으로
이 땅에 개혁파적 사상이 가득하게 될 수 있기를 기원합니다.

유나이티드 문화 재단 (이사장 강덕영 장로)
예수비젼교회 (도지원 목사 시무)
올곧은교회 (신호섭 목사 시무)
신반포중앙교회 (김지훈 목사 시무)
경신교회 (신민범 목사 시무)
언약교회 (박주동 목사 시무)
유성씨앤에프 (CEO 황호진 이사)
안상호 재활 의학과 의원 (원장 안상호 장로)

차 례

서문_11

개정판을 내면서_17

I. 전통적 개혁신학에 충실한 성경적 개혁신학

1. 안토니 후크마의 성경적 개혁신학_20
2. 로버트 레이몬드의 전통적 장로교 신학_54
3. 로버트 레이몬드의 타락전 전택설 주장에 대한 한 논의_198

II. 개혁신학의 각론들

4. 도날드 매클라우드의 개혁파 정통주의적 그리스도 위격 이해_224
5. 로버트 레담의 성경적, 개혁파적 그리스도의 사역 이해_272
6. 싱클레어 퍼거슨이 제시한 개혁파적 성령론_292

III. 좀 더 철저한 개혁신학에의 요구

7. 코넬리우스 반틸의 개혁파 변증학 요구_322
8. 에드먼드 클라우니의 철저한 개혁파 교회론_367
9. 성경 신학적 설교를 위한 성경 신학적 원리_399
10. 그레엄 골즈워디의 성경 신학적 설교에의 요청_428

IV. 개혁신학의 새로운 패러다임 제시

11. 고든 스파이크맨의 종교 개혁적 기독교 철학적 신학_466
12. 리처드 린츠의 구속사적 조직신학의 프로그램_565

13. 마치는 말_597

참고 문헌_605

서문

이 책은 20세기 후반 영미권에서의 개혁신학의 흐름을 개혁신학적 입장에서 검토하려는 시도다. 물론 '개혁신학'이라는 말을 어떻게 이해하느냐에 따라서 20세기 후반 영미권에서의 개혁신학의 흐름을 정리하는 작업의 범위는 상당히 달라질 것이다. 오늘날 '개혁신학'이라는 말은 크게 3가지 다른 용례로 사용되고 있다.

그 하나는 가장 포괄적인 용례로 종교개혁적 신학 전체를 포괄하는 의미로 사용한다. 그렇게 되면 여러 신학적 작업들 가운데서 16세기에 일어난 종교개혁적 전통을 유지하는 신학들이 모두 이에 포함될 수 있다. 즉, 천주교 신학(Roman Catholic theology)과 동방 정교회의 신학(Greek Orthodox theology)과 대조되는 개혁파 신학(reformed theology), 루터파 신학(Lutheran theology), 성공회의 저교회파의 신학(low church Anglican theology), 재세례파의 급진적 종교 개혁의 신학(anabaptist theology), 그러므로 메노나이트와 그 전통의 신학, 그리고 심지어는 정통파 개혁신학에 의해서 17세기에 잘못된 것으로 선언되었던 알미니우스를 따르는 알미니안 신학(Arminian theology), 그리고 그것을 새로운 상황에서 독특하게 발전시킨 웨슬리 등의 감리교 신학(methodist theology)까지가 모두 다 이에 포함될 것이다. 그러나 아주 의도적으로 "종교개혁적 신학"이라는 의미로 이 용어를 넓게 잡고 사용하지 않고서는 개혁신학이라는 말을 이런 용례로 사용하는 일은 매우 드물다.

개혁신학이라는 말의 두 번째 용례는 이런 종교개혁적 신학들 가운데서 루터파나 재세례파 전통의 급진적 종교개혁파 신학, 또는 성공회 신학이나 알미니안 신학과는 대조되는 칼빈의 신학적 전통을 유지하거나 그 전통으로부터 나온 신학 모두를 포괄하는 의미로 사용한다. 이것은 전통을 따져 볼 때에 (즉, 어떤 신학이 과연 어떤 전통에서 나온 것인가를 생각할 때에) 개혁신학이라는 말이 사용되는 용례다. 예를 들어서, 칼 바르트나 에밀 부룬너의 신학은 이렇게 그 전통을 가지고 생각할 때에는 천주교 신학도, 루터파 신학도 아니고, 따라서 개혁파의 전통에 서 있다고 할 수 있고, 유르겐 몰트만의 신학도 개혁파의 입장에 가깝게 서 있다고 할 수 있을 것이다. 이런 식으로 보면, 상당히 바르트를 따르는 오토 웨버의 신학도 개혁신학에 속한 것이 된다.[1] 그러나 '개혁신학'이라는 말을 이런 용례에 따라서 사용하는 것은 많은 오해를 낳을 수 있다. 이들은, 프레드 끌로스터가 잘 말하고 있듯이, 그들 나름의 독특성을 지닌 새로운 형태의 신학을 발전시켰기 때문이다.[2]

그러므로 우리가 이 책에서 '개혁신학'이라는 용어를 사용하는 의미는 이 둘과는 다른 세 번째 용례에 따르는 것이다. 그 내용을 따져서 정확히 표현하자면 개혁파 정통주의적 용례라고 지칭할 수 있는 이 용례는 정통주의 개혁파 전통에 있으면서 그 정통파적 특성들, 특히 (1) 성경을 정확무오한 하나님의 말씀으로 보는 점, (2) 제한 속죄를 받아들이는 점, (3)

---

[1] 이런 입장에서 개혁신학이란 말을 사용하고 연구한 대표적인 예는 John H. Leith, *Introduction to Reformed Tradition: A Way of Being the Christian Community* (Atlanta: John Knox Press, 1977)가 될 것이다. 근자에 이에 따르는 이들이 많아 주의해야 할 것이다.

[2] Fred H. Klooster, "The Uniqueness of Reformed Theology: A Preliminary Attempt at Description," *Calvin Theological Journal* 14/1 (April, 1979): 32-54, at 35.

구원 사역에서의 하나님의 '독력주의'(monergism)를 철저히 받아들이는 점, (4) 교회의 조직과 예배에 대한 성경적 원리를 강조하는 점 등을 포기하지 않고 그 특성을 계속 유지하려는 신학만을 개혁신학으로 부르려고 한다.[3] 이는 개혁파 정통주의(Reformed Orthodoxy) 신학과 의식적으로 그와 연관하여 제시되고 있는 신학들을 일컫는 것이다.

20세기 전체에 걸쳐서 이런 의미의 개혁신학이 어떻게 발전하였고, 신학 전체에 어떤 기여를 하였는지를 일일이 다 검토하는 것은 아주 커다란 작업이 될 것이다. 북미 개혁신학의 동향을 살피는 일만 해도 어떻게 그 작업을 다 할 수 있으려는지 알기 어렵다. 그래서 찰스 핫지(Charles Hodge, 1797-1878), 제임스 헨리 톤웰(James Henry Thornwell, 1812-1862), 로버트 대브니(Robert Lewis Dabney, 1820-1898), 윌리엄 쉐드(William G. T. Shedd, 1820-1894), 알치발드 알렉산더 핫지(A. A. Hodge, 1823-1886) 등의 19세기 미국 개혁신학자들과 워필드(B. B. Warfield, 1851-1921), 게할더스 보스(Geerhardus Vos, 1862-1949), 루이스 벌코프(Louis Berkhof, 1873-1957), 그레스햄 메이천(Gresham Machen, 1881-1937), 존 머리(John Murray, 1898-1975) 등과 같은 20세기 초반에 크게 활동했던 미국 개혁신학의 거성들이 이루어 놓은 작업에[4] 근거해서 20세기 후반, 즉 1950년대 이후 영미권에서 개혁신학의 발전과 기여 중 가장 주목할 만한 것만을 열거해 보면 다음과 같다.

I. 기존의 개혁신학적 틀 안에서의 발전:

안토니 후크마, 로버트 레이몬드, 로버트 레담, 도날드 맥클라우

---

[3] 이런 입장에서의 개혁신학의 특성에 대한 탐구로 필자의 "개혁신학의 독특성", 『개혁 신학에의 한 탐구』(서울: 웨스트민스터 출판부, 1995, 재판, 2004), 91-135를 보라.

[4] 여기까지의 미국 개혁신학에 대해서는 David Wells, ed., *Reformed Theology in America* (Grand Rapids: Eerdmans, 1985)에서 잘 정리하고 논의했다고 할 수 있다.

드, 싱클레어 퍼거슨, 근자에 마이클 호튼, 존 페스코, 그리고 아주 젊은 개혁파 침례교 신학자인 매튜 바렛트

II. 철저한 개혁신학의 추구:

   코르넬리우스 반틸과 그 후계자들,[5] 에드먼드 클라우니, 그레엄 골즈워디

III. 개혁신학을 하는 새로운 범례의 제시:

   고오든 스파이크맨,[6] 데이비드 웰스,[7] 리처드 린츠,[8] 케빈 반후저

IV. "개혁파 인식론"의 발전:

   알빈 플란팅가와 니콜라스 월터스토르프 등 개혁파 철학자들[9]

---

[5] 이에 대해서는 이승구, "Cornelius Van Til 사상에서의 '합리성'에 관한 연구", 『개혁신학에의 한 탐구』, 217-56; 이승구, 『코넬리우스 반틸』(서울: 살림, 2007)을 보라. 그리고 반틸의 후계자인 John Frame이 근자에 내고 있는 많은 저서들을 보라.

[6] 스파이크맨(Gordon J. Spykman)에 대해서는 그의 *Reformational Theology: A New Paradigm for Doing Dogmatics* (Grand Rapids: Eerdmans, 1992)와 이에 대한 평가 논문인 John B. Hulst, "북미에서의 개혁신학", 「한국개혁신학」 3 (1988): 147-77을 보라.

[7] 데이비드 웰스에 대해서는 이승구, 『데이비드 웰스와 함께하는 하루』 (서울: 말씀과 언약, 2021)를 보라.

[8] 고오든-콘웰 신학교의 린츠(Richard Lints)에 대해서는 그의 *The Fabric of Theology: A Prolegomenon to Evangelical Theology* (Grand Rapids: Eerdmans, 1993), 특히 보스적 관점에서의 신학의 틀과 이상을 제시하는 제3부인 259-336을 보라.

[9] 이들의 소위 '개혁파 인식론'에 대해서는 그들의 여러 저작을 말할 수 있지만, 그와 함께 이를 요약적으로 잘 제시하고 있는 다음 책을 참조하라. James Kelly Clark, *Return to Reason* (Grand Rapids: Eerdmans, 1992), 이승구 역, 『이성에로의 복귀: 개혁파 인식론에 대한 서론』 (서울: 여수룬, 1998). 또한 이 문제에 대한 한국 내에서의 논의로는 1998년 8월에 열린 한국 기독교 철학회의 제 2회 논문 발표회에서 발표된 신국원 교수의 논문, "샬롬을 위한 테오리아: 니콜라스 월터스톨프의 실천지향적 철학"과 플란팅가에 관한 하종호 교수의 논문, "종교 인식론을 통해 본 기독교 철학의 정체"와 이 글들을 개정해 낸 손

이 가운데서 이 책에서는 I, II, III을 중심으로 논의해 보려고 한다. IV. 즉 "개혁파 인식론"의 발전은 매우 흥미로우나 기독교 철학적 작업에 속하고 그것은 따로 다루어 보는 것이 더 유용하다고 판단되어서이다. 또한 이 범위에 속하는 학자들 가운데서 제임스 패커(James I. Packer)와 데이비드 웰스(David Wells), 그리고 케빈 반후저(Kevin J. Vanhoozer)에 대해서는 좀 더 깊이 그들의 신학만을 다루는 작업을 따로 마련하기로 하고, 이 책에서는 다른 이들이 20세기 후반에 과연 우리가 의미한 그런 의미의 개혁신학을 진전시키고 좀 더 성경적이 되도록 하는 데 어떤 기여를 하였는지를 중심으로 논의하기로 한다.

이 책에서 검토한 여러 신학자들이 제시한 신학에 터해서 21세기 개혁신학이 과연 어떻게 진행되어 갈 것이며, 어떻게 가야만 한다고 필자가 생각하는지에 대해서는 이미 2005년에 출판한 『21세기 개혁신학의 방향』(서울: SFC, 2005; 개정판, 서울: CCP, 2018)을 읽어 보시기 바란다. 그러므로 이 책은 이전에 나온 (1)『개혁신학에의 한 탐구 방향』(서울: 웨스트민스터 출판부, 1995; 재판, 2004), (2)『개혁신학 탐구』(서울: 하나, 1999, 재판: 2001; 수정판, 수원: 합신 대학원 출판부, 2012, 2021)에 이어 이런 정통주의적 개혁신학의 20세기 말의 진전 과정을 탐구하는 책이고, 이에 근거한 21세기 상황에 대한 논의는 『21세기 개혁신학의 방향』이므로, 이 책은 앞의 두 권과 마지막 책 사이에 있는 것으로 여기면 좋을 것이다. 그러므로 이 책은 미국과 영국과 호주 등 영미권에서 개혁파 정통주의적 사상에 근거한 개혁신학을 추구

봉호 외, 『하나님을 사랑한 철학자 9인』 (서울: IVP, 2004)에 실린 글들을 보라. 또한 Keith E. Yandell, 『기독교와 철학』, 개정판 (서울: 이컴비즈니스, 2007); 그리고 James K. Beilby, ed., *For Faith and Clarity. Philosophical Contributions to Christian Theology* (Grand Rapids: Baker Academics, 2006)도 보라. (*Journal of Reformed Theology* (IRTI & E. J. Brill), 창간호 (2007), 122-24에 실린 이에 대한 필자의 서평도 참조하라).

하는 이들의 신학의 흐름을 정리한 책이다. 그래서 이를 "20세기 후반 영미 개혁신학의 동향"이라고 하였다.

　이 책을 통해 이 책에서 다룬 정통주의 개혁신학자들과 한국 그리스도인들의 대화가 좀 더 흥미롭고 열매 있는 것이 되기를, 그리하여 우리들의 한국 교회가 좀 더 개혁신학에 충실한 교회가 될 수 있기를 기원하면서 이 책을 출판에 붙인다.

2007년 봄에
신학대학원대학교 연구실에서

개정판을 내면서

2008년에 이 땅에 처음 선보였던 『전환기의 개혁신학』이 2016년에 재판을 내었고, 이제 절판되었다고 합니다. 그래도 본격적으로 신학을 공부하는 학생들과 신학에 관심을 가지고 있는 성도들이 이 책을 읽고 이 내용을 생각하면서 우리의 개혁신학을 논의해야 하기에 〈도서출판 말씀과 언약〉에서 이 책을 다시 내기로 하였습니다. 점점 더 책을 잘 읽지 않는 우리의 현실을 보면 과연 이런 출간 모험이 의미 있는 것인지 확신은 서지 않습니다.

그러나 이 책의 내용이 중요하기에 한국교회가 더 성숙하도록 하기 위해 비록 조금은 까다롭게 보이는 내용이라도 계속해서 읽고 생각하는 일을 도와야 한다고 여겨서 이 일을 감행합니다. 부디 이 무모한 일이 헛된 것이 아니었음을 느끼게 하는 놀라운 독자들이 많기를 간절히 바랍니다.

이 일과 연관된 작업으로 제시된 것이 『데이비드 웰스와 함께 하는 하루』(서울: 말씀과 언약, 2021)과 『변증목회, 그 가능성과 실제』(서울: 말씀과 언약, 2023)이고, 여기서 제시된 입장에 근거해서 후속 작업한 것이 『성경신학과 조직신학』(서울: SFC, 2015, 최근 판, 2022)이었고, 여기서 다룬 정통파 개혁신학과 대립되는 입장의 신학들에 대한 논의는 『우리 이웃의 신학들』(서울: 나눔과 섬김, 2014, 재판, 2015, 개정판, 말씀과 언약, 2024)에서 다루어졌으니, 이런 책들과 함께 계속해서 이 『전환기의 개혁신학』도 읽어주시면 합니다.

2024년 6월 개정판을 준비하면서

I.
전통적 개혁신학에 충실한 성경적 개혁신학

제 1 장

안토니 후크마의 성경적 개혁신학

기존의 개혁신학의 틀 안에서 개혁신학을 미국서 잘 발전시킨 20세기 후반의 신학자들로는 역시 웨스트민스터 신학교의 조직신학 교수였던 죤 머리(John Murray, 1898-1975)와 칼빈 대학과 칼빈신학교의 조직신학 교수였던 안토니 후크마(Anthony Andrew Hoekema, 1913-1988), 커버넌트 신학교에서 가르치다 낙스 신학교로 옮겨 가르치고 은퇴했던 로버트 레이몬드(Robert Reymond, 1932-2013), 그리고 고오든-콘웰 신학교의 역사 신학과 조직신학 교수인 데이비드 웰스(David Wells) 등을 들 수 있다. 머리(Murray)는 학생들이 성경 이외의 체계에 붙잡히는 것이 두려워 독립적인 조직신학 책을 쓰지 않았고,[1] 후크마는 그의 칼빈신학교 조직신학 교수 시절 말년에 종말론

---

[1] 그가 낸 책은 1951년에 *Westminster Theological Journal*에 낸 논문을 책으로 펴낸 *Christian Baptism* (New Jersey: Presbyterian and Reformed Pub. Co., 1952), 은혜언약에 대한 좋은 연구서인 *The Covenant of Grace* (London: Tyndale House, 1954), 구속론과 구원론에 대한 좋은 정리인 *Redemption: Accomplished and Applied* (Grand Rapids: Eerdmans, 1955), 기독교 윤리의 성경적 원리를 잘 제시한 *Principles of Conduct* (Grand Rapids: Eerdmans, 1957), 그리고 『로마서 주석』 (1960, 1965)이다. 그가 웨스트민스터 신학교 조직신학 교수직에서 1966에 은퇴한 후에야 Ian Murray가 그의 글들을 모아서 4권으로 된 *Collected Writings of John Murray*, 4 vols. (Edinburgh: Banner of Truth, 1976, 1977, 1982, 1983)를 출판하였다.

에 대한 『성경과 미래』를,2 그리고 그가 은퇴한 후에야 인간론,3 그리고 구원론에 해당하는 조직신학 책을 써내었다.4 머리(Murray)가 체계적인 조직신학 책을 써주었거나, 후크마가 더 오래 살아서 조직신학의 나머지 부분을 다 완성할 수 있었더라면 하는 안타까운 마음을 갖게 된다. 다행히도 로버트 레이몬드는 은퇴 후에 자신의 가르침을 한 권의 조직신학 책으로 내었기에 그의 조직신학의 면모를 전반적으로 살피기가 쉽다.

물론 안토니 후크마의 신학에는 이전의 개혁신학자들, 특히 칼빈과 계속해서 그의 정신적인 스승이요 그의 언약 사상을 박사학위 논문의 주제로 삼았던 헤르만 바빙크나5 그의 전임자인 벌코프의 깊은 영향력이 나타나고 있다. 그러나 그가 신학을 진술하는 형태나 그의 새로운 주장들에는 이전의 신학자들과 비교해 보면 상대적으로 다음과 같은 독특성을 드러내며 작업하고 있다: (1) 비교적 성경에 대한 체계적 주해를 신학에 좀 더 많이 반영하고, 주해에 좀 더 철저한 작업을 한 것; (2) 신학적 용어 사용에 있어서도 좀 더 성경의 용례를 중시한 점; (3) 신약학자들이 잘 밝혀낸 하나님 나라 사상에 좀 더 충실한 형태의 조직신학을 제시한 점; (4) 그리고 마지막으로 전통적 개혁신학의 장점에 충실한 신학을 현대의 상황에서 창의적으로 제시한 점. 이와 같은 점에서 그의 조직신학적 작업은 20세

---

2 Anthony A. Hoekema, *The Bible and the Future* (Grand Rapids: Eerdmans, 1979). 이는 류호준 역, 『개혁주의 종말론』 (서울: 기독교문서선교회, 1986)으로 한역되었다. 이하에서 나는 주로 영문 판으로부터 인용하였고, 이 책으로부터의 인용은 *The Future*, 123 식으로 하여 본문 중에 삽입할 것이다.

3 Hoekema, *Created in God's Image* (Grand Rapids: Eerdmans, 1986). 이 책도 류호준 교수에 의해서 『개혁주의 인간론』 (서울: 기독교문서선교, 1990)으로 한역되었다. 역시 영문판으로부터의 인용을 본문 중에 삽입하기로 한다.

4 Hoekema, *Saved by Grace* (Grand Rapids: Eerdmans, 1989). 이 책도 류호준 교수에 의해서 『개혁주의 구원론』 (서울: 기독교문서선교회, 1991)으로 번역되었다. 이하에서 영문판으로부터의 인용을 본문 중에 삽입하기로 한다.

5 Hoekema, "Herman Bavinck's Doctrine of the Covenant" (unpublished Th. D. dissertation, Princeton Theological Seminary, 1953).

기 개혁신학의 진정한 발전과 진보를 나타내 주고 있다고 할 수 있다.

(이런 점에서 상당히 복음주의적 입장에 서서 조직신학 책을 저술한 그루뎀의 작업과6 비교할 때, 후크마의 작업은 성경 주해에 충실한 발전과 진보적인 측면을 나타내고 있다고 확언할 수 있는 데 비해서, 그루뎀의 작업은 좀 더 현대에 작업한 모습을 드러내고 있는 점과 좀 더 평이한 진술을 하여 독자들로 하여금 신학에 좀 더 친근히 접근할 수 있도록 해주었다는 점 외에는 과연 현격한 진보의 이정표를 제시했다고 할 수 있으려는지 의문을 표하게 한다. 특히 성령의 사역 문제 등에 대한 입장 표명 등과 관련하여 몇몇 문제들에 대해서는 그루뎀이 과연 개혁파적인 입장을 드러내고 있는가를 의문시해야 할 것이다.) 이제 후크마의 신학적 작업을 좀 더 구체적으로 검토해 보기로 하자.

I. 주해 과정을 드러내는 진술 방식

이전의 신학자들도 주해에 근거한 신학을 하였다는 것을 부인하기 어렵다. 특히 보스(Geerhardus Vos)의 조직신학이 그러하리라는 것은 그 누구도 부인하기 어려울 것이다. 또한 벌코프(Louis Berkhof)의 신학도 그렇지 않다고 말할 수 없다. 후크마는 이런 전통을 받아들이되 이를 더욱 자세하고 분명하게 했다고 할 수 있다. 즉, 일반적으로 이전 신학자들이 주해에 근거해 내린 결론을 중심으로 조직신학을 제시했다고 말할 수 있는데, 후크마는 실제 신학을 진술할 때에 (물론 주석을 쓸 때와 같이 그 구절과 관련된 모든 점을 다 철저하게 (comprehensively) 할 수는 없지만) 이 주해의 과정을 필요한 만큼은 드러내면서 작업을 하고 있다. 그의 3부작 전체에서 이 점이 잘 드러난다. 이렇게 주해 작업을 드러내면서 신학을 제시하는 몇몇 예들을 살펴보기로 한다.

---

6 Wayne Grudem, *Systematic Theology: An Introduction to Biblical Doctrine* (Leicester: IVP; Grand Rapids: Zondervan, 1994), 2nd edition (2020).

(1) 하나님께서 아담에게 "네가 … 먹는 날에는 정녕 죽으리라"(창 2:17)고 하신 말씀에 대한 해석과 관련해서 후크마는 아담이 불순종한 날 죽지 않은 것에 대한 두 가지 견해를 제시하고 있다. 첫째 견해는 죽음의 심판이 즉각 시행되지 않고 연기된 것은 하나님의 일반 은총 때문이라고 보는 바빙크, 카이퍼, 알더스 등의 견해다.[7] 그리고 두 번째 견해는 "먹는 날에는 반드시 죽으리라"는 말이 꼭 그날 죽는다는 말이 아니라 "먹으면 반드시 죽으리라"는 것을 표현하는 히브리어 관용어임에 주의를 환기시키는 게할더스 보스의 견해다.[8] 보스는 이 관용구의 다른 예로 열왕기상 2:37을 든다. 여기에 출애굽기 10:28도 연관시켜 볼 수 있다. 이 두 절 모두에서 "~ 하는 날에는"이라는 말은 "~ 하면 반드시"라는 뜻이라는 것이다. 후크마는 이 둘 모두가 가능한 해석이라고 보면서도 두 번째 견해가 더 개연성이 높은 듯하다고 한다(The Future, 81; God's Image, 138). 이처럼 후크마는 성경 주해에 좀 더 유의함으로서 성경 계시에 좀 더 충실하고 자연스러운 입장을 제시할 수 있었다.

(2) 성경 주해를 드러내며 작업한 구체적인 예를 하나 더 들자면, 중간상태에 대한 성경적 개념을 검토하면서 논의하는 빌립보서 1:21-23에 대한 주해이다. 이 구절이 죽음에 대한 바울의 기대보다는 부활에 대한 기대를 드러내고 있다는 생각에 대한 결정적인 반론으로 23절에 나오는 "떠나서"라는 단어가 '아날루사이'(ἀναλῦσαι)로 이는 죽음의 순간적 경험을 묘사하는 부정과거 부정사라는 것을 지적한다(The Future, 104). 또한 τὸ

---

[7] Herman Bavinck, *Gereformeerde Dogmatiek*, 4th ed. (Kampen: Kok, 1928-30), III, 139-40 (3rd ed., p. 159); Abraham Kuyper, *De Gemeene Gratie* (Amsterdam: Hoeveker & Wormser, 1902), I, 209-17; G. Ch. Aalders, *Korte Verklaring, Genesis* (Kampen: Kok, 1949), 124, 140-41(Hoekema, *The Future*, 81; *God's Image*, 138에서 재인용).

[8] Geerhardus Vos, *Biblical Theology* (Grand Rapids: Eerdmans, 1954), 48-49=이승구 역, 『성경신학』, 개정역 (서울: 기독교문서선교회, 2000), 60.

ἀναλῦσαι καὶ σὺν Χριστῷ εἶναι와 같이 두 동사가 한 관사와 연관되어 있는 것은 이 두 가지 부정사들이 나타내는 동작들이 한 가지 일의 두 측면을 나타내고 있다는 문법학자들의 견해에9 근거해서, 여기서 바울이 말하는 바는 그가 떠나서 죽는 순간이 곧 그리스도와 함께 있게 되는 순간이라고 후크마는 논의한다(*The Future*, 104). 후크마는 이처럼 구체적인 주해의 과정을 자세히 드러내면서 자신의 주장을 분명히 하고 있다.

(3) 성경의 가르침을 고려할 때 인간을 영혼과 몸의 통일체로 보는 견해가 옳다는 것을 잘 드러낸 것도 후크마가 이렇게 주해의 과정을 잘 드러내며 논의하고 있는 또 하나의 예로 제시할 수 있다. 종말론을 쓸 때에는 베르까우어에 의존하며 그가 전인으로서의 인간을 잘 강조하고 있다고10 간단히 지적하던 그가(*The Future*, 95) 후에 인간론을 쓰면서는 이 점을 아주 충분히 논의하며 잘 드러내어 주었다. 그래서 그는 인간을 "영육 통일체"(psychosomatic unity)라고 부르기를 즐겨한다. 그는 자신의 이런 용법이 존 머리(John Murray)에게서 온 것임을 즐거이 밝히고, 브로밀리와 스톱도 같은 견해를 나타낸다고 밝히고 있다(*God's Image*, 217, n. 59).11 후크마는 또한 이렇게 전인으로서의 인간을 이해하는 것의 실천적 의의도 잘 고찰하며 밝혀내고 있다(*God's Image*, 222-26). 이런 입장과 연관하여 그는 바빙크와 리처드 마우에게12 동의하면서 결국 하나님의 형상이 총체적으로 나타

---

9 이에 대해 그가 인용하고 있는 문법책은 다음과 같다: A. T. Robertson, *Grammar of the Greek Testament in the Light of Historical Research* (Nashville: Broadman, 1934), 787; F. Blass and A Debrunner, *A Greek Grammar of the New Testament*, trans. R. W. Funk (Chicago: University of Chicago Press, 1961), section 276(3).

10 G. C. Berkouwer, *Man: The Image of God*, trans. Dirk W. Jellema (Grand Rapids: Eerdmans, 1962), 194-233 (Chapter on "the Whole Man").

11 Cf. John Murray, "Trichotomy," in *Collected Writings of John Murray*, vol. 2 (Edinburgh: Banner of Truth Trust, 1977), 33; G. W. Bromiley, "Anthropology," ISBE, 1: 134; Henry Stob, *Ethical Reflections* (Grand Rapids: Eerdmans, 1978), 226.

나는 것도 **전체로서의 인류** 안에서라는 것도 강조한다(*God's Image*, 99-101). 이는 후에 구원론에서 카이퍼, 월터스 데이비드 모베르그, 리처드 마우 등에게12 동의하면서 성화의 사회성을 강조하는 점(*Saved by Grace*, 228-31)과도 잘 어울리는 입장이라고 할 수 있다.

(4) 머리(John Murray)의 논의에 의존하면서 주해 작업을 잘하여 우리의 이해를 크게 진작시킨 또 다른 예로 에베소서 4:22-24에 대한 후크마의 설명을 지적할 수 있다. 그는 이 문장 속의 세 가지 부정사(즉, "벗어버리다"는 뜻의 '아포떼스따이' [ἀποθέσθαι], "새롭게 되다"는 뜻의 '아나네우스따이' [ἀνανεοῦσθαι], 그리고 "입다"는 뜻의 '엔두사스따이' [ἐνδύσασθαι]를) 많은 영역본이나 한글 개역과 같이 명령형으로 번역하는 것보다는 머리(Murray)가 제시하는 것처럼14 '결과를 나타내는 부정사' 혹은 '설명의 부정사'로 보는 것이 더 옳다고 한다. 그래서 후크마는 이 세 부정사 모두가 주동사인 21절의 "너희가 가르침을 받았다"(ἐδιδάχθετε)에 의존한다고 한다(*God's Image*, 26f.). 따라서 이 구절은 NIV와 같이 "옛 사람을 벗어버리고…… 새롭게 되어 …… 새사람을 **입었다고 가르침을 받았다**"고 이해해야 한다는 것이다.

그는 구원론에서 이 문제를 좀 더 길게 논의하면서 왜 머리(Murray)와 같은 해석을 하는 것이 더 옳은지를 잘 밝혀주고 있다(*Saved by Grace*, 209-13). 이는 결국 신자 안에 새 사람과 옛사람이 현존하고 있어서 싸움하고 있다는 다른 개혁신학자들의 견해를15 반박하며, 이를 바른 주해

---

12 Cf. Bavinck, *Dogmatiek*, 2:621-22; Richard Mouw, *When the Kings Come Marching In* (Grand Rapids: Eerdmans, 1983), 47.

13 Cf. Abraham Kuyper, *Calvinism* (Grand Rapids: Eerdmans, 1931); Albert M. Wolters, *Creation Regained* (Grand Rapids: Eerdmans, 1985), 74; David O. Moberg, *Inasmuch* (Grand Rapids: Eerdmans, 1965); idem, *The Great Reversal* (New York: Lippincott, 1972); Richard J. Mouw, *Called to Holy Worldliness* (Philadelphia: Fortress, 1980).

14 Murray, *Principles of Conduct*, 214-19.

15 그런 견해들로는 다음을 보라: Herman Bavinck, *Magnalia Dei* (Kampen: Kok, 1909), 561-62; John Calvin, *The Epistle to the Romans and Thessalonians*,

를 통해 교정한다.

후크마가 이렇게 건전한 성경 주해에 근거한 신학적인 작업을 함으로 선배 신학자들의 견해를 잘 비판하고 수정하며 보다 성경적인 견해로 이끌어 간 경우가 많이 있다. 그러나 그의 논의는 아주 조심스럽고 다양한 논의의 가능성을 다 제시하면서 부드럽게 논의해 나간다.

그 대표적인 경우가 적그리스도의 미래 실존성에 대한 베르까우어의 매우 강한 견해에 대한 비판이다. 베르까우어는 이렇게 말했었다: "신약에 묘사된 적그리스도가 역사의 종국에 있을 한 개인(a person)이라는 것을 신약에 근거해서 확실하게 주장할 이유가 없다."[16] 이에 대해서 후크마는 유연하고도 간접적으로, 이런 베르까우어의 입장보다는 최종적 적그리스도의 출현을 "막는 자"가 있다고 하는 바울의 말에 근거해서 최종적 적그리스도적 인물이 있음을 주장하는 헤르만 리델보스의 견해에[17] 동의하면서, 역사의 과정 가운데 적그리스도적인 세력의 계속적인 출현이 있다고 하면서 또한 최종적 적그리스도적 인물이 있을 것임을 확언한다(*The Future*, 158-62, esp., 159, n. 31).

또한 전통적 개혁신학의 이중 형상관에 의문을 제기하면서 넓은 의미의 하나님의 형상 개념을 제거해 보려는 베르까우어의 견해를 잘 소개하고 이를 주해에 근거해서 잘 비판하는 것도 후크마의 큰 공헌의 하나다. 베르까우어는 타락한 인간도 하나님의 형상임을 지칭한다고 우리가 흔히

---

trans. Ross Mackenzie (Grand Rapids: Eerdmans, 1979); Charles Hodge, *Commentary on the Epistle to the Ephesians* (Grand Rapids: Eerdmans, 1950); William Hendriksen, *The New Testament Commentary on Ephesians* (Grand Rapids: Baker, 1967), 213-24, n. 124; Gordon Girod, *The Way of Salvation* (Grand Rapids: Baker, 1960), 137-38; Berkhof, *Systematic Theology*, (Grand Rapids: Eerdmans, 1941), 533.

[16] G. C. Berkouwer, *The Return of Christ*, trans. James Van Oosterom (1961, 1963; Grand Rapids: Eerdmans, 1962), 271.

[17] Herman Ridderbos, *Paul: An Outline of His Theology*, trans. John R. De Witt (Grand Rapids: Eerdmans, 1975), 508-21.

인용하는 창세기 9:6과 야고보서 3:9에 대한 스킬더, 슈만, 슈링크 등의 해석에 의존하면서 이는 인간의 현재 상태에 관해서 말하는 구절들이 아니라고 한다. 그러나 베르까우워는 이 구절들에 대한 자세한 주석을 제공하지 않고 있다고 후크마는 비판하면서(*God's Image*, 61), 이중 형상론을 부정하는 베르까우어의 입장에 대해 깊은 우려를 잘 표현하고 있다(*God's Image*, 64).

이에 속하는 또 하나의 예는 불경건한 자들이 중간상태 동안에도 고통을 받고 있음을 분명히 확언하는 베드로후서 2:9에 대한 해석에서 찾아볼 수 있다: "주께서는 경건한 자를 시험에서 건지시며, 불의한 자를 계속되는 형벌 아래 두어 심판 날까지 지키시며." 이 구절을 해석하면서 칼빈이 "형벌 아래 두어"라는 헬라어 분사 '콜라조메누스'(κολαζομένους)는 현재 시제이지만 그것은 최후의 심판 때에 집행될 미래 형벌을 가리키는 것으로 보아야 한다고 주장한다. 후크마는 이를 주해적으로 비판하면서 "만일 이것이 베드로가 뜻하는 바였더라면, 왜 베드로가 현재 시제를 사용했겠는가?"고 묻는다(*The Future*, 102, n. 36).

주해에 유의해서 전통적이거나 일반적으로 오해하고 있는 어떤 입장을 잘 정리하고 있는 또 하나의 예로 이 세상에 있는 사람들을 '자연인'(ψυχικός), '신령한 사람'(πνευματικός), 그리고 '육에 속한 사람'(σαρκικόσ, carnal Christian)으로 나누는 것에 대한 후크마의 논의를 들 수 있다. 스코필드 관주 성경과 C.C.C.의 "성령 충만한 삶의 비결", 케직 사경회의 가르침 등을 통해 널리 알려진 이런 견해에 대해서,[18] 후크마는 아주 강하게 '세속적인 그리스도인'에 대한 이러한 가르침은 성경 어느 곳에서도 인정하고

---

[18] Cf. *New Scofield Reference Bible* (New York: Oxford University Press, 1967), 1234; "Have you Made the Wonderful Discovery of the Spirit-Filled Life?" (San Bernardino, CA: CCC International, 1966); J. Roberttson McQuikin's article on the Keswick perspective, in Melvine Dieter et al., *Five Views on Sanctification* (Grand Rapids: Zondervan, 1987), 160.

있지 않은 형태의 그리스도인에 대해서 말하는 것이므로 명백히 배척되어야 한다고 말한다(Saved by Grace, 21). 물론 그리스도인들 가운데 여러 수준의 영적 성숙도가 있으며, 따라서 그리스도인은 계속해서 온전함을 향해 나아가야 함은 인정한다. 그러나 그리스도인 가운데서 하나의 분리된 범주로 '세속적인 그리스도인'이 존재한다는 생각은 오도(誤導)하는 것일 뿐만 아니라 해롭기도 하다고 후크마는 선언한다(Saved by Grace, 21). 그는 고린도전서 3:1-3에 대한 자세한 주해를 통해서 여기서 신령한 자들을 대함과 같이 할 수 없다는 말이 고린도 교인들이 영적인 자들의 부류에 속한 자들이 아니라는 말이 아니고, 마치 세속적인 자들에게 하듯이 할 수밖에 없을 정도로 미숙함을 지적하면서 세속성에서 벗어나 그들이 신령한 자 됨에 상응하게 행동하라는 뜻임을 밝혀 주고 있다(Saved by Grace, 23-26).

이와 연관된 또 하나의 문제로 1737년 루터파 신학자 야곱 카르포프(Jacob Carpov)가 최초로 그런 용어를 써서 표현한 '구원의 서정'(ordo salutis)에 대한 이해 문제를 들 수 있다. 이에 대해서 후크마는 (1) 아주 철저한 구원의 서정을 말하는 존 머리(John Murray)의 입장을[19] (2) 구원의 서정을 비판하면서 구원의 서정이란 말보다는 구원의 길(way of salvation)이라는 말을 선호하는 베르까우어의 견해와[20] 함께 "극단적인 입장들이라고 부르면서 비판하고, (3) 그가 중간적인 입장이라고 부른 벌코프의 견해보다 좀 더 구원의 순서를 "연속적인 경험으로 보다는 동시에 시작되어 지속되는 다양한 국면들을 포함하는 하나의 단일한 경험으로 보아야 한다"는 입장을 제시하고 있다(Saved by Grace, 11-19, at p. 16). 그러나 그는 이런 입장이 이미 벌코프와 바빙크에 의해서 시사된 견해임을 분명히 한다. 예를 들자면, 그는 하나님의 은혜를 개개인 죄인들에게 적용시키는 사역이 통일

---

[19] Murray, *Redemption – Accomplished and Applied*, 98-105.

[20] Berkouwer, *Faith and Sanctification*, trans. Lewis B. Smedes (Grand Rapids: Eerdmans, 1954), 25-26, 31-36.

된 하나의 과정(a unitary process)이라는 것을 잊고 있는 것이 아니라는 벌코프의 말을 인용하고,21 또 구원에 수반되는 모든 축복들이 동시에 부여된다고 말하는 바빙크의 말도 인용한다.22 바빙크는 이를 그의 『개혁교의학』 제3판에서는 다음과 같이 표현했다고 한다: "이 축복들은 구별될 수는 있으되, 분리될 수는 없다. 믿음, 소망, 사랑처럼 그것들은 깨어질 수 없는 세 가지 줄을 이루고 있다."23 그러므로 후크마는 바빙크와 벌코프의 견해를 좀 더 성경적으로 발전시키는 입장에서 구원의 서정 문제를 제시하고 있다고 할 수 있다.

II. 용어의 사용에 있어서 좀 더 성경적 용례에 충실함

II-1. "스올"(שְׁאוֹל, she'ol)이라는 용어

주해의 과정에 좀 더 깊이 주의하면서 작업함으로써 후크마가 용어 사용에 있어서도 좀 더 성경적인 용례에 접근해 간 대표적인 경우가 '스올'이라는 용어가 사용된 용례들과 관련된 그의 논의다. 이전에 벌코프는 이 용어가 일반적으로 3가지 용례를 가진다고 했었다. 그것은 (1) 죽음의 상태, (2) 무덤, (3) 그리고 지옥이라는 것이다.24 이에 대해서 후크마는 "스올이 죽

---

[21] Berkhof, *Systematic Theology*, 416.
[22] Bavinck, *Gereformeerde Dogmatiek*, 1st ed. (Kampen, J. H. Bos, 1898), 3:485, cited in Hoekema, *Saved by Grace*, 15.
[23] Bavinck, *Dogmatiek*, 3:689, cited in Hoekema, *Saved by Grace*, 15.
[24] Berkhof, *Systematic Theology*, 685-86. 스올이 지옥을 의미하는 것으로 사용되었다는 또 다른 주장으로 W. G. T. Shedd, *Dogmatic Theology*, II (1889; Grand Rapids: Zondervan, n. d.), 625-33도 보라.

음의 상태나 무덤을 의미한다는 것은 잘 성립될 수 있으나, 지옥을 의미할 수도 있다는 것은 의심스럽다"고 잘 지적하고(*The Future*, 96),[25] 왜 자신이 그렇게 말하는지를 벌코프가 인용하고 있는 성구들에 대한 주해를 통해 밝히고 있다. 벌코프가 '스올'이 지옥을 의미할 수도 있다고 인용하는 각 구절에[26] 대한 후크마의 논의를 좀 더 자세히 살펴보기로 하자.

(1) "악[한 자들]이 스올로 들어감이여 하나님을 잊어버린 모든 열방이 그러하리라"고 말하는 시편 9:17에 대해서 후크마는 여기서 시편 기자가 이 사악한 '열방들'(גוים, gōyîm)의 모든 사람들이 당할 영원한 형벌을 예언하고 있다고 믿기 어렵다고 하면서, 이때 '스올'을 이 단어의 일반적인 의미인 죽은 자들의 영역으로 번역하면 이 구절의 의미가 아주 잘 살아난다고 한다. 즉, 시편 기자는 불경건한 민족들이 비록 지금은 자신들의 힘을 자랑하고 있어도 죽음으로 깨끗이 제거되어 버리리라고 말한다는 것이다(*The Future*, 96f.).

(2) "사망이 그들 위에 임하여 그들을 산 채로 스올에 내려가게 할지어다"는 시편 55:15에 대해서도 시편에 자주 나타나는 병행법에 비추어 볼 때 이는 갑작스럽게 죽을 것을 의미하지, 반드시 영원한 형벌을 함의하는 것이 아님을 잘 드러내고 있다(*The Future*, 97).

(3) "지혜로운 자의 길은 위로 향한 생명 길로 말미암으므로[즉, 위로 향하여 생명에 이르므로] 그 아래 있는 음부를 떠나게 되느니라"는 잠언 15:24도 음부라는 말이 표현하는 죽음과 생명의 대조를 보여주는 말씀이라고 해석한다(*The Future*, 97).

---

[25] 한역에서 "좀 의아스럽다고" 한 것은(『개혁주의 종말론』, 134) 원문의 doubtful의 의미를 좀 완화시키고 있다고 여겨진다.
[26] Berkhof, *Systematic Theology*, 686. 또한 W. G. T. Shedd, *Dogmatic Theology*, II, 625-33도 보라.

이로부터 후크마는 "스올이 영원한 형벌의 장소를 지칭할 수 있다는 것은 분명히 수립되지 않았다"고 결론짓는다(The Future, 97).

그러나 악한 자들의 사후 운명과 경건한 자들의 사후 운명이 같지 않을 것이라는 확신이 구약에서도 분명히 나타나고 있음을, 즉 경건한 자들에 대한 부활의 약속이 있음을 시편 49:14-15("양떼 같이 음부에 두기로 작정되었으니 죽음이 저희의 목자가 될 것이라. 그러나 하나님은 나의 영혼을 음부의 권세에서부터 구속하시리니, 이는 그가 나를 영접하시리로다"), 시편 16:10("주께서 내 영혼을 스올에 버리지 아니하시며, 주의 거룩한 자로 썩지 않게 하실 것임이니이다"), 시편 17:15("나는 의로운 중에 주의 얼굴을 보리니 깰 때에 주의 형상으로 만족하리이다"), 그리고 시편 73:24("주의 교훈으로 나를 인도하시고 후에는 영광으로 나를 영접하시리니") 등의 말씀에 근거해서 확증해 보려고 한다(The Future, 97-99).

이처럼 후크마는 구약에서 '음부'(שְׁאוֹל, she'ol)라는 용어가 과연 구체적인 문맥 가운데서 어떤 용례로 사용되고 있는지를 주해적으로 잘 살피는 과정에서 이전의 쉐드나 벌코프가 주장했던 '스올'이 지옥(hell)이라는 뜻으로 사용된 경우도 있다는 견해를 반박하며 수정하고 있다. 이런 것이야말로 구체적인 신학함이 어떻게 좀 더 바르고 깊이 있는 주해에 근거해야 하는가를, 그리고 그렇게 할 때 우리가 참으로 바른 성경적 개혁신학을 하게 된다고 하는 것을 잘 나타내 보여주는 대표적인 예다. 주해는 모든 신학함의 기초이기 때문이다.27

그러나 이 논의의 과정 중에서 아직도 옛 견해에 대한 못내 아쉬움 같은 것도 나타나고 있다. 예를 들자면, 구약에서 이미 부활에 대한 확신이 나타나고 있음을 밝히는 과정에서 후크마는 "경건한 자들이 이 영역에서 구출되는 반면에 경건치 못한 자들이 스올에 계속 남아 있다는 의미

---

27 이 점에 대한 강조로 필자의 『개혁신학에의 한 탐구』, 특히 7; 그리고 『21세기 개혁신학의 방향』 (서울: SFC, 2005), 196을 보라.

에서" "스올이 악인들을 위한 형벌의 장소를 가리키고 있다는 최소한의 힌트를 보게 된다"고 말한다(*The Future*, 97, n. 29). 그러나 경건한 자들의 부활은 결국 죽음의 영역인 '스올'로부터의 부활이라고 본다면 이 구절에서 '스올'을 형벌의 장소로 생각할 필요가 없을 것이다.

또한 신약에서의 '하데스'(ᾅδης, Hades)의 용법을 검토하면서 후크마는 신약에서도 구약과 마찬가지로 "인간은 사망 시에 멸절되지 않고 하데스(ᾅδης, Hades)나 아니면 때때로 낙원(Paradise) 또는 아브라함의 품(Abraham's bosom)으로 불린 지복의 장소에서 계속해서 존재한다고 가르친다"고 잘 지적하고 있다(*The Future*, 99).28 또한 신약성경에서도 이 '하데스'(ᾅδης, Hades)는 일반적으로 죽은 자들의 영역을 지칭한다고 잘 지적한다(*The Future*, 99). 그런데 이 '하데스'(ᾅδης)라는 단어가 단지 죽은 자들의 영역을 지칭하는 것으로서가 아니라, 중간상태 속에서의 고통의 장소를 가리키고 있는 경우로서 사용되고 있는 예로 후크마는 누가복음 16:19-31의 비유를 언급한다(*The Future*, 100). 이에 대한 후크마의 논의도 조심스러워 그는 최종 상태에서의 형벌의 장소를 가리키는 신약의 용어인 '게헨나'(γέεννα, Gehenna), 즉 지옥과 이 부자가 고통당하고 있는 곳을 동일시하지 않는다. 그는 아주 분명하게 "하데스와 연관된 고통과 아브라함의 품과 연관되어 있는 위안은 이 비유에서 묘사되고 있듯이, 중간상태에 국한되어 일어난다는 것이다"고 말한다(*The Future*, 101).

그러나 그는 아쉽게도 그가 중간 상태에서의 악한 자들의 고통의 장소로 신약에서 말하고 있는 '하데스'(ᾅδης, Hades)와 영원한 형벌의 장소인 지옥(γέεννα, gehenna)의 관계를 정확히 제시하지는 않는다. 그가 드러내는 입장으로 볼 때 그는 아마도 최후의 심판 이후에 지옥 형벌이 주어지기까지 악한 자들이 형벌을 당하고 있는 곳이 '하데스'라고 보는 요아킴 예

---

28 이 점에 있어서 한역, 『개혁주의 종말론』, 138의 번역도 아주 정확하다.

레미아스나[29] 윌리엄 헨드릭슨의[30] 견해와 비슷한 입장을 지닌 듯하다. 그러나 그 자신의 명확한 진술은 주어져 있지 않음에 유의해야 한다.

이런 견해들은 신약에서의 '하데스'의 일반적인 용례와 비추어서 좀 낯선 한 구절, 그것도 해석에 있어서 논란의 여지가 있는 한 구절에 근거해 제시한 논의라는 문제점이 있다. 이런 점에 유의하면서 누가복음 16:19-31의 비유의 근본적 의도에 유의하면서 여기서 중간상태에 대한 가르침을 찾으려 하기보다는 좀 더 명확한 신약의 구절들에서 그리해야 한다는 의견을 제출하는 래드 등의 견해와 깊이 있게 비교하며 논의해야 할 것이다.[31] 이런 점들에 대한 보다 깊은 논의와 고찰이 후크마 이후에 개혁신학을 하는 이들에게 부과된 신학적 과제의 하나라고 여겨진다.

이와 연관해서 중간상태가 없다고 부인하는 헤라두스 (헤라드) 반 데어 류(Gerardus (Gerard) van Der Leeuw, 1890-1950)나 파울 알트하우스(Paul Althaus, 1888-1966)에 반해서 고전적 개혁신학자들과[32] 함께 후크마가 성경적 중간상태 개념을 잘 설명해 가고 있는 것에 대해서 한 가지 언급을 해야 할 일이 있다. 그것은 주의해서 잘 살펴보지 않으면 우리말 역본이 줄 수 있는 한 가지 오해에 대한 것이다. 먼저 우리말 역본에 있는 다음 같은 말을 보라.

---

[29] Joachim Jeremias, "γεˊεννα," in *Theological Dictionary of the New Testament*, ed. Gerhard Kittel and Gerhard Friedrich, trans. Geoffrey W. Bromiley, 10 vols. (Grand Rapids: Eerdmans, 1964-1976), vol. 1: 657-58.

[30] William Hendricksen, *The Bible on the Life Hereafter* (Grand Rapids: Baker, 1975), 196f.

[31] Cf. George Eldon Ladd, *The Last Things* (Grand Rapids: Eerdmans, 1978), 한역, 『마지막에 될 일들』, 개정판 (서울: 이레서원, 2002), 제3장.

[32] 전형적 개혁 신학자들의 중간 상태에 대한 인정과 설명에 대해서는 후크마가 인용하고 있는 다음 글들을 보라: Charles Hodge, *Systematic Theology* (Grand Rapids: Eerdmans, 1940), III, 713-30; W. G. T. Shedd, *Dogmatic Theology*, II, 591-640; Bavinck, *Gereformeerde Dogmatiek*, 4th ed., IV, 564-622 (3rd ed., 645-711); Berkhof, *Systematic Theology*, 679-93; Berkouwer, *The Return of Christ*, 32-64.

> 이러한 주장에 대해 답변하기 전에 우리는 먼저 몇 가지 사실을 인정한다. 성경은 중간 상태에 관해 거의 침묵을 지키고 있으며, 성경이 중간상태에 관해 기꺼이 말하고 있는 것도 육체의 부활을 중심으로 전개되는, 인간의 미래에 관한 종말론적 메시지에 연관되어 부차적으로 언급되고 있을 뿐이다. …… 우리는 또한 중간상태에 관해 인간학적 묘사나 이론적 설명을 신약성경이 거의 제공하고 있지 않다는 사실도 알아야 한다(『개혁주의 종말론』, 131f.).

문맥에 대한 고려 없이 이 부분만을 읽으면 마치 후크마가 중간상태를 부인하는 듯한 인상을 받을 수 있다. 필자 자신도 우리말 역본에 이 부분을 읽을 때 그런 인상을 받아서 영어 원본을 읽을 때와 다르다는 느낌이 들어서 상세히 비교하는 작업을 했었다. 물론 한역자는 이 부분 뒤에 후크마가 하고 있는 다음과 같은 말을 잘 번역해서 후크마가 중간상태를 부인하는 사람이 아니라는 것을 우리말 역본도 잘 전달한다: "그러나 죽음의 순간 인간은 파멸되는 것이 아니며, 신자는 결코 그리스도로부터 분리되지 않는다는 사실을 우리가 충분히 주장할 수 있을 만큼 충분한 성경의 증거들이 있다는 사실도 인식해야 할 것이다"(『개혁주의 종말론』, 132). 그러나 사실 위에서 인용한 부분도 그 원문은 우리가 오해하도록 진술되어 있지는 않다. 이것을 보여 주기 위해 그 부분을 다시 옮겨 보면 다음과 같다:

> 이런 반론들에 대한 대답에서 성경은 중간상태에 대해서 아주 적게 말하고 있다는 것과 성경이 중간상태에 대해서 말하고 있는 것은 몸의 부활이라는 사람의 미래의 관한 성경의 주된 종말론적 메시지를 말하면서 부가적으로 말하고 있다는 것이 인정되어야 한다(*The Future*, 94).

그러므로 후크마는 다른 고전적 개혁신학자들과 함께 그의 논의의 결론에서나 그 논의에 과정에서도 중간상태를 부인하는 일이 전혀 없다.

II-2. '단정적 성화'

성경의 용례에 부합하도록 용어를 수정하는 또 하나의 예로 후크마가 성화라는 주제를 다룰 때 머리(John Murray)를 따르면서 성경적으로 보면 '점진적인 성화'(progressive sanctification)와 함께 '즉각적인[단정적] 성화'(definitive sanctification)를 말하여야 한다고 하며, 이를 명확히 한 일을 들 수 있다. 머리는 이렇게 말했다: "신약에서 성화에 대해서 언급하는 거의 모든 특징적인 용어들은 어떤 진행 과정이 아니라, 단번에 완성되는 행동으로 사용되었다. 우리는 이 점을 자주 간과한다."[33] 이 '즉각적인 성화'를 표현하는 예로 후크마가 언급하는 구절은 고린도전서 1:2, 6:11, 사도행전 20:32, 26:18; 로마서 6:2, 4, 6, 14, 17, 에베소서 2:4-6, 골로새서 3:1, 고린도후서 5:17 등이다. 그리고 후크마는 이런 의미로 사용한다면 이를 세대주의자들이 애호하는 용어인 '신분적 성화'(positional sanctification)로 부를 수도 있다고 한다.[34] 그러나 신분적 성화를 '전가'나 '선언' 등의 개념

---

[33] Murray, *Collected Writings*, 2:277. 이 주제에 대한 그의 논의 전체는 *Collected Writings* 2:277-93에서 찾아 볼 수 있다.

[34] 이 "신분적 성화"(positional sanctification)라는 용어는 다음 저작들에서 사용되어졌다: Stanley M. Horton, in Melvin E. Dieter, et al., *Five Views on Sanctification* (Grand Rapids: Zondervan, 1987), 115; Lewis Sperry Chafer, *Systematic Theology* (Dallas: Dallas Seminary Press, 1948), 3:244; C. I. Scofield, ed., *The New Scofield Reference Bible* (New York: Oxford University Press, 1967), 1377; John F. Walvoord, in *Five Views*, 212; Charles C. Ryrie, "Contrasting Views on *Sanctification*," in *Walvoord: A Tribute*, ed. Donald K. Campbell (Chicago: Moody Press, n.d.), 189-90; Robert P. Lightner, *Evangelical Theology* (Grand Rapids: Eerdmans, 1979), 286.

과 같이 사용하면[35] 이는 성화와 칭의를 구별하지 않게 할 수도 있으므로 유의해야 한다고 분명히 밝히고 있다. 그러므로 후크마는 '즉각적 성화'가 '칭의'와 비슷하게 이해되는 것을 막으려고 한다.

이렇게 성화도 성경의 용례에 근거해서 성경의 용법을 반영하면서 '즉각적 성화'와 '점진적 성화'를 다 잘 소개하고 그에 충실하려는 노력은 성경 주해에 근거해서 교의학을 하는 좋은 예로 언급될 수 있을 것이다. 그러나 이때 이 '즉각적 성화'와 '칭의'의 관계를 정확히 밝히는 일이 남겨진 과제라고 할 수 있을 것이다.

III. 신약성경의 하나님 나라 사상에 충실한 신학의 제시

그다음으로는 내용상의 특성으로 신약 종말론의 성격을 잘 드러내고 그 종말론에 근거한 신학을 제시한 점을 들 수 있다. 후크마는 신약 종말론의 특징을 다음과 같이 요약하고 있다: (1) 구약 예언된 커다란 종말론적 사건이 이미 발생했다; (2) 구약의 저자들이 하나의 운동으로 묘사한 것이 이제는 두 단계, 즉, 현세적 성취와 미래 세대를 함의한다; (3) 이 두 가지 종말론적 단계들의 관계는 현세에 실현된 축복이 장차 올 더 큰 복들의 약속과 보증이다(*The Future*, 21f.). 이를 그는 '도입된 종말론'(Inaugurated Eschatology)이라는 제목으로 제시한다.

---

[35] 그런 예로 후크마는 다음과 같은 글을 언급하고 있다: Henry C. Thiessen, *Lectures in Systematic Theology*, rev. by Vernon D. Doerksen (1949; Grand Rapids: Eerdmans, 1979), 286; J. Robertson McQuilkin, in *Five Views*, 158-59; 그리고 "imputed holiness"를 말하고 있는 J. Sidlow Baxter, *Our High Calling* (Grand Rapids: Zondervan, 1967), 205, cited in Heokema, *Saved by Grace*, 206.

물론 이전에 벌코프도 보스 등이 제시한 하나님 나라 개념을 반영하면서 그의 신학을 제시하였으나 후크마에서처럼 좀 더 포괄적인 체계로 하나님 나라 사상을 중심으로 신학을 제시하지는 못했었다고 말할 수 있다. 이에 비해서 후크마는 현세에 예수 그리스도의 사역으로 하나님 나라가 이미 우리에게 임하여 와서 그 하나님 나라가 현세 역사 가운데서 진행되다가 그리스도의 재림에서 그 극치에 이른다는 것을 분명히 하면서 자신의 신학을 드러내었다고 할 수 있다. 이를 좀 더 강조하고 우리가 그런 사상에 깊이 뿌리박기 위해서 후크마가 말하고 있는 하나님 나라에 대한 몇몇 진술과 다른 저자의 글로부터의 긍정적 인용들을 들어 보는 것이 좋을 것이다.

> 하나님 나라가 '가까왔다'고 할 때 우리는 먼저 하늘로부터 내려오는 공간적이고 정태적인 실재(a spatial or static entity)를 생각해서는 안 되고, 오히려 실제적으로 그리고 유효하게 작용하기 시작한 하나님의 왕으로서의 통치를 생각해야 한다. 그러므로, 우리는 왕으로서의 하나님의 행위를 생각해야만 한다. ……요한과 예수님께서 선포한 천국은 무엇보다 먼저 역동적 성격의 과정이다. …… 왜냐하면 천국의 임함은 종말의 역사의 위대한 드라마의 초기 단계(the intial stage of the great drama of the history of the end)이다.[36]

> 그러므로 하나님의 나라는 예수 그리스도를 통하여 인간 역사 가운데서 역동적으로 활동하는 하나님의 통치로 이해되어야만 한다. 그 목표는 하나님의 백성을 죄와 마귀적 세력들로부터 구속하는 것이고, 종국적으로는 새 하늘과 새 땅을 수립한다(*The Future*, 45).

---

[36] Herman Ridderbos, *The Coming of the Kingdom*, trans. H. de Jongste, ed. Raymond O. Zorn (Philadelphia: Presbyterian and Reformed, 1962), 24–25.

하나님의 나라는 하나님이 왕이시며, 역사 가운데서 역사를 하나님께서 지향해 가시는 목표로 이끌어 가시기 위해서 행동하신다는 것을 의미한다.[37]

하나님의 나라는 사람들 사이에서 당신님의 통치를 수립하시기 위해 역동적으로 활동하는 하나님의 구속적 통치다; 이 세대 끝에 묵시문학적 행위로 나타나게 될 이 나라는 악을 극복하고, 사람들을 악의 세력으로부터 구해내며, 그 사람들에게 하나님의 통치의 축복을 가져다주는 예수님의 인격과 사명 가운데서 인류 역사 안으로 이미 들어 왔다. (그러므로) 하나님 나라는 두 가지 커다란 운동(two great movements)을 포괄한다: 역사 안에서의 성취(fulfillment within history)와 역사 끝에 있을 극치에 이름(consummation at the end of history)이다.[38]

그러므로 예수 그리스도를 믿는 신자는 지금 현세에서(at the present time) 하나님 나라 안에 있으며, 그 복을 누리고 그 책임을 공유한다. 동시에 그는 그 나라가 현재는 잠정적이고 불완전한 상태로만(only in a provisional and incomplete state) 현존한다는 것을 인식하고 세대 끝에 있을 그 나라의 최종 극치에 이름을 기대한다(The Future, 51).

이와 같은 인용문과 후크마의 진술이 분명히 하듯이 하나님 나라는 예수께서 그의 인격과 사명 안에서 이 세상 역사 안에서 현세에 도입시키신 후로 이 세상 역사 가운데서 진행되다가, 그가 재림하실 때에 그 나라의 극치에 이르게 된다. 따라서 우리의 모든 실존과 작업이 다 그 나라의 성취 안에 있다. 우리는 이런 입장에 굳게 서는 하나님 나라에 충실한 신학을 더욱 발전시켜 가야 한다.[39] 이를 위한 일차적인 작업을 후크마가 제시해 주고 있다.

---

[37] Ladd, *The Presence of the Future* (New York: Harper and Row, 1964), 331.

[38] Ladd, *Presence*, 218.

[39] 이런 시도의 하나로 필자의 "종말 신학의 프롤레고메나: 하나님 나라의 신학을 지향하여", 「성경과 신학」 13 (복음주의신학회 논문집) 13 (1993): 193-225=『개혁신학

IV. 전통적 개혁신학에 대한 충실성

이 모든 점과 함께 후크마의 신학의 특성에 대해서 마지막으로 말해야 하는 것은 그가 전통적 개혁신학의 장점에 충실한 신학을 **현대의 상황 가운데서** 잘 제시해 주었다는 점이다. 이제 몇 가지 예를 들어서 어떤 점에서 그의 신학이 전통적 개혁신학의 장점에 충실한 신학인지를 제시해 보도록 하겠다.

그 첫째 예는 창조와 역사적 아담, 그리고 타락 등에 대해서 그 역사성을 부인하는 입장에서 신학을 전개하는 이들에 대해서 바르게 비판하면서 그의 신학을 제시하고 있는 데서 찾아볼 수 있다. 그는 창세기 3:1-7을 사화(史話, Saga)라고 말하면서 아담은 역사적 인물이 아니라 그를 뒤따르는 모든 사람들의 모형적인 대표자라고 하는, 따라서 인간은 죄인이 아닌 적이 한 번도 없었다고 말하는 칼 바르트와[40] 현대인은 더 이상 아담의 역사성을 받아들일 수 없음을 당연시하고 신학을 전개하는 에밀 부룬너,[41] 그리고 아담과 그의 타락 이야기를 모든 사람에게서 일어나는 사건의 한 예증으로 우리로 하여금 예수 그리스도의 중요성과 실제성을 이해하는 데 도움을 주는 예증으로 이해하면서 "가르침의 모델"(teaching model)이라고 보는 카이털트의 견해[42] 등을 열거하면서,[43] 이에 대해서 다음과 같

탐구』(서울: 하나, 1999; 개정판, 수원: 합신대학원 출판부, 2021), 제1장을 보라.

[40] Karl Barth, *Church Dogmatics*, IV/1, trans. G. W. Bromiley (Edinburgh: T. & T. Clark, 1961), 508 and 495.

[41] Emil Brunner, *The Christian Doctrine of Creation and Redemption*, trans. Olive Wyon (Philadelphia: Westminster Press, 1952), 48.

[42] H. M. Kuitert, *Do You Understand What You Read?*, trans. Lewis B. Smedes (Grand Rapids: Eerdmans, 1970), 40.

이 단호한 입장을 표명한다: "아담과 하와가 한 때 이 땅 위에 살았던 실제적 인물들(actual persons)이었다는 사실을 부인하는 것이나 그들을 상징들(symbols)이나 '가르침의 모델'(teaching models)로 이해하는 것들은 성경에 대한 그릇된 이해에 기초한다는 것이 나의 확신이다"(*God's Image*, 113). 그리고 그는 (1) 역대상 1장의 계보, (2) 누가복음 3장의 계보, (3) 이혼 문제에 대한 바리새인들의 질문에 대한 예수님의 답변(마 19:4-6; 막 10:6-8), (4) 여인들의 교회에서의 역할에 대한 바울의 말(딤전 2:13), (5) 사망과 부활의 기원을 대조하는 바울의 말(고전 15:21-22), 또한 (6) 대표의 원리에 대한 바울의 말(롬 5:12-21)에 대한 주해에 근거해서 이 모든 구절들이 역사적 아담과 그의 역사적 타락을 실제로 말하고 있다고 논의한다(*God's Image*, 113-16). 이처럼 후크마는 창조와 아담의 역사성을 말하고 강조하는 점에 있어서 전통적 개혁신학의 입장을 견지하고 있다.44

이와 같이 전통적 입장에 충실하게 신학을 전개한 두 번째 예는 성령의 사역에 대한 후크마의 견해에서 찾아볼 수 있다. 후크마는 "모든 그리스도인들은 하나님 나라를 위해 사용되어야 할 은사를 가지고" 있으므로, "예수 그리스도의 전 교회가 다 카리스마틱하다"는 입장을 잘 표현한다(*Saved by Grace*, 32). 그러나 성령의 비기적적 은사는 지금도 오늘날 우

---

43 이에 대한 그의 기본적 논의는 Hoekema, *Created in God's Image*, 112-13에 나타나고 있다. 이외에도 바르트에 대한 더한 논의는 Hoekema, *Created in God's Image*, 50f.을, 부룬너에 대한 논의는 Hoekema, *Created in God's Image*, 57f.을 보라.

44 후크마와 같이 아담의 역사성을 강조하는 글들로 그는 Kuitert의 견해를 정면으로 비판하고 있는 J. P. Versteeg, *Is Adam a "Teaching Model" in the New Testament?*, trans. Richard B. Gaffin (Nutley, NJ: Presbyterian and Reformed, 1978)를 비롯하여 다음 저작들을 소개한다: J. Murray, "Historicity of Adam," *The International Standard Bible Encyclopedia*, revised edition (Grand Rapids: Eerdmans, 1979), 1:50; Paul K. Jewett, *Emil Brunner's Concept of Revelation* (London: James Clarke, 1954), 148-49; G. C. Berkouwer, *Sin*, trans. Philip C. Holtrop (1958, 1960; Grand Rapids: Eerdmans, 1971), 271; E. J. Young, *In the Beginning* (Edinburgh: Banner and Truth, 1976), 86, 90f.; James Daane, "The Fall," ISBE (Grand Rapids: Eerdamns, 1982) II: 277-78.

리와 함께하고 있는 것에 비하여, 병 고침의 은사와 방언의 은사와 같은 성령의 기적적 은사들은 더 이상 현재의 교회 가운데서 기대되어서는 안 된다는 전통적 개혁신학의 입장을 잘 논증하고 있다(Saved by Grace, 33-43). 그러나 하나님은 지금도 때를 따라서 그의 백성들의 기도를 기적적인 방법으로 응답하신다는 것을 부인하는 것은 아니다. 병 고침의 은사는 더 이상 없지만 "당신님의 뜻이면 치료를 허락하옵소서"라는 기도에 대한 응답으로 주께서 기적적 치료를 허락하실 수도 있음을 강하게 인정한다. 그러나 이와 연관해서 사람들이 흔히 하는 세 가지 오해도 잘 지적하고 비판하고 있다. 그 하나는 병든 자를 위해 기도할 때마다 언제든지 육체적인 치료가 일어나기를 기대할 수 없다는 것이다(Saved by Grace, 40. Cf. 딤후 4:20, 빌 2:27, 고후 12:7-10). 둘째는 기도에도 불구하고 치료가 되지 않은 경우에 믿음의 부족을 생각하거나 말해서는 안 된다는 점이다(Saved by Grace, 41). 그리고 셋째는 육체의 병 고침이 결코 예배의 주요 목적이나 교회의 주된 사역이 되어서는 안 된다는 점이다(Saved by Grace, 41).

　　　　전통적 개혁신학에 충실한 세 번째 예로 이와 연관된 또 하나의 문제인 소위 '성령세례' 문제에 대한 후크마의 논의를 들 수 있다. 이 문제에서도 후크마는 존 스토트에게[45] 동의하면서 전통적 개혁신학의 입장과 같이 성령세례는 중생이라는 견해를 그에 반하는 다른 견해들과 대조하면서 잘 논의하고 있다(Saved by Grace, 47-49).

　　　　넷째로, 현대에 들어와서 다시 많이 논의되고 있는 구원의 확신 문제에 있어서 후크마는 칼빈의 입장과 웨스트민스터 신앙고백서의 입장, 그리고 도르트 신조의 입장을 잘 소개하고 이에 충실히 따르면서 이상적으로는 구원의 확신이 있어야 되는 일이지만 아직 확신이 없는 이들의 신앙을 신앙이 아니라고는 할 수 없다는 점을 잘 논의하였다. 그러므로 참된 신

---

[45] John R. W. Stott, *Baptism and Fullness* (Downers Grove: IVP, 1976).

자들도 때때로 확신이 부족할 수 있고, 그들은 더 큰 확신으로 성숙해 가야 한다는 것을 강조한다(Saved by Grace, 146-51).

다섯째로, 전통적 개혁신학 내에 아주 명확히 내포된 가르침이지만 별로 유의하지 않고 강조되지 않는 점 하나를 후크마는 한 곳에서 아주 잘 지적해 주고 있다. 그것은 그리스도인들이 당하는 어려움은 상당히는 "우리의 죄에 대한 형벌이 아니라 하나님의 아버지로서의 훈육 또는 징계"(fatherly discipline)라는 것에 대한 정확한 지적이다. 그는 히브리서 12:5-11을 인용하면서 이 점을 말하고 있다(Saved by Grace, 187). 그러므로 그리스도인에게는 죽음도 더 이상 형벌이 아니다. 후크마가 『성경과 미래』에서 잘 말하고 있듯이 "죽음은 그리스도에게는 저주의 일부분이었지만 우리에게는 축복의 원천이다"(The Future, 84).

여섯째로, 소위 '때의 징조들'이 그리스도의 초림과 재림 사이의 전 시기를 특징지우는 것임을 강조하는 점을 들 수 있다. 이 점을 드러냄에 있어서 후크마는 베르까우어의 논의에 많이 의존하면서 논의한다.[46] 또한 후크마는 '때의 징조들'은 재림의 정확한 시기를 찾도록 하는 것이 아니라 재림의 확실성을 알려 주려고 한다는 것을 베르까우워와 함께 강조한다 (The Future, 131).[47]

그러나 이렇게 전통적 개혁파의 입장에 충실할 때에도 후크마는 다른 입장의 사람들에 대한 입장을 비교적 자세하게 제시하고 논의하며 공평하게 판단한 근거에서 그렇게 하고 있다. 이 점에 있어서는 후크마와 깊은 논의에 근거한 신학적 논의의 좋은 모범을 제시하고 있다고 할 수 있다. 그 대표적인 예로 우리는 로마 가톨릭 교회의 칭의론을 자세히 논의하고 논박한 것(Saved by Grace, 163-69), 완전주의와 웨슬리의 성화론의 입장을

---

[46] Cf. Berkouwer, Return, 238, 244-46.
[47] Cf. Berkouwer, Return, 256-59.

충분히 검토하고 그것을 논박하는 것(*Saved by Grace*, 214-25), 하나님 형상론을 논의하면서 바르트와 부룬너, 베르까우어의 견해를 충분히 논의하고 비판하는 것(*God's Image*, 49-65) 등을 들 수 있다.

V. 다시 고려할 점

이와 같은 특징을 드러내는 후크마는 몇몇 문제에 있어서도 전통적 입장에 대한 비슷한 비평과 변경을 시도하고 있으나 때로는 '이것이냐-저것이냐?'(either/or)의 입장보다는 '둘 다'(both-and)의 입장을 취해야 할 경우에도 어떤 한 쪽만을 취하여 좀 지나치게 나아가는 입장을 드러내는 때도 있다. 이제 그런 것들 중의 몇 가지 예를 생각해 보도록 하겠다.

첫째로, '영혼의 불멸성'(the immortality of the soul)이라는 용어와 그 개념에 대한 후크마의 논의를 생각해 보자. 그는 칼빈, 알치발드 알렉산더 핫지, 윌리엄 쉐드, 벌코프 등이 주장하는 견해, 즉 영혼 불멸 개념이 성경의 가르침과 잘 조화된다는 입장[48]보다는 '영혼 불멸' 개념이 계시보다는 이성에 의해서 증명되는 혼합된 조항(an *articulus mixtus*)이라는 바빙크의 입장과 이에 동의하면서 영혼 불멸 개념이 독특하게 기독교적인 개념임을 거부하는 베르까우워에게[49] 찬동하면서 "영혼 불멸 개념은 독특하게

---

[48] Calvin, *Institutes*, I. v. 5; III. xxv. 6, Commentary on I Corinthians 15:47; D. Holwerda, "Eschatology and History: A Look at Calvin's Eschatological Vision," in *Exploring the Heritage of John Calvin*, ed. D. Holwerda (Grand Rapids: Baker, 1976), 114; Archibald Alexander Hodge, *Outlines of Theology* (1878; Grand Rapids: Eerdmans, 1957), 549-52; William G. T. Shedd, *Dogmatic Theology* (1889; Grand Rapids: Zondervan, n. d.), II, 612; Berkhof, *Systematic Theology*, 672.

[49] Berkouwer, *Man: The Image of God*, 234-78, 특히 276.

기독교적인 개념은 아니다"고 결론 내린다(*The Future*, 91). 그는 어떤 경우에는 '영혼 불멸'이라는 표현이 "성경의 강조점에 공정하지 못할 뿐만이 아니라, 실제로 성경의 강조점에 반대될 수도 있다"고 한다(*The Future*, 91, n. 14).

후크마는 다음과 같은 네 가지 논의에 근거해서 자신의 입장을 주장한다. (1) 성경은 '영혼 불멸'이라는 표현을 사용하지 않는다(*The Future*, 89). (2) 성경은 영혼 자체의 본래적 불파멸성 때문에 영혼이 계속해서 존재하게 되리라고 가르치지 않는다(*The Future*, 90). (3) 성경은 죽음 이후에 영혼의 계속적인 존재가 아주 소망할 만한 것이라고 가르치지 않고, 오히려 하나님과의 교제 가운데서의 삶이 사람의 최고선이라고 가르친다(*The Future*, 90). (4) 사람의 미래에 대한 성경의 중심적 메시지는 몸의 부활이다(*The Future*, 91).

후크마의 이런 논의는 상당히 좋은 논의이고, 이는 기본적으로 옳다. 그러나 그렇다고 해서 후크마의 이 논의가 '영혼 불멸'이라는 개념과 용어가 기독교적 개념으로 사용되지 못할 결정적인 이유를 제시하는 논의일 수는 없다고 여겨진다. 전통적인 한국 사람들이 생각하는 영혼 불멸 개념(예를 들어서, 환생하는 인간과 구천을 떠도는 귀신 개념)과 플라톤주의자들이 생각하는 영혼 불멸 개념은 분명히 기독교적 영혼 불멸 개념과 다르다. 그러므로 분명한 기독교적 성격을 유지하면서 '영혼 불멸' 개념을 사용하지 못할 이유가 없는 것이다. 칼빈, 벌코프 등이 이 용어를 사용했을 때 그들은 바로 이런 의도를 가졌다고 할 수 있다. 예를 들어서, 칼빈이 "영혼의 불멸성은 영혼의 본성에 속한 것이 아니라, 하나님께서 영혼에 부여하신 성질"이라고 말하는 것이 이에 해당한다.[50] 그러므로 그들이 영혼 불멸이 성경의 가르침과 잘 조화된다고 했을 때 그렇게 말하는 것이 비성경적이라

---

[50] Calvin, *Comm.* I Timothy 6:16.

고 해서는 안 된다. 그들의 '영혼 불멸' 개념은 플라톤주의자들의 개념과 연속성도 있지만 아주 강한 비연속성도 가지고 있기 때문이다. 또한 후크마가 인용하고 있는 바빙크의 다음 말도 이 용어와 개념이 계속 사용될 수 있는 가능성을 인정하는 것이라고 해석될 수도 있다.

> 성경은 그것[영혼의 불멸]에 대해서 그렇게 많은 말을 하지 않고 있다. 이 개념을 하나님의 계시로 선포하거나 이 개념을 전면에 내어놓지 않는다. 이 개념의 진리성을 논의하거나, 반대자들에 반해서 이 개념을 주장하는 일은 더 하지 않는 것이다.[51]

그러므로 '영혼 불멸' 개념이 성경의 강조점에 충실하지 않을 뿐만 아니라, 성경의 강조점과 반대되는 것으로 여겨질 수도 있다는 후크마의 말은 좀 지나친 것이다. 물론 성경의 강조점은 분명히 몸의 부활에 있다. 그리고 그리스도인들이 궁극적으로 바라야 할 소망은 '영혼 불멸'이 아니라, '몸의 부활'이다. 그리고 성경은 이런 뜻에서 "전인의 불멸"을 가르친다 (*The Future*, 91). 그러나 전인의 불멸과 몸의 부활에 대한 강조는 기독교적 '영혼 불멸' 개념과 같이 있을 수 있는 것이지, 사람의 불멸과 몸의 부활에 대한 강조가 오스카 쿨만이 대조시키는 것과 같이[52] '영혼 불멸'과 꼭 대립되는 것은 아니다. 더구나 불신자의 영혼이 멸절할 가능성을 시사하는 일이 많은 오늘날의 신학적 상황에서는 이 문제에 대해서도 좀 더 조심스럽게 논의하는 것이 필요하다고 생각된다.

또 하나 후크마의 전통적 입장에 대한 개정 노력 중에서 생각해

---

[51] Bavinck, *Gereformeerde Dogmatiek*, 4th ed., IV, 573 (3rd ed., 656), cited in Hoekema, *The Future*, 89.

[52] Oscar Cullmann, *Immortality of the Soul or Resurrection of the Dead?* (New York: Macmillan, 1964).

보아야 할 점이라고 여겨지는 것은 그리스도와의 연합에 대한 것이다. 벌코프는 그리스도와 신자 사이의 생명의 연합이 이미 구속 언약 가운데서 이상적으로(ideally) 수립되어 있었고, 객관적으로는 그리스도의 성육신과 구속사역 안에서 실현되었으며, 성령의 역사로 개개인에게 주관적으로 실현된다고 표현하고 있다.[53] 그런데 이에 대해서 후크마는 주관적 연합 이외의 것은 아직까지 일어나지 않은 투영된 연합에 대한 묘사라고 하면서, 그는 "그리스도와의 연합"이란 명칭을 그리스도와 실존하는 사람들 사이에 실제적으로 유효화하는 것에만 적용하려고 하면서 이상적으로 실현된 연합을 연합의 뿌리(the roots)이라고 하고, 객관적인 연합을 연합의 '근거'(basis)라고 부르는 것이 더 좋겠다고 수정 제의를 하며(Saved by Grace, 55, n. 4), 그의 설명을 해나갔다(Saved by Grace, 56-67).

  이 점에 대한 벌코프와 후크마의 입장 모두가 상당히 의미 있는 것이고, 따라서 두 입장 사이의 열매 있는 논의가 기대되는 것이라고 할 수 있다. 그 두 분의 입장은 결정적으로 그렇게 다른 것은 아니다. 그러나 벌코프는 주관적인 연합만을 그리스도와의 연합으로 생각하던 루터파의 견해에 대한 반발로 그 연합은 성경에 의하면 이미 영원부터 있었다는 점을 잘 드러내었다는 장점을 지니고 있다. 이를 후크마와 같이 연합의 뿌리와 근거로만 표현하면, 과연 그 영원한 연합의 성격과 객관적인 성격이 충분히 표현될 수 있을 것인가 하는 반대 논의가 있을 수 있다. 물론 벌코프의 표현에도 문제가 없는 것은 아니다. 위의 각주에서 제시한 대로 그의 첫째

---

[53] Berkhof, *Systematic Theology*, 447-49. 실제로 벌코프는 이 중 첫째 것에 대해서 구속 경륜 속에서의 그리스도와 그에게 속한 이들 사이의 언약적 연합(the federal union of Christ and those who are His in the counsel of redemption)과 그 영원한 경륜 가운데서 이상적으로 수립된 신비한 연합(the mystical union ideally established in that eternal counsel)을 나누어 말하고 있다(447, 448). 그러나 실제 그 내용을 설명하는 데서는 그 둘의 차이가 없이 제시하는 듯하다. 그리고 그 둘은 모두 다 창세 전의 성부와 성자 사이의 구속 언약에 속한 것이다. 그래서 나는 벌코프와 후크마에 반해서 그들이 말하는 네 가지 연합을 세 가지로만 제시했다.

와 둘째 것은 같은 것을 지칭하는 듯하고, 그래서 후크마는 그 둘을 하나로 묶어 논의하면서 연합의 '뿌리들'이라고 한 듯하다. 또한 벌코프가 이를 "이상적으로 수립된 연합"(ideally established union)이라고 표현한 데에는 플라톤주의적 표현 흔적도 있다고 할 수도 있다. 그러나 또 반대로 후크마와 같이 이상적 연합과 객관적 연합은 아직 진정한 연합이 아니라고 하는 듯한 인상을 주는 것이 과연 더 유익할 것인가 하는 것은 더 깊은 생각을 필요로 하는 문제라고 여겨진다.

비슷한 문제점의 하나로 후크마가 베르까우워, 혹세마, 머리 등의 의견에[54] 부분적으로 동의하면서 '행위 언약'이라는 용어를 피하고자 하는 논의를 한 것을 들 수 있다. 물론, 후크마는 베르까우워나 혹세마와 같이 전통적 개혁신학이 '행위 언약'으로 부르는 바와 사상과 그 내용에 대해서는 전혀 반대하는 것은 아니다. 그는 "행위 언약이라는 개념 배후에 놓여 있는 교리상의 진리들을 잊어서는 안 된다"고 하면서, 후크마는 이 "시험적 명령"(probationary command)과 그것의 함의를 중요시한다(*God's Image*, 121). 단지 이를 "행위 언약"으로 부르는 것보다는 머리(Murray)와 같이 "아담적 경륜"(Adamic administration)이라고 부르는 것이 더 낫다고 보는 것 같다. (그는 실제로 이 행위 언약에 대해서 무엇이라 불러야 한다고 제언하지 않는다. 클라인과 로벗슨이 "창조 언약"이라고 부르기를 애호한다는 소개를 하고,[55] 머리(Murray)가 '아담적 경륜'이라고 부르고 있음을 소개할 뿐이다. 그리고 단지 한 문장에서 이 개념을 말하면서 머리(Murray)를 따라 "아담적 경륜"으로 부르고 있다.)

후크마가 '행위 언약'이라는 용어 사용을 반대하는 이유는 다음

---

[54] Berkouwer, *Sin*, 207-8; Herman Hoeksema, *Reformed Dogmatics* (Grand Rapids: Reformed Free Publishing Association, 1966), 217-20; Murray, "The Adamic Administration," *Collected Writings of John Murray*, vol. 2, 49.

[55] Cf. Meredith Kline, *By Oath Consigned* (Grand rapids: Eerdmans, 1968), 27-29, 32, 37; O. Palmer Robertson, *The Christ of the Covenants* (Grand Rapids: Baker, 1980), 55-57, 67-87.

네 가지로 제시되어 있다: (1) '행위 언약'이라고 부르는 것은 '아담적 경륜' 안에 들어온 은혜의 요소들을 바르게 이해하지 못한다(God's Image, 119). (2) 성경이 이를 '언약'이라고 부르고 있지 않다(God's Image, 119f.). (3) 이를 언약으로 부를 수 있도록 하는 언약적 맹세(a covenant oath)와 재가 의식(a ratification ceremony)이 없다(God's Image, 120f.). (4) 성경에 나타난 언약이라는 단어는 언제나 구속과 관련하여 사용되고 있다(God's Image, 121).

그러나 이 논의를 주의 깊게 읽어 본 이들은 누구나 느낄 수 있듯이 이는 엄밀한 논의라고 할 수 없다. 그의 네 가지 이유 제시와 관련해서 우리의 반대 논의를 제시해 보기로 하자.

(1) '행위 언약'이라는 용어를 사용해도 이 언약이 하나님의 매우 은혜로우신 배려에서 나온 것임을 부인하지 않을 수 있고, 사실 과거의 선배들이 이런 용어를 썼을 때 '행위 언약'에는 전혀 은혜의 요소가 없다는 의미로 사용한 것이 아니기 때문이다. 아담의 인격적이고 철저한 순종에 근거해서 그와 온 인류를 "더 높고 변하지 않는 영원한 생명"의 상태로 옮기시겠다는 것에 이미 은혜의 요소가 있음을 과거의 신학자들이 모르거나 무시한 것이 아니었다. 예를 들어서, 벌코프는 "아담이 그의 후예들에 대해서는 자연적 관계에 하나님께서는 **은혜스럽게 (graciously) 몇 가지 적극적 요소들을 포함하는 언약적 관계를 더하셨다**"고 하면서 행위 언약의 언약적 요소들을 설명했었다.[56] 이와 같이 전통적 개혁신학에서는 행위 언약에 이미 은혜의 요소가 있음을 분명히 했었다. 단지 후에 그리스도를 통해 오는 은혜 언약과 비교해서 '아담적 경륜'의 특징을 살려 이를 '행위 언약'이라고 명명했던 것이다. 때때로 신학을 잘 모르는 사람들이 제목만 보고서 그런 오해를 할 수는 있으나, 그것은 이 '행위 언약'이라는 용어를 사용

---

[56] Berkhof, *Systematic Theology*, 242. 강조점은 필자의 것임.

한 과거 선배들의 용례와 의도를 벗어난 오해다. 물론 이런 오해를 피하기 위해 다른 용어가 더 낫다고 할 수는 있다. 그러나 그것이 "행위 언약"이라는 용어를 전혀 쓰지 말아야 한다는 이유가 되는 것은 아니다.

(2) 물론 창세기에서는 이 아담적 경륜을 '언약'이라고 부르지 않는다. 그렇다면 '창조 언약' 등의 용어도 쓰지 말아야 하는가? 성경은 머리(Murray)나 후크마가 선호하는 '아담적 경륜'이라는 말도 사용하지는 않는다. 그러므로 창세기 1-2장에 있는 경륜을 성경이 '언약'이라고 부르지 않는다고 해도, 벌코프가 잘 논의하고 있듯이 여기에 언약의 요소들이 있다면 이를 언약이라고 부르지 못할 이유는 없다.[57]

더구나 호세아 6:7을 "저희는 아담처럼(כְאָדָם) 언약을 어기고"라고 이해한다면 이는 아담과의 관계도 언약적 관계로 표현하는 유일한 구절이 된다. 물론 호세아 6:7은 모호한 표현임에 틀림이 없다.[58] 호세아 6:7의 이 문장은 세 가지 해석 가능성을 지니고 있다: (1) "사람처럼, 사람들처럼 (like men, in human fashion)"으로 해석할 수도 있고(KJV, ASV),[59] (2) 다른 사

---

[57] Cf. Berkhof, *Systematic Theology*, 213-15.

[58] 그래서 애즈버리 신학교의 리빙스톤 같은 학자는 다음에 나오는 가능성들만을 제시하고, 선택하지 않은 채, 이스라엘의 언약 어김에만 집중하기도 한다(G. Herbert Livingston, "Hosea," in *Evangelical Commentary on the Bible* [Grand Rapids: Baker, 1989], 609).

[59] 이런 해석을 하는 이들로 레온 우드는 헨덜슨과 하퍼를 들고 있다. 그들의 주석은 다음과 같다. E. Henderson, *The Book of the Twelve Minor Prophets* (Andover: Warren F. Draper, 1868); W. R. Harper, *Amos and Hosea*, ICC (Edinburgh: T. & T. Clark, 1905), 288. 이런 입장을 지지하는 이들로 하퍼가 언급하고 있는 이들은 다음과 같다. David Kimchi; John Calvin, *Commentaries on the Twelve Minor Prophets*, trans. J. Owen (1846): August Simson, *Der Prophet Hosea erklaert und uebersetzt* (1851); Hitzig, *Die Zwoelf kleinen Propheten* (1838; 4th ed. by Steiner, 1881); Maurer, *Commentarius grammaticus historicus criticus in Prophetas minores* (1840); Heinrich Ewald, *Die Propheten des Alten Bundes* (1840; 2nd ed., 1867; trans. as Commentary on the Prophets of the Old Testament, 5 vols., 1875-81); T. H. Cheyne, *Hosea with Notes and Introduction* (The Cambridge Bible for Schools and Colleges, 1884); George Adam Smith, *The Book of the Twelve Prophets* (The Expositor's Bible, vol. 1, 1896).

본 상의 증거에, 의지하여 "아담이란 곳에서(כְּאָדָם, at Adam) 언약을 어기고"로 해석할 수도 있으며(RSV, JB),60 또한 (3) 전통적 해석이 취한 것과 같이 "아담처럼"으로 해석할 수도 있다(ARV, NIV).

'거기서'를 이스라엘 땅 전체로 보면, 다른 어떤 해석보다도 '아담처럼'으로 보는 것이 더 개연성 있는 것이 된다. 그렇게 볼 수 있다면 이는 '아담적 경륜'을 언약으로 언급하는 구절로 여겨질 수 있다. 벌코프는 위의 모든 해석 가능성을 언급한 후에 "결국 '아담처럼'이라고 옮기는 것이 최선이다(the best)"고 말하고 있다.61 이런 입장을 가장 잘 나타내고 있는 주석가는 카일이다. 그의 다음 같은 말을 보라:

> '케아담'(כְּאָדָם)은 '사람들의 방식대로'(after the manner of men)나 '일반적인 사람들처럼'(like ordinary men)이라고 볼 수 없으니, 이런 설명은 '헤마'(הֵמָּה, "그들이")가 제사장들이나 선지자들을 지칭한다고 보거나, 시편 82:7에서와 같이 지배자들과 다른 사람들 사이의 대조가 나타나 있다고 할 때에만 받아들여질 수 있는 해석이기 때문이다. 그러므로 이 '케아담'(כְּאָדָם)은 선과 악을 알게 하는 나무를 먹어서는 안 된다는 하나

---

60 오늘날의 대부분의 비평적 주석들은 이 '아담'을 여호수아 3:16에 나온 요단 동편의 도시를 지칭하는 지명으로 보는 견해를 취한다. 다음 문헌들을 보라: Hans Walter Wolff, *Hosea*, Hermenia Series, trans. Gary Stansell (1965; Philadelphia: Fortress Press, 1974), 105 (그는 '거기서'라는 말 때문에 이를 지명으로 보는 것이 필수적이라고 한다); James L. Mays, *Hosea* (London: SCM Press, 1969)도 이에 동의한다(99, 100); H. D. Beeby, *Hosea: Grace Abounding*, International Theological Commentary (Grand Rapids: Eerdmans, 1989), 77 (그는 이 장에 세 곳의 지명, 즉 아담, 길르앗, 세겜이 언급되어 있다고 한다). 심지어 호세아 11:8에서 언급되어 있는 '아드마'(Admah)로 본문을 수정하여 이해해 보려는 시도까지도 나오고 있다(Henry McKeating, *Amos, Hosea, Micah, The Cambridge Bible Commentary* [London: Cambridge University Press, 1971], 111, 112). 복음주의적 입장에 가까운 분들도 이런 입장을 취하는 경우가 있다. J. B. Hindley, "Hosea," in *The New Bible Commentary*, Third Edition (Grand Rapids: Eerdmans, 1970), 710. 그러나 과연 이렇게 보아야 할 것인가?

61 Berkhof, *Systematic Theology*, 215. 같은 입장을 취한 간단한 주석으로 Charles F. Pfeiffer, "Hosea," in *The Wycliffe Bible Commentary* (Chicago: Moody Press, 1962), 808을 보라.

님의 명령을 어긴 '아담처럼'으로 보아야 한다. 이 명령은 실제로 하나님께서 그와 맺으신 언약이었다(This command was actually a covenant, which God made with him). 왜냐하면 그것의 목적은 하나님께서 이스라엘과 맺으신 언약의 경우와 같이 주님과의 생명적 교제 가운데 아담을 보존하는 것이었기 때문이다(욥기 31:33과 이에 대한 Delitzsch의 주석을 보라).[62]

또한 레온 우드도 이스라엘 백성들은 "아담이 금해진 열매를 먹은 것과 같이 고의적으로 알면서 [언약을 어겼다]. '거기서'라는 말은 하나님께서 그들에게 언약으로 주신 이스라엘 땅을 언급한다. 특히 거짓된 제단에서 굉장한 죄들이 자행된 벧엘을 지칭하는 것일 수 있다"고 말하며,[63] "그들이 아담과 같이 언약을 어겼다"고 번역한 NIV의 의도를 잘 드러내고 있다. 그는 물론 다른 해석의 가능성을 알고 있으나 "인물이 훨씬 더 구체적이라고" 하면서 "아담은 하나님의 분명한 금령을 깨었다"고 한다.[64] 물론 이 문장은 여러 해석의 가능성을 가지고 있으므로, 이는 부차적인 고려 사항으로만 여길 수 있을 것이다. 벌코프나 전통적 개혁신학자들이 오직 이 구절에만 근거해서 '행위 언약'이라는 용어를 사용하는 것은 아니다.

(3) 언약에 대한 맹세나 재가 의식이 없으면 언약이라고 할 수 없다는 견해도 받아들이기 어렵다. 창세기 12장에는 아직 아브람과의 언약

---

[62] C. F. Keil and F. Delitzsch, *Commentary on the Old Testament*, vol. X: Minor Prophets, trans. James Martin (1866; E. T., 1880; Grand Rapids: Eerdmans, 1977), 99-100.

[63] Leon J. Wood, "Hosea," in *The Expositor's Bible Commentary*, vol. 7 (Grand Rapids: Zondervan, 1985), 195.

[64] Wood, "Hosea," 195. 이런 입장을 지지하는 이들로 언급하는 이들은 다음과 같다: Jerome (d. 420); Rashi=Rabbi Solomon ben Izaak (d. 1105); Umbreit, *Praktischer Commentar ueber die kleinen Propheten*, I (1844); E. B. Pusey, *The Minor Prophets with a Commentary*, vol. 1 (1865); Orelli, *The Twelve Minor Prophets* (1888; trans. by J. S. Banks, 1893); Wuensche, *Der Prophet Hosea* (1868); J. Halévy (1902, 1903, 1904).

에 대한 재가 의식이 없고, 이런 용어나 재가 의식은 후에 15장에야 나타나지만 12장이 언약적이지 않다고 할 수 있을까? 더구나 과거의 개혁신학자들은 창세기 2:16f.에 이미 언약적 맹세가 있다고들 생각했던 것이다.

(4) 언약은 항상 구속과만 관련된다는 논의도 의문스럽다. 항상 구속을 염두에 두고 있는 특별 계시에 대해서 '전(前)-구속적 특별 계시'(pre-redemptive special revelation)를 말할 수 있다면,[65] '전(前)-구속적 언약'을 생각하지 못할 이유가 무엇인가?

그러므로 '행위 언약'이라는 용어를 쓸 수 없다는 후크마의 논의는 그렇게 강한 것이 아니다. 오히려 우리는 '생명 언약', '에덴 언약' 등은 후의 은혜 언약에 대해서도 사용될 수 있다는 근거에서 거절했던, 또 '자연 언약'이라는 용어는 너무 포괄적이라고 보고, '창조 언약'도 그렇게 구체적이지 않다고 보면서 전통적으로 사용하던 용어인 '행위 언약'이라는 말을 사용한 벌코프를 존중하게 된다.[66] 따라서 전통적으로 사용하던 '행위 언약'이라는 용어를 '아담적 경륜'의 의미로 사용하며, 그와 혼용할 수도 있다고 해야 하지 않을까? 신학적 용어는 특별한 이유가 없는 한 선배들의 견해를 유지하고, 새롭게 제시되는 용어는 그 전통적 용어의 의미를 더 밝히고 보완하는 것으로 사용되는 것이 좋을 것이다. 그렇게 하지 않으면, 쓸데없는 논의로 시간과 정력이 낭비되고, 잘못하면 오해들도 증폭될 수 있다.

후크마는 때때로 전통적 용어의 의미를 더 잘 밝혀 주는 용어를 제안하고 병용하게 하기도 한다. 그 한 예로 '전적 부패'(total depravity)라는 말을 유지하고 사용하면서도 사람들이 오해하는 것을 저어하여 '전반적 부패 또는 철저한 부패'(pervasive depravity)라고 부르기를 애호한다고 말

---

[65] Cf. Vos, *Biblical Theology*, 제 3 장.
[66] Berkhof, *Systematic Theology*, 211.

하는 것을 들 수 있다(*Image of God*, 150). 또한 '그리스도의 적극적 순종'(the active obedience of Christ)이란 용어를 사용하면서도 그 의미를 밝혀 '법을 순종하는 순종'(law-keeping obedience)이라고 하고, '수동적 순종'(passive obedience, *passiva obedientia*)에 대해 '수난받으시는 순종'(suffering obedience)이라는 말을 사용하여 이 점에서 그리스도는 순전히 수동적이기만 하셨다고 생각하는 오해를 피하게 하고 그 의미를 더 밝혀 주는 용어를 사용한 것도 좋은 발전의 예라고 할 수 있다(*Saved by Grace*, 181).

마치는 말

이상에서 우리는 후크마의 신학의 특성들을 열거하고, 몇몇 문제점을 재검토해 보았다. 이제 우리에게 남겨진 과제는 후크마가 보여준 선구적인 개혁신학을 하는 태도를 가지고 그의 학문적 태도를 신학 전 영역에 적용하되, 그보다 더 철저하게 그 작업을 한다. 귀한 선배가 우리에게 남겨준 유산을 높이 사면서, 그의 작업을 다른 부분에도, 특히 그가 남겨 놓은 신론, 기독론, 교회론 부분에도 적용하고, 다시 새롭게 하는 신학 서론을 써서 그에 근거하여 더 충실한 신학을 제시하는 일이 20세기를 마무리하는 시점에선 이 땅의 개혁신학도들의 큰 과제다.

제 2 장

로버트 레이몬드의 정통파 장로교 신학

20세기 말 상황 속에서 〈웨스트민스터 신앙고백서〉에 가장 충실하려고 하는 신학을 제시한 이들 가운데 하나로 우리는 로버트 레이몬드(Robert Lewis Reymond, 1932-2013) 교수를 언급할 수 있다. 레이몬드 교수의 신학이 〈웨스트민스터 신앙고백서〉에 충실한 신학이라는 점은 평소에 그의 가르침이나 그의 다른 저술에서도 나타나고 있지만, 특히 그가 수년 동안 쓰고 안식년 동안에 가다듬어 출판했던 그의 조직신학이라고 할 수 있는 『기독교 신앙의 새로운 조직신학』의 진술 방식에서 가장 잘 나타나 있다.[1] 이는 그가 커버넌트 신학교에서와 낙스 신학교에서 가르치던 내용을 정리한 것이기(xix), 그의 강의를 들었던 학생들이 수년 동안 수백 번에 걸쳐서 그에게 요구한 대로(xx) 그의 강의를 들을 수 있는 기회를 가지지 못했던 대중에게(a

---

[1] Robert L. Reymond, *A New Systematic Theology of the Christian Faith* (Nashville, Tennessee: Thomas Nelson Publishers, 1998). 앞으로 이 책으로부터의 인용은, 때때로 원문 대조 등의 필요한 경우가 아니면, 본문 안에 ( ) 안에 페이지 수만으로 나타내기로 한다. 이 책 제목에서 우리는 그의 전임(前任) 교수였던 올리버 버스웰의 조직신학 책과의 연관성을 생각하게 된다. Cf. James Oliver Buswell, Jr., *A Systematic Theology of the Christian Religion*, 2 vols. (Grand Rapids: Zondervan, 1962, 1963).

larger reading public) 전달하는 것이기에, 이 책은 그의 신학에 대한 태도를 잘 알게 하는 책이다.

레이몬드는 신학의 각 주제에 대한 진술을 시작할 때 대개 그 주제에 대해서 웨스트민스터 신앙고백서가 진술한 것을 제시하고, 그 웨스트민스터 신앙고백서의 진술에 근거해서 성경과 신학사(神學史)의 내용을 설명해 가는 방식으로 그의 조직신학을 전개해 가고 있다. 한편으로 이렇게 한 것은 독창성이 없는 것처럼 보이기 쉽다. 이렇게 웨스트민스터 신앙고백서에 충실한 그의 신학은 그저 독창적이고 새로운 것을 찾아 헤매는 현대인들의 구미에는 잘 맞지 않을 수도 있다. 그러나 그는 장로교회의 목사들이 누구나 그렇게 서약하고 임직한 웨스트민스터 신앙고백서와 대소 요리문답은 성경의 가르침을 잘 요약한 것으로 받아 신종(信從)하는 장로교 목사요 장로교 신학자의 임무에 충실한 역할을 해주었고, 또 지금도 그런 역할을 하고 있다고 할 수 있다. 수많은 새로운 사조가 물밀듯 몰려오고, 모든 절대를 절대로 부인하고 포스트–모던적 상황 가운데서 이렇게 웨스트민스터 신앙고백서에 충실한 입장에서 신학을 제시하고, 그 입장에 서서 다양한 사상을 비판해 주는 신학자가 있다는 것이 우리들에게는 감사한 일이다. 그리고 이런 식으로 신학을 제시하는 레이몬드는 고전적 의미의 교의학에 충실한 것이라고도 할 수 있고(교의학을 교회의 신조에 대한 성경에 충실한 해석과 해설로 보던 입장을 참조하라!), 그 내용으로 깊이 들어가면 그가 독창성이 없는 것도 아니라는 것이 밝히 드러난다. 그는 독창성이 없고, 학문적 능력이 없어서 이런 식으로 신학을 하는 것이 아니라, 가장 성경에 충실한 신학을 하려는 그의 신념 가운데서 이런 식의 진술 방법을 사용한다.

학사와 석사, 그리고 박사학위를 모두 밥 존스 대학교(Bob Jones University)에서 한 사람에게서 우리는 이렇게 장로교 신조에 충실한 신학을 기대하기 어렵다고 속단할 수도 있다. 그러나 미국 장로교회(Presbyterian

Church in America, PCA)에서 임직하고 그 여러 교회들에서 목회하였으며, 그 교단 신학교라고 할 수 있는 커버넌트 신학교(Covenant Theological Seminary, St. Louis, Missouri)에서 22년간, 그리고 그 후에 제임스 케네디(Dr. James Kennedy)와 함께 세운 낙스 신학교(Knox Theological Seminary, Fort Lauderdale, Florida)에서 7년간 가르치며 교무처장(Dean of Faculty)을 역임한 사람에 의해서 이런 성격의 신학이 잘 제시되고, 또 이 책이 근자에 신학 저술에 수여되는 상을 받아 많은 이들에게 칭송의 대상이 되고 있다는 것은 아주 자연스럽게 받아들여질 수 있다.

우리는 성경의 모든 주요 주제들에 대한 그의 평생에 걸친 전문가로서의 성찰(a professional lifetime reflection), 그리고 역사 속에 나타난 다양한 관점들에 대한 그 함의를(xix) 제시한 레이몬드의 조직신학을 중심으로 그의 다른 저작들을 참조하면서 레이몬드 교수의 철저한 장로교 신학을 검토해 보려고 한다. 먼저 그의 신학의 일반적 특성들을 논한 후에 신학 각 주제들(the major themes, *loci communes*)에 대한 그의 정리와 진술의 특징적인 면들을 제시하고, 몇몇 논쟁점들에 대한 그의 독특한 입장을 밝히고 우리 나름의 평가를 시도해 보려고 한다.

I. 레이몬드 신학의 일반적 특성들

레이몬드 신학의 형식적인 특성은 우리가 위에서 밝힌 바와 같이 웨스트민스터 신앙고백서의 진술을 중심으로 그 내용을 성경적으로 신학적으로 해석하며 설명해 나간다는 점이다. 물론 이전에도 웨스트민스터 신앙고백서에 근거해서 개혁 신학과 개혁파 신앙의 내용을 잘 제시하고 설명하는 일이 있었다.2 그러나 그것들은 의도적으로 웨스트민스터 신앙고백서에 대한 강해를 하는 것들이었다. 그러므로 웨스트민스터 신앙고백서에 대한 강해서가 아닌 경우에 이런 식의 진술은 어떤 면에서는 새로운 시도라고 할 수 있다. 이로써 레이몬드는 웨스트민스터 신앙고백서에 요약적으로 진술된 장로교 신학에 대한 그의 충실성을 나타내고 있다.

이제 이런 형식적 특성을 지닌 그의 신학은 자신이 신학의 과제를 벌코프에게 동의하면서3 건설적(constructive)이고, 증거적이며(demonstrative), 비판적이고(critical), 변증적(defensive)이라고 말하는 바에 충실하게(xxxii), 교회의 신앙고백서에 나타난 교의들을 주로 다루는 신학자는 그 내용들을 조직적인 전체(a systematic whole)로 연관시키기를 원한다는 뜻에서 건설적이고, 각각의 교리들과 상호 연관성, 그리고 자신이 제시하고자 하는 새로운 요소들에 대한 성경적 증거를 제공하므로 그 모든 것이 성경이라는 토양에 깊이 뿌리박고 있음을 주해적으로 보여주어야 한다는 점에서 증거적이며, 오류를 발견하면 그것을 시정하고 빠진 곳이 있으면 그것을 보충하려고 하여 개혁된 교회는 항상 개혁되어야 한다는 원칙에 포함된 신학적 과업을 수행해야 한다는 점에서 비판적이고, 과거의 교회의 오류들 뿐 아니라 현대의 문제들도 잘 드러내어야 한다는 점에서 변증적이려고 한다.

---

2 이에 속하는 고전적인 예들로 다음 책들을 보라: Robert Shaw, *An Exposition of the Westminster Confession of Faith* (1845; Reprinted, Fearn, Rossshire, Scotland: Christian Focus Publications, 1992); A. A. Hodge, *The Confession of Faith* (1869; Reprinted, Edinburgh: The Banner of Truth Trust, 1958, 1992). Gordon H. Clark, *What Do Presbyterians Believe? The Westminster Confession: Yesterday and Today* (Philadelphia: Presbyterian and Reformed Pub. Co., 1965), 나용화 역, 『장로교인들은 무엇을 믿는가?』 개역 판 (서울: 한국개혁주의신행협회, 1980). 그리고 근자에 나온 한국의 고전이라고 할 수 있는 최낙재, 『웨스트민스터 소요리 문답 강해』, I & II (서울: 크리스챤 다이제스트, 2000).

3 Louis Berkhof, *Introductory Volume to Systematic Theology* (Grand Rapids: Eerdmans, 1932), 58-59.

신학의 과제를 이와 같이 인식하는 레이몬드의 구체적인 신학의 진술 속에서 드러나고 있는 그의 신학의 내용적 특성으로 우리는 다음과 같은 점들을 지적할 수 있을 것이다. 다음의 요점들은 그 자신이 자신의 작업을 검토하면서 밝히고 있는 것이기도 하고, 우리가 그의 주장 점들을 돌아보면서 확언할 수 있는 점을 열거한 것이다.

레이몬드의 신학의 가장 큰 특징은 무엇보다도 **하나님 중심적**(God-centered) **신학에 대한 강조**라고 할 수 있다. 이는 기독론 중심과 대조되는 하나님 중심을 말하는 것이 아니고,[4] 또한 그저 명목상이나 구호상의 하나님 중심성에 대한 강조를 말하는 것이[5] 아니고, 실제 내용에서 하나님 중심적 신학을 강조한다. 그래서 레이몬드는 우리의 "모든 진술과 선언에 있어서 하나님 중심적이어야 하고, 성경적 사유 형태 속으로 비성경적인 '존재의 유비'(analogia entis)를 집어넣어 사유하려는 모든 인간적 시도를 저항해야만 한다"는 것을 강조한다(xix). 레이몬드는 이를 성경이 "오직" 또는 "— 만을"을 강조하는 것에 대해서 "그리고"나 "덧붙여서"를 넣지 않는 것이라고 재미있게 표현한다. 그래서 신학 방법에서도 "이해하고 믿는"(I understand and I believe) 그런 방식이 아니라, "이해하기 위해서 믿는"(Fides quearens Intellectum) 방식을 취하여야 한다고 하고, 구원론에 있어서도 "하나님과 사람이 함께"(God and man) 협동해서 구원이 이루어진다고 말해서는

---

[4] 죤 힉의 사상 편력 가운데서 제 2 기에 해당하는 이 "신중심성"에 대한 강조로 다음을 보라. John Hick, *God and the Universe of Faith* (London: Collins, 1977), 125. 힉은 1980년대 이래로 또 다시 "구원 중심"의 모델로 전환했다고 평가된다. 그러나 이 구원 중심의 모델은 그가 말하는 신중심의 모델을 좀 더 철저히 한 것으로 이해 될 수 있을 것이다. 이런 힉의 입장에 대해서 Hick, in Four Views on Salvation in a Pluralistic World, eds. Dennis L. Okholm and Timothy R. Phillips (Grand Rapids: Zondervan, 1996), "죤 힉의 주장", 『다원주의 논쟁』(서울: 기독교문서선교회, 2001), 39-79, 그리고 논평들에 대한 그의 답변인 11-25를 보라.

[5] 그런 예들에 대한 분석으로 필자의 『개혁신학에의 한 탐구』(서울: 웨스트민스터 출판부, 1995)의 제 6 장인 "개혁신학의 독특성", 114를 보라.

안되고, "하나님만의"(God only) 능력으로 구원이 이루어진다고 말해야 하며, 칭의와 관련해서도 "믿음과 선행"을(faith and good works) 칭의의 수단이라고 말해서는 안 되고, "오직 믿음으로"(faith alone)를 말해야 한다고 한다(xix). 그러나 회개와 믿음, 그리고 성화에 대해서는 분명히 하나님께서 회개케 하시고(724f.), 믿게 하시고(731f.), 성화시키는 것을 말하며(778), 동시에 우리가 회개하고(724f.), 믿고(729f.), 힘써 성화해 가는 것을 강조한다(779).

그러나 이런 것이 그의 회개와 신앙과 성화관이 신 중심적이지 않게 하는 것이 아님에 주의해야만 한다. (이 점에 있어서는 웨스트민스터 신앙고백서 16장 3절, 벌코프나 머리[John Murray], 그리고 후크마 등의 입장도 전혀 다른 것이 아님에 유의해야 한다. 이와 연관해서 매우 적절한 머리[Murray]의 말을 인용해 보는 것이 좋을 것이다: "우리가 힘쓰고 일하기 때문에 우리 안에서의 하나님의 역사(役事)가 쓸데없는 것이 되는 것이 아니고, 하나님께서 역사하시기에 우리의 힘씀과 노력이 다 쓸데없는 것이 되거나 배제되는 것이 아니다. …… 하나님께서 우리 안에서 일하시고 우리도 일한다. 그러나 그 둘의 관계는 하나님께서 일하시므로 우리가 일한다."[6] 이런 신중심주의는 모든 개혁신학자들에게 공통적인 것이다.) 이처럼 레이몬드는 신학적 진술과 내용이 전체적으로 하나님 중심적일 것을 강하게 요구하고 참으로 개혁파적인 의미에서의 신중심적 신학을 제시한다.

레이몬드 신학의 두 번째 특성으로 우리는 **바른 복음에 대한 그의 강조**를 언급할 수 있을 것이다. 이를 우리는 레이몬드의 개혁파 신학의 '복음 중심주의'라고 언급하려고 한다. 그는 성경이 말하는 하나님의 바른 복음을 잘 제시하고 소위 "잘못된 복음들"(false gospels)에 대해 바르게 비판하고 교정하는 것이 매우 중요한 신학의 과제라고 생각하면서, 그런 거짓된 진술로 펠라기우스주의적 가르침, 반(半)-펠라기우스주의적 가르침,

---

[6] John Murray, *Redemption-Accomplished and Applied* (Grand Rapids: Eerdmans, 1955), 148-49.

반(半)-반(半)-펠라기우스주의적 가르침, 알미니우스주의적 가르침, 배교적 가르침, 종교 다원주의와 내포주의(1085-93) 그 외의 여러 거짓된 복음의 가르침에 대한 비판을 시도하고, 이에 대해 참된 해독제 구실을 하는 것이 오직 개혁 신앙이라는 확신 가운데서(xxi) 그의 신학을 제시한다. 그는 "복음의 개혁파적 표현은 살아 계시고 참된 한 분 하나님의 영원한 진리" 라고 믿는다. 그래서 그는 그리스도의 복음에 대한 그의 개혁파적 진술이 참으로 영원한 복음이 전혀 아닌 그런 다른 복음들에 대한 교정제 역할을 할 수 있다고 믿는다고 한다(xix). 그러므로 그의 신학적 진술들은 그저 상아탑에서의 놀이가 아니고, 이래도 되고 저렇게 해도 좋은 문제가 아니라, 우리의 신중한 반응을 요구하는 복음 진술을 돕는 과정으로 나타난다. 펠라기우스주의나 반(半)-펠라기우스주의, 알미니우스주의, 배교적 사상들, 그리고 복음에 대한 다른 왜곡들이 심각한 신학의 주제로 나타나는 이유가 여기 있다.7 예를 들어서, 레이몬드는 과거의 천주교의 교리적 문제만이 아니라, 오늘날의 천주교가 그 배교적 입장을 변경시키지 않고 있다는 것을 누구보다도 강하게 지적한다(756). 그리고 이렇게 잘못된 견해들의 문제들을 바르게 지적하는 것이 문자적으로 "복음 전도적 정신을 잃어버린" 반지식주의와 비성경적 사고 안에서 발전하고 있는 교회를 제대로 가르치는 데 기여하기를 바라면서(xxi) 그는 자신의 신학을 제시한다.

레이몬드 신학의 세 번째 특징으로 우리는 **성경에 근거하여 모든 신학적 사유와 전통을 세우고 여러 의견들 가운데서 가장 성경적인 입장에 충실하려고 하며, 성경의 가르침에 비추어서 심지어 개혁파적 전통도 수정하는 노력을 하는 신학**이라고 할 수 있을 것이다. 그는 항상 하나님의 권위 있는 말씀에 근거하여 신학할 것을 강조한다. 한곳에서 그는 "어떤 교리를

---

7 이를 이승구, 『진정한 기독교적 위로』 (서울: 여수룬, 1998), 제8강: "우리 스스로 하나님의 공의를 만족시킬 수 있을까?"의 논의(77-86)와 비교해 보라.

하나님의 권위 있는 말씀에 근거하기보다는 인간의 직관에 근거시키는 것은 아주 위험한 접근이다"(355)라고 말한다. 이를 우리는 '**성경 중심주의**'라고 표현할 수도 있고 **성경의 가르침에 근거해서 개혁파 전통을 수정해 가는 변혁주의라고도 할 수 있는 것이다**("개혁된 신학은 항상 개혁되어야 한다!"). 물론 이것은 위에 언급한 다른 특성들과 함께 개혁파 신학의 본래적 특성이기도 하다. 이는 우리가 성경의 가르침에 근거해서 전통적 개혁파의 가르침을 수정하고 개혁해 나가는 형태를 취할 수도 있고, 상당히 많은 경우에는 개혁파 내의 다양한 입장들이 제시되고 있을 때 그 중에서 가장 성경의 가르침에 충실한 입장을 취하고 그것을 더 성경적으로 발전시켜 제시하는 것으로 나타날 수도 있다. 그래서 레이몬드는 자신의 성경관 진술에서는, 자신이 판단할 때, 다른 입장들보다도 가장 하나님을 높이는 (God-honoring) 대안인 전제주의적 입장을 취하여 설명하고, 다른 개혁 신학자들도 때때로 관여하기도 하는 신 존재에 대한 논증을 하지 않으려고 한다(xxi, 그리고 제6장).

그리고 오늘날 개혁신학자들 가운데 반대로 나아가는 이들에 반해서 개혁신학은 하나님과 아담 사이의 행위 언약에 대한 고전적 주장을 유지해야만 한다고 주장한다(xxii & 제12장). 또한 사도행전에 나타나는 오순절 사건과 같은 것은 구속사의 과정에서 반복될 수 없는 계시적 의미를 지닌 것임을 주해적으로 잘 논의하며 개혁파의 전통적 해석에 충실한 입장을 제시하며 논의하고 있다(764). 이런 사건들은 교회사에 있어서 계속적으로 나타나야 할 규범적인 사건이 아니니, 그런 계시적 사건들이 계속될 필요가 없기 때문이라는 것이다(764). 또한 성령 충만을 그리스도의 말씀의 내주와 연관된다는 것을 강조하면서 개혁파 전통의 "말씀을 사용하셔서"(*cum verbo*) 역사하시는 성령님의 사역을 잘 설명하고 있다(766). 그리고 성찬을 유아 세례 받은 이들에게까지 확대해야 한다는 논의에[8] 반해서 고린도전서 11:28에 대한 주해에 근거하고, 성찬은 적극적 참여가 요구되는 점에서 소극적 참여만을 요구하는 유아 세례와는 구별된다는 논의에서 클라우니와 함께(Clowney, *The Church*, 284) 전통적 개혁파의 입장을 잘 드러내고 있다(958f.).

   그러나 레이몬드는 그저 개혁파적 전통을 반복하기만 하는 것은 아니다. 그는 성경의 가르침이 필연적으로 부과하지 않는 것이라고 판단되는 전통적 시도들에 따라가지 않으려고 많이 노력한다. 예를 들어서, 하나님의 속성들에 대해서 그는 그 어떤 분류도 시도하지 않고, 그저 웨스트민스터 신앙고백서의 진술을 따라서 진술하고 설명하는 방식을 취한다(xxi & 제7장). 또한 하나님의 영원성이 초시간성(supratemporality) 또는 무시간성(timelessness)을 포함하느냐는 논의들을 검토하면서 그는 그런 주장들에 자신이 동의할 수 없음을 밝히고, 그는 하나님의 영원성을 끝없으심(everlastingness)으로 보는 견해에 좀 더 기울어짐을 밝힌다(xxi, 176, 특히 n. 40). 또한 그는 삼위일체론에 대한 니케아-콘스탄티노플적 입장과 칼빈에 의해 수정된 입장을 대조하여 제시하면서 성경에 근거한 전통의 수정을 호소하기도 한다(xxi & 제9장). 또한 악의 문제에 대해서도 성경이 그런 문제에 대해서는 대답을 제공하지 않는 신비라고 보는 입장을 비판적으로 언급하면서 하나님은 모든 것의 궁극적 작정적 원인이시라는 의미에서 하나님께서 악의 작정적 원인(the decretal Cause of evil)이심을 확언한다(xxi, 그리고 제10장). 그리고 그는 다른 개혁신학자들에 비해서 창조가 구속적 존재 이유 외의 다른 존재 이유(*raison d'être*)를 가지지 못한다고 주장하면서, 다르게 주장하는 것은 비개혁파적인 자연 신학의 "도움을 주는" 근거를 제공하게

---

  8 이런 논의의 대표적인 예로 다음을 보라. Robert S. Rayburn, "Minority Report," appended to the "Report of the Ad-Interim Committee to Study the Question of Paedocommunion," *Minutes of the Sixteenth General Assembly of the Presbyterian Church in America* (1988), 519-27.

된다고 주장한다(xxi, 그리고 제11장). 그리고 그는 타락전 선택설을 진술하면서 이것이 왜 더 성경의 가르침에 충실한 것인지를 설명하고 있다(xxi, 그리고 제13장).

물론 레이몬드의 이런 선택과 입장 지지에 대해서 개혁신학자들 사이에 흥미롭고 열매 있는 논의가 필요한 부분이 있다. 그는 그저 자신의 입장만을 따를 것을 요구하는 것이 아니기 때문이다. 그는 성경과 논리와 신학적 전통에 근거해서 그의 독자들을 설득하려고 하고, 대화하려고 한다. 그러므로 그의 신학 제시는 우리 모두가 성경에 근거해서 좀 더 바른 신학적 진술을 하여 나가는 일을 위한 좋은 토대와 문제 제시 역할을 할 수 있을 것이다. 그러나 그가 성경에 근거해서 전통을, 심지어 니케아-콘스탄티노플 전통과 개혁파적 전통까지를 개혁하려고 한 시도, 성경에 좀 더 철저해 보려고 하는 그 시도는 모든 개혁신학의 추구자들의 귀감(龜鑑)이 될 수 있는 것으로 여겨진다.

네 번째로, 이상의 특성 가운데 이미 함의된 것이기는 하지만 강조를 위해 분리시켜서 다시 강조하자면, 레이몬드의 신학은 **개혁파적 변증을 염두에 둔 신학**이라고 할 수 있다. 이는 변증학에 큰 관심을 두고 있는 레이몬드의 신학적 의식의 아주 자연스러운 드러남이다. 그는 인간의 죄와 타락의 전인격적 영향, 따라서 인지적 영향도 아주 분명히 함으로써, 또한 구원의 전인격적 영향, 따라서 인지적 영향도 분명히 함으로써 온전한 개혁파적 인식론과 변증학의 좋은 토대를 제시한다.

레이몬드는, 벌코프와 함께,[9] 사람이 그의 전 존재에 있어서 타락의 영향을 받아 온전히 부패하였음을 강조하면서 그것에 죄의 인지적 영향(the noetic effects of sin)이 포함됨을 말한다(452). 그러나 하나님의 일반 은총

---

[9] Louis Berkhof, *Systematic Theology*, 246-47.

의 작용 때문에 타락한 사람도 논리적 추론을 계속할 수 있음을 말한다 (452). 그러나 이 일반 은총의 작용에도 불구하고, 그들에 대한 죄의 영향 때문에 "그들이 학문을 할 때 많은 것들이 그들을 방해한다. 예를 들어서, 거짓, 의도하지 않은 실수들, 논리적 추론에서의 잘못, 자기기만(self-delusion and self-deception), 상상에 공상적 요소가 들어오는 일, 다른 사람의 정신이 의도적으로 무의도적으로 영향을 미치는 것, 인간의 심리 전체에 영향을 미치는 신체적 연약함, 비조직적인 삶의 관계들, 잘못된 정보와 다른 학문에서 받은 부정확한 학습, 죄악된 자기 이익 추구, 정신적 능력의 약화, 삶의 내적 부조화, 그리고 가장 중요하게는 계시된 신지식에서만 발견되는 입각점으로부터 멀어짐 등이 방해한다"(452f.). 이런 것들은 죄의 인지적 영향의 아주 구체적인 열거라고 생각될 수 있다. 이로부터 더 나아가서 그는 변증적 작업을 염두에 두면서 그의 신학을 제시하고 있다. 이것이 가장 현저하게 나타나는 부분은 특히 제4장 "성경적 진리의 성격"에 대한 부분과 제5장 "지식과 개인적 의의를 위한 준거점으로서의 성경" 부분, 그리고 타락의 인지적 영향을 말하는 452f.라고 할 수 있다.

영민한 독자들은 이미 그렇게 생각하고 있겠지만, 이제까지 우리가 언급한 이런 특성들은 레이몬드의 신학만이 가지고 있는 특성은 아니다. 그것은 개혁파 신학이 처음부터 의식적으로 강조해 온 개혁신학의 특성들이라고도 할 수 있다. 그런 점에서 우리는 그를 20세기말이라는 이 포스트-모던적 분위기 가운데서 개혁파 신학의 전통에 의식적으로 내용적으로 충실한 신학자의 하나로 생각하게 된다. 이제 이 충실한 장로교 신학자가 다양한 신학적 주제들(*loci communes*)에 대해서 어떻게 정리를 하고, 개혁파 입장의 분명한 제시를 하고 있는지를 감사하는 마음으로 경청해 보도록 하자.

II. 신학적 주제들에 대한 그의 정리와 그의 독특한 입장들

이 제2장에 속하는 내용은 사실 레이몬드의 글을 실제적으로 읽고 대화하는 이들에게는 부가적인 것으로 여겨질 수도 있다. 그러나 다음의 논의를 위한 토대로서, 또한 신학적 주제들에 대한 그만의 독특한 기여들을 좀 더 드러내기 위해서 그의 진술 가운데 중요하고 그의 특성을 잘 나타내는 부분을 제시해 보도록 하려고 한다. 그의 논의 가운데서 개혁신학계 내에서 아주 당연한 것으로 여겨지는 것들은 그것이 주는 독특한 기여가 있지 않으면 언급되지 않을 것이다. 레이몬드의 특성을 그대로 드러내기 위해서 각각의 항목의 소제목을 그의 용어를 그대로 살려 제시하기로 한다. 먼저 구조적 특성에 대해 말하자면, 그는 조직신학의 내용을 전통적 방식과는 좀 달리 다섯 부분으로 나누어 제시하고 있다 제1부인 "다른 세계에서 온 말씀"에서는 전통적 서론에 해당하는 계시론과 성경론의 내용이 다루어지고 있고, 제2부인 "하나님과 인간"에서는 전통적 신론과 인간론의 내용이, 제3부인 "우리의 그 큰 구원"에서는 기독론과 구원론의 내용이, 그리고 제4부 "교회"와 제5부 "마지막에 될 일들"에서는 각기 교회론과 종말론의 내용이 다루어지고 있다. 이제 이들 각 부분에 대한 레이몬드의 정리 가운데서 그의 기여와 독특한 논의들을 제시해 보기로 한다.

II-1. "다른 세계에서 온 말씀"(A Word from Another World)

1. 신적인 계시의 사실

여기서 레이몬드는 구약과 신약의 증거를 잘 제시하면서 신적 계시의 사실을 밝히고 이에 대한 신정통주의의 계시는 항상 인격적 해후로서만 나타난다는 주장을 특히 복음주의에 대해 동감적이지 않은 제임스 바의 주장을[10] 사용하여 그도 계시는 행위로만이 아니라 언어적 전달로 주어졌음을 분명히 한다는 점을 들어서 논박하고(13-17), 인간의 언어는 하나님을 계시하기에 적합하지 않다는 언어 철학의 주장, 더 나아가 "절대적인 의미에서 문자적 진리와 같은 것은 있지 않다"는 윌버 마샬 우르반의 주장에 대해서,[11] 포이뜨리스, 패커, 존 프레임 등에게 동의하면서,[12] 이런 언어 이론은 자기 파괴적이고, 비실천적이며(19), 우리 하나님은 언어를 사용하시는 하나님이시며("그는 인류에게 문자적 진리를 말씀하셨다"20),[13] 성경은 하나님께서 사람에게 주신 문자적으로 참된 언어적 계시라는 점을 잘 드러내고 있다.

---

[10] James Barr, *Old and New in Interpretation* (London: SCM Press, 1966), 201, 77-78, 79, 80; idem, "Revelation Through History in the Old Testament and in Modern Theology," *Interpretation* (April 1963): 193-205, esp., 197, 201-202.

[11] Wilber Marshall Urban, *Language and Reality* (London: George Allen & Unwin, 1961), 382, 383.

[12] Cf. Vern S. Poythress, "Adequacy of Language and Accommodation," in *Hermeneutics, Inerrancy, and the Bible*, ed. Earl D. Radmacher and Robert D. Preus (Grand Rapids: Zondervan, 1984), 353-54; J. I. Packer, "The Adequacy of Human Language," in *Inerrancy*, ed., Norman L. Geisler (Grand Rapids: Zondervan, 1980): 197-226; John M. Frame, "God and Biblical Language: Transcendence and Immanance," in *God's Inerrant Word*, ed. John W. Mongomery (Minneapolis: Bethany, 1974), 160.

[13] 이와 연관하여 하나님의 언어 사용 능력(language-using ability)에 대한 지지로 레이몬드는 J. I. Packer, "The Adequacy of Human Language," 206-207을 들고 있다(20-21, n. 41).

2. 성경의 영감된 성격

다음으로 레이몬드는 성경은 하나님으로부터 온 계시이고 하나님이 그 저자요 원천이심을 주장하면서(25), 출 4:10-16; 7:1-4; 민 12:6-8; 신 18:14-21; 합 2:2-3; 렘 1:4-10; 렘 36장 등의 구약의 증거와 갈 1:11-2:21; 살전 2:13; 고전 2:6-13; 벧후 3:15-16; 딤후 3:16; 벧전 1:10-12 등의 신약의 증거를 들어서 잘 증거하고, 성경의 영감 됨을 워필드에게 동의하면서 강조하고(37-44), 그리스도께서 성경을 영감된 것으로 언급하셨음과(44-47), 신약의 저자들이 성경을 하나님의 말씀으로 인정한 것을 언급하고(47-49), 이로부터 다음과 같은 해석학적인 함의를 이끌어 내고 있다:

(1) "성경 자체의 계시성과 영감된 성격을 잘 드러내는 성경에 대한 성경의 교리는 우리들로 하여금 문법적 역사적 주해 방법을 고수하게 한다"(49).

(2) "성경에 대한 성경의 교리는 우리들로 하여금 성경의 조화(the harmonization of Scripture)에 헌신하게 한다"(49). 그리고 "이것은 성경의 정합성, 정경적 폐쇄성, 그리고 성경 계시의 유기적 성격을 전제로 한다"는 것도 블로허에게[14] 동의하면서 잘 밝힌다(51). 그러나 이 때에 계시의 점진성에 주의를 기울이지 않으면 계시 과정을 무시하는 우를 범할 수 있다는 점도 카이저에게 동의하면서[15] 잘 지적한다(51). 그래야만 성경의 유비를 버리지 않게, 블로허가 말하듯이 성경의 유비를 잘 사용하게 할 수 있다는 것이다(52).[16]

---

[14] Cf. Henri Blocher, "The Analogy of Faith in the Study of Scripture," 29-34.

[15] Walter C. Kaiser, Jr., *Toward an Exegetical Theology: Biblical Exegesis for Preaching and Teaching* (Grand Rapids: Baker, 1981), 137, 161, 140, 136.

그리고 (3) 성경의 많은 문학적 부분의 기연적이고 상황적(*ad hoc*) 성격에도 불구하고,17 성경에 대한 성경의 교리는 그 가르침을 우리를 가르치고 책망하며 바르게 하고 의로 교육하기 위한 무시간적 진리로 여기도록 한다(52). 이 말로써 그는 신약 시대와 우리 시대의 문화적 차이 때문에 성경이 우리에게 직접적으로 적용되는 모든 점을 부인하거나 거부해서는 안 된다는 것을 강조하고자 한다(53).

3. 성경의 속성들

여기서 레이몬드는 웨스트민스터 신앙 고백서 1장에 근거하여 (1) 성경의 필요성(1장 1절), (2) 영감성(1장 2-3절), (이와 연관해서 정경의 형성과 마감, 그리고 무오성[infallibility, 1장 5절, 9절]도 다룬다), (3) 성경의 권위(1장 4절), (4) 성경의 자증성(1장 5절), (5) 성경의 충족성(1장 6절), (6) 성경의 명료성(1장 7절), (7) 성경의 종국성(1장 8절, 10절) 등 그가 말하는 성경의 7 가지 속성들을 잘 설명하고 있다.

이 논의의 과정에서 레이몬드는 웨스트민스터 신앙 고백서의 작성자들이 성경에 대한 고백을 맨 앞에 놓은 이유를 잘 파악하면서 이를 종교에서 가장 근본적인 문제가 인식론적 문제와 권위의 문제라는 것을 잘 의식한 것이라고 높이 사면서, 성경에 대한 교리가 다른 모든 것이 그로부터 나오고 성장하는 뿌리라고 말하는 워필드에게 동의하며 그의 말을[18] 인

---

16 Blocher, "The Analogy of Faith in the Study of Scripture," 35.
17 이에 대해 레이몬드는 다음 논문을 언급하고 있다: Gordon D. Fee, "Reflections on Church Order in the Pastoral Epistles, with Further reflection on the Hermeneutics of *Ad Hoc* Documents," *Journal of the Evangelical Theological Society* 28, no. 2 (1985): 141-51.
18 Benjamin B. Warfield, "The Westminster Doctrine of Holy Scripture,"

용하고 있다(55, n. 1). 또한 오늘날에도 예언의 은사가 계속된다고 주장하는 그루뎀도 그런 은사를 가진 이들이 절대적 신적 권위를 가진 것은 아니라는 것과 틀릴 수도 있다는 것을 인정한다는[19] 점을 잘 밝히고(57, n. 5), 그럼에도 그루뎀의 견해에 반박하는 개혁신학자들의 견해를 잘 소개하고 있다.[20]

그리고 그 이런 문제에 대한 레이몬드 자신의 강한 입장을 다음과 같이 천명한다: "하나님께서 오늘날도 예언자들과 방언을 통하여 사람들에게 직접적으로 말씀하신다고 믿는 것은 그만큼 그가 성경을 하나님으로부터 온 말씀으로 절대적으로 필요로 하지 않는 것이며 따라서 오직 성경의 위대한 종교 개혁적 원리를 버려 버린 것이다"(59). 그리고 그는 다른 개혁신학자들과 함께 "신약 선지자들의 영감은 그쳐졌으므로, 선지자직도 그쳐졌고," "선지자적 직임은 가르치는 직임 속으로 편입되어졌다"고 한다(84).[21] 레이몬드는 복음주의자들에 대한 공격에 대항해서 복음주의자 중 그 누구도 성경을 경배해 온 이가 없으며 그들은 그것이 하나님의 말씀이기에 성경을 높이 보며, 따라서 그런 존중은 성경 숭배(bibliolatry)가 아니라는 것을 강조한다(93).

Selected Shorter Writings of Benjamin B. Warfield, ed., John E. Meeter (Nutley, N.J.: Presbyterian and Reformed, 1973), 2:561.

[19] Wayne A. Grudem, *The Gift of Prophecy in 1 Corinthians* (Lanham, MD: University Press of America, 1982), 78-79.

[20] Cf. Richard B. Gaffin, Jr., *Perspectives on Pentecost* (Phillipsburg, NJ: Presbyterian and Reformed, 1979), 65-67; R. Fowler White, "Richard Gaffin and Wayne Grudem on I Cor. 13:10: A Comparison of Cessationist and Nocessationist Argumentation," *Journal of the Evangelical Theological Society* 35/2 (1992): 173-81; idem, "Gaffin and Grudem on Ephesians 2:20: In Defense of Gaffin's Cessationist Exegesis," *Westminster Theological Journal* 54 (Fall 1993): 303-20; O. Palmer Robertson, *The Final Word* (Carlislie, PA: Banner of Truth, 1993), 85-126; Edmund P. Clowney, *The Church* (Downers Grove, IL: IVP, 1995), 257-68.

[21] Cf. David Clyde Jones, "The Gift of Prophecy Today," *The Presbyterian Guardian* (December 1974), 163-64. 우리는 오늘날 선지자가 없고 성경에 의존해야 한다는 주장으로 Murray, *Collected Writings*, 1:19-22.

4. 성경적 진리의 성질

여기서 레이몬드는 엄밀히 말하자면 반틸과 클락의 중간쯤에 해당하는 입장을 취하여 표명한다. 이에 대해서는 그의 『개혁주의 변증학』에서 그가 표현한 바와 같은 것을 표현하고 있다고 할 수 있다.

5. 지식과 개인적 중요성에 대한 입각점으로서의 성경

위 절과 함께 이 절은 레이몬드의 변증학적 입장의 토대라고 할 수 있는 것으로 여기서 레이몬드는 성경이 그리스도인의 지식과 의미의 준거점, 우주 밖의 지렛점이라고 할 수 있다는 것을 강하게 표명한다(111). 레이몬드는 이런 점에서 지식의 건축을 위한 유일하게 가능한 출발점을 자아로 언급한 리고니어 변증학자들을[22] 비판한다(112, n. 3).

II-2. "하나님과 인간"

1. 신론에 대한 서론

---

[22] R. C. Sproul, et al., *Classical Apologetics* (Grand Rapids: Zondervan, 1984), 212.

이 신론에 대한 서론에서 레이몬드는 전통적인 신 존재에 대한 논증을 존재론적 논증과 경험적 논증으로 나누어 소개하되, 이 논증들에 근거해서 하나님을 믿을 수 있음을 보여 주기 위해서가 아니라, 자신은 이런 논증들을 추천하지 않으니 이 논증들은 근본적으로 건전하지 못하고 그리스도인들은 건전하지 못한 논증을 사용해서는 안되고, 불신자들로 하여금 이 논증들을 믿도록 해서는 안되다는 것을 보여 주기 위해(131) 이 논의를 한다. 그가 말하는 바는 우리는 이런 전통적 유신 논증에 근거해서 하나님을 믿는다고 고백하는 것이 아니라, 하나님께서 자연과 섭리 가운데서 **일반적으로** 자신을 계시하셨고, 신구약 성경에서 **명제적으로** 계시하셨으며, 그의 아들 주 예수 그리스도 안에서 **인격적으로** 계시하셨고, 말씀과 성령의 사역 안에서 **구원적으로** 계시하셨기에 하나님께서 참으로 계시다고 믿는다는 것이다(131f.). 그러므로 유신 논증에 대한 그의 논의는 신학사(神學史)에서 매우 독특한 위치를 차지한다. 여기 하나님을 가장 분명히 믿는 학자의 유신 논증의 문제점을 신랄하게 비판하는 논의가 있다.

2. 하나님의 이름들과 어떠하심

여기서 레이몬드는 성경에 나타난 하나님의 이름[神名]들을 소개하는 일로부터 시작한다. 다양한 이름을 소개하는 중 "여호와"라는 이름에 대한 소개에 있어서 그는 한편으로는 래어드 해리스를 따라서 "에"(eh)로 끝마쳐지는 것은 다윗 시대 이후라는 생각에서 이것이 "야웨"(Yahweh)로 발음되었을 리는 없고, 모세 시대에는 네 글자로 된 말이 두 음절로 발음되었을 수 없다(그런데도 레이몬드 자신은 Yahweh로 쓰고 있음에 유의하라). 그러나 우리는 이 말의 기원을 알 수 없고(unknown origin) 그 발음이 어떤 것인지도 모르고, 따라서 "그의 이름에 대한 의심스러운 어원에 근거해서가 아니라, 성경에 나타나는 그의 사역과 그에 대한 묘사로부터 찾는 것이 더 안전하다"는 견해에[23] 상당히 동의하면서도, 출애굽기 3:14의 "예흐예"(הֶיְהֶא)와의 연관성 가운데서 이 이름이 "하야"(הָיָה) 동사의 드문 형태인 "하바"(הָוָה)와 연관되어 있음을 지적하고 있다(157). 이렇게 말할 때 레이몬드는 이것이 그의 존재와 신실하신 현존을 시사하면서 그가 계시다(he is or he exists)고 자신의 이름을 붙이신 것이라는 생각을 전한다(157).[24] 레이몬드는 또한 이 "여호와"가 신약의 삼위일체 하나님이시라는 사실을 잘 지적하며, 이 용어가 구약에서 어떤 때는 특히 성부를(시편 2:7, 110:1) 어떤 때는 성자를 어떤 때는 성령을 지시하는 데 사용되었다고까지 말하고 있다(158).

하나님의 성질에 대한 논의에서 레이몬드는 역시 웨스트민스터 신앙고백서 제2장 1-2절과 특히 소요리문답 제4문에 근거해서 하나님은 그 존재, 지혜, 능력, 거룩하심, 의로우심(공의), 선하심, 그리고 참되심에 있어서 무한하시고, 영원하시며 불변하시는 영이라는 정의에 근거하여 하나님의 속성을 설명하고 있다. 전통적인 속성의 분류를 따르지 않고, 소요리 문답의 진술을 중심으로 하나님의 속성들을 하나님의 성질(nature)로 설명하고 있다. 여기에 레이몬드의 속성론의 독특성이 있다.

그래서 레이몬드가 말하는 하나님의 속성론은 전통적 속성론의 전개와는 좀 다르게 진술된다. 즉, 그는 "존재에 있어서 무한하시고 영원하시며, 불변하심"이라는 제하(題下)에서 편재성(168-171)과 영원성(172-77), 그리고 불변성을 다루고(177-84), "지혜에 있어서 무한하시고 영원하시고

---

[23] R. Laird Harris, *Theological Wordbook of the Old Testament*, ed. Harris, Gleason Archer, and Bruce Waltke (Chicago: Moody, 1980), 1:210-11; idem, "The Pronunciation of the Tetragramaton," in *The Law and the Prophets*, ed., J. H. Skilton (Nutley, N. J.: Presbyterian and Reformed, 1974), 215-24.

[24] Cf. J. Barton Payne, *The Theology of the Older Testament* (Grand Rapids: Zondervan, 1962), 147-48.

불변하심"이라는 제하(題下)에서 지혜와 지식을(184-191), "능력에서 무한하시고 영원하시며 불변하심"이라는 제하에서 전능성을(191-93), "거룩성에서 무한하시고 영원하시며 불변하심"이라는 제하에서 거룩성을(193-96), "공의에서 무한하시고 영원하시며 불변하심"이라는 제하에서 하나님의 의를(196-99), "선하심에 있어서 무한하시고 영원하시며 불변하심"이라는 제하에서 선하심을(199-201), 그리고 "참되심에서 무한하시고 영원하시며 불변하심"이라는 제하에서 하나님께서 논리적으로 합리적이고, 윤리적으로 신뢰할 만하며, 언약적으로 신실하심을 논의한다(201-202). 그 과정에서 레이몬드는 "영광은 각각의 속성들과 속성들 모두의 총합이다"고 한다(165). 따라서 하나님의 속성 중 어느 하나라도 인정하지 않는 것은 하나님의 영광을 공격하는 것이며, 그것이 없이는 그가 하나님이 아니신 그것(즉, 영광)을 부인하는 것이라고 한다(165).

그리고 그는 각 속성의 의미를 잘 인식하여 진술한다. 예를 들어서, 하나님은 어디에나 계시므로 문자적으로 오거나 가는 것이 아니심을 잘 지적한다. 그러므로 그런 용어가 성경에 사용되었을 때는 하나님께서 은혜로나 심판으로 당신님의 역사를 특별하게 나타내시는 은유적인 언어로 인식해야 한다고 잘 지적하며(170), 성자께서 성육신하실 때도 편재성을 버려두시거나 접어 두시지 않으셨음을 알렉산드리아의 시릴과[25] 칼빈,[26]

---

[25] Cyril of Alexandria, "The Epistle of Cyril to Nestorius with the XII Anathematisms," in *A Selected Library of Nicene and Post-Nicene Fathers of the Christian Church*, Second Series, ed., Philip Schaff and Henry Wace (Grand Rapids: Eerdmans, 1956), 14: 202: "[영원하신 말씀이] 당신님을 친히 우리를 위해 낳아지시는 데 복속시키셔서, 그가 가지고 계셨던 것을 버리지 않으시면서, 여인에게서 난 남자로 오셨다; ······ 비록 그가 혈과 육을 취하셨으나 그는 그가 본래 그러하셨듯이 본질에 있어서 참으로 하나님이셨다. 또한 그의 몸이 신적 성질의 몸으로 바뀌어졌다고 해서도 안 된다. 또한 몸의 성질을 위해서 하나님의 말씀의 형언할 수 없는 성질이 저버려졌다고 해서도 안 된다. 왜냐하면 성경에 의하면 그는 불변하셨고, 그 존재에 있어서 불변하시며 항상 동일하시기 때문이다. 비록 눈에 보이시고 강보에 싸인 아기이며, 동정녀 마리아의 품속에 있을 때조차도 그는 하나님으로서 온 피조계를 가득 채우고 계셨으며, 그를 낳으신 분(성부)와 함께 온 세상을

그리고 하이델베르크 요리문답 48문답을 인용하며 잘 밝히고 있고(170f.), 심지어 성령님의 오심에 대해서도 그 "오심"이라는 용어가 문자적인 것이 아니고, "그의 현존이 오순절 날 다락방에서 독특하게 나타나셨다는 의미"라는 것을 잘 말하고 있다(171).

특히 하나님의 지식에 대한 레이몬드의 강조는 아주 뛰어나다. "성경 가운데 계시된 하나님의 지식이 모든 인간의 진술에 대한 타당성의 시금석이다"(186). 구체적인 것들과 사소한 것들에 대해서 의문을 표하던 과거의 스콜라 신학자들에[27] 반해서, 레이몬드는 성경은 하나님께서 별들의 수효를 정하시고 그것들의 이름을 불러내신다고 하며(시 147:4), 또한 히브리서 4:13, 누가복음 12:6, 그리고 마태복음 10:29, 30 말씀에 근거해서 하나님께서는 사소한 것도 아신다는 것을 단언한다(186). 또한 하나님은 미래를 작정하셨으므로 미래도 무오하게 아신다고 단언한다(186). Peter Da Fonseca (1528-1599), Lessius (1554-1623), 그리고 Luis de Molina (1536-1600) 등의 중간지식(*scientia media*)설에 대한 레이몬드의 논박 또한 훌륭하다(189-90).[28]

다스리고 계셨다. 왜냐하면 신성은 양이나 차원을 갖지 않으시고 제한이 없으시기 때문이다."

[26] Calvin, *Institutes*, II. xiii. 4.

[27] Cf. Jerome, *Commentary on Habakkuk*, on 1:13, 14: "매 순간 얼마나 많은 이가 태어나는 지를, 땅에 있는 파리의 숫자와 같은 사소한 것까지를 생각하는 것은 하나님의 엄위에 걸맞지 않는다"; Aquinas, *Summa Theologica*, I, Q. 23, Art. 7: "비록 하나님께서는 [부패한] 개인들의 총수를 아시지만, 소들, 파리들 들과 같은 것의 숫자는 그 자체가 하나님에 의해서 미리-정해진 것은 아니다."

[28] 레이몬드가 동감하는 중간 지식설에 대한 반론들로 다음을 보라: Francis Turretin, *Institutes of Elenctic Theology* (Philipsburg, N.J.: Presbyterian and Reformed, 1992), I; 212-18; Paul Helm, *The Providence of God* (Downers Grove, Ill.: IVP, 1993); David Basinger, "Divine Control and Human Freedom: Is Middle Knowledge the Answer?," *Journal of the Evangelical Theological Society* 36, no. 1 (1993): 55-64; and David M. Ciocchi, "Reconciling Divine Sovereignty and Human Freedom," *Journal of the Evangelical Theological Society* 37/3 (1994): 395-412.

레이몬드는 또한 근자에 나타나고 있는 하나님께서 스스로 자신의 지식을 제한하신다는 생각에 대해서도 그것이 이사야서 등 성경과 과거 개혁신학자들의 사유 방식과 얼마나 거리가 먼 것인지도 잘 논의하고 있다(190f.). 그는 심지어 하나님의 온전하신 주권과 전지성, 그리고 인간의 자유를 우리에게 역설로 제시하는 시도까지도 못마땅해 할 정도로 하나님의 절대적 지식을 강조한다(190f.).

하나님의 거룩성에 대해서 말하면서는 심지어 죄 없는 피조물인 스랍들도 하나님 앞에서는 계속해서 자신들을 가리워야 할 정도로, 피조성에 대한 초월성 때문에 하나님이 구별될 정도로 거룩하심을 말한다(194). 하나님의 선하심과 관련해서는 하나님께서 그의 피조물에게 낮추어 내려오시는 것을 강조하는 것이 하나님의 선하신 속성이라고 한다(199). 하나님이 합리적이심을 말하면서는 "논리가 하나님의 속성 중 하나"라고 말하는 프레임의 말을 긍정적으로 인용한다(201).[29]

3. 삼위일체 하나님

웨스트민스터 신앙고백서 제 2 장 3절을 중심으로 한 삼위일체에 대한 논의에서 레이몬드는 삼위일체 계시의 역사적 성격을 분명히 하고, 성자의 신성에 대한 증거를 211-312까지 길게 주해적으로 상세하게 논의한 후, 성령의 신성과 독자성을 논의하여(312-15) 먼저 삼위일체론의 성경적 근거를 제시하고 있다. 수많은 성경적 근거를 제시하는 중 중요한 요점으로 시편 149:2의 (그의) "창조자", 전도서 12:1의 (너의) "창조자", 그리고 이사야

---

[29] John M. Frame, *The Doctrine of the Knowledge of God* (Philipsburg, N.J.: Presbyterian and Reformed, 1987), 253.

54:5의 (너의) "창조자"와 (너의) "남편"이 복수형으로 나와 있는 것을 엘로힘과 같은 집중의 복수(plurals of intensification)로 제시한다(209). (그런데 그렇게 되면 그것을 삼위일체에 대한 시사로 제시할 수 있느냐 하는 질문이 제시될 수 있다. 집중의 복수로 보는 이들은 대개 삼위일체에 대한 시사로 보지 않으려고 하기 때문이다. 그렇다면 삼위일체성은 다른 데서 찾아야 할 것이다.)

  기본적으로 레이몬드는 워필드와 벌코프에게 동의하면서 신약에서는 어디에나 하나님의 삼위일체적 성격이 가정되어 있고, 이 교리가 형성되어 가는 것이 아니라, 이미 형성되어 있었다고 본다(209). 이하 기독론과 성령에 대한 주해적 논의에 근거한 삼위일체론 정립은 주해의 과정을 조직신학에 반영하려는 좋은 시도로 여겨진다.

4. 신조들 속의 삼위일체

주해를 통해 삼위일체에 대한 이해를 제시한 후에 교회의 공식적인 신조들 가운데서 삼위일체론이 진술되는 과정을 요약해서 잘 진술하고 있다. 이 논의의 요점은 그가 모두(冒頭)에 하고 있는 말, 즉 "초대 교회의 삼위일체론은 예수 그리스도와 성령님이 신적인 분이시라는 확신의 논리적 귀결이다"(317). 그의 정리 논의 중에서 기여가 되는 점들만을 언급하면 다음과 같다.

  (1) 우선 기본적으로 그의 아주 현대적인 이해 하나를 언급하자면, 머리(Murray)에게 동의하면서 삼위를 신성 안에 있는 구별되는 자의식적 자아들(distinct self-conscious Egos)로 이해하며 진술하는 것을 들 수 있다 (320, 322, 336).[30] 또한 각 위는 각 위에게 독특한 방식으로 알아야 할 모든 것을 아신다고도 말한다(322). 그리고 이렇게 삼위를 자의식의 중심이 셋

---

[30] Cf. John Murray, *Collected Writings of John Murray* (Edinburgh: Banner of Truth, 1982), 4: 278-79.

있는 것으로 이해하면 삼신론이 불가피해진다고 말하는 시릴 리차드슨의 비판에[31] 대해서 반박하면서, 진정한 삼신론은 세 분의 나뉘어진 신들을 요구하여, 한 신을 제외해도 다른 위의 신 됨에 전혀 지장이 없는 것이 되지만, 삼위일체 하나님의 경우에 있어서는 그렇지 않기 때문이라고 논의한다(323f.).

(2) 성부와 성자, 성령이 각기 구별되는 특성들(ιδιότςτες)을 가지심을 분명히 하면서, 이를 언급하는 중에 성부께서 영원히 낳으시는 것과 관련하여 다른 이해들에 반하여 벌코프를 인용하면서[32] 이 영원 출생은 "항상 계속되면서 영원히 완료된"(always continuing and yet ever complete) 행위라고 진술하는 점도(325) 이런 좋은 정리의 하나로 여겨질 수 있다.

그리고 레이몬드는 니케아 종교 회의 시대와 그 이후 시대에 성자의 이 영원 출생에 대한 네 가지 주된 논의를 다음과 같이 잘 정리하여 제시하고 그 하나하나에 대한 논의를 제시한다: (a) "아버지"와 "아들"이라는 칭호 자체의 시사점, (b) "독생자"(μονογενής)라는 용어의 시사점(요 1:14, 18; 3:16; 요일 4:9), (c) 요 5:26에 대한 해석, (d) 요일 5:18b의 해석(325). 이 외에 투레틴은 시 2:7, 잠 8:22-31, 미 5:2, 골 1:15, 히 1:3에 이 교리가 가르쳐진다고 논의하나,[33] 투레틴의 논의는 논의적이고 제시적이기보다는 주장적이고, 성경적이기보다는 스콜라주의적이라는 점도 잘 지적하고 있다(325, n. 10).

첫째 요점과 관련해서 그는 한 성부, 성자 등 용어와 관련해서 그런 용어가 성자의 종속과 의존을 지시하기보다는 성경적 의미에서는 성질

---

[31] Cyril Richardson, *The Doctrine of the Trinity* (New York: Abingdon Press, 1958), 94.

[32] Berkhof, *Systematic Theology*, 93.

[33] Cf. Francis Turretin, *Institutes of Elenctic Theology*, ed. James T. Dennison, Jr., (Philipsburg, N. J.: Presbyterian and Reformed, 1994), third topic, question 29.

의 같음을 의미하는 것이고, 예수님의 경우에는 성부와 신성에 있어서 동등성을 지시하는 것이라고(요 10:30-36) 잘 지적한다(325).

둘째 요점과 관련해서는, 오늘날에는 "독생자"라는 말이 출생 양식을 지칭하여 "유일하게 낳아진"(only begotten)이라는 뜻을 전하기보다는 "하나뿐인"(one and only, 눅 7:12; 8:42; 9:38) 또는 "독특한"(only one of a kind or unique)라는 뜻을 말하는 것이라는 데에 학자들의 의견일치가 있다고 하면서, 워필드도 이것에서 "독특한 그리고 동일 본질의"라는 의미를 생각했음을 말하고 있다(326).34 그런데 사실 워필드가 우려했던 것은 성자의 출생 개념이 아니라, 이로부터 사람들이 생각하는 파생과 종속 개념이었고, "모노게네스" 용어에서 "독특한"이라는 개념을 생각한 것도 그런 종속 개념이 없다는 것을 드러내기 위한 것이라고 생각된다. 그렇기에 그는 이 "독특한"이라는 말을 "동일 본질" 개념과 병렬시키고 있으며, 그리하여 결국 이 "모노게네스" 개념으로부터 워필드는 "예수님은 그저 하나님이시다"(Jesus is all that God is)고 결론 내리고 있음을 주목해야 한다.

셋째 요점과 관련해서 레이몬드는 요 5:26이 과연 존재론적인 의미를 지닌 것으로 해석될 수 있는지에 대한 의문이 있을 수 있으며, 이 구절은 메시아적 특권을 지칭하는 것으로 이해될 수 있다고 하면서 핫지의 견해를 언급한다(326).35

넷째 요점과 관련해서는 요한일서 5:18b가 과연 성부께서 성자를 영원히 낳으시는 것을 지칭하는지에 대한 의문이 있을 수 있음을 지적하고 있다(326). 그래서 레이몬드는 결국 니케아 교부들이 성부와 성자의 위격적

---

34 Cf. Warfield, *Biblical Doctrines* (New York: Oxford, 1929), 194. 이와 관련해서 레이몬드는 다음도 언급한다: Dale Moody, "God's Only Son: The Translation of John 3:16 in the Revised Standard Version," *Journal of Biblical Literature* 72 (1953): 213-19; BAGD, *A Greek-English Lexicon of the New Testament*, 527 (326, n. 11).

35 Hodge, *Systematic Theology*, 1:470-71.

속성들을 구별하기 위해 동원한 사변에 대한 성경적 보증은 적다고 결론 내린다(326). 이런 레이몬드의 논의에 동의하면서도 그가 이런 논의를 길게 한 의도에 대해서는 동의할 수 없을 수도 있다. 레이몬드는 "성부만이 자존적 존재이고(has being from himself), 성자는 영원히 그 존재를 성부로부터 얻는다(derived)"(325)는 개념에 반대하려고 하는 듯이 보인다. 그래서 그는 성자의 영원 출생 교리에 대해서 비판적 논의를 한다. 그러나 성자의 영원 출생 교리가 과연 그런 종속과 파생 개념을 말하려는 것이었을까? 이는 오히려 성자의 성부와의 영원한 관계성을 지칭하려던 것이 아닐까? 이에 대해서는 말미의 논의점에서 더 논의해 보기로 한다.

(3) 성령의 이중 나오심(double procession) 교리와 관련해서 레이몬드는 이것이 힐러리(Hilary), 암브로시우스(Ambrose), 제롬(Jerome), 어거스틴(Augustine)에게 거슬러 갈 수 있고, 5세기에 보편적 교리로 레오 I 세가 정통신앙의 한 부분으로 선언되기를 원하였고,[36] 그 결과 589년 스페인 톨레도 공의회에서 "아들로부터도"(*filioque*)라는 어귀가 콘스탄티노플 신조에 첨가되었음을 잘 밝힌다(331).

그러나 레이몬드는 이 표현 자체가 설명하려다가 성경을 넘어선 또 하나의 예라고 하면서 이런 표현 전체를 비판적으로 논의한다(332). 그러면서 요한복음 15:26에 대한 B. F. Westcott, Alfred Plummer, J. H. Bernard, H. R. Reynolds, Raymond E. Brown, F. F. Bruce, Leon Morris, J. I. Packer, D. A. Carson 등의 주해를 인용하면서 성자의 나오심이라는 개념 자체에 반대하는 듯한 논의를 전개한다(332-34).

이런 레이몬드의 논의는 Loraine Boettner, J. Oliver Buswell

---

[36] 이는 레오 1세가 스페인의 감독 중 한 사람인 Turibius of Asturica에게 보낸 447년 7월 21일자 서간인 *Quam laudabiliter*에 나타나 있다고 한다(*Enchiridion Symbolorum*, eds., Denzinger and Schönmertzer, 284)(331, n. 19).

의 입장과 비슷한 논의다. 뵈트너도 요한복음 15:26에 대해서 이는 성령의 나오심과는 다른 것을 지칭하는 표현이고(335),[37] 버스웰도 이를 고대 교회가 부정확하게 이해하여 성령의 영원한 나오심에 대하여 말한 것이고, 이런 교리의 유일한 가치는 성령과 성부와 성자의 관계를 이해하는 도구를 제공하는 것이나 "나오심"(procession)이라는 단어가 도움이기보다는 장애가 된다고 말했기 때문이다(335f.).[38] 그러나 그는 성령의 숨쉬어지심(*spiratio*)이라는 용어는 유지하며 사용한다(336). 단지 그 '숨 쉬어지심'(*spiratio*)의 방식을 정의하려고 하지 말아야 한다고 한다(336). 이에 대해서는 후의 논의 점에서의 비판적 논의를 참조하라.

4. 하나님의 영원하신 작정

웨스트민스터 신앙고백서 제3장 1-8절에 근거한 하나님의 작정에 대한 설명에서 그는 무엇보다도 하나님께서 세상을 창조하실 때 인간의 자유를 위해서 당신님의 주권과 전지성을 자유롭게 제한하시기로 하셨다고 주장하는 피녹 등의 견해를[39] 잘 소개하고 비판하고 있다는 점에서, 그리고 결국은 "하나님의 의지가 모든 것의 원인이며" "하나님의 의지보다 더 크고 높은 것은 찾아질 수 없다"고 단언하는 칼빈의 입장을[40] 잘 드러내고 옹호하

---

[37] Loraine Boettner, *Studies in Theology* (Phillipsburg, N.J.; Presbyterian and Reformed, 1985), 123.

[38] Buswell, *A Systematic Theology of the Christian Religion*, 1:119-20.

[39] 그가 언급하는 저작들은 다음과 같다: Clark Pinnock, ed., *Grace Unlimited* (Minneapolis: Bethany, 1975); Clark Pinnock et al.., *The Openness of God* (Downers Grove, Ill.: IVP, 1994); Pinnock, "God's Sovereignty in Today's World," *Theology Today* 53, no. 1 (1996): 15-21; Pinnock, "Does God Relate?" *Academic Alert*, IVP's book bulletin, 3, no. 4 (1994).

[40] Calvin, *Institutes*, III. xxiii. 2.

고 있다는 점에서 매우 현대적이며 동시에 개혁파 정통주의적 논의를 제공하고 있다고 할 수 있다. 이를 잘 드러내기 위해 그는 구약과 신약의 증거들을 논의한 후에(357-71), 이 논의에서 혼동을 피하도록 하기 위해서 개혁신학에서 어떤 인간의 행위가 자유롭다고 할 때 그 말의 의미를 설명한다. 즉, 어떤 행동이 사람의 의지에 손상을 주지 않고 자연스럽게 자원해서 이루어졌으면 그 행위는 자유로운 행위라고 언급된다는 것이다(373).[41]

레이몬드의 결론은 "사람들은, 피녹이 가르치려는 바와 같이 그들이 원하기 때문에 (하나님께) 나오는 것이 아니라, 그들이 마땅히 나아 와야 한다고 하나님께서 의도하시기 때문에 나온다"는 것이다(380). 그는 그 자신이 잘 말하고 있듯이 "하나님께서 하나님 자신의 영광을 위하여 되어질 모든 것을 미리 작정하셨으며"(380), "하나님의 작정적 의지는 결코 좌절되지 않고, 그의 지혜로운 작정은 실패하지 않으며 그의 영원한 목적이 방해받지 않는다"는 것을 잘 밝혀 주었다(381).

5. 창조와 섭리 사역

창조에 대해서는 웨스트민스터 신앙고백서 4장 1절-2절에 근거하고 창세기 1-11장의 역사적 진정성에 근거해서 논의하면서, 먼저 "무로부터의 창조"(creatio ex nihilo)를 부인하는 논의들을 소개하고 비판하는 작업을 한다.

특히 미국 유대 출판 협회(the Jewish Publication Society of America)에서 1955년에 7명의 학자를 임명하여 1962년에 발간된 『토라: 맛소라 사본에 근거한 성경의 새 번역』의 창세기 1:1-3의 번역과 Ephraim A.

---

[41] Cf. A. A. Hodge, *Outlines of Theology* (Edinburgh: Banner of Truth, 1972), 287-88.

Speiser의 창세기(1964)의 번역들에서, 11세기의 Rashi와 19세기의 Heinrich Ewald, 20세기 초의 Theophile J. Meek,[42] *The Westminster Study Edition of the Holy Bible* (1948), 그리고 RSV의 난하 주 등을 따라서 1절의 "브레쉬트"(בְּרֵאשִׁית)를 연계형으로 처리한 것과 관련하여 흔히 내세우는 문화적 이유에서도 이를 연계형으로 볼 이유가 없음을 논의하고(387-89), 문법적으로는 1절이 절대형으로 이해될 수도 있고, 연계형으로 이해될 수도 있으나(389), 영(Young)이 제시하는 다음의 세 가지 이유 때문에 이를 절대형으로 보아야 한다고 결론 내린다. (1) 히브리 본문에서 "브레쉬트"(בְּרֵאשִׁית)에 분리형 악센트가 나타나는 것으로 보아 맛소라 사본에서는 절대형으로 여기고 있음이 드러난다; (2) 고대 사본들에서는 예외 없이 "브레쉬트"(בְּרֵאשִׁית)를 절대형으로 취급하였다; (3) 구약에서 연계형 명사가 정동사 앞에 올 때, 그 명사의 형태로나 그 문맥이 연계형으로 볼 것을 요구할 때는 연계형임이 분명하나, 창세기 1:1에서는 이 두 경우가 다 해당하지 않는다(390).[43]

그러므로 그는 전통적으로 받아들인 대로 "브레쉬트"(בְּרֵאשִׁית)를 요한복음 1:1의 "태초에"(ἐν ἀρξῃ)와 유비되는 절대형 명사로 보고, 1절을 무로부터의 창조에 대한 요약적 진술로 보는 것이 더 선호할 만하다고 결론 내린다(390). 그리고는 요한복음 1:2-3, 골로새서 1:16, 히브리서 1:2에 근거해서 성자께서, 그리고 창세기 1:2, 욥기 26:13, 시편 104:30 등에 근거해서 성령께서 창조에 참여하였음을 논의한다(391f.).

---

[42] Theophile J. Meek, *The Bible: An American Translation* (Chicago: University of Chicago Press, 1931).

[43] Edward J. Young, *Studies in Genesis One* (Philadelphia: Presbyterian and Reformed, 1964), 5-7.

창조의 날들에 대해서는 반대 논의들을 언급한 후에 일반적 24시간 하루의 견해를 버릴 이유가 없다고 하면서 레이몬드 자신이 이를 지지하는 7가지 이유를 다음과 같이 제시한다:

(1) "욤"(יוֹם)이라는 단어가 구약에서 2,225번 나타나는데, 그 기본적인 의미는 일반적인 날을 뜻한다.

(2) "저녁이 되며 아침이 되니"라는 말이 반복되어 나타나는 것도 같은 생각을 지지한다. 특히 창세기 이외의 문맥에서 이런 어귀가 나오는 (출 18:13; 27:21 등) 37개의 구절에서는 모두 일반적인 날을 의미하기 때문이다.

(3) 첫째, 둘째 등의 숫자와 관련하여 "욤"(יוֹם)이 나타날 때에는 (출 12:15; 24:16; 레 12:3 등) 언제나 일반적인 문자적인 날들을 의미한다.

(4) 제4일 이후에는 분명히 일반적인 날이었음이 분명한데, 그렇다면 7일도 일반적인 날이었을 것이다. 그렇다면 지구의 자전을 생각할 때 1-3일도 일반적인 날이었을 것이다.

(5) 성경의 유비를 생각한다면, 모세가 안식일 준수를 하나님께서 행하신 것에 근거하여 말하는 것을 볼 때 창세기 1장의 하루도 일반적인 날로 보는 것이 자연스럽다.

(6) 구약에서 '날들'(יָמִים)이라는 복수 표현이 나오는 608회는 항상 일반적인 날들을 지칭한다. 세대들(ages)이 '날들'(יָמִים)로 표현된 일은 결코 없다.

그리고 (7) 만일 모세가 세대 개념을 표현하기를 원했다면 그는 "세대" 또는 "기간"(period of indeterminate duration)을 뜻하는 '올람'(עוֹלָם)이라는 말을 사용했었을 것이다(393f.).

이를 논의하면서 그는 교부들 특히 어거스틴과 아퀴나스가 상당히 긴 기간을 창세기 1 장의 '하루'로 보았다는 견해에[44] 대해 교정하면서, 어거스틴은 창세기의 날들을 나뉠 수 없는 순간으로 보아 모든 창조가 동시에 이루어진 것으로 보고 있으며,[45] 아퀴나스는 긴 기간을 말한 일이 없고 오히려 "하루(one day)라는 말은 처음 제정되었을 때에 그 용어도 처음 사용되었는데 그것은 하루는 24시간으로 이루어진다는 것을 지시하기 위해서 사용되었다"고[46] 말하고 있음을 지적한다(392, n. 9).

그렇다면 레이몬드는 우주의 연대는 어떻게 보는 것일까? 레이몬드는 성경의 족보와 연대기들은 축약되거나 중간을 생략한 일이 있고(394), 따라서 온전한(complete) 것이 아니며(395), 족보 작성에 있어서 선택의 원리를 사용하였으며(395), 또 과학적 연대 측정의 방법도 정확한 것이 못되므로(396), 우리는 지금 우리가 가지고 있는 자료로서는 지구나 사람이 얼마나 오래되었는지를 발견할 수 없으나, 성경의 경향은 상대적으로 젊은 지구 이론과 상대적으로 짧은 인류의 역사로 기우는 듯하다고 결론 내린다(396).

그리고 창조의 목적은 하나님의 구속적 목적을 섬기는 데 있다(398)고 말하여 창조에 대한 논의를 마친 레이몬드는 섭리에 대해서는 〈웨스트민스터 신앙고백서〉 5장 1-4절과 7절에 충실하여 하나님께서 작정하신 것을 창조와 섭리로 이루시되, 섭리는 "제2의 원인의 성격에 따라서" "필연적으로, 자유롭게 또는 우연한 것처럼" 일이 일어나게 하시며, 일반적 섭리에서는 수단을 사용하시나 당신님의 기쁘신 뜻에 따라서 "그 수단

---

[44] Cf. Hugh Ross, *The Fingerprint of God*, 2nd edition (Orange, Cali.: Promise, 1991), 141.

[45] 레이몬드는 Ernan McMullin, *Evolution and Creation* (Notre Dame: University Press, 1985), 11-12의 정보를 사용하고 있다(392, n. 9).

[46] Aquinas, *Summa Theologica*, Question 74, Article 3.

들 없이, 그 수단들을 넘어서서, 그리고 그 수단들에 반하여" 역사하실 수 있음을 잘 논의하고 있다. 그리고 다른 개혁신학자들, 특히 머리(Murray)와 함께47 "일반 은총은 특별 은총의 목적을 섬긴다"고 단언한다(402). 그리고 오늘날 발생하는 중생과 기도 응답의 초자연적 은총의 행위와는 구별되는 성경의 "능력의 이적들"은 계시 과정과 연관된 것으로 이해하며(409) 이런 입장에서 오늘날에는 기대할 수 없다는 전통적 개혁파의 입장을 잘 천명한다(409-13).48 이 논의는 가장 심각한 현대적 문제에 대한 개혁파의 입장을 잘 드러낸 논의로 심각한 고려의 대상이 되어야 할 논의가 아닐 수 없다.

6. 성경적 인간관(1)

〈웨스트민스터 신앙고백서〉 6장 1-3절에 근거한 인간에 대한 논의는 가장 전통적인 논의라고 할 수 있을 것이다. 레이몬드는 언약적 존재인 사람은 호모 사피엔스(*homo sapiens*)이기 이전에 종교적 인간(*homo religiosus*)라고 밝히면서(416) 사람이 하나님의 언약적 피조물임을 강조하면서 논의를 시작한다. 그의 논의 가운데서 전통적인 입장을 잘 요약하는 몇몇 요점을 정리해 보기로 하자.

(1) 성경은 하나님의 직접적 행위인 창조로 인간이 시작되었음을

---

47 Murray, "Common Grace," *Collected Writings*, 2:116: "…… 일반 은총은 특별 은총이 작용할 수 있는 영역을 제공하고, 따라서 특별 은총은 일반 은총의 근거(rationale)를 제공한다".

48 Cf. Benjamin B. Warfield, *Miracles: Yesterday and Today* (Grand Rapids: Eedrmans, n. d.), esp., 25-26; Richard B. Gaffin, Jr., "A Cessationist View," in *Are Miraculous Gifts for Today?*, ed. Wayne A. Grudem (Grand Rapids: Zondervan, 1996), 25-64; idem., "A Cessationist Response to Robert L. Saucy," 149-51; Robert L. Reymond, *What About Continuing Revelations and Miracles in the Presbyterian Church Today?* (Phillipsburg, N.J.: Presbyterian and Reformed, 1977).

분명히 가르치므로 자연주의적 또는 유신론적 진화의 산물이라는 시사가 전혀 없다고 한다(416).

(2) 창세기 2 장은 제 2의 창조 기사가 아니라 창세기 1장의 여섯 번째 날의 창조에 대한 보다 자세한 설명이다(417).

(3) 비록 언약이라는 말은 창세기 9장에 가서야 나타나지만, 창세기 1-2장에는 하나님과 사람 사이의 언약의 요소들이 있고, 호세아 6:7은 분명히 아담과의 언약을 말한다(418).

(4) 사람을 하나님 앞에선 전인으로 보는 것, 또 우리 존재 전체를 하나님을 사랑해야 한다는 것을 강조하는 것이(420) 중요하지만, 이에 대한 강조가 베르까우어와 스미드스의 경우에서와[49] 같이 인간의 존재론적 실체들을 무시하게 해서는 안 된다(418-420). 인간을 "하나님 앞에 전인"으로만 보는 베르까우어의 환원주의적 견해는 비성경적이므로 우리가 안전하게 추종할 수 없다(425).

(5) 통치권을 하나님의 형상으로 (또는 그 한 부분으로) 여기는 해석들에[50] 반하여, 레이몬드는 창세기 1:26에 근거하여 통치권은 하나님 형상을 가진 이에게 주신 특권으로 여기면서, "사람이 하나님의 형상이므로 하나님께서는 그에게 세상에 대한 통치권을 부여하셨다"고 잘 진술한다(428).

(6) 하나님 형상을 기독론적으로 이해하려는 바르트 등의 견해에[51] 나타나 있는 보편주의적 어조와 역사적 순서를 무시하는 독특한 하나님 형상관에 대해 바르게 비판하면서(428), 레이몬드는 전통적인 개혁파의

---

[49] Cf. G. C. Berkouwer, *Man: The Image of Man* (Grand Rapids: Eerdmans, 1962), 192-233; Lewis B. Smedes, "G. C. Berkouwer," in *Creative Minds in Contemporary Theology* (Grand Rapids: Eerdmans, 1966), 84, 93-94.

[50] Cf. Buswell, *A Systematic Theology of the Christian Religion*, I:233-35.

[51] Karl Barth, *Christ and Adam*, trans. T. A. Smail (1957; reprint, New York: Macmillan, 1968), esp., 29-30.

이해에 따라 형상 개념을 존재(*entis*)와 관계(*relationis*) 모두와 관련하여(429) 잘 제시하고 있다.

   (7) 전통적 행위 언약 개념과 용어를 그대로 받아들이면서 창세기 2장에 언약이 나타나고 있음에 대한 주해적 근거를 다음과 같이 제시한다: (a) 사무엘하 7장에 언약이라는 말이 사용되어 있지 않아도 시편 89:19-37에 의하면 하나님께서는 다윗과 그의 가계에 언약적으로 약속하셨다고 할 수 있으니, 모든 언약이 있는 곳에 언약이라는 단어가 나타나야 하는 것은 아니다; (b) 언약적 요소들(당사자들, 조건, 약속, 형벌 등)이 나타나고 있다; (c) 호세아 6:7과 관련해서 "사람들처럼"이라는 번역은 있을 수 없으니, 의미상 모든 이들의 반역은 다 사람들처럼 하는 것이지 그렇지 않은 것은 있을 수 없으며, 여호수아 3:16에 언급된 지명과 관련하여 "아담에서"(בְּאָדָם)라고 고쳐서 읽는 사본도 있기는 하나 성경은 그런 사건에 대해서 전혀 말하고 있지 않으므로, "아담 안에서"(בְּאָדָם) 언약을 어겼다고 해석하는 것이 가장 자명한 의미이다[52]; 그리고 (d) 신약은 아담과 그리스도를 대조시키고 있는데, 그리스도께서 언약적 대표라면, 아담도 언약적 대표로 행동한 것을 함의한다(430).

   (8) 그리스도 안에 있는 "모든 사람"과 아담 안에 있는 "모든 사람"의 범위의 차이를 전통적 입장과 함께 잘 지적하고 있다(435, n. 24). 또한 (a) 아담의 죄의 전가에 대해서 그 관계성은 인정하되 어떻게 전가되는지에는 관심을 나타내지 않는 불가지론적 입장(R. W. Landis, 436), (b) 모든 사람이 인간성이 분화되기 이전에 실제로(actually, really) 아담 안에서 죄를 범했다고 주장하는 실재론적 견해(William G. T. Shedd, James Henry

---

[52] Cf. Warfield, "Hosea vi:7: Adam or Man?," in *Selected Shorter Writings of Benjamin B. Warfield*, ed. J. E. Meeter (Nutley, N.J.: Presbyterian and Reformed, 1970), I:116-29.

Thornwell), 개혁신학의 직접 전가설(언약적 견해, Federal View, Charles Hodge, John Murray), 그리고 (d) 간접 전가설(Josua Placaeus, Henry B. Smith, and the New School)을 잘 제시하고 비판적으로 고찰한 후, 직접 전가설이 여러 면에서 옳은 견해로 여겨진다고 전통적 입장에서 온건한 논의를 하고 있다 (438f.). 위의 서너 가지 문제에 대한 레이몬드의 논의는 가장 균형 잡힌 논의의 예들로 언급될 수 있을 것이다.

      이외에 다양한 개혁파적 견해 가운데서 그가 어느 한 입장을 명백히 지지하고 나선 문제들 가운데서 인간 영혼의 기원에 대한 논의를 언급할 수 있다. 영혼 직접 창조설과 영혼 전이설(혹, 유전설, traducianism) 가운데서 그는 영혼 전이설로 기울어진다고 하면서(424), 그 이유로는 다음 두 가지 이유를 제시한다: (a) 성경에서는 수태로 물리적인 몸만이 아니라 몸과 영혼의 자손 전체가 수태되는 것으로 가정되고 있으며, 부모의 정신적 도덕적 특성들이 물려지는 것을 영혼 직접 창조론으로는 설명하기 어렵다; (b) 영혼 창조론으로는 보통 생육법으로 태어나는 후손에게 아담의 죄가 전가되는 것을 설명하기 어렵다(425). 이에 대해서는 마지막의 논의 점에서 비판적으로 고찰해 볼 것이다.

7. 성경적 인간관(2): 죄와 죄의 결과들

언약 파괴자로서의 사람, 즉 죄에 대한 논의에서도 레이몬드는 전통적인 입장을 잘 드러낸다. 웨스트민스터 신앙고백서 제 6 장 1절에 근거한 논의에서 그는 창세기 3장의 이야기가 참된 역사(authentic history)임을 강조하고, 아담과 그의 타락 이야기가 원인론적 전설(aetiological legends)이나 고대 셈족의 신화라는 견해에 대해서 바톤 페인과 함께 [53] 반대하고(440), 행위 언약의 시험(a probation and a temptation)으로서의 성격을 보스와 함께 잘 지적하고 있다(441).

레이몬드는 또한 창세기 3장의 뱀은 문자적 동물이 아니라 사탄 자신이 "뱀"으로 지칭된 것이라는 견해에[54] 대해서 전혀 가능하지 않은 견해라고 잘 반박하고(441), 여기서는 뱀이 사탄의 통제 아래 있고 사탄이 시키는 대로 한다는 것이 함의되어 있음을 잘 밝힌다(442). 그리고 여인의 "죽을까 하노라"에 대한 지나친 비판을 잘 드러내어 그것이 그녀의 해석을 나타낸다고 지적하고 있다(443). 그리고 이 사건에서 결국 사람들은 하나님의 말씀을 기껏해야 단순한 가정으로, 최악으로 말하면 거짓이라고 환원시킨 것이고(445), 따라서 이 사건은 하나님의 권위에 대한 피조물의 의도적인 거부이고, 창조자에 대한 의도적 반역 행위이며, 사람이 하나님으로부터의 자율적 입장과 자유를 주장한 것이고(445), 사람이 **존재론적으로** 무엇이 되려는지에 대해서, **인식론적으로** 무엇을 알 것인지에 대해서, 그리고 **윤리적으로** 어떻게 행동해야 하는지에 대해서 스스로가 자신의 입장을 결정할 수 있다고 믿은 것이므로, 결국 여기서의 문제는 권위의 문제이고, 사람이 하나님을 반하여, 그리고 자신을 옹호하여 결정한 것이라고 타락 문제의 정곡을 잘 지적하고 있다(446).

타락의 결과에 대해서도 웨스트민스터 신앙고백서 제6장 2절-3절의 내용에 따라서 타락의 7 가지 결과를 다음과 같이 제시한다.

(1) 우리의 첫부모는 법적/도덕적 순수성과 원의(原義)를 상실했고, 자신들이 죄책과 도덕적 부패의 주체들임을 발견하게 되었다(446). 이를 머리(Murray)는 인간 "내면의 혁명적 변화"(internal revolution)라고 하였

---

[53] J. Barton Payne, *Theology of the Older Testament* (Grand Rapids: Zondervan, 1962), 216.

[54] Buswell, *Systematic Theology of the Christian Religion*, I: 265-66.

다. 그래서 이제 그들은 새롭게 얻어진 죄된 조건에 따라서 행동하는 것이 그들의 본성이 되었다(447).

(2) 개개인과 공동체에 반영되었던 하나님의 형상이 곧바로 사라지고 왜곡되게 되었다(447). 이 중의 공동체와 관련된 문제를 머리(Murray) "인간 가족의 혁명적 변화"(revolution in the human family)라고 하였다.

(3) 하나님과 사람 사이의 교제가 깨어졌다(448).

(4) 사람의 환경이 저주를 받았고, 따라서 자연의 생산성이 가시와 엉겅퀴로 줄어들게 되었다(머리[Murray]가 말한바 우주 전체의 혁명적 변화, cosmic revolution)(448).

(5) 남자가 여자가 사법적으로 정죄되고 그에 따라 형벌 받게 되었다(머리[Murray]의 이른바 "사람의 구성의 파괴," disintegration in man's constitution)(449).

(6) 아담의 첫 범과를 보통 생육법으로 그에게서 낳아지는 모든 사람에게 사법적으로 전가시키심으로, "모든 인류가 하나님과의 교제를 상실하고 하나님의 진노와 저주 아래 있게 되었고, 죽기까지 이 세상에서의 고난에 놓이고, 나중에는 지옥의 영원한 고통을 받게 되었다"(449).

그리고 따라서 (7) 사람의 가장 크고 가장 직접적인 필요는 하나님의 은혜가 되었다(449).

그리고 그 뒤에 전적 부패, 전적인 무능력, 참된 죄책에 대해서 말하는 바는 이런 내용을 다시 정리하면서 전통적인 입장을 잘 옹호하면 진술하는 것으로 여겨질 수 있을 것이다. 특히 "사람의 전적인 부패와 무능력에 대한 이런 성경적 가르침이 개혁파적 구원론의 전망을 필요하게 한다(물론 이것은 필요할 뿐만이 아니라, 성경적인 것이기도 하다)"고 지적하는 부분에서(456) 그는 개혁파의 구원론이 성경적 타락 이해에서 나온 논리적 귀결임과 성경적 구원론을 드러낸 것임을 잘 표현한다.

II-3. "아주 위대한 구원"(Our "So Great Salvation")

1. 하나님의 영원한 구원의 계획(God's Eternal Plan of Salvation)

웨스트민스터 신앙고백서 3장 3절에서 6절, 그리고 8절을 기초로 하는 이 장(13장)에서 레이몬드는 하나님의 구원의 계획, 즉 예정 문제를 다루고 있다. 그는 여기서 하나님의 영원한 목적(eternal purpose, πρόθεσιν τῶ τῶν αἰώνων)은 하나님께서 어느 순간에 결국 어떻게 하시기로 마음먹으신 것이 아니라, 하나님께서 항상 가지고 계신 것이라는 점을 강조한다(463). 이는 후에 논의될 그의 영원 개념과 관련해서 그의 큰 강조점이다. 그는 하나님의 "계획 안에는 시간적 요소 자체가(per se) 있을 수 없다"고 말한다(463). 따라서 하나님의 "계획 안에 있는 각 부분들은 서로 시간적 관계를 가지고 있는 것이 아니라, 논리적인 혹은 목적론적인 관계를 가지고 있는 것으로 여겨져야만 한다"(463)고 한다. 이에 근거하여 그는 "예수 그리스도의 교회, 즉 구속된 공동체는 하나님의 영원하신 목적의 처음이요 중심이요 목적인 예수 그리스도 안에 있는 것이다"라는 점을 강조한다(463). 그리고 "하나님께서는 단일한 영원한 목적 또는 계획을 가지셨고, 그것의 중심에 예수 그리스도와 그의 교회가 있다"고 말한다(465). 이 계획 안에 예수님의 십자가 사건도 포함되고(눅 22:22: "하나님의 작정을 따라"(κατὰ τὸ ὁρισμένον), 행 2:23: "결정하신 목적(τῇ ὁρισέν βουλῇ)과 미리 아신 대로"(προγνώδει), 행 4:24-28: "미리 정하신 대로"(προώριδεν), 히 13:20: "영원한 언약의 피")(465), 우리를 사랑하셔서 하신[55] 우리의 구원을 위한 선택도 포함되며(엡 1:4-5: "택하셨다"
(ξελέθατο), "작정하셨다"(προορίσας); 살후 2:13: "처음부터"(απαρξχήν) 너희를 "택하사(εἵλατο)"(466f.)), 그리고 예정에는 단연히 유기(reprobation)도 포함된다.

교회사적으로 나타난 다양한 입장들을 성경과 개혁파 신학의 입장에서 (특히 워필드의 "구원의 계획"에 따라서) 잘 정리한 후 레이몬드는 워필드적인 의미의 "복음주의(개혁주의)는 **성령이 역사하는 곳에 교회가 나타나고, 성령이 역사하는 곳에서 나타나는 교회를 떠나서는 구원이 없다**고 주장한다"고 결론 내린다(471, 레이몬드 자신의 강조점). 그리고는 특히 알미니우스주의(471ff.)와 흐로티우스(Hugo Grotius, 1583-1645)의 '세계 통치론적 구속론'(the governmental theory of the atonement)를 비판하고(473ff.), 소뮈르(Saumur) 신학교의 모세 아미로(Moise Amyraut=Amyraldus, 1596-1664)의 가정적 보편주의(hypothetical universalism, post-redemptionism, anti-applicationism)를 비교적 자세하게 비판한다(475-79). 레이몬드의 정리에 의하면 아미로주의의 생각에 의하면 하나님께서 실제로 구별하시는 것은 그리스도께서 구속을 이루실 때가 아니라 성령께서 구속을 적용하실 때라는 것이다(477).

레이몬드는 이런 생각은 (1) 성자께서 모든 사람을 구원하시기 위해 죽으시고, 성령께서 그리스도의 구원하시는 은택을 일부의 사람들만을 위해 적용하시는 것이 되므로, 삼위일체의 각자가 다른 위의 사역의 의도를 부인하게 (cancels out) 하는 결과를 내고, (2) 따라서 이는 하나님의 계획 안에 시간적 요소(chronological element)나 비합리적 요소(irrational element)를 도입해 내는 결과를 내니(477), 이는 워필드가 말하듯이 하나님을 없애

---

[55] 로마서 8:29의 "프로에그노"(προέγνω)에 대한 깊이 있는 사랑이라는 해석에 대해서 Reymond, *A New Systematic Theology of the Christian Faith*, 465f.을 보라. 또한 그가 언급하고 있는 David N. Steele and Curtis C. Thomas, *Romans: An Interpretive Outline* (Philadelphia: Presbyterian and Reformed, 1963), Appendix, 131-37도 보라.

버리는 가정을 하는 것이 되고(478),56 (3) 그러므로 결국 이는 보편속죄론을 말한다는 의미에서 알미니우스주의와 의견을 같이 하고, 참된 대리적 속죄에서 전적으로 돌아서는 것이 된다고 비판한다(478).

그리고 작정에 관한 논의의 중심 부분에서 대부분의 칼빈주의자들이 둘 중의 한 입장을 취하고 있는(479) 역사적 원리를 작정들의 순서를 주관하는 원리로 삼은 '타락후 선택설'(infralasarianism)과 목적론적 원리를 주도적 원리로 삼은 '타락전 선택설'(supralasarianism)에 대한 깊이 있고 흥미로운 논의로 나간다. 20세기 말의 신학 중에서 이 논의를 이렇게 깊이 있고 흥미롭게 논의한 것은 드물다고 할 정도로 레이몬드의 이 논의는 깊이 있고 흥미롭다. 일단 그는 이 두 의견 모두가 역사적 순서(chronological order)를 문제 삼는 것이 아니라, 영원 전에 있는 하나님의 작정의 논리적 순서(logical order)를 문제 삼는 작정의 순서(order of decree)임을 분명히 하면서 그의 논의를 진행하여 이 문제의 본질을 잘 제시하고, 타락후 선택설이 실제 역사 과정 가운데서 타락이 있은 다음에 선택이 있다는 식의 생각을 말하는 것이 아니냐는 사람들의 오해를 잘 불식시키고 있다.

그러면서 레이몬드 자신은 제롬 장키우스(Jerome Zanchius, 1516-1590), 요하네스 피스카토(Johannes Piscator, 1546-1625), 헤르만 혹세마(Herman Hoeksema, 1886-1965), 그리고 고오든 클락(Gordon H. Clark, 1902-1985) 등에 의해서 주장된 일종의 수정된 타락전 전택설에 상당히 동의하면서(489) 이런 전택설이 주해적 문제와 논리적 문제를 제일 잘 극복하고 이 문제에 대한 결론을 제시할 수 있다고 제시한다(489-501). 물론 그는 이 문제에 대한 의견의 차이가 칼빈주의자들 간의 당파 싸움의 근거가 되어서는 안 된다고 하면서도 그의 결론은 다음과 같다: "전택설적 예정 교리만큼 '오직 하나님께만 영광을'(*soli Deo gloria*)을 잘 나타내며(signals), 교

---

56 Cf. Warfield, *The Plan of Salvation*, 94.

만한 사람들을 겸손케 하는 교리는 없다. 아무리 거룩한 그리스도인이라도 그의 마음 가운데서 처음에는 이 교리에 대해 반발하는 것이 있음을 발견하는 것은 별로 놀라운 것이 아니다"(501).

2. 은혜 언약의 통일성(The Unity of the Covenant of Grace)

은혜 언약의 통일성을 말하는 14장에서 레이몬드는 먼저 언약 신학을 발전시킨 과거의 선배들의 진술을 소개한다. 먼저 재세례파와의 논의 가운데서 유아 세례에 대한 개혁파의 이해에서 언약을 주된 논의로 삼았던 울리히 쯔빙글리(Ulrich Zwingli, 1484-1531), 그리고 교회사에서 언약 자체에 대한 구체적 논의로서는 첫 번째 논의라고 할 수 있는 요한 하인리히 불링거(Johann Heinrich Bullinger, 1504-1575)의[57] 설교집 『하나님의 하나의 영원한 언약에 대하여』(Of the One and Eternal Testament or Covenant of God)에서 아브라함 언약에 비추어 성경의 모든 언약을 보도록 한 것, 언약 개념을 많이 사용하여 신학을 전개시킨 칼빈의 『기독교 강요』(특히 I. ix-xi), 불링거와 칼빈과 베자의 영향을 받은 하이델베르크의 신학자들인 카스파 올레비아누스(Caspar Olevianus, 1536-1587)의 『하나님과 택자들 사이의 은혜 언약의 본질』(The Substance of the Covenant of Grace Between God and the Elect, 1585)와 자카리아스 우르시누스(Zacharias Ursinus, 1534-1583)의[58] 〈대요리 문답〉(Larger Catechism, 1612)에 나타난 언약 개념, 그들의 창조 이전의 성부와 성자 사이의 언약 개념과 하나님과 아담 사이의 타락 이전의 언약 개념에 대한 그들의 이해에 영향을 받아 언약 개념을 더 발전시킨 요하네스 코케

---

[57] 이것도 미국에서는 '불린저' 라고 발음한다.
[58] 일반적으로 '우르시누스' 라고 음역하는 것을 미국 영어식 발음은 '우르싸이너스' 라고 한다.

이우스(Johannes Cocceius, 1603-1669), 특히 그의 하나님의 언약 교리(*Doctrine of the Covenant and Testaments of God*, 1648), 또한 칼빈과 불링거 등의 영향을 받고 언약 신학적 신학을 발전시킨 스코틀랜드의 로버트 롤록(Robert Rollock), 로버트 호위(Robert Howie), 영국의 토마스 카트라이트(Thomas Cartwright), 존 프레스톤(John Preston), 토마스 브레이크(Thomas Blake), 존 볼(John Ball), 아일랜드의 제임스 어셔 감독(James Ussher), 그리고 결국 웨스트민스터 신앙고백서 제 7장 2, 3, 5, 6절에 정식화된 언약 신학의 발전 과정을 간단하게 그러나 명료하게 제시한다.

그리고는 이와 대립되는(507, 509) 구원사에 대한 세대주의 학파의 해석도 챨스 라이리(Charles C. Ryrie)와 달라스 신학교의 교리 진술, 그리고 새 스코필드 주석 성경(1967)의 진술 등을 통해 제시한다. 특히 시대가 변해 가면서 1917년의 주석(*Scofield Reference Bible*, 1917)과는 좀 다른 주석을 제공하는, 그래서 세대주의에 대한 줄기찬 비판을 염두에 두면서 "구원은 항상 믿음을 통해 은혜로만 이루어지고, 그리스도의 피흘리심에 근거한다"고 말하는 달라스 신학교의 교리 진술과(508) 같은 입장을 표명하기도 하는 새 스코필드 성경(*New Scofield Reference Bible*, 1967)도 여전히 "하나님의 진리에 대한 이스라엘의 청지기적 순종에 대한 구체적인 시험으로 약속의 세대(the Dispensation of Promise)는 폐기된 것은(annulled) 아니지만, 시내 산에서 주어진 율법에 의해 중지되었다(suspended)고 할 수 있다(창 12:1에 대한 주석에서)"고 한다(510, n. 12).

또한 출애굽기 19:5과 관련해서는 스코필드 주석이 다음과 같이 말함을 소개한다: "율법 아래서는 조건적이었던 것이, 은혜 아래서는 모든 신자들에게 값없이 주어졌다 …… 아브라함에게는 약속이 요구에 앞섰었다, 그러나 시내 산에서는 요구가 약속보다 앞선 것이다. 그리고 새 언약에서는 다시 아브라함의 순서를 따른다"(510, n. 12).

이에 대해 언급하면서 레이몬드는 "율법 아래서는 '요구'(즉, 법적인 순종)이 구원의 약속의 조건이라는 것 외에 이 진술이 무엇을 뜻할 수 있는가?"라고 물어서(510, n. 12) 세대주의자들이 계속해서 같은 문제를 나타내고 있음을 분명히 하고자 한다. 그리고 한 각주에서 세대주의 서클 안에 "점진적인 세대주의"(progressive dispensationalism)가 나타나고 있다는 것도 소개한다. 이는 교회가 구약 이스라엘 백성에게 주신 영적인 약속들을 실현한 것이라고 보면서 세대간의 연속성을 더 강조하는 입장이다.59 그러나 레이몬드는 이들이 점차 언약 신학에 가까워질 것이라고 낙관하지 않고 "그들은 그들의 전통 내부에서 중요한 변화를 추구하고 있다"는 알 마휘니(Al Mawhinney)의 평가에 동의하고 있다(511, n. 15). 그리고 그는 언약 신학과 세대주의 신학은 **아직도 상호 대립적인 진리 주장**임을 말한다(511) 그러면서 그는 은혜 언약의 통일성을 드러내는 다섯 가지 논의를 제공하고 있다.

1. 은혜 언약은 일단 아브라함 언약의 영적인 약속들에서 표현되었으므로, 아브라함 언약은 오는 모든 세대에 대해 구원론적으로 규정적이다(512).
2. 성경적 구속에 대한 아주 뛰어난 구약의 모형인 출애굽은 하나님의 배려에 의해서 그 수행적 측면과 적용적 측면 모두에 있어서 신약의 그리스도의 구속 사역을 규제하는 같은 큰 구원적 원리들을 나타낸다. 그러므로 이스라엘 가운데서의 선택된 자들이 메시아의 중보에 대한 믿음을 통해 은혜로 구원받았음을 가르친다(518).
3. 모세와 선지자들은 그리스도의 죽으심과 부활을 포함한 신약 시대의 사건들에 대해서 예언했었다(521).

---

59 Cf. Robert L. Saucy, *The Case for Progressive Dispensationalism* (Grand Rapids: Zondervan, 1993); Craig A. Baising and Darrell L. Bock, *Progressive Dispensationalism* (Wheaton: Victor, 1993).

4. 예수 그리스도의 교회는 그 뿌리가 아브라함에게까지 거슬러 올라가는 하나님의 한 백성의 현대적 형태이다(525).
5. 구원을 위한 필수적 조건은 구약에서나 신약에서나 동일하니, 택자들은 메시아의 (예상된) 사역 (또는 성취된) 사역에 대한 믿음을 통해서 은혜로서만 구원받았고, 구원받고 있으며, 또 구원될 것이다(528).

이런 논의를 하면서 한편으로 레이몬드는 보스 등이 잘 밝혀 준 계시의 유기체성과 진전에 대한 바른 이해를 잘 반영하면서 언약 신학적 관점을 잘 드러내면서도, 또 한편에서는 보스가 말하는 계시의 점진성을 잘 드러내지 못하는 점도 있다. 이것의 가장 대표적인 예가 창세기 3:15의 여인의 후손에 대해 보스가 기본적으로 "집합적 의미"로 이 말을 이해하고,[60] 그 뒤에 한 개인에게 집중될 것임을 밝히고, 왜 처음부터 끝까지 한 개인으로만 해석해서는 안 되는지를 잘 설명하면서 "개인적 메시아 개념에 대한 구약의 계시가 아주 점진적이다"고[61] 밝히고 있음에도 불구하고 그것을 보스 스스로 모순을 범하고 있는 부분이고, 오류를 나타내는 데서 나타난다(535). 그는 한 각주에서 이 "씨"라는 말이 두 가지 의미(a dual meaning)을 가져야 한다는 말인가 묻고 있다(536, n. 34). 보스와 그가 인용하는 클라인은 그런 식으로 생각한 듯하다. 일차적으로는 집합적으로, 그러나 궁극적으로는 그 씨를 생각하면서 말이다. 레이몬드가 왜 이런 계시의 구조에 대해 개방성을 나타내지 않는지 잘 모르겠다. 특히 그는 이렇게 이해하는 것이 웨스트민스터 신앙고백서 I장 9절에 반하는 것이라고 시사하고 있는데, 과연 그렇게 볼 수 있을까? 웨스트민스터 신앙고백서에 찬동하면서도 보스적인 해석을 하는 사람들에 대해서 그는 어떻게 반응하려는지 모르겠다.

---

[60] Vos, *Biblical Theology*, 54=한역, 67.
[61] Vos, *Biblical Theology*, 54-55=한역, 68.

이와 비슷하게 레이몬드는 보스가 창세기 3:21을 하나님께서 희생 제사 제도를 도입시키신 것으로 해석하지 않는 것에[62] 대해 반박한다 (536). 레이몬드는 또한 역시 같은 근거에서 아브라함의 신앙을 설명하는 보스의 설명에[63] 대해 불만을 표한다(536f.). 그리고는 "아주 분명한 결론은 신앙의 조상인 아브라함을 포함한 구약 성도들은 일반적으로 그들에게 돌려지는 것보다 메시아의 수난에 대해서 훨씬 더 많이 알았으며, 그것에 대해서 전혀 알지 못했다고 주장하는 세대주의자가 허용하는 것보다는 무한히 더 많이 알았다는 것이다"라고 결론 내린다(537). 여기서 우리는 왜 레이몬드가 이런 입장을 취하려 하는지 그 이유의 일단을 찾아볼 수 있다. 세대주의적 성경 해석의 문제점을 생각한다.

그러나 그는 또 한편으로 지나치게 나아가 잘 균형을 잡아 줄 수 있는 보스 등의 계시의 유기체성과 점진성(즉, 유기적 점진성)을 말하는 견해를 온전히 높이 사지 못했다는 인상을 강하게 받게 된다.

은혜 언약의 통일성을 말하는 부분의 마지막 부분에서 레이몬드는 몇몇 구절들에 대해 세대주의적 해석의 문제점을 잘 드러내어 비판한다. 구약의 백성들은 수난받는 메시아에 대해서 전혀 알 수 없었다고 하는 것을 지지하기 위해 신약에 나타나는 "비밀"(μνστήριον) 개념을 강조하는 잘못된 주해를 비롯해서(537), 천국(the kingdom of heaven)과 하나님 나라(the kingdom of heaven)를 구별하여 천국은 문자적이고 지상적이며 다윗적인 천년 왕국을 의미하는 것이고, 하나님 나라는 하나님의 우주적 통치를 지칭하는 것이라는 해석의 문제점을 잘 지적하고(538), 따라서 천국의 비밀을 말하는 예수님의 비유들은 세대주의자들이 해석하는 것과는 정반대의 의

---

[62] Vos, *Biblical Theology*, 173= 한역, 189f. 이런 보스의 해석을 옹호하며 발전시키는 논의로 졸고, "성경신학과 조직신학," 『교회와 문화』 5 (2000): 69-72를 보라. 이 논의는 레이몬드의 주장에 대한 교정제 역할을 할 수 있을 것이다.

[63] Vos, *Biblical Theology*, 99-100=한역, 115.

미를 지닌 것이라는 것을 래드의 주해에 근거하여 잘 제시하고 있다(539). 또한 복음의 비밀을 말하는 에베소서 3:2-6과 골로새서 1:25-27에서도 결국 요점은 "이 교리가 이전에는 복음 아래서와 같이 그렇게 온전하고 명백하게 계시되지 않았었다"는[64] 것뿐이라는 것을, 따라서 세대주의자들이 말하듯이 그렇게 구약에는 전혀 계시되지 않았던 것이 아니라는 것을 잘 밝히고 있다(541).

이렇게 주해적인 문제를 밝힌 후 레이몬드는 고전적 세대주의자들과 같이 주장하면 예수님께서는 초림 때에 문자적이고 지상적이고 물질적인 다윗 왕국을 세우려고 오셨고, 그런 천국 복음을 선포했던 것이므로, 재판 당시 거짓 증인들의 주장과 같이 로마 제국에 대항하고자 한 것이고, 따라서 세대주의자들처럼 본다면 예수께서는 로마 법 아래서 봉기 선동자와 혁명가로 정당하게 처형된 것이 된다고, 즉 고전적 세대주의자들은 십자가 처형을 의도하지 않게 정당화하는 문제를 가지게 되는 것이라고 지적한다(542, 543). 그리고 레이몬드는 성경의 증언을 통해서 빌라도와 헤롯이 모두 예수께서 기소된 내용의 죄를 범하지 않았으며 그는 공정하지 않게 불법적으로(unjustly and illegally) 십자가 처형을 받으셨다는 것을 잘 밝히고 있다(542).

또한 둘째로, 세대주의적 주장은 결국 십자가 사건이 죄인의 구원을 위해 절대적으로 필요한 것은 아니라고 암묵리에 시사하는 것이 되는데(543), 이것은 심각한 문제라는 것을 잘 지적한다. 예수님께서 세대주의자들이 생각하는 그런 천국 복음을 선포하셨을 때 만일에 유대인들이 그것을 받아들였다면 그는 그를 메시아적 왕으로 받아들인 신앙에 근거해서 그들의 죄를 용서하셨을 것이라고 하는 것이 되니, 이는 결국 예수님의 속죄

---

[64] 이 인용은 Charles Hodge, *A Commentary on the Epistle to the Ephesians* (Grand Rapids: Eerdmans, 1954), 163에서 온 것이다.

가 그렇게 절대적으로 필요한 것은 아니라는 것을 말하는 것이 되지 않느냐는 것이다(543).

그때 죄 용서의 근거가 무엇이냐는 질문에 대해서, 어떤 세대주의자들은 구약적인 동물 희생 제사가 이방인들을 위해 계속적 의무가 되었으리라고 말하기도 하는데, 이는 히브리서 10:4 등의 명백한 가르침에 반대되며, 또 어떤 세대주의자들은 그리스도는 유대인에 의해서가 아니라 로마 사람들에 의해 죽으심으로 유대인과 이방인들을 위한 은혜의 왕국의 수립을 위한 구원론적 기초를 놓았을 것이라고 하나 이는 구약 성경의 분명한 시사나 가르침과도(시 2:1-2, 슥 12:10) 다르며, 성경에서는 어디서도 그 나라가 권능으로 임할 때 한 무리의 사람들에 의해서만 먼저 받아들여지리라고 시사하지 않고, 그 나라에 대한 모든 대립을 없애고 온다고 하기 때문이다(단 2:34, 44). 모든 사람이 보도록 번개 같이 오는 그 나라의 임함은(마 24:27) 추수하는 일과 같이 되어질 것이고(막 4:29), 그 후에는 영속하는 나라가 나타나게 될 것이라는 것이다.

이상의 논의를 마친 레이몬드의 결론은 아주 분명하다: "세대주의의 모든 난제를 해결할 수 있는 것은 웨스트민스터 신앙고백서가 분명히 확언하고 있듯이 은혜 언약의 단일성과 모든 세대의 하나님 백성의 하나됨이라는 영광스러운 교리이다. 하나의 은혜 언약을 모든 시대의 모든 사람들에게 대해 구원적으로 규범적이게 제시함으로, 세대주의 체계의 구원론적 비연속성과 난제들을 피할 수 있고, 신약 성경이 구약 성도들의 신앙에 대해서 말하는 바를 신중하게 취할 수 있으며, (먼저는 예기적인 구약적 성격 안에서, 그리고는 성취된 신약적 성격 안에 있는) 메시아의 구속 사역에 대한 신앙을 모든 시대의 구원을 위한 필수적 조건으로 계속 언급할 수 있게 한다"(544).

3. 초자연적인 '역사의 그리스도'(The Supernatural Christ of History)

레이몬드의 독특한 입장은 이 절의 제목에서도 잘 드러난다. 그는 현대에 유행하는 신앙의 그리스도와 역사의 예수를 구별하는 견해에 의도적으로 반한다. 그리하여 그는 의도적으로 역사의 그리스도라는 말을 쓰면서 그를 "초자연적인 '역사의 그리스도'"라고 명명한다. 웨스트민스터 신앙고백서 8장 2절과 4절을 설명하는 방식으로 제시된 이 장(15장)에서 예수님의 동정녀 탄생, 그의 이적들, 변화산 사건, 그리고 죽은 자들로부터의 부활, 그리고 승천을 다룬다.

먼저 "예수님의 동정녀 탄생의 역사성"에 대해 말하면서 먼저 성경의 자료들을 검토한 후에 **"그 어떤 신약의 저자도 마태와 누가의 증언에 대립될 그 어떤 것도 말하지 않는다는 것**은 분명하다"고 말한다(548, 그 자신의 강조점). 또한 이 문제에 대한 과거 신조들의 일치된 고백도 소개하면서 "현대의 어떤 학자들이 (특히) 마태복음을 미드라쉬(즉, 실제 사실을 비역사적인 것을 섞어 확대하고 부풀리는 것)으로 보는 시사는 전혀 증명된 것이 아니다"고 하면서, "에밀 부룬너(E. Brunner), 판넨베르크(W. Pannenberg), 그리고 예수 세미나(Jesus Seminar)의 학자들이 예수님의 동정녀 탄생을 부인하는 것은 신약의 증언뿐만 아니라, 20세기에 걸친 교회의 일관성 있고 보편적인 증언을 거부하는 것이고, 따라서 그런 거부는 그 어떤 시대의 어떤 사람에 의해 이루어진다고 해도 기독교 교리로부터 심각하게 떨어져 나가는 것이다"고 강하게 말한다(549).

그러면서 레이몬드 자신이 동정녀 탄생을 받아들이는 이유를 다음 여섯 가지로 일목 요연하게 제시하고 있다: (1) 아주 분명한 성경의 가르침, (2) 교회의 역사적 증언의 무게, (3) 기독교 유신론적인 이유, 즉 예수님의 동정녀 탄생은 성경의 초자연주의 전체와 기독교 유신론 일반의 한 부분일 뿐이다, (4) 심리적인 이유, 즉 동정녀 탄생만이 마리아가 예수를 하나님의 아들로 경배하는 무리의 일원이 되기를 원한(행 1:14) 이유를 설명해 줄 수 있다, (5) 신학적인 이유, 즉 (a) 동정녀 탄생은 성육신에 대한 성경의 설명이다, (b) 동정녀 탄생이 예수님의 무죄성에 대한 전적인 설명이 될 수 있는 것은 아니지만, 만일 동정녀 탄생이 아니었다면 예수님도 원죄를 가지고 태어났을 것이라는 것이 사실이기 때문이다(549), (이와 연관해서 레이몬드는 후에 아마도 동정녀 탄생이 예수님의 무죄성의 유효한 원인은 아니었으나[550], 동정녀 탄생이 아니었으면 원죄의 전가가 있었으리라고 잘 논의하고 있다[551],) (6) 변증적 이유(the apologetic or polemic reasons), 즉 (a) 만일 예수께서 동정녀에게서 탄생하신 것이 아니라면, 성경은 오류가 있고 신앙 문제에 있어서 믿을 만한 인도자가 되지 못할 것이 된다,[65] (b) 만일에 예수께서 동정녀에게서 탄생한 것이 아니라면, 그리스도의 인격과 성육신을 이해하는 일에 있어서 심각한 간격(gap)이 생기게 된다,[66] (c) 만일 예수님께서 다른 사람들과 같이 출생했다면, 그도 우리와 같이 아담적 저주 아래 있게 되는 것이고, 그러면 그는 하나님 앞에서 사람의 구주가 될 수 없는 것이 된다[67](549f., n. 8). 비록 중복되는 이유들이 나타나 있기는 하나 이는 매우 중요한 정리라고 할 수 있을 것이다.

"예수님의 이적들의 역사성"에 대한 논의에서는 이적들에 대한 다양한 반대 논의들의 대표적인 견해들을 소개하고서,[68] 이적들의 역사성

---

[65] 이에 대해서 레이몬드는 J. Gresham Machen, *The Virgin Birth of Christ* (New York: Harper & Row, 1930), 382-87을 참조하라고 언급한다.

[66] Cf. Machen, *The Virgin Birth of Christ*, 387-95.

[67] 동정녀 탄생의 구원적 필요성에 대한 논의로 Warfield, "The Supernatural Birth of Jesus," *Biblical and Theological Studies* (Philadelphia: Presbyterian and Reformed, 1952), 157-68.

을 잘 소개하는 다른 사람들에게 동의하면서 그것들의 의의를 밝히는 작업을 하고 있다. 특히 "일단 천지의 창조자와 통치자이신 인격적 하나님을 받아들이면, 그런 하나님의 창조적 능력에 대해서는 그 어떤 제한이 주어질 수 없다. 하나님께서 이 세상을 창조하셨다고 받아들이기만 하면, 그가 재창조의 사역을 하시리라는 것도 부인할 수 없다"는[69] 메이천의 기본적인 말을 잘 인용하여 소개하여 결국 기적 수용 여부가 초자연주의 수용 여부와 관련된 것임을 잘 드러내고 있다(556f.).

"예수의 변형의 역사성"을 다루면서 먼저 레이몬드는 이 사건이 베드로의 유명한 신앙고백 이후에 이제 그의 죽음과 부활의 필요성을 가르치기 시작하셨을(ἤρξατο) 때에[70] 이루어진 일이며, 이제는 예수님께서 메시

---

[68] 그 대표적인 예들은 다음과 같다: (1) 불변의 질서의 하나님께서 스스로 모순을 일으키는 일들을 하시지 않으시리라는 화란의 합리주의 철학자 바룩 스피노자(Baruch Spinoza, 1632-1677) (*Tractatus Theologico-Politicus*, 1670), (2) 이적들에 대한 증언과 증거가 그에 반하는 증거들보다 훨씬 클 경우에만 인정되어야 한다는 회의주의 철학자 David Hume (1711-1776)("Essays on Miracles," in *Philosophical Essays Concerning Human Understanding*, 1748), (3) 예수께서 처음 그 일을 하신 그 사람들에게만 이적이나, 그 일 자체는 이적이 아니고 예수께서 이미 작용하고 있는 과정을 잘 살펴서 사람들의 유익을 위해 사용한 것이라고 주장하는 슐라이어마허 (1768-1834, *The Christian Faith*, 1821), (4) 합리주의적 설명을 시도한 Heinrich Paulus (1761-1851, *Exegetical Handbook Concerning the First Three Gospels*, 3 vols, 1830-1833)(cited in Richard C. Trench, *Notes on the Parables of Our Lord* [London: SPCK, 1904], 82-83), (5) 예수님의 이적을 포함한 초자연적 요소들은 예수님 사후에 나타나게 된 헬라주의적 "신화"(myth)라고 설명하는 David Strauss(1808-1874, *Life of Jesus, Critically Examined*, 2 vols., 1835-1836), (6) 심리적 치유(축사)와 overpowering therapy를 통한 치유들, 즉 심리적 능력을 사용한 치유들만 역사적인 핵을 가진 것이라고 주장하는 Joachim Jeremias (*New Testament Theology*, I, 1971), (7) 예수님은 많은 이들을 모은 Honisk Hanina ben Dosa와 같은 다른 갈릴리의 카리스마주의자와 비슷한 charismatic으로 여겨져야 한다고 생각하는 유대인 학자 G. Vemes (*Jesus the Jew*, 1973), (8) 예수님을 그저 마술사로 여기려는 Morton Smith (Jesus the Magician, 1978), (9) 귀머거리, 농아, 맹인, 그리고 절름발이에 대한 8 가지 치유만을 참된 것으로 인정하는 A. E. Harvey (*Jesus and the Constraints of History*, 1982). (Reymond, *A New Systematic Theology of the Christian Faith*, 555f.).

[69] Machen, *Christianity and Liberalism* (Grand Rapids: Eerdmans, 1923), 102.

[70] 이와 관련해서 레이몬드는 가이사랴 빌립보 사건이 전혀 새로운 교리의 출현을 가능하게 한 것으로 이해해서는 안 되고, 이전에 이미 가르치시던 가르침 속에 있는 교리

아 개념에 이사야 52:13-53:2의 종의 노래의 내용을 더하시고 제자들의 마음에 아직도 있는 순전히 민족주의적 생각을 교정하시는 것이 가능하고 필요한 때에 일어난 일임을 설명하고 있다(559). 그리고 특히 이 사건 바로 앞에 언급된 "여기 서 있는 사람 중에 (죽기 전에) 하나님 나라가 (권능으로 임하는 것을) 볼 자들도 있느니라"는 말씀(마 16:28/막 9:1/눅 9:27)에 대해서 크랜필드,[71] 윌리엄 레인[72] 등에 동의하면서, 이는 일주일 뒤에 이루어진 변화산 사건을 의미한다고 바르게 해석하고 있다(560). 이 사건을 비판적으로 바라보면서 변화산 사건이 "부활절 이야기를 예수의 생애 중에 투사시킨 것"이라는 루돌프 불트만의 견해와[73] 구약의 장막절에서 이끌어낸 심상들을 사용해서 예수님에 대한 신학적 확신을 상징적으로 표현한 것이라는 로메이어의 해석에[74] 대해 잘 논박하면서 이 사건의 역사성을 밝히고 있는 점은 (561f.) 레이몬드의 큰 공헌이다.

특히 부비어와 다드가 변화산 사건과 후기의 부활 현현 사건들의 비유사성을 밝혀낸 점을 잘 활용하고,[75] 로메이어에 반박하는 크랜필드의

에 대한 새로운 강조점의 시작을 말해줄 뿐이라는 점을 잘 지적한다. 이전 가르침의 근거로 그는 요 2:19-22; 3:14 등을 언급한다. 그리고 마 9:15, 막 2:20, 눅 5:35 등에는 이런 생각이 암묵리에 함축되어 있을 수 있다고 한다(Reymond, *A New Systematic Theology of the Christian Faith*, 559, n. 19).

[71] C. E. B. Cranfield, *The Gospel According to Saint Mark* (Cambridge: Cambridge University Press, 1966), 287-88.

[72] William L. Lane, *The Gospel of Mark* (Grand Rapids: Eerdmans, 1974), 313-14.

[73] Rudolph Bultmann, *Theology of the New Testament*, trans. Kendrick Grobel (London: SCM Press, 1952), 1:26, 27, 30, 45, 50.

[74] E. Lohmeyer, *Das Evangelium des Markus* (Goettingen: Vandenhoek & Ruprecht, 1937), 173-81, cited in Reymond, *A New Systematic Theology of the Christian Faith*, 562.

[75] Cf. G. H. Boobyer, *St. Mark and the Transfiguration Story* (Edinburgh: T. & T. Clark, 1942), 11-16; C. H. Dodd, "The Appearances of the Risen Christ: An Essay in Form Criticism of the Gospels," in *Studies in the Gospels*, ed. D. E. Nineham (Oxford: Blackwell, 1955), 9-35. 그는 J. Schiewind, *Das Evangelium Nach Markus* (Goettingen: Vandenhoeck & Ruprecht, 1949), 123도 같은 견해를 소개하는 것

반론을76 잘 활용하면서 좋은 변증 작업을 했다고 할 수 있다. 이렇게 역사성을 강조하기 위해서 심지어 이 변화산이 전통적으로 생각되는 대로 다볼산이나 헬몬산인지, 아니면 리펠드가 제안하고 있는 메론산(Meron)인가 하는 논의도77 결정적인 결론 없이 지나가는 말로 소개하고 있다. 이 변형이 일어난 장소가 확실하지는 않으나 분명하고 실재적인 사건임을 강조하기 위한 것이다. 그리고 이 사건에서 예수님의 신성과 엄위와 영광이 분명히 드러나게 되었음을 잘 밝힌다(564). 마지막으로 이 사건 다음날 예수님과 제자들의 대화 중에서(눅 9:27/마 17:10/막 9:11) 예수님께서는 "자신이 그의 사자인 '엘리야' 후에 오기로 약속되었던 만군의 주시요, 언약의 사자이심을 분명히 주장"하셔서 그의 본질적인 하나님의 아들 되심을 드러내셨다고 잘 밝히고 있다(565).

"예수의 부활의 역사성"과 관련해서 이는 이스라엘 백성들이 전혀 예상하지 않던 일이 놀랍게 발생한 것임을 강조한다(565). 그리고 도적설과 기절설을 잘 비판하면서, 빈 무덤은 처음부터 교회의 선포의 한 부분이었음을(행 2:31; 고전 15:4) 말한다(568). 그러면서 같은 견해를 말하는 베르까우어의 다음 같은 말을 잘 소개한다: "빈 무덤이 아니라 그리스도의 부활이 큰 구원론적인 사실이다. 그러나 그 성격상 부활은 빈 무덤과 불가 분리적으로 연결되어 있고 빈 무덤 없이는 부활을 생각할 수 없다. 빈 무덤에 대한 메시지를 제거하고서 살아나신 주님을 말한다는 것은 절대적으로 성경에 반(反)한다. …… 성경은 몸의 부활 그리고 빈 무덤과 상관없는 그의 삶이라는 개념을 그 어디서도 지지하지 않는다."78 레이몬드는 또한 빈 무

으로 언급한다.
76 Cranfield, *The Gospel According to Saint Mark*, 293-94.
77 Cf. Walter L. Liefeld, "Theological Motif in the Transfiguration Narratives," in *New Dimensions in New Testament*, R. N. Longenecker and M. C. Tenney (Grand Rapids: Zondervan, 1974), 167, n. 27.
78 G. C. Berkouwer, *The Work of Christ*, trans. Cornelius Lambregste

덤 안에 예수의 몸을 쌌던 수의가 있었음은 "예수의 시신이 사람의 손에 의해 전혀 건들여지지 않았음을 시사해 줄뿐만 아니라, 그 안에 싸여졌던 몸이 그것들을 통과해 나오신 것을(simply passed through them) 시사해 준다"고 하는 좋은 논의를 하고 있다(569).

더 나아가 부활하신 주님의 10번 이상의 현현을 자세히 분석하면서, (1) 여인들에게(마 28:8-10), (2) 막달라 마리아에게(요 20:10-18), (3) 엠마오 도상에서 글로바와 다른 제자에게(눅 24:13-35), 그리고 (4) 베드로에게(눅 24:34; 고전 15:5), 그리고 (5) (유다와 도마를 제외한) 10 제자에게(눅 24:36-43; 요 20:20-28; 고전 15:5) 나타나신 것이 부활하신 당일에 현현하신 것이고, (6) 일주일 후 도마를 포함한 열한 제자에게(요 20:26-29), (7) 언제인지는 모르나 그 후의 갈릴리의 7 제자에게 나타나셔서 이적적으로 고기를 많이 잡게 하시고 조반을 같이 하신 세 번째 제자들에게 나타내신 일(요 21:1-22), (8) 갈릴리의 어떤 산에서 11제자에게 나타내신 일(마 28:16-20),[79] (9) 야고보에게(고전 15:7), (10) 승천하실 때 11 제자에게 나타나신 일(눅 24:44-52, 행 1:4-9; 고전 15:7), (11) 승천 이후 바울에게 나타나신 일(고전 15:8, 행 9:1-9)을 잘 소개하고, 이를 종합하면서 예수님께서는 (1) 개인들에게 나타나시기도 하시고, 몇몇 제자들에게 나타나기도 하시며, 12제자들을 대상으로 나타나기도 하시고, 많은 무리들에게 나타나기도 하셨고, (2) 남자와 여자에게 나타나셨고, (3) 개인적으로 나타나기도 하시고 공개적으로 나타나기도 하셨으며, (4) 다른 시간에 나타나셨고, (4) 예루살렘과 갈릴리라는 다른 장소에 나타났었다는 점을 지적한다(570). 이 모든 것을 생각

(Grand Rapids: Eerdmans, 1965), 184.

[79] 이에 대해서 레이몬드는 이 사건과 500여 형제에게 일시에 보이신 것(고전 15:6)과 같은 것일 가능성이 높다고 한다(*A New Systematic Theology of the Christian Faith*, 570). 그러나 그가 어떤 근거를 가지고 말하는 것은 아니고, 그럴 수 있는 가능성이 많다고 말하는 것일 뿐이다. 레이몬드와 같이 이 둘을 동일시할 수도 있다.

할 때 현현 사건들이 그저 환상적인 것(hallucination)이라고 보기는 어렵다는 것이다.

빈 무덤과 현현 사건들 외에도 (1) 예수께서 돌아가시던 날 실망해 있던 제자들이 며칠 후 신앙과 확신을 회복하게 된 것이나, (2) 다소 사람 사울의 변개나, (3) 그리스도인의 예배일이 주일로 바뀐 것들은 모두가 다 이들 사건 배후에 부활 사건이 있었음을 분명히 해 준다고 레이몬드는 논의한다(571). 그리고 "부활은 과거 역사의 한 사건과 같이 다루어져서는 안된다"는 불트만의 견해에[80] 대해 거프리와 래드와 함께[81] 반박하고(573f.), 심지어 불트만의 제자인 보른캄조차도 "예수의 부활에 대한 메시지가 믿는 공동체의 산물이" 아니고, "부활하신 그리스도의 현현들과 그를 목격한 이들의 말이 이 신앙[부활 신앙]을 생성시킨 것이 분명하다"고 말하고 있음을[82] 잘 소개하고 있다(575). 그러나 보른캄은 부활 현현을 물리적 성격을 지닌 것으로 보지 않고 하늘로부터 온 이상들로 여긴다는 것도 정확히 지적한다(575, n. 42).

"예수님의 승천의 역사성"에서는 승천을 전설(legend)의 영역으로 넘겨 버리는 불트만을 비판하면서 승천에 관한 것도 본래적 사도적 케리그마에 속한다는 것을 강조하는 베르까우어를 인용한다(576f.).

그리고 이 승천의 의의에 대해서는 예수님께서 부활에서 법적으로(de jure) 얻으신 메시아적 주님 되심을 그가 오르신 하늘에서 실제로(de facto) 행사하기 시작하시기 위해 오르신 것임을 강조한다(579). 그래서 이

---

[80] Rudolf Bultmann, "New Testament and Mythology," in *Kerygma and Myth*, ed. Hans-Werner Bartsch (London: SPCK, 1972), 1:42.

[81] Cf. Donald Guthrie, *New Testament Theology* (Leicester: IVP, 1981), 183; G. E. Ladd, "The Resurrection of Jesus Christ," in *Christian Faith and Modern Theology*, ed. Carl F. H. Henry (Grand Rapids: Baker, 1964), 270f.

[82] Günter Bornkamm, *Jesus of Nazareth* (New York: Harper and Brothers, 1960), 183.

렇게도 말한다: "신인적인 메시아로서 중보적 통치를 행사할 수 있는 권세를 실제로(*de facto*) 받으신 것은 승천 때이다"(580). 그리고 이 권세는 성자로서는 그가 이미 가지고 계시던 것이었음을 칼빈에게 동의하면서 강조한다. 소위 '칼빈주의 신학이 말하는 밖에서'(*extra-Calvinisticum*)을 잘 시사하는 칼빈을 언급하는 다음 말을 주목하라: "물론 예수께서는, 성자로서는, 그가 언제나 그리하셨듯이 (이 땅에 계실 때에도) 그의 능력의 말씀으로 모든 것을 붙들고 계셨으며(히 1:3), 신적인 존재로서 그에게 본래적으로 속하는 능력과 주권적 권리를 행사하셨다(칼빈의 *Institutes* II. 13. 4를 보라)"(580).

    그러나 여기서 이 권세가 주어졌다고 하는 것은 성육신하신 성자께서 메시아적 직무에 속하는 낮아지신 지위에 속한 의무들을 성취하신 것에 대한 보상으로 신인이신 메시아에게 주어진 것임도 강조한다(581). 따라서 바울이 말하는 아들이 나라를 아버지께 바친다는 말씀(고전 15:28)에 대한 해석에서도, 여기서 바쳐지는 것은 메시아로서 그에게 주어진 권세, 즉 그의 특별한 중보적 통치권이지 그의 성자됨을 넘겨 드리는 것이 아니라는 것을 분명히 한다(580).[83] 그러므로 그 때에는 그의 메시아적 통치가 "삼위일체 하나님의 보편적이고 영원한 통치로 편입될 것"이라고 정확히 표현한다(581). 이를 이렇게 정확하게 표현한 것은 레이몬드의 큰 공헌이다.

4. 초기 공의회의 '그리스도'(The Christ of the Early Councils)

그리스도의 인격에 대한 공의회의 결정들을 소개하는 이 부분은 역사적 사

---

[83] 이와 관련해서 같은 의견을 말하는 리덜보스를 인용하기도 한다. Cf. Ridderbos, *Paul*, 69.

건의 전개 순서에 따라 간명하게, 그러나 매우 통찰력 있게 잘 제시하고 있는 부분이라고 여겨진다. 역사적인 전개 과정에 대한 간명하나 아주 정확한 진술도 뛰어나다. 또한 이 문제에 대한 현대의 논의를 드러내는 부분에서 레이몬드의 현대를 사는 개혁파 신학자로서의 특징이 잘 나타난다.

    이 부분에 대한 제시에서 그리스도를 현대에 잘 제시하기 위해 레이몬드는 머리(Murray)와 입장을 같이 하면서, 칼시돈 정의의 용어와 의도를 버릴 이유가 없다고 하면서,[84] 동시에 그것을 어느 정도는 현대적으로 더 명확히 표현해 보려고 시도한다. 즉, (1) 한 인격에 신성과 인성을 가지신 그리스도에 대해서 그의 신인격 위격의 하나됨(the oneness of his divine-human person)을 손상하지 않는다면 현대적 의미를 지닌 '인격'이라는 말을 그리스도의 인성에 적용할 수도 있다는 말을 한다.[85] 심지어 "'성'(nature)이라는 말은 예수님의 인간됨에 속한 모든 것을 다 표현하기에는 너무 추상적인 용어이고, 참으로 그의 것인 인간됨(manhood)을 표현하기 위해서는 '인격'이라는 용어가 필요하다"고 까지 말한다.[86]

    머리(Murray)의 이런 주장은 예수님을 인간적 인격(a human person)으로 말해 보려는 노력을 신중히 고려하면서 나온 주장이다. 따라서 앞의 진술에서 중요한 것은 칼시돈 교부들이 사용하지 않았고 의식하지 않았던 현대적 의미에서의 "인격" 개념을 예수께 돌려보려는 시도이며, 동시에 그렇게 하면서도 현대의 경향에 반해서 칼시돈 정의에 충실하여 신인이신 예수님의 인격의 하나됨을 손상시키지 않으려고 한다. 그래서 머리(Murray)는 칼시돈 교부들과 같이 예수님이 엄밀하게 말하자면 하나님이며 사람

---

[84] John Murray, review of D. M. Baillie, *God Was in Christ*, in *Collected Writings of John Murray* (Edinburgh: Banner of Truth, 1982), 3: 342-43.

[85] Murray, "The Person of Christ," in *Collected Writings of John Murray* (Edinburgh: Banner of Truth, 1977), 2:138.

[86] Murray, "The Person of Christ," in *Collected Writings of John Murray*, 2:138.

(God and man)이라고 하기보다는 "신인"(the God-man)이시라는 것을 매우 여러 번 강조한다.[87] 더구나 그리스도의 인성에 '인격'이라는 말을 돌리는 것이 그의 신인적 인격의 통일성에 문제를 줄 때에는 단호하게 그런 용어의 사용을 거부하기도 한다는 것을 잊어서는 안 된다. 예를 들어서. 베일리의 책에 대한 서평에서 머리(Murray)는 칼시돈 정의에 충실해서 "그의 인성에 '인격성'(personality)을 돌리는 것은 그의 경우에 있어서 자기-정체성이(the *self*-identity) 인간성만의 용어로는 결코 파악되거나 정의될 수 없다는 증거에 반한다"라고 하며, "그의 '인간적 인격성'(human personality)에 대해서 말하는 것은 있을 수 없다"고 말한다.[88] 이처럼 머리(Murray)는 칼시돈 정의에 충실하면서도 그것이 말하고자 하는 바를 현대화해 보려고 한다.

이와 같은 노력의 또 하나의 예로 (2) 신인이신 그리스도에게는 의식의 중심이 둘(two centers of consciousness) 있으나 자의식(自意識, self-consciousness)은 둘이 있다고 할 수 없다고 단언하는 것을 생각해 볼 수 있다(611f.). 머리(Murray)는 자의식이 둘이라는 것이 일종의 네스토리우스주의를 따라가는 것이라고 여겨서 그것을 부인한 것이다. 그는 자의식이 인격에 속하는 것으로 여기는 것 같다. 따라서 그는 "그의 자의식의 중심은 구체적으로 신적 아들 됨"(the centre of his self-consciousness was his specifically divine Sonship)이라고 단언한다.[89] 레이몬드는 머리(Murray)의 이런 생각을 동감적으로 인용한다(611, 612, 613). 그러면서 이런 시사가 칼시돈 신조에 함의되어 있으며, 이런 성찰은 성경의 중요한 관심과 칼시돈 정의

---

[87] Murray, "The Person of Christ," in *Collected Writings of John Murray*, 2:139, 136.

[88] Murray, Review of Baillie, *God Was in Christ*, in *Collected Writings*: 3:343.

[89] Murray, *Collected Writings*: 3:343.

의 중요한 관심에 더 충실해 보려고 노력하는 것이라고 한다(621).

레이몬드는 이외에도 다섯 가지가 칼시돈 정의 이후에 나타난 그 의미에 더 충실해 보려고 하며, 그 정의에 함의되어 있는 것이라고 한다: (1) 비잔티움의 레온티우스(Leontius of Byzantium, c. 485-c. 543)와 다마스커스의 존(John of Damascus, c. 675-c. 749)의 이른바 "내인격성"(enhypostasis), (2) 680년에 열린 제3차 콘스탄티노플 공의회에서 결정된 두 의지설(diathelitism), (3) 소위 칼빈주의 신학이 말하는 밖에서(extra-Calvinisticum), (4) 19세기와 20세기의 케노틱 기독론에 대한 교회의 성찰 깊은 반대, (5) 그리고 그리스도의 인성의 영원한 제한성에 대한 워필드의 주장.[90] 머리(Murray)의 주장과 함께 이 여섯 영역의 사유가 칼시돈 정의에 모두 내포되어 있으며, 그것이 성경에 더 충실하려는 방식으로 고찰된 것이라는 레이몬드의 주장은(621) 매우 통찰력 있는 중요한 주장이다. (이 중 워필드의 말은 extra-Calvinisticum을 적용한 것으로 생각될 수 있다고 생각된다.) 그리고 이는 칼시돈 정의 등과 같은 공의회의 결정이 성경에 대한 계속적인 성찰을 막는 방식으로 사용되어서는 안 되고(621), 또 그렇게 사용되지 않을 수 있다는 것을 잘 보여준다. 성경에 진정으로 충실한 것이 결국 칼시돈 공의회의 정식화에 충실한 것일 수 있음을 보여준다는 것이다.

그리스도의 인격에 대한 교리사를 살피는 논의 가운데서 우리는 또한 고대의 이단들 외에 현대에 나타나는 잘못된 이해의 시도들에 대한 레이몬드의 비판을 같이 살펴 볼 수 있다. 이미 위에서도 시사되었지만 레이몬드는 케노시스 교리를 칼시돈적 정의에서 일탈(逸脫)하는 것들 중의 하나로 보고 통렬하게 비판한다. 코트프리드 토마시우스(Gottfried Thomasius,

---

[90] Cf. Warfield, "The Human Development of Jesus," in *Selected Short Writings of Benjamin B. Warfield*, ed., John E. Meeter (Nutley, NJ: P&R, 1970), 1:162.

1802-1975)의 견해 뿐 아니라, A. M. Fairbain, F. Godet, C. Gore, A. B. Bruce, H. R. Mackintosh, O. Quick, V. Taylor 등의 케노시스 이론에 대해서도 절대적 속성이 없어도 하나님의 본질은 유지될 수 있다는 견해에 반해서 "하나님의 본질은 바로 그 모든 속성들 전체 속에서 표현된다"고 하고(616), 따라서 성육신하신 성자께서 한 속성이라도 비우셨다면 그는 그냥 사람 이상일 수는 있어도 온전한 하나님은 아닌 것이 되며, 모울(Moule) 주교가 말하듯이 "온전한 하나님이 아니신 구주는 한편이 끊어진 다리와 같다"고 한다(616). 그래서 성경적으로나 교회사적으로나 "케노틱 기독론은 기독론적 정통의 한 부분이라고 주장할 수 없고, 오히려 역사적 기독론을 흠내는 것이며, 그리스도의 신성에 대한 환원주의적 비정통(heterodoxy)으로 거부되어야만 한다"고 결론 내린다(617). 이미 앞부분에서 성육신을 설명하면서도 레이몬드는 케노시스 교리를 염두에 두면서 각주에 말하기를 "성육신은 빼는 행위로(as an act of subtraction) 이해되기보다는 더하는 행위로(as an act of addition) 이해되어야만 한다"고 밝힌 바 있다(546, n.1).

  이렇게 케노시스 이론을 비판하면서 현대에 "케노시스 신학의 한 변종을" 시사하는[91] 밀라드 에릭슨의 기독론에 대해서도 레이몬드는 그의 비판을 제시하고 있다. 에릭슨은 성자께서 하나님의 본체의 형상(the form of God)을 비우신 것은 아니나 하나님과 동등 됨을 비우셨다. 그래서 "그의 신적 속성들의 기능에 일정한 제한을 받아들이셨다"고 한다. 예를 들어서 성자는 "어디에나 계실 수 있는 능력을 계속해서 가지고 계셨음에도 불구하고, 인간의 몸을 취하심으로 이 능력의 행사에 제한을 받으셨다"고 한다.[92]

---

[91] 이는 에릭슨 자신의 말이다. Millard Erickson, *The Word Became Flesh* (Grand Rapids: Baker, 1991), 551.

[92] Erickson, *Christian Theology* (Grand Rapids: Baker, 1984), 2: 735

여기까지의 말은 신성의 능력을 가지셨으나 그것의 시행을 스스로 때때로 제한하셨다는 (즉 항상 그것을 드러내신 것은 아니시라는) 정통적인 입장을 표현하는 과정에서 좀 주의하지 않는 표현 정도로 여길 수도 있는 표현일 수 있다. 그러나 이것만 가지고는 에릭슨을 현대의 케노틱 기독론주의자라고 표현하는 것이 너무 지나치다고 할 수도 있다. 그러나 그가 기독론에 대한 저서에서 "[예수께서] 그것을 사용하지 못하는 것처럼 하신 것이 아니라, 실제로 하지 못하시는 것이다. … 그는 잠시 동안 하나님이 알고 계시는 많은 것들에 대한 즉각적 지식을 포기하신 것이다"고 표현하는 데서는[93] 그가 좀 더 나아갔다는 생각을 지우기 힘들 것이다. 에릭슨의 이 논의는 그의 신성에서의 무지가 있을 수 있음을 시사하든지, 신성의 지식과 인성의 지식을 나누어 생각하는 것을 인정할 수 없다고 함을 시사한다. 그러므로 그렇게 많이 지나치지는 않더라고 실질적인 비우심을 말하는 에릭슨의 논의는 적어도 잘못된 주해에 근거하고 있다는 레이몬드의 주장은 (615f., n. 47) 옳다고 할 수 있다. 개혁파적인 의미의 인성 밖에서도 역사하는 신성(*extra-Calvinisticum*)을 받아들이지 못하는 사람들은 결국 이런저런 케노시스 이론을 생각하게 된다는 것을 잘 드러내 주는 한 예라고 여길 수 있을 것이다. 철저한 개혁파 입장에 서 있는 레이몬드로서는 케노시스를 생각할 이유가 없는 것이기에 그에게는 에릭슨 같은 이가 현대 케노시스 기독론주의자로 보였다(615).

이와 연관된 한 문제로 루터파와 개혁파의 "속성 교류"(*communicatio idiomatum*)에 대한 이해 문제를 언급할 수 있을 것이다. 레이몬드는 루터파의 속성 교류관을 설명하면서, 이는 인성을 실질적으로 "신성화"(divinized)하는 것이므로 일종의 유티쿠스주의적 형태(a form of Eutychianism)가 나타난 것이라고 비판하면서, 역시 같은 비판적 입장을 말

---

[93] Erickson, *The Word Became Flesh*, 549.

하는 핫지가 말한 그러한 기독론적 구성은 "보편적 기독교의 한 부분을 구성하는 것이 아니다"는 강한 말을[94] 동감하면서 인용하고 있다(615). 레이몬드는 신성과 인성이 각기 그 속성들을 그리스도의 인격에 돌리는 것이지, 속성간의 교류가 일어나는 것은 아니라는 개혁파적인 속성 교류관이 "칼시돈 정의에 더 밀접하게 상응하는 것"이라고 잘 지적하고 있다(615, n. 46). 이런 몇 가지 예에서도 잘 드러나듯이 그는 기독론에 대한 전통적 개혁파의 견해를 칼시돈 신조에 상응하는 것으로 잘 드러내고 있다. 이런 점에서 그는 칼시돈 정의와 개혁파의 이해의 관계를 잘 파악한 사람이라고 할 수 있다.

레이몬드는 또한 과거와 오늘날 개혁파 신학자들의 이해 가운데서도 자신이 생각할 때 옳지 않은 것을 잘 지적해 비판하고 있다. 예를 들어서, 그는 커버넌트 신학교의 그의 선임자인 올리버 버스웰의 예수님 안에 두 "수준"의 의식(two levels of consciousness)이 있었다는 견해를 소개하면서, 성경적인 근거에서 이를 비판하고 있다(619). 버스웰에 의하면 예수님께서는 적극적 의식의 수준과 또 다른 수준의 의식이 있어서, 적극적 의식의 수준에서는 사람으로서의 예수님이 그 지혜와 지식이 성장해 갔고, 어떤 것에 대해서는 모른다고 말했지만, 또 다른 수준에서는 하나님의 아들로서 모든 것을 다 알고 계셨다고 했다. 이 부분까지의 논의에 있어서 버스웰은 아마도 옳을 것이다. 그러나 버스웰은 좀 더 나아가서 예수님의 지상 사역에 대한 영원한 작정 가운데서 예수님의 적극적 의식을 다른 성령에 의해 인도받는 사람들에게 가능한 그 정도로 제한하기로 했다고 한다.[95] 이에 대한 레이몬드의 비판은 매우 정당하다. 레이몬드는 이것이 성경에

---

[94] Charles Hodge, *Systematic Theology* (1871; reprint, Grand Rapids: Eerdmans, 1952), 2:418.

[95] J. Oliver Buswell, Jr., *A Systematic Theology of the Christian Religion* (Grand Rapids: Zondervan, 1963), 2:30.

나타나고 있는 예수님께서 성령에 의해 인도받는 사람 이상의 의식, 심지어 신적인 의식을 나타내고 있는 것을 설명하지 못한다는 것을 잘 지적하고 있다(619).

이와 비슷한 현대의 논의의 하나로 토마스 모리스(Thomas Morris)의 예수님의 두-정신 이론(a two-mind solution)을 생각할 수 있다. 모리스는 그리스도의 인간적 정신은 제한된 것이고, 신적인 정신은 무한한 것인데, 인간적 정신은 신적인 정신이 허용하기 전에는 신적인 정신에 접근할 수 없다는 논의를 논리적으로 제시하고 있다.[96] 레이몬드는 모리스의 이 견해를 간단히 소개할 뿐 별로 논의하지 않는다. 그러나 워필드의 말에 대한 인용으로부터 그가 신성의 지식을 드러내는 사실들과 인성의 제한된 지식을 말하는 사실들을 나누어 생각해서는 안되고, 성경 자체의 기록이 그리하고 있듯이 "놀라운 방식으로 상호 연관하여 보아야" 한다고[97] 생각하고 있음을(619) 미루어 짐작할 수 있다. 그는 칼시돈 신조 등이 취한 태도가 이렇게 어느 한쪽의 증거를 무시하지 않으려고 하는 귀한 노력이었다고 보면서 그런 의미에서 칼시돈 정의의 오늘 우리도 높이 사고 존중하는 유산으로 남아 있다고 한다(620). 이런 뜻에서 레이몬드는 다른 개혁신학자들과 함께 칼시돈 정의에 대한 풍성한 해석의 옹호자라고 할 수 있다.

5. 그리스도의 십자가 사역의 성격(The Character of the Cross Work of Christ)

레이몬드가 교회의 거룩한 땅이고 교회의 "지성소"라고까지 명명한(623)

---

[96] 그의 유명한 *The Logic of God* (Itaca, N.Y.: Cornell University Press, 1986), 88-107을 보라.
[97] Cf. Warfield, "Human Development," 1:163.

'그리스도의 구속 사역'을 다루는 이 장(17장)에서 레이몬드는 그리스도께서 그의 몸으로 피흘려 이루신 십자가의 구속 사역을 그의 생애 전체를 규정짓는 순종의 측면에서 먼저 논의하고, 십자가에서의 구속 사역을 전통적 개념에 따라 희생 제사, 화목 제물, 화목, 구속, 사탄의 세력에 대한 파괴라는 다섯 가지 측면에서 설명하고, 이런 성격을 지닌 구속 사역이 절대적으로 필요했음을 논의한 후, 그리스도 십자가 사역의 온전성을 말하는 것으로 끝맺는다.

　　　　　이런 구속 사역에 대한 논의에서 레이몬드는 상당히 전통적 이해에 충실한 구속 사역의 현대적 진술을 주해적 근거를 분명히 하면서 제시하고 있다고 할 수 있다. 이런 입장에서 그는 한 곳에서 성육신을 계속되는 과정을 "역동적으로" 이해하려는 칼 바르트의 이해를[98] 잘 비판하고 있다.[99] 특히 구속 사역의 성격을 다섯 가지 범주에서 특징 지우며 설명할 때 각각의 범주를 가능하게 하는 전제들을 밝힘으로 그 각각의 개념들을 보다 쉽고 자연스럽게 이해할 수 있게 하는 좋은 교육적 설명을 시도하고 있다. 예를 들어, 그리스도의 십자가 사역을 희생제로 이해하기 위해서는 인간의 죄와 죄책(human sin and guilt)을 전제로 해야 하며(631), "화목 제물"(propitiation)로 이해하기 위해서는 죄에 대한 하나님의 진노(divine wrath)를 전제로 해야 하고(635), "화목"(reconciliation)으로 보기 위해서는 하나님의 소외(divine alienation)를 전제로 보아야 하며(643), "구속"(redemption)으로 보기 위해서는 노예 됨(slavery or bondage)을 전제로 해야 하며(651), 사탄의 세력을 파멸시킨 것(destruction)으로 보기 위해서는 "사탄의 왕국"(a kingdom of evil)을 배경으로 하여 보아야 한다(658)는 설명

---

　　　　[98] Karl Barth, *Church Dogmatics*, trans. Geoffrey W. Bromiley (Edinburgh: T. & T. Clark, 1961), IV/1, 126-28.
　　　　[99] Reymond, *A New Systematic Theology of the Christian Faith*, 628, n. 4. 또한 그의 *Barth's Soteriology* (Philadelphia: Presbyterian and Reformed, 1967)도 보라.

은 각각의 개념을 잘 이해시킬 수 있는 좋은 교육적 기제를 활용한 것이라고 여겨진다.

이제 레이몬드의 논의를 따라가면서 그의 특별한 기여점을 밝혀 보도록 하겠다.

1. 그리스도의 순종에 대한 논의에서 그는 그리스도께서 구속과 하나님의 의를 우리를 위해 얻어 주신 것을 "그의 순종의 전 과정을 통해" 하셨다고 말하는 칼빈의 말을[100] 잘 인용하며 시작하고 있다(629). 그리고 그 그리스도의 순종의 성격을 설명하면서는 머리(Murray)의 논의를 따라서[101] 그리스도의 순종의 내면성(inwardness), 점진성(progressiveness), 극치의 고통(climax), 그리고 역동성(dynamic)으로 그 성격을 제시하며 설명하고 있다(630). 그리고 전통적으로 그리스도의 적극적인 순종과 수동적인 순종으로 쓰던 용어를 소개하고, 그에 대해서 하나님의 율법의 모든 규정들에 대한 그리스도의 온전한 순종을 "규범적 순종"(preceptive obedience)이라고 하고, 그의 백성들의 범과에 대해 율법이 규정하는 모든 형벌을 기꺼이 다 짊어지심에 대해서는 "형벌적 순종"(penal obedience)이라는 용어가 더 선호할 만하다고 소개하고 있다(631).

3. '힐라스테리온'(ἱλαστήριον)을 다드나 한슨, 또는 로버트 슐러 등이 주장하는 바와 같이 죄를 없애 버림(expiation as the cancellation of sin)으로 번역하지(RSV, NEB) 않고, 죄에 대해 진노하시는 하나님을 유화시키는 화목 제물(propitiation)로 이해하는 것의 중요성을 말하는 그의 논의는 가장 자세하고 깊이 있는 논의라고 할 수 있다. 이 논의는 로저 니콜과 레온 모리스의 논의를 따르며 그것을 보충하는 귀한 논의라고 평가될 수 있

---

[100] John Calvin, *Institutes*, II, xvi. 5.
[101] John Murray, "The Obedience of Christ," in *Collected Writings of John Murray* (Edinburgh: Banner of Truth, 1977), 2:151-57.

을 것이다. 특히 이 화목 제물이 하나님을 향한 의미를 지니는 것임을 잘 논의하면서도, 이는 원래 하나님께서 은혜스럽고 우리를 사랑하셔서 일어난 것이기에 그리스도의 사역 때문에 하나님께서 죄인들에게 은혜스럽게 되신다고 말할 수 없다는 것을 잘 밝히고 있다. 즉, 그리스도의 화목 제물로서의 죽음과 하나님의 사랑은 서로 배타적인 것일 수 없다는 것이다.

레이몬드는 후에 같은 요점을 잘 말하고 있는 제임스 데니의 다음과 같은 말을 잘 인용하기도 한다: "만일에 예수의 화목 제물로서의 죽음(the propitiatory death of Jesus)이 하나님의 사랑에서 벗어난 것이라고 한다면, 이는 하나님의 사랑이 전혀 의미를 지니지 못하게 하는 것이라고 할 수는 없어도 하나님의 사랑에 대한 사도적 의미는 분명히 제거해 버리는 것이 된다."[102]

이렇게 레이몬드는 화목 제물로서의 십자가 사건이 하나님의 사랑에서 나온다는 것을 강조하면서, 같은 견해를 말하는 다른 이들의 중요한 인용문들을 잘 제시하고 있다(640): "구속이 은혜를 낳는 것이 아니라, 구속이 은혜에서 흘러나오는 것이다";[103] "[십자가에서] 우리는 하나님의 생각이 바뀐 것을 보게 되는 것이 아니라, 하나님의 생각 자체의 표현을 보게 된다."[104] 그러나 이 두 인용문과 관련해서는 그 저자들의 의도가 이 말들을 인용하는 레이몬드의 의도와 정확히 같은 것은 아니라는 것을 유념할 필요는 있다. 그들은 그가 계속해서 인용하고 있는 스토트가 "하나님의 사랑이 구속의 결과가 아니라, 그 원천이다. …… 화목 제물을 주시는 것이 하나님의 사랑이다. …… 화목 제물이 변화시킨 것은 이제 그가 우리를

---

[102] James Denney, *The Death of Christ* (London: Hodder and Stoughton, 1900), 152, cited in Reymond, *A New Systematic Theology of the Christian Faith*, 642.

[103] F. T. Forsyth, *The Cruciality of the Cross* (London: Hodder & Stoughton, 1909), 78.

[104] M. A. C. Warren, *The Gospel of Victory* (London: SCM, 1995), 21.

다루시는 방식이다"라고 말할 때,[105] 같은 점을 말하면서도 십자가의 구속 사건의 필요성을 강하게 부각시키는 것과는 생각이 좀 다르다는 것을 우리들은 유념해야 한다.

4. 우리를 구속하기 위한 대속으로서의 십자가 사상을 설명하면서, 구속을 위한 대속금에 대한 지불보다는 능력에 의한 구원 개념을 강조하는 일부 신학자들의 주장에[106] 반해서, 레이몬드는 워필드, 해리슨, 머리(Murray)[107] 등에 동의하면서 성경에서는 값을 주고 해방시킨다는 것을 분명히 하며, 대속금의 지불이 강조되고 있다는 것을 잘 드러내고 있다(652-56). 그리고 교회사에서 오랫동안[108] 강조되어 온 사탄 속상설이 성경적 근거가 없는 것으로 점차 사라져 갔음을 잘 지적하면서 안셀을 따라서 하나님의 거룩하심과 공의에 대한 만족으로 이 대속금이 치러진 것을 시사한다(657).

5. 성경에서 사탄에게 돌려진 다양한 명칭을 소개하면서 이사야 14:12에 나오는 루시퍼(Lucifer)라는 명칭은 그에게 돌려서는 안 된다는 것을 잘 지적한다(659). 그리고 그리스도의 결정적인 승리가 이루어진 후 지금 사탄은 "오직 패배한 원수로서"(as a defeated enemy) 활동할 뿐임을 잘 지적하고 있다(662). 따라서 존 오웬이 재미있게 표현했듯이 "그리스도의

---

[105] John Stott, *The Cross of Christ* (Downers Grove, Ill.: IVP, 1986), 174.

[106] Cf. R. W. Lyon, "Ransom," in *Evangelical Dictionary of Theology*, 907-908; F. Büchsel, "λύτρον," *Theological Dictionary of the New Testament*, ed. Gerhard Kittel, trans. Geoffrey W. Bromiley (Grand Rapids: Eerdmans, 1965), 4:355.

[107] Cf. Warfield, *The Person and Work of Christ* (Philadelphia: Presbyterian and Reformed, 1950), 429-75; E. F. Harrison, "Redeemer, Redemption," in *Evangelical Dictionary of Theology*, 918-19; Murray, *Redemption*, 42.

[108] 그가 언급하고 있는 사람들의 명단을 보라: Irenaeus, Clement of Alexandria, Origen, Basil, the tow Gregories, Cyril of Alexandria, John of Damascus, Hilary, Rufinus, Jerome, Augustine, Leo the Great, Bernard of Clairbaux, Martin Luther (656).

죽음에서의 죽음의 죽음"을 말할 수 있다고 한다(662).

구속 사역에 대한 레이몬드의 논의는 좀 더 전통적인 논의의 순서를 따라서 진술되고 있다. 웨스트민스터 신앙고백서의 진술을 맨 마지막에 제시함으로 그의 신학적 진술이 다양성을 지니고 있고, 모든 것을 깨끗하게 마무리하는 인상을 주고 있다. 그런데 이 구속 사역에 대한 논의를 그가 다른 곳에서 그리하고 있듯이 철저하게 웨스트민스터 신앙 고백서의 논의에 따라 제시했더라면 좀 더 단순하게 제시될 수 있지 않았을까 하는 생각을 하게 된다. 웨스트민스터 신앙고백서 8장 5절 진술에 의하면 그리스도의 사역을 그의 온전하신 순종과 그 자신을 희생 제사로 드린 것으로 언급하면서 "이 순종과 자신을 성령으로 하나님께 드리신 희생 제사로 성부의 공의를 온전히 만족시키셨고, 성부께서 그에게 준 모든 사람들을 위하여 화목뿐만이 아니라, 천국의 영원한 기업까지를 사 주셨다"고 진술되고 있기 때문이다. 이에 따라 온전하신 순종과 희생 제사가 (1) 하나님의 공의를 만족시키는 화목 제물이며(propitiation), (2) 화목(reconciliation)과 (3) 하나님 나라의 승리(the victory of the kingdom)를 가져온 (4) 구속(redemption)이라고 했더라면 웨스트민스터 신앙고백서에 따른 좀 더 단순한 정리 역할을 할 수 있었다는 생각을 하게 된다.

6. 그리스도의 십자가 사역 배후의 하나님의 계획(The Divine Design Behind the Cross Work of Christ)

구속에 대한 하나님의 영원한 의도를 생각하는 이 부분에서 레이몬드는 웨스트민스터 신앙고백서 제3장 6절과 제8장 5절에 근거하여 십자가에서 그리스도께서 이루신 참된 대리적 속죄는 실제에 있어서나 하나님의 계획에 있어서나 특정주의적인 것임을 잘 논의하고 있다. 이는 제한 속죄론의 좋은 진술이라고 할 수 있다.

레이몬드는 특정주의적 구속 교리의 증거로 (1) 성경의 특정주의적 용어들을 검토하여 제시하고(673-75), (2) 하나님의 구속적 사랑은 타락한 천사들은 포괄하지 않는다는 점을 지적하고, 따라서 구속 사역이 제한이 없거나 보편적이지 않다고 하며(675), (3) 잃어진 사람들의 되돌이킬 수 없는 상태는 그리스도께서 십자가에 달리실 때에도 역시 그러했음을 말하며, 죽을 때 모든 이의 최후 상태가 결정되고 죽은 후에 제 2의 기회가 없는 것은 그리스도의 속죄가 보편적이지 않음을 나타내 준다고 하고(675), (4) 복음을 실제로 듣고 믿는 이들은 하나님의 계획에 의해 이미 제한되어 있다고 단언하고 이에 비추어 볼 때 구속이 제한적일 수밖에 없음을 생각하며(676f.),[109] (5) 그리스도의 대제사장적 사역이 택자들에게 제한되어 있음을 강조하며(677), (6) 성부의 특정주의적 구원적 의지와 사역을 말하고, 성자의 사역이 이와 모순될 수 없음을 잘 지적하며(677-78), (7) 그리스도께서 위하여 죽은 모든 이들은 모두 죄에 대하여 죽고 새로운 삶으로 살아남을 말하고, 그들이 바로 택자이고 그의 교회라는 것을 강조하고(678), (8) 신앙의 은사의 특정성의 함의를 논의한 후(679) 회개의 은사에 대해서도 같은 말을 할 수 있다고 하고(행 5:31; 행 11:18; 딤후 2:25 참조, 679), (9) 그리스도의 십자가 사역의 본래적 유효성은 배타주의적일 수밖에 없음을 말하며 (679-81), 즉 "그리스도께서는 십자가에서 잠재적으로가 아니라, 실재적으로 희생제적 죽음을 죽으셨다는 것을 성경이 분명히 말함"을 언급하고(고전 5:7; 히 9:23, 26; 히 10:24, 679), (10) 아주 고귀한 가치를 지닌 속죄는 보편적 속죄일 수 없음을 논의한다(681-83).

---

[109] 이에 대해 그는 John Owen, *The Death of Death in the Death of Christ* (London: Banner of Truth, 1959), 126-28을 언급하고 있다(677, n. 7).

그런 후에 그는 소위 보편주의적 구절들로 언급되는 "모든"(πάς)을 말하는 구절들(먼저는 좀 더 일반적인 마 10:22, 행 26:4, 고전 15:27, 요엘 2:28[행 2:17], 딤전 6:10, 그리고는 보편 구속론자들이 특히 강조하는 요 12:32, 롬 3:22-24, 롬 5:18b, 롬 8:32, 롬 11:32, 고후 5:14-15, 딤전 2:5-6, 딛 2:11, 히 2:9, 벧후 3:9, 이상 685-95에서)과 "세상"을 말하는 구절들(요 3:16, 요일 2:2, 고후 5:19, 이상 696-98에서), 그리고 그리스도인도 망할 수 있다는 것을 말하는 듯한 구절들(롬 14:15b, 고전 8:11, 벧후 2:1) 등을 잘 문맥을 고려하면서 성경의 유비(analogia Scriptura)를 따라서 주해적으로 잘 논의하여(698-701, 그 원칙의 천명으로는 685를 보라), 보편주의적 해석에 반하는 특정주의적 해석을 제시하고 있다. 즉, 레이몬드는 칼빈과 그를 따라서 오웬이 "모든"을 "모든 종류의 사람들"(all classes of men)로 해석하는 것과 같은 방향으로 해석한다(693, 694).[110] 이런 구절들도 조심스럽게 분석해 보면 그리스도의 구속 사역이 모든 인류 전체에게 미치는 것이거나 그리스도께서 위하여 죽은 사람들이 멸망할 수 있음을 시사하지 않으니, 그 문맥이 구속 사역의 범위를 분명히 제한하고 있기 때문이라고 한다(701).[111]

제한 구속론에 대한 20세기 말의 이 강력한 선언은 20세기 초 워필드가 알미니안의 보편 구속론에 대해 지적한 것과 같은 점을 지적하는 것으로 마쳐지고 있다.[112] 결국 알미니우스주의도 "그리스도의 죽음은 그 자체로서는 그 누구의 죄에 대한 형벌도 갚은 것이 아니라고 하는 것이 된다"(702). 물론 알미니우스주의자들 가운데 그리스도의 죽음을 죗값을 실제로 갚은 대리적 속죄로 말하는 이들이 있음을 레이몬드도 안다. 그러나

---

[110] Calvin, *Institutes*, III, xxiv. 16; Owen, *The Death of Death*, 231-35.
[111] Cf. Murray, *Redemption-Accomplished and Applied*, 75.
[112] Cf. Warfield, *The Plan of Salvation*, 95-96. 제한 속죄를 말하는 이는 가정적 구원이 아니라 참된 실제적 구원을 제공한다는 점에 대한 또 다른 지적으로 Roger R. Nicole, "Covenant, Universal Call and Definitive Atonement," *Journal of the Evangelical Theological Society 38/3* (September 1995); 403-12를 보라.

그것은 자신들의 입장에 일치하지 않게 그렇게 주장하는 것이 된다는 것을 지적하면서(702), 모든 사람들이 보다 일관성 있고, 성경에 충실한 (십자가 구속 사건에 대한) 이해로 돌아오기를 요청한다. 그리고 이런 알미니우스적 입장은 결국 사람이 구원을 위한 결정을 하는 것으로 제시하는 문제가 있음도 잘 지적한다(702).

이에 대한 그의 논의 가운데서 특기할 만한 점으로는 다음과 같은 점들을 언급해 볼 수 있다.

(1) 레이몬드의 논의는 변증적으로 시작하고 있으니, 그리스도의 실제적 대리적 속죄를 잘 논의한 스토트가 요아킴 예레미아스를 인용하면서 이사야 53:12과 막 10:45에 대한 주해에 근거해서 그리스도께서는 배타적으로가 아니라 내포적으로, 즉 많은 이들 전체를 위하여 죽으셨다고 선언하는 것에[113] 대한 비판적 언급으로 그의 논의를 시작한다(671f., 687). 레이몬드는 스토트 같은 분이 내포주의적 속죄관을 제시하는 것을 안타까워하면서 그의 논의를 진행한다.[114] 즉, 그는 전통적 개혁파의 견해대로 그리스도의 속죄는 만일에 하나님께서 그렇게 계획하셨다면, 그리고 그 무한한 가치에 있어서는 "모든 사람에게 충분하지만"(*sufficienter pro omnibus*), 실제적으로는(즉, 하나님의 계획과 실현에 있어서는) 오직 "택자들에 대해서만 유효하다"(*efficacitier tantum pro electis*)는 입장을 옹호하며, 이 입장에 서서 그의 논의를 전개한다.

또한 이런 제한 속죄 밖에 있는 이들에게도 구원하는 은혜는 아니나 **다른 유익이 주어짐을** 전통적 제한 속죄의 주장자들이 분명히 해 왔음

---

[113] John R. W. Stott, *The Cross of Christ* (Downers Grove, Ill; IVP, 1989), 146-47. 이는 Joachim Jeremias, *The Eucharistic Words of Jesus* (Oxford: The University Press, 1955), 228-29에 대한 비판적 논의임에 유의하라.

[114] 레이몬드는 스토트의 이 책에 대한 자신의 서평을 볼 것을 권한다 (*Presbuterion: Covenant Seminary Review* XXXX, 1 (1987): 59-63 (*A New Systematic Theology of the Christian Faith*, 671, n. 2).

을 잘 드러내면서 논의한다.115 그리고 이에 대한 "칼빈주의적 보편주의자" 켄달의 입장을 소개한 후,116 딤전 2:5과 요일 3:3에 대한 칼빈의 주석과 Tilemann Heshusius에 대한 칼빈의 대답에 근거하여 레이몬드는 효과적인 반박을 하고 있다(672, n. 3).117 그리고 그는 역시 켄달의 주장에118 반하여, 십자가에서의 속죄의 대상과 중보 기도의 대상이 되는 이들이 다른 이들일 수 없다고 강조하여 말한다. "목적의 일관성은 그의 희생제로서의 사역이 그가 중보 기도 사역을 하는 바로 그 사람들을 위해 행한 것임을 요구한다"(677).

(2) 요한복음 10:26-27에 근거해서 레이몬드는 어떤 이가 어떤 의미에서 이미 그리스도의 양이 아니면 그는 그리스도를 믿지 않고, 어떤 의미에서 이미 그리스도의 양이면 그를 믿는다는 것을 잘 지적한다(674).

(3) 레이몬드는 그리스도의 구속 사역의 성격을 잘 드러내어 그 제한적이고 특정적인 성격을 잘 드러낸다. 그는 이렇게 말한다: "그리스도께서는 자신이 희생제사로 죽어 주신 모든 사람에게 대하여 실제적으로 (actually) (a) 악마의 사역을 파괴하셨고(요일 3:8; 히 2:14-15; 골 2:14-15); (b) 하나님의 진노를 가라앉히셨고(propitiated)(롬 3:25; 히 2:17; 요일 2:2, 4:10); (c) 하나님을 그들과 화목하게 하셨고(롬 5:10-11; 고후 5:18-20; 엡 2:16; 골

---

115 Cf. Francis Turretin, *The Atonement of Christ* (Grand Rapids: Baker, 1978), 124-25; R. B. Kuyper, *For Whom Did Christ Die?* (Grand Rapids: Baker, 1982), 82-84; Roger R. Nicole, "Particular Redemption," in *Our Savior God: Man, Christ, and the Atonement,* ed. James M. Boice (Grand Rapids: Baker, 1980), 166-67.

116 R. T. Kendall, *Calvin and English Calvinism to 1649* (New York: Oxford University Press, 1979).

117 또한 자신과 같은 해석을 하는 이들로 다음 학자들과 그들의 작품을 언급한다. Roger R. Nicole, "John Calvin's View of the Extent of the Atonement," *Westminster Theological Journal* 47 (Fall 1985): 197-225; Paul Helm, *Calvin and the Calvinists* (Edinburgh: Banner of Truth, 1982).

118 Kendall, *Calvin and English Calvinism to 1649*, 14, 16.

1:20-21); (d) 율법의 저주와 죄책과 죄의 세력에서 구속하셨다(갈 3:13; 엡 1:7; 골 1:14; 딛 2:14)"(680).

(4) 레이몬드는 "영원한 목적을 지닌 하나님께서는(엡 3:11) 단순히 일반적 목적들을 위해 일하시는 법이 없고, 항상 구체적이고 특정한 목적을 위해 사역하시나, 또한 성경은 이렇게 특정한 목적을 가지신 하나님께서 그 특정한 목적을 일반적인 수단들을 사용해서 이루신다"고 지적하면서(683), 요나를 니느웨로 가서 사역하게 하는 특정한 목적을 위해 폭풍과 뱃사람들을 사용하신 것이나, 그리스도께서 베들레헴에 태어나도록 하시기 위해 로마에 인구 조사가 실시되도록 하는 일반적인 수단을 사용하신 것(683), 또 그에게 주어진 사람들을 구원하시는 특정한 목적을 위해 모든 이들에 대한 권세가 주어진 것을(일반적 수단, 요 17:2) 언급하기도 한다. 이와 마찬가지로 택자들을 구원하시려는 특정한 목적을 위해 하나님께서는 모든 이들에게 복음이 전파되는 일반적 방도를 사용하신다고 한다(684).

(5) 그리고 레이몬드는 그리스도의 속죄에 근거해서 택자들에게는 역사 가운데서 진노에서 은혜로 참으로 전환하는 일(a real transition from wrath to grace in history)이 있다는 것을 강조한다(684, n. 16). 즉, 레이몬드는 "택자들도 변개하기 전에는 다른 사람들과 같이 본성상 진노의 대상이라는 것"을 베르까우어와 함께[119] 강조한다. 그리고 이것은 모든 이들이 그리스도의 성육신에서 이미 하나님과 화목했음을 말하는 바르트의 구원적 보편주의에 대한 반론임을 분명히 한다(684).

(6) 로마서 14:15의 "그리스도께서 대신하여 죽으신 네 형제를 망케 하지(ἀπόλλυε) 말라"는 말씀이 신자의 멸망이 가능함을 지시하는 말이 아니라, 이는 "모든 죄는 그냥 놓아 두면 다 그리스도인의 영적 성장과 증언

---

[119] G. C. Berkouwer, *The Triumph of Grace in the Theology of Karl Barth*, trans. Harry R. Boer (Grand Rapids: Eerdmans, 1956), 253.

에 무시무시한 방해를 가져오는 해로운(ruinous) 성격을 가졌다는 것을 분명히 의식하면서, 연약한 형제의 양심에 심각한 문제를 낳는 것에 관심하면서" 하는 말이라고 잘 해석한다(699).

7. 그리스도 십자가 사역의 유익들의 적용(The Application of the Benefits of the Cross Work of Christ)

주로 "구원론"으로 지칭되던 영역을 설명하는 이 장(제19장)에서 레이몬드는 웨스트민스터 신앙고백서 8장 8절에 근거하여 그리스도께서 성취하신 구속(acquisitio salutis)을 적용하시는 사역(applicatio or ordo salutis)을 논의한다. 여기서 레이몬드는 오직 주께서만 이루시는 구원(salvation is of the Lord)이 하나의 단순하고 나누어질 수 없는 행위로서가 아니라 "일련의 행위들과 과정들로"(series of acts and processes) 이루어졌음을 머리(Murray)를 따라서 잘 설명하고 있다(704).[120]

레이몬드는 머리(Murray)의 논의 방식과 비슷하게 로마서 8:29-30을 토대로 하여 유효적 소명, 칭의, 영화의 구원 적용의 골격을 세워 놓고, 사도행전 16:31, 2:38, 데살로니가전서 1:9에 근거해서 생명에 이르는 회개가 신앙과 함께 있는 상호 의존적인 은혜임과 부르심에 따라 나온다는 것을 관찰하고(706), 갈라디아서 2:16의 "믿음으로"(διὰ πίστεως)와 "믿음으로 의롭다함을 얻기 위해서"(ἵνα δικαιωθῶμεν)에서 믿음이 논리적으로 칭의에 앞선다는 것을 관찰하고(707), 요한복음 1:12-13의 그리스도를 받아들이고, 계속해서 그의 이름을 믿는 자들에게 하나님의 자녀가 되는 권세를 주셨다는 것으로부터 양자 됨이 신앙과 칭의를 논리적으로 뒤따

---

[120] Murray, *Redemption – Accomplished and Applied*, 80.

른다는 것을 관찰하며(708), 요한복음 1:13, 요한복음 3:3, 5, 요한일서 5:1, 요한일서 3:9a 등에 근거해서 이 모든 것이 중생의 결과라는 것을 관찰하면서 중생에 대한 바울의 용어인 그리스도와 함께 살리심(συνεζωοποίησεν)을 말하는 에베소서 2:1-4에서도 같은 것을 관찰하고(709), 또한 성경이 성화를 영단 번에 이루어진 분명하고 단정적인 행위로 말하고 있기도 함을 머리(Murray)와 함께 지적하면서(행 20:32, 행 26:18; 고전 1:2, 고전 6:11, 엡 5:26), 이런 단정적 성화(즉각적 성화, definitive sanctification)는 구원의 서정에서 칭의와 수양과 함께 하는 행위(a concomitant act)임을 분명히 하고(710), 베드로후서 3:18과 빌립보서 3:13-14로부터 점진적 성화 가운데 보존하심이 뒤 따라 나옴을 관찰하여(710f.) 구원 적용의 여러 측면들의 논리적(인과적) 연관성을 제시하고 있다.

레이몬드는 그 이전의 벌코프(Berkhof)나 머리(Murray) 등과 함께 이 순서가 **단지 논리적 순서**임을 명확히 한다. 특히 성령의 인치심을 말하면서 그리스도에 대한 신앙이 이 인치심의 도구적 원인이지, 시간적으로 믿음이 있고, 그 후에 인치심이 있고 하는 것이 아님을 잘 지적하고 있다(763). 즉, 시간적으로 말하자면 믿는 그 순간에 성령님이 그리스도 안에서 인쳐 주신다고 한다(763f.). 레이몬드가 제시하는 구원의 논리적 서정은 다음과 같다(711).

두 가지 신적 행위,	두 가지 신-인적 행위,	세 가지 신적,	두 가지 신-인적,	한 신적
		(5) 칭의		
	(3) 생명에 이르는 회개		(8) 전진적 성화	
(1) 중생을 통한				
(2) 유효적 소명		(6) 단정적 성화		(10) 영화
	(4) 그리스도에 대한 신앙		(9) 거룩성 가운데 보존	
		(7) 수양(과 성령의 인치심)		

이는 머리(Murray)와 다른 개혁신학자들이 제시하는 바와 거의 유사하며, 머리가 말하고 있는 구원의 서정에 머리가 다른 면에서 잘 지적하고 있는 단정적(즉각적) 성화를 같이 넣어 잘 정리한 것이라고 할 수 있다. 특히 칭의, 단정적 성화, 수양을 같이 배열하고 있는 것이 흥미롭고 머리(Murray)의 주장을 단선적으로 **이해하는 이들의 생각에 대한** 좋은 대안으로 보여질 수 있는 진술이라고 할 수 있다. 단지 단정적 성화와 칭의의 관계를 좀더 논의해 주었으면 하는 안타까운 마음이 있다.

구약 시대 하나님 백성이 단번에 그리고 온전히 구조된 출애굽적 구속 사건이 신약이 죄로부터의 해방을 표현하는 표상의 토대였다는 진술 속에(757, n. 67) 이에 대한 어떤 시사가 있다. 그가 이 점을 좀 더 발전시키지 않은 것이 아쉽다.121 이제 이 각각의 요소들에 대한 웨스트민스터 신앙고백서의 내용을 중심으로 한 그의 논의 가운데서 특기할 만한 점들을 언급하자면 다음과 같다.

(1) 레이몬드는 중생을 통한 유효적 소명이라는 표현을 자주 사용한다(711, 713). 그러나 또한 "영적으로 죽은 선택된 죄인들에 대한 성부 하나님의 불가항력적 부르심(the Father's irresistible summons)이 통상적으로는 복음의 선포 안에서 그와 함께"(712, 713, 웨스트민스터 신앙고백서 10장 32절) 이루어지나, "그 부르심으로 또 그 부르심과 함께 역사하시는 성령께서 영적으로 죽은 선택된 죄인들을 중생시키신다"고 표현하기도 한다(712).

레이몬드는 마치 머리(Murray)와 비슷하게 유효한 소명에 대해서 다음과 같이 설명한다: "그의 영원한 목적에 따라 수행되는(롬 8:28-29; 딤후

---

121 즉각적 성화(단정적 성화)와 칭의를 연관시킬 수 있다는 proposition, 그러나 이를 앞으로 신학적으로 충분히 진술해 보아야 한다는 제안으로 이승구, 『성령의 위로와 교회』(서울: 이레서원, 2001)을 보라.

1:9), 하나님의 유효한 소명은 그 기원에서 천상적이며(하늘의 부르심을 입은, κλήσεως ἐπουρανίον - 히 3:1), 그 성격에 있어서 거룩하고(κλήσει ἁγίᾳ-딤후 1:9), 한번 발하시면 돌이켜질 수 없고(ἀμεταμέλητα- 롬 11:29, cf. 고전 1:8-9), 그 정향이 천상적이다(τῆς ἄνω κλήσεως- 빌 3:14)"(713).

그리고 레이몬드는 중생이 개인에게 있어서 '성령으로의 세례'(성령세례)와 같은 것임을 강조하여 말하고, 사도행전에 나타나는 네 가지 성령세례는 구속사의 과정 가운데서 반복될 수 없는 계시적 의미를 지닌 것임을 분명히 논의한다(764).

(2) 레이몬드는 부르심이 결국 삼위일체 하나님의 부르심임을 잘 밝히고, 그리스도의 천상적 사역에 구속의 적용이 포함된다는 것을 웨스트민스터 신앙고백서 8장 8절도 잘 제시하고 있다고 밝히고 있다(717). 앞부분에서도 성경에서 부르심이 가장 일반적으로는 성부께서 하시는 것으로 말하고 있고, 두 번은 그리스도가 부르시는 것을 말하고 있으나(고전 7:22; 벧후 1:3; 이와 함께 마 9:13; 막 2:17; 눅 5:32도 언급한다, 714), 삼위일체의 사역임을 처음부터 잘 드러냈더라면 더욱 좋았을 것이다. 이 점에 대한 지적에서 레이몬드는 그가 다른 점에서 기대고 있는 머리(Murray)의 성부의 부르심 중심의 논의를[122] 비판한다(717). 오히려 삼위일체 하나님의 부르심을 생각해야 한다는 말이다. 레이몬드도 머리(Murray)만큼 좀 더 성경적으로 신학적 표현을 하고 싶어하는 열망이 이런 곳에서 나타난다.

(3) 레이몬드는 중생과 관련해서 요 3:8을 설명하면서 예수님께서는 이 구절에서 중생의 사실성(facticity)과 유효성(efficacy)뿐만 아니라, 성령님의 중생하게 하시는 사역의 주권성(sovereignty)과 다 파악할 수 없는 신비(inscrutable mysteriousness)도 표현하시는 것이라고 말한다(720). 또한

---

[122] Murray, "The Call," *Collected Writings of John Murray*, 2:165.

행 16:14의 루디아의 경우를 중생의 대표적인 예증으로 잘 제시하고 있다(721).

(4) 레이몬드는 회개의 중요성을 강조하면서, 회개가 구원에 대해 필수적임을 부인하며 그렇게 하는 것이 율법주의를 피하고 구원의 절대적 자유함을 보호하는 길이라고 생각하는 제인 호지스(Zane Hodges)의 생각을,123 특히 회개는 구원에 대해서는 본질적인 것이 아니고, 하나님과의 교제에 있어서만 한 조건이 될 뿐이라는 생각을124 잘 비판하고 있다(722, n. 22). 그러나 또한 성경은 회개가 하나님께서 주시는 선물임을 말하고 있음을 시편 80:3, 7, 19, 렘 31:18, 애가 5:21, 행 5:31, 11:18, 딤후 2:25을 들어 잘 증언하고 있다(724).

(5) 신앙에 대해 설명하면서 전통적인 방식을 따라 인식의 요소(*notitia*), 동의의 요소(*assensus*), 신뢰(*fiducia*)의 요소로 나누어 잘 설명하면서,125 이에 더하여 (하나님께) 피신하는 측면(the aspect of refuge), 수납과 연합의 측면(the aspect of reception and union), 반응의 측면(the aspect of reflex), 그리고 확신과 위로의 측면(the aspect of confidence and consolation)을 언급하는 프란시스 튜레틴의 견해126(그리고 그 나름의 방식대로 그리하는 헤르만 위트시우스[Herman Witsius]의 견해)를 소개하고, 그 중 앞의 세 가지 측면은 신뢰에 속하는 것이고, 네 번째 요소는 구원하는 믿음의 결과이고 믿음의 본질에는 속하지 않는다고(726, n. 26) 웨스트민스터 신앙고백서와 같은 입장을 표

---

123 Zane Hodges, *Absolutely Free! A Biblical Reply to Lordship Salvation* (Grand Rapids: Zondervan, 1989), 125, 160.

124 Hodges, *Absolutely Free!* 160.

125 이런 전통적 방식의 설명에 대해서는 다음을 보라: Benjamin B. Warfield, "On Faith in Its Psychological Aspects," in *Biblical and Theological Studies* (Philadelphia: Presbyterian and Reformed, 1952), 402-403; Berkhof, *Systematic Theology*, 503-506.

126 Francis Turretin, *Institutes of Elenctic Theology*, ed. James T. Dennison, Jr. (Phillipsburg, N. J.: Presbyterian and Reformed, 1994), 2: 561-63.

명하고 있다.

그리고 신앙의 지적 요소를 설명하면서 명제적 진리관을 무시하는 오늘날의 신학적 정황에 대해 비판하면서 성경은 지식과 명제적 진리를 참 신앙의 토대로 높이며 존중한다는 점을 아주 옳게 강조하고 있다(727). 그리고 마지막에는 머리(Murray)를 인용하면서 "교리는 진리의 명제들로 구성된다"고 단언한다(728).[127]

또 "다른 곳에서는 구원에 이르는 믿음은 필연적으로 [예수님]에 대한 명제적 진리들을 믿는 것을 함의한다"고 쓰기도 한다(729). 이와 연관해서 그는 에밀 부룬너(Emil Brunner)와 고가르텐(Friedrich Gogarten), 바르트(Karl barth) 등이 신앙을 초주체적인 것, 인간 경험의 영역 밖에 있는 것, 계시에게 속한 것, "사람의 행위가 아니라, 본래적 신적 믿음"(Karl Barth) 등으로 말하는 것, 그리하여 하나님이 믿으시는 것으로 말하는 것에 대한 아주 옳은 비판을 하고 있다(729-30). 믿음은 분명히 신적인 능력으로 성령에 의해 되는 것이지만, 또한 사람의 행위이기도 함을 아주 분명히 말한다: **"그리스도를 믿는 것은 하나님이 아니라, 중생한 사람이다"**(730, 레이몬드 자신의 강조). 그럴지라도 그것이 하나님에 의해서 주어지는 것이므로 이적적 요소와 은혜의 주권이 신앙에 있다고 단언한다(730).

(6) 레이몬드는 개혁자들과 다른 개혁신학자들을 따라서 "신앙의 구원하는 능력은 신앙 그 자체에 있는 것이 아니라, 우리가 믿는 전능하신 구주에게 있다"는 것을 아주 분명히 한다(730). 워필드는 이렇게 말하기도 한다: "구원하는 것은 신앙이 아니라, 예수 그리스도께 대한 신앙이다. ······ 그러나 엄격하게 말하면, 그리스도께 대한 신앙이 구원하는 것도 아니고, 그리스도께서 신앙을 통해서 구원하신다."[128]

---

[127] Cf. Murray, "Faith," in *Collected Writings of John Murray*, 2: 258.
[128] Warfield, "Faith," in *Biblical and Theological Studies*, 424.

(7) 신앙에 대한 레이몬드의 논의 가운데서 가장 중요한 것은 아마도 하나님께서 선물로 주시는 믿음은 선택에서 제공되었고, 그리스도의 십자가 사역에 의해 얻어진 것이고, 중생에 의해서 유효하게 되는 것이라고 전체적인 관계성을 잘 드러내며 설명하고 있는 부분이라고 할 수 있다 (731).129 또한 믿음이 하나님의 선물임을 설명하는 주해적 논의로 에베소서 2:8-9을 설명하면서 여기 나오는 "이것"(τοῦτο)이 비록 중성 지시 대명사이지만, 그 앞에 있는 가장 가까운 선행사인 "믿음"(πίστις)이 여성 명사일지라도 받을 수 있음을 잘 논의하면서, 이를 빌립보서 1:28에 나타나는 비슷한 경우와 비교하여 논의하는 것을 높이 살 수 있다(732).130

(8) 그리스도와의 연합을 설명하면서 레이몬드는 "선택에 따라서는 영원 전부터 사랑 받은 사람들일지라도 그 택자들이 그리스도를 구주로 신뢰하기 전에는 그들이 실제로(actually) '본성상 진노의 자녀요' (엡 2:3), '그리스도 밖의 사람이요. …… 세상에서 소망도 없고 하나님도 없는 자였다' (엡 2:12)"는 것을, 즉 회개하고 예수님을 믿기 전까지는 "복음의 원수로 행하는 것"이라는 점을 명확히 말하여(737) 사람들의 이해를 돕고 있다.

(9) 레이몬드는 고린도전서 1:5 말씀, 즉 "모든 일, 곧 모든 구변과 모든 지식에 풍성하므로"라는 말씀을 그리스도 안에서 이루어지는 성화에 대한 말씀임을 잘 설명하고 있다(737). 이는 성화의 지성적 측면을 잘 말해 줄 수 있는 주요한 구절로 여겨질 수 있는 것이다.

(10) 레이몬드는 루터의 이른바 "교회가 그와 함께 서거나 무너지는 신앙의 조항"(*articulus stantis vel cadentis ecclesiae*)이요,131 칼빈의 이른

---

129 Cf. 원문 대조: "Saving Faith's 'gift character' as divinely provided for in election, procured by Christ's Cross Work and effected by regeneration" (731).

130 Cf. Abraham Kuyper, *The Work of the Holy Spirit*, trans. H. de Vries (Grand Rapids: Eerdmans, 1946), 407-14.

131 Cf. Luther, Exposition of Psalm 130:4, in *Werke* (Weimar: Böhlar,

바 "종교가 그에 달린 주된 경첩"인[132] 칭의를 논하면서, 천주교회의 공식적인(official) 교리 진술인 트리엔트 종교 회의의 결정문(6차 Session, 7장)을 인용하고 천주교회는 아직도 그 입장에 서 있음을 말하면서[133] 천주교회의 칭의론을 개혁파의 입장에서 잘 비판하고(741), 비슷한 입장에서 칭의를 말하는 스프라울의 논의를[134] 너무 지나치다고 비판하면서 천주교회와 복음주의적 입장의 절충의 길이 있음을 시사하는 블뢰쉬의 서평에서의 노력이[135] 실제로 제대로 된 결과를 낼 수 없고, 결국 개신교와 천주교회를 나누는 문제를 잘못 제시하고, 결국은 개신교도들로 하여금 '오직 믿음으로만'(sola fide)의 입장을 버리라고 하는 것이 된다는 것을 잘 지적하고 있다(741, n. 44). 또한 아퀴나스가 개신교적 칭의관을 가졌었다는 걸스트너의 논의를 소개하면서,[136] 그에 대한 레이몬드 자신의 논의를[137] 대비시켜 제시한다(746, n. 54).

이와 연관해서 레이몬드는 우리의 칭의를 루터의 "동시에 의인이며 죄인"(simul iustus et peccator) 개념과 연관해서 설명하면서 아주 흥미로운 표현을 제시하고 있다: "그리스도인들의 하나님 앞에서의 의는 하늘에

1883-present), 40/3:352, 353 (⋯ quia isto articulo stante stat Ecclesia, ruente ruit Ecclesia)(756, n. 66).

[132] Calvin, Institutes, 3, II. 1.

[133] The Catechism of the Catholic Church (1994). "칭의는 죄 용서만이 아니고, 내적인 사람의 성화와 갱신이기도 하다"(1989 문단); "칭의는 세례에서 주어진다" 그리고 칭의로 하나님께서는 "그의 자비의 능력으로 우리를 내면적으로 옳게[바르게, just] 하신다"(1992 문단). 레이몬드는 이후에 나온 천주교회와 다른 교회들 사이의 여러 선언문들은 아직 천주교회의 공식적 승인을 얻은 것이 아니라고 한다(741, n. 44).

[134] Cf. R. C. Sproul, Faith Alone: The Evangelical Doctrine of Justification (Grand Rapids: Baker, 1995).

[135] Donald G. Bloesch, "Betraying the Reformation? An Evangelical Response," Christianity Today (October 7, 1996), 54-55.

[136] John H. Gerstner, "Aquinas Was a Protestant," Table Talk (May 1994): 13-52.

[137] Cf. Robert L. Reymond, "Dr. John H. Gerstner on Thomas Aquinas as a Protestant," Westminster Theological Journal 59/1 (1997): 113-21.

(in heaven) 하나님 우편의 예수 그리스도에게 있지, 이 땅(on earth) 신자들 안에 있는 것이 아니다"(742). 그 전가된 의는 우리에게 낯선 의이고, 우리 밖의 의(iustitia alienum et extra nos)이기 때문이다. 더 나아가서 레이몬드는 이것이 "현재로 도입되어 지금 여기서 믿는 죄인들에게 주어진 신적 종말의 선언(the divine verdict of the Eschaton)이라고 말하기까지 한다(743).

또한 레이몬드는 "짜다크"(צדק)와 "디카이오오"(δικαιόω) 모두에서 법정적 의미가 근본적임을 잘 드러내면서,[138] 특히 "~오오"(-όω)로 마쳐지는 동사들은 선언적 의미를 지니고 있지 "~게 만들다"는 뜻을 지니지 않는다는 레온 모리스의 말을 인용하면서[139] 전통적 개신교의 법정적 칭의 개념을 잘 논의하고 있다(743).

마지막으로 Athanasius, Augustine, Anselm, Aquinas 등 과거의 교부들과 교사들 대다수가 칭의에 대해서 바른 이해를 가지고 있지 않았고 세례 중생설을 믿었고, 칭의와 성화를 혼동했기에 고해의 필요성을 믿었다는 사실로부터 개신교적 칭의 개념이 구원받는 데 필수적인 것은 아니라는 반대 논의에 대항해서, 바울 이후의 속사도들이 다 도덕주의로 흘렀고,[140] 16세기 종교 개혁에 이르기까지는 심지어 어거스틴에게서도 온전한 칭의론이 있지 않았다는 것을 정확히 언급하면서[141] 우리는 그 누구의 구원에 대해서도 말할 수는 없으나, 우리는 하나님 말씀의 분명한 가르

---

[138] 다른 것보다 특히 John Murray, "Appendix A: Justification," in *The Epistle to the Romans*, 1:336-62를 중시하면서 논의하고 있음을 보라.

[139] Leon Morris, *New Testament Theology* (Grand Rapids: Academic, 1986), 70. 예를 들어 다음 두 동사를 보라. "가치 있게 만들다"는 뜻이 아닌 "가치 있게 여긴다"는 뜻의 "악시오오"(ἀξιόω), 그리고 "비슷하게 만들다"가 아니라 "비슷하다고 선언하다"는 뜻의 "호모이오오"(ὁμοιόω)(743, n. 51).

[140] 이에 대한 논의로 그는 J. L. Neve, *A History of Christian Thought* (Philadelphia: Muhlenberg, 1946), I, 37-39를 언급하고 있다(745, n. 63).

[141] 이는 레이몬드 자신이 말하는 것이며, 또한 다음도 언급하고 있다. J. N. D. Kelly, *Early Christian Doctrine* (London: Adam & Charles Black, 1958), 163-64, 165, 168-69, 177-78, 184.

침을 높이고 주장해야 하고, 아무리 어려운 결과가 나타난다고 해도 그것을 피하는 이유들을 찾아서는 안 된다고 단언하고 있다(745).

(11) 레이몬드는 성령 충만을 점진적 성화와 연관되는 그 한 측면이라고 잘 설명하고 있다(765). 그리고 골로새서 3:16과 연관해서 성령 충만은 그리스도의 말씀과 분리할 수 없으며, 성령님께서는 그리스도의 말씀으로 그와 함께 역사하심을 잘 강조한다(766). 특히 성령 충만이 어떤 이상한 상태를 만들어 내는 것과 연관되는 것이 아니고, 하나님 말씀을 가르치고, 찬송하고, 감사하고, 바른 인간 관계를 지녀 나가는 것에서 표현된다는 것을 주해적으로 잘 논의하고 있다(766f.). 이런 점에서 그는 성경적 성령론을 잘 제시하는 개혁신학자로 이해될 수 있을 것이다.

특히 레이몬드는 성화의 방도를 (a) 하나님 말씀을 읽고, 설교하고, 듣는 것, (b) 교회의 성례에 참여하는 것, (c) 기도, (d) 성도들과의 기도, 그리고 (e) 성화를 위한 하나님의 모든 섭리적 활동 등으로 잘 요약하고 있다(780). 성화에 대한 논의를 마무리하면서 레이몬드는 매우 귀한 적용 점을 다음과 같이 제시하고 있다:

> 기독교의 어린아이들의 가장 큰 필요는 그들의 부모가 그리스도와 함께 사는 것이다. 회중의 가장 큰 필요는 그 목회자들이 참된 경건 가운데서 사는 것을 보는 것이다. 그리고 오늘날의 교회의 가장 큰 필요는 주님 앞에서 거룩하게 사는 것이다(781).

(12) 성도의 견인과 관련해서는 늘 언급되는 요 6:37-40 (οὐ μὴ ἐκβάλω), 요 10:28-29, 롬 5:8-10 (강이유의 논법, *argumentum a fortiori*), 롬 8:30-39 (ἐδεόξασεν - 성취의 확실성을 예기적으로 시사하는 부정과거 시제),[142] 고전

---

[142] Murray, *Romans*, 1:321; Murray, *Redemption*, 157f.; 그리고 Reymond, *A New Systematic Theology of the Christian Faith*, 784.

1:8-9, 빌 1:6, 히 7:25, 벧전 1:5 외에 시 37:23-24, 심지어 시 73:1-2, 23을 그 의미를 잘 살려서 주해적으로 제시하고 있음을 말할 수 있다 (782-85).

II-4. 교회(The Church)

1. 교회의 성질과 토대

교회의 성질에 대한 논의에서 레이몬드는 기본적으로 신약 성경에 사용된 '에클레시아'(ἐκκλησία)의 풍성한 의미를 놓치고 있는 κυριακός, 즉 "주께 속한"이란 말로부터 온 영어의 church나 독어의 Kirche의 문제점에 대한 지적으로부터 시작하고 있다(805). 그리고 구약의 '에다'(עֵדָה)와 '콰할'(קָהָל), 그리고 그 역어로 사용된 '에클레시아'(ἐκκλησία)에 대한 바른 의미에 근거하여 교회는 하나님 앞에 모이는 하나님의 백성이요 하나님의 공동체라는 논의를 잘 제시하고 있다(806ff.). 이후 레이몬드의 논의는 신약 성경 전반에 나타난 '에클레시아' 개념을 차례로 설명하고 있는 방식을 취한다 (The "assembly" in the New Testament).

(1) 레이몬드는 제일 먼저 예수님께서 사용하신 '에클레시아'(ἐκκλησία) 용어 사용에 대해서 논의하면서는 그 말씀들이 주께로부터 기원하였고 참된 말씀임을 전제하면서 논의한다(811).[143] 그리고 베드로

---

[143] 이에 대한 논의로는 자신의 *Jesus, Divine Messiah: The New Testament Witness* (Phillipsburg, N.J.: Presbyterian and Reformed, 1990), 50-51, 176-78; D. A. Carson, "Matthew," *The Expositor's Bible Commentary* (Grand Rapids: Zondervan, 1984), 8: 366-67, 69를 언급한다.

(Πέτρος)와 반석(πέτρα) 사이에 의미의 차이가 있을 수 없음은 그 두 말 모두 배후에 아람어 '게바'(כֵּיפָא, Κηφάς)가 있기 때문이라고 잘 지적하고(811, n. 15), 이미 초기에 시몬에게 '게바'라는 이름을 붙여 주신 일이 있으므로(요 1:42, 막 3:16) 이는 이름을 붙여 주는 것이기보다는 그 이름을 설명하고 교회 세울 것과 관련해서 언급하신 것임이라는 점을 분명히 한다(811f.). 레이몬드는 특히 이와 관련하여 천주교회의 주장을 16가지로 구체적으로 반박하고 있다(815-818).

그 중에 흥미로운 것은 그가 13번째로 언급하고 있는 그의 요점, 즉 "마태복음 16장을 사용해서 로마 주교직의 우위권을 주장한 최초의 주교는 양태론적 이단의 혐의를 받은 칼리스투스 1세(d. c. 223)인데, 그가 이런 주장을 하였을 때 왜 터툴리안 같은 이는 마태복음 16장에 나오는 예수님의 말씀이 후대의 주교들에게 과연 적용되는지를 의문시하였고, 왜 가이사랴의 감독 퍼밀리안(Firmilian)은 로마의 주교직이 베드로의 직위를 계승하고 있다는 것을 반대하였는가?"(817)와 15번째 요점인 "초기 공의회에서 전혀 로마 주교직의 수위성을 인정하고 있지 않을 뿐 아니라, 여러 번 로마 주교의 의견에 반해서 결정하였고, 로마 주교의 우위성을 명백히 주장한 첫 공의회는 교황 이노센트 III세 휘하의 제4차 라테란 공의회(1215년)가 아닌가?"(817) 하는 점 등이다. 그리하여 레이몬드는 로마 주교직의 우위성에 대한 주장은 기독교권에 드리워진 가장 큰 사기 중 하나(one of the great hoaxes)라고 주장한다(818).[144]

한 각주에서 그는 이 구절에 대한 고대 교부들의 해석에 대한 매우 흥미로운 통계를 제시하고 있다(819, n. 33).[145] (1) 반석을 베드로로 보는

---

[144] 이와 연관해서 그는 커닝햄의 다음 글도 보라고 한다. William Cunningham, "The Papal Supremacy," in *Historical Theology* (1862; reprint, Edinburgh: Banner of Truth, 1960), 1:207-26.

[145] 사실 이것은 Peter Richard Kendrick 대주교가 제1 바티칸 공의회에서 발제

해석(Origen의 문자적 의미와 17 교부 지지),146 (2) 반석을 베드로를 수반으로 하는 모든 사도들로 보는 해석(Cyprian을 비롯한 8 교부 지지), (3) 반석을 베드로가 고백하는 신앙으로 보는 해석(Chrysostom, Gregory of Nyssa, Isidore of Pelusium, Hilary, Theodoret, Theophanes, Theophylact, John of Damascus를 비롯한 44 교부 지지), (4) 반석을 예수 그리스도 자신으로 보는 해석(Augustine을 비롯한 16 교부 지지), 그리고 (5) 반석을 예수를 믿음으로 그의 몸인 성전의 산 돌이 된 신자들로 보는 해석(Origen의 영적 의미와 몇몇 교부 지지). 이에 근거해서 레이몬드는 베드로를 반석으로 보는 견해는 교부들 중 20%의 견해일 뿐이라고, 따라서 그것을 초대 교회의 일반적인 견해라고 보기 어렵다고 한다 (819, n. 33).

   이렇게 레이몬드는 마태복음 16장의 여러 측면을 잘 살피면서, 때로는 (과거의 해석자들이 그렇게 하였듯이)147 좀 절충적이기는 하지만(820), 가장 전통적인 해석을 제시하며 하나님의 말씀을 말하는 고백하는 사도로서의 직무를 중심으로 '반석'의 뜻을 생각하며, 베드로(Peter the Confessing Apostle)를 고백하는 사도들의 **대표**로 잘 제시하고 있다고 할 수 있다(마 18:18, 요 20:22-23, 엡 2:20, 고전 10:4, 계 21:14과 연관시켜 언급하는 822). 그러나

하려고 준비했으나(1870) 발제하지 않고 후에 *An Inside View of the Vatican Council*, ed., Leonard Woolsey Bacon (New York: American Track Society, 1871)에 실린 글에서 말하고 있는 바에 근거해서 말한다.

146 Tertullian도 이런 해석을 하나 그는 이것이 베드로 자신에게만 해당하고, 로마 주교에게 전승되는 것은 아니라고 한다(Tertullian, *On Modesty*, xxi).

147 그 대표적인 예는 반석을 그리스도로 보는 어거스틴의 해석(*Expositio on Psalm 61*, para. 3; *Sermon 26 on New Testament Lessons*, para. 1 & 2; *On the Trinity*, II. 17. 28)을 따라 반석을 그리스도로 보고, 베드로의 반석 같음은 그의 어떠함에 대한 말이기보다는 반석이신 그리스도에 대한 믿음을 지칭하는 것이라는 루터의 해석(*What Luther Says* [Saint Louis: Concordia, 1959], 2: 1070, para. 3412; *Luther's Works*, 17, II, 449f.)이나 역시 그리스도를 반석으로 보고 여기서 예수님께서는 베드로와 신자들 모두를 언급하며 "반석"이라고 하신 것이니, 그 이유는 그리스도에 대한 신앙의 유대라는 터에서만 교회가 세워질 것이기 때문이라는 칼빈의 해석(*Comm. Matthew 16:18*; *Institutes* IV. vi. 6)이 될 것이다.

근본적으로 그는 예수의 메시아 됨에 대한 계시된 진리에 대한 고백을 교회의 기초석으로 제시한다(821). 그런 점에서 그는 과거의 해석자들처럼 상당히 의도적 모호성을 가지고 해석한다. 루터와 칼빈은 그리스도의 반석 됨에 근거해서 베드로와 신자들의 반석 됨을 생각했다면, 레이몬드는 고백자 베드로와 사도들의 교회의 기초됨을 생각하며 그 가르침에 대한 믿음을 반석과 연관시키고 있다.

(2) 사도행전에 나타난 "에클레시아"에 대해서 말하는 가운데 가장 특징적인 것은 스데반의 설교를 분석하면서 하나님께서 나타나시고 말씀하신 다양한 지명을 중심으로 이스라엘 백성들의 성전 중심의 예배 관념을 깨는 스데반의 의도를 드러내 보려고 한 것이라고 할 수 있다: 메소포타미아와 하란, 시내 광야("거룩한 땅"). 그리고 "에클레시아"의 어의에 따라서 매우 흥미로운 반전적 진술을 한다: "메시아의 회중(assembly)은 어느 한 곳에 묶여 있을 수 없고, 하나님의 영이 창조하시고 중생시키시는 사역을 하는 곳마다 있다"(827).

또한 사도행전에 나타난 야고보의 설교(약 15:14-21)에 대해서 말하면서 "선지자들의 말씀이 이와 합하도다(συμφωνούσιν)"고 하면서 인용한 아모스서 9:11-12의 다윗의 무너진 장막을 다시 세우는 것이 이 시기에 대한 말이며, 이방인들이 "다윗의 무너진 장막"으로 이끌려지는 것으로 다시 세우는 일에 참여하는 것이며, 구약의 하나님 백성과 현재의 기독교인들 사이의 깨지지 않는 연속성이 있음을 보여 주는 것이라고 설명하는 것도 (828) 상당히 좋은 설명이다.

(3) 바울이 여인들은 천사들로 인하여 머리에 수건을 쓰라고 한 말(고전 11:10)에 대해서 설명하면서 이는 교회의 모임이 하나님과 하나님의 천사들 앞에서 모이는 것임을 시사하면서 교회의 예배는 천만 천사들과 함께 하나님 앞에 서는 것임을 강조하고(시 68:16, 17, 신 33:2, 히 12:22-24 참조),

여인들이 수건을 써야 하는 이유는 그들이 "모든 것이 단정하게(decently) 그리고 질서 있게(in order)" 되는 것을 기대하기 때문이라고 설명하는 것은 (832, n. 46) 상당히 좋은 언급일 수 있다. 대개 "천사들로 인하여"라는 말에 대해서 천사들이 교회의 예배에 함께 하기 때문이라고 언급하는 일은 많이 있지만, 그 이유를 이처럼 좀 더 구체적으로 밝혀 주는 일은 드물기 때문이다. 그러나 이와 함께 비슷한 점이 있는 *Damascus Document* 4QD^b· XV:15-17을 같이 인용하고 있는 것이 레이몬드의 논지에 도움을 줄 수 있을지는 의문이다.

(4) 이와 연관해서 히브리서에 나타난 "에클레시아"를 논하면서 히브리서 12:22-24에서 "장자들의 총회"(the *ekklesia* of the firstborn men)라는 말이 사용된 것은 그들이 그리스도와 함께한 유일한 상속자들이고(롬 8:17, 갈 4:7 참조), 그들이 그 회합 중의 항구한 회원들(*permanent* members)이요 상속자들임을 말한다고 표현한 것도 매우 시사적이다(832).

(5) 요한 서신의 "에클레시아"에 대한 언급 가운데서는 요한이서 2:1의 "택하심을 입은 부녀"(the elect lady)를 어떤 특정한 여인에 대한 지칭으로보다는 이 편지의 수신자가 되고 있는 "지교회(肢敎會)"를 지칭하는 것으로 해석하는 제롬(Jerome)의 해석을 따라 제시하는 것이 흥미롭다(834). 그러나 이 경우에는 13절의 "택하심을 입은 네 자매의 자녀가 네게 문안하느니라"와 관련하여 난점이 생길 수도 있다. 레이몬드는 이에 대한 설명을 하지 않고 있지만, 그의 논리를 따른다면 13절의 "네 자매"는 이 서신의 필자인 요한이 속해 있는 공동체인 교회를 지칭한다고 해석될 수 있을 것이다. 그러나 이를 유일한 해석으로 제시하면 이는 너무 지나친 주해의 대표적인 예로 지적될 수 있음에 유의해야 한다.

또한 요한일서 2:20, 27의 "기름부음"(τὸ χρίσμα)을 성령의 중생케 하시는 사역에 대한 인유(引喩)로 해석한 것은(835, 846) 가장 자연스러운 개혁파 전통을 잘 반영하는 해석이라고 할 수 있다.

(6) 마지막으로 요한계시록에 나타나는 "에클레시아"와 관련해서는 교회가 궁극적으로 어린 양의 신부로(the wife of the Lamb) 영화 될 것임을 말하여(836) 그리스도의 신부가 **단수**인 "교회"임을 잘 드러낸 점을 치하할 수 있다.

2. 교회의 속성들과 표지들

교회의 속성과 표지에 대한 논의는 가장 전통적 논의를 따라 진술하면서 교회의 4가지 속성(통일성, 거룩성, 보편성, 사도성, 그래서 ecclesia una, sancta, catholica, apostolica)과 개신교회가 강조한 참된 교회(ecclesia vera)의 3대 표지, 즉 하나님 말씀의 참된 선포, 성례의 바른 시행, 교회 치리의 신실한 수행을 잘 설명한 후에(특히 860), 이에 대한 개신교 신앙고백서들의 증언을 잘 제시하고 있다. 이에 대한 레이몬드의 설명 가운데서 특기할 만한 것만을 언급해 보면 다음과 같다.

(1) 교회의 4속성들을 "성경적으로 보면 그것들이 그리스도의 교회에 대한 적절한 묘사이다"(839). 이는 두 가지 함의를 지닌 말이다. (a) 이런 속성을 비성경적으로 보면 그것은 교회에 대한 적절한 묘사가 아닐 수 있다. 사실 중세 교회와 그것을 계승하는 천주교회의 교회 속성에 대한 이해가 바로 그러한 것이다(레이몬드는 846-49, 860에서 이런 점들을 언급하고 지금도 천주교회가 예전의 **기관적**(institutional) 교회 속성관을 전혀 바꾸고 있지 않음을 비판하고 있다). 그리고 (b) 성경적으로 잘 설명하기만 하면 이 네 가지 속성 외에 또 다른 속성을 더하여 말할 필요가 없다는 것이다. 이런 뜻에서 레이몬드는 헤르만 바빙크가 이 네 가지 외에 교회의 무오성(indefectibility and

infallibility)을 더하는 것에 대해서 그것은 바르게만 해석하면 "교회의 사도성에 함의되어 있을 수 있지 않는가?"라고 변론하고 있다(839, n. 4). 이는 무류성이라는 개념이 오용된 것과 오용될 수 있는 가능성을 생각하면 매우 적절한 조치라고 생각된다.

   만일에 이 점이 좋은 것으로 해석될 수 있다면, 그렇다면 사도성과 관련해서도 벌코프가 그 오용 가능성과 연관해서 사도성을 통일성이나 보편성에 함의시켜 생각했던 것을 좀 더 심각하게 생각했어야 하지 않을까 하는 점을 베르까우어나 레이몬드 등에게 질문할 수 있을 것이다. 그러나 베르까우어나 레이몬드가, 또 바빙크가 사도성을 말한다고 해도 그것은 벌코프가 바빙크를 따라서 말하는 사도적 교훈의 계승과 사도적 가르침에 충실한 교회 이상의 의미가 아니라는 점에는(844, 845) 의심의 여지가 없다. 레이몬드의 사도성에 대한 정의는 다음과 같다: "오직 사도적 교리에 따르는 것만이 교회의 사도성을 보장한다"(844). 그러므로 성경적 가르침에 충실하기만 하면 교회의 속성을 바빙크처럼 다섯 개로 말하든지, 베르까우어나 레이몬드처럼 넷으로 말하든지, 벌코프처럼 셋으로 말하든지 그 의미의 차이는 없는 것이다. 이 점이 인정되고 나면 이들 사이의 논의 점은 과연 어떻게 말하는 것이 (i) 성경의 교회에 대한 이해를 가장 잘 전달하고, (ii) 전통적 언급에 충실하면서, (iii) 사람들의 오해를 최대한 방지할 수 있는 최선의 방안인가 하는 논의가 될 것이다.

   (2) "교회는 그리스도와의 연합 때문에 하나이다"(839). 그리고 그리스도의 말씀들(특히 요 17:23)을 생각할 때, 교회는 이 세상 앞에 가시적으로 그 하나 됨을 드러내려고(a *visible* unity) 해야 한다(840).[148]

   (3) "교회는 "그리스도 안에" 있다는 절대적인 의미에서 단정적으

---

[148] Cf. G. C. Berkouwer, *The Church* (Grand Rapids: Eerdmans, 1976), 45.

로(definitively) 거룩하다. 그리고 교회는 내적인 삶에서 기원하여 외적인 삶으로 표현되는 그 성화가 점진적이라는 상대적인 의미에서는 과정적으로 거룩하다(processively holy)"(842). 이 표현이 시사하고 있듯이 레이몬드는 개인의 성화가 단정적이고 동시에 점진적인 것처럼 성도들의 집단적 모임인 참된 교회도 단정적으로(definitively) 그리고 동시에 점진적으로(progressively) 거룩하다고 설명하고 있다(843).

(4) 레이몬드는 교회의 보편성을 선교와 잘 연관하여 설명하고(837), 이는 또한 사회적으로도 그러해야 하고 계속적으로 그러해야 한다고 설명하면서, 이에 근거해서 교회 성장학파의 동질성의 원리를 잘 비판하고 있다(843). 보편성에 대한 근거 구절 중 골로새서 3:11을 설명하면서 그리스도 안에서는 야인(barbarian)이나 스구디아인(the Scythians)이 없다는 것을 잘 설명하면서, 스구디아인은 주전 2000부터 흑해와 카스피아 근처에 살면서 러시아와 유럽 지역의 무역을 하던 기마 유목민과 전사들로서 유대인들은 그들을 야만인으로 여겼었는데, 이제 교회 안에서는 그 누구도 그렇게 여겨져서는 안 된다는 말임을 잘 설명하고 있다(844, n. 9).

(5) 레이몬드는 칼빈과 같이[149] 천주 교회는 사도적 가르침을 저버려서 거의 교회가 아닌 것이 되어 버렸고(they have virtually become no churches at all) 지금도 그런 교회들이 있을 수 있으나, 그 가운데서도 참으로 찾기는 어렵지만 남은 자들(a remnant of his people)이 있다는 것을 기꺼이 인정하고 있다(860).

3. 교회의 권위와 의무들

---

[149] Cf. Calvin, *Institutes*, IV. iii. 12.

교회의 권세와 권위, 그리고 그 성질, 그것을 나타내는 방식에 대해서 레이몬드는 다음과 같은 정리를 하고 있다.

(1) 온 우주의 주권을 가지신 삼위일체 하나님과 구속 경륜에 따른 교회 권위의 유일하신 원천으로서의 예수 그리스도(861). 그리스도께서 세우신 사도들에게 주어진 사도적 권위(862-64)와 그들의 가르침인 성경의 권위(864, n. 3), 그리고 교회 안에 항상 있도록 하신 직임들(offices)에 부여하신 파생적 권위(864).

(2) 교회 권위의 성질은 항상 영적이고 도덕적이다. 그리고 그것은 권위적이고 자기 주장적인(magisterial) 것에 반하는 섬기는(ministerial) 성격과 선포적인(declarative) 성격을 지닌 것이다(865). 레이몬드는 다음과 같은 구절에 근거해서 이런 교회 권위의 성질을 주장한다: 마 20:25-28; 마 26:51-52; 눅 9:54-56; 요 18:36-37; 고후 10:3-4; 엡 6:11-18.; 벧전 5:1-3(866-67). 이와 연관해서 레이몬드는 교회가 물리적인 힘을 사용한 모든 경우들을 다 잘못된 경우들로 언급한다. 1479년 페르디난드 V세와 이사벨라 휘하의 스페인에서 Tomas Torquemada를 필두로 한 대심문관(the great Inqusitor)을 세워 200명 이상의 사람을 이단으로 화형시키고 세례 받기를 거부하는 유대인들을 몰아낸 천주교회의 대심문관 제도(the Spanish Inquisition)로부터 십자군 운동, 루터의 농민 혁명에 대한 무력 저지 호소, 칼빈의 세르베투스 처형, 심지어 오늘날의 신율주의자들(the theonomists)의 주장에 이르기까지를 다 영적이고 도덕적인 권세에 의존하지 않으려고 하는 점에서 잘못된 것이라고 강하게 논의한다(865f.). 교회와 교회의 직임자들은 그 어떤 경우에도 물리적인 힘에 의존하려고 하지 말아야 한다는 것이다.

(3) 그러면 교회는 이런 권세를 사용해서 무엇을 해야 하며, 이런 권세를 어떻게 나타내야 하는가? 레이몬드는 교회의 의무를 다음과 같이

일곱 가지로 제시한다: (i) 하나님을 예배하고 섬기는 의무, (ii) 신적 진리를 증언하는 의무, (iii) 복음을 전하고 교회를 성장시키는 의무, (iv) 성례를 수행하는 의무, (v) 성도들을 섬기는 의무, (vi) 교회의 일들을 다스리는 의무, (vii) 자비와 자선의 의무.

이 모든 의무는 너무 커서 "그 어떤 그리스도의 종도 그 스스로 이 일을 감당할 수 없다"(893). 그러나 우리가 약할 때 그리스도의 능력이 우리의 연약함 안에서 온전케 되므로 일을 할 수 있다는 확신을 가지고 주를 섬겨 갈 수 있다(893).

(4) 예배에 대해서는 "명령되지 않은 것에 대해서는 우리가 선택할 자유가 없다"고 하면서 성경에 있는 것을 중심으로 생각하려 한 칼빈과150 웨스트민스터 신앙 고백서의 전통을 따라서 하나님 자신이 제시하신 방식에 따라 예배할 것을 제시한다(870, 868, 877). 그러나 이것은 예배의 요소들에 관한 것이지, 예배의 때나 장소, 예배의 순서들은 "자연의 빛과 기독교적 사려 분별에 의해, 세상의 일반적인 규칙들에 따라서" 질서 지워져야 한다고 웨스트민스터 신앙고백서(I/vi)에 따라 진술한다(870). 그리고 성령과 진리 안에서 예배해야 한다는 예수님의 말씀(요 4:24)과 관련해서 이는 하나님이 정하시는 방식에 따라 드려야 할 것을 의미하는 것이라고 해석한다(871).151 그리고 그런 예배는 성경적이고, 영적이고, 단순하며, 장엄하

---

[150] Calvin, *Tracts and Treatises on the Doctrine and Worship of the Church* (reprint; Grand Rapids: Eerdmans, 1958), 2:118, 122. 이에 근거해서 레이몬드는 웨스트민스터 신앙고백서에 규정된 소위 "규정적 원리"(regulative principle)가 청교도들의 창안물(Puritan innovation)이라고 하는 패커의 견해를("The Puritan Approach to Worship," in *Diversity in Unity* [London: The Evangelical Magazine, 1964], 4-5) 반박한다(870, n. 7).

[151] 여기서 레이몬드는 레온 모리스의 다음 주해를 소개한다: "[생명을 주시는 영이신] 그에게 적합하게 예배해야 한다. 사람은 예배의 방식을 주도할 수 없다. 사람은 하나님의 영이 열어 주는 방식으로만 하나님께 나아 올 수 있다"(*The Gospel According to John* [Grand Rapids: Eerdmans, 1971], 272).

고, 하나님을 존중하는 예배가 될 것이라고 한다(872). 예배의 시간으로서 그는 주께서 부활하신 날로서의 주일 성수를 강조하며 이를 안식일 준수라고 표현하기도 한다(877). 이를 강조하기 위해 그는 찰스 핫지의 다음 말을 인용하기도 한다: "사람들이 [예수님의 부활]에 대한 지식이 없어지기를 원한다면, 그들로 하여금 주간의 첫날을 거룩히 지키는 것을 무시하도록 하라. 그러나 부활 사건이 어디에서나 알려지고 기억되기를 원한다면 그 날을 부활하신 구주께 대한 예배로 거룩히 드리도록 해야한다"(877).[152]

이런 원칙에 따라서 레이몬드는 지난 세대의 부흥회적 예배와 오늘날의 아직 신자가 되지 않은 분들을 중심으로 한 "구도자 예배"(seekers' service)의 문제점을 지적한다(873). 또한 이런 예배들의 영향을 받아서 전통적인 장로 교회들의 예배도 그 전통을 알 수 없는 예배가 되어 가는 것의 문제점을 지적한다. 그러면서 "우리 하나님은 가슴으로만이 아니라, 정신으로도 경배되어야 한다; 그에 대한 믿음은 이해를 요구한다"고 강력하게 말한다(873). 그러면서 이를 위해 신학적으로 건전한 회중 찬송과 시편과,[153] 성경적으로 근거한 바르게 해석된 설교, 말씀을 읽고 묵상하는 일, 그리고 특히 이 시대에 필요한 '율법의 제3의 용도'에 대한 강조 등이 포함되어야 하며, 광고 등 하나님께서 명하지 않은 모든 것들은 다 배제되거나 필요한 광고의 경우에는 예배 전후로 나가야 한다고 제안하고 있다(874). 이 모든 것을 반영하면서 레이몬드가 제안하는 예배 순서는 다음과 같다(875f.):

---

[152] Charles Hodge, *Systematic Theology* (1871; reprint, Grand Rapids: Eerdmans, 1952), 3:330.

[153] 이를 위해 미국의 회중을 위해 그가 제안하는 찬송가와 시편가는 다음과 같다: *Trinity Hymnal* and *Trinity Psalter* (Philadelphia: Penn.: Great Commission Publications).

말씀의 제의(Liturgy of the Word)

말씀을 위한 준비(Preparation for the Word)

(시편 인용이나 찬송을 사용한) 예배에의 부름, Call to Worship
찬양과 경배의 찬송이나 시편, 또는 찬양과 은혜와 조명을 비는 기도
(회중이 함께 주께서 가르치신 기도를 드리는 것으로 마쳐질 수도 있다).
하나님의 주권적 위엄과 우리의 죄인 됨을 깊이 새기게 하는 구약 성경 봉독
죄의 고백과 용서를 비는 기도
(이는 목회자가 대표로 하는 목회 기도일 수도 있고, 기도문에 따라 하는 기도일 수도 있고, 교독 기도일 수도 있다)
죄 용서의 확신 Assurance of Pardon
하나님의 은혜에 대한 감사 찬송 또는 시편
헌상
중보 기도
그리스도인의 삶에 대한 지침을 제공하는 신약 성경 봉독

말씀의 선포

하나님 말씀을 받아들이도록 준비하도록 하는 찬송
조명을 위한 목회 기도
설교 본문이 되는 성경 봉독
설교
적용을 위한 기도
하나님 말씀의 선포에 반응하는 찬송이나 시편

축도(만일 성찬 예식이 뒤따르지 않는다면)

            다락방의 전례(성찬 전례) (Liturgy of the Upper Room)

                        (반응의 찬송)
            참된 신자들에 대한 주의 상으로의 초대와 불신자들을 금함
              예배 송 또는 하나님의 은혜에 대한 감사 찬송
                        사도 신경 고백
                        성찬 제정의 말씀 낭독
                        성별을 위한 기도
                          떡의 분배
                          잔의 분배
                          감사 기도
                        찬양의 찬송이나 시편
                            축도

(5) 복음 전도를 강조하면서 레이몬드는 패커에게 동의하면서 전도의 메시지는 칼빈주의 신학에 의해 통제되어야 하며, 전도자는 그 전도 방법에 있어서 펠라기우스주의적이거나 알미니우스주의적인 방법을 피하도록 해야 한다는 것을 강조한다(880). 또한 교회 교육에서 개혁파적 언약 교리와 언약의 영속성 교리를 강조하고(881), 교회 성장에 대해서도 개혁파 교리의 독특성을 잘 드러내야 한다는 것을 강조한다(882). 그런데 오늘날에는 복음주의 교회들조차도 복음 메시지의 확신을 주고, 변개시키는 능력에 대한 신뢰성을 상실해 가고 있다는 표들(signs)을 나타내 보이고 있으며(882), 복음이 선포되는 방식으로서의 설교에 대한 신뢰가 줄어가고 있다는 문제를

레이몬드는 강하게 지적하며 안타까워한다(883).

이 모든 문제에 대한 해결책은 "구원에서 하나님의 주권을 강조하는 개혁파 교리에 대한 회복된 확신"이라고 한다(883). 결국 "모든 참된 부흥은 그리스도로부터만 오는 것이고, 참된 부흥은 인간적 노력으로 이루어질 수 있는 것이 아니기" 때문이다(884). 이를 강조하기 위해서 레이몬드는 이렇게 말하기도 한다: "결코 영적인 갱신을 경험하지 못할 교회는 자신들이 부흥을 이룰 수 있다고 생각하는 교회이다"(884). 그의 결론은 성령께서 그의 사역자들을 힘있게 하실 때, 그들은 교회 개척에서나 교회 성장 방법에 있어서 개혁 신앙에 충실해야 한다는 것이다(885).

4. 교회의 정치

교회의 정치에 대해서 레이몬드는 기본적으로 웨스트민스터 신앙고백서 30장 1절-2절, 31장 1절-3절을 중심으로 하여 자신이 생각하는 가장 성경적인 정치의 방도로 장로교주의(Presbyterianism)를 잘 소개하면서 성경적으로 잘 변증하며 그 의의를 밝히고, 감독제(Episcopacy)와 회중 교회 제도(Congregationalism), 에라스티안주의(Erastianism)를 비교하여 소개하면서 비판하고 있다. 가장 전통적인 진술을 하고 있다고 생각되는 교회 정치 문제에 대한 그의 논의의 결론은 다음과 같다: "장로교 제도는 성경적으로 가장 건전한 교회 통치의 형태일 뿐만이 아니라, 교회로 하여금 그 방향과 원리와 실천과 우선 순위를 정하게 하고, 차이를 해결하게 하는 가장 신뢰할 만하고, 바르고, 평화로운 방식을 제공한다. …… 물론 장로교 제도가 제대로 되기 위해서는 성령께서 항상 장로교 제도를 살아 있게 하셔야만 한다. 그러나 그 형태 자체도 하나님께서 주신 것이고 중요한 것이다"(908).

5. 교회의 은혜의 방도들

은혜의 방도들에 대한 논의는 그의 교회론에 대한 논의 중에서 가장 풍성한 부분의 하나다. "은혜와 그리스도를 아는 지식 가운데서의 영적 성장을 위한 영적 양식"을(911) 제공하는 은혜의 방도를 (1) 하나님의 말씀, (2) 성례들, 그리고 (3) 기도로 제시하고 있는 점에서 레이몬드의 '은혜의 방도론'은 웨스트민스터 대요리문답 194문답과 핫지의 전례를 따르고 있다고 할 수 있다.154 물론 교회가 하나님의 은혜의 메시지를 소유하고 있는 유일한 공동체라는 점에서 특별 은혜의 기관적 수단(one institutional means)으로 볼 수도 있고, 우리 삶의 모든 것을 (심지어 죽음까지도) 다 성화를 위해 사용하신다는 뜻에서 하나님의 섭리도 은혜의 수단의 하나로 여겨질 수 있지만, 은혜의 수단이라는 용어는 일반적으로 좀 더 구체적인 방식으로 사용된다고 하면서(912) 위의 세 가지를 (특별) 은혜의 일반적 방도로 제시한다 (913). 이렇게 보편적으로 하나님께서 은혜를 베푸시는 방도에 대한 레이몬드의 논의 가운데서 특징적인 부분만을 언급하자면 다음과 같다.

(1) 은혜의 방도로서의 말씀을 다루면서 루터파의 "말씀을 통하여"(per verbum) 전통이 어떻게 나타나고 있는지를 로버트 프레우스의 "성경과 하나님의 말씀에는 중생시키고 변개시키는 능력이 **본래적으로** (intrinsically) 부여되어 있다"는 주장의 인용으로 드러내면서,155 그러나 결

---

154 벌코프가 기도를 "은혜의 열매"라는 점에서 제외하고 있는 점에(*Systematic Theology*, 604f.) 대한 레이몬드의 좋은 반대 논의로 Reymond, *A New Systematic Theology of the Christian Faith*, 912, n. 1을 보라. 핫지의 논의로는 Hodge, *Systematic Theology*, 3:708을 보라.

155 Robert Preus, *The Inspiration of Scripture* (Edinburgh: Oliver and Boyd, 1957), 183, cited in Reymond, *A New Systematic Theology of the Christian*

국 "말씀의 유효성은 불가항력적인 것이 아니다"고[156] 말할 수밖에 없는 루터파의 입장은 결국 벌코프가 잘 지적하고 있듯이 "사람의 자유 의지에 호소할 수밖에" 없다고 잘 논의하여(915) 왜 성령께서 말씀을 사용하셔서 은혜를 베푸신다고 하는 개혁파의 주장이 더 옳은지를 설득력 있게 논의하고 있다(916). 말씀을 전할 때 먼저 자신을 주께 드리고(고후 8:5), 하나님의 경륜 전체를(행 20:27) 선포하되, 버스웰이 말한 대로 "정당하고 바른 정도에 따라서"(in its due and proper proportion),[157] 즉 성경의 강조점과 균형에 맞게 선포해야만 하고, 사람들의 영혼을 진지한 열정으로 사랑하며 선포해야 한다는 점을 잘 강조하고 있다(917).

(2) 성례에 대한 논의 가운데서는 개혁파 입장을 잘 제시하면서도 다른 입장들을 그들의 문서를 잘 인용하면서 바르게 제시하고, 또 개혁파적 입장에서 잘 비판하고 있는 점이 좋은 점으로 언급될 수 있을 것이다. 특히 천주교회의 입장을 그들의 말로 잘 제시하고, 쯔빙글리 자신이 과연 성례가 단순한 상징일 뿐이라고 생각했는지에 대해서 브로믈리와 베인톤을[158] 인용하면서 그의 입장에 공정하게 진술하려고 하고 있는 점도(921, 921, n. 23, 960) 특기할 만한 점이다.

(3) 세례는 구약의 의식적 씻음(레 14:8-9, 15; 레 8:5-6)과 그것이 시사하는 영적인 깨끗하게 함(시 51:1-2, 7-10, 겔 36:25-26)이라는 구약적 맥락에서 기원한 것으로 보아야 한다고 잘 논의하면서(923f.), 요한의 회개의 세례와 쿰란 공동체의 세례의 연관성을 말하는 학자들을 언급하면서, 따라서

Faith, 915, n. 5.
  [156] Preus, *Inspiration of Scripture*, 189, cited in Reymond, *A New Systematic Theology of the Christian Faith*, 915.
  [157] Buswell, Jr., *A Systematic Theology of the Christian Religion*, 1: 424.
  [158] Cf. Geoffrey W. Bromiley, in *Zwingli and Bullinger*, vol. 24 in *The Library of Christian Classics* (Philadelphia: Westminster, 1953), 179, 183; Ronald Bainton, *Here I Stand* (New York: Abingdon, 1950), 319.

적어도 쿰란 공동체가 세례 요한에게 미친 영향이 있지 않았겠느냐는 흥미로운 주장이 있을 수 있지만 자신이 제시하는 7가지 근거에서 매우 조심하게 된다고 하면서 요한의 사역은 쿰란 공동체의 소종파적 가르침과 표현, 태도들과는 분명히 다르다는 결론을 내린다(924, n. 26).

(4) 마태복음서의 삼위일체의 이름으로의 세례와 누가가 말하는 예수의 이름으로 세례 주는 것을 비교하면서 레이몬드는 비평학자들의 견해에 반하면서 "오히려 누가가 실제 세례에서 사용된 말들을 줄여서 제시하여, 예수의 중재로 우리가 삼위일체 하나님과의 연합에 들어감을 더 드러내고 있다"고 논의하고 있다(927). 그가 근거를 더 드러내며 논의하지 않아서 안타깝기는 하지만, 이는 흥미로운 논의의 하나가 아닐 수 없다.

(5) 세례 방식에 대한 논의, 즉 세례냐 침례냐에 대한 논의는 침례교 신학자들의 견해를 잘 소개하면서 성경적으로 꼭 그렇게 할 필요가 없다는 것을 잘 논의하고 있는 매우 잘된 논의라고 할 수 있다. 그 논의 중 특기할 만한 것으로 다음 같은 점들을 지적하고 있다.

(i) '밥티조'의 용례를 살피는 중 마가복음 7:3-4을 말하면서 여기에 해당하는 단어 βαπτίσωνται를 ℵ과 B사본은 아예 '뿌리다'(sprinkle)는 뜻의 ῥαπτίσωνται로 변경하고 있음을 잘 언급하고 있는 점(931, n. 38).

(ii) 이에 대한 이전 시대의 좋은 논의였던 James W. Dale의 저서들을[159] 잘 소개하고 있는 점(930, n. 37).

(iii) 이사야 52:15의 '야제'(יַזֶּה)를 70인경(LXX)이나 우리 개역 성경처럼 '놀라게 하다'라고(θαυμάσωνται, startle, 또는 astonish) 번역하지 않고,

---

[159] Cf. James W. Dale, *Classic Baptism* (1867; reprint, Phillipsburg, N.J.: Presbyterian and Reformed, 1989). 그리고 이 판에 붙은 Jay Adams의 서문. Dale은 이 외에도 *Judaic Baptism, Johannic Baptism*, 그리고 *Christian and Patristic Baptism*이란 제목의 책을 썼다고 밝히고 있다(930, n. 37).

'야제'(יַזֶּה)가 '나자'(נָזָה)의 힢일 비완료(Hiphil imperfect)인 점을 말하면서 그 어근이 되는 동사가 기름, 피, 물 등으로 제의적으로 뿌리는 것을 뜻하는 레위기 규례에서 발견되는 전문 용어라는 것에(레 4:6; 6:27; 8:11; 14:7a; 16:14; 민 19:18) 착안하여 이를 "뿌리다"(sprinkle)로 해석하는 Edward J. Young에게[160] 동의하는 점, 그러면서 레이몬드는 "증명의 부담은 '뿌리다'라는 의미를 거부하는 이들에게 있는 것이다"라고 말하는 앙리 블로허(Henri Blocher)의 말을[161] 동감적으로 인용하면서, 이를 요한복음 1:25의 유대인의 질문의 근거, 즉 유대인들이 메시아가 세례 주는 것을 당연시하면서 묻는 점과 자연스럽게 연관시키고 있다(932, n. 40).

(iv) 히브리서 기자가 온갖 구약의 제의적 씻음(the ceremonial sprinklings)을(히 9:13, 19, 21, 10) 모두 "세례"(βαπτισμοῖς)로 언급하고 있는 점 (933).

그리고 (v) 덧붙여서 그리스도인들이 그리스도의 피로 뿌림을 받았다 (being sprinkled with Christ's blood)고 표현하고 있는 점(히 10:22 [ῥεραντισμένοι], 히 12:24 [αἵματι ῥαντισμου], 또한 벧전 1:2 [ῥαντισμὸν αἵματος] 참조)을 잘 밝히는 점.

이에 근거해서 기독교 세례가 "뿌리는" 식으로 시행될 때에 "바르고 가장 의미심장하게 수행될 수 있다"고 주장하는 머리(Murray)를[162] 긍정적으로 인용하고 있다(933f.). 이 모든 논의에 대한 레이몬드의 결론은 다음과 같은 것이다: "신약 전체에는 물에 완전히 잠겼다가 밖으로 나오는 것이 세례의 방식으로 나타나는 경우가 한 경우도 없다. 그러므로 침례를 주장하는 침례교의 관례는 잘못된 성경 주해에 근거한 것이다"(935).

(6) 유아 세례에 대한 레이몬드의 논의도 결국 은혜 언약의 통일

---

[160] E. J. Young, *Studies in Isaiah* (Grand Rapids: Eerdmans, 1954), 199-206.
[161] Henri Blocher, *The Songs of the Servant* (London: IVP, 1975), 61.
[162] Murray, *Christian Baptism*, 24.

성과 교회의 하나 됨에 근거한 개혁파의 고전적인 이해를 잘 진술한 것이라고 할 수 있다. 이를 보충하는 레이몬드의 논의 중에서 흥미로운 것은 신약이 그렇게 언급하고 있는 구약의 세례의 전례들, 즉 노아의 가족들의 경우(벧전 3:20-21)와 홍해를 건넌 이스라엘 백성의 경우(고전 10:1-2)에 있어서 "세례의 모형이 되는 이런 행동들에 자녀들도 그 부모들과 함께 같은 경험을 공유했었다"는[163] 논의이다(943). 그리고 유아 세례를 반대하는 그리스도인도 자녀들이 알아듣기 이전부터 하나님을 아버지라고 생각하도록 하고 믿는 이들과 함께 "하늘에 계신 우리 아버지께" 기도 드리도록 하는 것을 보면 "그들의 실천은, 비록 일관성은 없는 것이기는 하지만 행복하게, 그들의 신학보다 더 나은 것이다"고 언급하는 점이다(954).

(7) 또한 유아 세례에 대한 교부들의 증언을 잘 제시한 것도 매우 유익한 것일 수 있다(944): (i) "교회는 유아까지라도 세례를 주는 사도적 전승(παράδοσις ἀποστολικη)을 받았다"(Origen, *Epistle to the Romans*, V.9). (ii) Fidus 주교의 질문에 답하기 위해 Cyprian이 253년에 돌린 설문에 대해 8일까지를 기다릴 것 없이 출생 후 2, 3일에 세례를 베풀어야 한다는 66주교들의 의견(Cyprian, *Epistle LVIII. to Fidus, on the Baptism of Infants*, 2-6). (iii) "[유아에게 세례를 베푸는 것은] 비록 공의회에서 결정된 일은 없지만 온 세계의 교회에서 일반적으로 시행되는 규례이며, 이는 아마도 사도들의 권위에 의해서 주어진 것일 것이다"(Berkhof, *Systematic Theology*, 635의 요약). (iv) 심지어 이단으로 정죄된 펠라기우스도 이렇게 말했다고 한다: "어른들에게와 같은 성례적 양식으로 시행되어져야만 하는 하나의 세례를 우리도 주장한다"(Augustine, *On the Grace of Christ*, xxxv에서 인용됨).

(8) 레이몬드는 세례를 받은 유아를 어떻게 생각하여야 하는가에

---

[163] Cf. Geoffrey W. Bromiley, *Children of Promise* (Grand Rapids: Eerdmans, 1979), 16.

대한 논의도 잘 요약하면서 비록 그들이 세례는 받았어도 자신의 입으로 신앙을 고백하고 회개의 증거를 나타내 보일 때까지는 중생하지 않은 것으로 간주해야 한다는 미국 남부 신학자들의 견해를 잘 제시하고,[164] 이에 대하여 유아 세례를 받은 사람들은 교회의 지체들로 그리고 교회의 통치와 보호 아래 있는 것으로 보아야 한다는 논의를 칼빈, 베자, 베르미글리, 아만두스 폴라누스(Amandus Polanus), 웨스트민스터 예배 지침과 워필드, 머리(Murray) 등의 견해에 동의하면서 잘 제시하고 있다(946f.).

물론 이는 Ursinus, Plolanus, Cloppenburg, Coetius, Witsius 등이 주장하는 바와 같이 언약의 자녀들인 이 아이들이 이미 중생했기에 세례 받을 자격이 있다고 논의하는 것은 아니다. 왜냐하면 레이몬드는 중생의 시점을 확정하지 않으려는 다른 개혁파 신학자들인 Zanchius, Ames, Spanheim, Ussher 등과 같은 입장에 서기를 원하기 때문이다(948, n. 75).

(9) 성찬에 대해서는 웨스트민스터 신앙고백서 29장 1절-8절과 대요리문답 168문-175문에 근거하여 개혁파적인 성찬관을 아주 간명하게 그러나 잘 제시하고 있다고 할 수 있다. 무엇보다 먼저 성찬이 유월절 식사의 맥락에서 제정되었음을 분명히 하고(956f.), 천주교회의 화체설을 정확히 제시한 후에 개혁파적으로 비판하고(959), 루터파의 공재설의 문제를 잘 지적하면서 그것이 그리스도의 참된 인성을 파괴하며, 특히 칼시돈적 기독론을 저버리는 것이라고 아주 옳게 지적하고 있다(960).

특히 칼빈의 이해를 매우 정확히 제시하고 개혁파 신학자들 가운

---

[164] Cf. James Henry Thornwell, *Collected Writings of James Henry Thornwell*, edited John A,. Adger, 1871-73; Richmond: Presbyterian Committee of Publication, 1886; reprint, Edinburgh: Banner of Truth, 1974), 4:333-41, 348; Robert Lewis Dabney, *Lectures of Systematic Theology* (1878; Grand Rapids: Zondervan, 1972), Lecture LXVI, 792-95.

데 칼빈의 "영적으로 하늘에 계신 그리스도의 인성이 우리에게 임재한다"는 것을 의문시하는 이들의 견해를 잘 소개하고,165 그에 대한 칼빈의 입장, 즉 우리가 신앙으로 위로 올려져서 신앙으로 영적인 양식을 받는다는 (*Institutes*, IV, 17, 9, 10), 그래서 그 먹음은 "믿음의 먹음"이며 "우리는 믿음으로 그리스도를 먹는다"는 입장(*Institutes*, IV, 5)을 잘 제시하고, 또한 그러나 그것이 어떻게 일어나느냐는 "그 신비는 너무나 높은 것이어서 내 정신으로 이해하기도 어렵고, 말로 설명하기도 어려우나 나는 그것을 이해하기보다는 경험한다"고 말한 것을 잘 인용하면서(*Institutes*, IV, 17, 32) 칼빈의 입장을 매우 잘 제시하고 있다(962f.).

그러면서도 칼빈이 요한복음 6장의 말씀이 성찬과 관련되지 않는다는 자신의 주장에 좀더 충실했으면 다른 개혁파 신학자들로 하여금 의문을 제시할 만하게 언어를 사용하지 않았을 것이라는 시사도 한다(963f.). 그러나 그래도 여전히 칼빈의 주해가 성찬에 대한 "최선의 가이드"라는 것을 시사하는 논의로 갓프리의 논문을166 제시한다(964, n. 105).

마지막으로 오늘날과 같은 반초자연주의의 시대에 성찬은 그리스도의 죽음을 희생제사로, 대리적 속죄의 죽음으로 해석하는 것이 옳음에 대한 변증으로 설 수 있음을 잘 지적한 것은 레이몬드의 큰 기여라고 할 수 있다(967). 그는 이렇게 결론 내린다: "주의 만찬 자체가 대리 속죄를 선포하고, 우리를 대신한 주의 희생제적 죽음과 심판을 위한 최후의 다시 오심을 선포한다"(967). 레이몬드의 이런 강조는 오늘날 그리스도의 죽음을 그렇게 이해하지 않는 이들이 성찬을 강조할 때 그들이 성찬에 부여하고 있

---

165 Cf. William Cunningham, "Zwingli, and the Doctrine of the Sacraments," in *The Reformers and the Theology of the Reformation* (Edinburgh: Banner of Truth, 1979), 240; Dabney, 810-11, cited in Reymond, 961-62.

166 W. Robert Godfrey, "This is My Body," *Tenth: An Evangelical Quarterly*, ed. James M. Boice (Philadelphia: Philadelphia Conference on Reformed Theology, July 1981): 33-43.

는 의미가 무엇인지를 묻게 만드는 귀한 도전이다.

(10) 은혜의 방도로서의 기도에 대한 논의에서 레이몬드는 웨스트민스터 대요리문답 178문답-196문에 근거하여 개혁파적 기도론을 제시하고 있다. 오리겐(De oratione), 어거스틴, 칼빈, 웨스트민스터 표준 문서의 기도론을 요약한 후(971ff.), 레이몬드는 "모든 죄의 문제는 기도의 문제"라고 하면서 "기도로 피하여지지 않을 수 없는 죄는 없다"고 강하게 기도의 필요성과 효과를 말한다(973). 그리고 "성경은 작정과 기도의 유효성을 둘 다 가르친다. 그러므로 그 둘은 서로 모순되는 것이 아니다. …… 만일 하나님께서 우리를 축복해 주시리라고 작정하셨다면, 그는 우리가 그의 복 주심을 추구하고 간구하게끔 작정하신" 것이라는 핫지의 말을167 긍정적으로 인용하여, 기도가 하나님의 작정을 이루는 수단 중의 하나임을 분명히 제시한다(975).

그리고 레이몬드는 바울의 육신의 가시가 사라지기를 바라는 기도와 관련하여 이 "바울의 경험은 기도가 우리가 원하는 것을 하나님에게서 얻는 수단이 아니라, 기도는 하나님께서 당신님이 원하시는 것을 우리에게 주시도록 하려는 수단이다"는 것을 말하는 헌터의 말을 인용하고 있다(976).168 여기서도 레이몬드의 기도론이 개혁파적임이 잘 드러난다.

II-5. 마지막에 될 일들(Last Things)

1. 성경적 종말론

---

167 Hodge, *Systematic Theology*, 3:169.
168 W. Bingham Hunter, *The God Who Hears* (Downers Grove, Ill.: IVP, 1986), 12.

성경적 종말론에 대한 레이몬드의 정리는 먼저 웨스트민스터 신앙고백서 8장, 1절, 4절, 25장 2절, 33장 1절-3절의 인용과 설명으로 시작하여, 자유주의의 종말론, 철저 종말론, 실현된 종말론, 실존주의적 종말론, 세대주의적 종말론 등을 간단히 비판적으로 제시한 후 구약의 종말론과 신약의 종말론을 좀 자세히 (특히 신약에서는 세례 요한, 예수, 야고보, 바울, 히브리서, 베드로, 유다, 요한의 종말론을 제시하는 신약 신학적 종말론을) 제시하고 있다고 할 수 있다. 이런 개요 중에서 특기할 만한 점들만을 제시하면 다음과 같다.

(1) 세례 요한이 감옥 중에서 사람을 보내어 예수님께 묻게 한 것은 그 자신의 회의의 표가 아니라, 그의 제한된 지식에 근거한 선지적 성급함에서 온 것이고, 예수님께서 그를 언급하신 것도 요한이 예수님의 메시아적 역할에 대한 확신이 흔들린 것이 아님을 확신시켜 주기 위한 것이라는 좋은 논의를 보스에 근거하여(Vos, *Biblical Theology*, 337-38, 한역, 363-64 참조) 잘 제시하는 것이라고 할 수 있다(991).

(2) 예수님의 오심과 함께 하나님의 통치(나라)는 역사 속으로 파고들었고 그의 인격 가운데서 그 세대 사람들의 삶 가운데로 들어왔다는 점을 잘 논의하고 밝히고 있는 것은 귀한 것이다(992, 997). 그러나 이런 바른 결론으로 가는 그의 논의가 때로는 너무 간명하다는 점에서 안타깝다. 예를 들어서, 그는 예수님의 최초의 선포의 '엥기켄'(ἤγγικεν)을 마태복음 12:28/누가복음 11:20의 '에프따센'(ἔφθασεν)과 같은 의미로 "왔다"(has come)로 해석한다고 자신의 입장을 밝힌다(992, n. 22). 물론 그는 다른 논의들을 참조하라고 하지만, 그는 적어도 자신이 왜 다드(Dodd)의 이런 해석을 따르는지를 보여주었어야 했을 것이다.[169] 그러나 그는 예수님의 가르침으

---

[169] 이 문제에 대한 논의로 이승구, 『기독교 세계관이란 무엇인가』, 제3장을 보라.

로부터 시작해서 신약 전체를 통해서 예수님의 사역 이후에는 현세대가 하나님의 구원하시는 활동의 극치를 향하여 가는 시기고, 따라서 구원적 의미에서 "종말론적" 시기라는 것을 잘 밝히고 있다(997, 990, 980).[170] 그러나 그 나라의 극치가 있고 그것이 새 하늘과 새 땅으로 나타나리라는 것을 잘 드러냄은 말할 나위도 없다.

(3) 예수님의 종말에 대한 가르침에 대한 레이몬드의 논의 가운데 가장 중요한 변증적인 부분은 Albert Schweitzer, Fritz Buri, Martin Werner, Oscar Cullmann, Werner G. Kümmel 등이 말하는 예수님께서는 자신의 재림의 시기가 곧 올 것이라고 잘못 주장했다는 것에 대한 레이몬드의 반박이라고 할 수 있다. 이들은 마태복음 10:23, 마가복음 9:1, 마가복음 13:30 등을 잘못 이해하여 이렇게 무리한 주장을 했다고 레이몬드는 잘 논의한다(1007f.).

특히 마가복음 14:9에 비추어 볼 때 주께서는 복음이 온 세상에 전파될 때까지 상당한 시간이 흐를 것이라는 것을 시사하셨다고 생각해야 한다고 한다(1007). 또한 예수님의 여러 비유들, 므나 비유(눅 19:11), 악한 종의 비유(마 24:45-51//눅 12:41-48), 열 처녀 비유(마 25:5), 달란트 비유(마 25:19), 그리고 겨자씨 비유와 누룩 비유는 모두 오랜 세월이 흐를 것임을 시사해 준다고 자연스럽게 논의한다. 이런 것과 함께 마태복음 10:23은 예수님이 틀렸다고 생각하지 않고도 해석할 수 있는 여러 해석이 있음을 시사한다(1007). 그리고 그 자신은 이를 예루살렘 멸망과 연관시켜 해석하려고 한다(1008). 이는 마가복음 13:30에 대한 해석에서도 같다(1008). (이에 대해서는 나중 논의 점에서 길게 논의할 것이다.) 그리고 마가복음 9:1은 그가 다른

---

[170] Cf. Ladd, Hoekema, Vos, Beasley-Murray 와 함께 Carl F. H. Henry, "Reflections on the Kingdom of God," *Journal of the Evangelical Theological Society* 35/1 (1992): 42.

책에서 깊이 논의한 바와 같이,171 자연스럽게 변화산 사건을 지칭한다고 잘 해석하고 있다(1008).

(4) 바울의 종말론을 그의 다메섹 도상의 경험과 관련하여 설명하면서 그는 "바울 신학의 본질적인 것들이 그의 다메섹 도상의 경험에 포함되어 있다"는 입장을 취하면서 그런 입장을 취하는 래드와 브루스를 긍정적으로 인용하고 있다(1010).172

레이몬드는 또한 보스, 래드, 리덜보스의 바울의 종말론을 잘 이해하면서 바울의 종말론, 즉 그의 신학 전체를 잘 정리하고 있다. 즉, 그는 그리스도의 부활을 종말론적 부활이라고 옳게 이해하고(1011, 1014, 1015, Ladd, 551f.), 오순절 사건을 말세에 주기로 약속된 성령의 종말론적 부어짐으로 바르게 이해하면서, 그리스도인에게 성령이 주어진 것은 종국적 구속의 날로 가는 극치를 확언해 주는 "착수금"(down payment, ἀρραβών)으로 주어진 것이라고(고후 1:22, 5:5; 엡 1:14, 4:30) 옳게 설명하고 있다(1011). 그리고 래드를 따라서 "성령 안"에서의 종말론적인 삶이 이미 시작되었다고 밝히 말한다(1011, 1014). 그런 뜻에서 그리스도인은 "종말의 백성"(people of the Eschaton)이라고(1013), 또는 래드를 따라서(Ladd, 372) "오는 세대의 시민들"이라고 표현한다(1014). 그들에게는 그 실존에서의 급진적 변화가 이미 일어났기 때문이다.

그런데 이것을 머리(Murray)가 말하는 "단정적 성화"(즉각적 성화, definitive sanctification)와 연관시키는 것은 아주 좋은 그리고 통찰력 있는 이해의 표현이라고 할 수 있다(1013). 또한 레이몬드가 "은혜적 양상 가운데 있는 하나님 나라"(the kingdom of God in its grace modality, 1012) 또는 "하

---

171 Reymond, *Jesus, Divine Messiah*, 158–59.
172 Cf. G. E. Ladd, *The Theology of the New Testament* (Grand Rapids: Eerdmans, 1974), 369; F. F. Bruce, *Paul: Apostle of the Heart Set Free* (1977; reprint, Grand Rapids: Eerdmans, 1980), 188.

나님 나라의 은혜스러운 나타나심의 기간"(this gracious manifestation of the kingdom of God)이라고 표현하는(1013) 은혜의 왕국(regnum gratiae)의 기간, 즉 신약 성경이 천국이라고 말하는 것이 현존하는 이 시기가 고린도전서 6:2이 말하고 있는 "은혜의 날이요, 구원의 때"라는 것을 잘 밝히고 있는 것도 그의 큰 공헌의 하나다(1013).

또한 그리스도의 통치의 현재 상태가, 비록 전부는 아니지만(although not in full), 본질적으로 종국적 승리의 온전함을 지닌 것임을 잘 밝히고 있는 것도 큰 공헌이다(1016). 그래서 그는 그리스도 안에서 하나님 나라가 성취되었다, 완성되었다고 말하고 재림 때를 그 나라의 극치(consummation, 1019, 1040, 1064)라고(그 때를 완성이라고 말하지 않음에 유의하라!) 말할 수 있다. 그리고 "주와 함께 있으면서 부활의 몸을 가지지 않은 상태인" 중간 상태를 잘 표현하면서(1018) 쿨만이 "꿈의 즐거움"으로부터 복된 죽음의 상태를 영혼 수면의 상태(a state of soul sleep)로 논의하는 것을[173] 잘 비판하고 있는 것도 레이몬드의 큰 공헌이다(1017, n. 60, 1018).

(5) 레이몬드는 다른 개혁신학자들, 특히 머리(Murray)를 따라서 구원은 칭의는 믿음으로만 되지만, 심판은 행위에 따라 될 것이므로, 상급의 차이가 있을 것임을 논의하면서도(1020-1021) 그는 이 상급이 "은혜의 상급이며"(1021), "영광스럽게 된 성도들은 그 사랑에 있어서도 온전케 되므로 자신을 더 높이지 않고", 또 "덜 상급 받은 이들도 많은 상급을 받은 이들을 사랑할 것이므로 그의 복된 상태에서 온전히 기뻐하며 만족하게 될 것"이라고 말하는 것은 옳다(1022). 여기서 그는 벌코프와 바빙크, 카이퍼 등과 같은 입장을 표명한다. 이런 상급론은 그 자체로서는 옳은 것이지만, 그러나 이를 분명히 하려면 상급에 대한 다른 입장들을 설명하고 비교하는

---

[173] Oscar Cullmann, "Immortality of the Soul and Resurrection of the Dead," *Harvard Divinity Bulletin* 21 (1955/56): 5-36.

일도 있었더라면 그의 논의는 더욱 좋은 논의가 되었을 것이다.

(6) 예수님의 신체적, 가시적 공적 귀환을 잘 설명하고 그때 부활하고 변형된 자들이 공중에서 주를 만나러 끌어 올려졌다가(살전 4:13-18) **곧바로** 그와 함께 땅으로 와서 심판에 동참하게 되리라는 것도 레이몬드는 잘 지적한다(1022). 특히 같은 헬라어 동사 '아판타오'(ἀπαντάω)가 사용된 마태복음 25:1-13과 사도행전 28:15에 근거하여 논의하는 것은 귀한 논의가 아닐 수 없다.[174] 그리고 이와 연관해서 환란 전 휴거설을 주해적으로 잘 비판한 것도(1023f.) 큰 공헌이다.[175]

그리고 (i) "온 이스라엘이 구원을 얻으리라"(롬 11:26)는 말씀에 대한 레이몬드의 논의, 즉 이는 (머리나 래드와 같이) 후에 있게 될 이스라엘의 회복의 날을 말하는 것이기보다는 이방인의 충만한 수가 구원되는 것과 같은 방식으로 같은 시기에 이루어지리라는 논의(1024-1030)도[176] 좋고 깊이 있는 논의다. 또한 이에 따라 나오는 (ii) 혈통적 이스라엘에게 대한 그리스도인들의 태도에 대한 논의(1030-32), 즉 우리는 그들의 종교적 유대성을 수립하고 유지하는 것을 권하고 지지하는 것은 잘못되고 심지어 사랑하지 않는 것이며(1030), 그들을 진정으로 사랑하는 것은 유대성에 관련된 모든 희망이 헛되다는 것을 보여주고, 그리스도에게로 인도하는 것이라는 논의(1031)도 좋은 논의다.

이와 마찬가지로 (iii) 보스와 머리(Murray)에게 동의하면서 바울

---

[174] 이 문제에 대한 논의로 졸고, "휴거의 신학적 의의에 대한 논평", 『성경과 신학』 13 (1993): 24-34. 특히 32-33을 보라.

[175] 이에 대해 그는 Ladd, *The Theology of the New Testament*, 556과 Vern S. Poythress, "2 Thessalonians I Supports Amillennialism," *Journal of the Evangelical Theological Society* 37/4 (1994): 529-38, 특히 529-30을 같이 볼 것을 권한다(1024, n. 67).

[176] Cf. Berkhof, Hendriksen, Berkouwer, Ridderbos, Hoekema, O. Palmer Robertson. 그런데 Reymond, 1033의 논의는 레이몬드 자신이 전자의 해석을 온전히 버려 버릴 수 없는 듯이 느끼게끔 진술되고 있다.

에게는 천년 왕국적 개념이 없다는 것을 잘 밝히는 논의와(1033-36) (iv) 리델보스에게 동의하면서 나라를 성부께 드린 후에도 하나님으로서 그는 영원히 통치할 것이라는 논의도(1037), 그리고 (v) 바울이 주의 재림을 속한 시기에 있을 것이라고 생각했는지, 초기에는 그렇게 생각했다가 바꾸었는지의 문제에 대한 보스, 리델보스, 모리스와 같은 부정적 대답의 논의도(1038-40) 흥미롭고 옳은 논의다.

    (7) 요한계시록을 설명하면서 레이몬드는 7교회에 보낸 회람용 편지의 형식에서 7교회라는 것은 온전함과 전체의 대표적 개념을 시사한다고 하면서 이는 계시록이 모든 교회를 위한 것이라고(1047f.,) 따라서 이는 그의 초림부터 심판을 위한 재림 시기까지를 포괄하는 계시를 주는 것이라고(1059) 하면서, 네로의 통치 시기인 주후 65년경에 기록되었다고 보는 이른 연대설과 95/96년경 도미티안 황제의 치세 말기에 기록되었다는 증거들을 제시한 후 결정적인 단언을 내릴 수는 없지만 자신은 95/96년 설에 기운다고 하면서(1056), 점진적 병행법에 따른 자신의 조심스러운 해석을 제시하고 있다(1049, 1057f.).

2. 현대 복음주의 종말론에서의 저하(低下)시키는 경향들

성경의 종말론을 잘 요약한 후에 레이몬드는 현재 종말론 논의에서 나타나는 세 가지 잘못된 정향에 대한 비판과 교정적 논의를 제시하고 있다. 그 세 가지 잘못된 정향을 나타내는 문제들은 그리스도의 문자적 재림에 대한 부인 문제, 영원한 심판을 멸절설로 이해하는 문제, 그리고 종국적 구원에서 그리스도에 대한 의식적 신앙이 꼭 필요한지를 의문시하는 경향이다.

    이 중에서 첫째 문제, 즉 그리스도의 문자적 재림의 필요성 문제에 대해서 레이몬드는 비교적 간단하게 논의하면서 "그리스도의 재림의 자리를 발견하지 못하는 신약 성경신학은 필연적으로 불완전하고 만족스럽지 않다"는 거뜨리의 말로[177] 결론 내리고 있다(1068). 또한 셋째 문제에 대해서도 웨스트민스터 신앙고백서 10장 4절에 근거해서 칼 라너, *Lumen gentium*, 16, 그리고 피녹과 샌더스의 내포주의, 그리고 하나님께서는 자연 계시에서 주어진 "복음 메시지"를 믿는 이들과도 구속적으로 관련하시며 그리스도의 죽음의 유익을 얻도록 하실 것이라는 에릭슨의 견해,[178] 그리고 이 문제에 대해서 불가지론적 입장을 나타내 보이는 이들의 견해를[179] 비판하면서 **"일반 계시는 세상에 대한 하나님의 공의로운 정죄의 근거가 된다"**고 하고(1088, 레이몬드 자신의 강조점), 복음을 듣지 못한 사람은 율법 없이 죄를 범하고 망하는 이들이라고(롬 2:12) 하면서(1089) 십자가가 하나님께서 죄인을 칭의하시는 유일한 근거가 된다는 것(1089)과 그리스도에 대한 구원에 이르는 신앙의 필요성을 역설한다(1088-93).

이제 레이몬드가 비교적 자세하게 논의하는 멸절설에 대한 논의를 생각해 보기로 하자. 스토트나 1996년 영국 교회 교리 위원회의 보고서인 "구원의 신비"에서 제안하는 바(1068)와 같은 멸절설의 제안 동기는 이해할 수는 있지만 성경은 영원한 고통의 형벌 교리를 멸절설로 대치하는 것에 찬동하지 않는다고 거뜨리와 함께[180] 말하는(1069) 레이몬드의 좋은 논의는 의미 있다. 이 중에서 특기할 만한 것은 다음과 같다.

---

[177] Donald Guthrie, *New Testament Theology* (Downers Grove, Ill.: IVP, 1970), 817.

[178] Cf. Millard Erickson, "Hope for Those who Haven't Heard? Yes, but …," *Evangelical Mission Quarterly* II/2 (1975): 124f.

[179] Cf. John Stott, *Evangelical Essentials*, 327; Timothy Phillips, Aida Besancon Spencer, Tite Tienou, *Through No Fault of Their Own*, ed. William V. Crockett and James G. Sigountos (Grand Rapids: Baker, 1991), 259, n. 3.

[180] Cf. Guthrie, *New Testament Theology*, 887-92.

(1) "지옥의 심판은 온전히, 그리고 종국적으로 나타난 '헤렘'(חֵרֶם) 원리이다"(1071).181 이와 연관하여 갈라디아서 1:9, 고전 16:22에서 저주(ἀνάθεμα)를 말하는 바울과 관련하여 "아나떼마는 구약적 헤렘 원칙을 신약으로 가져오는 것이다"(1077).

(2) 대상물이 사라지게 된다면 지옥 불이 꺼지지 않는(ἀσβέσω) 불이라고 할 필요가 없었을 것이다. 물론 "지옥이 필연적으로 문자적 화염이 솟아오르는 곳이라는 의미는 아니다." 이는 표상적으로 취할 수도 있으나 "꺼지지 않는 불"이라는 표상은 적어도 "측량할 수 없는 차원의 끝없는 의식적 비참함"을 말해주는 것이다(1073). 마찬가지로 막 9:47-48에서 말해주는 것도 회개하지 않는 죄인들의 최종 상태가 "계속적 형벌의 상태"임을 말해 준다(Guthrie, 888)(1074).

(3) 마태복음 25:46에서 "영원한 형벌"(κόλασιν αἰώνιον)이 영원한 생명과 대조되고 있으므로 이는 형벌의 지속성을 말해준다(1075).

(4) 데살로니가 후서 1:9의 "영원한 멸망"(ὄλεθρον αἰώνιον)에 대해서도 레이몬드는 보스의 해석에 따라182 영원히 지속되는 형벌로 이해한다(1077f.).

(5) "지옥에 대한 신약의 묘사가 표상들(images)로 받아들여질 수 있다면, 마치 지상의 재난이 항상 그 어떤 말로 그것을 묘사하는 것보다 훨씬 더 무시무시한 것과 같이, 이런 성경 구절들이 표현하고자 하는 실재들은 그 말들이 묘사하는 것보다 더 무시무시한 것이다"(1081).

(6) 현세 동안에 지은 죄에 대해 영원히 형벌하여 고통받게 한다

---

181 Meredith G. Kline, *Treaty of the Great King* (Grand Rapids: Eerdmans, 1963), 68. Cf. Vos, *Biblical Theology*, 141-43, cited in Reymond, *A New Systematic Theology of the Christian Faith*, 1071.

182 Vos, *Pauline Eschatology*, 294.

는 것은 형평성에 어긋난다는 스토트의 생각에[183] 대한 반박 논의로 레이몬드가 인용하고 있는 아퀴나스의 다음 같은 말도 참조하라: "형벌의 큼은 죄의 큼과 상응한다. …… 그런데 하나님께 대한 죄는 무한한 것이다. …… 하나님은 무한한 크심을 지니고 계신다. 그러므로 그에 대해 저질러진 죄에 대해서는 무한한 형벌이 있다"(1082).[184]

(7) 그러므로 포웰이 잘 말하고 있듯이, "이 교리를 거부하거나 무시하는 것은 교회의 참된 건강과 사명 수행에 나쁜 영향을 미친다"(1085).[185]

이상으로 우리는 조직신학적 각 주제에 대한 레이몬드의 논의를 그의 기여와 특이한 주장들을 중심으로 살펴보았다. 이제 그런 논의 중에서 좀 더 심각하게 논의할 문제점들에 대한 논의를 시작해 보기로 하자.

III. 논쟁점들

III-1. 다른 논의의 여지를 남기지 않고 너무 강하게 주장을 너무 강하게 나타내 보인 듯한 곳

1. 구속 사역이 과연 필연적인가 하는 전통적인 논의를 하면서 레이몬드는 그리스도의 십자가 사역의 절대적 필연성을 잘 제시하고 논의하였다

---

[183] Edwards and Stott, *Evangelical Essentials* (Leicester: IVP, 1988), 318.
[184] Aquinas, *Summa Theologica*, Ia2ae. 87, 4, Reymond, 1082.
[185] Ralph E. Powell, "Hell," *Baker Encyclopedia of the Bible* (Grand Rapids: Baker, 1988), 1:955, cited in Reymond, 1085, n. 29.

(664-67). 개혁 신학자가 이런 문제에 있어서 아주 강한 자신의 확신을 표현한 것은 매우 좋은 것이라고 생각된다. 그러나 그는 칼빈이 말하는 "필연성"과 많은 개혁신학자들이 말하는 "결과적 절대적 필연성"을 주장하는 견해(the consequent absolute necessity)의 관계를 좀 불분명하게 제시하고 있는 듯하다. 칼빈이 『강요』 II. 12. 1의 주장을 레이몬드가 생각하고 있는 바와 같이(664) 벌코프도 가정적 필연성을 말하는 것이라고 하고 있지만,[186] 그것은 벌코프의 분류에서는 후에 머리(Murray)가 말하는 "결과적 절대적 필연성"을 주장하는 범주를 가지지 않은데서 온 문제가 아닐까? 그렇게 또 하나의 범주를 만들어 구별한다면 칼빈을 어거스틴과 아퀴나스의 가정적 필연성의 주장과 같은 것으로 분류하기보다는, 오히려 후대 칼빈주의자들의 "결과적 절대적 필연성"을 말하는 것과 더 가까운 것으로 분류하여야 하지 않을까? 머리(Murray)도 이 문제를 다루면서 칼빈을 분류해 놓지 않으므로 이는 단언하기는 어려운 문제이기는 하다.

그러나 결국 이 문제는 '절대적 필연성'을 말하는 견해와 '결과적 절대적 필연성'을 말하는 견해들을 잘 구별하여 제시하지 못한데서 오는 것이라고 보여진다. 예를 들어서, 머리(Murray)와 레이몬드가 "결과적 절대적 필연성"을 주장하는 것으로 언급한 튜레틴은 벌코프에게서는 절대적 필연성을 말하는 개혁신학자로 분류되어 있다.[187] 그리고 결국 레이몬드 자신은 머리(Murray)가 지지하는 "결과적 절대적 필연성"에 동의하기 어려움을 표현하는 것에서(666), 레이몬드의 입장이 구속의 절대적 필연성을 강조하는 입장임을 드러내는 것이다.

그러므로 이 문제에 대한 입장을 다음과 같이 넷으로 나누어 보고

---

[186] 같은 견해로 Berkhof, *Systematic Theology*, 369. 벌코프는 이런 견해를 말하는 이들로 Frank, Seeberg, Mosley, Stevens, Mackintosh, Bavinck, Hönig, Turretin을 들고 있다.

[187] Berkhof, *Systematic Theology*, 369.

각각의 학자들의 입장을 분류해 볼 수 있을 것이다: (i) 구속이 필요하지 않다고 생각하는 입장(중세의 유명론자들, Duns Scotus, Socinus, Hugo Grotius); (ii) 상대적, 가정적 필연성을 말하는 입장(Athanasius, Augustine, Aquinas) (iii) 결과적 절대적 필요성을 말하는 입장(Calvin(?), 초기 Beza(?), F. Turretin, the Hodges, J. H. Thornwell, George Stevenson, Robert Lewis Dabney, Berkhof, Buswell, Murray); 그리고 (iv) 절대적 필요성을 말하는 입장(Irenaeus, Anselm, 후기 Beza(?), Reymond).

더구나 이 "절대적 필요성"을 설명하는 레이몬드의 말은 무척 강하다. 그래서 그는 하나님의 작정은 영원하고 불변하므로 "모든 일이 절대적으로 필연적이게 된다"고 하며(666), **"세상을 창조하지 않으시기로 작정하실 수도 있는 하나님은 성경의 하나님이 아니다"**라고 단언하고(667, 강조점은 필자의 것임), 심지어 사람들이 죄악에 빠져 있을 때 구원하지 않으실 수도 있는 하나님은 성경의 영원하고 불변하는 하나님이 아니시라고까지 단언한다(667). 우리는 그가 하나님의 작정을 강조하고, 그것이 하나님의 본성의 표현이라고 본 것을 높이 사게 된다. 그러나 그것이 **너무 지나치게 표현되어 다른 해석의 여지를 도무지 주지 않는 것에 대해서는** 불안한 마음이 생긴다.

레이몬드는 구속의 절대적 필연성과 결과적 절대적 필연성을 말하는 그 두 입장이 같이 있을 수 있는 여지를 별로 주고 있지 않다. 우리는 이런 강한 주장이 가져올 수 있는 많은 문제점들에 대해서 불안한 마음을 갖지 않을 수 없다. 오히려 결과적 절대적 필수성을 말하는 견해와 절대적 필연성을 말하는 이들이 열매 있는 토론을 할 수 있는 좋은 토론의 영역으로 남겨져야 하지 않을까? 그 둘은 구속의 필요성이 없다고 생각하는 견해나 온전한 가정적 필연성을 말하는 견해와 비교하면 성경적인 입장이라고 할 수 있고, 따라서 그 둘은 강하게 비난하지 않으면서 좋은 논의의 대상이 될 수 있는 입장이라고 여겨지기 때문이다. 그런데 레이몬드는 이 점에 있어서 자신의 입장("절대적 필요성" 주장)을 너무 강하게 주장하고, "결과적 절대적 필연성"을 말하는 견해와 같이 서서 논의할 수 있는 여지를 별로 남겨 두지 않는 듯해서 안타깝다.

    2. 이와 관련된 또 하나의 논의점으로 신명기 5:29; 에스겔 18:23, 32, 33:11; 마태복음 23:37; 베드로후서 3:9 등에 근거해서 머리(Murray)가 복음의 자유로운 제공을 말하고 하나님의 진지한 부르심을 강조하는 것에[188] 대한 레이몬드의 비판을 생각할 수 있다(692f., n. 25). 레이몬드는 이런 식의 사유를 충실히 따르다 보면 하나님께 비합리성을 전가할 수 있다고 하면서, 이런 구절들에 대한 비합리성을 개입시키지 않는 논의로 존 길의 논의를[189] 소개하고 있다(693, n. 25).

    그러나 이 문제는 한 각주에서 처리하고 나가기에는 좀 더 심각한 논의를 요하는 문제라고 여겨진다. 이는 사실 이전의 타락 전 선택설을 말하는 논의가 사람들에게 초칼빈주의적 결정론으로 기우는 듯한 인상을 줄 수 있는 것과 비슷한 문제를 지닌 것이기 때문이다. 또한 레이몬드 자신도 일반적, 보편적, 외적 부르심이 있음을 분명히 하면서, 그것은 단지 교회만의 부름이 아니고, 하나님 자신(God himself)의 부르심이라고 말하고 있으므로(713), 그가 왜 한 곳에서는 하나님의 진지한 부르심에 대한 머리(Murray)의 논의에 반대하는지 의문이 제기될 수도 있다. 그렇다면 레이몬드는 하나님의 진지한 일반적 부르심은 인정하면서 그것을 위의 성경 구절들과 연관시키는 것에 대해서만 반박하는 것일까? 그렇게 보기에는 레이몬드의 주장이 좀 강해 보인다. 그러므로 앞으로 레이몬드가 가진 입장에

---

[188] Murray, "The Free Offer of the Gospel," in *Collected Writings of John Murray*, 4: 130, 131f.

[189] John Gill, *The Cause of God and Truth* (Grand Rapids: Sovereign Grace, 1971), 4-6, 22-26, 28, 62.

대한 더 깊은 논의는 바로 이 점을 중심으로 이루어져야 한다.

3. 이와 비슷한 점에 대한 지적으로 우리는 레이몬드가 성령의 나오심 개념에 대해서 비판적으로 논의한 것을 생각할 수 있다. 레이몬드가 성경의 진술과 성경적 개념에 충실하여 신학적 진술을 해 보려고 한 것을 우리는 높이 사야 한다. 심지어 정통적인 전승과 신학의 내용일지라도 성경적 지지가 없거나 잘못된 주해에 근거한 것일 때는 과감히 고쳐 보려는 그의 노력에 대해서 우리는 감사와 칭송을 보내지 않을 수 없다. 그러나 예를 들어서 성령의 숨쉬어지심(*spiratio*)에 대해서는 전혀 반대를 하지 않으면서 오히려 명백히 성경에 진술되어 나오는 "나오심"(*processio*)이라는 용어의 사용에 대해서는 왜 그렇게도 강한 반대를 하는지 잘 이해되지 않는다(337).

요한복음 15:26 자체가 성령의 존재론적인 나오심을 말하기보다는 그의 경륜적인 사역상의 활동을 지칭하는 표현이라는 것에 동의한다고 해도, 이 점에서 경륜상의 개념을 존재론적인 관계에 반영하여 삼위일체의 관계성을 표현할 수 있는 가능성을 그가 배제시키고 있는 것이 안타깝다. 그는 분명한 성경적 보장이 거의 없는 것에 대해서는 조심스럽게 접근하려 한다(337). 그러나 이것이 과연 성경의 가르침에서 성경적 근거를 가지지 않은 사변으로 가게 되는 것일까?

그리고 이런 적용과 함께 숨쉬어지심(*spiratio*)이나 나오심(*processio*)이나 보내심(*missio*) 모두가 성령의 성부와 성자와의 관계를 설명하기 위한 성경 계시적 용어임을 생각한다면, 우리가 쓸데없는 사변에 몰입되지 않으면서 이런 용어를 관계성을 지칭하기 위해 사용하는 것에 별문제가 없다. 이전의 신학적 표현들이 그런 사변으로 흐르는 성향이 있었다면 니케아 교부들의 종속론적 경향을 비판하면서 그들이 사용한 동일 본질이라는 개념을 사용할 수 있는 것과 같이, 성령의 나오심의 구체적 과정을 생각하는 사변적 경향을 비판하면서 성경에서 나온 성령의 나오심이라는 개념을 교부적인 의미에서 존재론적 삼위일체에도 반영하여 사용하는 것에 문제가 있을 것 같지 않아 보인다.

성부의 아버지 되심(*paternitas*) 그리고 성자의 아들 됨(*filiatio*)이라는 위격적 속성을 드러내는 용어는 용인하면서(336), 성부의 부성적 낳으심(*generatio*)과 아들의 낳아지심(passive generation)을 부인할 필요가 있을까? 오히려 전통적으로 사용된 이런 용어를 사용하면서 그것을 오해하고 종속론적으로 빠지지 않도록 하는 것이 공교회적인 신학이 추구할 바가 아닐까? 너무 지나치게 성경적이려고 하다가 풍성한 설명의 여지를 극단적으로 부인하는 것은 너무 지나친 작업이 아닐까? 결국 레이몬드가 피해 보려는 것은 어떻게 성령이 하나님이시고, 성자가 하나님이신지를 사변적으로 생각하면서 오해하는 것이 아닌가?

그렇다면 성자와 성령이 신성을 얻게 되는 것(acquire)으로 설명하지 않으면서 영원하신 성부, 영원하신 성자, 영원하신 성령의 관계성만을 표현하기 위해서 전통적으로 사용된 용어들인 "영원한 낳으심" 그리고 "영원한 나오심"이라는 용어들을 사용하면서, 단지 그런 용어 때문에 잘못된 사변에 빠지지 않도록 하는 길의 여지는 왜 보지 못하는가?

예를 들어서, 벌코프가 이런 용어를 사용해서 삼위일체를 설명한 것이 과연 종속설적인 오류나 비성경적 사상을 함의하는가? 또한 A. A. Hodge가 전통적 용어를 사용하면서도 "성령의 본질은 바로 성부의 본질과 같은 본질이며," 성령이 성부와 성자로부터 "나오신다"는 것은 "다른 신적인 위격들과의 영원한 관계를 표현한다"와 같이 잘 설명하는 것을[190] 레이몬드는 왜 생각하지 않는가?

---

[190] A. A. Hodge, *The Confession of Faith*, 60. 다른 강해서들도 살펴보라.

이는 결국 이런 전통적 용어를 사용하면서도 성경적 개념에 일치하게 이 용어들을 사용할 수 있는 길이 있다는 것이 아닌가? 그렇기에 벌코프는 "영원한 낳으심"을 설명하면서 "완료된 것이면서도 항상 계속되는 행위"라는 개념으로 그 영원한 관계성을 표현하려고 한 것이 아닌가? 또한 웨스트민스터 신앙 고백서가 "아버지로부터 영원히 낳아지신 아들, 그리고 아버지와 아들로부터 영원히 나오시는 성령"을 말하는 것(*Westminster Confession of Faith*, II. iii)에 대해서는 어떻게 말할 것인가?

레이몬드 자신이 인정하듯이 웨스트민스터 신앙 고백서의 용어는 이전 신조들의 용어다(339). 그렇다면 그 정신에 있어서 니케아 콘스탄티노플 교부들과 칼빈, 웨스트민스터 신학자들 사이의 연관성과 일치가 있었다고 해야 하지 않을까? 백 번 양보해서, 성자의 출생과 성령의 나오심을 삼위일체적 정통주의 요소들로 해서는 안 된다(341)는 주장은 그 요소들을 시인하지 않으면서 삼위일체 교리에 충실하려는 레이몬드의 입장에서 할 수 있는 말이라면, 그도 그런 요소들을 사용하면서 이를 성경적 의미로 사용하려는 진술의 가능성도 인정해야 하지 않을까? 우리가 신학적 작업에 있어서 참으로 성경적이려면, 우리는 최소한 이런 다른 해석의 여지는 보여주는 신학적 논의를 필요로 하는 것이 아닐까?

4. 너무 강한 주장의 하나로 사도행전 6:1-7에 나타난 일곱 사람을 아무런 논의 없이 집사들로 언급하는 것을 들 수 있다(826, 899). 최소한 레이몬드는 이들을 왜 '집사'로 보아야 하는지에 대한 논의를 했어야 했을 것이다. 그리고 이들이 "장로들을 돕기 위해서" 세워졌다는 표현에(899) 대해서는 논란의 여지가 좀 더 심할 것인데도 레이몬드는 그냥 그렇게 언급만 하고 지나갔다. 더 나아가서 로마서 16:1의 "디아코논"(διάκονον)을 "집사"로 볼 수 있다는 클라우니와 크랜필드의 논의를 잘 소개하고서는 디모데전서 3:12에 대한 자신의 주해에 근거해서 이를 거부하면서 자신이 그들

의 논의에 의해 설득되지 않았다고 한다(900, n. 9).

그러나 이는 적어도 클라우니가 그의 『교회』에서 이 문제에 대하여 하고 있는 논의만큼의 논의는 필요로 하는 문제라고 여겨진다. 나는 레이몬드가 전통적 입장을 지지하려고 하는 바는 존중한다. 그러나 그는 그것에 대한 좀 더 깊은 논의를 제공했었어야 한다고 생각된다. 이런 점에서 나에게는 『교회』에서의 클라우니의 논의가 좀 더 설득력 있어 보인다.[191]

5. 그 자체로는 옳은 것이지만 너무 한 면만을 강조한 것으로 보이는 한 예로 바울과 히브리서에서, 그리고 베드로의 글에서 예수님께서는 그의 메시아적 통치를 부활과 승천에서 시작하신 것으로 나타난다고 강조하는 것을 말할 수 있을 것이다(1011, 1040, 1043). 많은 구절에 근거해서 이런 점들을 말할 수 있고, 또 그렇게 말하는 이들도 많이 있다.

그러나 이 점만을 강조할 때 우리는 예수님께서 이미 그의 생애 중에 하나님 나라가 임하였다고 말하는 것을 놓치는 우를 범할 가능성도 있음을 주의 깊게 생각하는 것이 좋으리라고 생각된다. 이런 문제점이 바로 히브리서에서 그 저자가 '오는 세대'(μέλλοντος αἰώνος)를 말하는 두 구절(히 2:5; 6:5)을 아무 설명 없이 그저 그리스도께서 두 번째 오실 때와 연관시켜 말하고 있는데(1040), 이는 오히려 그리스도의 초림으로부터 연관시켜도 그 의미가 더 잘 드러난다고 할 수 있다.

그러므로 예수님의 구속사적 사역의 어느 한 면만을 말하지 말고, 그의 사역의 모든 측면을 모두 메시아적 통치의 시작과 연관시켜야 좀 더 온전한 이해가 나타날 수 있을 것으로 여겨진다.

더구나 다른 곳에서는 "바울은 그리스도의 나타나심으로 동터온

---

[191] 이에 대한 언급으로 클라우니의 교회론에 대한 서평, "현대 상황에서의 개혁파 교회론의 제시를 칭송하며," 『개혁신학 탐구』 (서울: 하나, 1999), 459=개정판 (수원: 합신대학원 출판부, 2012), 371을 보라.

구속사적 사건들을 **은혜적 양상 가운데 있는 하나님 나라**(the kingdom of God in its grace modality)의 '비밀의 계시'라고 말하고 있고, "오는 세대의 빛과 영광이 예수 그리스도의 인격 안에서 이 어두운 세상에 이미 비춘다(고후 4:6)"는 래드의 말을 긍정적으로 인용하고 있으므로(1012), 레이몬드 자신도 어느 정도는 하나님 나라의 시작이 부활에서 비로소 시작된 것으로 만은 보지 않음을 나타내 보여주고 있다. 그렇다면 비일관성을 가진다는 오해를 피하기 위해서라도 메시아 왕국의 시작을 부활과 승천으로 말하지 말고, 그리스도의 구속 사역 전체와 느슨하게 연관시켜 말하는 것이 더 나은 것이지 않을까?

III-2. 너무 한 가지를 지나치게 강조하다가 다른 좋은 측면의 좋고 풍성한 설명을 무시하는 결과를 낳은 듯한 곳

1. "여호와"의 이름에 대한 설명(157f.)에서 나타나고 있는 레이몬드의 논의는 다른 문제에 대한 그의 논의만큼 그렇게 풍성하지 않다고 여겨질 수 있다. 그가 해리스를 따라서 이 발음을 우리가 잊었음을 설명한 것과 스스로는 "하야" 동사와 연관을 시사한 것은 좋으나, 이와 함께 다른 해석의 가능성도 시사하고 논의하였었어야 하지 않을까 하는 아쉬움이 들게 된다. 지면의 제한 때문에 모든 논의의 측면을 다룰 수 없다는 점에서 이는 이해할 만하다.

2. 그러나 의도적으로 다른 측면을 무시하는 부분도 생각할 수 있다. 예를 들자면, 레이몬드는 니케아 교부들이 성부가 성자의 "근원"이요 "원천"이고, "뿌리"라고 하며, 따라서 성자는 하나님으로부터 온 하나님, 즉 성부의 존재로부터 온 하나님이라고 표현할 때 그것이 성자에게서 실질

적으로 신성에서 본질적인 자존성(self-existence)을 빼앗은 것이 된다고 진술한 것은(326) 좀 지나친 것이라고도 해석할 수 있다. 레이몬드가 성자의 동일본질을 강조하려는 심정은 충분히 이해되나, 그런 표현을 사용했던 니케아 교부들이 동일본질을 부인하지 않고, 오히려 그 점을 강조하고 그것에 자신들의 목숨을 걸었던 것을 너무 무시해서는 안 될 것이다. 물론 레이몬드가 다른 비판자들과 함께 니케아 교부들에게서 나타나는 상당한 종속론적 경향을 비판한 것은(327) 매우 옳다. 이 점에서 니케아 교부들의 표현에는 문제가 있다. 그러나 이런 종속설적 경향을 너무 지나치게 확대해서 니케아 교부들이 성자의 자존성(self-existence)을 부인했다고 말하는 것은 너무 지나친 비판이 아닐 수 없다.

이와 함께 그가 니케아 콘스탄티노플의 입장을 칼빈의 입장과 너무 대조시킨 것도(xxi, 327)[192] 역시 비슷한 지적을 받을 수 있다고 여겨진다. 물론 이 점에 있어서 레이몬드는 홀로 서 있는 것이 아니라, 칼빈이 얼마나 성경적이려고 노력했는지를 지적하는 머리(Murray)와 함께 서 있다. 머리(Murray)도 니케아 교부들이 니케아 신조의 어떤 구절, 특히 "참 하나님으로부터 온 참 하나님"(θεόν ἀληθινὸν ἐκ θεοῦ ἀληθινοῦ)이라는 어구에 대한 해석에서는 성자가 그 신성을 성부로부터 파생적으로 받았으며(derived), 따라서 성자는 '아우토떼오스'(αὐτόθεος)가 아니신 것으로 의도된 것이라고 해석하기 때문이다.[193]

그러나 니케아 교부들과 칼빈이 그 성경적, 기독론적 동기에 있어서 레이몬드가 생각하는 만큼 그렇게 거리가 있는지에 대해서는 의문이 제기될 수 있다. 레이몬드 자신이 잘 인용하고 있듯이, 칼빈 자신도 교부

---

[192] 레이몬드는 브레이가 자신과 같은 입장을 표현하는 것으로 언급한다(Gerald Bray, *The Doctrine of God* [Downers Grove, Ill.: IVP, 1993], 197, 200).

[193] Murray, "Systematic Theology," *Westminster Theological Journal* 25 (May 1963): 141=*Collected Writings*, 4:8.

들에게 동의하면서 관계적인 의미에서 성부를 성자의 시작(beginning)이라고 말하고(327),194 또 때로는 심지어 성부는 "신성의 원천이요 시작"이라고도 말하기도 하기 때문이다.195

물론 레이몬드가 잘 지적하고 있듯이 그것은 본질의 부여라는 의미에서가 아니라, 순서에 있어서(by reason of order) 그렇게 말하는 것이지만 말이다(327). 또한 워필드가 칼빈이 성자에게 자존성과 관련한 특별한 공으로 돌릴 때도 워필드는 칼빈이 이를 다시 천명하고(reassert) 잘 사용했다고 말하고 있음을 생각해야 한다.196 그러므로 니케아 교부들과 칼빈을 대조시키는 것보다는 워필드가 그리하듯이 터툴리안, 아타나시우스, 어거스틴과 함께 칼빈을 삼위일체 하나님에 대한 기독교적 교리를 정확히 생동적으로 진술하는 데 크게 공헌한 사람들 중의 하나로 진술하는 것이197 더 나은 진술이 아닐까?

3. 또한 레이몬드는 우리의 죄와 죄인에 대한 하나님의 진노에 대해서는 먼저 하나님께 대해 화목제물(propitiation)이 주어져야 한다는 점을 옳게 강조하며, 더 나아가서 화목(reconciliation)도 먼저 기본적으로(primarily) 하나님에 대해서 이루어져야 한다는 점을 잘 강조하였다(특히 650). 그러나 이 화목(reconciliation)에 대한 이해에 있어서 과연 그가 끝까지 주장하듯이 이는 온전히 하나님께 대한 화해를 의도한 것인가에 대한 논의에서 우리는 그가 좀 지나치게 나아가 하나님을 향한 화목만을 일면적으로 강조하는 해석에 빠지지 않았는가에 대해서 의문을 제기하지 않을 수 없다.

---

194 Calvin, *Institutes*, I. xiii. 7, 8, 18, 19, 23, 24.
195 Calvin, *Institutes*, I. xiii. 23.
196 Warfield, "The Biblical Doctrine of the Trinity," in *Biblical and Theological Studies* (Philadelphia: Presbyterian and Reformed, 1952), 59.
197 Warfield, "The Biblical Doctrine of Trinity," in *Biblical and Theological Studies*, 59.

결국은 그가 구속에 대해서는 그것이 일차적으로는 하나님을 향한 측면을 지니고 있으나(658f.), 사람을 향한 측면도 지니고 있어서 구속으로 우리가 (1) 율법의 저주에서 해방되며(657), (2) 구약적인 제의주의에 [즉, 율법주의에] 다시 종 될 필요성으로부터 자유롭게 하고(657f.), (3) 우리 스스로가 구원받아야 할 의(義)를 얻어내야 할 필요성으로부터 우리를 해방하는 효과를 낸다(658)고 잘 말하고 있듯이, 화목도 그렇게 하나님을 향한 측면이 일차적임을 다른 개혁신학자들과 함께 강조하면서, 그 하나님을 향한 측면 때문에 우리가 하나님께 화목하는 주관적인 측면도 성경 가운데서 함의되고 있고 시사되어 있음을 인정하는 식으로 언급을 했으면 더욱 자연스러웠을 것으로 생각된다.

만일에 그런 식으로 생각하면서 주해를 했더라면 로마서 5:10의 '원수들이'(ἐχθρί) 됨을 하나님에 의해서 미워함을 받는 원수 됨인가(수동적 원수 됨) 아니면 우리가 하나님을 미워하는 원수 됨인가(능동적 원수 됨)를 나누어 생각하고 고민할(646) 이유가 없었을 것이라고 여겨지기 때문이다. 물론 그가 강조하는 대로 일차적으로는 죄인 된 우리에게 대한 하나님의 거룩한 적대감이 앞서 오겠지만, 그와 함께 죄인 된 우리들이 하나님을 적극적으로 미워하는 것은 전혀 포함되어 있지 않다고 굳이 말할 이유가 있을까 하는 의문이다.

4. 또한 이런 주해를 잘 이해하도록 하기 위해서 인용하는 마태복음 5:24의 "먼저 가서 형제와 화목하고(διαλλάγηθι)"라는 예수님의 말씀에 대한 레이몬드의 좋은 해석과 관련해서도 우리는 같은 질문을 제기할 수 있다. 이 말씀이 일차적으로 "형제의 소외를 제거하기 위해 필요한 것을 하라, 즉 네 형제가 제안한 화목의 조건을 네가 충족시키도록 해라"는 뜻이라고 해석하는 것은 좋다(648). 그러나 그와 함께 우리 마음속에 있는 형제에 대한 원수된 감정을 해결하는 것이 포함되어 있지 않아야 할 이유는

없다. 그러므로 일차적으로는 다른 이와의 화목이 문제되고 그로부터 우리 자신의 화목케 됨을 말하는 것이 더 자연스러웠을 것이다.

5. 마찬가지로 에베소서 2:15의 '원수 됨'(enmity, ἔχθραν)이 과연 하나님과 원수 됨인가 아니면 14절이 말하고 있는 유대인과 이방인들 간의 상호 적대감인가에 대한 논의에서도(648-50), 과연 레이몬드처럼 그 둘을 극단적으로 나누어야 하는가 하는 의문이 제시될 수 있다. 오히려 그리스도의 십자가는 그 두 가지 원수 됨을 다 극복하게 한다는 해석을 할 수는 없겠는가? 물론 일차적으로는 죄인에 대한 하나님의 원수 됨을 그리스도의 십자가가 해결하는 것이지만, 이와 동시에 이방인과 유대인들 사이의 원수 됨, 모든 사람 사이의 적대감도 결국 십자가 사건이 해결하려고 한 것은 아닌가?

사실 레이몬드 자신도 고린도후서 5:20의 "너희는 하나님과 화목하라"(καταλλάγητε)라는 바울의 권면에 대해서 설명하면서 이 말의 근원적인 의미(primary intention)는 "그리스도의 화목케 하는 사역에 의해서 유효하게 된 사람들을 향한 하나님의 화목된 태도를 이용하여 하나님께서 제시하신 화목의 조건을 받아들여라"(648)라고 잘 해석하고 있지 않은가? 우리는 레이몬드의 의도가 많은 복음전도자들의 잘못된 설교 등을 교정하기 위해서 우리가 스스로 노력함으로 스스로 하나님과의 원수 됨을 해결할 수 없다는 것을 강조하려는 것임을 이해할 수 있다. 그러나 그런 의도가 좀 지나쳐서 이런 본문들 안에 인간 편에서의 화목이 하나님의 화목하심의 결과로 부차적인 의미로 함의되어 있을 수 있는 여지를 레이몬드의 설명은 남겨주지 않아서 안타깝다.

6. 교회의 표지들(notae ecclesiae)을 잘 설명한 후에, 그렇지만 성례와 치리는 교회의 복지(the well-being)를 위해 필요한 것이고, 첫째 표지같이 교회의 존재(the being of the church)를 위해 필수적인 것은 아니라고

말하면서(854), 벌코프의 *Systematic Theology*, 577을 인용하면서 같은 견해의 표명이라고 소개하고 있는데, 그 뒤에 따라 나오는 벌코프의 설명이 없으면 이는 마치 벌코프가 성례와 치리는 상대적으로 무시하는 듯한 인상을 주는 인용이다. 사실 레이몬드가 인용한 벌코프의 말 자체에 "말씀이 성례의 바른 시행과 교회 치리의 신실한 수행을 규제한다"는 구절을 포함하고 있으므로 벌코프가 이 말을 썼을 때는 그는 이 속에 세 가지 표지를 다 넣어 생각했던 것이다. 마치 칼빈이 두 가지 표지를 말하면서 성례의 시행 안에 치리를 포함시켜 생각한 것과 같다고 해야 할 것이다.

그러므로 벌코프는 말씀의 선포만이 교회의 존재를 위한 표지이고, 다른 것은 교회의 복지를 위한 표지라고 생각하지 않았음이 분명하다. 더구나 레이몬드가 인용한 것 바로 앞에서 벌코프는 스코틀랜드에서 이런 구분에 대한 논의가 나왔으나 결국 다른 것의 필요를 포함해서 말하는 것이 좋겠다는 의견들이 대두되었다고 소개하고 있는 것을 볼 때(*Systematic Theology*, 576) 구태여 다시 교회의 존재(the *being* of the church)를 위한 것과 교회의 복지(the *well-being* of the church)를 위한 표지를 구분하여 말하는 것이 과연 도움이 되는지 좀 더 깊이 논의할 필요가 있다고 생각된다. 그렇게 구분해 말할 때 우리는 계속 무시되고 있는 성례와 치리를 더 무시하는 방향으로 나갈 강한 근거를 찾으려 하게 되기 쉽기 때문이다.

7. 히브리서에서 필로적인 플라톤주의를 찾으려는 주석가들에(L. Hering, Bruce Demarest, Donald Guthrie) 반해서 레이몬드는 래드에게 동의하면서 히브리서가 말하는 **"하늘 성소에 들어가신 일이 그리스도께서 성육신에서 새 언약의 중보자로서 그의 대제사장으로서의 역할을 하실 때에 일어났고, 그 지성소는 그의 십자가였다"**(1043, 레이몬드 자신의 강조)고 주장하는 것은 플라톤주의와의 관계를 분명히 단절시키는 큰 의미가 있으나, 그 표현이 너무 강하여 히브리서가 승천과 하늘 성소에 오르신 것을 연관시키

고 있음은 전혀 배제시키는 좀 부자연스러운 해석으로 여겨질 수도 있다. 사실 그의 표현은 그가 바로 앞에서(1042) 인용하고 있는 래드의 표현보다 좀 더 강하게 들린다.

그러므로 레이몬드와 같이 주장하기보다는 예수님의 십자가에서의 역사적 사역이 속죄의 사역이며, 이것을 희생 제사로 보면서, 그 후에 승천하신 것을 대제사장이 지성소에 들어가서 피를 뿌리며 기도하는 구약의 규례와 연관시켜서 생각하는 것이 히브리서 저자의 의도에 더 상응하는 것일 수 있다.

III-3. 전통적 간명한 표현을 벗어난 점

1. 웨스트민스터 신앙 고백서의 내용을 전제로 설명하려고 하기 때문에 전통적으로 간명하게 이야기하던 것들을 좀 나열식으로 진술한 점에 대한 비판도 있을 수 있다. 그 대표적인 예가 전통적으로 성경의 속성들을 필요성, 권위성, 명료성, 충족성으로 설명하던 것을 7개로 나누어 설명한 것이다(55-93). 그가 말한 영감은 따로 논의되든지 아니면 권위와 관련해서, 종국성은 충족성과 관련해서 논의될 수도 있다고 생각된다. 그러므로 이는 이렇게 설명해도 좋고, 저렇게 설명될 수도 있는 부분이지만, 레이몬드가 웨스트민스터 신앙고백서에 충실한 설명을 하면서 나타난 좀 복잡하다고 여겨질 수 있는 설명이라고 생각된다.

2. 이와 비슷한 말을 사람의 타락의 결과에 대한 7중적 설명에 대해서도 할 수 있을 것이다(446-49). 이에 대해서 자세한 설명을 한 것은 좋으나 이는 반복적인 인상을 줄 수 있고, 특히 타락한 사람의 자연적 상태(the natural state of fallen man)에서 전적인 부패와 전적인 무능력, 그리고

참된 죄책에서 말하는 것과 중첩적인 것으로 보일 수도 있다고 여겨진다.

3. 교회의 의무를 일곱 가지로 나누어 말한 것에(868-93) 좋은 점도 있지만, 좀 중첩적인 부분도 있어 보인다. 오히려 (1) 예배의 의무, (2) 복음 수호와 선포의 의무, (3) 교육의 의무, (4) 자비와 구제의 의무로 나누어 생각하고, 성례는 예배와 복음 선포와 관련해서 같이 생각하며, 섬김과 다스림은 결국 이 모든 것과 관련된 것이므로 이 모든 의무를 이행하는 방식과 관련하여 논의하는 것이 더 좋지 않았을까? 그리고 의무(교회의 할 일)에 대해 말하면서 성도의 교제를 포함해서 생각했어야 하지 않았을까?

III-4. 혹시 오해를 낳을 수도 있는 부주의한 표현들?

1. 이런 것의 대표적인 예로 우리는 예수님을 지칭해서 사람 예수(the man Jesus)라고 간혹 표현하는 경우들에(546, 618) 대한 우리의 어려움을 생각할 수 있을 것이다. 물론 레이몬드의 설명을 들으면 그는 아주 분명히 예수님은 '신-인'(the God-man)이심을 머리(Murray)와 같은 정통 신학자들과 같이 강조하고 있다. 그리고 성자의 신적 인격이 인성(the human nature)을 취한 것이지, 성자와 인간 예수가 합해진 것으로는 생각하지 않는다. 그러나 그가 가끔 "인간 예수"라는 표현을 사용한 것이 전체적으로 그리스도를 바르게 이해하는 일에 과연 도움이 되는지 잘 모르겠다. 레이몬드는 예수 자신도 자신을 "사람"(ἄνθρωπος)이라고 칭하셨고(요 8:40), 다른 이들도 사람이라고 칭했으며(마 8:27; 26:72, 74; 막 14:17; 15:39; 눅 23:4, 6, 14, 47; 요 4:29; 5:12; 7:46; 9:11, 16, 24; 10:33; 11:47; 18:17, 29; 19:5), "남자"(ἀνήρ)라는 말도 그에게 돌려진 것(요 1:30; 행 2:22; 17:31)과 그가 우리와 같은 인성을 취하셨고 형제들과 같이 되셨다는 표현에 근거해서 인간 예수라는 용어의 사용을 가능하

다고 생각하는 듯하다(546).

　　　레이몬드적인 의미에서는 이런 용어의 사용이 별 문제를 일으키지 않는다는 것은 사실이다. 그러나 레이몬드가 말하는 맥락을 떠난 현대적 상황에서는 "인간 예수"라는 표현이 결국 많은 오해를 낳게 할 수 있는 표현이라는 것을 잊어서는 안 된다. 그렇다면 레이몬드의 이런 시도는 이런 현대의 잘못된 사용에 의식적으로 반하여 그런 현대적 용례에 반대하기 위한 것으로 볼 수도 있고, 그저 사용한 것으로 볼 수도 있다. 어떤 쪽으로든지 아직까지 이런 용어의 사용은 오해 가능성이 더 많아 보인다.

　　　2. 그리스도의 승천의 역사성을 강조하는 논의 중에서 레이몬드는 이 사건을 영적인 사건으로 말하는 웨스트코트의 말을 승천의 성격을 말해주는 긍정적인 것으로 인용하고 있는데(576f.), 이 점은 다른 그의 논의와 성격이 좀 다른 특성을 지닌 것으로 여겨진다. 일단 레이몬드가 인용하고 있는 웨스트코트의 말 전체를 다시 인용해 보면 다음과 같다:

> 예수께서는 사람들의 감각적 실존의 영역(the sphere of man's sensible existence)을 넘어서서 공개적인 하나님 앞으로(the open Presence of God)로 나아가셨다. 물리적인 올라가심은 강한 비유요, 웅변적인 상징이었지만, 그것이 지향하는 진리나 그것이 표상하는 실재는 아니다. 승천으로 그리스도께서 계시하신 변화는 장소의 변화가 아니라, 상태의 변화이고, 위치에 관한 것(local)이 아니라 영적인 것이다. 우리들의 인간적 조건의 필요성 때문에 영적인 변화는 성례전적으로, 즉 외적인 형태로 표현되었어야만 했다.[198]

레이몬드가 잘 요약하고 있듯이 웨스트코트에 의하면 성경이 말하는 "하

---

[198] B. F. Westcott, *The Revelation of the Risen Lord* (London: Macmillan, 1898), 180.

늘 영역"은 위에 있는 공간적인 차원이 아니라, 예수님의 영화되신 신체적 존재가 참으로 인간적인 것을 그만두지 않고서도 적응하실 수 있는 영적인 차원이라는 것이다. 물론 레이몬드와 웨스트코트는 승천의 올라가는 요소를 부인하는 것은 아니다. 그러나 그들은 이 올라감이 강한 비유(a speaking parable)요 웅변적 상징(an eloquent symbol)이라고 한다. 즉, 승천이 지역적 이동(local transition)이기보다는 상태의 변화라는 점을 강조한다는 데서 이런 표현은 전통적인 루터파의 해석에 더 가깝게 여겨진다. 레이몬드가 이 면에서는 루터파적 해석에 접근해 간 것은 그의 개혁파적 성향에 비추어 볼 때 특이한 점이라고 할 수 있다.

3. 또한 스콜라 신학이 말하던 *attritio*와 *contritio*를 바울의 "세상 근심"과 "생명에 이르는 회개"와 각각 동일시하여 말하고 있는 것도 (724) 혹시 오해를 낳을 수 있는 표현일 수 있다. 왜냐 하면 이와 비슷한 입장을 취하는 피터 롬바르드(Peter Lombard)나 루터와는 달리 아퀴나스와 대부분의 스콜라 신학자들은 *attritio*만으로도 용서받을 수 있다고 했고, 트리엔트 종교회의에서도 *attritio*의 가치를 인정했고 1667년에 Alexander VII는 이 두 입장이 다 있을 수 있다고 하면서 더 이상 논쟁하지 않도록 선언했기 때문이다. 그러므로 단정적으로 attrition이 세상 근심이라고 보기 어려울 수도 있기 때문이다. 그러므로 이 점에 대한 레이몬드의 주장은 너무나 지나친 단순화로 여겨질 수 있다.

4. 레이몬드는 예수님의 종말론을 요약하면서 두 세대 개념을 설명한 후에 예수님의 종말론에서는 중간기(intermediate period)나 천년 왕국 시기가 없다고 단언하고 있는데(1008), 이는 좀 지나친 것이라고 하지 않을 수 없다. 만일에 그가 "예수님의 가르침 안에는 천년 왕국에 대한 명시적 언급이 없다"고 했다면 그것은 있을 수 있는 것이다. 그것은 계시록 20장에서 명시되어서(1033) 비로소 우리로 천년 왕국에 대해서 생각하게 하는

것이니 말이다. 그러나 아예 이런 식으로 부정하면 잘못하면 후에 주어진 계시와 예수님의 생각이 모순되는 것으로 비춰질 수 있기에 유의해야 할 것이다.

레이몬드는 또한 중간기라는 말을 쓸 때 천년 왕국과 동일시하며 말하는 것 같은 인상이 있다. 왜냐 하면 그는 "no intermediate period or millennial age"라고 표현하고 있기 때문이다. 더구나 후에 야고보와 히브리서, 베드로와 유다, 그리고 심지어 요한복음과 요한서신의 종말론을 설명하면서도 그 두 용어를 동일시하는 것과 같은 인상을 주기 때문이다(1009, 1040, 1046, 1047). 그렇다면 레이몬드는 중간기(intermediate period)라는 말을 기존의 신학적 용례와는 좀 다르게 사용하고 있는 것이다. 나중에 바울의 신학을 말하면서는 중간 상태(the intermediate state)라는 말은 신학의 전통적 개념을 따라서 사용하고 있음에 유의하라(1017f.). 그렇다면 레이몬드는 중간기와 중간 상태를 전혀 다른 것으로 생각하며 사용하는 듯하다. 즉, 중간기는 천년 왕국 시기로, 중간 상태는 전통적 중간 상태로 말이다.

또한 두 세대를 말하면서 그것이 연속적이고 겹치거나 그 사이의 갭(gap)은 없는 것이라고 말하고 있는데(1008), 그 둘 사이에 갭이 없다는 것은 사실이나 보스나 래드, 쿨만, 큐멜을 알고 있는 그가 어떻게 겹치지 않는다고 말하는지 이해하기 어렵다. 그는 두 세대가 겹친다는 것을 위에 언급한 이들과는 다른 의미로 생각하는 것인지는 잘 모르겠다. 왜냐하면 후에 야고보의 종말론과 히브리서의 종말론을 말하면서는 그의 종말론이 예수님에 의해서 정식화된 종말론, 즉 이미 시작된 종말론의 "이미"와 미래 우주적 일들의 "아직 아니" 모두를 말하는 종말론적 이원론이라고 말하고 있기 때문이다(1009, 1040).

그러나 그렇게 (1) 두 세대가 겹치는 것과 (2) "이미와 아직 아니"의 구조를 따로따로 구별해서 말하는 것이 과연 유익이 있을까? 레이몬드가 예수님의 종말론과 신약의 종말론을 "종말론적 이원론"(eschatological dualism)으로 표현하는 것이(1008, 1009, 1012, 1040, 1043, 1046, 1047, 1064) 과연 유익이 있는지, 그것은 오히려 예수님의 종말론을 구약의 종말론이나 유대적 종말론으로 되돌이키고 있는 것으로 오해를 일으킬 소지가 더 많은 것이 아닌지 우리는 묻지 않을 수 없다. 후에 바울과 히브리서, 야고보서, 그리고 베드로의 종말론을 말하면서는 아주 정확하게 "이미와 아직 아니의 구조"를 가지고 종말론적으로 생각한다고 말하고 있으므로(1009, 1010, 1012, 1043), 레이몬드의 문제는 내용의 문제라기보다는 그가 용어를 좀 특이하게 사용하거나 오해를 살 수도 있는 용어를 사용하는 것의 문제로 이해해야 할 것이다.

이와 비슷한 용어 오용의 문제로 레이몬드가 권능의 왕국(kingdom of power)이라는 말을 예수님의 재림 때에 나타날 왕국으로 말하고 있는 것은(1064) 권능의 왕국이라는 용어의 보편적 용례와는 다른 것임을 말하지 않을 수 없다. 전통적으로는 그리스도의 왕권의 보편적 우주적 왕권을 권능의 왕국(*regnum potentiae*)이라 하고, 교회를 다스리는 것을 은혜의 왕국(*regnum gratiae*)으로 말하는데,199 이것이 보편적인 용례라고 할 수 있을 것이다.

III-5. 주해상 지나친 점

레이몬드는 때때로 주해상 너무나 지나친 논의를 제시하기도 한다. 비교적 좋은 주해에 근거하여 신학을 제시하고, 때로는 주해의 과정을 밝혀 가면

---

199 Berkhof, *Systematic Theology*, 410, 406; 이승구,『진정한 기독교적 위로』(서울: 여수룬, 1998), 288-90.

서 논의하는 그에게는 예상하기 어려운 점들이 아닐 수 없다. 현저한 예들로 다음과 같은 것들을 언급할 수 있을 것이다.

1. 예를 들어서, 여호와가 삼위일체에 대한 이름임을 잘 밝혀 놓고, 그것을 강조하다가 이사야 6:1을 요한복음 12:41과 연관시켜서 이는 성자를 가르쳐서 여호와로 지칭한 예라고 말한다든지, 시편 95:7-11을 히브리서 3:7-9과 연관시켜서 성령을 지칭하여 여호와로 지칭한 경우로 제시하는 것을 들 수 있다(158). 레이몬드는 신약의 구절들에 근거하여 구약의 인용 구절들이 분명히 각각의 의미를 전달한다고 확신하는 듯하다. 그러나 그것은 너무 지나친 논의가 아닐 수 없다. 이런 주해적인 문제는 그 앞의 귀한 논의조차 믿을 수 없게 하는 것이 될 수 있으므로 모든 이들이 주해적으로 너무 지나치게 나아가지 않도록 늘 주의해야 할 것이다.

2. 또한 레이몬드는 "하나님 자신의 존재의 온전함 가운데서 그는 자신을 복수 주체로(as a plural subject) 말씀하실 수 있으셨는데, 이는 그가 사실 삼위일체적이기 때문이다"(167)고 말하면서 창세기 1:26; 3:22; 11:7; 사 6:8 등을 언급한다. 그의 이런 진술은 벌코프의 조심스러운 진술과 비교할 때 주해적으로 좀 더 나아간 진술이라고 하지 않을 수 없다.[200] 물론 그는 후에 구약에 나타난 삼위일체 교리에 대한 시사들(adumbrations)이라는 측면에서 이 문제를 논의하기도 하고(207), 창세기 1:26의 "우리"에 대해서는 이는 "삼위의 반영일 수 있다"(a *probable* reflection of the trinity of persons in the divine essence)고 말하기도 한다(425).

그리고 "엘로힘"은 삼위일체에 대한 증거로 제시되어서는 안 되며, 장엄의 복수로 이해되어야 한다고 한다(207, n. 8). 그러나 또 한편에서는 "집중의 복수"(plural of intensification)로도 언급한다(209). 이것이 더 나

---

[200] 이 점에 대한 논의로 졸고, "개혁주의 성경신학과 설교," 『한국개혁신학』 4 (1998):362-70; "성경 신학과 조직신학," 『교회와 문화』 5 (2000): 64-68을 보라.

은 설명일 수 있다. 히브리 문법 학자들 가운데 이른 시기의 장엄의 복수의 문제점을 제기하는 분들이 있기 때문이다. 그러나 그런 이들도 충만의 복수, 집중의 복수에 대해서는 별 반대를 하지 않기 때문이다. 조심스러운 논의가 모든 점에서 계속 유지되었더라면 하는 아쉬움이 있다.

   3. 창세기 3장을 논의하면서 6절의 "여자가 보니"라는 말이 "그녀가 ~ 한 결론에 이르렀다"는 것을 뜻한다고 단언한 것도(444) 이런 지나친 주해의 하나로 여겨질 수 있을 것이다. 또한 "함께 한 남편에게도"라는 말로부터 아담이 그 대화의 과정 내내 그 장면에 함께 있었다고 하는 것을 보여 준다고 논의하는 것도(445) 좀 지나치다고 지적될 수도 있다. 물론 아담이 부인에 대한 머리의 권한을 저버렸다는 것이나, 그녀로 하여금 하나님의 금령을 무시하는 것을 허용했다는(445) 말은 옳을 수 있다.

   그러나 그 이유를 그가 그 대화의 과정 내내 함께 있었음에서 찾으려고 하는 것은 성경이 주고 있지 않은 정보를 넣어서, 성경의 특정 어귀와(이 경우에는 "자기와 함께 한"이라는 말과) 관련해서 상상력을 발휘하여 읽는 대표적인 예가 될 수 있다. 이 "자기와 함께 한"이라는 말은 다양한 해석의 여지가 있는 것이지 꼭 그 장면에 "함께 있는"을 뜻하는 말이라고 하기 어렵기 때문이다. 특히 범죄 후 아담이 하는 말이 "당신이 주셔서 나와 함께 하신 여자"라는(창 3:12) 말을 창조 전에 하나님께서 말씀하신 "사람이 독처하는 것이 좋지 못하니"(창 2:18)와 연관시켜 보면, 이 어귀를 꼭 그 장면에 함께 하고 있었다고 해석하는 것은 자연스럽지 않고, 좀 지나친 해석이라고도 할 수 있는 것이다.

   4. 이와 아주 비슷한 문제로 레이몬드는 타락 후에 사람들이 피하여 숨은 것에 대해서 언급하면서 창세기 3:8의 히브리어의 문자적 의미에 따르면 "남자도 자신을 숨기고, 여자도 자신을 숨겼다"고 읽혀진다고 하면서 이는 결국 인간이 뿔뿔이 흩어져 홀로 있게 됨을 시사한다고 하는데

(448), 이것도 있을 수 있는 생각이기는 하나 너무 지나치게 히브리어 본문에 의미를 넣어 읽는 것이 아닌가 하는 의혹을 받을 수도 있는 주해라고 여겨질 수 있다.

5. 사소한 문제로 욥기 25:5에서 빌닷이 "하나님의 눈에는 달이라도 명랑치 못하고, 별도 깨끗지 못하거든"이라고 말하는 것이 타락 이후의 인간의 죄 때문에 피조계 전체에 임한 저주 때문이라는 레이몬드의 주장은(448) 한편에서는 개연성이 있지만, 또 이는 자연의 순수성과 대조하여 인간의 죄악을 강조하려는 문학적 표현으로 여겨질 수 있으므로 한편으로는 너무 지나친 주장이라고 여겨질 수도 있다고 생각된다.

6. 레이몬드가 그렇게 크게 강조하는 것은 아니지만 예루살렘 교회의 120문도를 솔로몬 성전 낙성식 때에 나팔 부는 제사장 120인과(대하 5:12) 연관시켜 볼 수 있다고 생각하는 것도(825, n. 42) 해 볼 수 있는 생각이기는 하지만, 주해적 근거가 그렇게 분명한 것이라고 하기는 어려워 보인다.

7. 또한 있을 수 있는 것이나 그 근거를 좀 더 제시했었더라면 좋았을 것으로 야고보서의 기록 연대를 45-48년경, 즉 예루살렘 총회 이전에 작성된 것으로 말하는 것을 들 수 있다(827f.). 이에 따라 "흩어져 있는 열두 지파"(약 1:1)를 사도행전 8장에 있는 사울의 핍박으로 인한 흩어짐과 연관시키는 것도 흥미 있지만 좀 더 주해적 논의가 있으면 좋겠다고 판단되는 부분이다. 이와 아주 비슷한 것이 히브리서의 기자가 혹시 바울이 아닌가 하고 시사한 점이다(831, 1040). 이에 대한 시사의 이유를 제시하였다면 그것이 훨씬 의미 있었으리라고 생각된다.

8. 이와 비슷하게 좋은 주해의 가능성을 시사만 하고 더 논의하지 않고 지나가서 아쉬운 점으로 고린도전서 15:29의 "죽은 자들을 위하여"(ὑπὲρ τῶν νεκρῶν)을 주해하면서 이에 대해 죽은 자를 위한 세례를 바울이 긍정적으로 본 것 같다는 커버넌트 신학교의 그의 동료 David C. Jones의

견해를 비판하면서 바울은 부활을 부인하는 사람들에 대한 논박으로 이 경우를 사용하고 있다는 견해를 잘 말하면서(928), 이에 대해 여러 해석 가능성 가운데서 "죽은 그리스도인들의 영향 때문에"(because of the influence of the deceased Christians)로 해석하고자 하는 John D. Reaume의 견해를 소개만 하고 지나가고 있는데(928, n. 32),[201] 이는 좀 더 논의를 해 볼 수 있는 해석 가능성이라고 생각될 수도 있다. 그리고 과연 죽은 그리스도인들이 영향을 미치는가 하는 것도 심각하게 비판적으로 다루어야 할 것이다.

9. 역시 흥미롭지만 조금 지나친 주해로 여겨질 수 있는 것은 그리스도인들의 예배 중에 그리스도께서 함께하심을 잘 의식하고 지적하는 것은 좋으나 히브리서 2:12에 근거해서 예배 때 그리스도인들은 그리스도께서 "주의 교회 중에서 찬송하리라"고 생각해야 한다고 한 것은(833) 너무나 지나친 문자적 해석의 여지를 남길 위험이 있다고 여겨진다.

10. 세례의 구약적 전거를 말하면서 "세례 받은 이스라엘 사람들은 물에 잠기지 않았고(not immersed), 물에 빠진(immersed) 이집트 사람들은 세례 받은 것이 아니다"라는 핫지의 표현을[202] 조금은 애호하면서 인용한 것은(943, n. 56) 핫지와 레이몬드 모두가 매우 흥미롭기는 하지만 좀 지나친 주해를 한 것이라고 할 수 있을 것이다.

11. 마태복음 24:14의 "끝"을 종국적 에스카톤(the final Eschaton)이 아니라, 이스라엘의 민족으로서의 끝을 의미한다고 하면서(1001, 1003), 이는 A.D. 70년에 이루어졌는데 이를 행 2:5, 11; 롬 1:8; 롬 10:17-18; 골 1:6, 23 등의 온 세상에 알려졌다는 표현이 증거한다는 논의는(1001f.) 그야말로 지나친 주해의 대표적인 경우가 아닐 수 없다. 왜 레이몬드가 자연스

---

[201] 이에 대해 그는 다음 논문을 언급한다. John D. Reaume, "Another Look at I Corinthians 15:29, 'Baptized for the Dead,'" *Bibliotheca Sacra* 152 (October-December 1995): 457-75 (928, n. 32).

[202] A. A. Hodge, *The Confession of Faith*, 342-43.

러운 논의를 두고 그렇게 무리한 주해로 나아갔는지 잘 이해되지 않는다. 그는 14절과 15절이 연관된다고 생각해서 15절이 분명히 예루살렘의 파괴를 의미하므로 14절도 그렇게 보아야 한다는 확신을 가진 것 같다(1002).

그러나 마태복음 24장의 구조가 3절-14절까지가 한 단위로 전체를 설명하고, 14-20절까지가 예루살렘 멸망을, 21절-마지막까지가 세상 끝과 연관된다는 자연스러운 이해가 있는 것을 그는 왜 돌아보지 않는지 잘 이해되지 않는다. 그는 마태복음 24:36에서야 예수님의 재림을 말하는 것으로 이야기의 방향이 바뀐다고 본다. 그러나 여기서 예루살렘 멸망으로부터 주의 재림으로의 내용의 변화를 생각할 수 있는 그가 왜 다른 곳에서는 그런 변화를 생각하지 않는지 모르겠다.

이와 연관해서 그는 마태복음 24:29-31도 예수께서 재림하실 때에 대한 예언이나 묘사로 보지 않고, 24:30a의 인자의 징조가 하늘에서 보이는 것은 예수님의 하늘에서의 메시아적 통치의 시작을 말하는 것이며, 땅의 족속들이 통곡하는 것은 온 세상에 흩어진 이스라엘 12지파를 뜻하고 그들이 통곡하는 것은 민족으로서의 이스라엘에게 부어지는 무서운 하나님의 진노 때문에 통곡하는 것이고, (선택받은 유대인들은 회개의 통곡을 하는 것이며, 슥 12:10), "인자가 오는 것을 보리라"라는 것도 "그들의 불신에 대해 진노 가운데서 그가 오는 것을 경험하리라"고 상당히 기괴한 해석을 한다(1004). 또 천사들로 택하신 자들을 모으신다는 것(31절)은 복음을 온 세상에 전하는 것을 뜻한다고 한다(1004).

한 부분을 이렇게 해석하니 그의 이상한 해석은 계속된다. 마태 24:33의 "이 모든 일"은 복음이 온 세상에 전파되는 것과 예루살렘의 멸망이라고 보면서(1004f.), 다른 식으로 해석하는 것은 부조리하다고까지 강하게 말한다(1005). 다른 부분에서는 다른 주석가들의 견해를 잘 참고하고 좋은 논의를 제공하는 레이몬드가 마태복음 24장에 대해서는 왜 이렇게 무리한 주해, 어떤 이들은 영해라고 할 만한 것으로 나아갔는지 알 수가 없다. 레이몬드는 그의 주해에 있어서 마태복음 24장은 전부 제자들의 질문에 답하기 위해서 주어진 것이므로 그런 맥락 속에서 그들에게 대답이 되도록 해석되어야 한다는 강박 관념에 의해 강요되어 가는 듯하다(1002, 1005).

레이몬드의 이런 무리한 해석은 다른 구절들, 예를 들어서 마 10:23의 "인자가 온다"는 것을 예루살렘 멸망으로 해석하는 데서도 나타난다(1006f.).

III-6. 지나친 논의라고 여겨질 수 있는 점들

모든 이들의 논의에, 특히 논쟁적인 논의에는 이런 점에 개재될 수 있으나 레이몬드는 때때로 지나치게 상대의 논의를 한쪽으로 이끌어 그 자신이 의도하지도 않은 논의를 제시하는 일도 있다고 할 수 있다. 이런 논의는 실질적으로 설득력을 얻기보다는 설득력을 상실하게 되는 결과를 낳는다고 생각된다.

1. 예를 들어서, 영혼 전이설과 직접 창조설에 대한 논의 가운데서 그는 직접 창조설을 지지하는 핫지가 "하나님의 행위가 제 2의 원인들의 작용과 어떻게 연관되는지, 그 활동이 얼마나 간접적인지, 아니면 직접적인지 우리는 모른다"라고 신중하게 말하고 있는[203] 것과 관련해서 이를 오히려 핫지 이론의 약점으로 시사하면서(425), 후에 원죄와 관련해서 부모에게서 여러 특질들이 물려진다는 역사적 사실을 핫지가 언급하고 있는 것

---

[203] Charles Hodge, *Systematic Theology*, 2:69, 253.

과 관련해서 여기서 "핫지는 그의 직접 창조설을 방기(放棄)했다"고 하는데(425), 과연 핫지가 그렇게 생각했는지와 연관해서 이는 좀 심각한 혐의를 두는 논의 방식이라고 할 수 있다.

    2. 또한 레이몬드가 성경적 칭의론을 강력히 변증하려고 하다가 한 곳에서 성경의 가르침을 버려서는 안 되니, 그렇게 하다가 결국 교부들과 그와 같은 다른 모든 사람들이 구원받지 못할지도 모른다고 결론 내려야 할 때라도 그리하여야 한다고 강하게 말하는 것은(745) 그의 의도는 이해할 수 있으나 너무 지나친 표현을 한 것으로 지적될 수 있을 것이다.

III-7. 다른 논의의 가능성?

그밖에 레이몬드가 모든 논의의 가능성을 잘 드러내고 자신의 입장을 분명히 하는 논의를 하고 있으나, 필자가 레이몬드의 논의에 아직 설득되지 않은 측면들도 밝히는 것이 좋을 것이다. 그런 다른 논의의 가능성은 항상 우리의 신학적 논의를 더욱 풍성히 하는 유익을 주는 것이다.

    1. 하나님의 영원성에 대한 논의에서 레이몬드는 (1) 영원성을 무시간성으로 보는 이해와[204] (2) 계속되는 시간성으로 보는 이해,[205] 그리고 (3) 이 문제에 대해서 판단을 보류하는 견해를[206] 다 잘 소개한 후에, 자신은 하나님의 영원성을 "끝없음"(everlastingness)으로 보는 견해로 기울

---

[204] Augustine; Anselm; Aquinas; Charles Hodge, *Systematic Theology*, 1: 385, 386, 538; Gordon H. Clark, "Time and Eternity," *Against the World, The Trinity Review, 1978-1988* (Hobbs, New Mexico: Trinity Foundation, 1966), 79.

[205] Nicholas Wolterstorff, " God Everlasting," in *God and the Good*, eds., C. Orlebeke and Lewis Smedes (Grand Rapids: Eerdmans, 1975), 181-203.

[206] Ronald H. Nash, *The Concept of God* (Grand Rapids: Zondervan, 1983), 83.

어진다고 하면서(176, n. 40), "시간이 영원히 하나님의 마음 가운데 존재하고 있다고 주장하는 데 문제가 없으며"(176), 지속에서 전후의 개념이나 가능성 개념이 우리에게 적용되는 것과는 달리 그에게 적용되는 구별되는 인식론적 범주일 수 있다고 한다(176). 이에서 더 나아가서 그는 하나님께 무시간성 개념을 돌리는 것이 성경의 지지를 받을 수 없으며 자기 모순적이라고 한다(176). 영원을 무시간성으로 보는 것은 기껏해야 성경에서 나온 추론일 수는 있는데, 그것도 오류의 추론일 가능성이 높다고 한다(176). 이런 주장은 좀 지나친 주장으로 보인다.

왜냐 하면 하나님께 무시간성을 돌리면서도 그것이 하나님께 모든 시간이 동시적이라는 것을 인정하는 것이면서 동시에 하나님은 그것이 우리들에게는 과거, 현재, 미래로 존재한다는 것을 아신다고 할 수 있기 때문이다. 예를 들어서, 레이몬드 자신이 인용하고 있는 핫지도 하나님께 무시간성을 돌리면서도 "모든 것이 하나님 보시기에 항상 존재하는 것이지만, 그럼에도 그것들이 시간 안에서는 연속적임을 아신다"고 말하며,[207] 핫지는 이것이 레이몬드가 말하는 것처럼 문제되는 것(troublesome)으로 여기지 않았기 때문이다.

그리고 사실 하나님께 무시간성을 돌리지 않기 위해서 레이몬드는 그의 선배 교수인 버스웰을 따라서 시간 개념을 재정의하고(176),[208] 또한 하나님은 지속적인 연속에 의해 존재론적으로 영향받지 않으시고, 하나님의 사유 자체는 영원히 직관적이고, 포괄적이며, 목적론적으로 질서 지워져 있고, 논의적 과정을 통해서 연대기적으로 추론되는 것이 아니지만,

---

[207] Charles Hodge, *Systematic Theology*, I:397.
[208] J. Oliver Buswell, Jr., *A Systematic Theology of the Christian Religion* (Grand Rapids: Zondervan, 1962), I: 47: "연속에서 앞뒤 관계를 나타내는 단지 추상적인 가능성"(the mere abstract possibility of the before and after relationship in sequence).

그에게 독특한 전후 개념이 독특한 인식론적 범주로 있을 가능성이 있다고 (176f.), (1) 조건을 많이 붙여 가면서 말할 수밖에 없고, (2) 하나님께 돌려지는 범주의 구별성을 말하지 않을 수 없기 때문이다. 오히려 그런 구별성을 위해 무시간성을 돌리면서, 또한 시간 창조 이후에는 무한히 계속되는 지속성의 특성을 지닌다고 "무시간성"(timelessness)과 "끝없음"(endlessness)을 같이 말할 수 있는 가능성을 생각하는 것이 더 나은 전략이 아닌가 사료된다.

2. 그는 별 논의 없이 "불감수적인 하나님"(impassible God)이라는 표현이 성경적 묘사가 아니라고 하면서(178), 하나님이 피조계에 관여하시고 감정을 가지신다고 말하고 있는데, 이는 오늘날 이런 주장을 하는 이들의 생각에 너무 쉽게 동화된 표현 같아 보인다. 전통적 신학에서 "하나님의 불감수성"(impassibility of God)을 말할 때 과연 그렇게 피조계와 아무 관련이 없고, 감정이 없다는 뜻으로 이런 용어를 사용했었는지가 의문스럽기 때문이다. 오히려 하나님은 우리와 같은 성정을 가진 분이 아니시라는 뜻으로 이 말을 사용하지 않았었는지를[209] 깊이 생각해 보아야 할 것이다. 물론 레이몬드는 패커와 함께[210] 피조물들이 하나님의 의지에 반해서 하나님께 고통이나 고난 또는 그 어떤 종류의 어려움을 드릴 수 없다는 뜻에서는 하나님이 불감수적(impassible)이라는 것을 긍정한다(179). 그러나 그 이상으로 전통적 불감수성 용어에 대하 좀 더 공정했으면 하는 아쉬움이 남는다.

3. 삼위일체를 논하면서 성부와 성자 사이의 "상호 순환"(περιχώρησις)을 지시하는 예로 지적되곤 하는 요한복음 10:38의 말씀을

---

[209] 가장 대중적인 설명으로 Gordon H. Clark의 『장로교인은 무엇을 믿는가?』 제 2 장 2 절 해당 부분에 대한 그의 설명을 보라.

[210] Cf. Packer, "Theism for Our Time," in *God Who is Rich in Mercy*, ed., Peter T. O'Brien and David G. Petersom (Grand Rapids: Baker, 1986), 7, 16-17.

과연 성부와 성자 사이의 존재론적 상호 침투를 지시하기 위한 말이냐에 대해 의문을 제기하면서, 이를 요한복음 14:20 그리고 17:21의 말씀과 함께 고려할 때 이는 성부와 성자가 서로 생동적인 연합 관계에 있다, 즉 같은 신적인 삶과 목적을 가지고 있다는 것을 말하는 것이지 그 이상의 말은 아니라고 하면서, 특히 이를 바울이 말하는 그리스도 안에, 너희 안에 계신 그리스도 등의 용어와 비교하고 있다(324).

그러나 레이몬드가 이렇게 주장하는 이유에 대한 의문이 제기될 수 있다. 특히 그는 다른 입장에 대한 고려와 함께 좀 더 깊이 있는 주해적 논의를 제시했어야만 했다고 할 수 있을 것이다. 그가 바울의 "그리스도 안에"와 성자가 성부 안에 계신다는 것을 병행시키는 이유가 무엇인지 이해하기 어렵다. 성부와 성자의 존재론적 하나 됨에 대해서 높은 견해를 가지고 있는 그가 이 구절에 대한 논의에서 낮은 이해를 시사하는 것이 흥미롭고 중요하다고 생각되면서, 필자는 그 이유를 알기 어렵다.

4. 가장 핵심적인 문제는 역시 '타락 전 선택설'에 대한 레이몬드의 주장과 관련된 것일 것이다. 레이몬드는 '타락 전 선택설'이 너무 옳고 성경적이어서 타락 후 선택설의 여지가 없는 듯이 보이게끔 강하게 논의하고 있다. 그러나 이 점에 대해서 아직도 설득되지 않은 분들이 많이 있을 것이다.

5. 영혼 전이설을 지지하는 논의와 관련해서 과연 영혼 직접 창조설에 근거하면 어떻게 인간의 영혼이 악해질 수 있는지를 설명할 수 없다고 하는데(425), 이에 대해서 전통적인 직접 전가설을 연관시켜서 생각하면 영혼 직접 창조설에서의 논의가 제시될 수 있다고 여겨진다. 레이몬드 자신이 직접 전가설을 지지하고 있는데(439), 그런 입장에 서 있으면서 이 직접 전가설과 영혼 직접 창조설의 관계를 생각하지 않는 것이 의아스럽게 생각된다. 또한 부모의 정신적, 도덕적 특질이 자녀에게 물려지는 것은 엄

밀하게는 영혼 전이설만의 생각도 아니며, 그렇다면 왜 아담의 첫째 죄에 대해서만 우리는 문제시하는 것인가 하는 문제가 제기될 수 있을 것이다.

6. 왜 목사만 성찬을 집례해야 하는가의 문제를 논하면서 교회 안에 질서를 잡기 위해서라고 한 것은 좋으나, 그에 앞서는 이유로 히브리서 5:4을 인용하면서 대제사장이 직임에 이르는 것과의 유비를 언급하는 것은(958) 그의 다른 면에서의 좋은 개혁파적 논의를 해칠 수도 있는 지나친 논의라고 여겨진다.

7. 다윗이 시편 16편에서 자신의 부활이 아니라, 메시아의 부활을 말하고 있다는 베드로의 설교에서의 논의에 대해서 말하면서 레이몬드는 다윗이 "영감된 선지자로서 메시아의 부활과 즉위에 대한 가르침을 받고, 영감 가운데서 이런 문제들에 대해서 기록했다"(1044)고 아주 강하게 말하고 있는데, 이것도 충분히 생각될 수 있는 견해이지만, 이와 함께 (구교에서 사용하던 말을 좀 원용하자면) 개신교적 의미의 *sensus plenior*를 생각하면서 조금 덜 강하게 주장할 수는 없는 것일까?

IV. 결론

우리는 이상에서 레이몬드 교수의 철저한 장로교 신학의 특성들과 신학적 주제들에 대한 그의 입장을 정리한 후에 여러 각도에서 그의 논의를 좀 더 발전시킬 수 있는 몇 가지 측면을 생각해 보고, 우리가 그에게서 배우고, 그의 신학을 좀 더 진작시키므로 개혁신학을 더 풍성하게 할 수 있는 방향을 생각해 보았다. 모든 면에서 기본적으로 웨스트민스터 신앙고백서를 토대로 신학을 제시해 보려고 하고, 전통적 입장에 충실하려고 한 레이몬드 교수의 노력에 대해서 우리는 깊은 감사의 마음을 갖게 된다. 단지 그가 때때로 너무 강하게 자신의 주장을 하는 것에 대해서는 우리의 신학적 진술에 있어서 좀 더 주의해야 할 한 모습을 보게 된다. 그의 지나치게 강한 태도를 순화시켜 가면 우리는 좋은 신학을 발전시켜 가는 방향의 한 측면을 레이몬드 교수의 신학에서 찾아볼 수 있을 것이다.

제 3 장

로버트 레이몬드의 '타락 전 전택설' 주장에 대한 한 논의

오늘날에는 상당히 많은 칼빈주의자들도 과거의 대부분의 칼빈주의자들이 그 둘 중의 한 입장을 취하고 있었던 '타락 후 선택설'(infralasarianism)과 '타락 전 선택설'(supralasarianism)에 대한 논의를 오해하고 있거나 회피하고 있다. 이런 현대적 상황 가운데서 과거의 이 논쟁을 정확히 이해하고, 그 터 위에서 오늘날의 입장에서 이 논쟁에 대한 자신의 입장을 잘 드러내는 일은 매우 귀중한 일로 생각된다.

현대의 칼빈주의자들 가운데 이 문제에 대한 좋은 논의를 시도하고 있는 이들 중에서 오랫동안 커버넌트 신학교의 조직신학 교수를 하였고, 근자에는 낙스 신학교에서 조직신학을 가르치셨던 충실한 장로교 신학자 로버트 레이몬드 교수(1932-2013)의 논의를 생각해 보고자 한다.[2] 20

---

[1] 레이몬드의 신학 전반에 대한 논의와 평가를 위해서는 졸고, "충실한 장로교 신학자 로버트 레이몬드의 신학 연구", 『국제신학』 3 (2001)=본서 제2장을 보라.
[2] Robert L. Reymond, *A New Systematic Theology of the Christian Faith* (Nashville: Thomas Nelson Publishers, 1998), 479-502. 이하 이 책으로부터의 인용은

세기 말의 신학 중에서 레이몬드의 논의에서만큼 이 논의를 이렇게 깊이 있고 흥미롭게 논의한 것은 드물다고 할 정도로 타락 전 선택설과 타락 후 선택설에 대한 레이몬드의 논의는 깊이 있고 흥미롭다.

일단 레이몬드는 하나님의 작정들의 순서를 주관하는 원리로 '역사적 원리'를 채용한 후택설과 '목적론적 원리'를 주도적 원리로 채용한 전택설을 잘 소개하고 있다. 따라서 그는 이 두 의견 모두가 역사적 순서(chronological order)를 문제 삼는 것이 아니라, 영원 전에 있는 하나님의 작정의 논리적 순서(logical order)를 문제 삼는 작정의 순서(order of decree)에 대한 이해의 차이임을 분명히 하면서 그의 논의를 진행하여 이 문제의 본질을 잘 제시하고, 타락 후 선택설이 실제 역사 과정 가운데서 타락이 일어난 후에 선택이 있었다는 식의 생각을 말하는 것이 아니냐는 사람들의 오해를 잘 불식시키고 있다.

그러면서 그 자신은 제롬 장키우스(Jerome Zanchius, 1516-1590), 요하네스 피스카토(Johannes Piscator, 1546-1625), 헤르만 훅세마(Herman Hoeksema, d. 1965), 그리고 고오든 클락(Gordon H. Clark, 1902-1985) 등에 의해서 주장된 일종의 '수정된 타락 전 전택설'에 상당히 동의하면서(489), 이런 수정된 전택설이 주해적 문제와 논리적 문제를 제일 잘 극복하고 이 문제에 대한 결론을 제시할 수 있다고 제시한다(489-501). 물론 그는 이 문제에 대한 의견의 차이가 칼빈주의자들 간의 당파 싸움의 근거가 되어서는 안 된다고 하면서도 그의 결론은 다음과 같다: "전택설적 예정 교리만큼 '오직 하나님께만 영광을'(*soli Deo gloria*)을 잘 나타내며(signals), 교만한 사람들을 겸손케 하는 교리는 없다. 아무리 거룩한 그리스도인이라고 그의 마음 가운데서 처음에는 이 교리에 대해 반발하는 것이 있음을 발견하는 것은 별로 놀라운 것이 아니다"(501). 이제 레이몬드의 논의를 따라가면서

면 수만을 본문의 ( ) 안에 밝히기로 한다.

그의 중심 주장을 생각해 보기로 하자.

I. '타락 후 선택설'에 대한 논의

1. '타락 후 선택설'의 구조

먼저 그렇게 진술을 하지는 않아도 실천적으로 그리고 내용상 타락 후 선택설적인 도르트 회의의 결정문(소위 도르트 신조, the Canons of Dort)의 7조 10항이나 그 회의의 대다수의 참여자들이 생각한 타락 후 전택설이 생각하는 작정의 순서를 레이몬드 교수는 다음과 같이 제시한다:

1. 세상과 (모든) 사람들을 창조하시려는 작정
2. (모든) 사람이 타락하는 것에 대한 작정[3]
3. 타락된 사람들 중 일부를(some fallen men) 그리스도 안에서의 구원으로 선택하시고 (다른 이들을 유기하시려는) 작정
4. 선택된 자들을 그리스도의 구속 사역을 통해 구속하시려는 작정
5. 선택된 자들에게 그리스도의 구속적 유익을 적용하시려는 작정

대부분의 일관성 있는 칼빈주의자들이 도르트 회의 결정문 7조 10항에 따라서 이런 순서를 제시하는 것은 그 신조에서 하나님이 죄인들인 사람들을

---

[3] 레이몬드 교수는 "the decree that (all) men would fall"(480)이라고 써서 좀 강하게 표현하고 있다. 전통적 후택설주의자들의 생각을 따라, 벌코프가 표현하는 대로 "(모든 사람의) 타락을 허용하시려는 작정"이라고 하는 것이 후택설의 의도를 좀 더 잘 드러내는 것이 되리라고 생각된다.

구별하는 것으로, 그래서 하나님은 선택된 죄인들에 대해서는 은혜로우시고, 유기된 죄인들에 대해서는 거룩하시고 공정하시다는 것을 표현하고 있기 때문이라고 레이몬드는 정확히 지적한다(480f.). 더 나아가서 타락 작정 이전에 하나님께서 사람들을 구별하신 것으로 하면 그것은 하나님을 죄인들 사이의 구별을 하신 것이 아니라, 아직 타락한 것으로 보여지지도 않은 사람들을 구별하신 것이 되므로 하나님을 죄의 조성자로 만드는 것은 아니어도 자의적(恣意的) 존재로 만들게 된다는 것을 후택설주의자들이 우려했다는 점도 잘 지적한다(481).

2. '타락 후 선택설'에 대한 비판

그렇다면 이런 후택설에 대한 비판점은 무엇일까? 레이몬드는 전택설주의자들이 후택설에 대해 가하는 비판을 6가지로 나누어 제시하고 있다. 일단 그의 논의 자체를 요약해서 제시하고 다음 절에서 이에 대한 우리의 논의를 제시하기로 한다.

    1. 후택설적인 구조는 천사들의 선택과 유기를 설명하지 못한다(481). 이에 대해서 레이몬드는 이것은 후택설적인 성경을 보이는 벌코프도 인정하는 점이라고[4] 한다. 그래서 비록 하나님께서 천사와 사람을 동일하게 다루는 것이 필수적인 것은 아니라고 해도 택함을 받은 천사와 택함을 받은 사람 사이의 유비를 생각하면 후택설보다는 전택설 쪽에 무게가 더 주어진다고 한다(481).

    2. 어떤 죄인들에 대한 유기를 공의의 행위로 표현하려는 후택설

---

[4] Louis Berkhof, *Systematic Theology* (Grand Rapids: Eerdmans, 1942), 113, 121.

의 관심은 하나님께서 무목적적인 자의대로 행하신다는 생각에 대해 조심하도록 하지만, 이 죄인들에 대한 하나님의 유기를 단순히 공의의 행위로만(정죄[condemnation]로만) 여기는 것은 (즉, 그들에게 은혜를 베푸심을 간과하시고 그 죄 가운데 그대로 있게 하심(preterion)이라는 주권적 결정이 논리적으로 먼저 함의되게 하지 않는 것은), 유기를 조건적 작정이 되게 한다. 그러나 후택설주의자가 알미니우스주의자가 되지 않으려면, 그는 하나님께서 은혜 베푸심에서 간과하심의 이유가 죄가 아니고, 하나님의 기쁘신 뜻이라고 할 것이므로, 실질적으로 후택설주의자들도 택하지 않은 자에 대한 하나님의 간과(preterion)에 대해서는 죄의 사실에 대한 고려가 아니라 전적으로 오직 하나님의 주권적 의지에만 근거하게 해야 한다(483). 그러므로 후택설도 그들이 해결해 보려는 문제를 해결하지 못하고 만다(483). 레이몬드는 벌코프도 동일한 문제를 같이 지적했음을[5] 잘 인용한다(484). 그리고 죄악된 사람의 관점에서는 후택설적으로 생각해도 하나님을 "자의적"이라고 생각하는 일에는 변화가 없다(484).

　　3. 후택설주의자들이 하듯이 역사적 과정을 반영하면서 하나님의 작정의 순서를 나열하면, "그 계획내의 여러 요소들 간의 유목적적 연관성을 보이지 못한다"(484). 역사적인 배열은 창조하시려는 작정이 왜 그리고 어떻게 타락에 관한 작정을 필요하게 하는지, 그리고 타락에 관한 작정이 왜 그 뒤에 따라 나오는 특정주의적 작정(선택하시고 구별하시는 작정)을 필연적이게 하는지를 보여주지 못한다. 레이몬드는 "일관성 있고 유목적적인 단일한 하나의 계획만이 그 계획 내의 각각의 요소들을 논리적으로 필연적이게 만들고, 그리하여 전체에 유목적적인 정합성이 있도록 한다"고 주장한다(484).

　　4. 후택설적 구조는 처음 두 작정(즉, 창조하시려는 작정과 타락을 허용

---

[5] Berkhof, *Systematic Theology*, 122-24.

하시려는 작정)과 다음의 세 가지의 구원적 작정 사이의 논리적인 필연성을 보여 줄 수 없으므로, 후택설은 "하나님께서 왜 세상을 창조하려 하셨고, 타락을 허용하게 하셨는지에 대한 구체적인 대답을 할 수 없게 한다"(484). 물론 하나님의 영광의 증시라는 일반적인 요소를 말할 수 있으나 이는 하나님의 영원한 목적 안에 있는 중심적 구속적 요소와 명백한 연관성을 갖지 못함으로 자연 신학과 계시 신학의 이원론을 낳을 수 있다(484).

5. 후택설적인 구조는 작정들의 역사적 순서를 반영하여 합리적인 정신이 어떤 행위를 계획하는 방식을 뒤집어 설명하고 있는 것이다(485). 후택설적 구조는 수단에서 목적으로 나아간다. 그러나 합리적인 정신은 계획할 때 목적을 먼저 놓고 수단을 생각해 가는 것이다. 따라서 계획에서는 맨 마지막에 있는 것이 이루어질 때는 맨 앞에 오는 것이다(485).

6. 로마서 9:14-18과 9:19-24에서 바울은 사람들의 '하나님의 공정성'(divine fairness)과 인간의 자유(human freedom)에 대한 질문에 대하여 후택설 주장자들과 같이 "우리의 죄 가운데서 일부라도 구해 주시니 감사하지 않느냐?"고 대답하지 아니하고, 그저 하나님의 절대적이고 주권적 권리에만 호소하여 대답하고 있으므로(485), 우리도 다른 것을 고려하지 말고 전택설적 구조가 강조하는 대로 택자와 불택자의 구별에 대해서는 하나님의 뜻만이 유일하고, 궁극적이며, 규정적인 원인이라는 것을 강조해야 한다고 한다(486).

물론 이에 대해서 후택설주의자들이 동의한다는 것을 레이몬드도 안다. 단지 여기서 하나님이 그로부터(the lump) 구별하시는 그 사람들이 이미 타락한 것으로 보여진 인류라는 것을 후택설주의자들이 말하는데(이에 대해서 레이몬드는 핫지와 머리(Murray)의 주석을 언급한다), 그렇게 되면 그 덩어리(lump)로부터 하나님께서는 오직 귀히 쓸 그릇만을 만드시는 것이 된다고 한다(486). 그 덩어리 자체가 죄된 덩어리이므로 소위 천히 쓸 그릇은 안 만드시는 것이 된다는 것이다. 그러나 성경의 본문 자체의 은유는 그 덩어리가 어떤 성격을 지니고 있는지를 말하지 않으며, 단지 토기장이가 자기 마음대로 만드는 것을 강조하고 있지 않느냐는 것이다(486f.).

그리고 에베소서 3:9-10에 의하면 창조는 수단으로 제시되고, 목적은 "구속된 교회를 통해서 하늘에 있는 정사와 권세들에게 그의 다양한 지혜(또는 계획)을 드러내기 위해 하나님의 구속적 활동이 나타나는 영역과 모든 필요한 조건을 제공하는 것"으로 나타나 있지 않느냐는 것이다(487).

이렇게 하나님께서 그의 영원한 목적(작정) 가운데서 창조의 목적과 창조 규례들을 그리스도 안에서 이루신 보다 근원적인 구속적 계획에 통합시키셨다는 또 다른 시사들로 레이몬드는 다음을 지적한다: (1) 하나님께서 세상을 창조하시고 쉬신 것은 하나님의 구속된 백성들이 종말에 들어갈 안식을 상징한다는 사실(창 2:2; G; 4:4-11); (2) 하나님께서는 처음부터 혼인의 규례를 그리스도와 구속된 교회 사이의 관계를 지상적으로 표현해 내는 것으로 의도하셨다는 사실(창 2:24; 마 19:4-6; 엡 5:30-32); (3) 인간의 죄 때문에 하나님께서 피조계를 허무한 데 굴복하게 하셔서(창 3:17-18), 구속된 자들과 같은 심정으로 고통하며, 하나님의 아들들의 영광의 자유에 이르기를 고대하게 하셨다는 사실(롬 8:19-23)(487).

결국 전택설의 입장에서 볼 때 후택설은 (1) 하나님께서 종국적 구속적 목적 외의 다른 목적을 섬기게 하셨다는 함의를 지니며, 따라서 비성경적인 자연 신학의 구축을 정당화하는 데 사용될 수 있고, (2) 하나님께서 사람의 예정을 자신 안의 주권적 고려에만 근거하여 작정하셨음을 분명히 드러내어야 하는 대로 드러내지 못하였으며, 궁극적으로 베르까우어가 진술하는 바와 같이 결국 "아무 문제도 해결하지 못했다"는[6] 것이다(488).

---

[6] G. C. Berkouwer, *Divine Election* (Grand Rapids: Eerdmans, 1960), 273.

3. 전택설의 후택설 비판에 대한 후택설의 반론

위와 같이 정리된 후택설에 대한 비판에 대해서 그 하나하나의 요점에 대한 후택설 입장에서의 반론을 생각해 보기로 하자. 논의의 편리를 위해 레이몬드가 제시한 논지를 그대로 따라 가면서 반론을 제시하기로 한다. 그러므로 이하의 (1), (2), (3) 등은 위의 각각의 주장에 대한 반론이다.

　　　　(1) 후택설주의자들은 후택설이 사람의 구원 문제에 대한 논의이지 천사들의 선택 문제가 여기 개입될 필요는 전혀 없다고 생각했었다. 그래서 후택설을 지지하는 벌코프가 천사들의 타락에 대해서는 분명히 전택설을 말해야 한다고 강조했던 것이다. 레이몬드는 이것이 후택설의 문제점을 벌코프가 인정하는 것으로 생각하면서 인용하고 있으나 벌코프는 그런 생각은 전혀 없이, 오히려 천사의 선택 문제와 사람의 선택 문제는 성격이 다르기에 사람의 선택과 유기 문제에 대해서는 후택설적인 입장을 가져야 한다는 뜻으로 천사들에 대해서는 전택설적인 입장을 가져야 한다고 말한 것으로 판단된다. 더구나 레이몬드 자신도 인정하고 있듯이 하나님께서 천사들을 다루시는 방식과 사람들을 다루시는 방식이 꼭 같을 이유는 없다 (481). 그리고 레이몬드 자신과 같이 그 둘 사이의 유비를 통해 전택설로 나아갈 이유가 전혀 없다.

　　　　(2) 후택설은 유기를 말할 때 정죄만을 고려한 것이 아니라, 은혜를 베풀지 않고 넘어 가심(preterion)도 고려한 것이고, 후택설주의자들 가운데 그 누구도 자신들이 알미니우스주의자들과 같이 하나님의 선택과 유기를 조건적인 것으로 여긴다고 생각한 일이 없고, 그런 생각을 하지도 않았다. 죄인들에게 은혜를 베풀지 않고 간과하시는 것의 원인이 하나님의

주권적 의지라는 것을 후택설주의자가 인정한다고 해도(후택설주의자들은 이를 기꺼이 인정한다), 그러나 그렇다고 해도 그것이 결국 모든 것을 전택설적 구조로 만드는 것은 아니다. 죄인된 인간에게 은혜를 베풀지 않기로 하심이라는 상황이 이미 타락의 허용을 전제로 한 것이라고 생각되기에 후택설주의자들은 이 간과(preterion)와 관련해서도 타락 허용의 작정이 반드시 간과를 포함한 유기의 작정보다 먼저 와야 한다고 생각한다.

레이몬드는 유기에 대해서 허용적 작정(permissive decree)을 말하는 걸스트너를[7] 알미니안적이라고 비판한다(482, n. 37). 그러면서 천주교적 허용 개념을 반대하는 칼빈의 긴 논문인『하나님의 영원한 예정에 관하여』를[8] 인용한다. 그러나 허용적 작정에 대한 언급과 그와 관련된 사상(후대 칼빈주의자들의 개념)이 천주교적 허용 개념과 동일시되거나 유사한 것으로 여겨질 수는 없는 것이다. 그러므로 천주교의 허용 개념을 반대하는 그래서 '허용'이라는 말을 사용하지 말기를 바라는 칼빈의 의도와 허용적 작정이라는 용어를 만들어 사용한 후대의 칼빈주의자들을 서로 대립시켜서는 안 된다. 오히려 타락에 대해서 "[하나님의] 지혜롭고 거룩한 경륜에 따라서 허용하시기를 기뻐하셨다"고 말하는 웨스트민스터 신앙고백서 6장 1절을 포함한 후대 신학자들의 허용적 작정에 대한 의도는 천주교적 허용 개념에 반대하던 칼빈의 의도와 정확히 같다는 것을 잘 지적해야만 했을 것이다.

사실 레이몬드도 인용하고 있는 머리(Murray)의 칼빈과 도르트 신조와 웨스트민스터 신앙고백서의 예정론을 비교하는 논문의 결론도 결국 그들은 그들이 처한 상황 때문에 사용하는 언어는 달라도 "예정의 주제에

---

[7] John H. Gerstner, *A Predestination Primer* (Winona Lake, IN: Alpha Publications, 1980), 7.

[8] John Calvin, *Concerning the Eternal Predestination of God* (Cambridge: James Clarke, 1961), 174-77.

대해서는 그 교리의 모든 본질적 요소들을 한 목소리로 말하고 있다"는 것이다.9 이렇게 볼 때 우리는 레이몬드가 후대의 칼빈주의자들, 특히 후택설을 취하는 칼빈주의자들에 대해 좀 지나친 비판을 하고 있다고 할 수 있다.

(3) 후택설이 유목적적인 정합성을 지닐 수 없게 한다는 것에 대해서도 우리는 과연 그런가를 물을 수 있다. 하나님의 영광의 증시(證示)라는 유목적적인 정합성이 왜 후택설적 구조를 택할 때 나올 수 없다는 것인가?

더구나 그가 전택설의 장점으로 언급하는 각각의 요소들을 필연화시킨다(necessiates)는 생각에 위험성이 더 있지 않은지에 대해서 질문하지 않을 수 없다. 하나님의 계획의 유목적적인 정합성을 찾아보려는 것에 대해서는 기꺼이 동의할 수 있다. 또한 그의 말이 하나님의 작정 이후에는 그 작정에 따라서 모든 것은 반드시 발생하게끔 된다는 것이라면 하나님의 작정을 진지하게 받아들이는 사람들 가운데서는 이에 반대할 사람은 없다. 그러나 하나님의 작정 내의 각각의 요소가 다음 요소를 필연적이게 한다면 타락이 그 이전의 것을 위해 필연적인 과정으로 나타나야만 하는 구조를 그는 실로 제안하는 것인가? 또한 하나님이 작정의 이런 내적 필연성 때문에 필연적으로 타락하도록 해야 한다고 과연 말할 수 있는가? 그러므로 우리는 하나님께서 당신님의 뜻을 영단번에 정하신 후에는 그 작정에 따라 모든 것이 필연적이라는 말에는 기꺼이 동의할 수 있지만, 그 작정의 과정 자체가 필연적이게끔 되는 것에 대해서는 의문을 표하지 않을 수 없다. 그와 같은 생각은 오히려 하나님의 작정의 각 요소들을 너무나도 분리시켜 그 각각이 다음의 요소를 필연화 하도록 하는 문제를 낳고 있지 않은지를

---

9 John Murray, "Calvin, Dordt and Westminster on Predestination," in *Collected Writings of John Murray*, IV (Edinburgh: The Banner of Truth Trust, 1982), 215. 그들 사이의 언어의 차이에 대한 지적들로 212, 214 등을 보라. 그러나 언어는 달라도 "교리는 같은 것이다"(212).

물어야 할 것이다.

(4) 후택설이 과연 창조와 구속을 분리하는가를 물어야 한다. 꼭 전택설적으로 생각해야만 창조와 구속이 통합적으로 사고되는 것인가? 오히려 그렇게 생각하다가는 창조는 그 자체로 불완전한 것이고, 필연적으로 구속을 통해 완성되도록 하였다는 문제에 직면하지 않는가?

그리고 레이몬드가 벌코프를 인용하는 방식의 문제점도 지적해야 한다. 벌코프는 그 자신이 그런 반론에 동의하는지는 분명히 하지 않은 채 후택설에 대한 전택설의 반론들을 그저 열거하고 있을 뿐인데, 레이몬드는 때때로 벌코프 자신이 그런 반론을 제시하는 것과 같이 인용하여(예를 들어, 484f.를 보라) 이상스러운 오해를 낳게 하고 있다.

(5) 바로 이와 같은 비판에 충실하기 위해서 레이몬드는 고전적인 전택설의 구도를 바꾼 것이라고 생각된다. 그러나 이에 대해서는 두 가지 반론이 있을 수 있다. 첫째 질문은 이와 같은 논의는 결국 작정들의 관계를 논리적인 관계라고 말했던 것을 잊고서 작정들 사이의 일종의 시간적 순서가 있는 듯이 생각하게 하지 않는가? 레이몬드 자신이, 다른 모든 개혁신학자들과 함께, 잘 강조하고 있듯이, 하나님께서는 모든 것을 영단 번에 작정하셨고, 그 영원한 작정을 우리가 탐구해 가는 것이다. 그러므로 그 작정 간의 관계는 논리적 연관성일 뿐이다. 그러므로 사람의 사유와 같이 어떤 목적을 이루기 위한 최선의 방법을 추구하는 식으로 하나님의 사유가 진행되는 것이 아님을 염두에 두면서 이 논의를 해야 한다. 사람의 경우엔 단순히 논리적으로만 아니라 시간적으로도 목적이 먼저 있고 수단이 그에 따라 후에 사유된다. 그러나 영단 번에 사유하시는 하나님의 작정 간에 이런 시간적 관계는 전혀 없고 오직 논리적 관계만이 있을 뿐이다.

둘째로, 순전히 논리적인 관계만을 생각하는 경우, 하나님의 영광의 증시(證示)라는 목적이 우리가 말하는 작정의 요소들 배후에 있었다고 생각하면 어떻게 되는가? 하나님께서 그의 작정의 처음에 염두에 두신 대로 결국은 하나님의 영광이 증시(證示)될 것이다. 다른 모든 작정의 요소들은 가장 하나님의 영광이 가장 합리적으로 현저하게 문제없이 드러나도록 하는 내적 논리성을 가지고 있어야 한다. 그렇다면 후택설적인 순서가 그런 가장 합리적이고 현저하게 그리고 문제없이 하나님의 영광을 드러내는 논리적 관계성을 드러내는 순서가 아닐까?

(6) 로마서 9:14-24와 에베소서 3:9-10에 대한 레이몬드의 주해는 어떤 면에서 자의적이라고 할 수 있다. 로마서 구절에 대해서는 일종의 알레고리를 생각하면서 그런 주해에 근거해서 후택설적인 논의를 부인하려고 하는 점이 있다. 도대체 바울의 의도 가운데 하나님께서 사용하시는 진흙 덩어리가 어떤 것인지를 말하려는 의도가 있었을까? 또한 최대한 양보해서 그런 논의를 따른다고 해도 실제 역사 가운데서 만드시는 것은 모든 작정 이후의 일이므로, 결국 하나님께서는 같은 재료를 가지고 귀히 쓸 그릇과 천히 쓸 그릇 모두를 만드신 것이라고 대답할 수도 있다. 그러나 이런 식의 논의 자체가 바울의 의도와는 잘 연관되지 않는다고 생각된다. 바울이 하나님의 주권적 의지를 드러내려고 한 것은 분명하다. 후택설과 같이 설명하면 그것이 하나님의 주권적 의지를 잘 드러내지 못하는 것이 되는가? 후택설의 주석가 가운데 로마서 이 부분을 생각하면서 후택설로 설명하면 하나님의 주권적 의지를 손상시키는 것이라고 생각하든지, 이 부분의 가르침 때문에 후택설이 보류되어야 한다고 생각한 사람이 있는가?

에베소서 3:9-10에 대한 주해에 대해서도 그 본문이 하나님께서 교회를 통해 하나님의 지혜를 천상 영역에까지 드러내려고 하셨다는 것이 반드시 창조와 구속을 연관시켜야만 설명될 수 있는지 의문이다. 이 부분에서 바울이 말하고자 하는 바에 충분히 동의하면서도 후택설적 입장을 유지할 수 있는 가능성이 얼마든지 있다고 생각되기 때문이다.

더 나아가서 창조 후에 쉬신 것이 우리의 종국적 안식을 상징한다는 것으로부터, 또 혼인 규례를 교회와 그리스도의 관계의 지상적 형태로 생각하셨다는 것, 그리고 피조물이 죄 때문에 신음하며 자유를 갈망한다는 것이 반드시 전택설을 취해야만 설명될 수 있는지도 의문이다. 레이몬드는 자신의 전택설적 신념과 이런 사실들이 잘 조화되는 것을 발견했음에 틀림이 없다. 특히 교회와 그리스도의 관계와 혼인 관계를 생각하면서 그런 생각을 더욱 분명히 했을 것이다. 그러나 성경을 신봉하는 이라면 이 모든 것에 동의하면서도 동시에 후택설적 구조를 가지고 사유할 수도 있다. 그러므로 결국 이 모든 사실들은 전택설이나 후택설 문제와는 무관한 것이라고도 할 수 있다. 전택설에 대해서는 어떻게 논의되고 있는지를 살펴보기로 하자.

II. '타락전 선택설'에 대한 논의

1. 일반적 타락전 선택설의 구조

16세기의 베자(Thodore Beza), 휘테이커(William Whitaker), 펄킨스(William Perkins), 17세기의 호마루스(Franciscus Gomarus), 후티우스(Gisberts Voetius), 트위스(William Twisse) 등의 전택설주의자들은 일반적으로 다음과 같은 작정의 순서를 제시한다.

1. 어떤 사람들은 그리스도 안에서의 구원으로 선택하시고 (나머지는

유기하시기로) 하신 작정
2. 세상과 두 종류의 사람들을 창조하시려는 작정
3. (모든) 사람이 타락하는 것에 대한 작정
4. 이제는 죄인이 된 택자들을 그리스도의 십자가 사역으로 구원하시려는 작정
5. 선택된 죄인들에게 그리스도의 구속적 유익을 적용하시려는 작정 (488)

레이몬드는 이와 같은 일반적인 전택설의 구조가 구별하는 작정을 앞에 배치한 후에는 알 수 없는 이유에 의해서 "계획할 때 합리적인 정신은 목적으로부터 수단으로 추론해 나간다"는 전택설의 통찰을 버려 버리고, 나머지 부분은 역사의 순서를 따라서 배열해 갔다고 비판한다(488). 그러므로 레이몬드는 이 일반적인 구조는 일관성이 없는(inconsistent) 전택설적 구조라고 말한다(488). 그러므로 레이몬드는 이를 수정한, 그의 관점에서는 보다 일관성 있는 구조가 있다고 생각한다.

2. 수정된 타락전 전택설의 구조

그렇다면 레이몬드는 과연 누가 일관성 있는 전택설적 구조를 제시했다고 보는 것일까? 그는 아마도 제롬 장키우스(Jerome Zanchius, 1516-1590), 요하네스 피스카토르(Johannes Piscator, 1546-1625), 헤르만 훅세마(Herman Hoeksema, d. 1965), 그리고 고든 클락(Gordon H. Clark, 1902-1985)이 그들끼리 좀 다르기는 하지만 작정이 다음과 같은 순서로 되었으리라고 제시하였다고 한다.

1. (택자들에게 하나님의 은혜스러운 자비의 부요함을 알리시기 위해) 어떤 죄된 사람들을(some sinful men) 그리스도 안에서의 구원으로 선택하시고(나머지 죄된 사람들을 유기하시려는) 작정
2. 선택된 죄인들에게 그리스도의 구속적 유익을 적용하시려는 작정
3. 선택된 죄인들을 그리스도의 십자가 사역을 통해 구속하시려는 작정
4. (모든) 사람이 타락하는 것에 대한 작정
5. 세상과 (모든) 사람들을 창조하시려는 작정(489).

이 새로운 구조는 선택과 유기의 구별하시는 작정이 맨 앞에, 그리고 창조하시려는 작정이 맨 마지막에 배치되어서, 계획할 때는 목적으로부터 시작해서 거꾸로 추론해 간다는 원칙에 충실하게 작정의 요소들이 배열되어 있다. 또한 처음에 하나님이 선택할 때 사람들을 그저 사람으로서만이 아니라, 죄인으로 보여진 사람들 사이의 구별을(discriminating among viewed as sinners) 하시는 것으로 되어 있다(489). 이는 후택설의 전택설에 대한 일관된 비판을 수용하여 후택설이 그렇게 주장하나 이루지 못하는 죄인들로 보여진 사람들 가운데서 하나님께서 선택하심을 잘 드러내 보일 수 있는 구조로 만든 것이라고 한다. 그리고 이렇게 선택된 죄인들을 선택하고 구원하는 것이 하나님의 영원한 한 목적(경륜, 작정)의 여러 부분들을 하나로 통일시키는 작정으로 나타나 있다. 이제 이와 같이 수정된 전택설에 대한 레이몬드의 옹호를 살펴보기로 하자.

3. 수정된 타락전 선택설에 대한 논의(1)

1. 수정된 전택설은 일반적 전택설과 함께 성경이 예수 그리스도 안에서의 선별적인 은총(특정주의적 은총)을 하나님의 모든 행위와 사역의 시작과 중심

과 목적으로 한다는 믿음 때문에 구별의 원리(특정화의 원리, particularizing principle)을 하나님의 영원하신 목적을 통일시키는 근본적 원리가 되도록 작정의 순서를 제시한다(489f.). 전택설주의자들은 모두가 다른 모든 작정들은 이 근원적 원리를 섬기도록 배열되어야만 하고 그것이 마땅하다고 여기는 것이다. 그러므로 "성경에서는 창조가 선택과 유기의 목적을 수행하는 수단으로 제시된 일이 결코 없다"고 주장하는[10] 후택설에 반대하면서, 모든 전택설주의자는 피조된 세상은 하나님의 구속적 행위와 결코 떨어진 것으로 볼 수 없다고 주장한다(490). 에베소서 3:9-11에 근거해서 창조의 목적은 하나님의 구속적 목적에 봉사하는 것이라고 한다. 그렇게 하지 않고, 후택설적으로 창조를 이해하면 하나님의 하나의 영원하신 목적의 통일성을 깨고, 영원한 작정 안에 비성경적 자연 신학을 발전시킬 수 있는 토대를 제공하는 것이 된다고 비판한다(490).

  2. 둘째로, 레이몬드는 모든 전택설이 "모든 유목적적인 계획에서 합리적인 정신은 먼저 이루어야 할 목적을 결정하고, 그 후에 그 목적을 이룰 수 있는 수단들을 생각해 간다는 원리에 충실한데, 하나님은 유목적적인 계획자"라고 주장한다(492). 즉, 하나님께서도 목적을 생각하고 수단을 생각하신다는 것이다. **"합리적 정신에게 있어서는 목적이 항상 수단에 선행한다"**는 것이다(492, 레이몬드 자신의 강조점). 따라서 합리적 정신은 (1) 항상 수단을 결정하기 전에 목적을 결정하며, (2) 어떤 계획에서든지 각각의 수단은 바로 그것과 연관된 것의 목적이라는 것을 쉽게 받아들일 수 있을 것이라고 한다(494). 그런데 그 계획을 수행할 때는 자신이 계획한 것과는 정확히 반대의 순서로 수행할 것이라고 한다. 즉, **"계획에서 마지막에 나온 것은 성취에서는 먼저 오고, 계획에서 먼저 온 것은 성취에서는 마지막**

---

[10] Cf. Charles Hodge, *Systematic Theology* (Grand Rapids: Eerdmans, 1954), 2:318.

에 온다"는 것이다(494, 레이몬드 자신의 강조점).

   이 원칙에 따라서 생각할 때, 전택설주의자는 하나님께서 창조하실 때 궁극적으로 이루시려는 목적과 연관되지 않는 어떤 다른 목적을 가지고 창조하시리라고 생각할 수 없다는 것이다. 따라서 보다 일관성 있는 전택설주의자는 하나님의 영원한 계획의 순서는 그것을 수행하는 순서와 정반대여야 한다고, 즉 계획에서는 그리스도 안에서의 택자의 구원이라는 궁극적 목적이 먼저 오고, 창조가 마지막에 오며, 시행에서는 창조를 하고 궁극적으로 택자를 구원하셔서 죄인들이 그의 은혜의 영광을 찬양하게 하실 것이라고 한다(494). 그래서 레이몬드는 하나님의 목적의 시행에 있어서는 타락후 구속적(infralapsarian)이고, 계획에 있어서는 타락전 선택설적(supralapsarian)이라고까지도 말한다(494). 그리고 이런 입장에서 일반적인 전택설의 주장자들이 전택설의 가장 기본적인 원리에 충실하지 않고 중도에서 그것을 버려 버림으로 일관성이 없음을 나타낸다고 혹독히 비난한다(494).

4. 수정된 전택설 논의(2): 반박들에 대한 전택설의 대답

전택설에 대한 논박 중 가장 먼저 나오는 것은 하나님께서 아직 창조하시기로 작정하시지도 않은 것에 대해서 어떻게 선택하시거나 유기하시거나 할 수 있겠느냐는 것이다. 그러므로 "창조하시려는 목적이 필연적으로 구속하시려는 목적보다 앞서야 한다"는 튤레틴과 그를 따르는 핫지의 반론이 나오는 것이다.[11] 이에 대한 전택설의 답변은 다음과 같다. (1) 하나님께서는 사물의 성격을 부여하지 않는 창조를 작정하실 수 없으므로 결국

---

[11] Hodge, *Systematic Theology*, 2:318.

그런 식으로 하면 하나님은 창조하시기로 작정하실 수도 없다는 결론이 나온다(497). (2) 여기서의 순서는 시간적 순서가 아니라 논리적 순서이므로 창조될 사람의 존재는 첫 작정의 때에서 마지막 작정의 때와 같이 하나님의 마음 가운데서는 작정적으로는 실재적이고 확실하다(498).

전택설에 대한 두 번째 반론은 작정의 순서를 역사의 순서와 정반대로 보려고 하는 데서 문제가 제기된다는 반론이다. 레이몬드가 인용하고 있는 로저 니콜은 이렇게 말한다.

> 성령께서 그리스도에 의한 구원을 적용시켜 주시는 것은 모든 택자들에 대해서 동일한 것이다. 그러나 아브라함과 어거스틴은 연대기적으로는 십자가의 같은 편에 서 있는 것은 아니다(즉 아브라함은 십자가 사건 이전에, 어거스틴은 그 사건 이후에 있다). 그러므로 역사적 순서는 결국 하나님의 마음 가운데 있는 논리적 관계를 정확히 반영하는 것이라고 할 수 없다.[12]

그러므로 이런 말을 하는 니콜의 의도는 어떤 역사적인 세부 사항 전체를 말하고자 하는 것이 아니라, 역사적인 순서를 정확히 역전시키면 그것이 바로 하나님의 작정의 순서일 수 없다는 것이다. 그러나 고오든 클락이나[13] 그를 긍정적으로 인용하는 레이몬드는 니콜 같이 말하려면 역사의 세부적인 사항들에 따라 작정이 다 세부적으로 분리되어야 한다는 점을 강조하고 있다(498f.).

전택설에 대한 세 번째 반론은 전택설이 하나님의 구별하시는 작

---

[12] Roger R. Nicole, "The Theology of Gordon Clark," in *The Philosophy of Gordon H. Clark* (Philadelphia: Presbyterian and Reformed, 1968), 397.

[13] Gordon H. Clark, "Reply to Roger Nicole," in *The Philosophy of Gordon H. Clark*, 483f.

정을 제일 앞에 놓으려는 열심 가운데서 사람의 반역적 행위인 아담의 타락을 하나님의 계획의 필연적 한 부분으로, 그리스도 안에서의 구원을 위한 길을 마련하는 일로 만든다는 것이다(499). 이에 대해서 전택설에서는 결국 후택설도 하나님께서 목적을 가지고 타락을 작정하셨다고 해야 하지 않느냐고 반박한다. 전택설주의자들은 타락이 하나님의 영원한 구속 계획에 있어서 목적에 대한 수단으로서의 관계를 가지고 있어야만 실제 역사의 사건으로서의 의미를 갖는다는 것을 강조한다(500).

전택설에 대한 넷째 반론은 전택설의 구조는 하나님께서 계획하시는 방식에 대한 분석에 있어서 너무나 사변적이지 않느냐는 것이다. 이에 대해서 전택설은 후택설도 하나님의 작정의 순서를 생각한다는 점에서는 사변적이기는 마찬가지이고, 단지 둘은 무엇을 그 사변의 규정적 원리(governing principle)로 삼느냐 하는 것에 있어서만 차이가 있다고 한다. 그리고 전택설은 목적론적 원리를 선택한 "자신의 결론이 무엇보다도 더 성경적이고 하나님의 정신의 목적하시는 성격을 더 잘 반영한다고 확신한다"(500). 또한 전택설주의자들은 자신들의 생각이 너무 사변적이라거나 사람이 그저 만들어 낸 것이 아니고, 하나님의 어떠하심과 행하시는 방식에 대해 하나님께서 계시하신 정보에 대한 주해와 주해적 작업의 결과에 근거한 "선하고 필연적인 결론에 의한 정당하고 인증된 추론"이라고 주장한다(500).

이 모든 논의에 근거해서 레이몬드는 구원에 대한 하나님의 영원한 계획에 대한 전택설적 이해가 주해적으로 그리고 귀납적으로 더 옳다고 한다(500). "그것은 후택설보다 성경의 모든 관련된 가르침의 요구를 잘 만족시켜 주고, 예수 그리스도 안에 있는 하나님의 특정주의적 은혜를 더 확대하는 하나의 신적인 목적 안에 있는 수많은 부분들을 더 지적으로 더 잘 통합시켜 주며, 당신님의 하나의 전포괄적인 영원한 목적을 위해 그리고 그 한 부분으로 모든 것을 행하시는 하나님의 작정의 순서 전체를 규제하는 목적론적 원리를 더 잘 밝혀 준다"는 것이다(500f.). 이렇게 드러난 레이몬드 자신의 입장에 대해서 우리는 어떻게 평가할 수 있을까?

III. 논의점

1. 그리스도와 그의 구속 사역이 성경의 중심이라고 생각하는 사람은 반드시 전택설을 자신의 입장으로 취해야 하는가? 레이몬드의 논의를 따라가다 보면 그가 그렇게 생각하고 있으며, 그런 생각을 우리에게 주입하려고 한다는 것을 알 수 있다. 그러나 이것은 반드시 이끌려져 나오진 않는 결론을 추론하는 오류가 아닐까? 후택설을 자신의 입장으로 가지고 있으면서 그리스도를 중심으로 생각하는 이는 과연 스스로 논리적인 모순을 범하고 있다고 단언할 수 있을까? 후택설은 과연 하나님의 영원하신 목적의 통일성을 깨는 것일까? 전통적으로 전택설에서는 그런 비판을 하여 왔다. 그러나 이는 과연 반드시 그렇다고 할 수 있은 것인가?

이와 연관해서 후택설적으로 생각하면 결국 "비성경적 자연 신학이 발전될 수 있는 토대를 제공하게 된다"(490)는 레이몬드의 주장은 아주 심각한 혐의 제시(charge)라고 여겨진다. 과연 그렇게까지 강하게 말할 수 있을까? 여기에 혹시 그가 수정된 전택설의 제시자 중 한 사람으로 제시하는 혹세마의 영향이 있는 것은 아닐까? 혹세마는 잘 알다시피 일반 은총을 부인하며, 따라서 특별 은총만을 강조한다. 그에게는 모든 은혜가 택자들에 대한 은혜이다. 하나님이 불택자들에게 주신 은사는 하나님의 애호의 표라기보다는 최종적 정죄를 위한 규정적 수단(ordained means)이라고 한다.

사람이 일반 은총으로 그 어떤 선이라도 할 수 있다고 말하는 것은 전적인 부패를 부인하는 것이라고 지나치게 주장한다. 이런 입장의 혹세마와 그를 날카롭게 비판하는 코넬리우스 반틸을 대조해 보면, 반틸은 일반 은총을 인정하면서도 비성경적 자연 신학을 발전시켰다고 하기는 어렵다. 반틸의 예정론에 대한 명확한 입장을 말하기는 어려워도 그의 도르트 신조에 대한 애호를 생각하면서 그를 후택설의 주장자로 본다면, 여기 후택설을 가지면서도 비성경적 자연 신학을 발전시키지 않았고, 신학의 체계 가운데도 그럴 수 있는 여지가 없는 사람이 있다고 할 수 있다. 사실 후택설 주장을 하면서 비성경적 자연 신학을 전혀 생각하지 않는 사람들은 많다. 그러므로 후택설적으로 생각하면 비성경적 자연 신학을 발전시킬 근거를 허용하는 것이라는 주장은 너무 심한 것이다.

2. 과연 작정의 모든 것이 시행과는 역행적이라는 것이 옳은 것일까? 이를 강조하면서 레이몬드는 고전적 형태의 타락 전 선택설이 아니라 수정된 형태의 타락 전 선택설을 지지한다. 우리가 살펴 본 바와 같이, 이 수정된 형태의 전택설에 의하면 하나님께서 죄악 된 사람들 가운데 일부를 그리스도 안에서의 구원으로 선택하시고 나머지 죄악 된 사람들을 유기하시기로 한 작정이 제일 먼저 나온다. 그러므로 이 첫 작정에서 이미 사람들은 죄악 된 사람들로 보여지고 있다. 이렇게 이미 타락된 것으로 보여진 사람들 가운데서의 선택이 바로 후택설주의자들은 말하고자 하는 것이었다. 그러므로 어떤 의미에서 레이몬드 교수의 수정된 전택설은, 그 자신이 말하고 있듯이(489) "후택설의 요점을 포괄해 보려는 전택설"이라고 할 수 있다. 여기에 후택설의 중요성이 드러난다. 필자가 보기에 후택설주의자들을 후택설주의자로 만드는 가장 중요한 요점이 바로 여기에 있기 때문이다. 즉, 하나님께서는 고전적 전택설주의자들의 주장과 같이 창조를 생각하시기도 전에 단지 하나님의 기쁘신 뜻에 의해 어떤 사람은 선택하시고

어떤 사람은 유기하셨다고 할 것인가, 아니면 모든 사람들의 타락된 상황을 미리 보시며 그렇게 죄악 된 사람들 가운데서 일부는 택하시고 일부는 그대로 두셨다고 말할 것인가를 생각하면서 후택설주의자들은 후택설의 구조가 옳다고 하였기 때문이다. 그러므로 레이몬드의 수정된 전택설의 구도는 자신이 인정하듯이 "후택설의 의도를 포함시킨" 논의다. 왜냐하면 그의 첫 작정의 순서는 **죄악 된 사람들 가운데서 일부는**(some sinful man) 선택하시고 나머지는 유기하시는 것이기 때문이다.

그런데 후택설주의자들의 입장에서는 이것이 논리적으로 일관성을 지니려면 먼저 창조에 대한 작정과 그렇게 창조된 이들이 타락하는 것을 허용하시는 작정이 있어야 한다고 할 것이다. 그렇지 않고서는 어떻게 죄악 된 인류 중 일부(some sinful man)라는 개념이 나타날 수 있느냐는 것이다. 레이몬드는, 위에서 우리가 살펴 본 바와 같이, 일단 이런 선택과 유기의 작정이 있고, 그 후에 그렇게 선택된 이들을 위해 그리스도의 구속적 유익을 적용하려는 작정, 그리스도의 십자가 사역으로 그들을 구속하려는 작정, 사람들이 타락하도록 허용하려는 작정, 그리고 맨 마지막에 세상과 사람을 창조하려는 작정이 있다는 순서를 채용한다. 그는 목적론적 원리를 중요시하면서 결국 이루어질 것이 맨 처음 작정되어야 한다는 원칙에 충실하려는 듯하다. 따라서 그의 수정된 전택설의 구조는 고전적 전택설의 구조와 다르고, 일반적 전택설은 일관성이 없다고 비난한다(489, 494). 그러나 일반적 전택설의 주장자들이 전택설은 일관성이 없다는 레이몬드의 비판에 동의하려는지 의문이다. 그들은 오히려 레이몬드의 구조가 후택설의 비판을 수용하여 수정된 것이어서 전택설의 독특성을 상실했다고 비판할 수도 있다. 이 점에 있어서 우리는 고전적 전택설 주의자들과 같이 하나님의 작정의 순서는 창조의 작정, 타락 허용의 작정, 십자가 사역으로 구속하시려는 작정, 성령으로 그 사역을 적용하시려는 작정의 순서로 되었어야 할 것이라는 주장을 해야 한다.

이렇게 되면 레이몬드는 이중의 투쟁을 감수해야 한다. 한편으로는 '고전적 타락 전 선택설주의자들'과 '후택설주의자들'에 대항해서 구속 적용의 작정, 구속의 작정, 타락 허용의 작정, 그리고 창조의 작정을 주장하려는 투쟁을 해야 하고, 또 한편으로는 고전적 전택설 주장자들과 대항해서 하나님의 선택이 '죄악 된 것으로 보여진 사람들' 가운데서의 선택이라는 것을 주장하려는 투쟁이다. 그런데 이 점에 있어서 그는 후택설주의자들과 같은 입장에 서 있다고 생각된다.

레이몬드는 하나님의 작정의 목적론적 원리를 강조한다는 점에 있어서는 고전적 전택설 주장자들과 의견을 같이하고, 타락된 것으로 보여진 인류 가운데 일부를 선택한다고 하는 점에서는 후택설주장자들과 의견을 같이 하면서, 일부 전택설 주장자들과 함께 자기 나름의 수정된 구조를 제공하는데 그 구조와 레이몬드의 입장에 대한 논리적 문제에 대한 지적이 나타날 수 있다. 그 반박의 핵심은 결국 도대체 그가 첫째로 놓은 작정 중 죄악된 인류들 가운데 일부(some sinful man)는 어디서 온 것인가 한다. 이를 설명하기 위해서 그는 후택설의 구조를 취해야 하든지(후택설의 구조에서는 그들이 하나님에 의해 창조되고, 타락하는 것이 허용된 인류 중 일부라고 설명되기 때문에), 아니면 고전적 전택설로 되돌아가서 하나님께서는 당신님의 영광과 은혜스러운 자비를 드러내기 위해서 어떤 사람은 선택하시기로 하고 나머지는 유기하시기로 한 것이 그의 작정의 궁극적 목적이므로 제일 먼저 와야 하고 다른 작정은 모두 이를 수행하는 것으로 보여져야 한다고 말해야 할 것이다. 여기에 레이몬드의 난점이 있다. 그는 고전적 전택설에 대한 후택설의 비판을 수용하려고 하면서, 또 전택설의 목적론적 원리를 좀 더 분명하게 하려고 하는 새로운 전택설을 제시하는 과정에서 결국 두 입장 모두와 대립하는 새로운 구조를 제시한다. 레이몬드는 목적론적 원리에 충실하다는 점에서 전택설주의자다. 그러나 그의 전택설이 고전적 전택설주의자들에게 수용될 수 있으려는지 의문이고, 후택설주의자뿐만 아니라 이 문제에 대해서 판단을 보류한 다른 사람들을 설득할 수 있으려는지도 의문스럽다.

그러므로 우리는 레이몬드의 후택설에 대한 반론과 전택설에 대한 후택설의 전통적 비판에 대한 그 자신의 변론의 말에도 불구하고, 또한 그가 전택설을 수정하여 제시하고 있는 것에도 불구하고 선뜻 레이몬드의 전택설의 논의에 설득되지 못하는 자신들을 발견하게 된다.

그럼에도 현대 칼빈주의자들조차도 방기해 버리기 쉬운 주제를 잡고 끝까지 치열하게 논의해 가는 그에게서 우리는 과거 선배들의 주장과 연관성을 지니고 신학적 사유를 해 가는 신학자의 귀한 모범을 발견한다. 그러나 그의 논의가 때때로 아주 강하게 나타나는 것을 보면서 과거 선배들이 보여주었던 대립과 투쟁을 우려하기도 하면서 결국 도르트 신조들의 최종 결정이 보여준 관용하는 태도의 고귀함을 더욱 높이 사게 된다. 우리는 이런 문제에 대해서 끝까지 어떤 것이 성경 전체의 가르침에 충실한 것인지를 생각하면서 우리의 논의를 해야 하지만, 이를 성경을 믿고 신뢰하는 그리스도인들 사이의 재미있는 논의로 여기며 이를 더욱 발전시켜 가는 작업을 감당해야 한다. 그러므로 레이몬드의 전택설에 대해서는 동의하지 못하므로 서로 동의하지 않기로 동의하면서도(agree to disagree), 이렇게 서로 다른 주장을 하는 우리가 그리스도 안에서 같은 진리를 추구해 가는 형제로 있을 수 있다.

II.
개혁신학의 각론들

제 4 장

도날드 맥클라우드의
개혁파 정통주의적 그리스도의 위격 이해

전통적으로 기독론의 두 가지 중요한 질문 중의 하나는 그리스도께서 과연 어떤 분이신가에 관한 것이다. 그 주제를 가장 잘 알고 있는 스코틀랜드 자유 (장로) 교회(Free Church of Scotland) 신학교(Free Church College)의 조직신학 교수요, 또한 좋은 설교자로 복음주의적 그리스도인들 사이에 정평이 나 있는 도날드 맥클라우드(Donald MacLeod, 1940-2023) 교수의 책『그리스도의 위격』은 에딘버러 자유 (장로) 교회 신학교에서[1] 그에게 강의를 듣는 등 맥클라우드 교수와 직접적 연관성을 지닐 수 없었던 모든 이들에게 맥클라우드가 과연 어떤 신학을 하는지를 잘 보여주며, 특히 그의 기독론을 잘 제시하고 있는 책이라고 할 수 있다.[2]

이 책은 그리스도께서 어떤 분이신지를 잘 소개한 책이지만, 성

---

[1] 1843에 설립된 이래로 늘 Free Church College라고 불리던 이 학교가 지금은 이 학교가 에딘버러 신학교(Edinburgh Theological Seminary)로 이름을 바꾸었다.

[2] Donald MacLeod, *The Person of Christ* (Leicester: IVP, 1998), 김재영 옮김, 『그리스도의 위격』 (서울: IVP, 2001). 이하 이 책으로부터의 인용은 김재영의 한글판으로 하며, 본문 가운데에 면수만을 밝히기로 한다.

육신과 그의 동정녀 탄생 등 그의 사역과 연관성을 유지하면서 예수 그리스도께서 누구신지를 성경에 근거하여 아주 명확하게 소개하고 있다. 또한 현대의 모든 도전들(역사상 예수와 신앙의 그리스도를 구분하여 제시하려는 견해들, 다양한 케노시스 이론들, 죄도 지을 수 있는 인간으로 보려는 견해들, 성육신을 신화로 여기며 해석하려는 은유적 해석, 그리스도의 유일성과 기독교의 유일성을 부인하는 견해들, 기능적 기독론의 견해들, 유니테리언의 예수 이해, 해방 신학의 그리스도 이해 등의 모든 문제들)에 대해서도 아주 정확한 성경적 대답을 제시하고 있다.

현대적 상황 가운데서 모든 도전들에 잘 대답하면서 그리스도를 잘 소개하는 웅변적인 고기독론(high Christology)을 보기 원하는 모든 이들을 도날드 맥클라우드의 『그리스도의 위격』으로 초대한다. 이 책을 데이비드 웰스의 『그리스도는 누구신가』(서울: 엠마오, 1994; 개정역, 부흥과 개혁사, 2015)와 함께 읽으면 현대 상황 가운데서 기독론 논의에 대한 온전한 이해를 얻게 될 것이다.

1. 맥클라우드의 전제들

맥클라우드는 이 책에서 자신이 일반적 논의, 즉 보편적 논의를 시도하는 이(generalist)라는 것을 분명히 하면서 글을 쓰고 있다. 이렇게 말할 때 그는 특정한 분야의 깊이 있는 논의와 그 주요 발전을 섭렵하여 일관성 있는 체계 가운데서 그것들을 모으는 작업을 한다는 것과 따라서 전문가들의 연구 결과를 그대로 소개하지 않고 그것들이 검토되고 시험을 거치기까지 기다린 후에야 그것들을 사용할 수 있다는 제한을 분명히 하고 있다. 그 대표적인 예로 그는 1990년대에 많이 논란되었던 바울과 유대주의의 관계, 예수님과 에비온파의 관계 등에 관한 논의는 그 논의들이 기독론과의 관계성을 거의 보여주지 않는다는 이유에서 이 책에서 논의하거나 그 내용을 반영하지 않으려고 했다는 것을 밝히며, 그러나 예수님과 성령님의 관계에 초점을 맞추고 있는 작업은 그것이 양자설(adoptionism)에 빠지지 않는 한 의미 있게 논의될 수 있는 것이라고 하고 있다(9).

이렇게 맥클라우드가 자신이 일반적인 것을 다루는 신학자, 즉 조직신학자로서 글을 쓰고 있음을 분명히 하는 것과 관련된 또 하나의 분명한 전제는 그의 신앙적 전제다. 여기서 그가 분명한 **기독교 신학자**(Christian theologian)**요, 교회 신학자**(Church theologian)임이 드러난다. 그의 이런 신앙적 전제를 분명하게 천명하는 말은 그의 서론 첫 부분과 마지막 부분의 다음과 같은 말이라고 할 수 있다:

> 이 책은 초연한 학문적인 진술이 아니다. 이 책은 **기독교 공동체 내부로부터, 그 공동체의 한 구성원에 의해서, 그 공동체의 유익을 위해서 쓰여졌다.** 따라서 이 책은 복음서가 우리들로 하여금 진짜 예수님을 접할 수 있게 해준다는 나의 개인적 믿음을 반영한다. 이 책은 또한 교회사의 위대한 신조들이 복음서들을 배신하기는커녕 예수님을 성육신하신 하나님의 아들로 묘사하고자 하는 복음서들의 핵심적인 관심사를 충실하게 압축하고 있다는 나의 믿음을 반영한다(13, 강조점은 필자가 덧붙인 것임).

> 비록 내가 사람들의 펜과 천사들의 펜을 가지고 책을 쓸지라도 마음속에 하나님의 생명이 없다면, 그 일은 내게 아무런 유익이 없을 것이다(16).

이 말들을 통해서 우리는 맥클라우드의 신학적 전제, 성경에 대한 이해, 그리고 교회의 신조들에 대한 이해를 모두 알 수 있게 된다. 참된 신학은 그야말로 **마음속에 하나님의 생명을 가진** 기독교 신앙인들로 구성된 **기독교 공동체 내부로부터, 그 공동체의 한 구성원에 의해서, 그 공동체의 유**

익을 위해서 수행되는 것임을 천명하며 맥클라우드 자신이 이를 수행한다. 또한 맥클라우드는 성경은 이 세상에 참으로 사셨던 참된 예수님을 그대로 보여주며 그와 접하게 해준다는 확신을 분명히 하면서, 현대의 사조에 반하여 성경을 그대로 따르면서 "위로부터의 기독론"을 제시하려고 하며(13, 특히 14), 동시에 그것의 깊은 의미를 드러내고자 한다. 그러나 그는 "과거의 정의들을 앵무새처럼 반복하는 것에 결코 만족할 수 없으나", 또한 "믿음의 선배들의 말에 귀를 기울여 보지 않고서 말한다는 것은 주제넘은 짓일 것"임을 분명히 천명하면서 말한다. 왜냐하면 이 믿음의 선배들, 그 신학의 거장들에 "비하면 우리는 난쟁이들이기" 때문이다. 따라서 "우리가 멀리 볼 수 있는 유일한 가능성은 거장들의 어깨를 딛고 서서 보는 것이다"(15).

그러나 그렇다고 해서 그가 현대적 도전을 전혀 의식하지 않고 있는 것은 아니다. 그는 모든 현대의 도전을 명백히 의식하면서, 그것들과 대화하며 또 그것들로부터 유익을 얻어내면서 그의 신학을 한다. 그는 하르낙의 자유주의를 알고(158), 알버트 슈바이처의 예수에 대한 평가를 잘 알며(158f.), 불트만의 역사적 회의주의("(복음서에 있는) 모든 전기적 자료는 다 폐기되어야 한다")와 재신화화 노력을 잘 알고(123-24, 145-48, 320-25), 그에 대해 공정하게 답하면서(148-60), 또한 존 힉과 관련된 '성육신하신 하나님 신화' 논의와(325-29) '그리스도의 유일성 신화' 논의를 잘 알고 비판하면서(330-34) 자신의 기독론 논의를 진행시킨다.

예를 들어서, 맥클라우드는 슈바이처의 예수 이해를 소개한 후에 이렇게 말한다: "(슈바이처의 예수님에 대한 소개)도 **역시 역사적으로 허위다.** 슈바이처의 철저 종말론은 하르낙의 자유주의보다는 진실에 더 가깝다. 그러나 그것은 부활을 무시하고, 부활 이후 신앙에서의 십자가의 중심성을 무시하며, 제자들의 믿음을 무시한다."(159, 강조점은 필자의 것임). 여기 현대적 정황 가운데 있는 정통신학자의 참된 모습이 나타난다. 그는 이렇게까지 말한다: "내가 펼치는 주장의 단계마다 비그리스도인들이 어깨 너머로 내가 말하는 내용을 훑어보고서 내 말에 도전하고 있다고 가정하면서 썼다. 그러한 사람들의 의견과 내 의견은 매우 다른데, 그들 가운데 많은 이들은 새로운 질문과 신성한 의제들을 제공함으로써 나의 삶을 풍성하게 해 주었다"(13f.).

그런 의미에서 그는 "기독교는 엄밀한 학문을 전혀 두려워하지 않는다. 오히려 그 반대로, 엄격한 역사적 기준들의 적용은 복음서에 대한 우리의 확신을 확인시켜 주는 데 기여할 뿐"(153)이라고 말하며, 엄밀한 학문적 접근이 제대로 이루어지기만 한다면 복음에 도움이 된다고 말한다. 이와 동시에 맥클라우드는 현대의 많은 주장들과 접근 방법들은 이런 전통적 입장과 접근 방법보다 "훨씬 더 치우쳐 있다"는 것을 또한 분명히 한다(14). 또한 그는 "부활을 의문의 여지가 있는 것으로 간주하는 것 자체가 신앙에 반대하는 판단이다"라고 공언한다(20). 1세기에는 그런 이적적 사실을 쉽게 받아들였을 것이라는 주장에 대해 그리스도의 구속 사건과 부활에 대한 선포는 "20세기와 마찬가지로 1세기에도 스캔들이었다"는 것을 분명히 한다(148, 151-52).[3]

특히 현대의 성서학이나 신학적 접근이 성경에 대해 공정하지 못한 것에 대해서 맥클라우드는 아주 강하게 비판한다. 예를 들어서, 그는 공관복음서는 요한복음서와는 달리 아래로부터의 기독론을 전개하고 있다는 주장을 일축하면서 이렇게 말한다: "결단코 그렇지 않다. 마가의 출발점은 요한의 출발점과 동일하다: '하나님의 아들 예수 그리스도 복음의 시

---

[3] 이때 그는 E. Hoskyns and F. N. Davey, *The Riddle of the New Testament* (London: Faber, 1958)도 같은 주장을 하는 이들로 인용한다. 그러나 그들과 맥클라우드의 신학 방향의 차이도 의식해야 할 것이다.

작이라'"(23). 몇몇 사본이 "하나님의 아들"이라는 말이 빠져 있고, 웨스트코트와 홀트가 그들이 펴낸 신약성경에서(1885) 이 어귀를 뺀 것을 정확히 말하면서도(23), 다른 주석가들의 논의를 잘 소개하면서4 "마가의 본문에서 '하나님의 아들'이라는 단어를 빼어 버릴 만한 하등의 문헌 비평적 이유가 없다"고 하며(24), "마가는 독자들이 예수님을 처음 대할 때부터 예수님이 위로부터 오신 분임을 의심하지 않도록 만들고 있다. 물론 마가는 예수님이 친히 어떤 독특한 의미에서 하나님이 자기의 아버지라는 확신을 이미 가지고 자기의 사역에 임하셨음을 또한 시사하고 있다"고 단언한다(25).

또한 요한복음서에 대한 던(James Dunn) 등의 현대 학자들의 "역사적 자료로서는 가망성이 없을 정도로 의심스럽다"고 하는 무시에 대해서(57) 맥클라우드는 이렇게 말한다: "던(Dunn)은 요한복음의 정경성을 드러내 놓고 부인하지는 않는다. 그러나 암묵적인 거부는 분명하게 나타난다. 즉, 요한에게 의존하는 것은 무책임하다는 것이다."5 우리는 확실하게 이렇게 물어야 한다. 만약 어느 기독교 신학자가 논쟁의 여지가 없는 정경에 속한 책에 나오는 전혀 모호하지 않은 증거에 의존하는 것이 무책임하다고 한다면, 도대체 어떤 기준이 남아 있단 말인가?"(57). 더구나 맥클라우드는 David Strauss의 『예수전』(Leben Jesus, 1835)과 F. C. Bauer의 『정경복음서들에 대한 비평적 연구』(Kritisch Untersuchungen über Die kanonische Evangelien [Tübingen, 1847]) 이후에도 계속해서 학자들이 요한복음의 역사적 가치를 잘 드러내는 책을 써 왔음을 잘 지적하고 있다.6

---

4 Cf. Vincent Taylor, *The Gospel according to St. Mark* (London: Macmillan, 1959), 152; C. E. B. Cranfield, *The Gospel according to St. Mark* (Cambridge: Cambridge University Press, 1959), 38. 심지어 유보적이면서도 결국 부인할 수 없어 하는 Dennis Nineham, *The Gospel of St. Mark* (Harmondsworth: Penguin Books, 1963), 60, 56까지.

5 Cf. J. D. G. Dunn, *Christology in the Making* (London: SCM Press, 1980), 31: "예수 자신의 자의식을 드러내려는 시도로서 예수의 하나님의 아들 됨에 대한 요한의 증거를 사용하려는 것은 거의 무책임에 가깝다."

그리고 현대 학자들에 의해서 우리가 오도되는 것을 막기 위해서 맥클라우드는 다음과 같은 제안도 한다: "이와 같은 부조리를 피하기 위한 유일한 방법은 (특히 우리와 언어적으로, 문화적으로, 역사적으로 많은 차이점을 가지고 있는 문헌들을 해석할 때) 단어의 필연적 의미가 아니라 자연스런 의미를 따라 해석하고, 문장과 단락을 독립적으로가 아니라 전체적으로 해석해야 한다고 주장한다"(62). 이런 태도와 일치하게 그는 신학 전체의 작업을 다음과 같이 특징지어 말한다: "우리에게는 신약 성경이 우리에게 제공해 주고자 하는 모든 정보들을 서로 맞추어 보고 전체적으로 잘 맞도록 만들고자 노력해야 할 의무가 있다."(210) 성경 각 부분이 제시하는 것에 귀를 기울이면서도 또한 성경에 대해서 늘 이런 조화주의적 태도를 가지고 나아가는 것은 모든 정통주의적 입장을 지닌 사람들이 마땅히 힘써야 하는 것이라고 여겨진다.

이런 전제를 가지고 맥클라우드는 "참 하나님에게서 나온 참 하나님"이라는 니케아 신조의 한 구절을 반영한 제목으로 복음서에서 니케아까지를 다루고, "참 하나님, 참 사람"이라는 제목으로 칼케돈과 그 이후를 다루면서 그리스도는 누구인가에 대한 논의를 제공한다. 이제 그것을 그의 논의를 따라 검토하면서 논의해 보기로 하자.

---

[6] Cf. H. P. Liddon, *The Divinity of Our Lord and Saviour Jesus Christ*, 1866 Bampton Lectures (London, Longmans, 14th edition, 1890); J. B. Lightfoot, "Internal Evidence for the Authenticity and Genuineness of St. John's Gospel," in *Biblical Essays* (London: Macmillan, 1893), 23: "그 복음서 기자는 뜬구름 같은 신학적 사색들 속에서 떠다니고 있지 않다. 비록 그가 보이지 않는 신비들을 눈으로 들여다보고 있기는 하지만, 그의 발은 외적 사실이라는 견고한 기반에 굳게 서 있다"; C. H. Dodd, *Historical Tradition in the Fourth Gospel* (Cambridge: Cambridge University Press, 1963); J. A. T. Robinson, *The Priority of John* (London: SCM Press, 1985); Idem, *Twelve More New Testament Studies* (London: SCM Press, 1984).

2. "'참 하나님에게서 나온 참 하나님' – 복음서에서 니케아까지"의 내용 중에서

이 부분에서 맥클라우드 교수는 먼저 동정녀 탄생 문제를 다루고(1장), 그리스도의 선재하심을 논의한(2장) 후 그리스도께서 하나님의 아들이심을 요한복음과 히브리서와 바울서신, 그리고 공관 복음의 증거를 들어 고찰하고(3장) 역사적 예수 문제에 대한 답변을 시도한(4장) 후 니케아 신조가 아리우스주의에 대한 대답이 된다는 것을 분명히 한 후에, 그리스도께서 영원한 아들이심과 영원한 나심(eternal generation)에 대하여 설명하고, 성부 성자 성령의 페리코레시스(περιχώρησις)와 성령께서 아들로부터도(filioque) 나오심을 잘 드러내고, 성자의 "스스로 하나님(autotheos) 되심"을 강조하고 있다(5장).

      그 내용을 보면 맥클라우드는 성경과 니케아 신조에 근거한 정통적 기독론의 내용을 잘 제시하고 있다. 그가 이 책 가운데서 유일하게 한 장을 할애하여 다루고 있는 그리스도의 칭호인 "하나님 아들" 칭호에 대한 논의는(제3장, 91-143) 그가 교의적 논의를 하면서 성경 주해에 얼마나 잘 유의하고 있는지를 잘 나타낸다. 특히 후대 학자들의 잘못된 견해를 본문의 정확한 뜻에 의해 잘 반박하는 것에서 그의 주해적 논의의 특성이 잘 나타난다. 예를 들자면, 맥클라우드는 "니케아 교리에 가장 가까운 성 요한의 서문까지도 그 복음서 전체의 종속론적 관점에서 읽혀져야 한다"는 크리드(J. M. Creed)의 말을 인용한 후에[7] 이에 대한 반박 논의를 요한의 본문을 사용해서 잘 제시한다: "이러한 주장에 대한 첫 번째 답변은 요한의 복음

---

[7] J. M. Creed, *The Divinity of Jesus Christ* (London: Collins, 1964), 123, cited in MacLeod, 『그리스도의 위격』, 96.

서가 그 반대 방향을 가리키면서 성자와 성부를 동등시하는 상당한 자료를 포함하고 있다는 것이 되어야 할 것이다."(97)

또한 맥클라우드는 과거 선배들의 표현 중 중요한 표현을 제시하고 그 의미를 잘 설명한다. 예를 들어서, 맥클라우드는 한 곳에서 이렇게 말한다: "별스러운 말이기는 하지만 다마스쿠스의 요한은 마리아의 귀(그녀의 믿음의 응답)를 기적적 수태의 신체 기관이라고 묘사했다"고 말한다(50).8 이는 옛 사람 다마스쿠스의 요한의 말과 그 의미를 잘 설명하는 것이라고 여겨진다.

또한 한 곳에서는 변화산 사건과 관련해서 안셀름(Anselm)의 다음 같은 언급을 잘 제시하고 설명해 주고 있다: "그는 자신의 영광과 자기 백성의 영광을 미리 보여 주셨다"(*suam suorumque glorificationem praemonstravit*).9 그리고 이에 대한 램지의 현대적 적용도 잘 소개하고 있다. "우리가 '옵시스'(*opsis*: 주님의 영광을 보는 영적인 비전)를 실천할 장소는 골짜기 아래다. 그리고 그곳에서만이 우리는 '테이오시스'(*theiosis*)를 체험할 수 있다"(143).

그러나 맥클라우드는 니케아 신조까지를 문자적으로만 다루기보다는 **니케아 신조에 함의된 내용들을 후대의 논의들과의 관련 가운데서 잘 드러내는 작업을 하고 있다.** 왜냐하면 "필리오꾸에"(*filioque*, 또한 *et a filio*) 문제는 381년의 콘스탄티노플 신조에 함의된 바를 드러내면서 서방 교회가 톨레도 공의회(589)에서 공인한 내용을 설명하는 것이기 때문이다. 그리고 페리코레시스(περιχώρησις, *circumincessio*, 또는 *circumcessio*, co-inherence,

---

8 John of Damascus, *Exposition of the Orthodox Faith*, IV. xiv. (NPNF, second series, vol. IX).

9 Anselm, cited in A. M. Ramsey, *The Glory of God and the Transfiguration of Christ* (London: Longmans, 1949), 132, cited in Macleod, 143, n. 79.

inter-penetration, 상호 점유, 상호 관통, 상호 내주)는 갑바도기아 교부들에 의해서 시도되었고, 맥클라우드 교수가 잘 지적하고 있듯이 다메섹의 요한(John of Damascus)에게서 다음과 같이 고전적으로 표현되고 있는 것이기 때문이다:

> 독자적인 위격들은 서로 안에 거주하며 서로 안에서 확실하게 성립된다. 이는 그들이 서로 분리될 수 없으며 서로에게서 나뉠 수 없으나, 서로 안에서 융합이나 뒤섞임이 없이 그들의 분리된 길을 지켜서 서로 하나가 되어 있기 때문이다. 성자는 성부와 성령 안에 있으며, 성령은 성부와 성자 안에 있고, 성부는 성자와 성령 안에 있다. 그러나 융합이나 뒤섞임이나 혼란은 전혀 없다.10

물론 이것을 맥클라우드가 더 잘 표현해 내기도 한다: "시간적으로 해석해 볼 때 '페리코레시스'는 성부와 성자와 성령이 동시간을 (또는 동일한 영원성을) 점유하고 채우고 있다는 뜻이다. 각 위격은 무기원적이고 끝이 없으며 영원하다. 공간적으로 이해해 볼 때, '페리코레시스'는 각 위격 그리고 모든 위격이 함께 같은 공간을 점유하고 있다는 것이다. 각 위격은 서로 간에 혼동되지 않으면서 편재한다. …… 그 이상으로 각 위격은 서로를 내포하고 있다. 각 위격은 다른 위격 안에 거한다. 다른 위격을 관통한다. 그리고 각 위격은 다른 위격의 현존 양식을 결정한다. …… 단 하나의 존재 안에서 셋이 상호 상통하고 있다. 그리하여 위격들과의 관계를 떠나서는 그 신적 존재와 아무런 관계를 누릴 수가 없다. …… 하나님의 외적 행위들은 실로 세 위격 모두에게 공통적이다. …… 그러나 각 위격은 자신의 고유한 방식으로 일하신다"(189, 190, 191).

---

10 John of Damascus, *Exposition of the Orthodox Faith*, I. xiv. (NPNF, second series, vol. IX).

또한 성자께서 그 자체로 하나님이심(*autotheos*)은 사실 16세기 칼빈이 니케아 신조에 대한 종속론적 오해를 불식하기 위해 사용한 개념이기 때문이다. 칼빈은 "성자는 성자이기 때문에 우리는 그가 성부로부터 존재한다고 말할 수 있다"고 한다.[11] 그러나 칼빈은 또한, 맥클라우드가 잘 지적하고 있듯이, 성부가 어떤 의미에서도 성자의 "*deficator*"일 수 없음을 분명히 한다. "성부는 성자에게 성자의 존재도 성자의 신성도 주지 않았다"(202). 즉, 본질에 관해서는 성자의 본질이 "성부의 본질에 종속적일 수 없다"(204). 그는 여호와이시고 자존하시는 하나님이시다. "그는 혼자서도 스스로 자존하신다".[12] "여호와의 이름이 모든 곳에 개진되어 있으므로, 신성의 측면에서 그의 존재는 그 자신으로부터 존재한다는 사실이 따라 나온다".[13] 그리고 이런 칼빈의 입장에 따라서 맥클라우드가 다음과 같이 좀 더 잘 설명해 주기도 한다: 하나님께서는 "자기 자신보다 더 궁극적인 것이 없다. 위격 (혹은 어떤 특별한 위격, 성부)이 본질에 앞선다는 식으로 암시하는 말도 부적절하다. 성자는 여호와로 '단지, 있는 자' (ὁ ὤν, 존재자)이다. 즉, 그는 과거에도 계셨고, 지금도 계시며, 앞으로도 영원히 끝없이 그리고 반드시 계실 자이다. 그는 그 자체로 하나님이시되, 오로지 그리고 언제나 성부와 성령과 더불어 계신 하나님이다"(205). 그리고 때로는 과거의 논점의 핵심을 잘 드러내면서 그 논리적 궁극까지를 잘 지적한다: 예를 들어서 그는 이렇게 말한다: "따라서 '나심'과 '나오심'과 같은 용어는 성자와 성령의 위격에만 적용되지, 그들의 본질에 적용되지 않는다. 그렇지 않다면

---

[11] John Calvin, *Institutes of the Christian Religion*, I. xiii. 25. 이는 1537년 Simon Grynee에게 쓴 편지에서도 분명히 드러나는 진술이다: "만약 성부와 말씀 사이의 구별에 주목해서 살펴본다면 하나가 다른 하나로부터 존재한다고 말할 수 있을 것이다"("Letter to Simon Grynee, May 1537," in *Letters of John Calvin*, vol. 1, ed. John Bonnet, trans. David Constable (Philadelphia: Presbyterian Board of Publication, 1858), vol. 1, 55).

[12] Calvin, "Letter to Simon Grynee."

[13] Calvin, *Institutes*, I. xiii. 23.

우리는 셋의 신적 본질을 갖게 될 것이다. 이러한 관점에서 볼 때, 종속론은 삼신론을 함의한다"(204). 이를 깊이 생각하면 우리는 맥클라우드가 교부들과 정통주의자들의 표현 가운데 때때로 나타나는 종속론적 경향을 극복해야 할 원인을 잘 제시하고 있다고 할 수 있다.

   더 나아가서 맥클라우드는 때로 조심하면서, 또 좀 더 조심할 것을 요청하면서 아주 현대적인 이해를 고전적 표현과 함께 제시하기도 한다. 예를 들어서, 그는 동정녀 탄생을 설명하면서 "그리스도의 인성은 하나님의 본질로부터 낳게 된 것이 아니라 동정녀의 실체(substance)에서 창조된 것이다"라고 특히 웨스트민스터 신앙고백서 8장 2절을 따르는 전통적인 이해를 잘 소개한 후에(49, 218), "만약 우리가 좀 더 조심스럽게 나간다고 한다면, 보통의 방식으로 생성된 보통의 난자가 성령의 권능과 복 주심에 의해서 기적적으로 수태되었다고 말할 수 있다"(49f.)고 조심스럽게 말하고 있다. 물론 그는 "성령이 예수님의 아버지였다거나 그의 탄생은 마리아와 신의 성적 결합의 결과였다는 제시"를 피해야 한다고 이미 말한 바 있다(49). 그러므로 "만약 우리가 좀 더 조심스럽게 나간다고 한다면, 보통의 방식으로 생성된 보통의 난자가 성령의 권능과 복 주심에 의해서 기적적으로 수정되었다고 말할 수 있다"는 말이나 "마리아는 어떠한 인간 어머니가 자기 자식에게 기여하는 바(난자, 유전자, 배아의 성장과 정상적인 분만)를 그대로 그리스도에게 기여하였다"(50)는 맥클라우드의 말은(218f. 도 보라) 고전적 이해를 현대적 이해의 빛에서 잘 설명하려는 시도로 여길 수 있다. 물론 어떤 사람들이 하나님은 마리아의 난자를 사용한 것이 아니라 그 수정난 자체를 성령의 능력으로 기적적으로 창조하셔서 마리아의 태중에 있게 하사 착상시키신 것이라고 한다면 그것과 굳이 논쟁하거나 할 필요는 없지만 말이다. 고전적 표현에 비추어 현대적 이해를 시도하는 것은 이렇게 매우 조심스러운 일이 아닐 수 없다.

따라서 맥클라우드는 전통적 용어를 인정하면서 그 의미를 전통적인 의미와는 다른 것으로 바꾸어 버리는 재해석들에 유의하면서 그런 것들을 지시하고 비판하는 일에 매우 열심이다. 예를 들자면, 그리스도의 선재 개념과 관련하여 존 로빈슨이 제시하는 환원주의적 재해석들인, (1) 하나님의 미리 세운 계획의 격상 개념으로 보는 견해,14 (2) 다른 모든 생명체와 마찬가지로 이음새가 전혀 없는 자연의 의복의 일부임을 드러내는 것이라는 견해(맥클라우드의 이른바 "선재에 대한 생물학적인 정의", 78), 그리고 (3) "성육신하게 된 것은 한 위격이 아니라, 한 개별 인간 존재 속으로 구체화되고 표현된 한 생명, 힘 혹은 활동"이어서 "그리스도는 신적 대행자, 신적 현존 그리고 신적 영광의 성육신이지", "신적 위격의 성육신은 아니었다"는 견해들을(79) 잘 드러내고 비판한다. 맥클라우드는 또한 신약 성경 기자들이 그리스도는 선재하신 신적 존재라고 믿고 있었다는 증거가 분명하나, "신약 성경 기자들을 납득시켰던 그 증거가 우리를 납득시키지 못한다"고 하면서,15 초대 교회가 선재 교리를 만들어낸 이유를 "그리스도의 실재를 하나님의 계시로 표현하고 보존"하는 데서 찾고 있는 안토니 티렐 핸슨(Anthony Tyrrell Hanson)의 재해석에 대해서도 비판한다(80f.).

그러므로 맥클라우드가 현대주의자들의 어떤 잘못된 개념에 근거해서 전통적 기독교적 개념을 제거해 버리려는 것에 대해 비판적인 것은 그의 입장에서는 매우 자연스러운 일이다. 현대주의자들이 미리 가지고 있는 선입관에 근거한 전통적 견해에 대한 비판 중에서 가장 전형적인 것은 다음과 같은 현대 신약 학자 낙스의 말이다: "예수의 선재에 대한 믿음은 그의 참된 정상적 인간성에 대한 믿음과 양립될 수 없다. …… 우리는 선

---

14 John A. T. Robinson, *The Human Face of God* (London: SCM Press, 1973), 37.

15 A. T. Hanson, *Grace and Truth* (London: SPCK, 1975), 65.

재 없는 인성을 말할 수 있고, 인성 없는 선재를 말할 수 있지만, 두 가지를 다 찾는다고 말하는 것은 절대적으로 말이 되지 않는다."16

이런 점에서 람폐의 새로운 유니테리안적 해석과 이에 근거한 성자의 선재성 부인에 대한 맥클라우드의 비판은(85-89) 현대의 논의에 대한 매우 좋은 비판적 논의라고 하지 않을 수 없다. 람폐는 선재 교리가 기독교 신론을 삼신론적으로 만든다고 하며, 선재가 성육신에 대한 믿음을 약화시킨다고 하는데, 이는 전혀 옳지 않은 말임을 맥클라우드는 잘 드러내고 있다.

"하나님의 아들이신 그리스도"를 다루는 3장에서 맥클라우드는 먼저 요한복음에서 하나님의 아들 개념이 어떻게 나타나는가를 살피면서, "호 모노게네스 휘오스"(ὁ μονογενής υἱός)라는 말은 요한복음에서 독특하게 나타나지만 그 어구가 전달하는 개념은 신약 전체에서 공통적인 것임을 잘 드러내고 있다(92). 그런데 요한복음이 말하는 이 "모노게네스 휘오스"의 의미는 (1) 예수께서 독특하고 유일하신 분이라는 뜻이며(92), (2) 예수님이 유일하게 (독특하게) 사랑을 받았다는 의미라고 말하면서, 그렇기에 아들을 내어주심이 아버지의 사랑에 대한 뚜렷한 증거로 여겨지는 것이라고 한다(93).

더 나아가서 맥클라우드는 요한복음에서 아들은 종속된 자인가 하는 문제를 다루면서 "니케아 교리에 가까운 성 요한의 서문까지도 그 복음서 전체의 뚜렷한 종속론적 관점에서 읽혀져야 한다"고 주장하는 크리드17 등의 견해에 강하게 반대하면서 (1) 종속론적으로 보이는 자료들이 있지만 또한 성자와 성부의 동등성을 시사하는 자료가 있음을 보아야 하며 (97), (2) 위격적(존재론적) 동등성과 함께 기능적 또는 경륜적 순종을 바로

---

16 John Knox, *The Humanity and Divinity of Christ* (Cambridge: Cambridge University Press, 1967), 73, 106.

17 J. M. Creed, *The Divinity of Jesus Christ* (London: Collins, 1964), 123.

이해해야 하며(98-99), 따라서 아들이 아버지에 의해 보냄을 받았다는 것도 존재론적인 종속을 가리키는 것이 아니라 이는 오히려 성부와 성자 사이의 "구속 언약"(*factum salutis*)에서 온 경륜적인 종속으로 이해해야 하고,18 (3) 성부에 대한 성자의 관계를, 그리스도를 높일 수 있는 여지가 있도록 해석하는 것이 중요하다고 잘 말하고 있다(100).

히브리서에 나타난 하나님의 아들 항목(102-12)에서는 성자께서 "하나님의 영광의 광채요 그 본체의 형상"이라는 히브리서 1:3을 정확하게 주해하는 작업을 하고 있다. 이런 데서 맥클라우드는 머리(Murray)나 후크마 등과 같이 주해를 신학적 진술에 편입시켜 논의하는 대표적인 좋은 예를 제시한다. 아들이 "하나님의 영광의 광채"(ἀπαύγασμα τῆς δόξης)라는 말과 관련하여 맥클라우드는 먼저 보스의 말을 인용한다: "여기서 우리는 [빛을 비추는, ἀπαύγαζω] 추상적 행위 자체가 아니라 그 행위의 구체적 산물을 갖는다[수동태인 ἀπαύγασμα]. 그러므로 그 아들은 하나님 안에 있는 빛을 쏟아내는 행위[영광]의 산물이다. 그는 하나님의 발광(發光) 행위의 산물이다."19 그런데 이 '아파우가스마'(ἀπαύγασμα)에 대한 유대교의 용례를 생각하면 이는 빛의 "발산"의 의미로 사용되고 있음을 알 수 있고(103),20 희랍 교부들은 수동태 형임을 잘 알면서도 모두가 발산의 의미로 사용하였음을 말하면서 "태양에서 쏟아져 나오는 광선"에 비유하는 니사의 그레고리를 특히 인용하고 있다.21

---

18 이와 연관해서 맥클라우드는 매우 중요한 주장을 한다: "신약 성경의 종속론은 존재론적인 것이 아니라 언약적인 것이다."(100) 김재영의 번역을 조금 손질하였다.

19 Geerhardus Vos, *The Teaching of the Epistle to the Hebrews* (Grand Rapids: Eerdmans, 1956), 80. 그런데 바로 뒤에 이런 해석을 반하는 해석을 하면서 보스의 입장에 대한 논평을 하지 않는다.

20 이와 연관해서 맥클라우드는 "솔로몬의 지혜서" 7:25ff.를 인용하고, 필로의 네 번의 용례 중 한번만 반사(reflection)의 뜻으로 사용되었고 나머지는 빛의 발산이라는 의미로 사용되었음을 Westcott, *Commentary on the Hebrews* (London: Mamillan, 1889), 10에 근거하여 지적한다.(103)

또한 "그의 본체의 형상"이라는 말에서 "휘포스타시스"(ὑποστάσις)를 성부의 위격으로 이해하는 칼빈과 오웬에 반대하면서,22 칼빈이 주장하듯이 힐러리의 용례에 근거해서 무슨 말을 하기에는 힐러리의 용례가 복잡하다는 것과23 "휘포스타시스"를 위격의 의미로 사용하는 용례는 사도 시대보다 훨씬 후대라는 웨스트코트의 주장에24 근거해서(106), 히브리서 1:3의 "휘포스타시스"는 좀 더 일반적으로 존재(being)나 성질(nature)을 뜻한다고 보면서, 그와 같이 해석하는 "그의 참 존재의 정확한 표현"(an exact representation of his real being, Arndt and Gingrich), "그의 성질 그대로를 찍은 것"(the very stamp of his nature, RSV), "그의 존재의 정확한 표현"(the exact representation of his being, NIV)으로 보는 해석을 옹호한다.(107) 어찌하든지, 맥클라우드는 히브리서 1:3을 사벨리우스주의적으로 해석하는 것은 불가능하다고 하면서(107), 성자는 하나님의 본성 그대로의 각인, 하나님의 참 존재 그대로의 각인이라고, 즉 성자는 하나님의 본성과 그 존재의 형상이라고 주장한다(108).

히브리서의 성자론에서 맥클라우드의 공헌은 히브리서에서는 아들이 양자론적으로 표현되고 있다는 존 로빈슨과 제임스 던의 주장을25 효

---

21 Gregory of Nyssa, *Against Eunomius* (NPNF, Second Series) vol. 5, VIII.1, cited in 103f.

22 칼빈은 다음과 같이 주장한다: "다른 사람들을 따라서 내가 본체라고 번역한 '휘포스타시스' 라는 단어는 (내 의견으로는) 성부의 본질(*esse* or *substantia*)이 아니라 그 위격(*hypostasis*)을 가리킨다. 하나님의 본질이 그리스도 위에 각인된다고 말하는 것은 불합리하다. 왜냐하면 그 둘의 본질은 하나이며 똑같기 때문이다."(*Commentary on the Epistle to the Hebrews* [Grand Rapids: Eerdmans, 1963], 1:3)라고 주장한다. 또한 John Owen, *An Exposition of the Epistle to the Hebrews* (Edniburgh: Johnstone and Hunter, 1855), vol. III, 95도 보라.

23 사실 그는 힐러리가 내적 모순을 범하고 있다고 말하는 한슨을 적극적으로 인용한다. Cf. R. P. C. Hanson, *The Search for the Christian Doctrine of God* (Edinburgh: T & T. Clark, 1988), 486.

24 D. F. Westcott, *The Epistle to the Hebrews* (London: Macmillan, 1889), 13.

과적으로 반박하면서, 사실 그들조차도 히브리서에는 그리스도의 선재성이 강조되고 있음을 인정하며,26 히브리서의 그리스도는 신적 존재임을 말하지 않을 수 없었음을 잘 드러냈다(109). 또한 로빈슨의 입장을 따르면 결국 그리스도의 유일성을 설명하기 어려워지고, 오히려 그리스도가 그 형제들과 같다는 것만을 주장하게 된다는 것을 드러내면서(110-111) 전통적 해석에 대한 그의 비판이 잘못된 것임을 잘 드러낸 것이 맥클라우드의 공헌 중 하나라고 할 수 있다.27

맥클라우드는 바울의 글에서, 특히 로마서 1:4에서 양자론을 찾아보려는 제임스 던과 로빈슨의 시도에28 대해서도 마찬가지로 효과적인 반박 작업을 하고 있다(118-22). 그는 로마서 1:4에 대한 반(反)-양자론적 해석이 훨씬 강력하다고 하면서(118), (1) "하나님의 아들 칭호는 바울이 가장 일찍 쓴 편지들에 이미 등장하고 있으며(갈 4:4, 살전 1:10), 그것도 부활 때에 그가 아들이 되었다는 암시는 조금도 없다(119)는 점과 (2) 로마서에서 하나님의 아들 칭호가 나타날 때마다 부활로 비로소 하나님의 아들이 되었다고 말하지 않는다는 점과(119) (3) 신약은 부활에 근거해서 하나님의 아들 됨을 생각하기보다는 부활을 하나님의 아들 됨에 근거하여 설명하고 있다는 점을 잘 지적한다(120). 이 논의 후에 맥클라우드는 이 구절에 대한 바른 해석으로 "부활로 그는 능력 있는($\dot{\varepsilon}\nu$ $\delta\upsilon\nu\dot{\alpha}\mu\varepsilon\iota$) 하나님의 아들로 임관하였다"는29 해석을 제시하면서 부활은 그의 입양을 표시하는 것이 아니

---

25 J. A. T. Robinson, *The Human Face of God* (Lomdon: SCM Press, 1973), 156; J. D. G. Dunn, *Christology in the Making* (London: SCM Press, 1980), 52.

26 Robinson, *The Human Face of God*, 157; Dunn, *Christology in the Making*, 52.

27 그는 다음과 같이 날카롭게 지적한다: "로빈슨의 입장에서는 예수님과 선지자들 사이의 어떠한 차이점도 허용할 수 없다. 그 점은 예수님과 우리들 사이에서도 마찬가지이다"(110).

28 Dunn, *Christology in the Making*, 36, 46: Robinson, *The Human Face of God*, 161.

라 임관식을 표시한다고 주장한다(122).

양자론에서 더 나아가 예수를 하나님의 아들로 부르는 일은 헬라 사상과 영지주의 사상에서 나타난 것이고 초기 교회가 이교적 전통을 도용했다는 불트만 등의 주장에[30] 대해서 그것은 유대교의 기독교 기원설과[31] 일치하는 것이라는 점을 지적하면서(123), "불트만과 그의 선생인 부세트(Boussett)와 하이트뮬러(Heitmuller), 그리고 그의 추종자들은 고대의 자료들을 가지고 그 사실을 검증해 보지도 않은 채 구역질 날 정도로 이 주장을 되풀이하고 있다"고 하면서,[32] "하나님의 아들 기독론의 발전이 전형적인 헬라적 현상이며 원시 기독교와의 단절을 표시한다는 견해는 면밀히 검토해 보면 거의 성립될 수 없는 견해이다"라고 비판하는 마틴 헹겔에게[33] 맥클라우드는 동의하면서(123) 다음 같은 점들을 지적한다.

(1) 헬라의 밀의종교(密儀宗敎)들은 죽었다가 부활한 하나님의 아들에 대해 말하는 일이 없다(123).

(2) 대개 영지주의나 밀의 종교의 자료들로 제시되는 것이 1세기 전반의 것이 아니라 3-4세기 것이어서 오히려 그것들이 기독교의 영향을

---

[29] 이때 그는 '호리제인'(ὁρίζειν)을 "선언하다"로 보는 것은 부활 이전에도 하나님의 아들로 선언된 적이 여러 번 있으며(탄생 시, 수세 시, 변화산에서, 그리고 악한 영들에 의해서와 이적들로), 언어학적으로 볼 때 '호리제인'을 선언과 연관시키기 어렵다는 크랜필드의 의견(C. E. B. Cranfield, *A Critical and Exegetical Commentary on the Epistle to the Romans*, vol. 1 [Edinburgh: T. & T. Clark, 1975], 61f.)에 동의하면서 그렇게 정해졌다는 일반적인 의미로 보아 "임직하였다"로 해석한다.

[30] Rudolf Bultmann, *Theology of the New Testament*, vol. II (London: SCM Press, 1965), 129f.

[31] 예를 들어서, 그는 다음과 같은 엡스타인의 말을 인용하고 있다: "불과 수년 내에 교회는 바울의 영향 아래서, 예수가 단순한 인간이 아니며 그가 실제로는 제2의 하나님이었음을 함의하는 방향으로 예수에 대한 생각을 바꾸어 가고 있었다. 그것은 유대인들이 이해했던 것처럼, 하나님의 하나님 되심을 부인하는 신앙이었다"(Isidore Epstein, *Judaism: A Historical Presentation* [London: Penguin, 1959], 307).

[32] Martin Hengel, *The Son of God* (London: SCM Press, 1976), 18.

[33] Hengel, *The Son of God*, 25.

받았을 가능성이 높으며, "연대상으로 보아서 기독교 이전이라고 입증될 수 있는 자료들에 영지주의적 구속자 신화가 전혀 없다"는 헹엘의 강한 주장에[34] 동의하고 있다(123).

(3) 헬라 유대주의에서 "하나님의 아들"이라는 용어가 신적 인간의 뜻으로 사용된 일이 없으며, 헬라인들은 신에게서 유래한 영웅이라는 개념에는 친숙했으나 그가 선재했다든지 구속의 사명을 가지고 파송 받는 생각이 있지 않았으므로 기독교가 그런 개념의 영향을 받았다고 하기 어렵다(124).

(4) 신적 인물의 성육신과 수치스러운 죽음은 걸림돌로 작용할 뿐이라는 점을, 따라서 기독교의 헬라화가 일어난다면 그것은 가현설적으로 나타날 것인데 그것은 교회에서 이단으로 정죄된 것이니 기독교는 예수의 가르침을 헬라화한 것으로 볼 수 없다(124).

그러면 "하나님의 아들" 칭호는 과연 어디서 나왔는가 하는 것이 그 다음 질문이다. 이에 대해 맥클라우드는 (1) 주후 40-50년경에 쓰여진 초기 바울서신에 이 칭호가 나타나고 있으며(갈 4:4, 살전 1:10), 그것도 아주 자연스럽게 나타나서 이는 이 칭호가 바울이 사역을 시작하기 전에 이미 기독교 안에 정착되었음을 보여 준다고 하고(124f.), 또한 (2) 이 칭호는 사도행전의 초기 설교들에 등장하고 있는데, 특히 사도행전 13:32에 비추어 볼 때 "초대 그리스도인들이 먼저 그리스도를 하나님의 아들로 보았으며, 그에 따라서 시편 2편에서 성경적 증거와 실례를 이끌어내었을 가능성이 있다"고 논의하고서는(125), (3) 공관 복음서 전통에 따르면 '하나님의 아들' 칭호는 명백하게 예수님 자신에게로 소급된다고 하면서, 공관 복음서의 전승에 대한 논의로 나아간다.

---

[34] Hengel, *The Son of God*, 41.

공관 복음서에서는 예수님께서 하나님을 아버지라고 부르는데, 이는 요아킴 예레미아스가 잘 입증한 바와[35] 같이 전적으로 독창적인 것이라고 한다(125). 복음서 기자들은 예수님의 입에서 자주 언급되었던 "아바"라는 말을 그대로 반영하여 (즉, 아람어에서 주격과 호격이 같이 나타나는 것을 무의식적으로 반영하여) 심지어 헬라어 번역에서도 주격인 "파테르"를 호격으로도 사용하고 있으며(127), 바울 서신들의 기도에는 "아바 아버지"라는 표현이 나타나는데(롬 8:15, 갈 4:6), 초대 교회가 그런 호칭을 고안해냈다고 하기 어렵고 "초대 교회의 신자들이 예수님으로부터 단서를 얻어서 전능하신 하나님을 부르는 예수님께서 사용하신 (하나님의) 호칭을 채택하였다"고 보는 것이 자연스럽다고 논의한다(127).

맥클라우드는 예수님께서 아버지 칭호를 사용하셨을 때 어떤 생각을 하셨는지를 잘 보여 주는 구절의 하나로 마태복음 11:25-30을 언급하면서, 이 말씀의 진정성을 의심하고 부인하면서 이는 "교회적 형성물"이라고 하는 레기날드 풀러 등의 논의를[36] 비판한다(128).

(1) 이런 논의는 대개 요한복음과 유사한 것이 공관 복음서에 나타나면 그것의 진정성을 부인하는 방향으로 나타나는데, 힐과 함께 과연 그럴 수 있는가 하는 질문을 제기하고(128), (2) 이 본문의 주요한 특징은 공관복음서에도 분명히 나타난다고 하고(128f.), (3) 이 본문에 나타나는 예수님과 천부의 관계는 공관복음서에 자주 나타난다는 것을 지적한다(막 13:32, 막 12:6, 마 16:16, 마 26:63).

더 나아가서 공관 복음서가 일치하여 보고하는 변화산 사건은 베

---

[35] Joachim Jeremias, *New Testament Theology*, vol. 1 (London: SCM Press, 1971), 61ff., 66; and *The Central Message of the New Testament* (London: SCM Press, 1965), 9ff.

[36] R. H. Fuller, *The Foundations of New Testament Christology* (London: Lutterworth Press, 1965), 115.

드로의 예수님에 대한 고백을 확증해 주며, 앞으로 있을 예수님의 수난을 영광에 비추어 볼 수 있도록 하고(137), 특히 모세와 엘리야와 함께 별세(*exodos*)에 대해 논의한 것은(눅 9:11) 수난에 대한 이전 예언을(막 8:31) 강화시켜 주기도 하며(139), 또한 "십자가는 새로운 이스라엘을 불러일으키는 엑소더스의 도구가 될 것"임을 드러내고(140), 이는 또한 예수님의 부활체에 대한 예기이고 예수님의 전체적 승귀에 대한 선취이며(140), 따라서 칼빈에게 동의하면서 이 사건은 "예수님의 배후에 있는 신적인 광채를 잠깐 동안 드러내어 줌"으로써[37] 그의 정체를 분명히 드러내는 것이라고 잘 논의하고 있다(141f.).

이와 관련해서 맥클라우드는 이 사건에서 그리스도는 "자신의 영광과 자기 백성의 영광을 미리 보여 주셨다"고 말했던 안셀름의 말을[38] 인용하고 있다(143). 이를 인용하는 람지와 맥클라우드는 주님을 영적으로 뵙는 '옵시스'(*opsis*)의 결과로 우리의 그와 같아짐이라는 뜻의 '테이오시스'(*theiosis*)가 일어날 수 있음을 강조하여 말한다(143). '데이오시스'라는 말에 흔히 부과되는 동방 정교회적인 신화(神化) 사상이나 오해가 극복만 될 수 있다면 이는 매우 좋은 시사일 것이다.

성자의 영원하신 아들 됨을 부인하던 안도버 신학교의 모세스 스튜어트(Moses Stuart) 교수에 대한 언급과 비판,[39] 19세기 영국 침례교도들 사이에서의 논쟁 속에서 성자의 영원하신 아들 됨을 지지하는 필포트(J. C. Philpott)에[40] 대한 소개와 함께(170) 근자에 그리스도께서는 영원히 항상 하

---

[37] J. Calvin, *Commentary on a Harmony of the Evangelists*, vol. II (Edinburgh: Calvin Translation Society, 1945), 308-309.

[38] A. M. Ramsey, *The Glory of God and the Transformation of Christ* (London: Longmans, 1949), 132에 출전 없이 인용된 Anselm의 말: "*suam suorumque glorificationem praemonstravit.*"

[39] 이를 비판하는 Richard Treffrey, *Inquiry into the Doctrine of the Eternal Sonship of Our Lord Jesus Christ* (London, 1837)에 대한 언급도 보라.

나님이시지만 성육신하심으로써 아들이 되셨다. "그의 아들이심은 시간 상의 한 점에서 시작된 것이지 영원에서 시작된 것이 아니다. 아들로서의 그의 삶은 이 세상에서 시작되었다"는[41] 독특한 주장을 하는 존 맥아더에 대한 소개(170)와 그에 대한 공정한 비판(171-75), 즉 맥아더가 그리스도의 선재, 영원성, 신성을 열정적으로 믿으므로 그는 아리우스주의자가 아니며, 그가 이런 특이한 주장을 하는 동기가 그리스도의 종속을 막으려는 것이라는 인정과 함께, 그러나 "그리스도는 영원히 주님이시나 영원한 아들은 아니다"고 말하는 그의 해결책이 과격한 것이라는(171) 온건하고 균형 잡힌 비판 등은 주목할 만하다.

또한 "영원한 나심(영원한 출생)이라는 사상은 영원한 아들 됨의 필연적인 논리적 결과다"는 주장도(175) 맥클라우드의 중요한 공헌으로 언급할 수 있다. 우리 시대에 이런 것을 논의하려는 이들이 없는 상황에서 과감히 이 논의를 옛 선배들의 의도를 밝히면서 하고 있는 큰 공헌이다.

맥클라우드는 옛 선배들의 신적 나심을 인간의 낳음이라는 맥락과는 다른 맥락에서 말하고 있다는 것을 바르게 지적하며(176), 그 대표적인 예로 다음과 같은 아타나시우스의 말을 인용한다: "사람의 낳음은 성자가 성부로부터 낳아지신 것과는 다른 것이다."[42] "그 나심은 고통이 따르지 않고, 영원하였으며, 하나님께 합당했다."[43]

또한 희랍 교부들이, 특히 아타나시우스가 강조한 성자는 기원이 없었으나(agenetos) 낳아지셨으므로 "아겐네토스"(agennetos)는 아니시라는

---

[40] Cf. J. C. Philpott, *The True, Proper and Eternal Sonship of the Lord Jesus Christ, the Only Begotten Son of God* (1861).

[41] John MacArthur, *The MacArthur New Testament Commentary: Hebrews* (Chicago: Moody Press, 1983), 28.

[42] Athanasius, *De Decretis*, 11 (NPNF, second series, vol. IV), 157. 여기서 나는 김재영의 번역을 손질하였다.

[43] Athanasius, *Against the Arians*, II. 36.

것을[44] 잘 지적하고 있다(177). 그래서 나지안주스의 그레고리는 이렇게 말한다: "'태어나지 않으셨음'(*agennetos*)은 성부의 고유 명칭이고, '무기원적이고 태어나신 바 된 자'는 성자의 고유 명칭이고, '태어나지 않고 나오시는 자'라는 것은 성령의 고유 명칭이다."[45]

그리하여 결국 맥클라우드는 정통파 신학자로서 성부와 성자는 서로 구별되는 위격이지만 본질상 동일하심을 분명히 천명한다(182). 그는 이와 연관해서 요한복음 10:30에 대한 어거스틴의 설명, 즉 여기서 하나라는 것은 "관계에 따라서가 아니라 본질에 따라서 그렇다는 말이다"는 것을[46] 적절히 인용하며 소개한다(183).

또한 페리코레시스(*perichoresis*)에 대한 설명, 필리오꾸에(*filioque*)에 대한 설명, 그리고 성자의 "그 스스로 하나님이심"(*Autotheos*)에 대한 설명은 매우 정통파적이고 이해하기 쉽게 전개되고 있다.

3. "참 하나님, 참 사람"이라는 제목으로 다루어진 칼케돈과 그 이후

성육신에 관한 부분(6장)에서는 먼저 가현설과 아폴리나리우스주의라는 이단의 출현을 관찰함으로 논의를 시작한다. 케린투스와 에비온주의, 그리

---

[44] Cf. Athanasius, *Against the Arians*, IV, 30–31. See also NPNF, second series, vol. V, 100. 또한 "성자는 무기원적으로 낳아지신다"고 말하는 나지안주스의 그레고리의 말도 보라. Cf. Gregory of Nazianzen, *The Fifth Theological Oration* (NPNF, second series, vol. VII), VIII.

[45] Gregory of Nazianzen, *The Fourth Theological Oration*, XIX. 여기서도 나는 김재영의 번역을 손질하였다. 특히 앞부분은 무기원성이 아니고 여기 번역한 바와 같이 태어나지 않으셨음이어야 한다. 또한 다마스커스의 요한의 명확한 설명도 보라(*Exposition of the Orthodox Faith*, I. viii.).

[46] Augustine, *On the Trinity* (NPNF, First Series, vol. III), VI. 3.

고 마르시온과 발렌티누스 같은 사람들이 주장하는 가현설(Docetism, 211-12)에 대항하여 교회는 골로새서 2:9, 요한일서 4:2, 요한복음 19:34 요일 5:7-8, 누가복음 2:52, 24:39 등에 근거하여 그리스도께서 "진짜 몸"을 취하셨음을 강조했다.

이런 전통 속에서 루터의 다음과 같은 설교를 맥클라우드는 소개한다(217): "그는 영처럼 나부끼지 않았으며, 사람들 가운데 거하셨다. 여러분과 나처럼 그에게는 눈, 코, 입, 귀, 가슴, 배, 손, 발이 있었다. 그는 젖을 빨았으며, 그의 모친은 다른 아이들을 양육하듯이 그를 양육하였다."[47] 그는 고전적 논의에 더하여 동정녀 마리아는 "그리스도에게 다른 어느 어머니가 자식에게 줄 수 있는 모든 것을 주었음을 의미한다"고 하면서 (218) 마리아는 그리스도에게 적어도 23개의 염색체를 기여했을 것임이 분명하다고 논의한다(218f.).[48]

이처럼 성육신하신 그리스도께서 참된 몸을 가지셨음을 분명히 하고서는, 그리스도의 온전한 인성을 부인하며 그리스도께서는 인간의 영혼은 취하지 않고 로고스가 그 자리를 대신했다고 주장하는 아폴리나리우스에 대항해서 맥클라우드는 그리스도께서는 이성을 가진 인간 영혼을 취하셨음을 분명히 한다(221).

그러므로 그는 그의 인성에 관한 한, 인간의 심리를 가지셨다고 할 수 있고(221), (신성으로는 전지하시지만) 인성에 관한 한 어떤 것은 모르신다고 할 수 있다. 그러나 인간성의 한계는 오류성을 함축하는 것이 아니라

---

[47] Martin Luther, *Sermons on the Gospel of John*, in *Luther's Works*, vol. 22 (St. Louis: Concordia, 1957), 113. 그는 이와 연관해서 19세기의 설교자 알렉산더 스튜어트(Alexander Stewart)의 비슷한 설교도 언급한다(*The Tree of Promise* [Edinburgh: 1864], 31-32, cited in MacLeod, 218).

[48] 이는 매우 현대적 논의이다. 그는 이런 생각을 할 때 자신이 E. L. Mascall, "Sexuality and God," in his *Whatever happened to the Human Mind?* (London: SPCK, 1980), 128-55의 논의를 참조하였다고 밝힌다.(Macleod, 382, n. 21).

는 것을 맥클라우드는 분명히 한다(229). 이와 관련해서 그는 "단순한 정보들에 관해서는 그리스도가 그 시대의 견해들을 공유했었다"고 주장하는 윌리엄 템플의 말에49 대해서 "그 말을 뒷받침할 만한 증거는 하나도 없다"고 잘 비판하고 있다(229). 물론 (그리스도의 인성의) "메시아의 무오류성은 신적 전지성에 속하는 무오류성이 아님이 확실하다"는 것도 잘 지적하고 있다(230).

따라서 그리스도께서는 "죄 없는 인간 감정을 지셨다"는 것을 맥클라우드는 칼빈과 워필드를 따라50 강력하게 논증한다(230-42). 성경은 예수님께서 성령으로 기뻐하셨다고 하며(눅 10:21), 자신의 기쁨을 주기를 원하신다고 하고(요 15:11, 요 17:13), 때로는 분노하시기도 하시고(막 3:5), 화를 내시기도 하셨으며(막 10:13), 통분히 여기사 우시기까지 하신 일도 있다(요 11:33). 이 강렬한 표현은 많은 사람들의 주석을 유도하였다.

맥클라우드는 그 가운데서 마르다와 마리아와 그 밖의 애곡하는 자들의 불신앙 때문에, 즉 그들이 마치 소망이 없는 자들처럼 우는 것 때문에 안타까와서 우셨다는 것에 타당성을 상당히 인정하면서도, 결국 다음 같은 워필드의 견해가 가장 타당성 있다고 논의한다(233): "마리아와 그녀와 동행했던 사람들이 비탄에 잠겨 있는 광경이 예수님을 화나게 만들었다. 그 장면은 예수님의 가슴에 죽음의 악이 예리하게 박히도록 했기 때문이다."51 또는 맥클라우드는 예수님은 슬픔을 아는 분이기도 하셨고(234), 번민 가운데서(ἐν ἀγωνίᾳ) 힘쓰고 애쓰면서(눅 22:44) 심한 통곡과 눈물로 간

---

49 William Temple, *Christus Veritas* (London: Macmillan, 1925), 145.

50 Cf. John Calvin, *The Epistle of Paul the Apostle to the Hebrews and the First and Second Epistles of Peter* (Edinburgh: Oliver and Boyd, 1963), 55; idem, *Commentary on a Harmony of the Evangelists*, vol. III, 227, 228, 230; B. B. Warfield, *The Person and Work of Christ* (Philadelphia: Presbyterian and Reformed, 1950), 93.

51 Warfield, *The Person and Work of Christ*, 116.

구와 소원을 올리셨다(히 5:7)는 것에도 주목한다(235).

그리스도께서 왜 그리하셨는지를 맥클라우드는 전통적 속죄론의 빛에서 다음과 같이 아주 잘 제시하고 있다: "오직 그만이 '힐라스모스'(ἱλασμός) 없이, 즉 속죄소 없이, 자신의 죽음을 세상을 위한 유일한 속죄소로 제공하면서, 또한 죄에 대한 하나님의 혐오 앞에 온통 다 드러내 놓은 번제(holocaust)로서 죽음을 맞아야 했다. 그리고 그는 항상 있었던 하나님의 위로와 유일한 원천을 빼앗긴 채, 하나님 없이(χωρίς θεοῦ, 즉 하나님으로부터 분리되어서) 죽음을 맞아야" 했기 때문이다(237).

또한 이 죽음이 저주의 죽음이었고(갈 3:13), 그러나 재판받아야 할 자리에 서신 분이 재판장 자신이라는 것도 잘 지적한다(240). 그러나 또한 "혼란의 도살장인 갈보리는 하나님이 죄를 최고로 드러내시는 장소다"는 중요한 지적도 한다(241). 그러나 맥클라우드는 그리스도께서 "버림받으시는 동안에도 성령의 사역이 계속되었다"는 점을 분명히 한다. "오직 성령의 사역을 통해서만 그리스도는 자신을 흠 없이 하나님께 드릴 수 있었다(히 9:14)."는 것을 잘 지적했다(241).

또한 그리스도가 가지신 인간의 의지를 논의하여 680년 콘스탄티노플 공의회에서 확정된 두 의지론과 의견을 같이함을 잘 논의한다(242-44). 이는 칼빈 등과 함께[52] 그가 얼마나 정통주의적 입장에 충실한지를 잘 보여준다. 오늘날에는 이런 옛 시대의 논의를 회피하려 하는 이들이 많은 데 맥클라우드는 이런 정통주의적 입장에 생명력을 불어넣어 논의하면서 왜 정통주의적 입장을 잘 유지해야 하는지를 잘 드러내고 있다.

다시 칼시돈 공의회의 입장을 정리하면서(7) 맥클라우드는 네스토리우스(Arius)주의와 유티케스(Eutyches)주의를 잘 소개하는 일로 시작한다

---

[52] Calvin, *Commentary on a Harmony of the Evangelists*, vol. III, 233.

(248-52). 그리고는 성자의 성육신을 설명하면서 그것은 성자께서 인성을 취하심(assumption)으로 되어졌으므로(253), 그는 하나님이시기를 그만두고 인간이 되신 것은 아니라는 것을 분명히 한다. 또한 네스토리우스 논쟁의 계기가 된 "테오토코스"(theotokos)라는 용어를 잘 설명하면서 이는 아기 예수가 하나님의 아들이었다는 객관적 진리를 표현하는 말이지만(256) 사람들의 오해 가능성 때문에 "조심스러운 해명이나 안전 지침이 없이는 자유롭게 사용되어서는 안 될 것이다"고 균형 잡힌 진술을 하고 있다(257).

그 후에 위격적 연합을 정통주의적 입장에서 잘 설명한(257-60) 후에 이를 그리스도와 그의 백성 간의 은혜에 의해 성립된 연합에 비교하는 도날드 베일리의 이해를[53] 조심스럽게 잘 비판하고(260-62),[54] 또한 이를 교회 안에 계신 하나님의 임재와 비교하여 "교회를 성육신 연장"(extension of the incarnation)이라고 주장하는 찰스 고어(Charles Gore)의 이해도[55] 잘 비판하고 있다(163f.).

위격적 연합과 관련해서 맥클라우드는 속성 교류에 대한 개혁파적 이해도 잘 설명한다(264-73). 교부들의 속성 교류 이해를 잘 드러내고, 개혁파의 입장에서 설명한 후에 그는 루터파적인 속성 교류 이해는 "인간의 본성의 파괴를 포함하고 있다는 결론을 피하기 어렵다 … 예를 들어서, 예수님의 인성에 전지하심을 돌리는 것은 그의 사람되심에 치명적인 것이다."고 바르게 지적하며(270),[56] 또한 이런 이해는 "그리스도의 영화에 대한 신약 성경의 교리에 맞지 않는다"고 지적한다(270). 왜냐하면 "아무리

---

[53] Donald Baillie, *God was in Christ* (London: Faber, 1948), 106-32.
[54] "그 말은 그리스도의 유일성과 성육신의 유일성에 대한 기독교의 본질적 강조를 위협한다. … 우리는 '그리스도 안에 계신 하나님'과 '내 안에 사시는 그리스도'를 동일시해서는 안 된다"(MacLeod, 261).
[55] Charles Gore, *The Incarnation of the Son of God* (London: John Murray, 1898), 219.
[56] 여기서 나는 김재영의 번역을 약간 수정하여 인용하였다.

그리스도가 영화롭게 되었다 할지라도 그 영화에는 신적 속성들이 그의 인성에 전달되는 일은 포함되지 않는" 것이기 때문이다(271). 물론 그의 인성은 지복 상태와 하나님의 주권에 동참한다. 그 인성이 하늘 보좌 가운데 앉아 있을 수 있다(계 7:17). 그러나 그 인성은 계속해서 인성으로 남아 있다(271).

이와 같이 개혁파적인 입장을 잘 드러낸 후에 그리스도께서 취하신 인성은 그 자체로는 비인격적(anhypostatic, impersonal)이라는 의미의 "안휘포스타시스"(anhypostasis)와 그러나 그리스도께서 취하신 인성은 그리스도가 이 인성을 취하신 후에는 항상 로고스의 인격 안에 있음을 의미하는 "엔휘포스타시스"(enhypostasis)에 대해서도 좋은 설명을 시도한다.

이 용어가 처음으로 누구에 의해 사용되었는지를 말하기는 어렵다는 것을 지적한 후에(273) 알렉산드리아의 시릴의 기독론에 그 사상이 드러나 있고, 람페에 의존해서[57] 희랍 교부들은 이 용어를 잘 사용하지 않고 Leontius of Byzantium (485-543)는 이 용어를 배척하려고 이 용어를 사용하고 있다는 것(273)과 종교 개혁 이후 정통신학에서 중요한 요소가 되었다는 것을 지적하고 있다(274).

그는 또한 모벌리, 맥캔토쉬, 도널드 베일리 등의 비판적 입장도 잘 소개하고,[58] 그러나 이는 오해에서 비롯한 반대라고 밝힌 후 "안휘포스타시스"는 예수님의 개인성(individuality)에 대한 부인이 아니며(274), 이는 오히려 네스토리우스주의에 대해 명확히 반대하면서 성자께서 한 사람이 아니라 인간 본성을 취하셨음을 표현하려고 의도한 점이라는 것을 잘 논의

---

[57] Cf. G. K. Lampe, *A Patristic Greek Lexicon* (Oxford, 1961), 164.
[58] Cf. R. C. Moberly, *Atonement and Personality* (London: John Murray, 1901), 93; H. R. Mackintosh, *Doctrine of the Person of Christ*, 2nd edition (Edinburgh: T. & T. Clark, 1913), 207; Sydney Cave, *The Doctrine of the Person of Christ* (London: Duckworth, 1935), 113; D. Baillie, *God was in Christ*, 86; Robinson, *The Human Face of God*, 39.

하고 있다(275).

더구나 아폴리나리우스와 비잔티움의 레온티우스 등이 바로 이런 생각을 표현하기 위해 "엔휘포스타시스"라는 용어를 사용하였고(276), 특히 다메섹의 요한이 이를 강조하여 사용하고 있음을 길게 잘 논의하고 있다(276f.).

맥클라우드의 이 문제에 대한 정통주의적 이해는 다음 같은 진술에서 잘 요약되어 나타난다: "인성은 성자의 인격 안에서 실체화했던 것이지, 성부의 위격 안에서 실체화했던 것이 아니다. 그리고 신성은 모든 사람의 위격 안에서 인성과 연합한 것이 아니라 예수 그리스도라는 사람의 위격 안에서 인성에 연합하였다"(278).[59] 그는 특별히 "위격적 연합 자체가 모든 사람 개개인의 '떼이오시스'를 확보해 주는 것이 아니다"는 것을 분명히 지적하여 현대 신학에 만연하고 있는 헤겔주의적 오류를 극복할 수 있는 방향을 잘 드러내 주고 있다. 그리고 대속적 인성 개념을 그리스도께서 취하신 인성만이 그리스도의 것이라는 점에 의해 통제하여야 한다는 것을 잘 지적하면서(278) 토랜스 등의 이 용어 사용이[60] 이끌고 갈 수 있는 방향을 적절히 잘 통제하고 있다.

케노시스에 대한 논의(8장)에서 맥클라우드는 19세기 중반 이래의 토마시우스(Thomasius), 게스(Gess), 찰스 고어(Charles Gore), 포사이뜨(P. T.

---

[59] 물론 맥클라우드는 뒷부분 표현에 좀 더 주의하면서 말해야 한다. "예수 그리스도라는 사람의 위격 안에서"라는 표현은 마치 한 사람 예수의 인격이 신성과 연합하기 이전에 있는 듯한 오해를 낳을 수도 있다. 그러므로 이는 부주의한 표현으로 여겨질 수 있다. 그저 그리스도께서 취하신 인성은 그 자체로 '휘포스타시스'(인격)을 구성하지 않고(anhypostasis) 영원한 성자의 인격 안에서(enhypostasis) 자신을 발견한다는 고전적 표현을 그대로 반복하는 것이 더 나았을 것이다. 그러나 (비록 조금 부정확한 표현이 나타나고 있어도) 적어도 맥클라우드의 **의도**는 정통주의적 이해를 드러내려는 것이었음을 충분히 알 수 있다.

[60] Cf. J. B. Torrance, in *The Incarnation: Ecumenical Studies in the Nicene-Constantinople Creed*, ed., T. F. Torrance (Edinburgh: Handsel Press, 1991), 139.

Forsyth), 매킨토쉬(H. R. Mackintosh) 등이 제시하는 케노시스 이론에 대해서는 잘 소개하고(281-86), 템플, 베일리, 브르스와 함께 그 이론을 잘 비판하면서(286-90), 동시에 빌립보서 2:6-11이 말하는 '케노시스'의 정확한 의미를 밝히는 일을 다른 개혁파 신학자들과 함께 잘 감당하고 있다. 즉, 그는 이것이 오늘날도 유행하고 있는 해석인 "하나님의 형체(μορφῇ θεοῦ)"에[61] 대한 포기로[62] 이해할 수 없다는 것을 아주 분명히 하고(295),[63] 그가 이미 하나님과 동등된 분이셨는데 자기를 비우셨는데,[64] 이때 그는 어거스틴에게 동의하면서 그리스도께서 "자신의 신성을 변화시킴으로서가 아니라 우리의 가변성을 취하심으로써" 자신을 비우신 것이라고 하고(296),[65] 그 비우신 것이 무엇인가에 대해서는 결국 칼빈에게[66] 동의하면서 신적인 영광

---

[61] 이 "모르페 데우"(μορφῇ θεοῦ)를 어떻게 이해해야 하는가에 대해 이를 우연적이고 외적인 것을 가리키는 "스케마"(σχῆμα)와 대조시키면서 본질적이고 실체적인 것으로 해석하는 (헬라 철학자들이 이해하는 모르페 개념에 근거한) 라이트푸트의 견해 (Lightfoot, *Commentary on Philippians*, 127-33)와 실제 희랍어에서 스케마와 모르페가 잘 구별되지 않고 사용되고 있다는 용례에 근거하여 모르페는 본질이 아니나 본질을 전제로 하며 그 배후에 있는 존재를 참되고 충만하게 표현해 준다고 하는 케네디(H. A. Kennedy, *The Epistle to the Philippians*, in *Expositor's Greek Testament*, vol. III [London: Hodder and Stoughton, 1903], 435-36)와 랄프 마틴의 견해가 있는데(R. P. Martin, *Carmen Christi* [Cambridge: Cambridge University Press, 1967], 99-120), 오늘날에는 맥클라우드가 그리하듯이(292) 케네디나 랄프 마틴의 해석들을 따르는 경향이 많다.

[62] 이런 입장을 표현하는 예로 모든 케노시스 이론가들과 함께 Hans von Balthasar, *The Glory of the Lord* (Edinburgh: T. & T. Clark, 1989), 146.

[63] "그러나 빌립보서 2:7의 언어나 문맥에서는 그러한 해석을 정당화해 줄 수 있는 것이 전혀 없다."(295)

[64] 이때 그가 하나님과 동등됨(τὸ εἶναι ἴσα θεῷ)에도 불구하고 자기의 권리들을 주장하지 않으셨다고 볼 것인가, 아니면 "그가 바로 하나님의 형체로 계셨기 때문에, 그는 하나님과 동등됨을 자기 손으로 획득해야 할 것"으로 여기지 않으셨다고 보는가(C. F. D. Moule, "The Manhood of Jesus in the New Testament," in S. W. Sykes and J. P. Clayton, eds., *Christ, Faith and History* [Cambridge: Cambridghe University Press, 1972], 97) 하는 것이 흥미로운 논의거리다. 맥클라우드는 전자를 일반적으로 취하면서 후자의 견해를 요한복음 13:2 이하에 연관시켜 생각해 볼 수 있다는 입장을 취하며 논의한다(294).

[65] Augustine, *On the Trinity*, VII. 5.

[66] Calvin, Comm. Phil. 2:7. (*Commentaries on the Epistles to the Philippians, Colossians and Thessalonians* [Edinburgh: Calvin Translation Society,

을 잠시 감추신 것을 지칭하는 것이라는 것을 지적하고(298), 또한 이는 "종의 모습과 사람들의 모습을 취하겠다는 영원하신 아들의 시간 이전의 결정"과 성육신 이후에 자신을 더 낮추시는 결정을 포함한다는 것을 지적하고(299), "죽은 자들을 일으키셨던 그 권능을 자기가 감당해야 할 섬김을 좀 더 편하게 하기 위하여 사용하신 적이 결코 없는" 그런 자기 비움이라고 잘 설명하고 있다(302).

그리스도의 무죄성에 대한 논의(9장)와 그리스도의 유일성에 대한 논의는(10장) 이에 대한 반대 이론이 무수한 오늘날의 상황 가운데서도 정통주의 기독론을 유지해 보려는 논의다. 여기서 매클라우드는 19세기에 그리스도께서 타락한 인간의 본성을 취하셨으나[67] 성령의 기름부음으로 실질적으로는 죄를 범하지 않으셨다고 주장하다가[68] 1833년에 목사직에서 면직된 에드워드 어빙을 잘 소개하고 비판하며(306-307), 어빙의 견해를 받아들여서 자기 식으로 전개시키고 있는 바르트의 이해와[69] 그를 따르는 토랜스 형제들의 이해를[70] 잘 소개하고 비판하면서(307-308), "교부들 가운데서 어느 누구도 그리스도께서 타락된 상태를 취하셨다고 주장하지 않았다"는 것을 지적하고(309) "그는 타락하고 죄악된 모친에게서 태어났으나, 죄 없이 태어나셨다"고 바르게 언급하며(310), 그리스도의 경우는 인간성을 취하셨음에도 "타락하지 않았을 가능성이 있다"는 것을 강조한다(311).

맥클라우드는 그리스도께서 죄악된 소욕 때문에 시험받으신 것이

1851], 56-57).

[67] *The Collected Writings of Edward Irving* (London, 1865), vol. V, 115f. cf. 116, 126.

[68] *The Collected Writings of Edward Irving*, vol. V, 126,129, 137; Karl Barth.

Barth, *Church Dogmatics*, I/2 (Edinburgh: T. & T. Clark, 1956), 153, 154.

[70] T. F. Torrance, *The Mediation of Christ* (Grand Rapids: Eerdmans, 1983), 48; J. B. Torrance, "The Vicarious Humanity of Christ," in *The Incarnation*, ed., T. F. Torrance, 141.

아니라 죄 없는 인간의 연약함을 가지시고 그것으로 인해 마귀에게 시험을 당하셨다는 것을 잘 논의한다(312). 그의 입장을 수사적으로 잘 표현하는 것은 그리스도께서는 십자가에서 우리를 위해 "죄가 되셨으나(고후 5:21) 결코 죄인은 아니었다"(317)는 주장과 "하나님의 아들은 [그가 취하신 인성 때문에] 고난당하실 수 있으며, 시험받으실 수 있으며, 무지할 수 있으며, 심지어 죽음을 당하실 수도 있다. 그러나 우리는 하나님이라는 말에 '죄를 짓다'는 수식어를 연결시킬 수 없다."는 강한 선언이다(318).

현대 기독론에 대한 비판으로는 이미 잘 알려진 불트만과 힉의 논의에 대한 비판 외에도 성공회 유니테리안 입장에 대한 비판, 오스카 쿨만 등의 기능적 기독론 비판, 과정 신학적 기독론 비판, 해방신학의 기독론 비판이 맥클라우드의 중요한 공헌이다.71 성공회 유니테리안이라는 명칭으로 맥클라우드는 존 로빈슨(John Robinson), 람페(G. K. W. Lampe), 돈 큐피트(Don Cupitt), 존 낙스(John Knox), 노르만 피틴저(Norman Pittenger), 데니스 니느햄(Dennis Nineham), 그리고 모리스 와일즈(Maurice Wiles) 등 일단의 학자들을 뜻한다(334). 이들은 정통적 의미의 성육신 교리를 부인하며(334), 그리스도의 선재를 부인하고(334),72 따라서 전통적 삼위일체적 진술을 부인하며(335),73 부활 이후 그리스도의 존재를 부인하고 "부활은 예수 개인의 생명

---

71 이 중의 몇몇 측면은 다른 이들도 잘 감당하였으므로 (대표적인 예로 해방신학의 기독론과 흑인 신학의 기독론, 여성신학의 기독론, 기능적 기독론, 과정 신학의 기독론, 보편주의적 기독론, 포스트모던 기독론, 신화론적 기독론, 기사신학의 기독론을 비판하면서 정통주의적이고 복음주의적인 기독론을 제시하는 큰 작업을 한 Millard J. Erickson, *The Word Became Flesh: A Contemporary Incarnational Christology* [Grand Rapids: Baker, 1991], 바르트의 기독론, 피틴저의 과정 신학적 기독론과 쉴리베크스의 현대주의적 천주교 기독론을 비판적으로 잘 다룬 David F. Wells, *The Person of Christ: A Biblical and Historical Analysis of the Incarnation* [Wetchester, Illinois: Crossway Books, 1984]), 이와 같은 다른 이들이 비교적 논의하지 않은 '성공회 유니테리언 입장'에 대한 비판이 맥클라우드의 독특한 기여라고 할 수도 있다.

72 Cf. John Knox, *The Humanity and Divinity of Christ* (Cambridge: Cambridge University Press, 1967), 106: G. K. W. Lampe, *God as Spirit* (Oxford: Clarendon Press, 1977), 138.

이 만민의 생명이 되어 예수 안에 있었던 하나님의 성령이 그의 형상을 따라서 만인을 재형성하게 하는 (예수 생명의) 자유"라고[74] 주장한다(334). 그러므로 이들도 결국 그리스도의 유일성을 부인한다(335).[75]

사실 람페는 창조 세계 안에는 처음부터 "영으로서의 하나님의 지속적인 케노시스가 있다"고[76] 생각하면서 "하나님이 우주의 진화에, 특히 우주 안에서 하나님 자신이 인격적인 수준에서 교통하실 자유로운 인격들의 출현에 지속적으로 참여하고 계신다"는 주장을 하며[77] 그리스도가 그런 자유로운 인격의 하나라고 한다. 그러므로 이 세상에는 그런 자유로운 인격이 계속 나타날 것이고, 이는 하나님이 우리와 함께하시며 우리의 그런 존재 됨에 참여하는 증거라고 보는 것이다.

따라서 이런 입장은 예수님에 대한 예배를 옳지 않은 것으로 여기는 것이 된다는 것을 잘 지적한다(339). 맥클라우드는 로빈슨이 힉에게서 빌려와 말하는 예수는 "성부와 '호모아가페'(homoagape)이시다"는[78] 말에 대해서 진정한 '호모아가페'(homoagape)는 '호모우시온'(homoousion)을 요구한다고 잘 비판하고 있다(340).

오스카 쿨만의 『신약 성서 기독론』에서 나오는 신약 성경은 존재론에는 관심이 없고 오직 신적 행동과 자기 계시에만 관심을 가지고 있다는 주장으로부터[79] 시작한 기능적 기독론(functional Christology)은 적어도 쿨만 자신이 후에 자신의 의도를 밝힌 것과 비교할 때 나타나는 자신이 말

---

[73] Lampe, *God as Spirit*, 228. cf. Lampe, *God as Spirit*, 228. 208.
[74] Lampe, *God as Spirit*, 157.
[75] Maurice Wiles, in *The Myth of God Incarnate*, ed., John Hick (London: SCM Press, 1977), 9; and Lampe, *God as Spirit*, 180-81.
[76] Lampe, *God as Spirit*, 208.
[77] Lampe, *God as Spirit*, 206. cf. 115.
[78] Robinson, *The Human Face of God*, 180.
[79] Oscar Cullmann, *The Christology of the New Testament*, 2nd edition (London: SCM Press, 1963), 266-67.

하는 신약 성경의 기능주의가 선재하시는 그리스도의 존재와 신적 위격을 전제로 하며, 칼시돈에서 "형성된 교의는 신약 성경의 기독론이 전제로 하는 것과 일치한다"고 주장하는[80] 그 자신의 의도와는 달리 이 용어는 오늘날 실질적으로는 칼시돈적 기독론에 대한 대안으로 사용되고 있다.

그러므로 우리는 쿨만의 기능적 기독론과 다른 이들의 기능적 기독론을 분리해서 다루어야 하고, 적어도 쿨만이 이 용어와 관련된 불운한 기여를 했다고 말해야 한다. 램프는 이렇게 말한다: "나는 창조와 구원의 영이신 한 분 하나님이 예수 안에서 결정적으로 자신을 계시하시고 행동하셨다는 의미에서 우리 주시며 구주이신 예수 그리스도의 신성을 믿는다."[81] 이에 대해 맥클라우드는 "그러나 우리는 이런 식으로 계시에서 존재론을 분리시킬 수 없다. 그리스도는 오직 그가 하나님이시기 때문에 하나님을 계시하신다."고 바르게 주장한다(341).

해방신학의 기독론을 논하면서는 한 편에서는 그 장점을 잘 제시하면서도 그러나 그리스도를 오직 해방을 위한 투쟁 가운데서만 알게 된다고 하는 주장의 문제를 잘 드러내고 있다. 그들이 정통신학의 삼위일체론과 칼시돈적 기독론의 틀 안에 있으려는 것에 대해서 긍정적으로 표현하면서(349, 361), "그러나 하나님은 그 해방이 이미 구원받은 사람들의 노래를 잠식시키는 것을 금하셨다"고 하여 해방신학적 이해를 잘 비판하고 있다(362). 해방자로서의 그리스도에 대한 집착은 역사적 예수에 관심을 가지게 하지만 그것도 그 자체로서 관심을 가지는 것이 아니라 라틴 아메리카의 사회 정치적 상황을 변화시킬 필요 때문임을 맥클라우드는 잘 지적한다(351). 즉, 자신들에 이해관계에 따라서 이론적 작업을 하는 것이라고 한다.

---

[80] Cullmann, "The Reply of Professor Cullmann to Roman Catholic Critics," *Scottish Journal of Theology* 15/1 (March 1962), 36–43.

[81] Lampe, *God as Spirit*, 228.

그 결과로 (1) 그들은 성경이 말하는 가난의 의미를 경제적 의미로만 축소시키는 잘못을 범하며(354), 예수께서 모든 계층의 사람들과 접촉하시며 그들을 하나님 나라로 초청한 것을 무시하고 있다(354f.). 또한 (2) 그들은 자유주의의 핵심적 생각들을 그대로 가지고 있다. 예를 들어서, 소보리노는 예수께서 "자신에 관해서는 설교하지 않았다"고 거듭 주장하는데,[82] 이는 자유주의자들의 급진적 회의주의를 받아들일 때만 할 수 있는 말이라는 것을 맥클라우드는 잘 지적한다(355). 따라서 그는 더 나아가서 기독교는 무엇보다도 해방 이전에 "예수님에 대한 예배이다"는 것을 강조한다(356). (3) 맥클라우드가 가장 문제시하는 것은 해방신학의 하나님 나라 이해이다(356). 성경적 하나님 나라 개념을 잘 설명한 후에 맥클라우드가 하는 다음의 말은 매우 정확한 것이다: "가난과 불의를 제거할 책임은 (제도적 교회를 포함해서) 권력을 소유한 모든 사람에게 여전히 부과되어 있다. 그럼에도 불구하고, 그러한 목표의 성취는 하나님 나라의 건설과 똑 같다고 취급될 수 없다"(357). 마지막으로 맥클라우드는 (4) 해방신학은 일관성 있는 십자가 신학을 제공할 수 없다고 비판한다. 이는 그들이 십자가 신학을 피상적으로 취급하고 있다는 뜻이다(357).

상당 부분 몰트만(J. Moltmann)의 논의를 그대로 따라가는 그와 같은 이해는 하나님을 저항 과정의 한 부분으로 만들며(357), 역시 몰트만과 같이 십자가를 하나님의 내적 구조를 규정하는 것으로[83] 만들고, 십자가를 실패로만 보기에 십자가를 통한 승리와 구속을 경시하고 있다고 비판한다(358f.). 성경에 의하면 그리스도인들은 해방을 향해 나아가고 있는 것이 아니라, 그리스도인들은 해방에서 출발한다. 그런데 해방신학자들은 (그들의

---

[82] J. Soborino, *Christology at the Crossroads: A Latin American Approach* (London: SCM Press, 1978), 60.

[83] Sobrino, *Christology at the Crossroads:* 226.

그렇지 않다는 주장과 속죄에 대한 lip-service에도 불구하고) 엄밀한 의미에서는 진정한 '속죄의 신학'을 결여하고 있다고 지적하며(359), 따라서 모범설적인 이해로 나아가고 있다고 비판한다(359f.).

이에 대한 맥클라우드의 요약적이고 시사적인 비판은 매우 적절한 것이다: "세계에 대한 우리의 희망은 예수님의 발걸음을 따르는 기독교 순례자들의 거대한 물결에 있는 것이 아니라 살아 계신 예수님에게 있다"(361).

4. 더 논의할 점들

4-1. "모노게네스"에 대한 논의

맥클라우드는 한편으로는 "모노게네스"(μονογενής)라는 말과 연관해서 이 말에 대한 전통적 해석에 충실하면서도 또 한편으로는 어원상 이는 낳음과 상관없는 단어이고 따라서 이는 독생자로 번역되어서는 안 된다는 레이몬드 브라운의 견해에[84] 전적으로 찬동하고 있다. 이삭이 아브라함에게 "야히드"(독특한 그런 의미에서 유일한) 자녀였지만, 아브라함의 독자는 아니었다는 사실에 의해서 확인된다고 한다(94). 이는 어떤 점에서는 매우 공평한 마음으로 정확한 뜻을 밝히는 것으로 여겨질 수 있다. 실제로 "모노게네스"라는 단어에 "낳아진"이라는 의미가 전혀 없다는 것을 지적하는 이들이 많이 있다. 예를 들어서, 레온 모리스도 맥클라우드와 같이 이 말이 "겐나

---

[84] R. E. Brown, *The Gospel According to John, 1-XII* (New York: Doubleday, 1966), 13. Cf. D. B. F. Westcott, *The Gospel according to St. John* (London: John Murray, 1896), 12.

오"(γεννάω)에서 온 것이 아니고 "기노마이"(γίνομαι)에서 온 것이라고 하면서, 이 말이 어원적으로 낳음과 관련이 없다고 한다.[85]

그러므로 모리스나 맥클라우드와 같이 논의할 수 있는 여지는 충분히 있다. 그러나 이와 같이 심각한 문제에 대해서는 적어도 반대 논의를 소개하고 그와의 대화를 시도한 후에 결론을 제시하여야 사람들을 오도하지 않을 수 있을 것이다.

그러므로 이와 같은 주장을 할 때라도 브루스 같은 이가 "모노게네스"는 "유일하게 낳아진"(only-begotten) 또는 "오직 하나의 낳아진"(begotten of the only One)을 의미한다고 단언하는 바나[86] 맥클라우드 자신이 자주 인용하며 그에게 의존하는 게할더스 보스의 어원 연구에 근거한 "독생자"라는 번역에 대한 강한 옹호,[87] 그리고 린다스(Lindars) 같은 이의 양쪽 입장을 다 언급한 후에 결론은 제시하지 못하면서도 "그 아버지의 모노게네스"로 표현된 경우가 "유일하게 낳아진"으로 해석할 수 있는 결정적 근거가 될 수 있다는 논의[88] 등을 병행시켜 제시하고 대화하면서 자신의 주장을 해야 보다 설득력 있는 논의가 될 수 있었을 것이다. 일반적인 용례는 "모노게네스"가 "유일한"의 뜻으로 사용되지 않는다고 해도 예수님의 경우에는 그가 유일한 아들이기에 사랑받는 아들이라는 보스의 말을[89] 잘 반영하였으면 좀 더 나았을 것이다.[90]

---

[85] Leon Morris, *The Gospel According to John*, NICNT (Grand Rapids: Eerdmans, 1971), 105, n. 93.

[86] F. F. Bruce, *The Gospel of John* (Hants, U.K.: Pickering & Inglis, 1983), 65, n. 26.

[87] Geerhardus Vos, *The Self-disclosure of Jesus* (Philipsburg: Presbyterian and Reformed Pub. Co., 1978), 이승구 옮김, 『예수의 자기 계시』(서울: 엠마오, 1986), 235.

[88] Barnarbas Lindars, *The Gospel of John*, The New Century Commentary (1972; Grand Rapids: Eerdmans, 1987), 96.

[89] Vos, 『예수의 자기 계시』, 247.

[90] 이 문제 전반에 대한 논의로 이승구, 『사도신경』, 개정판 (서울: SFC, 2005),

또한 앞부분에서 틴델 사전을 인용하면서 이 말이 "유일한"의 의미로 사용되고 있다는 견해를 옹호하면서 제시하는 부분이 있어서(92) 이 앞부분과 어원적으로 "모노게네스"에는 유일한 독자라는 뜻이 없다는 뒷부분을 연관시켜 논의하였더라면 그 자신이 부주의하게 진술하는 듯한 인상을 제거할 수 있었을 것이다. 그러나 이는 맥클라우드의 균형 있는 논의가 더 균형 있는 것으로 제시되도록 하기 위한 제언일 뿐이다.

어원 문제를 떠나서는 전통적 견해와 같은 견해를 맥클라우드는 잘 변호하고 있다는 것도 여기서 지적하는 것이 좋을 것이다. 특히 그는 아들이 영원부터 "모노게네스"였다는 것을 강하게 주장하면서 논의하고 있다. (1) 요한복음 1:18의 "모노게네스 떼오스"라는 표현은 "진정 그가 영원부터 '모노게네스' 였다고 하게끔 한다고 하고, (2) 요한복음 3:16과 요한일서 4:9을 비교할 때 아들을 보내시는 것이 '모노게네스'를 보내는 것이라면 (보스에게 동의하면서) 그 모노게네스적 아들의 특징은 성육신으로부터 시작된다고 할 수 없다. 그리고 (3) 요한복음서 전체를 통해 제시되는 영원하신 아들 됨에 대한 분명한 증거가 있다는 점(95) 등을 아주 분명히 한다.

4-2. 다른 논의 가능성을 제시하지 않은 점들

그리스도의 영원하신 아들이심과 그의 영원 출생을 잘 논의한 후에 맥클라우드는 "성부는 우리 아버지시다. 성자는 우리의 아버지가 아니다"(186)고 말한다. 이에 동의할 사람들이 있을 수도 있지만, 이에 대해 의견을 달리할 개혁신학자가 많이 있을 수 있다. 성자의 영원성과 그가 삼위일체의 한 위이심을 생각하며, 구약에 나타나는 여호와 하나님이라는 명칭이 (맥클

102-106을 보라.

라우드 자신도 그렇게 잘 표현하고 있듯이) 결국 삼위 하나님을 지칭하는 명칭임을 생각할 때(205, 262) 삼위일체 하나님이 우리의 하나님이시며 따라서 삼위일체가 그리스도의 사역으로 말미암아 우리 아버지시라고 생각하는 분들은 맥클라우드의 이 주장에 기꺼이 동의하지 않을 것이다. 그러므로 정통파적 입장을 같이 가지고 나갈 사람들을 분열시킬 수 있는 주제를 단순하게 끌어들여 논의하는 것은 교회 전체를 위해 좋지 않을 수도 있다는 것을 깊이 숙고해야 할 것이다. 물론 그 점을 다 분명히 한 후에 재미있는 논의 거리로 과연 성자도 우리의 아버지라고 할 수 있는지 아닌지에 대한 학문적 논의를 하는 것은 있을 수 있는 것이다. 그러나 그것은 이렇게 우리의 입장을 정리하는 논의의 한 부분에서 나올 수 있는 문제는 아니라고 판단된다.

"엘리 엘리 라마 사박다니"에 대해서 맥클라우드는 그리스도의 버림받음만을 중심으로 하여 우리의 죄의 심각성과 속죄의 큰 의미를 중심으로 논의하고 있다(239-42). 좋은 논의이다. 그러나 이런 해석을 하고 이런 입장에서 논의를 한다고 해도 적어도 이런 중요한 어귀에 대한 다른 논의의 가능성, 이것이 시편 22편에 대한 묵상이요 이를 따르면 궁극적으로는 승리에 대한 확신이 함의되어 있다는 논의 가능성을 시사하면서 자신의 논의를 전개하는 것이 더욱 유익했을 것이다.

다른 논의 가능성 시사 요구 이상으로 문제가 될 수 있는 것은 속성교류에 대한 개혁파의 입장을 잘 드러낸 후에 맥클라우드가 조심하면서도 인성이 그 자체로 편재하지는 않지만 위격적 연합 때문에 "그 효과에 있어서 편재적이다"는 쉐드의 견해를 어느 정도 수긍하며 소개하고 있는 점이다(272). 쉐드는 이렇게 말한다: "그리스도의 신성은 결코 그의 인성과 별개로 분리되어서는 어느 곳에도 존재하지 않으시며, 항상 그의 인성과 연합되어서 그리고 그의 인성에 한정되어서(modified) 존재하신다."[91] 성찬과 관련해서 우리가 실제로 그리스도의 임재를(real presence) 경험한다는 것을 강조하려는 의도는 이해할 수 있으나 쉐드의 이 말 자체는 상당히 루터파와의 절충을 시도한 말로 여겨진다. 과연 이 입장이 개혁파적인 것으로 그대로 수긍될 수 있을 수 있는지 모르겠다. 맥클라우드는 이것이 모험을 감행하는 것이라고 말하면서도 "한정되어서"(modified)라는 한계를 가지고 이렇게 말하는 것이 가능하다는 시사를 주고 있다. 심각하게 논의할 만한 점이 아닐 수 없다. 아마 상당히 많은 사람들은 쉐드의 이 진술에 기꺼이 동의하기 어려워할 것으로 여겨진다. 왜 맥클라우드가 이것까지를 용인하려고 하는지 모르겠다.

4-3. 수사법적 기교가 낳을 수 있는 오해의 문제

이 책에서뿐만 아니라 맥클라우드는 설교투나 수사법적 어조가 가득한 문체를 사용하므로 때때로 사람들로 하여금 오해를 하도록 하는 일이 자주 있다. 이 책에서도 십자가에서의 "엘리 엘리 라마 사박다니"를 설명하면서, 겟세마네에서도 예수님은 성부를 향하여 '아바'라고 말할 수 있었는데 십자가에서는 그렇게 못하고 "나의 하나님"으로 말하고 있다는 점을 강조하여 말한다. 그는 "더 이상 '모노게네스'(μονογενής)가 아니라 '카타라'(κατάρα), 즉 저주받은 자였다"고 말한다(239). 더 나아가서 성부께서는 성자와 "베들레헴에서부터 갈보리까지 함께 올라갔다. 그러나 이제 아들이 가장 곤핍한 그 시간에 하나님은 그곳에 계시지 않았다"라고도 말한다 (240, cf. 241). 여기에 그런 의미의 차이가 있을 수도 있다. 그러나 단언하기

---

91 W. G. T. Shedd, *Dogmatic Theology*, vol. II (Edinburgh: T. & T. Clark, 1889), 327.

는 어렵다. 더구나 이 순간에는 "자신이 아들이라는 아무런 의식이 없었다"(239)고 단언하기는 더욱 어렵다. 오히려 이것이 시편 22편에 대한 묵상이기에 구약 성경에 있는 그대로 언급했을 가능성도 있기 때문이다. 그러므로 수사법적인 효과의 극대화를 위해 하는 말이 신학적 논의로 사용될 때의 문제가 여기도 있을 수 있다고 할 수 있다. 그러므로 가능성 있는 것만 가지고서는 신학적 논리를 이끌어내거나 강하게 말하지 않도록 해야 할 것이다.

또한 다음과 같은 주장도 너무 수사법적인 효과를 생각하다가 사람들을 오해하도록 할 수 있는 표현이다: "골고다의 '어찌하여?'는 한계가 없다. 그것은 죄의 논리를 추구하면서 하나님 자신조차도 답할 수 없을 물음들을 묻는다"(241).

또한 동정녀 탄생을 잘 설명한 후에 "복음의 시작에서, 동정녀 탄생은 믿음의 행위는 합법적인 '지성의 자살'(*sacrificium intellectus*)이라는 하나님의 은혜로운 선언이다"고 하는데(42f.), '*sacrificium intellectus*'라는 표현은 터툴리안 때와는 달리 특히 현대에서는 "지성의 희생, 지성의 자살"로 번역되면서 부정적 어감이 가득한 것인데, 이를 긍정적으로 제시하는 맥클라우드의 수사법은 특히 신앙과 이성 문제와 관련해서 오해를 낳기 쉽다. 특히 맥클라우드 자신이 "우리로 하여금 … 난점들에 빠지게 만드는 언어는 전적으로 피하는 것이 최선인 듯하다"고 말하고 있기에(48), 이런 오해의 문제로부터 자유로운 표현이 요구된다는 요청을 하지 않을 수 없다.

이와 연관된 문제가 다음에 언급하고자 하는 맥클라우드의 바르트 인용의 문제라고 할 수 있다.

4-4. 바르트 인용의 문제

특히 이 수사법 문제와 관련해서 맥클라우드가 바르트로부터 인용하고 있는(43) "[동정녀 탄생은] '베레 데우스 베레 호모'(*vere deus vere homo*)를 지성적으로 이해할 최후의 가능성마저 제거해 버린다. 그것은 오로지 영적인 이해만을 남겨 놓는다. 그 이해란 하나님의 역사를 하나님 그분의 관점에서 바라보는 이해이다"(*Church Dogmatics*, I/2 [Edinburgh: T. & T. Clark], 177)라는 말의 해석에 있어서 좀 더 유의해야 한다는 점을 말하지 않을 수 없다. 바르트가 말하는 "영적인 이해", "하나님의 관점에서 보는 것" 등은 우리가 정통 신학 내에서 사용하던 말과는 그 의미가 좀 다른 말이라는 것을 생각하지 않을 수 없기 때문이다. 바르트가 지성의 영역에서는 이해할 수 없다고 말하면, 결국 그는 이를 역사와 인식의 영역 밖으로 놓고 이해하는 칸트적 인식론에 전제한 논의라는 것을 잊어서는 안 된다. 그런데 맥클라우드는 바르트의 의미를 그대로 정통신학과 신앙의 의미로 순진하게 받아들이면서 병렬시키고 있는 듯하여 이것도 잘 모르는 독자들을 오도할 수 있다. 이는 성부와 성자의 관계에 대한 바르트의 이해를 언급하는 데서도 (184f.) 나타나는 문제다.

또한 동정녀 탄생을 잘 설명하면서 맥클라우드는 바르트가 동정녀 탄생을 하나의 징조로 특별한 위치를 차지한다고 설득력 있게 주장한다고 하면서(41), 바르트를 이를 부인하는 다른 신학자들, 즉 한스 큉, 에밀 부룬너, 판넨베르크, 쉴리베크스, 윌리암 바클레이, 그리고 존 로빈슨 등과 대조되는 것으로 제시한다. 그런데 이는 바르트의 주장의 표면만을 살피고 그 본질적인 문제에 대해서 독자들의 오해를 이끌어 낼 수 있는 표현이라고 판단된다. 물론 문자적으로 바르트는 '동정녀 탄생을 이야기'(narrative)를 매우 중요하게 여긴 것은 사실이다. 그러나 이를 계시와 역사 관계에 대한 바르트의 이해의 맥락에 놓으면 부룬너는 동정녀 탄생을 부인했는데 바르트는 인정했다고 논의하기 어렵다. 그러므로 적어도 이 점에 있어서 맥클라우드의 논의는 독자들을 오도할 위험이 있다고 판단된다. 다른 재해석들에 대해서는 아주 주의하면서 독자들의 주의를 환기시키고 있는 그가 왜 바르트와 관련해서는 그와 같은 주의를 기울이고 있지 않은지 안타깝다.

또한 그리스도가 하나님의 계시라고 했을 때 그가 하나님이셔야만 그 말이 의미 있다고 바른 주장을 하면서 맥클라우드는 계시자와 계시 행위와 계시된 것은 동일하다는 바르트적 이해를 연관시켜 제시하면서 (341) 그것이 정통적 이해인 것 같은 소개를 하고 있다. 그런데 한 편으로는 그렇게 보이는 바르트의 주장이 계시와 하나님을 동일시함으로써 계시가 역사 안으로 들어올 수 없도록 하고, 역사 안에 있는 것은 그 자체로 계시적인 것일 수 없게 하는 결과를 나타내고 있다는 것을 염두에 두지 않고 말하는 것은 좀 단순한(naive) 바르트 인용이고 해석이라고 여겨진다. 이런 점에서 좀 더 신경을 썼어야 할 것이다.

4-5. 다른 현대 신학자 인용의 문제점

바르트 인용의 문제와 동일한 문제가 다른 현대 신학자들을 인용하는 데서도 나타나지 않는가 하는 우려를 표하지 않을 수 없다. 예를 들어서, 그리스도의 선재 문제에 대한 현대의 여러 학자들의 비판을 논의하면서 맥클라우드는 판넨베르크의 다음 말을 판넨베르크가 그리스도의 선재성을 받아들인다는 의도로 긍정적으로 인용하고 있다: "영원에서 영원까지 계시는 하나님과 예수의 계시적 통일성은 우리로 하여금 개념적으로 예수님이 하나님의 아들로서 선재하셨다고 생각하지 않을 수 없게 만든다. …… 만일 하나님이 예수님 안에 자신을 계시하셨다고 한다면, 예수님과 하나님의 교제(Jesus' community with God), 예수님의 아들 됨은 영원에 속한다"(81).[92] 이 말을 그대로 받아들이면 우리는 쉽게 그래도 판넨베르크는 선재성을 받아들인다고 말할 수 있을 것이고, 이것이 맥클라우드가 우리를 인도하고 있는 방향이기도 하다.

그러나 판넨베르크의 글을 조심스럽게 읽어 본 사람들은 누구나 알 수 있듯이 판넨베르크가 말하는 선재성이 정통신학에서 말하는 선재성과 과연 동일시될 수 있을 것인가를 묻지 않을 수 없다. 판넨베르크는 엄밀히 말하면 칼시돈적인 양성 교리를 버리고 "예수와 하나님과의 인격적 일치", "의지적 일치"를 중점으로 말하며,[93] 이로부터 "본질적 일치"를 말하기는 하지만, 그것이 전통적 신학이 말하는 본질적 일치와는 다른 의미라는 것을 좀 더 고려해야 하지 않았을까?[94] 또한 판넨베르크는 부활 이전의 예수는 동정녀에 의해서 탄생한 것으로 볼 수 없다고 하며,[95] 예수 자신도 "메시아(혹은 하나님의 아들)라고 지칭하지 않았을 뿐 아니라, 다른 사람들로부터도 그러한 고백을 받지 않았다"고 말한다는 것을 고려하면서 말해야 했다고 판단된다.[96] 판넨베르크는 자신이 말하는 선재성은 동정녀 탄생과 모순되는 것이라고 말하고 있다는 것을[97] 맥클라우드 자신이 잘 알고 있으

---

[92] W. Pannenberg, *Jesus: God and Man* (London: SCM Press, 1968), 150, 154.

[93] Pannenberg, *Jesus: God and Man*, 323, 334.

[94] 이 점에 대한 논의로 이승구, "판넨베르크 신학에 대한 개혁주의적 질문", 『개혁신학 탐구』(서울: 하나, 1999), 227f.=개정판 (수원: 합신대학원출판부, 2012), 182를 보라.

[95] Pannenberg, *Jesus: God and Man*, 143.

[96] Pannenberg, *Jesus: God and Man*, 327.

[97] Pannenberg, *Jesus: God and Man*, 143.

면서도(28), 판넨베르크를 긍정적으로 인용하는 것은 우리를 오도할 위험이 있는 것이라고 하지 않을 수 없다.

비슷한 문제가 "만약 하나님이 예수 그리스도를 통하여 계시된다면, 하나님이 누구시며, 하나님이 무엇인지는 오직 그리스도 사건에 의해서만 정의된다. 그렇게 될 때, 예수는 하나님에 대한 정의에 속하며, 따라서 하나님의 신성에, 하나님의 본질에도 속한다."는[98] 판넨베르크의 말을 단순하게 인용하는 데서도(342) 나타나고 있다고 여겨진다.

맥클라우드는 이 주장 속에 담긴 새로운 십자가 신학적 해석의 방향을 잘 생각하지 않고 있다. 이런 식으로 하나님의 경륜 중심으로 이해하려 하면서 영원부터 계시는 하나님(특히 존재론적 삼위일체)에 대해 무시하든지, 적어도 그 하나님을 경륜에 의해 파악된 바에 의해서 규정하려 하여 결국 만유재신론적 방향으로 진행해 가는 것을 적어도 이 인용에서는 신경쓰지 않은 것이다. 이런 식으로 인용되면, 특히 이 인용문 바로 뒤에 "이것은 신약 성경이 제시하는 바와 분명히 일치한다"는 말과 함께 진술되면(342), 많은 이들이 이런 인용문에 담긴 사상에서는 판넨베르크의 의도가 옳은 것처럼 오해할 수 있는데, 그런 점을 신경 쓰지 않는 것이 안타깝다.

또한 맥클라우드는 칼 라너의 말을 여러 곳에서 긍정적으로 인용하고 있는데, 삼위일체에 대한 라너의 말은 가장 모호한 말로 판단될 수 있는 말인데 맥클라우드가 정통신학적 진술을 하면서 라너의 말을 인용하여 마치 라너가 어느 한도 내에서는 정통신학과 같은 의도를 전달하는 듯한 인상을 주고 있다. 예를 들어서 그는 라너에게 동의하면서, "세 위격은 그 각자의 위격상의 독특성과 다양성 가운데서 감사할 은혜 가운데서 자신을 사람에게 전달하신다. ⋯ 이 세 가지 '자기 상호 소통'은 하나님이 존속하

---

[98] Pannenberg, *Jesus: God and Man*, 130. See also 129

는 세 가지 관계적 방식 가운데 계신 한 분 하나님의 자기 상호 소통이다"는 라너의 말을[99] 인용하고 있다(186). 헤겔적 표현 방식을 가지고 있는 이런 라너의 표현을 아무 해석 없이 제시하는 것은 독자들을 오도하기 충분한 인용 방식이다. 이는 라너 해석의 문제와 함께 가장 심각하게 논의해야 할 문제다.

4-6. 마지막 불안

모든 논의를 마친 후에 맥클라우드는 "우리는 이전 신학의 단어와 어구를, 심지어 칼케톤 신조의 단어나 어구라 할지라도 그저 그것들을 반복 것으로 만족할 수 없다"고 잘 지적하면서(363) 현대 심리학과 현대 유전학의 통찰을 사용해서 검토해야 하며, 새로운 도전들은 우리를 변화시키며 우리를 풍성하게 만들어 준다고 말한다. 특히 우리 시대 사람들이 이해할 수 있는 말로 전통적 용어들, 예를 들어서 "호모우시오스"와 "페리코레시스"를 번역하며, 현대인들이 알 수 있는 새로운 이미지를 찾아야 한다는 데에 대해서 고무적이게 된다(364).

그러면서 맥클라우드는 폭넓은 신학의 장에서 폭넓은 패러다임의 전환이 기독론에 심원한 영향을 주기도 한다고 하면서 하나님의 "아파떼이아"(apatheia) 공리에 대한 점증하고 있는 포기가 바로 이러한 예들의 하나라고 말한다. 그러면서 "우리는 이 혁명이 지니고 있는 기독론적 함축들을 발전시키는 데 있어서 갈 길이 아직도 많이 남아 있다."고 말한다(364). 나는 이 주장에 대해서 많이 불안하다. 오히려 과거 선배들이 말한 아파떼이아의 진정한 의도와 혹시 그 속에 담겨 있는 철학적인 개념을 배제하고

---

[99] K. Rahner, *The Trinity* (Turnbridge Wells: Burns & Oates, 1970), 64.

서 드러내는 것이 과연 우리가 나아가야 할 길이 아닐까? 맥클라우드가 여기서 시사하듯이 이 개념을 버려 버리고 기독론을 구성해야 한다는 것에 대해 못내 아쉬운 마음이 있다.

우리의 신학은 항상 도상에 있다. 그러한 의미에서 맥클라우드가 말하듯이 우리의 "기독론은 결코 달성된 것이 아니다"(364). "하나님의 아들과의 살아 있는 관계에서 태어난 기독론은 영원히 '도상의 기독론'(Christologia viatoria)으로 남아 있다. 이 책은 단지 그 순례길의 시작일 뿐이다"(364)로 마치는 맥클라우드의 말이 의미 있도록 하기 위해 비슷한 말을 하되, 성경의 가르침에서 벗어나서 그리하려는 것, 따라서 살아 계신 그리스도와의 관계 가운데서 기독론을 제시하지 않으려고 하는 것에 대해서는 어찌하려는지도 강하게 묻지 않을 수 없다. 늘 비슷한 말을 하지만 그 의미가 달라지는 것이 문제이기 때문이다.

5. 마치는 말

그러나 이와 같은 점들은 맥클라우드의 정통주위적 기독론이 좀 더 날카롭게 그 역할을 하도록 하기 위해 지적하는 점들일 뿐이다. 이런 점들이 검토된다면, 맥클라우드의 기독론은 같은 시리즈의 그리스도의 사역을 다루고 있는 로버트 레담과 다른 시리즈에서 그리스도의 위격을 다루고 있으며 근자에 기독론에 관한 대작을 낸 데이비드 웰스의 『기독론』과 함께 20세기 상황에서 개혁파적 정통주의 기독론을 잘 제시하고 변호하며 발전시키고 있는 것이라고 해도 과언이 아닐 것이다. 그는 다른 개혁파 정통주의 기독론 논자들과 함께 정통파 개혁주의에 충실한 기독론을 제시하였고, 또 다른 이들과 함께 이전 조직신학자들보다 좀 더 성경 주해나 신구약 학자들의 논의와 대화하는 논의를 제시하였다고 할 수 있다.

또한 맥클라우드의 가장 현대적인 기여는 동정녀 탄생을 정통주의적으로 잘 제시하면서도 그것이 성령의 놀라운 능력으로 하나님이 새로운 수정란을 존재케 하시는 방식으로 수태케 하신 것인지, 아니면 마리아의 난자까지를 사용하셨는지를 생각하도록 하고 있다는 점이다. 맥클라우드는 마리아의 난자를 사용하셨다고 논의하면서 그런 점에서 성육신은 한편에서는 매우 초자연적이면서도 한편으로는 매우 자연스럽다는 것을 잘 설명하고 있다. 과연 마리아의 난자를 사용하셨는지, 아니면 하나님께서 놀라운 방식으로 배아가 마리아 태중에 자라게 하셨는지를 교조적으로 단언할 필요는 없다. 그러나 (1) 초자연적 동정녀 탄생을 성경이 말하는 그대로 단언한다는 점, (2) 그리스도의 신적 생명은 영원부터 무기원적으로 있지만, 그리스도의 인간 생명의 시작은 수태되는 그 순간부터임을 강조해 주고 있다는 점, (3) 따라서 우리들의 인간 생명도 수태되는 시점부터라고 생각하는 것이 가장 자연스럽다는 것을 시사해 주고 있다는 점에서, 맥클라우드의 기독론의 정통적이면서도 매우 현대적인 기여가 있다.

제 5 장

로버트 레땀의 성경적, 개혁파적 그리스도의 사역 이해

로버트 레땀(Robert Leetham)은 영국 엑스터 대학교(University of Exeter)에서 학사 학위를 하고(B. A., 1969), 노팅햄에서 공부하고 (1971), 미국 웨스트민스터 신학교에서 종교학 석사(M. A. R., 1975)와 신학 석사(Th. M., 1976) 학위를 하고, 다시 영국에 돌아가 스코틀랜드의 아버딘 대학교에서 구원에 이르는 신앙의 성격에 대한 연구로 박사 학위(Ph.D., University of Aberdeen, 1980)를¹ 하였다. 박사 학위를 마친 후 레땀은 미국으로 가서 뉴저지 주 위파니(Whippany, New Jersey)의 임마누엘 장로교회 목사를 하면서 웨스트민스터 신학교에서 기독론을 가르치다가(1981-1986), 다시 영국으로 가서 이전에 런던 바이블 컬리지(London Bible College, 오늘날의 London School of Theology)에서 기독교 교리 담당의 선임 강의자(senior lecturer, 미국식으로 하면 부교수)로 있었다(1986-1989). 그 후에 레땀은 다시 미국으로 가서 1989년부

---

1 Robert Letham, "Saving Faith and Reformed Theology: Zwingli to the Synod of Dort," 2 vols. (Ph. D. thesis, University of Aberdeen, 1979).

터 미국 델라웨어 주 윌밍톤에 있는 엠마누엘 장로교회의 목회자로 있으면서, 개혁신학교의 방문 교수(2001-)와 웨스트민스터 신학교의 겸임 교수(Adjunct Professor of Systematic Theology)로 섬기고 있다가, 2007년에 다시 영국으로 가서 아벌스뜨위드(Aberystwyth)에 있는 (이전에 웨일즈 복음주의 신학교라고 불리던 2016년 Michael Reeves 이후에 학교명을 개명한) 유니온 신학교(the Union School of Theology)의 역사신학과 조직신학 교수(Senior Tutor)로 있다.

이와 같이 출중한 학자요 좋은 목회자인 레땀이 1993년에 기독론의 둘째 부분인 그리스도의 사역에 관한 좋은 교과서를 내었다.[2] 이는 제랄드 브레이(Gerald Bray)가 편집하고 있는 〈기독교 신학의 양상들〉(Contours of Christian Theology)이란 제목으로 일련의 신학자들(Gerald Bray, Robert Letham, Paul Helm, Charles Sherlock, Sinclair Ferguson, Donald MacLeod, Edmund Clowney, Klaas Runia)이 쓰고 있는 시리즈의 하나로 나온 책이다.

전통적인 교과서를 그대로 옮기지 아니하면서 현대적인 문제들을 더하여 다룸으로 전통적 교과서를 보충하며 최상의 의미에서의 적극적이고 복음주의적 입장을 표방하는(9) 이 시리즈는 이미 나온 『신론』의 저자인 제랄드 브레이와 함께 다른 집필자들의 성격과 그 체제 및 성향을 생각할 때 영국에서 나온 또 하나의 시리즈보다 좀 더 복음주의적이고 내용에 있어서 개혁주의적 색채를 띠고 있어서 우리의 관심을 더 끈다.

1. 내용 개관

제1부에서는 그리스도의 사역을 이해하는 토대로 그리스도와 구원의 계획

---

[2] Robert Letham, *The Work of Christ* (Downers Grove, Ill.: InterVarsity Press, 1993). 이하 이 책으로부터의 인용은 면수만을 본문 가운데 삽입하기로 한다.

(제2장)이라는 제목 하에서 언약과 그리스도의 관계를 다루고, 그리스도와 하나님 나라(제3장)의 관계를 다루며, 그리스도와의 연합(제4장) 문제를 다룬 후, 전통적인 그리스도의 삼중직론(三重職論)에 근거해서 선지자로서의 그리스도(제2부)에서 그리스도와 하나님의 말씀의 관계를 논의하고, 제사장으로서의 그리스도(제3부)를 다루면서는 속죄 문제 전반과 속죄와 칭의 문제까지를, 그리고 왕으로서의 그리스도(제4부)에서는 그리스도의 중보적 왕권의 우주적 차원과 집합적 차원을 다루고 있다. 이런 기본적 구조를 지닌 이 논의는 "부활하신 주님에 의해서 개인의 삶들과 민족들과 전체 문명이 변하고 재형성되었고," "기독교는 번성하며," 따라서 "그리스도의 사역은 실제로 우리가 직면할 수 있는 가장 중요한 실재들을 대변한다"는 그의 성경적인 생각에서 출발하고 있다(17).

2. 레땀의 그리스도의 사역에 대한 논의의 공헌점

레땀의 그리스도의 사역에 대한 이 논의에서 아주 중요한 공헌으로 지적될 수 있는 것들은 다음과 같은 것들이다.

첫째로, 이 책은 우리가 흔히 나누어서 다루기 때문에 (사실은 그런 의도도 없고, 그래서도 안 되지만 흔히 나누어서 다루는 방식 때문에) 생겨지는 오해를 해소할 수 있도록 개념들의 관계를 잘 연관하여 설명해 주고 있다.

[1] 가장 먼저 생각할 수 있는 것은 그리스도의 인격과 사역의 관계이다. 이 둘은 결코 떼어서 생각할 수 없는 데도 흔히 논의의 편의상 기독론을 이렇게 나누어 생각하는 방식 때문에, 그리고 현대에 들어와서는 의도적으로 그 둘을 떼어 내는 바람에 마치 그리스도의 인격과 사역이 분리되어 있는 듯한 인상을 가지게 되었다. 레땀이 언급하고 의식하고 있는

현대의 이런 경향으로는 신약 성경에는 오직 기능적 기독론(functional Christology)만 있다는 오스카 쿨만의 주장,[3] 던의 주장,[4] 해방신학자들의 주장,[5] 그리고 판넨베르크의 '밑으로부터의 기독론'(Christology from below)의 시도 등을 들 수 있다.

레땀은 그리스도의 인격과 사역의 연관성에 대한 강조를 다음과 같은 말로 시작한다: "그리스도께서 하신 일은 그가 누구신가와 직접적으로 연관된다. 그의 사역의 유효성을 결정짓는 것은 그의 인격의 독특성이다"(24). 그리고는 동시에 참 하나님이시며 참 사람이신 분만이 우리를 대신하여 하나님께 순종하실 수 있다는 취지의 칼빈의 말과[6] 하이델베르크 요리문답(1563) 제15 문답에서 제17 문답까지, 그리고 "그가 취하시지 않은 것은 치유될 수 없다"는 나지안주스의 그레고리(Gregory of Nazianzus)의 말을[7] 인용하여 고대부터 기독교에서는 "그가 누구신가 하는 것이 그가 할 수 있는 일을 결정 지운다"는 것을 강조하여 왔음을 밝힌다(24-25).

또한 레땀은 이를 더 분명히 하기 위해 이레니우스(Irenaeus, *Against Heresies*, v)와 안셈(Anselm, *Cur Deus Homo*), 그리고 현대 신학자들 중에서는 베르까우어의 다음 말을 인용하고 있다: "그리스도의 이름을 언급한다는 것은 그의 사역을 지적하는 것이며, 그의 사역의 복을 언급한다는

---

[3] Oscar Cullmann, *The Christology of the New Testament* (London: SCM, 1975), 215-66. 후의 제한과 보충으로 "The Reply of Professor Cullmann to Roman Catholic Critics," SJT 15 (1962): 36-43도 보라.

[4] James D. G. Dunn, *Christology in the Making* (London: SCM, 1989).

[5] Jon Sobrino, *Christology at the Crossroads* (London: SCM Press, 1978); Juan Luis Segundo, *The Historical Jesus and the Synoptics* (London: Sheed & Ward, 1985).

[6] John Calvin, *Institutes*, 11,12,13.

[7] Gregory of Nazianzus, 'Epistolae 101' (MPG, 37, 181c). 이에 대해서 그는 또한 Aloys Grilmeier, *Christ in Christian Tradition*, I (London: Mowbrays, 1975), 329-91; J. N. D. Kelly, *Early Christian Doctrines* (London: A. &. C. Black, 1968), 289-301을 보라고 한다(250, n. 8).

것은 … 교회가 찬양 가운데서 '참 하나님과 참 사람'(vere Deus, vere Homo)으로 고백하는 그분의 사역을 다루는 것이다."8 그리고 바르트와 판넨베르크도 같은 점을 지적하고 있다고 말하면서 그들의 말을 인용하고 있다.

그러나 후에 판넨베르크의 "밑으로부터의 기독론"에 대한 레땀 자신의 언급에서 잘 드러나듯이 이는 그들 신학의 전체적 맥락에서 이해해야 하지 지금까지 언급한 이들과 같은 점을 그들이 말하는 것이라고 볼 수 있을는지 의문이다. 또한 이 맥락에서 캄벨(John McLeod Campbell, 1800-72)의 그의 인격을 통해서 그리스도의 사역을 이해하려는 시도가 언급된 것(31)도 좀 이해하기 어려운 처사가 아닐 수 없다.

[2] 개념간의 관계를 잘 드러내는 작업의 둘째로, 언약과 그리스도의 관계를 잘 드러내어, 성경을 이해하는 일에서 언약이 얼마나 중요한지를 로버트슨(O. Palmer Robertson), 머리(John Murray), 클라인(M. Kline)의 논의에 근거하여 설명하고, 성경의 언약들이 "하나님의 하나의 은혜의 목적"이라는(42) 통일성을 가지고 있어서 후대의 언약은 이전 언약들에 근거하여 세워진다는 점을(42) 잘 드러내고, 그리스도가 그의 언약의 주님이심을 말하는 등의 논의를 말하지 않을 수 없다.

[3] 셋째로, 그리스도의 속죄 사역을 설명한 후에 **속죄와 칭의를 연관시켜서 설명**하는 것도 이런 개념간의 관계를 잘 설명하는 시도의 하나이다. 그의 논의의 핵심은 예수의 부활은 그의 칭의이고, 그의 이 칭의는 마지막 날 우리가 부활할 때에 온전히 우리의 것이 되는데, 그리스도와 우리의 연합 때문에 칭의는 우리가 처음 믿을 때 지금 여기서 선취되고 믿음으로 받게 된다는 것이다(179). 또한 이 논의 중에서 그는 **칭의와 성화도 연관하여** 다루어야 함을 강조하고 있다(184). 이와 연관해서 레땀이 "화목과

---

8 G. C. Berkouwer, *The Work of Christ* (Grand Rapids: Eerdmans, 1965), 19.

순종이 구속(atonement)을 칭의와 연관시키도록 한다면, 구속(redemption)은 이를 성화와 연관시킨다"(149)고 지적하는 점도 언급해야 한다.

[4] 넷째로, "그리스도와의 연합"을 제 4 장으로 제시한 것 역시 독특한 것이다. 흔히 전통적으로 구원론의 일부로 다루어지는 "우리 구원의 모든 측면의 토대"가 되는(75) 이 부분을 그리스도의 사역의 한 부분으로 다룸으로 레땀은 기독론과 구원론의 밀접한 관계를 잘 드러내고 있다.

[5] 다섯째로, 레땀은 구원론과 교회론의 밀접한 관련도 잊지 않고 지적한다. 그에 의하면 구원은 "교회 안으로, 교회 안에서, 그리고 교회와 관련하여 일어난다."[9] 구원론과 교회론은 모두 그리스도께서 이루신 것의 열매(outflows of the accomplishment of Christ)이기 때문이라는 것이다. 그런데 특히 현대 복음주의에서 이 둘이 분리되어 나타나고 있는 문제점을 지적하면서(218), 레땀은 이를 극복할 수 있는 길이 성경적 언약 개념과 그리스도의 사역에서 그것이 열매 맺고 온전히 표현된 것에 집중하는 것이라고 제시한다(219).

[6] 여섯째로, 레땀은 그리스도의 속죄 사역이 삼위의 한 위이신 성자만의 사역이 아니고 삼위일체 전체가 우리의 구원을 위해 각각 다른 방식으로 관여하신 사건임을 강조하고 있는 점도 연관성을 잘 드러내려는 노력의 하나라고 할 수 있다(129, 142).

이렇게 개념들간의 관계를 잘 드러내고 잘 연관시키고 있는 점 외에도 이 책의 논의의 장점의 둘째로, 복음서의 "예수의 역사는 또한 그 자체가 해석을 제공한다"고 하면서, "복음서가 이렇게 신학적인 문서들이지만 그것이 복음서를 덜 역사적으로 만드는 것이 아님"을 잘 지적하고 있는 점(36)이 복음서의 역사성을 부인하는 성향이 강한 현대적 정황 속에서도

---

[9] 원문 참조: "Salvation … takes place into the Church, in the Church and in connection with the Church"(217).

성경에 충실하여 신학을 하려는 레땀의 논의의 또 하나의 큰 기여라고 할 수 있다.

셋째로, 몰트만(J. Moltmann)과 융엘(E. Jüngel)의 새로운 십자가 신학의 통찰을 높이 사면서도 "그들이 얼마나 많이 그리스도의 사역에 대한 성경의 증언 전체에 공정하였는가?"고 묻는 것(37)도 레땀의 중요한 공헌이라고 할 수 있다.

또한 소외된 자와 억눌린 자에 대한 관심을 장점으로 인정하면서도 이는 "죄와 하나님의 거룩하심과 진노에 대한 성경의 가르침이 성경 자체가 그것을 보는 것과는 좀 다른 식으로 재 정의된 점에 약점이 있음"을 잘 지적한 것(143), 즉 그들에게서 "사회적이고 집합적인 죄에 대한 촛점이 인격적이고 개인적인 죄에 대한 실질적 배제를 가져왔다"(173)는 점과 "그 견해는 하나님이 가난한 자들과 버려진 자들에 대한 편애(partiality)를 가지고 있다는 전제에 근거하고 있다"(173)는 점, 그리고 이런 태도는 결국 일종의 펠라기안주의를 주장한다(174). 아주 명확하고 옳게 지적한 것(173)도 그의 큰 공헌이라고 할 수 있다.

넷째로, "구속의 의도"(the intent of the atonement)라는 제목의 부록에서 레땀은 보편주의, 알미니안주의, 제한 속죄론, 아미로(Moyse Amyraut)의 가정적 보편주의(hypothetical universalism)를 개괄한 후, 다른 이론들을 "잠정적인"(provisional) 구속론이라고 언급하면서 이들보다 제한 속죄론이 말하는 그의 이른바 "유효한"(effective) 구속론이 왜 더 옳은가 하는 것을 설득력 있게 잘 제시하고 있는 점도 이 책의 큰 공헌의 하나이다.

레땀은 이 문제를 해결하는 핵심 문제는 구속의 성질에 있는데, 구속의 성질로부터 생각하면 그리스도께서 구속받는 큰 무리의 구원을 확보하기 위해서 십자가에서 돌아가셨다는 결론을 내릴 수밖에 없다고 한다(230). 따라서 "구속에 대해서 형벌적 대리 이론을 주장하면서 동시에 그리스도께서 예외 없이 모든 이들을 위해서 잠정적으로 죽어주셨다고 주장하는 것은 신학적으로 불가능하게 보인다"고 분명하게 주장한다(230).

이런 점을 염두에 두면서 레땀은 심지어 "현대의 칼빈주의자들과 알미니우스주의자들은 모두가 역사적 알미니안주의는 형벌적 대리 이론과 정합성이 없다는 것을 인정한다"는 말까지를 하고 있다.10 결국 "(구속의) 범위를 보편화하면 [십자가에서 이루어진 하나님의] 유효 선언을 제한하게 된다"는 머리(Murray)의 말과11 같이 보편적 구속은 실제적으로 십자가의 유효성을 제한하게 된다고 한다(233).

3. 후반부 논의의 중요 요점들

이상과 같은 특징과 함께 이 책 후반부의 레땀의 논의는 우리가 특히 잘 정리해 볼만한 내용을 가졌다고 할 수 있다. 그 내용을 간단히 간추리면 다음과 같이 정리할 수 있을 것이다.

제사장으로서의 그리스도를 논하면서 레땀은 그리스도의 대제사장 되심이 여호와의 불변하는 맹세를 따라 된, 따라서 더 오래되었으며, "영원한 제사장"인 멜기세덱의 반차를 따른 것임을 강조한다(시 110:4 참조). 특히 레땀은 창세기 14장을 언급하면서 여기 나타난 멜기세덱의 축복은 12장의 하나님의 축복과 병행이 되므로, "그런 의미에서 멜기세덱은 그를 통하여 약속된 언약의 축복이 전달되고, 심지어 중재된다고도 할 수 있는 분

---

10 J. K. Grider, "Arminianism," in Water A. Elwell, ed., *Evangelical Dictionary of Theology* (Basingstoke: Marshall Pickering, 1985), 79-81; R. Letham, "Arminianism," in S. B. Ferguson, D. F. Wright, and J. I. Packer, eds., *New Dictionary of Theology* (Leicester: Inter-Varsity Press, 1988), 45-46.

11 John Murray, *Redemption: Accomplished and Applied* (London: Banner of Truth, 1961), 64.

으로 볼 수 있다"고 까지 말한다(109). 그래서 결국 멜기세덱은, 마치 아론이 모세 언약의 제사장이었듯이, 아브라함 언약의 제사장이라고도 말한다(109). 그리고 이 아브라함 언약과 연관된 멜기세덱의 제사장 됨은 그리스도 안에서 실현된다고 한다(110). 이 주장에 대해서는 좀 더 구체적인 논의에 의한 보완이 필요하겠지만, 그리스도의 대제사장 되심을 분명히 하려는 레땀의 의도는 복음서에서는 예수께서 제사장 개념을 사용하신 일이 없다는 맨슨의 주장에[12] 대한 반론(110-112)과 함께 좋은 변증이 된다고 할 수 있다.

그리스도의 제사장 됨에 대한 논의에서 흥미로운 것을 지적하자면 다음과 같다. 첫째로, 그의 성육신을 위해서 지극히 높으신 이의 능력이 마리아를 덮으리라는 표현이 창세기 1장에 나오는 창조 기사를 상기시켜서 "성령에 의한 수태가 비슷하게 주권적이고 창조적인 신적 행위, 새 시대의 도입으로서의 급진적으로 새로운 시작이다"(115)는 것을 보여준다고 지적하고 있는 점을 말할 수 있다.

둘째는, 오직 그리스도의 유일하신 제사장 되심에 근거해서만 우리가 "제사장 나라"라고 불려질 수 있는데, 이는 개인에게 적용되는 것이 아니라, 집합체로서의 교회에게 적용되는 것임을 그가 잘 지적한 점이다: "우리는 모든 신자들의 제사장 됨이 아니라, 교회의 제사장 됨을 생각하기를 배워야만 한다"(122). 그리고 "이렇게 이해하면 교회의 직분이 모든 개개인 신자들의 평등성에 대한 침범이 아니고, 교회에 주어진 그리스도의 제사장적 사역에 참여하는 한 방식으로 여겨질 수 있다"(123)고 하는데, 이는 잘 적용하면 교회의 직분을 잘 이해하는 방식일 수 있지만 좋은 개념들이 늘 잘 오용되었듯이 오용될 수 있는 여지도 있는 개념일 수 있다.

구속의 성질을 논하면서(제7장) 레땀은 하나님의 공의를 생각할 때

---

[12] T. W. Manson, *The Teaching of Jesus* (Cambridge: Cambridge University Press, 1939).

죄와 형벌의 연관은 반드시 있어야 한다는 생각(126)에 근거해서, 칼빈이나 머리(Murray)와 견해를 같이하면서 구속의 "결과적 절대적 필요성"(consequent absolute necessity)을 옹호하는 입장에서(127) 다음 몇 가지 성경적 범주들에 근거해서 속죄의 성질을 이해하려고 한다.

첫째는 희생 제사(sacrifice)이다. (아마도 에쎄네 종파적 형태의 이상주의적 유대교로) 돌아가려는 위험 중에 있는 히브리서 독자들에게 그리스도가 영단 번에 드려진(hapax, ephapax, 히 9:12, 26, 28; 10:10, 12, 14) 유일한 희생 제사임을 강조하는 히브리서에 근거해서, 레땀은 **그리스도께서 영원하신 성령을 통해서 성부께 자신을 드렸다**고 말한다. 이로부터 레땀은 "삼위 전체가 우리의 구원을 위한 그리스도의 구속적 죽음에 관여한다"는 결론을 내린다.13 그러나 레땀 자신이 잘 지적하고 있듯이14 "영원하신 영"이라는 말은 "신적이고 영원하신 그리스도의 성질"을 뜻한다는 해석이 좀 더 주도적이므로,15 레땀의 이 논의는 그리 성공적이라고만은 할 수 없을 것이다.

둘째로, "순종"이라는 범주로 여기서 레땀은 그리스도의 전 생애가 순종의 삶임을 잘 밝히면서, "그의 전 생애 또는 사역이 그의 자원하는 순종의 적극적 수행이면서 동시에 우리 대신에 그리고 우리의 자리에서 하나님의 진노에 복종하는 것으로 구성되었다"고 하거나 좀 더 낫게는 "그리스도의 하나의 순종이 적극적 측면과 수동적 측면을 모두 가지고 있다"고 표현할 수 있다고 옳게 지적하고 있다(130). 또한 그리스도께서는 적극적으로 이 순종으로 나아가셨지만 또한 이 순종이 내적인 투쟁 중에 되어진 것임도 누가복음 12:50, 마가복음 10:38 등에 근거하여 잘 지적한다(130-31).

셋째로, "형벌적 대리"(penal substitution) 개념에서는 그리스도께

---

13 Cf. P. E. Hughes, *A Commentary on the Epistle to Hebrews* (Grand Rapids: Eerdmans, 1977), introduction.

14 Letham, 259, *The Work of Christ*, n. 7.

15 Westcott, Vos, Spicq, 그리고 Hughes 등의 논의를 보라.

서 우리의 자리에서 우리를 대신하여 우리가 받아야 할 "하나님 면전에서의 영원한 축출을 함의하는" "영원한 죽음"을 당하셨음을 특히 "하나님께서 죄를 알지도 못하신 자로 우리를 대신하여 죄를 삼으셨다(*hamartian epoiesen*)"고 말하는 고린도후서 5:21과 "그리스도께서 한 번 죄를 위하여 죽으사, 의인으로서 불의한 자를 대신하셨으니"라고 말하는 베드로전서 3:18 등과 다른 많은 구절들에 근거하여 제시하고서는, 대리적 수난의 개념이 고대 사회에서 친숙한 것이었으나, 성경 저자들은 이를 이교 문화의 취향과 선 이해에 종속시키지 않았다고 말하는 마틴 헹겔의 논의를 긍정적으로 소개하고 있다.16

그리고 이 대리 속죄는 넷째 개념인 "죄책의 제거"(expiation) 개념과 다섯째 개념인 "유화"(하나님의 진노를 진정시킴, *hilasterion*, propitiation) 개념을 모두 담고 있음을 잘 지적한다(140).17

여섯째 개념인 "화목"(reconciliation)은 원수 관계에서 친구 됨으로, 타락 이전에 아담이 향유했던 하나님과의 교제로 회복시키는 것임을 지적하면서(143), 레땀은 로마서 5:10-11, 골로새서 1:19-20, 에베소서 2:11-22, 고린도후서 5:18-21 등을 들어 설명한 후, 이 화목에서도 먼저 하나님 자신이 우리와 화목하셨기에 우리가 하나님과 화목할 수 있음을 잘 지적한 레온 모리스에게18 우리가 크게 힘입고 있음을 잘 지적한다(146).

일곱 번째 개념인 구속(redemption)은 대속금을 치러 죄와 사단에게 묶여 있음에서 풀려나게 함을 의미한다고 하면서 베드로전서 1:18-19,

---

16 Martin Hengel, *The Atonement A Study of the Origins of Doctrine in the New Testament* (London: SCM Press, 1981), 1-32.

17 C. H. Dodd, "*Hilasterion*, its Cognates, Derivatives and Synonyms in the Septuagint," JTS 32 (1931), 352-60. 이에 대한 비판으로 Roger Nicole, "C. H. Dodd and the Doctrine of Propitiation," WTJ 17 (1955), 117-57; Leon Morris, *The Apostolic Preaching of the Cross* (London: Tyndale Press, 1965), 144-213 등을 보라.

18 Morris, *The Apostolic Preaching of the Cross*, 214-50.

디도서 2:14, 로마서 3:24, 히브리서 9:12을 언급하고, 고대 교부들의 이해에서 나타나곤 하던 사탄 속상설을 성경에 근거하여 배격한다(149).

여덟 번째 개념인 정복(conquest)과 관련해서 레땀은 그리스도께서 사탄을 그 우두머리로 하는 반역적 정사들과 세력들을 정복하신 것을 강조한다. 또한 원칙상 이루어진 이 승리는 "새롭고 정화된 세계를 지시해 주는 것이며, 그 세계의 기초가 이미 놓여졌음에 대한 확신"(152)이라고 한다.

마지막 개념인 "도덕적 모범"(moral example) 개념에서 레땀은 그리스도의 구속은 문자적으로 독특한 것이어서, 우리가 본받을 수 없고, "모범적 요소는 엄격하게는 구속 자체에 속하는 것이 아니고, 구속의 결과"임을 잘 밝히고 있다(152).

그리스도의 계속적인 제사장적 사역에 대한 간단한 논의에서는 "그리스도의 피"라는 표현이 "그의 죽음 이후에도 보존되어 있고, 능동적인 그의 생명을" 계속적으로 하나님께 제시하는 것을 뜻한다는 웨스트코트의 주장을 반박하는 스팁스 등에 동의하면서, 그리스도의 계속되는 제사장적 사역은 교회를 위한 그의 기도를 포함하는데 이는 잘 모르는 어떤 것에 대한 간구가 아니라 "분명히 정해진 것에 대한 요청"임을 잘 지적하고 있다(156).

그러므로 이는 그리스도의 제사장적 사역의 또한 측면인 축도와 구별할 수 없다고 한다. 왜냐하면 이 축도는 "이미 실제로 존재하는 사태", 즉 "십자가에서의 그의 죽음에서 흘러나오는 복을 선언하는 것"이기 때문이라고 한다(156). 이에서 나오는 그의 최대의 은사는 성령이며, 교회에 대한 그의 메시지, 사도들을 통한 계속적인 사역, 정치적 사태에 대한 그의 다스리심, 필요한 때에 우리에게 도움을 주시는 것 … 이 모든 것이 그리스도께서 제사장으로서 그의 교회를 복 주시는 방도들이라는 것이다(157).

구속의 이론들에 대한 논의(제 8 장)는 전통적인 개혁파 기독론의 교과서를 가장 많이 닮았다. 즉, 그는 이레니우스의 총괄갱신이론, 속상설, 만족설 (대리 형벌 이론), 도덕 감화설, 우주 통치이론, 죤 맥클라우드 캄벨과 호레이스 브쉬넬의 대리 회개설 등을 자세히 설명한 후 각각에 대해서 성경적 개혁파적인 평가를 내리고 있다.

이 외에 칼 바르트의 구속이론과 몰트만, 융엘, 해방신학의 구속이론을 제시하고 비판하는 일을 레땀은 덧붙이고 있다. 바르트에 대해서는 그의 『교회 교의학』 IV/1, 211ff.에 근거하여 바르트는 그리스도께서 우리의 대리(substitute)로서 죄가 되셨고, 심판자이시며 동시에 우리의 자리에서 심판을 받으셨다고 주장하였음을 말하고, 바르트의 이런 독특한 대리형벌 이론은 **보편주의적 결론을 끌어낸다는 점을 잘 지적하고 있다**: "하나님, 인간, 선택, 그리고 언약에 대한 바르트의 견해는 성육신이라는 아주 중요한 사건에 의해 아주 포괄적으로 주도되고 있으므로, 그리스도께서 모든 사람들을 위해 구속을 이루셨고, 따라서 모든 사람들이 구원받는다는 전반적인 인상이 전달된다"(171). 물론 레땀은 바르트가 자신이 보편구원론자가 아니라고 부인하고 있는 『교회 교의학』 II/2, 417을 잘 알며 이를 언급하고 있으나, 이런 부인은 바르트가 **다른 곳에서 말하고 있는 것에도 불구하고 나타나는 듯하다고** 아주 옳은 지적을 하고 있다(172).

또한 몰트만, 융엘, 그리고 존 소브리노(Jon Sobrino) 등의 하나님에 의해 버림받은 자로서의 십자가에 못 박히신 그리스도에 집중하는 현대의 이론에 대해서는 이 이론이 하나님의 사랑의 실재와 하나님께서 고통 받는 자들과 동일시하신 것에 대해서는 열매 있는 통찰력을 제공하면서도, 다음과 같은 문제를 드러내고 있음을 잘 지적한다.

첫째로, 이 이론은 인격적이고 개인적인 죄를 실질적으로 배제할 정도로 사회적이고 집합적인 죄에만 초점을 맞추고, 이웃과의 관계라는 수평적인 것이 절대화되어, 영원이 시간에 의해 가려지는 철저히 신칸트주의적 틀에 맞는 관점을 형성하게 한다. 둘째로, 이 견해는 하나님이 가난한 자들과 억압받는 자들을 편애하신다는 전제에 근거하고 있다. 셋째로, 사회적으로 낮은 자들을 옹호하려는 선험적 해석학적 헌신은 사회의 직접적 맥락이 어느 정도 그리스도의 죽음을 이해하는 데 영향을 미치며, 구속의 본래적 성질은 어느 정도 사유를 주관해야 하는지의 문제를 제기한다.

구속 이론에 대한 레땀의 결론은 정통적 견해를 성경에 근거하여 잘 드러내고 변호한다. 즉, 그는 대리 형벌 이론(penal substitutionary theory)은 구속의 본질은 그리스도께서 우리의 죄를 위하여 하나님의 진노의 형벌을 받으셨다는 데에 있음을 주장하면서도, 그것이 개인적이나, 집합적이나, 우주적인 수준에서 구속의 의미를 다 드러내는 것은 아님을 인정할 수 있다고 한다(174f.).

제4부에 나타나고 있는 그리스도의 중보적 왕 되심에 대한 논의는 이 왕권을 우주적 차원에서와 집합적 차원의 이중적 차원에서 바라보는 가장 간단한, 그러나 현대의 주해적 논의를 창조적으로 반영하는 흥미로운 형태를 가지고 있다고 할 수 있다. 우주적 차원에서의 중보적 왕권을 설명하면서 레땀은 예수께서 외현적으로 분명하게 왕이라고 선언하시지는 않으셨으나, 그의 하나님 나라에 대한 선포에 그의 왕직에 대한 함의가 있다고 보면서 그의 온전한 권위가 드러나게 된 것은 그의 부활에서라고 한다(198). 중보적 왕권에 대한 그의 논의는 다음과 같이 삼 단계로 진행되고 있다.

첫째로, "우주의 창조자요 인도자요 목표이신 그리스도"라는 제하에서 그는 골로새서 1:15-20에 근거하여 첫째로, 이 구절에서는 왕이요 구속자이신 하나님의 사랑하시는 아들이 선재하셨으며 보이지 아니하는 하나님의 본성을 가지신 것으로 표현되어 있음을 강조한다. 여기서 그는 이 구절이 선재성을 함의하지 않고 성육신하신 그리스도를 지칭하는 것이라는 바르트와 마르셀루스의 견해와[49] 인격적 선재가 아직 분명히 진술되지 않은 지혜문학의 용어로 바울이 생각하고 있을 뿐이라는 던의 주장에[20] 대한 반대를 잘 표현하고 있다(199). 특히 던의 주장에 대해서는 그가 지나친 주장을 하고 있다는 모울(Moule)의 평가와[21] 함께 선재 사상을 포함한 비교적 온전한 기독론이 바울의 기독교적 경험의 초기부터 유효하게 그의 사상 내에 자리 잡고 있었다는 김세윤 교수의 주장에[22] 동의하면서, 그리스도의 절대적 우위성을 부인하는 이단과 싸우고 있던 골로새서의 문맥이 김 교수의 주장을 지지해 준다고 한다(199). 즉, 온전한 선재 교리를 포함한 바울의 전체적 기독론이 다메섹 도상에서 그리스도와 만난 것에서 나왔다는 김세윤 교수의 논의를 따르면서 레땀은 그리스도께서 계시사(啓示史)에서뿐만이 아니라 신성의 영원한 관계에서도 하나님의 영광을 반영한다고 말할 수 있다고 주장한다(199-200). 즉, 이 구절들은 경륜적 삼위일체 이상의 존재론적 삼위일체의 여지를 아주 분명히 인정한다.

둘째로, 이 구절(골 1:15-20)은 (이렇게 하나님과 동등하신) 아들이 창조의 주님임을 보여준다고 한다(200). 만물보다 먼저 나신 자로서 그 아들이 상속자라는 것은 그의 우선성과 우위성을 드러내어 주는 것이라는 말이다. 이렇게 레땀은 선재하신 아들과 성육신하신 그리스도에 대한 바울의 동일시에서 (신인(神人)이신 예수 그리스도의 인격이 영원하신 로고스라고 주장하는 553년의 〈제2 콘스탄티노플 공의회〉에서 교리적 지위를 얻은[23] '내

---

[19] Cf. Karl Barth, *CD*, III/1, 54ff.; Marcellus of Ancyra, cited in J. B. Lightfoot, *Saint Paul's Epistles to the Colossians and Philemon* (London: Macmillan, 1879), 147 (264, n. 2).

[20] James D. G. Dunn, *Christology in the Making* (London: SCM Press, 1980), 187-96.

[21] C. F. D. Moule's review of Dunn's *Christology in the Making*, in *Journal of Theological Studies* 33 (1982): 258-63.

[22] Seyoon Kim, *The Origin of Paul's Gospel* (Grand Rapids: Eerdmans, 1982), 151ff., 196ff.

[23] Cf. H. M. Relton, *A Study in Christology* (London: SPCK, 1917).

인격성 교리'(the dogma of enhypostasia)의 성경적 지지를 찾고 있다(201).

셋째로, 성자께서는 우주의 창조자와 통치자이므로, 모든 것은 그 안에서 (즉, 그를 그 머리로 하여), 그리고 그를 통하여, 그리고 그를 위하여 창조되었으므로, 우주가 존재하는 이유는 그리스도 안에서 발견되며, 그 목표도 그리스도에게 일치하는 것이고, 그 통일성도 그에게 있다고 한다(200).

넷째로, 성자께서는 또한 우주를 유지하시므로 그가 우주의 질서와 정합성과 역동적 방향성을 제공하신다고 보아야 한다고 한다(200).

다섯째로는, 성자께서 그의 교회의 구속자가 되셔서, 그로써 그의 피조계를 갱신하시고 온전케 하신다고 한다(200). 이때 바울은 선재하시는 성자와 성육신하신 그리스도의 통일성을 가정하고 있는데 이것이 소위 그리스도 인성의 내인격성(enhypostasia) 교리에 대한 성경적 근거를 제공할 수 있다고 본다(201).

창조와 구속의 관계에 대해서 논의하면서는 레땀이 서철원 교수의 박사학위 논문을[24] 인용하면서, 궁극적으로 우주의 갱신이라는 목표를 위해 성육신이 필요했다고 보는 전택설적인 "승귀 중심"의 신학(elevation-line theology)과 성육신은 죄 문제를 해결하기 위한 것이었다는 후택설적인 "회복 중심"의 신학(restitution-line theology)이 모두 그 나름의 강점과 약점을 가지고 있음을 지적하면서(203-204), 성경적인 증언은 그리스도께서 창조의 중보자이시며 **동시에** 갱신과 회복 사역의 주체이심을 강조한다고 잘 지적하고 있다(204-206).

그리스도의 중보적 왕권의 집합적 차원(the corporate dimension)을 설명하면서는 교회가 새롭게 되고 갱신된 우주의 전위대가 되어야 함을 강조한다(211). 따라서 이 부분에서는 기독론에 근거한 성령을 잘 강조하고,

---

[24] Chul Won Suh, *The Creation Mediatorship of Jesus Christ* (Amsterdam: Rodopi, 1982).

구원론과 교회론을 밀접히 연관시키는 논의를 하고 있다고 할 수 있다.

그러므로 이 책 전체에서 레땀은 그리스도께서만이 성육신하신 하나님으로서 독특하신 분(223)으로서 독특하게 이루신 일을 성경 주해에 근거해서, 그리고 전통적인 개혁신학의 기독론적 주장과 조화되게, 그리고 현대의 여러 논의 가운데서 적극적으로 취하여야 할 점을 잘 취하면서 잘 드러내고 있다고 할 수 있다.

4. 레땀 기독론 논의 방식의 문제점들

이와 같이 성경적이고 개혁파적 입장에서 그리스도의 사역에 대한 좋은 논의를 제시하고 있는 레땀의 논의에 대해서도 우리는 위에서 간간이 지적한 문제점 외에도 다음 몇 가지 점에서 그의 논의 방식의 문제점을 지적할 수 있다.

첫째로는 언약을 논의하면서 로마서 3:22의 소유격을 목적의 소유격으로보다는 주격의 소유격으로 취하여 우리가 그리스도의 신실하심으로 말미암아 하나님의 의를 얻게 된다고 해석하는 점이다(253, n. 17). 물론 이는 문법적으로 둘 다 해석 가능성이 있고 따라서 두 가지 견해를 모두 신중하게 살펴보아야 하겠지만, 그가 이런 해석을 하는 것 배후에는 몇몇 경향성을 지닌 해석자가 있지 않나[25] 우려되어서 이를 지적하게 된다.

둘째로는 레땀이 자신의 학위 논문과[26] 다른 논문에서 제시한 바

---

[25] 그는 이런 해석에 대해 다음과 같은 도서정보를 제공하고 있다: TDNT, 6, 182f.; T. F. Torrance, "One Aspect of the Biblical Conception of Faith," *Expository Times* 48 (1957), 11-14 (253, n. 17).

[26] Robert Letham, "Saving Faith and Reformed Theology: Zwingli to the Synod of Dort," 2 vols., Ph. D. thesis (University of Aberdeen, 1979).

에 따라서 언약 신학의 발전을 언급하면서 하는 몇몇 강한 주장들에 대해서 의문을 제기할 수 있다. 그는 불링거에게서부터는 하나님께서 그리스도 안에서 우리를 위해 언약을 이루신 것보다는 우리가 우리 편에서 언약을 지키기 위해서 무엇을 해야 하는가가 초점이 되었다고 하면서(51f.), 특히 피터 라무스(Peter Ramus, 1514-72)의 영향을 받은 후에는 이분법적 구분과 구속사보다는 구원의 서정에 대한 관심 때문에 개인의 경건이 핵심이 되고 개개인 그리스도인의 경험에 관심을 보이는 경건주의가 나타나게 되었고, 이로써 "기독교적 확신이 흐려지게 되었다"고 주장한다(52).

또한 이 시기의 언약 신학의 주장자들은 (물론 개인적 차이는 있으나) 일반적으로 은혜 언약이 그리스도를 중심으로 하고 있고, 우리 대신에 그리스도에 의해서 성취되었다는 핵심적 요점을 보지 못했다고까지 말한다(52). 더 나아가서 1648년에 코케이우스에게서 처음 언급되어 사용되게 된 성부와 성자 사이의 구속언약(covenant of redemption) 개념은 더 극단적인 발전 형태로 이는 성령을 제거하며, 성자에 대한 강한 종속론적인 요소를 도입하는 것이고, 삼신론적 경향들도 주목할 수 있다고 한다(52f.).

그러나 과연 이렇게까지 강하게 주장할 수 있는 것일까? 이런 주장들이 오랫동안 아버딘과 에딘버러에서 나왔었다는 것을 생각하면 이런 강한 주장 배후에는 우리가 다음에 지적할 그의 학위 과정 동안에 그가 받은 영향이 나타나고 있는 것은 아닐까?

필자가 읽기에 가장 문제가 될 수 있는 표현 양상은 레땀이 "성육신을 통한 그리스도와의 연합"이라는 제목하에서 논의하고 있는 데서 드러난다. 그는 여기서 그리스도께서 성육신으로 (우리의 인간성을 취하시어서) 우리와 연합하셨음으로 우리가 그와 연합할 수 있는 것이라고, 여기서도 다른 곳에서처럼 하나님의 주도권이 앞선다고 하면서 그의 논의를 시작한다(77). 그는 "그리스도께서는 사람이 되심으로서 자신을 인류와 연합시키셨다"고 하며, "그가 참 인간이시므로 그는 인류의 한 부분이셨다"고 한다(79).

레땀 자신은 이런 표현이 이끌고 올 수 있는 오해를 잘 의식한다. 그래서 그는 "그리스도께서 취하신 인간성은 일반적인 것(a generic one)이 아니라, 특정한 구체적인 인간성"이라고 말한다(78). 또한 "그리스도의 인류와의 연합이 그 자체로 이제까지 살았던 모든 개개인의 구원을 분명히 하는 것은 아니다"고 하기도 하고(79), 이런 표현이 복음주의자들에 의해서 보편주의의 의혹을 일으킬 수 있고, 따라서 회피되기도 한다고 말한다. 그리고 자신이 "말씀이 육신이 되셨다, 즉 그는 옛날에도 또 영원히 우리 중의 하나이시다"와 같은 표현을 하는 의도는 그리스도께서 "성육신에서 둘째 아담으로서 구속된 인류의 머리가 되셔서 자신을 우리와 연합시키셨다"는 것을 말하기 위한 것이라고 한다(79).

그러나 그가 보편주의적 위험에 빠지지 않고 그리스도께서 인류와 자신을 동일시하신 것에 공정하려고 한다고 하면서 사용하는 이런 표현 양식들이 과연 좋은 표현이라고 할 수 있을까? 그 자신이 우려하고 있듯이 이런 표현들은 보편주의의 냄새를 풍기는 것은 아닐까? 오히려 그런 오해를 일으킬 수 있는 표현은 피하면서 그리스도의 성육신에 의하여 이제 새로운 인류가 생겨짐을 드러낼 수는 없는 것일까?

그러나 이런 표현에 대해서 우리가 갖게 되는 우려는 전통적으로 이런 표현을 해 온 사람들과 관련된 우려이다. 일반적으로 이런 표현은 칼 바르트가 즐겨하던 표현이고, 영국의 문맥에서는 바르트의 영향을 잘 드러내는 톰 토랜스(Thomas F. Torrance)와 그의 동생 제임스 토랜스(James Torrance)가 즐겨 사용하던 표현이었다. 따라서 아버딘에서 학위를 한 레땀이 이런 표현을 할 때 그가 제임스 토랜스의 영향 아래서 그렇게 말하는 것이 아닌가 하는 우려를 하게 된다. 물론 레땀은 바르트나 토랜스 형제들의 표현이 가진 보편주의적 성향을 잘 피해 가면서 자신을 표현해 보려고 애쓰고는 있지만, 그의 표현 방식이 그런 기원을 가지고 있어서 드러낼 수 있는 문제를 과연 피할 수 있는가를 묻게 된다.

이와 관련해서 한 가지 흥미롭게 지적할 수 있는 것은 레땀이 선택을 그리스도와의 연합과 관련해서 이해해야 할 것을 강조하면서, 핫지와 벌코프가 이 둘을 분리시킴으로서 성경적 관점을 떠났다고 지적하는 점이다. 그러므로 우리는 이 점에 있어서 단순히 레땀의 진술 방식만이 아니라, 그의 사상의 나아가는 방향에 대해서조차도 의아심을 가질 수도 있다. 조금은 무리한 이 의심을 지난 30년간의 작업으로 조금은 덜어 준 것 같아서 감사하다.

5. 마치는 말

이와 같은 몇 가지 문제를 제외하면 레땀이 우리에게 제시하고 있는 이 기독론 교과서는 개혁파 신학의 현대적 기독론 진술을 잘 감당하고 있는 책이라고 할 수 있다. 다른 시리즈에 속하는 데이비드 웰스의 그리스도의 인격에 관한 좋은 개혁파적 논구와[27] 함께 이는 현대 개혁파 기독론의 좋은 이정표 역할을 한다고 할 수 있다.

---

[27] David F. Wells, *The Person of Christ: A Biblical and Historical Analysis of the Incarnation* (Illinois, Westchester: Crossway Books, 1984), 이승구역, 『기독론: 그리스도는 누구신가?』 (서울: 엠마오, 1994, 개정역, 서울: 부흥과 개혁, 2015).

제 6 장

씽클레어 퍼거슨이 제시한 개혁파 성령론

이 장에서는 씽클레어 퍼거슨(Sinclair Ferguson)의 성령론에 대해서 생각해 보기로 한다.1 씽크레어 퍼거슨은 스코틀란드 아버딘 대학교에서 학부 (M.A., 1968)와 신학부를 마치고(B.D., 1971), 스코틀란드 교회의 목사로 사역하면서(1971-1982) 역시 아버딘 대학교에서 존 오웬(John Owen)에 대한 연구로 박사학위를 하고서(1979), 그 개혁파적 성격을 인정받아 미국 웨스트민스터 신학교에서 조직신학 교수로 청빙 받았던(1982) 스코틀란드 장로교회의 목사다. 그는 웨스트민스터에서 가르칠 때나 스코틀란드 글라스고우의 쎄인트 조오지즈-트론 교회(St. George's-Tron Church)의 청빙을 받아 목회할 때(1998-2003)나, 다시 웨스트민스터 신학교의 달라스 캠퍼스에서 가르칠 때나 늘 연구하며 설교하던 학자로 여겨지고 있다. 그의 강의뿐만 아니라 그의 설교와 심지어 축도하는 것에도 관심을 가지고서 그에게서 배우려고 하던 학생들의 애정 어린 언급들을 여기서 다시 상기할 만하다고 여겨진다.

---

1 여기서는 주로 Sinclair B. Ferguson, *The Holy Spirit* (Leicester: IVP, 1996), 김재성 역, 『성령』(서울: IVP, 1999)을 중심으로 분석하기로 한다. 그러므로 이 글은 이 책에 대한 확대된 서평으로 볼 수도 있을 것이다.

퍼거슨은 성령님을 성경적으로 설명하는 책에서 아주 겸손하게 논의를 시작하고 있다. 그는 많은 사람들이 그렇게 생각하고 강하게 말하기도 하는 "성령님에 대한 이해는 20세기에 거의 새롭게 발견되었다"는 생각이 **옳지 않을 뿐만 아니라**, "이것은 현대성이라는 이단의 위험에 빠진 것이요, 적어도 역사적으로는 좁은 안목에서 오는 죄악"임을 지적한다 (13f.). 이것은 아주 정확하고 바른 지적일 뿐 아니라, 또한 겸손한 표현임은 이미 16세기에 칼빈이 참으로 "성령의 신학자"라고 불렸고[2] 사실 그렇게 불려질 만하고, 그 이후에도 17세기의 청교도였던 존 오웬(John Owen)이 성령에 대한 방대한 저술을 하였고,[3] 아브라함 카이퍼가 이미 성령의 사역에 관한 깊은 연구를[4] 내어서 퍼거슨은 이 두 책을 "성령에 대한 가장 위대한 두 권의 저술"로 남아 있다고 아주 옳은 진술을 하는 것이나, 19세기의 스위트(H. B. Swete)도 성령에 대한 가치 있는 연구를 한 것을[5] 잘 인정하는 (14) 터에서 오는 것이다. 퍼거슨은 이렇게 교회는 "훨씬 이전 세기부터 성부, 성자와 함께 성령을 영화롭게 하는데 관심이 있었다"고 말한다(14). 그러므로 퍼거슨의 성령론은 기본적으로 성경에 근거하면서 개혁파적 전통에 충실한 성령론이라고 할 수 있다. 이를 다음 몇 가지 측면에서 살펴보기로 하자.

---

[2] B. B. Warfield, *Calvin and Calvinism* (New York: Oxford University Press, 1931), 21.

[3] John Owen, *The Holy Spirit, His Gifts and Power* (Grand Rapids: Kregel Publications, 1954).

[4] Abraham Kuyper, *The Work of the Holy Spirit*, tran. H. De Vries (New York" Funk & Wagnalls, 1900).

[5] Cf. Henry Barclay Swete, *The Holy Spirit in the New Testament: A Study of Primitive Christian Teaching* (London: Macmilan, 1909); idem, *The Holy Spirit in the Ancient Church; A Study of Christian Teaching in the Age of the Fathers* (London: Macmilan, 1912).

I. 성경 계시 중심의 신학, 계시의 점진성을 인정하는 신학

퍼거슨 교수는 자신의 작업은 "성령의 인격과 사역에 대한 계시들을 성경신학적으로 그리고 구속사적인 방법으로 추적해 가는 것"이라고 한다(14). 그리고 그 궁극적인 목적은 모든 신학이 그러하듯이 "그분과 긴밀하고도 인격적으로 교통하는 것이요, 그분에 의해서 우리가 성부와 성자를 영화롭게 하며 순종하고 경배하도록 인도를 받게 된다"라고 단언한다(15). 그리고 이러한 신학과 송영의 결합은 성경의 모든 장에 담겨 있는 절대 규범이요, 이런 이유 때문에 그것을 따라서 성경적, 신학적 방법으로 성령의 사역을 추적해 나가려는 것이다"고(15) 자신의 방법과 신학하는 태도의 연관성을 밝히고 있다. 그는 자신이 "신구약 성경을 액면 그대로 받아들이고", "또 그것이 우리에게 전해 내려온 그대로의 형태가 신학을 건설하는 데 유일하게 의존할 수 있는 기초가 된다고 믿는다"고 밝힌다(15). 따라서 그는 이런 전제에 따라서 성령에 대한 신학도 **성경에 근거하여 세워 보려고 한다**. 그는 이를 "하나님의 말씀으로부터 교회를 향해 비치는 신선한 빛이 여전히 존재한다"고 말한 소위 필그림 교부들(Pilgrim Fathers) 중 미국으로 이민 가지 않고 화란에 머문 다수파의 목사였던 존 로빈슨(John Robinson, c. 1575 – 1625)의 말로 표현하기도 한다.

그러면서도 퍼거슨은 오늘날에 성령에 대한 많은 논란이 있음을 진지하게 바라보면서 다른 사람들의 견해를 다룰 때에 동료 그리스도인들에게 편견을 심지 않으려고 노력하면서 작업하고, 의견이 다른 사람들에 대해서도 평안의 끈으로 성령의 하나 되게 하심을 유지하라고 하는 사도 바울의 명령과 임직할 때에 주님의 모든 백성을 향한 형제애의 정신을 유지하기로 약속한 서약을 항상 마음에 새기면서 신학적 작업을 하였다고 한다(15).

따라서 그는 다양한 해석들을 염두에 두면서 그것들과 대화하면서 가장 성경적인 견해를 제시하는 좋은 논의의 태도를 잘 나타내고 있다. 예를 들어서, 그는 창세기 1:2의 "하나님의 신"에 대한 다양한 해석을6 잘 알고, 그와 대립하면서 창세기 1:2의 '루아흐'는 "성령 하나님의 활동에 대한 근거 구절로 이해하는 것이 가장 바람직하다"고 잘 논의한다(23). 그의 논의는 매우 신중하다: "아무리 양보한다고 하더라도, 구약 성경 자체에 비추어 볼 때 창세기 1:2의 운행과 붉은 성령의 능력이 임재하는 것을 지칭하는 말로 보아야 한다"(23). 이에 대해서 그는 클라인의 논의를 참고로 하며,7 이를 '하나님의 바람'으로 번역할 것을 말하는 웬함도 결국 성령의 작용을 인정하면서 이 구절이 하나님의 강력한 임재를 강조한다는 것을 분명히 한다.8

이렇게 성경 계시의 앞부분부터 성령이 확실히 제시되고 있음을 분명히 하면서도 그는 그가 처음에 밝힌 바와 같이 계시사의 특성에 유의하면서 논의하여 나간다. 즉, 그는 "성령의 사역에 대한 모든 성경 신학 체계는 반드시 역사적 계시의 점진적이고도 누적적인 특성을 인정해야 한다"는 것을 분명히 밝힌다(28). 그리고 "우리는 구약성경에 있는 성령의 사역에 관한 사색보다 더 조직적인 사색을 신약 성경의 면면에 이르러서 발견할 수 있다"고 한다(30). 그는 이처럼 성령에 대한 계시에도 점진적인 특성이 있음을 잘 드러내고 있다.9 이제 이런 입장에 따라 구약에서부터 신약

---

6 그 대표적인 것이 이를 신화적으로 보는 B. S. Childs, *Myth and Reality in the Old Testament* (London: SCM Press, 1960), 32-33, 이를 "하나님의 폭풍"으로 번역하려는 Gerhard von Rad, *Genesis: A Commentary* (Philadelphia: Westminster Press, 1972) 등의 해석이다.

7 M. G. Kline, *Images of the Spirit* (Grand Rapids: Baker, 1980), 13-15.

8 Gordon J. Wenham, *Genesis* (Waco, TX: Word, 1987), 17.

9 이를 가장 잘 드러내고 있는 것이 34쪽에 이 점을 잘 드러내는 워필드의 글에

에 이르기까지 어떤 진전이 있다고 논의하는지를 생각해 보기로 하자.

1. 구약 시대의 성령의 사역

퍼거슨은 먼저 창조의 일에 성령께서 관여하고 계셨음을 강하게 밝힌다 (21-24). 그는 또한 구약시대에도 성령의 활동은 개인의 도덕적이고 영적인 성품을 갱신하는 일에 관계되어 있다고 한다(28). 그리하여 퍼거슨은 시편 51:11의 기도를 "본문의 맥락에서 볼 때, 주님의 임재로부터 버림받지 않게 해달라고 부르짖는 것이 아니라, 구원의 감격을 회복시켜 주시기를 간구하는 것으로 해석된다"(28)고 해석하여 이 구절에 대한 사람들의 일반적인 오해를 잘 극복하게 한다.

그러나 "구약성경의 모든 계시는 그리스도 안에서 그 결말을 보기까지는 '아직' 완전히 기록된 것이라고 할 수 없다"(37). 구약성경 시대가 말하는 "장래 큰 날은 곧 성령의 날을 의미하는 것"이었고, "메시아가 오실 때, 그 분은 성령으로 채우실 것인데(사 11:1 이하; 42:1 이하; 61:1 이하) (구약 시대에는) 그 날이 아직 도래하지 않았었다"(37)고 잘 논의한다.

2. 예수님의 사역 시기의 성령의 사역과 계시

퍼거슨은 "교회는 그리스도의 사역에 끼친 성령의 영향을 충분히 고백한 적이 없다"는 카이퍼의 말에[10] 동의하면서(42), 예수님의 출생과 사역이 성

대한 인용이다. Cf. B. B. Warfield, *Biblical Doctrines* (New York: Oxford University Press, 1929; reprt. Edinburgh: Banner of Truth, 1988), 141-42.

령님의 함께하심 가운데서 이루어진 것이고, 성령님께서는 예수님과 늘 함께하셨음을 강조한다(특히 제2장: "그리스도의 영").

이처럼 퍼거슨은 예수님과 관련해서 "모태로부터 무덤에 이르기까지, 그리고 그 너머에도 성령의 사역이 있었음"을 언급하고 있다(42). 다시 말하면, "예수님의 전 생애에 걸쳐 성령의 지속적인 사역이 있었다"(50). "성령은 신실한 하나님의 자녀 모두에게 영원히 머물러 있기 전에, 먼저 유일하게 신실한 하나님의 아들 위에 머물러 계셔야만 했다(참고 요 1:33)"(35). 그래서 "약속된 메시아가 오셨는데, 그분 위에는 참으로 성령이 머물러 계신다(사 11:2)"(38); 그는 "성령으로 세례를 받으시고, 성령의 주권하에 살아가셨다"(52).

먼저 그에 대한 출생의 예언에서 그리고 동정녀 마리아에게 강림하심에서, 지극히 높으신 자의 권능이 마리아를 덮으심에서 성령의 역사가 나타난다. 이로써 하나님의 새로운 창조와 새로운 출애굽, 즉 구속 사역이 시작되었다(44).

이렇게 하심으로 성령께서는 또한 예수님께서 "엄청난 비참함에 빠져 있는 우리와 같은 인간의 본성을" 취하셨음에도[11](46) 불구하고, "태어나실 분의 거룩함과 죄 없음을 유지하는" 기능을 감당하셨다는 것을 강조한다(45). 퍼거슨은 "동정녀 잉태는 우리의 구원의 필수적이며, 그분은 이에 걸맞게 성령, 즉 구원의 집행자에 의해 보냄을 받아서 오셨다"고 단

---

[10] Kuyper, *The Work of the Holy Spirit*, 97. 그러나 이에 대한 예외적 논의로 John Owen, *Works*, ed. W. H. Goold (Edinburgh: Johnstone & Hunter, 1850-53; reprint. London: Banner of Truth, 1965), vol. 3, 152-88; G. F. Hawthorne, *The Presence and the Power* (Dallas, TX: Word, 1991)를 언급한다(293, n. 2). 그러나 이제 카이퍼와 호돈, 퍼거슨의 작업, 그리고 레땀과 맥클라우드의 작업 이후에는 우리는 카이퍼와 같이 이렇게 말하기는 어려운 것이다. 이미 이들이 성령님과 그리스도의 사역을 잘 연관시키는 노력을 충분히 해 주었기 때문이다.

[11] John Calvin, *The Gospel according to John 1-10*, trans. T. H. L. Parker (Edinburgh: St. Andrew Press, 1959), 20.

언한다(48). 그리고 이런 점에서 "삼위일체의 밖으로의 사역은 나누어지지 않는다"(opera ad extra trinitatis sunt indivisa)는 교부들의 격언이 정확하다는 것을 강조한다(48).

퍼거슨은 누가복음 2:40의 '충만하다'($\pi\lambda\eta\rho o \upsilon\mu\varepsilon\nu o\nu$)는 단어는 "수동적이면서 계속되는 경험을 가리킨다"고 하고, 누가복음 2:52의 말씀은 "예수님의 인간적 발달 단계의 각 시기에 주어진 성령의 적절한 열매를 표현하고 있음을 짐작할 수 있다"고 말한다(50).

이렇게 잉태될 때부터 성령으로 충만하신 예수님께서는 세례받으실 때 성령으로 인치심을 받았다고 퍼거슨은 언급한다(51, 52). 그리고 이로서 그는 메시아적 사역을 공적으로 시작하신 것이고, 그 일에 전적으로 헌신하게 됨을 공표하신 것이라고 아주 바르게 지적한다(51). 더욱이 그는 유대 백성들이 오랫동안 고대하던 하나님의 선지자로서 나타나신 것이고(신 18:18; 요 1:21, 25), 이때 나이가 삼십 세쯤 되었음을 누가가 밝힌 것은 이것을 제사장들이 성전에서 복무를 시작하던 나이(민 4:3 등)와 연관시킨 듯하다는 흥미로운 논의도 한다(51). 그리고 시편 2:7에 나오는 즉위식의 단어들이 반영되어 있음을 보면서 여기서의 "성령 강림은 선지자, 제사장, 그리고 왕에 의해서 미리 나타난 메시아의 세 가지 직분에 대한 기름 부음이다"라고 말한다(51). 이처럼 예수님은 "성령으로 세례를 받으시고 성령의 주권하에 살아가셨다"(52). "성령의 가시적 나타나심과 하늘에서 들려온 음성은 그분에게 대한 인치심이었다(참고. 요 6:27)"(52). 이와 같이 퍼거슨은 누가가 "세례 이후에 나오는 예수님의 전 사역은 메시아적 성령의 권능 안에서 행사된다고 기록했다"는 점을 강조한다(56).

그리스도는 십자가의 죽으심도 성령 안에서 감당하셨다. 이 점을 지적할 때 퍼거슨은 히브리서 9:14의 "영원하신 성령으로 말미암아 흠 없는 자기를 하나님께 드린 그리스도"라는 말을 아주 효과 있게 인용하고 있다(60). 그리고 이를 설명하면서는 "그리스도는 인간으로서 고난당하셨다. 그러나 그분의 죽으심이 우리의 구원을 이루도록 성령의 능력으로 말미암아 이루어졌다"고 말하는 칼빈의 말을[12] 잘 인용하고 있다(294, n. 15). 또한 퍼거슨은 그리스도의 부활도 성령 안에서 이루어졌다고 할 수도 있다고(롬 1:4; 롬 6:4; 벧전 3:18 참조) 하면서, 전체적으로 살필 때는 삼위일체의 사역으로 부활이 이루어졌다고 잘 설명한다.

또한 퍼거슨은 예수님의 사역 때에 제자들에게도 이미 성령님의 존재가 있었음을 아주 분명히 지적하면서 요한복음 7:37-39에 대한 평면적 해석을 피하도록 권한다. "예수님의 영화가 있기 전에 이미 성령은 존재하고 알려지셨다"(77).[13] 오늘날의 편만한 오해의 빛에서 보면 이런 말은 매우 중요한 진술이다.

3. 사도 시대의 성령의 사역과 성령에 대한 온전한 계시

따라서 퍼거슨에 의하면 "예수님의 부활 후에 모인 제자들은 진정한 신앙인들이었다(마 16:15-20 참고)"(92). 그러나 그들은 그들이 처한 구속사적 시기상 "약속되었던 (행 1:5) 성령 세례를 아직 받지 못했음이 분명하다 … 그러나 … 제자들 [이런] 체험이 교회를 위한 규범이 된다고 결론내리기란 불가능하다. … 그들이 체험한 것은 시대의 전환이며, 그것은 전형적이거나 규범적인 성격이 아니었다"(92). 이런 의미에서 그들의 오순절 체험은 "단회성(singularity)을 지닌 것이었다"(93). "본질상 그것은 모든 그리스도

---

[12] Calvin, *Commentary on Hebrews*, tr. W. B. Johnston (Edinburgh: Oliver and Boyd, 1963), 121.

[13] 이에 대해 퍼거슨은 "너희는 저를 아느니 저는 너희와 함께 거하심이요"라는 요한복음 14:17을 언급한다(Ferguson, 『성령』, 77).

사건과 같이 영단번(once-for-all)의 결정적 성격을 지니고 있는 것이다"(95). "그리스도의 죽음과 부활이 반복될 수 없는 사건이듯이, 오순절 역시 반복될 수 없다"(98f.). "이것은 구원사(*historia salutis*)의 한 사건이요, 구원의 서정(*ordo salutis*)의 눈금으로 재져서는 안 된다"(99, 번역을 정비했음). 퍼거슨은 이것을 다음과 같이도 표현한다: "우리가 개인적으로 요단 강, 겟세마네 혹은 골고다를 체험할 수 없는 것과 마찬가지로 '개인적 오순절'에 참여할 수 없다. 그러므로 개인적으로 오순절에 참여한다는 식의 표현은 이 사건을 신학적으로 잘못 이해한 것이다"(99). 결론적으로 "오순절 자체는 더 이상 반복되지 않는다"(104).

고넬료 사건은 "사도행전 1:8의 계획에 의거하여 이방 세계에 복음 전파가 시작됨을 표시한다. … 그 사건은 전형적인 것이라기보다는 획기적인 것이요 의도된 것으로 여겨진다"(93). 마찬가지로 "사마리아와 가이사랴에서 일어난 사건들은, 사도행전 1:8에 요약된 그리스도의 나라가 확장되는 결정적인 발전 과정에서 두 번째와 세 번째 단계를 특징짓는 것이다"(95).

이에 비해서 에베소에서 일어난 사건(행 19)은 거기 사람들이 "어떤 제자들"이라고 "의도적으로 특이하고 부정확하게 언급되어 있고" "누가는 자신이 이 사람들을 신약 성경적 의미에서의 그리스도인으로 간주하지 않았다고 하는 점을 지적하는 일련의 신호들을 우리에게 제공하고 있다"고 말한다(96). 그러므로 "에베소는 옛 언약의 세계와 요한의 세례로부터 새 언약의 세계, 그리고 그리스도로 말미암은 성령 세례로의 전환점에 대한 표식이다"(102).

이 모든 논의를 결론지으면서 퍼거슨은 이렇게 중요한 선언을 한다: "사도들이 필연적으로 두 단계로 이루어진 체험을 한 것은 구속 역사의 본래적이며 본질적인 이유 때문인데, 이제는 훗날의 성도들의 체험 속에서는 하나의 통합된 실재가 되었다. 이제 … 믿는다는 것은 오순절에 첫 제자들이 받았던 것처럼, 동일한 선물 즉 성령 안으로 들어간다는 것이다"(97). 이는 이 문제에 대한 개혁신학적 고찰의 가장 필수적인 논의요 결론이라고 할 수 있다.

퍼거슨은 성령에 대한 신약의 계시와 연관해서 다음과 같이 결론 내릴 수 있었다: "신약 성경의 각 페이지를 통해서 성령의 인격적 신성은 마침내 분명해진다. 그는 신적인 활동에 관여하고, 하나님을 아는 일에 신적 지식을 소유하며(고전 2:10-11), 신적 왕권을 행사한다(롬 15:19; 고전 12:11)"(35). 그는 특히 사도들의 저술 가운데서 성부, 성자와 함께 성령이 언급되는 곳에서 "성령이 위격적"으로 구별되며, "신성이 충만한 존재임"에 대한 인상적 증언이 주어진다는 것을 확언한다(35). 예를 들어서, 고전적인 축도문인 고린도후서 13:13에서 "성령은 구원을 성취하는 과정에서 성부, 성자와 동등하게, 그리고 충만하게 연합되어 나타난다"는 것이다(35). 이처럼 "바울은 항상 하나님의 사역을 서술하는 데 삼위일체적인 형식을 채택하고 있고, 삼위 위격의 영속적 구별을 인식하고 있다(예를 들어, 롬 8:14-17, 15:30; 고후 13:14)"(61).

퍼거슨은 또한 다른 측면들에 대한 논의에서도 계시사의 진전을 잘 의식하면서 논의한다. 예를 들어서 이적과 은사들에 대해서도 퍼거슨은 이렇게 말한다: "일반적으로 말해서, 구약성경에서 기적적인 증표-은사들(sign-gifts)이 나타난 것은, 구속 역사의 특정한 기간에 제한되어 등장하는데 언약적 계시의 새로운 단계가 도래할 때 그리고 하나님 나라가 어둠의 세력들에 의해서 멸절될 위험에 처하여 특별한 보호가 필요한 때였다. … 특별한 기적들은 그 특성상 하나님의 계시된 목적이 드러나는 새로운 시대 상황에서 하나님 나라를 세우고 변호하고 확정하는 방법으로 일시적으로 기능을 발휘하였던 것이 분명하다"(257). 이런 이해에는 계시사의 진전 과정에 따라 성경을 바르게 이해하려는 노력이 담겨 있다. 이렇게 계시사를 바르게 이해하는 그의 견해를 잘 요약하는 말을 인용해 보면 다음과 같다: "하나님은 여전히 병을 고치시는 여호와이다(출 15:26). 그러나 그분은 개인들에게 주신 '병 고침의 은사'를 통해서 입증해야 할 새로운 계시는 없으시다. 우리가 고대하는 유일한 새로운 계시란 그리스도의 마지막 현현 때에 올 것이다. 그 때에는 전례가 없는 그리고 최종적인 병 고침이 모든 범위에 걸쳐 거대하게 일어날 것이다"(270).

II. 그리스도와 성령을 밀접하게 연관시키는 개혁파 전통에 충실한 성령론

그리스도에게 대한 성령의 사역과 사도 시대의 성령의 사역에 대한 자신의 앞선 논의의 함의를 잘 이끌어내면서 퍼거슨은 성령과 그리스도를 결코 분리시키지 않는 논의를 하고 있다. 그는 여러 곳에서 이 점을 강조한다. 성령의 임재를 설명하면서 퍼거슨은 이렇게 말한다: "그가 성도들에게 머물기 위해 강림하셨을 때, 그는 그리스도의 영으로서, 그를 소유한 자는 그리스도를 소유한 것이며, 그를 소유하지 못한 자는 그리스도를 소유하지 못했다고 할 수 있는 그런 방식으로 강림하였다"(41, cf. 62). 그는 이에 대한 성경적 증거로 로마서 8:9-10을 먼저 인용하면서 이 구절에서 성령과 그리스도의 위격적 구별성은 인정되면서 그들의 경륜적 동등성이 지적되고 있음을 잘 언급한다(41, cf. 61).[14]

---

[14] 이와 연관해서 Herman Bavinck, *Our Reasonable Faith*, trans. H. Zylstra (Grand Rapids: Eerdmans, 1956), 387도 보라.

이런 논의에 근거해서 그는 실천적으로 중요한 논점을 아주 분명하게 지적한다. 즉, 그는 '하나님의 영이 너희 가운데 거하신다', '그리스도의 영을 가진다', 그리고 '너희 안에 그리스도가 거하신다'는 진술들이 모두 "성령의 내주라는 똑같은 실재를 세 가지 다른 방식으로 다르게 기술하는" 것임을 분명히 한다(42). 그러므로 "그리스도를 소유한 사람은 성령을 소유한 사람이다"(106). 퍼거슨은 이렇게도 말한다: "그리스도에 대한 믿음으로 입문하는 가운데 그리스도의 성령을 받는 것이다. … 이것은 성령의 영접, 그리고 내주하심과 동일한 실재이다"(105f.). 이는 모든 이들이 유념하고 강조해야 할 점이다.

그리고 퍼거슨은 "'성령 안에서 행하는 일'과 '성령의 열매'를 맺는 일에 대한 설명에서도 그 전형을 바로 예수님 안에서 발견할 수 있다"고 말한다(59).

III. 말씀과 성령을 분리시키지 않는 개혁파 신학에 충실한 성령론

퍼거슨은 "구약성경의 예언자들이 성령의 인도하심에 따라서 임무를 수행했다(벧후 1:21)고 하는 확신은 영감에 대한 예언자들의 주장을 반영하고 있다고 하면서, 그 결과로 그들의 말은 '주님의 말씀'이었다고 한다(렘 1:2, 8, 15 참조)"(30). 이에 근거해서 퍼거슨은 "영감 교리는 신약성경 저자들에 의해서 고안된 것이 아니라 전수되어 온 것이다"고 확언한다(30).

또한 오순절 성령의 강림으로 사도들은 성령의 가르치심을 가르치고 그런 의미에서 영감된 문서를 기록할 수 있었다(79-80). 요한복음 16:13-14은 사도들의 "예언적 사역과 그리스도에 대한 충만한 지식을 통해 신약성경을 주실 것임을 말하고"(80) 있다는 해석은 매우 중요하다. 그 결과 사도들의 가르침은 사도들의 증거이면서 동시에 성령의 역사였다(80).

더구나 이것이 그 사도들이 죽은 뒤로 새로운 사도가 없는 오늘날에는 과연 어떤 의미를 지닌 것인지를 퍼거슨은 아주 명확한 말로 잘 지시해 주고 있다. 이것이 중요하므로 좀 길지만 퍼거슨의 말을 그대로 인용해 보기로 한다:

> 이런 말씀들이 [요한복음 16:13-14] 오늘날 그리스도인들에게도 지속적인 중요성을 지니고 있다는 사실에는 의심의 여지가 없지만, 종종 이해하는 바와 같이 직접적인 방법으로는 아니다. 오히려 그것은 (이제는 신약성경에 문서화된) 사도적인 증거를 수단으로 이루어지는 것이다. 각 성도에게 성령의 직접적 계시가 주어짐으로써, 혹은 가르치는 직분자들에게 집단적으로 계시가 임함으로써 그리스도의 인격, 가르침, 그리고 미래의 목표들이 알려지는 것이 아니다.[15]

이와 같은 가르침은 개혁파 신학에 충실한 것이며 동시에 성경의 계시적 구조에 충실한 주장이다. 그러므로 우리 시대에 성령님께 민감하고 성령님의 가르침을 제대로 받아 나가는 것은 이미 성경을 기록하여 주신 성령님에게 충실하여 성령님께서 이미 주신 말씀을 성령님께서 은혜의 방도로 사용하실 때에 그 가르침에 충실히 하여 자신을 변화시켜 나가고 그 은혜의 방도의 역사에 따라 성령님께 온전히 순종하여 나가는 데서 실현된다.

---

[15] Ferguson, 『성령』, 80의 김재성 교수의 우리말 번역을 좀 더 가다듬어 제시하였음에 유의하라.

그리하지 않는 것은 오히려 성령님께 순종하지 않는 것이며, 성령님을 무시하는 것이고, 성령님께 민감하지 않는 것이 된다. 이와 같이 퍼거슨과 개혁신학의 가르침은 성령님의 사역과 말씀을 밀접히 연관시키는 것이고, 그것이 참으로 성경적인 이해다.

IV. 성경적 가르침의 충만한 의미를 잘 드러내는 개혁파 성경 신학에 충실한 성령론

예수님께서 받으신 시험이 개인적인 것이 아니고, 우주적인 것이고 획기적 시기에 주어진 것임을 게할더스 보스의 이해에 근거해서 잘 논의하는 부분은(54-56) 퍼거슨의 성경에 대한 이해가 얼마나 성경 신학적 이해를 근거하고 있는지를 잘 보여 주는 현저한 예라고 할 수 있다. 이런 이해 위에서 퍼거슨은 (1) 그분의 승리는 "'하나님 나라가 가까이 왔으며' 메시아적 싸움이 시작되었다는 것을 나타내고 있다"고 하여(55) 예수님의 승리의 하나님 나라적 의미를 잘 드러낼 뿐만 아니라, (2) 그리하여 "둘째 사람은 첫째 사람 아담에 의해서 행해진 것을 원상태로 돌려놓았다. … 그런데 그분은 마지막 아담으로서 순종하시고 극복하셨다. 이제 그들을 대표할 인물이 더 이상 필요하지 않다"고 하여서(55) 그의 논의가 얼마나 성경과 개신교 정통주의 사상에 충실한지를 잘 드러내고 있다.

예수님 안에서 이미 임한 하나님 나라의 성격을 인식하는 가운데서 "성령을 거스리는 죄"에 대한 해석도 주어진다. 이에 대해 퍼거슨은 비슷한 인식을 지닌 렝스트로프의 말을 인용한다: "이 죄는 사람이 성령에 의하여 예수 그리스도의 사명을 인식하고도, 그것에 도전하고 저항하고 저주할 때 범한다. 이렇게 말하는 것은 상황의 심각성을 보여 준다. 이제는 마지막 때요, 하나님의 주권이 발휘되기 시작했기 때문이다."[16]

이와 같은 통찰은 오순절 사건에 대한 퍼거슨의 이해에서도 잘 나타나고 있다. 그는 오순절 사건에 대해서 이렇게 말한다: "오순절은 옛 언약에서 새 언약으로의 전환을 규정짓는 사건이요, 구원의 날(고후 6:2)이 '지금' 시작되었음을 알려주는 신호다. 이는 마지막 날들의 출발인 동시에 새로운 시대의 시작으로, 미래 종말론적 삶이 현재의 악한 세대에 예시적인 방식으로 침투한다. 따라서 신약 성경의 관점에서 볼 때, '그리스도 안에'(고전 10:11) 있는 자들에게는, 성령의 선물을 통해서 시대들의 성취들(혹 마지막, $\tau\alpha\ \tau\varepsilon\lambda\eta$)가 도래한 것이다"(65).

또한 오순절에 제자들이 목격한 "불의 혀"가 표상하는 바도 "파괴적인 권능의 불이 아니라, 은혜의 세례"이니 "파괴적인 권능의 불은 그리스도가 수난 중에 우리 대신 받으신 심판을 의미하기 때문이다"(67)는[17] 이해도 매우 건전한 성경 신학적 통찰을 드러내는 것이다. 이때 모인 수인 120명이 "자체 내의 재판소를 가지는 공동체 설립에 요구되는 최소한의 남자 숫자"라고 하는 하워드 마샬의 견해를[18] 긍정적으로 소개한 것이나(68), 이것이 바벨의 역전이라는 것을 지적한 것(68, 69, 244, 295, n. 2),[19] 그리고 이때나 고린도 교회에서의 방언이 "본질상 외국어"였다는 것을 제시하면

---

[16] K. Rengstorf, in *Theological Dictionary of the New Testament*, ed. G. Kittel and G. Friedrich, trans. G. W. Bromiley (Grand Rapids, MI: Eerdmans, 1964), vol. 1, 304 (Ferguson, 『성령』, 58).

[17] 이때 퍼거슨은 J. D. G. Dunn, *Baptism in the Holy Spirit* (London: SCM Press, 1970), 42ff.에 반하여 I. H. Marshall, "The Significance of Pentecost," *Scottish Journal of Theology* 30 (1977): 351에 동의하면서 이 논의를 한다(Ferguson, 294, n. 1).

[18] I. Howard Marshall, *The Acts of the Apostles*, Tyndale New Testament Commentary (Leicester: IVP, 1980), 64.

[19] 퍼거슨은 이와 같은 이해를 제시하는 다른 논의로 J. G. Davies, "Pentecost and Glossolalia," *Journal of Theological Studies*, new series, 5 (1952): 228-31을 언급한다(Ferguson, 『성령』, 295, n. 2).

서(69, 245, 268) 이는 이사야 28:11 등에 언급된 대로 "외국의 언어로 듣는다는 것은 언약 백성에 대한 하나님의 예비된 심판의 징표"(69, 244f.)라고 지적하는 것도 성경 신학적이고 개혁파적인 해석에 충실한 것이다. 그리고 그 당시 "유대주의 안에서는 '하나님의 영을 소유한다는 것은 선지자가 된다는 것을 의미했다'"는[20] 예레미아스의 말에 동의하면서(71), 따라서 이때 성령이 주어진 것은 모든 이들이 다 선지자가 되기를 원한다는 모세의 원함(민 11:29)이 실재가 된 것이라고 해석한 것(71, 72), 따라서 이제 신약 시대에는 예수님을 믿는 "모든 사람이 제사장이요 왕이요 선지자들이다"(72)고 명확히 지적한 것도 그와 같은 성경 신학적 통찰을 잘 드러낸 것이다.

요한복음 20:21-23에 대한 해석에서도 퍼거슨은 매우 건전한 주해와 통찰에 근거한 논의를 제시하면서 "만일 요한이 그 날 밤의 사건을 같은 장에서 약속하신 성령을 보내신 사건으로 설명하고자 했다면, 이는 일관성을 결여하게 된다"고 하면서 여기서 예수님의 행동은 "주로 상징적인 것"이라고 논의하고 있다(73).[21]

고린도후서 5:17을 해석할 때도 그는 아주 명백히 이는 "단순히 새로운 피조물이 아니라" "새로운 창조계가 시작된 것이다"(128)라고 잘 지적하고 있다. 그러므로 그리스도 안에 있다는 것은 "새로운 피조계에 들어가는 것이다"고 바르게 말한다(131).

또한 우리를 구원하시는 것의 궁극적 목적과 관련해서도 퍼거슨은 "성령을 통하여 우리의 변화가 이루어진다"고 하면서(130), "그리스도의 인성 안에서 표현된 것과 같이, 하나님의 형상으로 변화시키는 것이 성령

---

[20] J. Jeremias, *New Testament Theology*, tran. J. Bowden (London: SCM Press, 1971), vol. 1, 78.
[21] 이를 말하면서 이와 같은 입장을 지닌 Theodore of Mopsuestia (c. 350-428)의 견해가 콘스탄티노플 종교회의(553)에서 정죄되었다는 사실도 지적하고 있다 (Ferguson, 295, n. 6). 이로써 퍼거슨은 초기 종교회의의 모든 결정이 바른 것이 아니라는 좋은 시사를 주고 있다.

의 목표이다. 이는 믿는 자들로 하여금 점차적으로 참되고도 온전한 인간이 되게 하려는 것이다"고 말한다"(130).22   이런 의미에서 성화는 "우리를 인간 이상의 존재로 만들어 주는 것은 아니다. 오히려 … 그들이 창조될 때 의도되었던 모습으로 변화되는" 것(160)이라고 말하는 것은 성경적이며 개혁파적인 성화 이해의 가장 좋은 표현이다.

V. 선배들의 가르침 중 성경에 일치하는 가르침을 잘 제시한, 또한 그에 충실한 성령론

퍼거슨은 다른 모든 바른 개혁신학자들과 같이 교부들의 가르침 가운데서 성경의 가르침에 매우 충실한 성령론을 제시한다. 교부들이 성경의 가르침에 일치하는 것을 가르칠 때 그것에 충실한 모습을 보여 주는 것이다.

    1. 가이사랴의 바실(Basil of Caesarea, 330-379)은 "성령은 그리스도와 불가분의 동반자요 … 그리스도의 모든 행동은 성령의 임재하에서 드러났다"고 말함을 잘 제시한다.23

    2. 이레니우스의 기독론적 요약에 나타난 수사학적 표현 방식에 주의를 촉구시키면서 그에 동의한다:

> 그분은 인생의 모든 단계를 통과하셨다. 그분은 어린아이들을 위해서는 영아성을 지닌 영아로 만들어지셨다. 아이들을 위해서 많은 아이들 가운데 한 아

---

    22 이와 관련해서 퍼거슨은 벌코프의 매우 정형적 표현을 잘 언급하고 있다. Cg. Louis Berkhof, *Systematic Theology* (Grand Rapids: Eerdmans, 1941), 451.
    23 Basil, *On the Holy Spirit*, 16, 39 (Ferguson, 『성령』, 41).

이로서 거룩한 어린 시절을 보내셨고, 효성스러움과 의로움과 순종의 모범을 보여 주셨고, 청년들 가운데 한 청년으로서 모범이 되셨고, 하나님에 대해서 그들을 거룩하게 하셨다.[24]

이와 같은 생각은 이레니우스의 총괄갱신교리에 대한 잘못된 해석인 만인구원론적인 방향으로만 나아가지 않는다면 좋은 통찰이라고 할 수 있다.

이외에도 과거 개혁파 신학자들이 사용한 구원의 서정이라는 용어와[25] 그 사상이 "성령이 그리스도의 사역을 적용하는 면에서 내적인 일관성과 논리성을 밝혀 보려는 시도"(111)라고 한 것은 선배들의 의도를 잘 파악한 매우 옳은 진술이다. 이로 이런 바른 이해 때문에 퍼거슨은 복음의 선포와 구원의 서정에 대한 논의를 대립적으로 보는 것들을 잘못된 것이라고 선언할 수 있었다(111).

VI. 현대의 다양한 논의들을 잘 알면서 그에 반하는 논의를 제시하는 현대적 성령론

퍼거슨은 이렇게 성령에 대해서만 현대의 논의를 잘 알고 그에 대해서 적절한 개혁파적인 반응을 보이고 있는 것은 아니다. 그는 성령론에 대한 바른 정리가 신학 전반에 어떤 풍성한 함의를 지니고 있는지를 잘 알고 적절

---

[24] Irenaeus, *Against heresies*, 2.22.4.(Ferguson, 50).
[25] 그는 이 용어의 사용이 F. Buddeus, *Institutiones Theologiae Dogmnaticae* (1724)과 J. Karpov, *Theologia Revelata Dogmatica* (1739)에서 기원하였음을, 그러나 그런 사상은 그 이전부터 있었음을 잘 지적한다(Ferguson, 297, n. 3).

하게 반응한다. 예를 들어서, 바르지 못한 성령론과 연관된 기독론의 현대적 경향에 대해서 그는 다음과 같은 바른 반응을 나타낸다: "아래로부터의 기독론에만 중점적으로 매달리는 변질된 현대 신학은 그리스도에 대한 성경적 이해를 거스르고 있다. 그것은 한쪽이 잘려진 성령론이며, 심하게 일그러진 기독론이다"(47).

그는 또한 바르트의 삼위일체론에 대해서도 "성부, 성자, 성령에 대해서 언급하면서 하나님의 현존 방식(mode)이라는 용어를 더 선호한 것은 심각한 오해를 불러 일으켰을 뿐만 아니라, 상당히 불필요한 것이었다"고 하면서 그 때문에 바르트는 "비록 타당한 것이 아닐지 모르지만 양태론자라는 비난을 받았으며"(37)라고 아주 정확히 문제를 드러내면서도 공정한 논의를 하고 있다.

퍼거슨은 하나님을 영으로만 이해하려는 G. W. Lampe의 생각을[26] 비판적으로 언급하고, 심지어 "아마도 삼중성은, 기독교 신학에서의 하나님의 개념과 관련하여 성부와 성자의 영원한 이중성만큼 중요한 것은 아니다"라고 하는 C.F.D. Moule의 주장에[27] 대해서도 비판적으로 언급하고 있다(292, n. 17).

퍼거슨은 계시의 연속성 문제에 대한 현대의 논의들, 특히 그루뎀의 논의를[28] 공평하게 소개하고 그것을 성경적 견지에서 효과적으로 비판하면서도, 이와 연관되는 다른 이들의 견해도 그 핵심을 잘 지적하면서 비판하고 있다: "신정통주의 신학에서는, 계시와 조명을 합쳐 버리거나 심지어 혼동해서, 계시는 조명이 있을 때까지는 실제적인 것이 아니라고 본

---

[26] G. W. Lampe, *God as Spirit* (Oxford: Oxford University Press, 1977).
[27] C. F. D. Moule, *The Holy Spirit* (Oxford: Mowbray, 1978), 51.
[28] Cf. Wayne A. Grudem, *The Gift of Prophecy in 1 Corinthians* (Lanham, MD: University of America Press, 1982); idem, *The Gift of Prophecy in the New Testament and Today* (Westchester, IL: Crossway, 1988) idem, *Systematic Theology* (Grand Rapids: Zondervan, 1994).

다. 다른 한편, 은사주의자들은 계시와 조명을 혼동하되 사도적 계시와 그 계시에 대한 우리의 이해와 반응의 차이를 사실상 붕괴시켜 버리는 위험을 안고 있다. … 복음주의자들이, 이것이야말로 로마 가톨릭에서 주장하는 성경 밖의 계시의 연속성 교리의 치명적 오류임을 자주 지적하였음에도 개신교 안에서 같은 일이 일어나는 것을 인식하지 못하는 것은 참으로 의아한 일이 아닐 수 없다"(267).

퍼거슨은 또한 스탠리 사마르타의 보편구원론과[29] 칼 라너의 익명의 그리스도인 개념을 비판하고, 제2 바티칸 공의회의 입장은 "사랑이 입증되는 곳에서는 어디서든지 하나님의 영이 사역하고 있음을 볼 수 있다는 선언으로 일반화되어 있다"고[30] 밝히고 있다(278). 또한 인간의 자유와 평등과 박애를 향해 노력하는 모든 일반적 사역에도 성령께서 작용하는 것으로 말하는 헨드리쿠스 베르코프의 성령론의[31] 문제점을 잘 지적하기도 한다(280). 이 세상에서 일반적으로 성령의 역사를 일반화시켜 말하는 것에 비해 우리는 칼빈과 같이 성령의 일반적 사역과 특별 은총적 사역을 나누어 말해야 한다는[32] 입장을 퍼거슨은 잘 표현한다(281-83).

VII. 논의점

---

[29] Cf. Stanley J. Samartha, in Emilio Castro, (ed.) *To the Wind of God's Spirit* (Geneva: WCC Publications, 1990), 60-61.

[30] 이런 입장에 대한 설명으로 Bryan Gaybba, *The Spirit of Love* (London: Chapman, 1987)을 볼 것을 권한다(Ferguson, 『성령』, 307, n. 4).

[31] Cf. Hendrikus Bekhof, *The Doctrine of the Holy Spirit* (London: Epworth, 1965), 102.

[32] Cf. Calvin, *Institutes*, II. 2. 16; II. 11. 12.

1. 흥미로우나 너무 지나치게 발전되면 안 될 것 같은 논의

예수님께서 제사장 되심을 부각시키면서 예수님이 기름부음 받은 제사장으로 여겨졌음을 말하면서 퍼거슨은 한 곳에서 "대제사장이 몸을 씻고 기름부음을 받음으로써 속죄일의 임무를 준비하듯이 예수님도 자신의 제사장적 임무를 보여 주기 위해 성령의 부음과 세례의 씻음을 받으신 것이다"고 말하고 있다(51). 그러나 이는 흥미롭기는 하지만 너무 지나치게 강조하면 자의적이고 알레고리적인 해석으로 들릴 수도 있기에 유의하면서 말해야 한다고 생각된다. 특히 이런 설명을 듣는 사람들이 이런 표현을 교조화하지 않도록 주의하면서 말해야 할 것이다.

또한 성령이 비둘기 같은 형상으로 나타나신 것과 관련해서 확실한 결론에 이를 수는 없지만 공동된 방향을 지시하신다고 하면서 이는 "첫 창조 때 수면에 새처럼 운행하셨다는 점(창 1:2)을 상기시키는 여운을 남기고 있다"고 하면서, "홍수 기사에도 이것을 암시하는 요소가 등장한다"고 하면서 그것을 "하나님의 심판으로 땅이 멸망한 뒤에 새롭게 창조된 세상에 비둘기가 내려온 사건이다"라고 하고 있는데(53), 이도 역시 흥미롭기는 하지만 그리고 퍼거슨이 조심스럽게 논의해 가기는 하지만 **너무 지나치거나 조심해야 할 해석의 예로** 보인다. 더구나 이를 유대 전통에서 비둘기가 이스라엘의 상징으로 사용된 것과 연관시키는 것이나, 레위기 제사 제도에서 가난한 자들의 속죄 제물이었던 비둘기의 기능을 염두에 둔 것으로 보는 것은(53) 지나친 논의라고 하지 않을 수 없다.

또한 오순절의 '강하고 급한 바람 같은 소리'가 "창조 때에 나타난 '루아흐 엘로힘'의 강력한 작용을 반영하며(창 1:2), 새로운 세상 질서의 시작을 암시한다"(68)고 하는 것도 흥미롭기는 하지만 너무 지나친 논의의

한 예로 지적될 수 있을 것이다.

그와 비슷한 것으로 "예수님은 하나님이 아담에게 생기를 불어 넣으신 것처럼(창 2:7), 제자들에게도 불어 넣으셨다"고 하면서 "이 상징은 바로 새로운 창조의 시작이다"고 말하는데(74), 이도 지나치게 창세기 기록과 연관성을 찾으려는 시도로 보여질 수도 있다. 성경 구절의 비슷한 단어들을 연관시키는 이런 일에서 주의해야 할 것을 보여주는 예라고 하지 않을 수 없다. 또 다른 예로 도마에게 손을 넣어 보라고 하신 것(요 20:26ff.)과 관련해서 이는 "성령의 은사가 십자가에 매달리신 예수님으로부터 나온다는 사실을 암시하는 것 같다"(74)고 하는 것도 들 수 있다. 옳은 말씀이나 다음과 같이 문자적으로 표현하는 데서 오해가 증폭될 수 있는 것이다: "그분으로부터 물과 피가 흘러나왔으며, 이는 용서의 피와 성령의 물이다. 오직 십자가에 달리신 그분만이 메시아적인 성령을 주실 수 있다… [이는 오직 요한만이 기록하고 있다는 것을 지적하면서] 그리스도의 죽음은 죄에 대한 희생이요, 동시에 성령 안에서 새로운 생명의 물을 우리에게 흘려보내는 사건으로 여겨진다"(76f.). 이와 같이 지나치게 나아가면 퍼거슨이 전달하려는 귀한 메시지를 손상할 수 있는 데도 때때로 그런 해석의 성향을 나타내 보이는 것이 안타깝다. 그의 메시지는 옳으나 그것을 예수님이 물과 피를 흘리신 것과 연관시키는 것은 문제가 될 수 있다.

퍼거슨이 적극적으로 말하는 것은 아니지만 "오순절이 시내 산에서 율법이 주어진 것과 관계된다고 생각되었으며, 2세기에는 이날이 세계의 칠십 개 언어 가운데서 지켜진 것으로 생각되며 이미 이런 전통은 일반적인 것이 되었다고 여겨진다"(69)고[33] 하는 것은 확실하지 않은 전통을 소

---

[33] 이런 전통에 대해 퍼거슨은 다음을 언급한다: B. Lindars, *New Testament Apologetic* (London: SCM, 1961), 44; J. Dupont, in B. Lindars and S. Smalley, eds., *Christ and Spirit in the New Testament* (London: Cambridge University Press, 1973), 219-28; J. D. G. Dunn, *Jesus and the Spirit* (London: SCM, 1975), 48-49 (Ferguson,

개하는 것 이상의 함의를 지니고 있다고 여겨져서 주의를 요한다.

퍼거슨은 니고데모가 밤에 찾아온 것을 요한복음의 어두움과 연관하면서 다음과 같이 해석하고 있다. "하나님 나라의 비밀은 밤에 찾아온 그에게 완전히 신비였다(요 3:2). 그는 … 영적 어두움으로부터 벗어나야 할 필요성 가운데 여전히 놓여 있었던 것이다"(137). 그러나 니고데모가 밤에 찾아온 것을 이와 같이 어두움과 연관시켜 해석해야 할 필연성은 없어 보인다.34

또한 퍼거슨이 시편 133편을 성도와 연관시켜 논의하는 것은 흥미롭기는 하지만 좀 주의하는 것이 더 나아 보이는 부분이다. 그는 이렇게 말한다: "아론은 하나님을 섬기기 위해서 기름부음을 받았다. 기름이 그의 몸 전체에 흘러내렸다. 믿는 자들은 그리스도의 몸으로서, 그들의 대제사장의 메시아적인 사역을 위한 기름부음에 참여한다"(199). 과연 시편 133편의 말씀을 이와 같이 이해하고 표현해도 되는 것인지가 의문시될 수 있다. 이와 같은 해석은 잘못하면 새로운 알레고리를 시사하는 것으로 오해될 수도 있기 때문이다.

2. 아쉬운 점

"시민법과 제사법은 유용하게 되었고, 도덕적 차원은 영원하며 따라서 새 언약 시대에도 적용 가능하도록 남아 있다"는 일반적 진술은(190) 율법 전체가 그리스도에 의해서 완성되었음을 분명히 하며, 그 완성의 빛에서 우

295, n. 3).

34 이 점에 대한 논의로 이승구, 『기독교 세계관이란 무엇인가?』(서울: SFC, 2005), 제 2 장을 보라.

리는 성령님 안에서 율법의 요구를 이룰 수 있다는 것을 잘 드러내도록 좀 더 정교하게 진술되지 않은 것이 아쉽다. 사실 퍼거슨의 논의에는 이런 것을 보여 주는 논의가 있다. 예를 들자면 그는 이렇게 말한다: "새 언약의 신자들은 모세의 경영 하에 있던 신자들과 동일한 방식으로 도덕법을 받는 것이 아니다. 이제는 우리 대신에 그 불법의 형법을 당하시고 그 법령을 성취하신 그리스도 안에서 그 법을 받는 것이요, 그리스도의 백성으로 하여금 그들의 생활 속에서 그 법들을 성취하게 하는 성령의 능력 안에서 받는 것이다. … 성령에 의해서 그리스도에게 연합됨으로써 거룩한 율법은 신자의 것이 된다."(192) 그러므로 이런 바른 이해를 좀 더 잘 드러내도록 하는 방식으로 퍼거슨이 표현하지 않은 것이 아쉽다.

또한 신약적 종말의 의미를 잘 드러내며 그에 충실하게 말하면서도(58, 65, 213, 275, 특히 종말론적 구조를 잘 언급하는 202-203을 보라), 때때로 전통적 의미의 표현을 하는 것이 아쉽다. 예를 들어서, 퍼거슨은 "이것은 지금도 내적으로나 외적으로나 모두 참되며, **종말의 날에** 최종적으로 충만하게 실제로 드러날 것이다"(200, 강조점은 주어진 것임, 285도 보라)고 표현하는데 이런 표현도 신약 종말론에[35] 좀 더 충실하게 표현하여 "하나님 나라가 극치에 이르는 날에"와 같은 표현으로 바꾸어 표현되었더라면 하는 아쉬움이 있다.

---

[35] "신약 종말론"의 의미와 그에 충실한 신학적 표현의 예들로 이승구, "종말신학의 프롤레고메나", 『개혁신학 탐구』 (서울: 하나, 1999, 개정판 수원: 합신대학원 출판부), 13-39, 특히 16-22; James M. Scott, "Jesus' Vision for the Restoration of Israel," in Scott J. Hafemann, ed., *Biblical Theology: Retrospect & Prospect* (Downers Grove, Ill.: IVP, 2002), 129-43; G. K. Beale, "The New Testament and New Creation," in Hafemann, ed., *Biblical Theology*, 159-73; idem, "The Eschatological Conception of New Testament Theology," in *Eschatology in Bible and Theology*, ed. K. E. Brown and M. W. Elliott (Downers Grove, IL.: IVP, 1997), 11-5; 그리고 이 책의 1장의 후크마에 대한 논의와 10장의 골즈워디에 대한 논의를 보라.

3. 좀 더 심각한 논의를 필요로 하는 점

성령님께서 예수님의 사역 기간에도 이미 제자들과 함께 있었으나 예수님의 승천과 오순절의 임재와 더불어 그분의 공식적 구속사적 사역을 하시는 것을 잘 설명하려고 하다가 퍼거슨은 다음과 같은 주장을 한다: "자기 비하의 기간에 그리스도의 영이 그리스도 위에 머물러 계셨고, 따라서 이런 의미에서 제자들과 '함께' 계셨다. 그러나 승귀하신 때에 그리스도가 그의 영을 제자들에게 불어넣으신다. **이제 승귀하신 구세주의 영으로서, 그리스도 자신의 실체를 제자들 속에 두신다. 전에 그리스도의 임재와 더불어 제자들과 함께 있었던 성령은 이제는 성육신하시고 승귀하신 그리스도의 영으로 그들 속에 존재하신다**"(77-78, 강조점은 필자의 것임). 퍼거슨의 의도를 이해하지만 위의 인용구에서 필자가 강조한 부분은 심각한 논의를 필요로 하는 부분이라고 여겨진다. 잘못하면 양태론적 오해를 낳을 수도 있는 이런 표현을 삼가는 것이 좋을 것이다.

오히려 이미 구약 시대에도 하나님 백성 안에서 죄를 깨닫게 하시고 회심시키시고, 영감하시고 교통하신 성령님께서는 아주 자연스럽게 예수님의 공생애 기간 동안에도 자신의 백성들 안에서 그들을 중생시키고 감화하시고 하시다가 성자의 구속사적 사역이 마쳐지는 시점에서 이제 신약 교회에 임재하시어 성령님의 공식적 구속사적 사역을 시작하시는 것으로 표현하는 것이 더 좋았을 것이다. 즉, 성령님의 사역은 이전에도 있었으나 성자의 구속사적 사역을 토대로 그의 공식적 구속사적 사역을 공식적으로 시작하시는 것으로 보아야 한다는 것이다. 마치 성육신 이전에도 로고스께서 이 세상 안에서 활동하고 계셨으나 성육신과 더불어 성자의 공식적 메시아의 사역을 하셨다고 말할 수 있는 것과 같이 말이다.

성경이 말하는 성화를 정확히 잘 표현하고 있는 퍼거슨이 그것을 "옛 사람을 벗어 버리고 새 사람을 입는 것"(162, 175, 187)으로 일반적으로 표현하고 있는 것은 매우 안타까운 일이라고 여겨진다. 과거의 많은 신학자들이 그렇게 표현했으나 성경 주해에 힘쓰는 분들은 이제 우리는 더 이상 옛 사람을 지니고 있지 않음을 분명히 하면서 새 사람인 우리는 새 사람의 모습에 걸맞게 항상 육체와의 싸움을 할 것을 요청해 왔기 때문이다.[36] 머리(Murray)의 논의를 잘 아는 퍼거슨이 이 점에 있어서는 일반적 논의를 하고 있는 것이 매우 아쉽다. 퍼거슨 자신이 "죄의 통치는 끝났다. 우리는 더 이상 그것의 신하가 아니다"(167)라고 말한 것을 이 점에도 적용시켜 논의하지 않은 것이 아쉽다. 특히 옛 사람은 "예수 그리스도와 연합하기 전의 아담 안에서의 전존재"라는 것과 "옛 자아/옛 사람은 그리스도와 함께 십자가에 못 박혔다"(168)고, 또한 성도들은 "새 사람이 되었다"(175), 또한 "새 사람의 방식이 덧입혀지고 성령 안에서의 삶이 시작되었다"(201)고 잘 지적하고 있으면서도, 그에 충실한 논의를 일관성 있게 제시하지 않은 것이 아쉽다.

또한 퍼거슨은 창세기 1:26-27에서도 성령에 대한 함의를 찾을 수 있다는 시사를 하고 있는데(23) 이는 좀 더 깊이 생각해야 할 논의라고 생각된다.[37]

4. 번역의 문제점

---

[36] 이에 대해서는 본서 제1장의 후크마의 논의를 참조하라.
[37] 이 구절에 대한 주해적 논의들에 대해서는 이승구, "성경신학과 조직신학," 『21세기 개혁신학의 방향』(서울: CCP, 2018), 189-221, 특히 201-205를 보라.

성령님의 아버지와 아들로부터도(*filioque*) 나오심(procession)을 번역하면서 우리 말 번역서에서는 처음에는 "나오심"이라는 좋은 번역어를 사용했었는데(82ff.) 84쪽부터 갑자기 "발출"이라는 번역어도 나오고 있다(84, 85, 295, n. 10 등). 또한 성자의 낳아지심과 관련해서도 "발생"이라는 번역어도 나오고 있다(84, 85, 86, 87). 이는 다른 곳에서 잘 나타나고 있는 대로 성자의 경우에는 "낳아지심" 또는 "출생"으로 번역하는 것이 generation의 의미에 충실하고, 성령님의 경우에는 "나오심"이라고 좀 더 자연스럽게 번역하는 것이 procession의 의미를 잘 살리며, 또한 영지주의의 유출설에 대한 방어도 된다는 것을 지적하면서 우리 한국인들 모두의 용어 사용에 유의를 다시 촉구한다. 따라서 86쪽에서 "유출"이라는 용어가 사용된 것도 고쳐져야 한다. 사실 이런 번역을 잘 조절하면[38] 82-89쪽의 설명은 성령님의 나오심(procession), 즉 성부와 성자로부터도(*filioque*) 나오시는 이중적 나오심(double procession)에 대한 가장 정확하고 명료한 주해적, 역사적, 신학적 진술로 여겨질 수 있는 것이기에 이런 수정이 매우 필수적인 것이다.

VIII. 마치는 말

이상에서 우리는 퍼거슨의 성령론을 정리하여 보았다. 앞절에서 검토한 몇 가지를 유의하면서 본다면 퍼거슨의 성령론은 가장 성경적이며, 성경 신학적 구조, 즉 특별 계시의 역사와 그 구조에 잘 유의하면서, 개혁신학적 강조점에 충실하며 교부들을 포함한 고전적 가르침에 유의하면서도 현대의

---

[38] 따라서 87쪽에 나오는 성령의 "발생"이라는 용어는 성령의 "나오심"으로 고쳐져야 일관성 있고 바르게 이해될 수 있다.

논의들과 의미 있게 대화하면서 성경적 개혁신학적 결론으로 우리를 잘 인도하는 것이라고 할 수 있다. 이런 점에서 퍼거슨의 성령론은 개혁신학의 표준적 성령론의 전통을 잘 계승하고 있다고 할 수 있다. 곳곳에서 퍼거슨이 그에 대해서 박사 학위 논문을 쓴 존 오웬(John Owen)의 논의의 성경적, 신학적 우위성을 잘 시사하고 있는 점도 흥미롭다. 그런 점에서 이는 오웬적 성령론을 현대화하며 좀 더 주해적으로 조절한 성령론이라고 할 수 있을 것이다.

III.
철저한 개혁신학에의 요구

제 7 장

코넬리우스 반틸의 개혁파 변증학 요구

코르넬리우스 반틸(Cornelius Van Til, 1895-1987)은 그의 학문적 활동 전체를 걸쳐서 개혁주의 변증학을 제시하고 그에 충실한 변증 작업을 한 철저한 개혁신학자로 언급될 수 있다. 그는 자신의 선배 개혁신학자들의 작품을 돌아보면서 신학에 있어서는 개혁신학에 충실한 신학자들이 변증학에서만은 철저한 개혁신학적 입장에 충실하지 않은 것을 지적하면서, 우리의 개혁신학이 모든 점에서 철저한 개혁신학이 되도록, 그래서 변증학에서도 개혁신학적 변증이 시도될 수 있기를 바라면서 그런 철저한 개혁주의 변증학을 제시해 보려고 노력했다.

그런 반틸의 노력을 뒤따르는 학자들이 웨스트민스터 신학교를 중심으로 있기는 하나 그리 많지는 않고, 더구나 우리나라에서는 그의 가르침을 받은 분들이 때때로 반틸의 입장을 말하기는 하지만 철저한 그의 개혁주의 변증학을 지속적으로 일관성 있게 주장하는 예가 더 드물다고 여겨진다. 그러므로 다원성을 강조하는 오늘의 상황 가운데서도 철저한 개혁신학적 입장을 강조하는 코르넬리우스 반틸의 입장의 현대적 의의를 다시 드러내는 것이 필요하다고 생각되어서 이 장에서는 반틸의 신학을 검토해 보기로 한다.

   이를 위해 우리는 가장 평이한 접근 방법을 취해 보기로 하자. 먼저 그의 개혁신학 이해를 알아보고(I), 그가 이런 개혁신학적 입장에서 주장하는 개혁주의 변증학(개혁파 변증학)의 성격과 의의를 규정한(II) 후, 마지막으로 그의 사상의 기독교 철학적 의의를 당대의 기독교 철학자들의 입장과의 비교 속에서 드러내 보기로 하겠다(III). 이는 그의 철저한 개혁파 사상에 대한 매력 때문에 그의 입장을 드러내려고 노력했던 1986년도의 "코르넬리우스 반틸 사상에서의 합리성 개념에 대한 연구"가 쓰여진 지 16년 만에 다시 그의 공적을 치하하기 위한 탐구라고 할 수 있다. 1986년의 논문과 함께 이 글도 반틸의 독특성 – 그것은 결국 개혁신학에 대한 그의 철저성으로 나타나는 바 – 그 독특성을 잘 드러내기 위한 작업의 하나로 이해되었으면 한다.

I. 개혁신학에 대한 반틸의 이해

반틸의 개혁신학에 대한 이해는 어떤 의미에서 가장 일반적인 이해라고 할 수 있다. 그는 가장 평범한 의미의 개혁신학을 제시하고 그것이 이 시대에 우리가 추구하고 나아가야 하는 개혁신학적 입장이라고 한다. 그리고 그는 이것이 단순히 교파적으로 개혁파에 속한 이들만이 그런 신학을 지녀 나가야 하는 것으로 말하지 않는다. 오히려 그는 정통적 기독교의 입장이 개혁

---

1 이승구, "Cornelius Van Til 신학에서의 '합리성'에 대한 연구"(1986), 『개혁신학에의 한 탐구』(서울: 웨스트민스터 출판부, 1995), 217-56.

신앙과 개혁신학에서 가장 일관성 있게 표현되고 있다고 생각한다.[2] 이 점에서 그는 칼빈주의는 "가장 정상적이게 된 유신론이요, 가장 순수한 형태에 이른 종교적 관계요, 결국 온전히 표현되고 안전함에 이르게 된 복음주의 종교"라고 말하는 워필드와 의견을 같이 한다.[3]

이렇게 가장 정상적인 정통적 신앙인의 사상을 제시한 개혁신학은 과연 어떤 특성을 지니고 있을까? 반틸은 한 곳에서 칼빈 자신의 신학의 특징을 들어서 그것이 천주교적 신학과 어떻게 다르며, 알미니우스주의적 신학과 어떻게 다른지를 잘 제시하고 있다.[4] 우리는 그가 칼빈의 신학에 대해서 말한 바를 그의 의도를 따라 확대해서 개혁신학 전체에 적용해서 그 특성을 언급해 보려고 한다.[5]

첫째로, 반틸은 일반계시의 명료성(clarity)을 강하게 주장하는 것이 칼빈과 다른 개혁신학자들의 특징이라고 말한다.[6] 반틸은 하나님의 계

---

[2] Cornelius Van Til, *An Introduction to Systematic Theology* (Phillipsburg, New Jersey: Pres. and Reformed, 1971), 이승구 역, 『개혁주의 신학서론』(서울: 기독교문서선교회, 1995), 9. 또한 Van Til, "Response to Dooyeweerd," in E. R. Geehan, *Jerusalem and Athens: Critical Discussions on the Philosophy and Apologetics of Cornelius Van Til* (Phillipsburg, New Jersey: Presbyterian and Reformed Publishing Co., 1971), 91도 보라: "천주교와 루터파와 알미니우스주의자들은 그리스도 안에 있는 하나님의 주권적 은혜를 자연인에게서 빌려 온 사유의 구조(a schematism of thought)를 가지고 어느 정도는 축소하였다."

[3] B. B. Warfield, *Calvin and Augustine*, ed. Samuel G. Craig (Philadelphia: Presbyterian and Reformed Pub. Co., 1956), 289. Cf. 290, 491f., 497-99.

[4] Van Til, *The Reformed Pastor and Modern Thought* (Phillipsburg, New Jersey: Pres. and Reformed, 1971, 1980²), 이승구 역, 『개혁신앙과 현대사상』(서울: 엠마오, 1984), 제1장.

[5] 이전에 이를 제시했던 이승구, "개혁신학의 독특성", 『개혁신학에의 한 탐구』, 107-11도 참조하라.

[6] Van Til, *The Reformed Pastor and Modern Thought*, 4(=한역, 16). 반틸은 일반계시라는 말과 자연계시라는 말을 혼용하면서 오히려 자연계시라는 말이 더 선호할 만하다고 한다(Van Til, 『개혁주의 신학서론』, 129). 그러나 이에 대해서 비판적으로 언급하면서 오히려 벌코프의 용례를 따르는 것이 더 나을 것이라고 제시하는 역자 주를 참조하라 (129, n. 1).

시의 객관적 명료성은 "어떤 대가를 지불하고서라도 강조되어져야만" 한다고 한다.7 이 점이 강조된 것은 물론 칼빈 자신이 일반계시의 명료성을 아주 강조하기 때문이기도 하지만, 또한 반틸의 신학적 정황 가운데서는 칼 바르트가 일반계시를 부인하고 극도의 그리스도 단일론(Christo-monism)을 주장하고 나가는 것에 대한 비판 의식이 작용하여 균형 잡힌 개혁신학적 입장의 천명이 필요했으리라고 여겨진다. 어떤 사람들은 흔히 바르트를 20세기 최대의 개혁신학자라고 하지만8 반틸이 제시하는 개혁신학의 첫째 특성에 비추어 볼 때도 바르트는 개혁신학에 충실한 신학을 하였다고 말하기 어려운 것임이 드러난다. 칼빈과 반틸에 의하면 일반계시는 자연 안에서도 나타나지만, 그 계시가 "특히 그 극(極)에 달하는 것은 인간의 정신 활동에서이다".9 더구나 하나님으로부터 직접 주어지는 일반계시도 있다.10 그리고 자연으로부터 주어지는 것이든지, 사람의 정신 활동으로부터 주어

---

7 Van Til, 『개혁주의 신학서론』, 182.
8 여러 책들 외에도 특히 이승구 편, 『현대 영국 신학자들과의 대담』 (서울: 엠마오, 1992, 최근 판, 알맹, 2023), 여러 곳에 나타나고 있는 여러 신학자들의 언급을 보라.
9 Van Til, *The Reformed Pastor and Modern Thought*, 8(=한역, 20).
10 반틸은 일반 계시에 대해서 아주 상세한 분류를 제시하기도 하였다(Van Til, 『개혁주의 신학서론』, 129-83). 다음을 보라:
1. 자연에 관한 현재의 일반 계시
    (1) 자연으로부터 얻은 자연에 대한 계시
    (2) 사람에게서 온 자연에 대한 계시: 심리-물리학(Psycho-physics)
    (3) 하나님에게서 온 자연에 대한 계시: 신학적 물리학(Theologico-Physics)
2. 사람에 관한 현재의 일반 계시
    (1) 자연으로부터 얻은 사람에 대한 계시: 물리적 심리학(Physico-Psychology)
    (2) 사람에게서 온 사람에 대한 계시: 심리학 자체(Psychology proper)
    (3) 하나님에게서 온 사람에 대한 계시: 신학적 심리학(Theologico-Psychology)
3. 하나님에 관한 현재의 일반 계시
    (1) 자연으로부터 얻은 하나님에 대한 계시: 자연 신학(natural theology)
    (2) 사람에게서 온 하나님에 대한 계시: 합리적 신학(Rational Theology)
    (3) 하나님에게서 온 하나님에 대한 계시: 신학 자체(Theology proper)
지나칠 정도로 자세히 분류한 이런 분류는 반틸이 일반 계시를 얼마나 중요시하며 그것의 명료성을 높이 사는지를 분명히 드러내 준다고 여겨진다.

지는 것이든지, 하나님으로부터 직접 주어지는 것이든지, 그 모든 것이 근원적으로는 하나님으로부터 주어지는 것이고, 그 모든 계시가 다 지금도 명료하게 나타나고 있다. "심지어 인간의 죄 때문에 피조물에 임해 있는 하나님의 저주조차도 자연에 나타난 '하나님의 계시'의 명료성을 흐리게 할 수 없다."[11]

그런데 현존하는 그리고 지금도 아주 명료한 이 일반계시에 대해서 사람들이 인정하지 않고, 이에 근거해서 제대로 된 신지식에 이르지 않는 것은 타락한 인간이 불의로 진리를 억누르는 죄 때문이다. 이렇게 불의로 하나님을 알 만한 것을 억누르는 사람들은 그 누구도 실제로 하나님을 창조주로 알지 않는다.[12] 그래서 그 자체로 고귀하게 존재하는 하나님을 생각하는 플라톤조차도 "자기 자신의 우주나 머리 안에서 자신을 상실하여 기독교적 관점에서 볼 때에는 완전히 잘못된" 신 개념을 가진 것이다;[13] "플라톤의 신이나 아리스토텔레스의 신 등 모든 비기독교적 철학자들의 신은 결국 진리를 억누르려는 인간의 반역적 정신에 의해서 조성된 신이다".[14] 그러므로 여기서 개혁신학의 두 번째 특성이 나타난다. 그것은 **특별계시와 그것의 성문화인 성경의 필요성**이다.

그러므로 개혁신학의 두 번째 특성은 성경을 강조하여 그 필요성과 충족성을 동시에 강조하는 데 있다. 반틸은 먼저 성경의 절대적 필요성을 칼빈과 함께 강조한다. 그는 다음 같은 칼빈의 말을 즐겨 인용한다.[15]

이제 참 종교가 우리에게 드러나게 되려면, 그 누구라도 성경의 학도가 되

---

[11] Van Til, 『개혁신앙과 현대사상』, 17.
[12] Van Til, *The Reformed Pastor and Modern Thought*, 8=『개혁신앙과 현대사상』, 21.
[13] Van Til, 『개혁주의 신학서론』, 180.
[14] Van Til, 『개혁신앙과 현대사상』, 38.
[15] Van Til, 『개혁신앙과 현대사상』, 21.

지 않고서는 바르고 건전한 교훈을 조금이라도 맛볼 수 없으며, 참 종교는 처음부터 천상적(heavenly) 교훈에서부터 시작해야 한다는 것을 주장하지 않을 수 없다.[16]

칼빈의 이런 입장에 동의하면서 반틸은 "(1) 인간이 하나님을 (마땅히 알아야만 하는 대로) 알지 못한다는 것은 비난할 만한 것이며, (2) 이 무지는 그리스도의 구속 사역이 아니고서는 벗어 날 수 없는데, … 그리스도의 말씀이신 성경만이 그리스도 안에서 행하신 하나님의 구속 행위를 알려 주고 … (3) 성경의 거울을 통해서만 일반 계시는 그 진면목(眞面目)을 드러내게 된다"고 주장한다.[17]

이렇게 성경의 절대적 필요성에 대한 강조와 함께 개혁신학은 성경의 충족성(sufficiency)을 매우 강조한다. 반틸은 이 점에서 아주 단호한 입장을 취한다: "우리가 바울의 (사도적) 권위를 제쳐놓지 않는 한, 어떤 비사도적 문서가 사도적인 글과 같은 하나님의 계시의 수준에 놓인다고 말할 권리를 가지고 있지 않다"[18]; "성경은 그 외의 다른 추가적 계시를 필요로 하지 않는다."[19] 이렇게 성경 외의 다른 계시가 있을 수 없음을 분명히 하면서, 그러나 때때로 개별적 상황에 대한 개별적 계시가 있다고 하는 이들에 대해서는 어떤 입장을 취하는 것이 개혁신학적인 입장인가? 반틸은 이전의 개혁신학자들의 견해를 잘 드러내면서 그러한 개별적 계시도 있지 아니함을 아주 분명히 하며 강조한다:

> 개별적 그리스도인들이 개별적 계시를 필요로 하는 것이 아니다. 개개인의 그리스도인들은 성경에 대한 연구에서 성령의 인도하심만을 필요로 할

---

[16] John Calvin, *Institutes of the Christian Religion*, I. xvi. 2.
[17] Van Til, 『개혁신앙과 현대사상』, 23.
[18] Van Til, 『개혁주의 신학서론』, 236.
[19] Van Til, 『개혁주의 신학서론』, 239.

뿐이다. 성령께서는 성경 안에 신자들이 필요로 하는 모든 계시를 다 수록해 놓으셨다. 그는 그 자신이 집합적으로 교회를, 개별적으로 개개인을, 그가 이미 주신 계시의 의미를 더 깊고 온전하게 이해하는 데로 이끌어 가시겠다고 약속하셨다. 그러므로 성경에 있는 하나님의 계시를 자세히 연구하지 않거나, 또한 성경이 충분한 계시로서 주어졌다는 사실을 무시함으로써 성령을 모독하는 이들은 그 어떤 특별계시도 얻지 못할 것이라고 확신할 수 있다.[20]

이처럼 반틸은 계시론적으로나 개개인의 삶에서도 성경 이외의 다른 계시가 더 주어질 수 있다고 생각하지 않으며, 이런 성경의 온전한 충족성에 토대를 둔 사상만이 개혁신학적이라는 것을 천명한다.

따라서 성경의 충족성을 강조하는 개혁신학과 개혁파 교회는 성경 전체(*tota Scriptura*)를 존중하며, 바르게 해석하여 성경 전체의 가르침에 근거한 사상을 형성해 나가기를 힘쓰게 된다.

셋째로, 반틸은 "인간이 성경을 하나님의 말씀으로 받아들임에 있어서 인간의 내심에 주어지는 성령의 증언(*testimonia Spirit Sancti*)을 필요로 한다"는 점에 대한 강조를 개혁신학의 또 하나의 특성으로 제시한다. 물론 성경의 모든 숭고하고 엄정한 성격은 그 자체의 신적 성격을 분명히 드러낸다. 그러나 성경의 자증(αὐτοπιστιο)이 우리에게 확신되는 것은, 칼빈이 잘 말하고 있듯이, "우리 자신의 판단에 의해서나, 다른 이의 판단의 근거해서가 아니라, 성령의 능력에 의한 조명에 의해서"라는 것이다.[21] 반틸은 이와 관련해서 칼빈의 다음과 같은 말을 인용한다. 성경의 말씀들은 "성령의 내적 증언에 의해서 인쳐진 후에라야 인간에게 받아들여진다. 그

---

[20] Van Til, 『개혁주의 신학서론』, 237f.
[21] Van Til, *The Reformed Pastor and Modern Thought*, 10=『개혁신앙과 현대사상』, 23. 이는 Calvin, *Institutes*, I. vii. 5를 인용하는 것임.

러므로 선지자들의 입을 통해 말씀하신 바로 그 성령께서 우리 마음속에서 성경이 하나님께서 명령하신 것들을 신실하게 선포하는 것이라고 권고하신다."[22] 이런 입장을 따라 생각하면, 성령의 내적 증언에 의해 성경이 하나님 말씀임을 확신하고, 그 말씀을 이해하고 그 빛에서 일반계시를 제대로 해석하는 사람들만이 하나님과 세상을 제대로 안다고 말하게 된다. 그러나 다른 이들은 바른 지식을 전혀 가질 수 없다는 것인가? 이 문제에 대한 대답을 주는 것이 다음 네 번째 특성이다.

넷째로, 일반 은총 교리에 대한 강조가 개혁신학의 네 번째 특성이다. 물론 사람들은 자신들 안에 있는 "진리를 억누르려고 애쓸지라도 자연 자체가 누구라도 이기지 않게 하는 것처럼 진리를 완전히 억누르게 하시지는 않으신다".[23] 그래서 신의식은 사람들에게 (그것을 없애 버리려는 인간의 노력에도 불구하고) 계속 남아있고, 이것은 또한 하나님께서 그들에게 계속해서 은총을 베푸시기 때문에 가능하다고 한다. 물론 칼빈이 어거스틴을 따라서 강조하듯이, 타락 이후에 특별한 은사가 사라지자 자연적인 것도 오염된 가운데 있기는 하지만,[24] 그래도 하나님의 일반은총은 여전히 작용하고 있어서 "주께서 우리들로 하여금 물리학과 논리, 수학 등 모든 학문의 도움을 얻도록 하셨다면 우리는 불경건한 사람들의 사역과 노력으로부터도 도움을 얻어야만 한다".[25] 이렇게 반틸은 타락한 사람들도 "때때로 우주의 참된 사태를 발견할 수 있다고, 그래서 결국 자신과 사탄의 파멸에 간접적으로 기여하고, 그리하여 그리스도의 승리에 간접적으로 기여할 수 있다"고도 말한다.[26]

---

[22] Calvin, *Institutes*, I. vii. 4.
[23] Calvin, *Institutes*, I. iii. 3, cited in Van Til, 『개혁신앙과 현대사상』, 33.
[24] Calvin, *Institutes*, II. ii. 16, Van Til, 『개혁신앙과 현대사상』, 42.
[25] Calvin, *Institutes*, II. ii. 16.
[26] Van Til, "Response to Dooyeweerd," in *Jerusalem and Athens*, 125.

개혁신학을 이와 같이 이해하고 있는 반틸은 그의 평생에 걸쳐 이런 개혁신학에 충실한 신학적 사유를 제시하고, 신학의 모든 문제에 대해서 이런 입장에서 논의하여 나갔다. 그의 큰 장점이 바로 시종일관한 개혁신학에의 충실이라고 할 수 있다. 그래서 교부들을 존중하되 희랍인들의 개념과 유사한 로고스 교리를 말한다는 이유에서 저스틴 마터(Justin Martyr)와 클레멘트(Clement of Alexandria)는 실제로 사람이 자율적이라고 생각하고 연속성과 비연속에 대한 희랍적 개념을 가지고 있어서 결국 기독교적 진리와 희랍 철학적 진리의 종합을 꾀하고 있다고 비판한다.27 그래서 반틸은 이런 개혁신학이 크게 천주교 사상(Roman Catholic Theology), 알미니안 사상(Arminianism), 그리고 현대의 자유주의(liberalism), 또한 바르트주의(Barthianism)와 대조되는 것으로 여기면서 이들 사상과 개혁신학을 대조시켜 설명하는 작업을 하여 나갔다. 이렇게 철저한 개혁신학을 추구하는 반틸에게 있어서 매우 심각한 질문이 그의 선배와 동료 개혁신학자들의 작업에 대해 주어졌다. 그것은 바로 변증학과 변증 방법에 대한 질문이다.

II. 반틸의 개혁파 변증학

반틸은 많은 수의 개혁신학자들이 그들의 신학에서는 개혁신학에 아주 철저하면서도 변증학과 그 방법에서는 상당수가 알미니안적 변증 방법을 사용하고 있는 것을 관찰하고 이에 대해서 의문을 제기하면서 우리는 신학 자체에서뿐만이 아니라, 변증학에서도 개혁파적인 방법을 사용하여 변증

---

27 Van Til, "Response to Arthur F. Holmes," in *Jerusalem and Athens*, 440–42.

학을 포함한 우리의 신학 전체가 철저한 개혁파 신학이 되기를 촉구하였고, 그 자신은 일생을 개혁파 변증학(reformed apologetics)을 제시하고 그런 입장에서 변증하는 일에 최선을 다하였다고 말할 수 있다.28

1. 개혁파 변증학으로서의 전제주의 변증학

그러면 개혁파 변증학이라는 것으로 반틸이 의미한 것은 무엇인가? 그것은 결국 개혁신학의 내용, 적어도 그 기본적 사상을 전제로 하고서 변증에 임하는 변증이다. 그러므로 이렇게 개혁신학적 전제를 중시한다는 점에서 반틸의 변증학을 전제주의적 변증학(presuppositional apologetics)이라고 부르기도 한다. 우리가 신학과 변증에 임할 때 그 어떤 전제를 가지고 임해도 된다는 것이 아니라, 주어진 사태와 이 세상에 대한 해석에 있어서 확고히 개혁신학적 전제를 가지고 그 일에 임해야 한다는 것이다. 그가 생각하는 개혁파적 전제는 무엇일까? 그는 이것이 정통적 그리스도인의 가장 근본적 전제라고 하면서 성경 가운데서 말씀하시는 하나님을 늘 강조한다. "개혁파 변증학자의 책임은 무엇보다도 성경의 자증하시는 그리스도께 충성하는 것"이라고 한다.29 그는 이 전제에 대해서 여러 가지로 말한다. 예를 들어서, 한 곳에서는 이렇게 말한다: "세상의 창조자와 구속자로서의 삼위일체 하나님에 대하여 성경이 우리에게 말하는 진리의 전제".30 또 다른

---

28 개혁파 변증학이라는 용어와 이를 기독교 변증학으로 생각하는 반틸의 입장에 대한 진술로 다음을 보라. Van Til, "Response to Dooyeweerd," 98, 125; idem, "Toward A Reformed Apologetics" (a pamphlet in 1972). 이 글은 웨스트민스터 신학교의 반틸 web page에 있다(http://www.wts.edu/bookstore/vantil/summary.htm). 또 때로 그는 종교개혁적 변증학(reformational apologetics)이라는 말도 사용한다(Van Til, "Response to Dooyeweerd," 113).

29 Van Til, "Response to Dooyeweerd," 125.

30 Cf. Van Til, "Response to Dooyeweerd," 91.

곳에서는 "성경의 삼위일체 하나님께서 계시하신 기독교적 진리의 틀"이라고 하고,[31] 또 다른 곳에서는 "성경 가운데서 그리스도를 통해서 말씀하시는 자증하시는 삼위일체 하나님의 말씀"이라고 한다.[32] 또는 간단히 기독교적 이야기의 진리성의 전제(the presupposition of the truth of the Christian story),[33] 또는 "성경 이야기의 진리성을 전제하는 것"이라고 한다.[34]

그 모든 것을 종합하면 결국 "성경 가운데서 말씀하시는 하나님"인데, 이는 결국 성경 가운데서 당신님을 계시해 주신 삼위일체 하나님(존재론적 전제)과 그 삼위일체 하나님께서 자신을 계시하여 알려 주시고 그 내용을 성경에 성문화하셔서 우리가 성경을 통해서 하나님에 대해서 알 수 있다는 전제(인식론적 전제, 혹은 인식의 외적인 원리)다. 따라서 이 전제는 성경 가운데서 말씀하시는 하나님을 믿는(인식의 내적 원리) 사람들이 가지고 있는 전제다.

반틸은 기독교 변증가는 반드시 이런 전제를 가지고 변증 작업에 임하여야만 그 자신의 정체성과 자신의 인식의 순전성을 해치지 않는다고 생각한다. 이런 전제를 가졌지만 그것을 가지지 않은 듯이 말하면서 다른 사람들에게 접근하는 것은 옳지 않고 순수하지 않다는 것이다. 그리스도인은 삼위일체 하나님이 계시며, 그가 자신을 계시하셨고, 그 계시의 내용이 성경으로 성문화되어 있고, 따라서 우리가 주어진 계시의 한도 내에서 하나님과 하나님의 의도에 대해서 완전히 다는 아니지만 바르게(truly) 알 수 있다고 하고, 따라서 이 세상을 바라보며 해석할 때에도 이런 성경의 관점에서 해석한다. 따라서 이 세상은 하나님에 의해서 창조되었으나 인간의

---

[31] Van Til, "Response to Dooyeweerd," 109.
[32] Van Til, "Response to Knudsen," 302: "the Word of the self-attesting triune God speaking through Christ in the Scriptures."
[33] Van Til, "Response to Dooyeweerd," 121.
[34] Van Til, "Response to Knudsen," 303.

타락으로 인해 비정상적인 상태에 있고, 그리스도의 사역으로 말미암아 정상으로 원칙적으로 회복되었으나 아직은 그 온전한 모습이 다 나타나지 않은 상태에 있는 세상이라고 본다. 이 세상에 대해서 다른 관점에서 관찰하고 말하는 것은 결국 기독교적 전제에 맞지 않게 말하는 것이고 사실상 배교적 관점을 도입하여 말하는 것이 된다는 것이다. 그래서 반틸은 하나님과 세상에 대해서 성경이 가르치는 것과 다르거나 그에 철저히 순종해서 말하지 않는 것은 옳지 않은 것임을 강조해서 말한다.

이런 입장으로 변증을 하면 믿지 않는 이들에게 어떻게 접근 가능할 수 있겠는가 하는 것이 반틸의 변증학에 대해 주어지는 가장 일반적인 질문이다. 그러나 반틸은 두 가지 점에서 이런 질문에 대해 논의한다, 첫째는 "그리스도인이 하나님과 이 세상에 대해서 과연 어떻게 다르게 말할 수 있느냐?"는 질문으로 논의한다. 만일에 우리가 다른 사람들과 편하게 논의하기 위해서 믿지 않는 이들과 공유할 수 있는 말을 한다고 하면, 예를 들어서 하나님은 계실 수도 있고 안 계실 수도 있는 데, 여러 가지 증거를 가지고 생각해 볼 때 하나님께서 계실 가능성이 훨씬 높다고 말한다면, 그것은 우리의 기독교적 입장에 과연 충실한 것인가 한다. 다른 사람들을 얻기 위해서 우리의 입장을 절충해 가면서 말할 수 있는가 하는 것이 반틸의 가장 심각한 질문이다. 이를 변증에서의 "그리스도인의 정체성에 대한 질문"이라고 하기로 하자

둘째로, 궁극적으로 사람의 마음을 바꾸어 어떤 이를 진정한 그리스도인으로 만드는 것이 결국 성령께서 하시는 사역이라고 한다면, 우리는 그렇게 성령께서 역사하실 수 있는 가장 바른 방법을 가지고 불신자에게 접근해야 하지 않느냐는 것이 반틸의 도전이다. 이를 "변증의 진정한 유효성"에 대한 논의라고 해 보자. 반틸은 우리가 중립적 관점에서 이야기를 시작해서 기독교적인 입장으로 나아가는 것에 대해서 그것이 과연 효과

적인 변증인가를 집요하게 질문한다. 그런 식으로 하면 혹시 불신자가 자신의 입장이 잘못임을 깨닫게 되었다고 해도 처음에 우리가 그와의 공동의 근거를 마련하여 논의를 시작하였으므로 결국 그 공동의 근거를 파괴하려 하지 않을 것이지 않겠느냐고 질문한다. 그러므로 불신자들을 진정으로 도전하기 위해서는 그들과의 공동의 근거를 가지고 작업하는 방법을 사용해서는 안 된다는 것이다. 다른 변증 방법은 효과적인 변증을 하려고 하다가 결국 한 사람에게도 제대로 변증하지 못하는 결과를 가져오기 때문에 진정으로 효과적인 변증은 결국 전제주의적인 변증이라는 것이다.

반틸의 이런 입장은 결국 성경 가운데서 주어진 계시가 참으로 옳은 것이고, 이런 관점에서 이 세상의 모든 것을 보아야 한다는 확신에서 온 것이다. 그러나 그는 또한 이 세상에 있는 사람들이 성경의 관점으로 이 세상을 보고 있지 않음을 철저하게 의식한다. 그는 이 점에 있어서 매우 현실적이다. 그래서 그는 한편으로는 가장 성경적인 관점에서 하나님과 실재 전체를 보는 입장을 세우고(기독교 유신론, Christian theism), 또 한편으로는 가장 불신적인 입장에 철저한 입장을 이상적인 형태로(ideal type) 제시하고 그 두 가지 관점의 전제를 분명히 한 후에, 각각의 입장에 충실할 때에 그 귀결이 어떻게 되는지를 보도록 하는 변증 방법을 제시하려고 한다. 그러므로 그는 기독교적 입장과 비기독교적 입장 사이의 차이를 될 수 있는 대로 선명하게 드러내 보려고 한다.[35] 여기에 그의 전제주의 변증의 독특성과 특성이 있다. 기독교적 전제만을 잘 드러내고 철저화하는 것이 아니라, 불신자들의 사상의 전제도 그 논리적 결국에까지 끌고 가서 철저히 그 입장을 제시하려고 한다.

반틸은 자신이 "논증을 위해서 자신을 불신자의 위치에 세우고서 그[불신자]에게 그와 그의 전 문화가 그에 근거하고 있는 그의 인간관과

---

[35] Van Til, "Response to Dooyeweerd," 97.

우주관에 의하면 결국 그들은 늪에 빠지게 됨을 보여 주어야 한다"고 말한다.36 불신자의 입장은 궁극적으로 순전한 우연성 개념(the idea of pure contingency)에 헌신하게 된다는 데 있다고 한다.37 그래서 그 입장은 결국 파멸하게 된다. 이를 보여 주는 과정에서 때때로 반틸은 현실의 불신자들이 일관성이 없음을 지적하면서 왜 불신자들의 입장이 설 수 있는 입장이 아닌지를 드러내려고 노력하고, 궁극적으로는 철저한 기독교적 입장(기독교 유신론적 입장, 개혁신학적 입장)과 철저한 불신의 입장을 비교하면서 불신의 입장이 어떻게 일관성이 없으며, 결국 스스로 설 수 없으므로 취할 수 있는 입장이 아니라는 것을 드러낸다. "창조주와 구속자인 하나님을 보지 않게 되면, 결국 그 입장이 설 수 있는 아무것도 갖지 못하게 된다"고 한다.38 변증가가 하는 일은 이렇게 불신자들로 하여금 이런 철저한 대조를 보도록 하는 일이라고 한다.

그러면서 변증가는 자신의 철저한 기독교적 입장의 옳음을 주장하면서(진리-주장), 불신자들로 하여금 자신의 입장을 버리고 기독교적 입장을 취하도록 증언하고 권면할(urge) 수 있다고 한다. 그런데 그런 권면은 변증가 자신이 성경과 그리스도에게 충실한 만큼 가능하다고 한다.39 물론 최후에 불신자로 하여금 자신의 죄악된 세계관을 버리고, 그런 세계로부터 나오도록 하시는 분은 성령이시다. 그러나 철저한 전제주의 변증가는 불신자가 스스로 진리를 억누르고 있어도 그 안에 있는 "하나님을 알 만한 것", 칼빈의 이른 바 "신의식"(sensus divinitatis)에 근거해서 불신자에게 호소할 수 있다는 것이다. 그래서 반틸은 자신의 변증학이 불신자가 같이 하나님의 피조물이며 하나님과 맺은 언약을 깬 사람(covenant breaker)이나 그가 그

---

36 Cf. Van Til, "Response to Dooyeweerd," 91, 98.
37 Van Til, "Response to Dooyeweerd," 97.
38 Van Til, "Response to Dooyeweerd," 97.
39 Van Til, "Response to Dooyeweerd," 125.

안에 있는 하나님에 관한 진리를 억누르고 있다는 사실에 근거하여 그 안에 있는 그 "신의식", 그가 억누르고 있는 진리에 호소하는 방법을 취하는 점에서 불신자의 이성에 호소하거나 감정에 호소하거나 의지에 호소하는 변증과는 다르다고 말한다.

2. 알미니안 변증과의 대조

이와 같은 반틸의 전제주의 변증의 특성을 분명히 의식하도록 하기 위해서 그가 가장 현저하게 대립시키고 있는 알미니안 변증과 전제주의 변증을 대조하면서 이해해 보기로 하자. 반틸에 의하면, 알미니안 변증학은 이전의 천주교회의 변증학의 변형인데, 그 모든 문제를 극복하지 못한 변증 방법을 가지고 있다고 한다. 그래서 그는 때때로 이 둘을 하나로 묶어서 토마스주의적이고-버틀러적인 변증 방법(Thomistic-Butler type of approach to apologetics)이라고 말하는 일도 있다.[40] 따라서 결국 알미니안 변증도 불신자와 일정한 공통의 영역을 확보하고, 그 공통의 기반에 근거해서 그를 기독교로 이끌어 보려는 변증이라고 한다. 따라서 알미니안 변증은 공동의 기반 위에 또 다른 것을 세워 보려는 것이 되므로 반틸의 이른 바 "블록-하우스" 방법론(block-house methodology)을 사용하는 것이 된다. 이 블록-하우스 방법론은 일정한 토대를 세우고, 그 위에 또 기독교적인 것을 세울 수 있다고 생각하는 방법론이다. 그 일정한 기반은 불신자와 그리스도인이 공통적으로 가지고 있는 공동의 기반이 된다. 이 공동의 기반 위에서 그리스도인 변증가는 주어진 여러 자료를 동원해서 불신자들을 기독교로 이끌

---

[40] Cf. Van Til, "Response to Dooyeweerd," 90. 그리고 상당히 많은 곳에서 이 둘을 묶어서 말하고 있다. Cf. Van Til, "Response Knudsen," 303.

어 들이기 위해서 추론할 수 있다는 것이다.

이때 알미니안의 추론은 대개 이전의 천주교에서의 변증과 같이 개연성(probability)에 근거한 논의가 된다. 그런데 반틸은 이런 공통의 논의에서는 절대적 확실성을 가지고 논의할 수 없다는 것을 정확히 지적한다. 알미니안 변증가는 주어진 상황 가운데서 모든 정황을 고려하면 아마도 하나님이 계시다고 생각할 확률이 높다, 하나님이 계시다는 개연성(probability)이 더 있다는 논의를 하여 불신자에게 자신의 의견을 개진한다. 반틸은 그런 하나님은 결국 개연성 있는 하나님(a probable God)일 뿐, 성경이 증언하는 확실한 하나님이 아니지 않는가를 바르게 지적한다. (또 알미니안 변증가 자신은 그저 개연성 있는 하나님이 아니라 성경이 말하는 확실한 하나님을 믿는다고 해도, 변증의 상황에서 그렇게 개연성의 용어를 사용하는 것은 변증을 위해 자신의 입장을 유보하거나 절충하는 것이고, 결국 자신의 입장에 충실하지 않은 것이고, 불신자에게도 솔직하지 않은 것이 아니냐고 묻는다.) 이런 관찰에 근거해서 우리는 하나님에 대한 논의에서 그저 개연성만을 가지고 말하지 말아야 한다는 반틸의 강한 주장을 듣게 된다.

이렇게 블록 하우스 방법론에 근거한 알미니안 변증은 결국 기독교적 입장에 충실하지 않은 것, 즉 비성경적 형태의 변증 방법을 사용하는 것이라면서[41] 반틸은 변증가들이 이런 방법을 사용해서는 안 된다고 한다. 왜냐하면 이런 방법론은 자연인에게 어느 정도의 자율성(autonomy)을 돌리기 때문이고,[42] 결국 "추론의 의미 자체를 파괴하는 원칙들의 용어로 추론의 방법을 발전시키려고" 하기 때문이다.[43]

---

[41] Van Til, "Response to Dooyeweerd," 124.
[42] Van Til, "Response to Dooyeweerd," 124.
[43] Van Til, "Response to Dooyeweerd," 124.

3. 개혁신학자들의 알미니안 변증 방법에 대한 논박

그런데 때때로 철저한 개혁신학자들이 변증학에서는 이런 알미니안적 방법을 사용하는 것에 대해서 반틸은 심각한 문제 제기를 한다. 이는 그들이 변증 방법에서는 철저한 개혁파적 성격을 절충하려는 것이라고 한다. 그와 그의 친구들은 이런 것을 대개 덜 철저한 칼빈주의(less consistent Calvinism)라고 부른다.

예를 들어서, 워필드는 반틸 자신이 매우 존경하는 그래서 그의 『성경의 영감과 권위』라는 책의 출판에 대해서 반틸이 서문을 쓸 정도로 귀하게 여기는 개혁신학자이다. 그런데 워필드는 그의 변증학에 있어서 개혁파 신학을 전부 전제하고 변증으로 나아가려는 아브라함 카이퍼의 인식을 의식적으로 비판하면서, 먼저 변증학으로 모든 이들이 동의할 것을 세워 놓은 후에야 비로소 본격적인 신학으로 나아 갈 수 있다는 입장을 제시했다. 반틸은 이에 대해서 강력한 문제 제기를 한다.[44]

물론 실제의 워필드는 그가 이론적으로 제시한 것보다 나아서 그가 이미 믿고 있는 성경 가운데서 말씀하시는 하나님을 믿는 마음으로 논의하는 부분이 있어서 결국 워필드가 내리고 있는 결론은 개혁신학적인 것이 되었음을 반틸은 잘 지적한다. 그러나 이것 자체가 바른 변증의 방법은 워필드와 같은 방법으로가 아니라, 철저한 기독교적 전제를 가지고 논의하는 방법이어야 한다는 것을 잘 보여 준다.

워필드뿐 아니라 프린스턴의 이전 변증학자들이 변증학에서는 거의 다 중립적인 방법, 즉 알미니안적 방법을 사용하려고 하였음에 대해서

---

[44] Van Til, "Response to Dooyeweerd," 91f.에서도 반틸은 이를 자신의 한 일로 강조되어 언급하기도 한다.

반틸은 꼼꼼히 분석하면서 그런 변증 방법의 문제점을 지적해 낸다. 예를 들어서, 그는 프린스톤의 변증학 교수였던 윌리엄 벤톤 그린(William Benton Greene, Jr.)의 개혁신학과 그와 비교하면 별로 개혁파적이지 않은 변증을 대조하여 소개한다.[45] 또한 플로이드 해밀턴(Floyd E. Hamilton)의 변증에 대해서도 철저한 분석에 근거한 비판을 한다.[46] 이 부분의 반틸의 논의는 어떤 의미에서 개혁신학의 진전이 과연 어떤 식으로 이루어지는 것인지를 잘 보여 주는 논의라고 할 수 있다.[47]

4. 전제주의 변증에 찬동하는 다른 이들에 대한 논박

반틸은 더 나아가서 기본적으로 전제주의적 방법을 사용하지만 그에 충실하지 않은 이들에 대해서도 아주 구체적인 논의를 하여 결국 모든 점에서 철저한 개혁파 변증학이 이루어지도록 하는 일에 힘을 쓴다. 이런 작업의 가장 대표적인 경우가 그가 자신의 전제주의 변증학을 수립하는 데 있어서 힘입고 있는 아브라함 카이퍼나[48] 헤르만 바빙크의 변증에 대한 온전함을

---

[45] Van Til, *The Defense of Faith*, revised third edition (Phillipsburg, N. J.: Presbyterian and Reformed, 1967), 266-75.

[46] Van Til, *The Defense of Faith*, 276-85; idem, *A Christian Theory of Knowledge* (Phillipsburg, N. J.: Presbyterian and Reformed, 1969), 255-72. 이때 Hamilton, *The Basis of the Christian Faith*, the Fourth Edition (1964)을 중심으로 분석하여 비판한다.

[47] 좀 다른 측면이긴 하지만 그의 후계자라고 할 수 있는 프레임도 반틸에게서 성경적인 부분은 앞으로의 변증학을 위해 필수 불가결한 부분이지만, 성경에 잘 근거하고 있지 않은 측면들은 아무 미련 없이 버릴 수 있는 것이라고 하면서(John M. Frame, *Cornelius Van Til: An Analysis of His Thought* [Phillipsburg, N. J.: Presbyterian and Reformed, 1995], 398), 후배들에 의한 개혁신학의 발전이 어떻게 이루어져야 하는지를 잘 보여 주고 있다.

[48] 카이퍼가 그의 사유 가운데 스콜라주의적 방법론의 잔재를 가지고 있었음에 대한 언급과 비판으로 Van Til, *The Defense of Faith*, 286-90; Van Til, "Response to Dooyeweerd," 92를 보라. 또한 Van Til의 *Common Grace*도 보라.

위한 비판이라고 할 수 있다.[49] 그리고 그는 그와 동시대의 변증가들의 작업에 대해서도 비판적인 태도를 취하고 있다.

III. 반틸 사상의 기독교 철학적 함의

반틸의 개혁파 변증학은 기독교 철학적으로 어떤 함의를 지니고 있는가? 이를 위해 우리는 먼저 그의 논의를 존재론, 인식론, 가치론으로 나누어 제시해 보고, 그 뒤에 현대의 여러 기독교 철학자들과의 논쟁 가운데서 그의 독특한 입장이 과연 어떤 것인지를 정리하는 이중의 방법을 취하기로 하겠다.

1. 반틸 사상의 철학적 함의

먼저 반틸이 "실재, 지식, 그리고 윤리에 대한 개혁파적 관점"(the Reformed points of view of reality, of knowledge, and of ethics)이라고 부르는 것을[50] 요약적으로 정리하여 제시해 보기로 하자.

(1) 존재론

반틸은 존재론적으로 그가 말하는 대로 이층적 존재론(two layer theory of

---

[49] 바빙크에 대해서는 Van Til, *The Defence of Faith*, 290-99를 보라.
[50] Van Til, "Response to Dooyeweerd," 125.

being)을 제시하며 그에 충실하다. 그는 가장 기본적으로 하나님의 존재를 근원적 존재로 여긴다. 기독교의 전통적 사상에 충실하게 반틸은 하나님은 필연적 존재이고, 다른 모든 것들은 하나님의 작정과 창조에 의해서 존재하게 된 우연적 존재들임을 강조해서 말한다. 그는 이 피조계에 대해서 파생적(派生的)이라는 말을 사용하기를 즐겨한다. 이 피조계는 그 자체로 존립하는 절대적 존재가 아니요, 하나님의 창조에 의해서 파생적으로만 있을 수 있게 된 것이라는 말이다. 이렇게 없을 수 있었으나 하나님의 작정과 창조에 의해서 있게 된 이 파생적 존재는 항상 하나님에게 의존적인 (dependent) 존재다. 창조에 의해 독자적인 존재가 되었으나 항상 의존적으로만 있는 존재가 바로 피조계다. 그러므로 반틸의 존재론에서는 처음부터 창조주-피조물의 구별(the Creator-creature distinction)이 가장 현저하게 나타나고 강조된다. 그러므로 반틸에 의하면, "전 우주의 실제 사태(the actual state of affairs)는 그에 대해서 성경이 말한다."[51]

(2) 인식론

반틸의 인식론은 그의 존재론으로부터 따라 나오는 인식론이라고 해도 과언이 아니다. 그는 항상 하나님과 하나님 자신의 지식을 근본적인 것으로 생각한다. 하나님의 지식이 본래적인 지식이다. 모든 것은 이미 하나님에 의해서 미리 해석된 것이다.[52] 사람은 하나님의 생각을 따라서 알아야 하고, 그렇게 하나님의 생각을 따라 알 때에야 진정한 진리에 이르게 된다. 그래서 반틸은 자신이 "하나님의 생각을 따라서 생각하려고 한다"(I try to think God's thought after him)고 말하며,[53] 다른 이들도 마땅히 그리하여야

---

[51] Van Til, "Response to Dooyeweerd," 91. 또한 109도 보라.
[52] 반틸은 그의 작품의 많은 곳에서 이 점을 아주 강조한다. 대표적인 예만을 언급하면 다음과 같다. Van Til, "Response to Dooyeweerd," 109.

한다고 주장한다. 그러므로 그는 자신과 다른 이들이 잘 인정하듯이 "사람의 지식이 삼위일체 하나님과 그의 지식에 궁극적으로 의존한다는 것"에 근본적인 관심을 가지고 있다.[54] 따라서 사람의 지식은 본래적인 지식이 아니고, 항상 하나님의 지식에 따른 유비적 지식(analogical knowledge)이라고 한다. 자신의 체계는 "하나님께서 자신에 대해서와 성경의 그리스도를 통한 자신과 세상의 관계에 대해 계시하신 진리에 대한 유비적 재해석(an analogical reinterpretation)"이라고 주장한다.[55]

여기서 반틸은 전통적 천주교회의 인식론은 아퀴나스의 유비에 대한 생각에도 불구하고 실질적으로는 일의론(一意論, univocism)으로 기울었다고 생각한다. 그리고 합리주의적 개신교 신학자들인 고든 클락(Gordon H. Clark)이나 칼 헨리(Carl Henry)도 일의론적으로 생각하여 사람이 제대로 된 지식을 가지고 있는 경우에서는 하나님께서도 사람이 가진 것과 같은 지식을 가지고 있다고 생각함을 비판적으로 본다. 이런 일의론적 사유에서는 하나님은 더 온전하고 더 체계적인 지식을 가지신 것에서만 사람과 다르실 뿐, 사람이 제대로 된 지식을 가진 면에서는 사람의 지식의 내용과 하나님의 지식의 내용이 같다는 입장을 지닌다. 따라서 이는 그런 점에서는 불신자도 바른 지식을 가질 수 있다는 생각을 하게 되고 따라서 불신자와 합리주의적 논증을 하려는 방향으로 나아가기 쉽다는 것을 지적한다. 바로 이 점이 반틸로 하여금 천주교회의 존재의 유비 개념과 동시에 개신교 합리주의자들의 변증에 반대를 하게 되는 이유다.

그러나 그렇다고 해서 우리의 바른 지식과 하나님의 지식이 전혀 다른 다의(多義)론(equivocism)을 반틸이 지지하는 것도 아니다. 이런 다의론

---

[53] Van Til, "Response to Dooyeweerd," 126.
[54] Geehan, ed., *Jerusalem and Athens*, 26(Stoker), 71(Van Til).
[55] Van Til, "Response to Dooyeweerd," 126; Van Til, "Response to Knudsen," 299.

은 궁극적으로 단절을 가져오게 한다는 것이다. 반틸은 사람의 지식이 제한되어(limited) 있으나 계시된 한도 내에서는 참되게(truly) 알 수 있다는 것을 매우 강조한다.

여기서 나온 개념이 그의 유비적 지식(analogical knowledge) 개념이다. 이는 어떻게 보면 아퀴나스 등이 생각하던 유비와 비슷하게 여겨질 수 있다. 그러나 그는 아퀴나스 등의 사상을 일의론적으로 생각하므로 반틸의 유비와 아퀴나스의 유비는 같지 않은 것이라고 생각해야만 한다. 따라서 사람들의 지식은 그의 존재와 마찬가지로 파생적인 지식일 뿐이다. 사람의 인식이 바른 것이 되려면 항상 하나님의 생각을 따라서 생각해야(think God's thought after Him) 한다.

그리고 하나님의 생각은 그의 계시 가운데 나타나 있으므로 참된 인식은 항상 계시 의존적 사고에서 나오고, 그 계시가 성경으로 성문화되어 있으므로 계시 의존적 사고는 성경의 가르침을 받고, 그 빛에서 자연 계시를 해석하는 사고가 된다. 그러므로 반틸은 우리가 (희랍인들이나 스콜라 신학자들과 같이) 하나님의 본질에 대한 사변으로 나아가거나, (데까르트와 같이) 사람을 최종적 준거점으로 생각해서는 안 되고 "하나님께서 당신님 자신에 대해서, 우리들에 대해서, 그리고 우리의 구속자이신 그리스도를 통해서 하나님과 우리의 관계에 대해서 말씀하신 것을 들어야만 한다"고 주장한다.[56] "그리스도인은 성경의 가르침으로부터 배운 것으로부터 세상의 '참된 사태'(the true state of affairs)를 안다."[57] 왜냐하면 모든 것은 이미 하나님과 그리스도에 의해서 이미 해석되어 있는 것이기에, 우리는 그의 창조적-건설적 해석을 수용적으로 재구성하여 재해석해야 한다는 것이다.[58]

---

[56] Van Til, "Response to Dooyeweerd," 92.

[57] Van Til, "Response to Dooyeweerd," 125. Cf. Van Til, "Response to Arthur F. Holmes," in *Jerusalem and Athens*, 439.

[58] Van Til, "Response to Holmes," 439.

여기에 반틸의 철저한 기독교적 인식론이 있다.

　　　　기본적으로 이런 이해를 지닌 반틸의 인식론은 사람이 처음 창조된 상태와 후에 중생한 상태에서의 회복된 사유의 구조를 제시한 것이다. 그는 하나님의 계시를 받아들여서 재구성하는(receptively reconstructive) 의식을 가졌으므로 그의 인식 작용도 수납적이고 재구성적이라고 할 수 있다. 타락한 사람은 이런 식으로 생각하지 않고, 주어진 계시를 무시하고 그 스스로가 창조적으로 구성하여(creatively constructive) 자신이 무엇인가를 알 수 있다고 한다. 이에 대해서 반틸은 "죄의 인지적 영향"(the noetic effects of sin)을 강하게 말하며 강조한다.

(3) 가치론

반틸의 가치론도 기본적으로 그의 존재론으로부터 나온다. 따라서 근원적 존재인 하나님이 가치의 원천이고, 하나님이 최고선(summum bonum)으로 제시된다. 때로는 하나님께서 이루시는 하나님의 나라가 최고선으로 언급되나, 그 나라가 하나님의 나라이므로 이 둘은 서로 대립적인 것이 아니다. 따라서 반틸에 의하면 하나님을 위하고, 하나님의 영광을 위하고, 하나님 나라를 위한 것만이 선한 것이고, 그와 상관없는 것들은 악한 것이다. 여기에 가장 기독교적인 가치론이 나타나고 있다고 할 수 있다.

2. 다른 기독교 철학자들과의 대화

이러한 반틸의 입장에 대해서 다른 기독교 철학자들은 과연 어떤 반응을 보일까? 일단 그의 탄생 75주년 기념 논문집인 『예루살렘과 아테네』에 실린 다른 기독교 철학자들의 논의와 그에 대한 반틸 자신의 답변을 생각해 보고, 현대의 다른 기독교 철학자들의 그에 대한 논의를 생각해 보기로 하자.

(1) Hendrik G. Stoker

남아공의 대표적 기독교 철학자들 중의 하나인 헨드릭 스토커는 특히 반틸의 지식론에 관심하면서 근자에 심지어 개혁파 써클 가운데서조차도 나타나고 있는 불확실성에 비해 반틸이 얼마나 철저한 입장을 나타내고 있는지를 잘 지적한다.[59] 반틸의 지식론이 결국 근본적 반립에 아주 철저하여 불신에 근거한 그 어떤 지식론과도 타협하지 않음을 강조한다(70). 그는 반틸의 지식론이 창조받은 아담적 의식, 중생하지 않은 사람의 의식, 그리고 중생한 이의 의식을 나누어 제시한 점에서 기독교 지식론에 대한 중요하고 독창적인 기여라고 주장한다(34, 49, 71). 또한 반틸은 심지어 바빙크나 발렌틴 헤프, 도여베르트에게서도 그렇게까지 나타나지 않았을 정도로 "인간 지식의 궁극적 조건을 철저히 파고들어" 칼빈주의자들 가운데서도 아주 독창적이고 독특한 의의를 지닌 이론을 제안하고 있다고 높이 산다(37, 70). 이는 삼위일체 하나님의 존재와 그의 경륜에 대한 궁극적 성경적 진리로부터 출발하는 점에 대해서 말한다. 스토커는 이것이 전제로부터 출발하여 지식 이해에 대한 이 전제의 함의를 밝히고 다른 지식론을 비판하는 초월적 비판(transcendent criticism)이라고 한다(35). 이에 비해서 도여베르트는, 기독교 철학자로서 성경적 진리를 전제하고서, 그러나 그의 선험적 방법(transcendental method)으로 인간의 마음이 하나님이든지 아니면 배교적으로 이론적 우상을 지향하고 있고, 종교적 근본 동기를 드러내는 일을 하

---

[59] Hendrik G. Stoker, "Reconnoitering the Theory of Knowledge of Prof. Dr. Cornelius Van Til," in *Jerusalem and Athens*: 25-71. 인용은 25에서 온 것임. 71도 볼 것. 이하 이 논문으로부터의 인용은 이 책의 면 수만을 본문 중에 삽입하기로 한다.

였지, 그것에서 더 나아가서 하나님과 그의 경륜을 설명하는 일을 하지 않았다는 것이다(36).

그래서 스토커는 반틸의 지식론은 기본적으로 변증적(그는 이를 신학적이라고 생각한다)이므로, 기독교 철학을 전문적으로 하는 사람에 의해서 좀 더 철학적으로 보충될 필요가 있다고 하며, 자신의 특별한 문제와 작업의 과제가 그런 철학적 지식론 수립 작업을 하는 것이라고 여긴다(25, 31, 46, 69). 그는 자신의 이런 특별한 작업이 하나님께서 말씀과 피조계를 통해서 자신과 피조계와의 관계를 계시해 주신 것을 중심으로 생각하는 반틸의 생각을 존중하면서 자신은 기독교 철학자로서 궁극적 의미에서 하나님에 의해 사람에게 주어지는 피조된 우주의 계시(the revelation of the created universe to man in an ultimate sense by God)를 좀 더 깊이 생각해야 할 책임이 있다고 한다(30f.). 따라서 스토커는 창조 질서(the order of creation)라는 말로서 반틸처럼 사람의 타락 이전의 창조 질서를 뜻하기보다는 죄에도 불구하고 지금도 존재하는 창조 질서를 의미한다(33). 그래서 그는 말한다. 죄에도 불구하고 "사람은 여전히 사람이며, 지식은 여전히 지식이다"(33). 그래서 결과적으로 스토커는 반틸만큼 죄의 인지적 영향을 강조하지 않는 경향을 가지게 된다고 할 수 있다.

물론 그는 (1) "죄인이 이 세상에서 하나님의 계획 자체에 직면하고 있으나, (2) 그것에 대해 참으로 반응하는 방식으로 그것(즉, 피조적 대상)을 온전히 만나지 못한다"는 것을 강조한다(33, (1)과 (2)는 논의를 위한 필자의 첨부임에 유의하라). 이 점에서 그와 반틸은 같은 입장에 있다. 스토커도 죄인은 "잘못된 전제"를 가지고 있어서, 그는 "인식 대상을 잘못된 관점에서 파악하고", 신앙을 잘못되게 지향하고 있고, "잘못된 이론적 구성을 따라서 인식 대상을 파악한다"는 점을(33), 따라서 그는 인식자인 자신과 인식 대상 사이에 베일을 내리운다는 점을, 그리고 그 "베일"이 불투명하다는

(opaque) 점을, 그리고 그것이 "제거되기 위해서는 특별은총, 즉 중생과 말씀 계시가 필요하다"는 점을 잘 지적한다(34). 그러나 그는 이 둘을 다 강조하면서도 (1)을 좀 더 강조한다면, 반틸은 그 둘을 다 강조하면서 (2)를 좀 더 강조한다고 할 수 있다. 스토커가 (1)을 강조하는 이유는 불신자들의 이론들도 때때로 진리의 순간을 가질 수 있고, 또한 신자들도 때때로 여전히 있는 죄의 영향으로 어떤 인식 대상에 대해서는 여전히 베일에 가리워 있을 수 있기 때문이다. 따라서 스토커는, 반틸도 이런 저런 방식으로 이를 인정하고 있다고 하면서, 그리스도인 학자와 불신자인 학자의 협동이 "피할 수 없고 필수적인 것"이라고 본다(49, 70).

그러나 이는 그 자신도 잘 지적하듯이 일반은총과 죄의 영향 때문으로 설명하는 것이 복잡한 문제를 제거하는 길이 아닐까? 반틸과 같이 (2)를 좀 더 강조하면서 일반은총 때문에 불신자들도 때때로 진리의 단편을 말할 수 있다고 하는 것이 더 나을 것이다. 그러나 스토커와 반틸의 차이는 전문 영역에 따른 강조점의 차이로 생각될 수도 있다. 그 둘은 서로의 입장을 존중하면서 스토커가 기독교 철학자로서 그 영역에서 개혁파적 전제를 분명히 하는 반틸적 강조점에 근거한 보다 전문적인 논의를 해야 할 책임을 감당해야 한다는 데에 의견을 같이 하고 있다.

(2) Herman Dooyeweerd

도여베르트는 그 자신의 이론적 사유에 대한 선험적 비판의 관점에서 반틸의 생각을 어떻게 바라보고 평가할까?

먼저 도여베르트는 반틸이 초월적 비판(transcendent criticism)이라는 자신의 용어를 오해하고 잘못 사용하고 있다는 점을 지적한다. 자신은 초월적 비판이라는 말로서 "이론적 명제들(theoretical propositions)과 그 토대가 되는 초이론적 전제들(the supra-theoretical presuppositions)에 대한 비판적인 구별 없이 어떤 신학적 관점이나 다른 철학적 관점에서 철학적 이론들을 비판하는 독단적인 방식"을 지칭하는 것이었는데,60 반틸은 초월적 비판에 근거해야만 선험적 비판이 이루려고 하는 바가 설 수 있다고 한다고 잘못 사용하고 있다는 것이다.61 그는 자신이 『이론적 사유에 대한 새로운 비판』에서 이 점을 아주 분명히 하면서 스콜라 신학에서 자주 사용되던 이 초월적 비판을 왜 거부했는지를 자세히 설명했음에도 불구하고, 반틸이 이를 제대로 사용하지 않은 것에 대해서 안타까와 한다(75). 특히 자신이 이를 강조한 이유가 "비성경적 동기에 의해 주도되는 일단의 철학적 개념들이 교의신학에 의해서 받아들여져서 교회의 교리에 자리 잡고 결국 이런 일련의 개념들이 기독교 신앙의 조항으로 여겨질 수 있는 위험 때문이었다"는 것을 강조한다62(75).

   그 대표적인 예가 웨스트민스터 신앙고백서에도 나타나고 있는 인간성에 대한 토마스주의적이고 아리스토텔레스주의적인 이원론적 개념이라고 하면서, 희랍의 형이상학적 토대를 포함한 전통적 스콜라주의적 관점을 철저한 성경적 입장에서 선험적 비판에 종속시켜야만 개혁철학을 위한 길이 개척된다고 한다(75). 그러나 하이델베르크 요리문답은 과연 그런 개념을 가지고 있지 않은지에 대한 질문이 제기될 수 있고, 이는 발렌틴 헤프나 당시 자유대학교 신학부의 일치된 의견을 통해서도 확인될 수 있다.

---

60 Herman Dooyeweerd, "Cornelius Van Til and the Transcendental Critique of the Theoretical Thought," in *Jerusalem and Athens*: 74-89. 인용문은 75에서 온 것임. 이하 이 절에서 이 글로부터의 인용은 이 책의 면 수만을 본문 중에 밝히기로 한다.

61 이는 Van Til, "Biblical Dimensionalism," in *Christianity in Conflict* (Classroom Syllabus, 1962), vol. II, part 3, ch. 9, 47에 내용에 대한 도여베르트의 비판적 언급이다(74f.).

62 Herman Dooyeweerd, *A New Critique of Theoretical Thought*, vol. 1 (Philadelphia: Presbyterian and Reformed Pub. Co., 1953), 37-38.

그런데 도여베르트는 이를 대표적인 초월적 비판으로 제시하고 있다(75). 그러나 도여베르트의 이런 입장이 소위 중간 상태에 주는 함의를 중심으로 근자의 개혁신학자들의 비판을 참조하면 꼭 도여베르트의 입장에 찬동해야 하는 것인지에 대한 심각한 질문이 제기될 수도 있다.

그러나 이 문제를 벗어나서는 도여베르트가 관심하는 선험적 비판의 중요성을 강조하지 않을 수 없다. 도여베르트는 선험적 비판은, "기독교 신앙의 변증"에 관심을 가지는 신학적 변증학과는 달리, 철학적 사유 정향들에 대한 종교적 근본적 동기들을 드러내는 데 목적이 있다고 한다(76). 그래서 선험적 비판은 신앙의 고백이 아니라, "사유와 경험 자체의 이론적 태도의 내적 성질과 구조"(the inner nature and structure of the theoretical attitude of thought and experience *as such*)에 대한 탐구로부터 시작해야 한다는 것이다(76).

도여베르트에 의하면 "철학에서 참으로 비판적인 태도를 처음부터 보장하기 위해서는 이론적 사유에 대한 선험적 비판이 철학적 성찰의 아주 초기에 와야 한다"고 한다.[63] 그렇게 하지 않으면 대화가 시작되기도 전에 벌써 대화의 단절이 발생할 것이기 때문이라는 것이다(77). 그러므로 도여베르트는 또 하나의 논의를 위해 기본적 토대를 마련하는 것이 된다. 그리고 이 선험적 비판의 초기 단계에서는 신앙고백이 논외의 것이 된다고 단언한다(76). 그런데 그 토대 자체를 제시하여 탐구를 시작하는 것 자체가 또 하나의 큰 작업이 되므로 아마 반틸의 입장에서는 이것이 일종의 블럭-하우스적인 방법이 될 것이 아닌가고 논박할 수 있을 것이다. 도여베르트에게 있어서는 이론적 사유의 성경적 근거 동기와 비성경적 근거 동기의 대립은 선험적 비판의 세 번째요 마지막 단계에 속하는 것으로 이해되기 때문이다(77).

---

[63] Dooyeweerd, *A New Critique of Theoretical Thought*, vol. 1, 38.

따라서 도여베르트는 종교라는 말도 폭넓은 의미로 사용하여 그 종교적 충동은 하나님의 형상으로 창조함 받은 데서 온 것으로 여기며(78), 그것이 하나님을 향하여 제대로 반응할 수도 있고, 우상을 향하여 배교적으로 드러낼 수도 있다고 한다. 이런 뜻에서 도여베르트는 반틸이 도여베르트가 자신의 선험 비판에서 "종교적"이라는 말을 모호하게 사용하고 있다고 말한[64] 것의 문제를 강하게 지적한다(78). 그러면서 자신은 하나님의 창조의 질서 가운데서 주신 사태(the states of affairs)를 강조하고 있는 것이지, 반틸이 잘못 제시하고 있듯이 "성경의 진리에 의존하지 않는 객관성을 지닌 객관적 사태에"[65] 호소하는 것이 아니라고 말한다(81).

그러면서 도여베르트는 철학적 개념이 신적 계시의 초자연적 진리로부터 파생될 수 있다고 생각하는 반틸의 입장은 합리주의(rationalism)라고 비판한다(81). 더 나아가서, 도여베르트는 반틸이 하나님의 생각을 따라서 생각해야 한다고 말하는 것이 성경적인 견해가 아니라고 한다(84). 성경은 그 어디서도 모든 사람의 사고를 하나님의 사상에 종속시켜야 하나님의 음성을 듣는 것이라고 말하지 않는다는 것이다(84). 오히려 성경은 마음에서 오는 하나님의 뜻에 대한 순종을 강조한다고 하면서 반틸의 순종의 이해에는 이런 점이 결여되어 있다고 한다(84).

그러나 이는 좀 지나친 비판으로 여겨진다. 반틸은 전심의 순종을 강조하면서 그 한 측면으로 인지적인 면에서의 순종으로 하나님의 사유를 따라서 사유하는 것을 강조하는 것으로 보아야 할 것이다. 도여베르트가 왜 이 점을 무시하고 있는지는 계시나 성경적 의미에 대한 그의 이해와 연관된다고 여겨진다. 그는 "계시적 의미는 모든 인간의 개념을 초월하니,

---

[64] Van Til, *Christianity in Conflict* (Classroom Syllabus, 1962), vol. II, part 3, ch. 9, 51.

[65] Van Til, *Christianity in Conflict* (Classroom Syllabus, 1962), vol. II, part 3, ch. 9, 55.

이는 그것이 초합리적(supra-rational) 성격을 지니고 있기" 때문이라고 한다(86). 물론 초합리적인 것이 비합리적(irrational)인 것으로 여겨져서는 안 된다고 한다. 그러므로 반틸은 말씀 계시와 하나님과 사람의 종교적 관계를 합리주의적 견해를 가지고 있다고 비판한다(86). 또한 반틸은 본래적 신적 존재와 그 속성에 대한 형이상학적 이론으로 떨어졌다고도 한다(86). 그래서 반틸은 하나님의 존재가 철저히 합리적이라고 했는데, 자신은 이에 동의할 수 없다고 한다(88). 그리고 이런 형이상학 때문에 반틸이 말하는 겉으로만 그렇게 보이나 피할 수 없는 이율배반이 있을 수밖에 없는66 결론에 이르렀다고 한다(86). 하나님의 존재에 대한 형이상학적 이해에 근거해서 성경도 해석했으므로 모든 점에서 합리주의적인 측면이 나타나고 있다고 한다. 이런 지나친 논리주의적 해석은 하나님의 의지의 주권적 자유의 여지를 남겨 두지 않는다고 비판한다(89). 이런 도여베르트의 비판은 스토커의 조심스러운 접근보다는 좀 더 강하고 심각한 논박을 하고 있는 것이라고 할 수 있다.

도여베르트의 이런 강한 비판에 대해서 반틸은 과연 어떻게 반응하는가? 반틸은 먼저 자신이 워필드적인 입장을 지닌 사람들과 심지어 카이퍼주의자들로부터도 절대적 반립(an absolute antithesis)을 너무 강조한다고 비판받으면서 오히려 볼렌호번(Vollenhoven)이나 도여베르트(Dooyeweerd)를 중심으로 하는 화란의 혁명적 그룹의 추종자라고 여겨졌고, 자신이 참으로 이 학파를 매우 존중하는 이(a great admirer)라고 언급하면서 그의 반응을 시작한다.67 특히 자신은 기독교적 방법론의 필요성을 주장하는 볼렌호번의 학문적 작업을 즐겨 받았으며, 특히 "사유의 성경적 언약적 틀이 논리의 지위와 기능에 대한 기독교적 견해를 포함한다는 자신의 견해를 발

---

66 이에 대한 반틸의 주장은 *The Defense of the Faith*, 1st edition (1962), 62에 나타나 있다.

67 Van Til, "Response to Dooyeweerd," 92.

전시키는 데 도움을 주었다"고 하며, "볼렌호번의 초기 작품에서 참으로 그리스도적 정향과 참으로 성경적인 인생관과 세계관을 보았다"고 한다.68 또한 도여베르트는 고대와 현대의 내재주의적 철학을 전포괄적으로 검토하면서 인간의 자율성에 대한 그 견해와 순수한 추상적 논리와 추상적 우연성에 대한 견해에 근거하면 모든 것이 혼돈에 빠지고 만다는 것을 잘 보여 주었다고 한다.69 이 그룹은 기독교적 이야기를 없애버릴 수 있는 "지성의 우위"(the primacy of the intellect)라는 희랍적 개념을 잘 비판하면서 개혁파 사상에서 이 점을 청산하는 큰 역할을 했다고 인정한다.70 그는 이런 깊고 박식한 지식을 가진 사람들이 그리스도께서 성경에서 우리에게 말씀하시는 이야기의 진리성이라는 전제에 근거하지 않으면 "논리"와 "사실"이 서로 지적인 관계를 가질 수 없다고 지적하는 것을 감사히 여기며 즐겼다고 한다.71 즉, 반틸은 우주법 개념의 철학으로부터 이 혼동으로부터의 유일한 탈출구는 그리스도를 중심으로 하는 성경 이야기의 진리성을 전제하는 것을 발견했다고 한다.72

그러나 결국 개혁파 변증학은 "불신자와의 대화의 처음부터 기독교적인 입장은 모든 영역에서의 인간적 진술의 전제로 성경에서 자신을 확언하시는 그리스도의 권위에 근거해서 받아들여져야만 한다고 말하지 않는다면 그 방법론에서 참으로 선험적이지 않다고 믿는다"고 단언한다.73 그러면서 우리가 위에서 예상한 대로 만일에 도여베르트가 그리스도의 주장의 문제를 먼저 놓지 않고서 이론적 사유의 본성에 대한 협동적 분석을

---

68 Van Til, "Response to Knudsen," 303.
69 Van Til, "Response to Knudsen," 303.
70 Van Til, "Response to Dooyeweerd," 92. 반틸은 이의 이 문제에 대한 Steen (*Philosophia Deformata*)과 V. Hepp (*Dregende Deformatie*)의 비판은 잘못된 비판이라고 한다.
71 Van Til, "Response to Dooyeweerd," 92f.
72 Van Til, "Response to Knudsen," 303.
73 Van Til, "Response to Dooyeweerd," 98.

할 수 있다고 하고 그렇게 해야만 한다고 하는 것으로 보인다고 지적한다.

그리고 도여베르트는 성경이 말하는 창조, 타락, 구속을 논의의 처음에 놓지 않는 것으로 보인다고 반틸 자신의 입장에서 비판적 논의를 한다.74 왜냐하면 도여베르트는 먼저 이론적 사유는 시간적 세계 질서(the temporal world order)와 관련해서만 작용한다는 것을 보인 후에, 둘째로 이렇게 시간적 세계 질서와 관련해서만 작용하는 이론적 사유는 아르키메데스적 원리로 초시간적 자아(a supra-temporal self)를 필요로 함을 밝히고, 그 후에야 우리가 이제까지 얻기를 추구하던 전체의 상(totality vision)에 이르러 "상대적인 모든 것을 절대적인 것과 연관시키면서, 그것을 하나님이라고 부르든지 그렇지 않든지, 기원(the Origin)의 개념(the idea of Origin)에" 이르고,75 "선험적 비판의 세 번째요 마지막 단계"인 여기서야 "성경적 근본 동기(biblical ground-motive)와 비성경적 근본 동기의 충돌이 취급될 수 있다"고 하기 때문이다.76 그러므로 반틸은 결국 도여베르트의 선험적 방법에 대해서 그것은 성경적 가르침의 내용이 근본적 결정적 의의를 가지지 않도록 배제한 것으로 보인다고 한다(99).

그러나 반틸은 도여베르트가 그렇게 하기를 원했다고는 생각하지 않는다고 한다(99). 결국 반틸 자신이 그리하는 것처럼 "논의를 위해서"(for the sake of the argument) 논적의 입장에 서서 그의 입장이 결국 파멸적임을 드러내기 원한 것이 아니냐는 반틸의 학생 그레이(Grey)의 생각이 옳기를 간절히 원한다고 한다(99). 그런데 이론적 사유의 신 비판에서 도여베르트

---

74 Van Til, "Response to Dooyeweerd," 98f.
75 Dooyeweerd, *In the Twilight of Western Thought* (Philadelphia: Presbyterian and Reformed Pub. Co., 1960), 52.
76 도여베르트의 선험적 방법에 대한 이 요약은 주로 Van Til, "Response to Dooyeweerd," 108의 요약적 진술에 근거하여 제시한 것이다.

가 "처음부터 철학에서 참으로 비판적인 태도를 확보하기 위해서는 이론적 사유의 선험적 비판이 철학적 성찰의 처음에 와야만 한다"고 지적하는 것을 보면서,77 그렇게 되면 그는 이 점에서 기독교적 진리를 도입하기를 원하지 않는 것이 아닌가고 묻는다(99). 왜냐하면 도여베르트는 참으로 선험적인 비판은 신앙고백으로부터 시작하는 것이 아니고, "사유와 경험 자체의 이론적 태도의 내적 성질과 구조에 대한 탐구"(an inquiry into the inner nature and structure of the theoretical attitude of thought and experience as such)로부터 시작해야만 한다고 하기 때문이다. 도여베르트에 의하면 그렇게 하지 않는 것은 비판적이지 않은(uncritical) 것으로 여겨지기 때문이라는 것을 반틸은 잘 안다.78 그런데 반틸이 문제 삼는 것은 그리스도인으로서는 그것이 기독교적 이야기(창조-타락-구속)과 정합적으로 연관되지 않는 한 우리는 이론적 사유의 본성과 구조를 이해할 수 없다고 해야 하지 않느냐는 것이다(102). 그런데 기독교적 이야기에 대한 아무런 언급 없이도 처음에 이론적 사유의 본성과 구조를 분석할 수 있다고 하는 것은 문제가 있다는 것이다. 물론 도여베르트는 이론적 사유 자체를 분석할 수 있고, 그것이 기독교 이야기를 지향하고 있음을 보여 준다는 것을 보여 주려고 한다는 것을 반틸은 잘 안다. 반틸은 이론적 사유의 구조는 자연인의 구조로서는 **그것을 있는 그대로** 보여질 수 없다는 것을 말하려고 한다(102). 우리는 자연인에게 그가 자신의 모든 이론적 사유에서 기독교적 이야기의 진리를 억누르고 있다는 것을 보여 주어야 한다는 것이다. 그렇게 해야만 도여베르트 자신이 강조하는 칼빈주의 철학자로서 그리스도의 십자가의 "걸려 넘어지게 하는 것"(scandal)을 짊어지는 것이 아니냐는 것이다(102).

---

77 Dooyeweerd, *A New Critique of Theoretical Thought*, vol. 1, 38. 처음부터 기독교적 입장을 전제하지 않고 "사유 자체의 이론적 태도"(the theoretical attitude of thought as such)를 분석하려고 한다는 것을 강조하는 이 책의 34-35도 보라.
78 Van Til, "Response to Knudsen," 305.

반틸은 도여베르트가 결국 그의 작업을 통해서 "어떤 초월적 출발점이 없이는 그 어떤 철학적 사유도 가능하지 않다"는 것을,[79] 그리고 그 초월적 출발점은 초시간적(supra-temporal)이라는 것을 보여 주려고 한다는 점을 잘 안다. 그러나 그것을 위해 밟아 나간 도여베르트의 논의의 과정, 즉 먼저 이론적 사유 자체를 분석해야 한다는 순전히 선험적인 방법을 예리하게 하는 일에서 그가 과연 그 자신의 기독교적 확신에 참으로 충실한 것인가를 묻는 것이다(107).

그러나 실제의 도여베르트는 도여베르트의 선험적 비판 이론보다 더 성경에 충실하다는 것이 반틸의 분석이다. 그리스도인으로서, 기독교 철학자로서 그는 분명히 기독교적 이야기와 그 진리성을 믿고 있다(120f.). 그뿐만 아니라 도여베르트는 사실 그의 선험적 비판의 첫 단계에서 창조된 질서에 대한 기독교적 관점을 도입하였고, 그의 비판의 둘째 단계에서 기독교 인간관을 도입했으며, 셋째 단계에서 기독교적 신관을 도입했다고 반틸은 말한다(108f.). 반틸은 그리스도인인 도여베르트가 어떻게 그렇게 하지 않을 수 있었겠느냐고 묻는다(109). 왜냐하면 그리스도인으로서 그는 처음부터 "그 어떤 분야에서의 지적인 언급이 가능하기 위해서는 성경의 삼위일체 하나님께서 계시하신 기독교적 진리의 틀이 선험적 전제라고 확신하기" 때문이다(109). 그러므로 그리스도인인 도여베르트는 사실상 이론적 사유 자체의 구조에서 출발할 수 없다는 것이다. 왜냐하면 반틸에 의하면 "이론적 사유 자체의 자율"(autonomy of theoretical thought)이란 있을 수 없기 때문이다(109). 마찬가지로 반틸에 의하면, 근원적 자료로서의 소박한 경험(naive experience as a primary datum) 같은 것도 없다고 한다. 왜냐하면 반틸의 전제주의적 사유에서는 "사람이 시간적 지평에서 만나는 모든 것들이 다 **하나님에 의해 이미 해석된 것이기**" 때문이다(109, 반틸 자신의 강조

---

[79] Dooyeweerd, *A New Critique of Theoretical Thought*, vol. 1, 22.

점). 반틸은 바로 그것이 "실제로 존재하는 사태"(the state of affairs as it actually exists)라고 한다(109). 바로 이로부터 반틸은 사람은 "이론적 사유 자체를 생각할 수 없다"고 한다(109). 사람은 실상, 칼빈이 말하는 바와 같이, 어디를 바라보든지 그의 창조주를 보기 때문에, 결국 하나님이 생각하는 것을 보는 것이지, 그것과 상관없는 이론적 사유를 볼 수 없다고 한다. 마찬가지로 사람은 자신이 언약의 파괴자도 아니고 언약을 지키는 자도 아닌 상태로서의 소박한 경험(naive experience)을 할 수도 없다고 한다(109). 그러므로 반틸은 도여베르트가 "이론적 사유", "시간적 세계 질서"나 "소박한 경험"이라는 말을 할 때 그는 기독교적 틀 안에서 이 용어들이 가진 의미를 말하는 것이라고 한다(109).

그러나 도여베르트가 선험적 방법을 설명하면서는 이것들이 기독교적인 틀과 상관없이 사용되어야만(must) 한다고 주장한 것을 상기시키면서, 이러한 그의 이론보다 그의 실천이 더 나음을 지적한다. 비슷하게 결국 그 자신의 사유 가운데서는 기독교적 인간관을 암묵리에 전제하면서도 초시간적 자아의 필요성을 논할 때는 기독교적 인간관을 아직 도입하지 말아야 한다고 주장하는 것도 같은 문제를 드러낸다고 한다(109). 더 나아가서, 결국 기독교적 하나님을 생각하면서도 "그것이 하나님이라고 불리든지 말든지 어떤 근본적 기원"을 말하는 것은 언약의 파괴자들과 언약 준수자들의 사유의 공동체(a community of thought)를 유지해 보고자 하는 궁극적 전제가 되는 특성 없는 하나님(a featureless God)을 말하는 것이 아닌가고 반틸은 다소 강하게 비판한다(109-110). 결국 반틸은 도여베르트가 그의 선험적 방법으로 (그가 심정으로 믿고 있는) 기독교적 이야기를 파괴하고 있다고 비판한다(121). 반틸은 이런 점에서 자신과 도여베르트의 차이가 근본적인(basic) 것이라고 말하기도 한다.[80] 왜냐하면 도여베르트는 창조를 언급하

---

[80] Van Til, "Response to Knudsen," 305.

지 않고서도 "법 자체"를 말하는 것이 가능하다고 시사하면서[81] '법 이념의 철학'(the philosophy of the idea of law)을 제시하고, 스토커나 반틸이 제안하는 "창조 이념의 철학"(the philosophy of the creation idea)이라는 용어의 사용과 그런 접근을 피하기 때문이다.[82]

그러나 참으로 종교개혁적인 철학(reformational philosophy)은 **처음부터** 인간의 자율성 개념에 근거한 모든 것을 – 그것이 플라톤과 희랍인들의 고대적인 형태의 것이든지, 칸트와 칸트 이후주의자들의 현대적인 것이든지 말이다 – 다 도전해야만 한다고 반틸은 주문한다(111). 물론 반틸은 도여베르트만큼 인간의 자율성의 가정이 모든 언급의 파괴(the destruction of prediction)를 가져온다는 것을 충분히 밝혀 준 학자도 없다는 것을 인정한다(120). 그런데 반틸은 우리가 이렇게 할 수 있는 적절한 근거를 도여베르트가 제공해 주지 못했다고 본다(120). 왜냐하면 종교개혁적 철학은 이에서 더 나아가 그리스도인으로서 우리는 처음부터 "위로부터"(from above) 시작해야 하기 때문이다(120). 즉, 우리는 칼빈을 따라서 사람과 우주의 진정한 사태(즉 하나님께서 해석하신 대로의 사태)를 그대로 제시하는 방법을 따라야 한다고 주장한다(111). 시간성으로부터 추론을 거쳐 자신들이 '초시간적인 자아'라는 것에 이르고, 그로부터 이 초시간적 자아들을 넘어서는 근원으로서의 영원한 하나님을 필요로 한다는 식으로 나아가는 것이 아니라는 말이다. 반틸은 아담이 그렇게 해서 영원한 하나님에게로 추론해 간 것이 아니라, 오히려 "영원하신 삼위일체 창조자—하나님께서 그 주변의 우주와 그 자신 안의 모든 것들 가운데서 그에게 분명히 제시하셨다"는 것을 지적한다(111). 그러므로 그가 말하는 제한(restriction)에 근거해 보면, 도여베르트의 선험적 방법은 **그 개념에서나 아니면 그 결과에서 종교개혁적이지 못**

---

[81] Van Til, "Response to Knudsen," 305.
[82] Van Til, "Response to Knudsen," 304.

하다고 비판한다(112, 반틸 자신의 강조점).

더 나아가서, 반틸은 도여베르트가 세 번째 단계에서 비로소 성경적 근본 동기를 도입시키는 것이 과연 처음부터 그것을 도입시키는 것보다 과연 더 효과적인지를 묻는다. 도여베르트와 대화하는 내재주의적 사상가들은 둘째 단계까지 그를 따라오다가도 세 번째 단계에서 과연 성경적 하나님에게로 나아가는 것에 동의하지 않을 수도 있지 않느냐는 것이다. 이제까지 "형식적-선험적"(formal-transcendental) 방식으로 논의하던 그가 그것에 "내용"(content)을 부가하려고 할 때에 믿지 않는 사람들이 과연 그렇게 하는 것에 순응하겠느냐고 질문한다(114f.).

그리하여 결국 반틸은 도여베르트가 그 나름의 방식대로 **밑으로부터** 작업하여 올라가는 방식을 취한 것에 반대하면서, 우리는 항상 **위로부터 출발**해야 한다고 강하게 주장한다.[83] 이런 의미에서 그의 용어에 근거해서 말하자면, 반틸은 도여베르트 안에 있는 "밑으로부터의 변증학"을 비판적으로 바라보면서 "위로부터의 변증학"을 유일한 개혁파적 변증학으로, 즉 유일한 성경적 변증학으로 제시하고 있다.

IV. 결론

이제 반틸의 변증학에 대한 결론의 말을 할 때에 이르렀다. 기독교 철학자 아더 홈즈는 "우리가 기독교 계시에 충실한 방식으로 생각하려고 할 때 우리가 반드시 직면하는 문제들, 즉 기독교 철학의 작업(the project of

---

[83] Van Til, "Response to Dooyeweerd," 120.

Christian philosophy)에서 반드시 직면하는 문제들을 직면하게끔 되기 때문에, 우리가 [반틸]에게 동의하든지, 그와 의견을 달리하든지 그를 무시하고 지나칠 수는 없다"고 말한 바 있다.84 아마 기독교 철학에 관심이 있는 모든 사람들, 모든 신학자들, 모든 사유하는 그리스도인에게 있어서 이는 타당한 말일 것이다. 반틸은 기독교 계시에 가장 충실한 방식으로 사유하고, 표현하고, 정리하고, 변증할 것을 강조한 기독교 사상가로 기억되어야 할 것이다.

때로는 그가 너무나 기독교 계시에 충실하려고 하며, 처음부터 기독교적 전제를 도입시키려고 하기 때문에 (이것은 그에게 있어서 가장 중요한, 그야말로 사활적[死活的]인 문제였다!), 많은 사람들은 그가 과연 변증하려는 마음을 가진 것인지, 철학적 사유의 의지가 있는 것인지, 효과적인 전달에 신경을 쓴 것인지를 물었다. 홈즈의 부드러운 표현을 따라 말하자면, 반틸의 변증과 논쟁적 작업은 그의 관심이고 그의 소명이며 신학교 교수로서는 그렇게 하는 것이 적절한 것이나, 대학의 철학 교수들은 변증적이고 신학적이기보다는 좀 더 건설적으로 철학적이고 논쟁적이기보다는 분석적인 스타일로 글을 쓰고 작업하게 된다고 한다.85

그러나 반틸 자신은 자신과 같이 전제를 처음부터 분명히 하면서 논의하는 것만이 참으로 기독교적인 변증이며, 참으로 기독교적 내용을 전달하는 가장 효과적인 방법이며, 참으로 기독교적 사유를 하는 것이라고 생각했다. 그는 이 점에 너무 충실한지도 모른다. 그래서 많은 사람들은

---

84 Arthur F. Holmes, "Language, Logic and Faith," in *Jerusalem and Athens*: 428-38. 인용문은 428에서 온 것임.

85 Holmes, "Language, Logic and Faith," 428. 남아공의 기독교 철학자 스토커도 자신은 변증가인 반틸과는 관심이 좀 달라서 피조된 우주의 계시에 좀 더 관심을 기울이며 이를 분석하며 작업하는 일, 즉 철학적 지식론 구성의 일을 한다는 점을 여러 번 강조한다. Cf. Hendrik G. Stoker, "Reconnoitering the Theory of Knowledge of Prof. Dr. Cornelius Van Til," in *Jerusalem and Athens*, 25, 31, 46, 69.

그를 못 견뎌한다. 그가 기독교 철학에 기여하는 바가 거의 없다고 생각될 정도로 그는 성경이 가르치는 기독교에 너무 충실하다. 필자도 한동안 그가 제시하는 기독교는 우리에게 너무 친숙한 기독교여서 그로부터 배울 것이 없다고 생각한 적이 있었다. 그러나 우리가 수많은 소위 신학들과 소위 기독교 사상의 숲을 헤매고 있을 때, 그리하여 우리가 때로 길을 잃은 듯한 상황에 빠져 있을 때, 그리하여 성경 계시에 가장 충실하면서 온갖 현대의 문제들과 철학적 문제들에 직면하면서도 성경적 기독교와 기독교적 사유의 특성을 조금도 손상시키지 않는 분이 있어서 우리의 길을 인도해 주었으면 좋겠다고 느낄 때, 바로 거기에 그런 지난한 노력을 평생에 걸쳐 하던 이 기독교 변증가, 이 기독교 철학자, 이 기독교 사상가의 빛을 발견하게 된다. 바로 여기에 반틸의 의미가 있다. 그는 그 자신이 그리하였고 공언하듯이 어떤 문제에 대해서 생각할 때 모든 대안들 가운데서 어떤 것이 "성경의 자증하시는 그리스도(the self-attesting Christ of Scripture)에게 가장 충실한가?"를 판단의 근거로 삼는다.[86]

물론 그의 사상과 제시 방식에 문제가 있을 수 있다. 때로 그는 철학적으로 별로 세련되어 보이지 않는다. 비기독교적 사상에 대해서 그는 배교적 사상(apostate thought)이라고 말하는 것을 서슴지 않는다.[87] 또한 때로 그는 그를 많이 읽지 않은 이들에게는 이전의 철학적 용어들과 자신이 새롭게 부여하는 의미의 차이를 명확히 하여 말하지 않는 것처럼 보인다(반틸의 유비 개념에 대한 현대 기독교 철학자들의 반응을 생각해 보라). 때로 그는 그와 다른 사상을 지닌 이들에게 너무 강하게(too harsh) 말하는지도 모른다. 예를 들어서, 우리는 그의 강한 신학적 입장을 유지하되 좀 더 유연한 논의와 태도를 가졌었더라면 하는 기대를, 특히 고든 클락(Gordon H. Clark)의 정통

---

[86] Cf. Van Til, "Response to Holmes," 439.
[87] Cf. Van Til, "Response to Holmes," 299.

장로교회(O.P.C.) 허입 요청과 관련된 사태 등에 대해 갖게 된다.[88]

그리고 반틸에게서 가장 아쉬운 부분은 그가 평생 존경하였고, 그의 사상을 자신의 신학과 변증학에 잘 반영해 보려고 한 게할더스 보스의 섬세한 주해적 신학이 반틸의 작업 속에 잘 녹아 있으면서도 (특히 아담의 창조된 타락 전의 의식과 타락 후의 의식, 그리고 중생한 의식에 대한 논의에서 이것이 잘 나타난다), 그럼에도 보스의 섬세한 주해적 특성이 반틸에게서도 좀 더 많이 나타났었더라면 하는 기대와 아쉬움이 매우 크다. (어쩌면 이런 일이 보스와 반틸 모두를 존중하며 작업하는 그의 후배 신학자들, 특히 Richard Gaffin, Jr.에게서 나타날 것을 기대해도 좋을 듯하다.)

그러나 이 모든 것에도 불구하고 그가 가장 성경 계시에 충실한 사상과 그런 체계와 그런 체계에 대한 변증과 그런 변증 방법에 대한 깊은 논의를 우리에게 제시했다고 하는 점에서 우리는 항상 반틸에게 빚지고 있다고 할 수 있다. 모든 문제에 있어서 성경적 계시에 가장 충실한 입장을 드러내는 그런 태도야말로 현대와 후-현대(post-modern) 시대의 그리스도인들에게 필수적인 태도다.

그러나 우리의 과제는 반틸의 말을 그대로 반복하는 데 있지 않다. 그가 그의 시대에 이런 철저한 개혁파적 태도를 가지고 그 시대의 문제인 신토마스주의자들인 쟈크 마르땡과 에띠엔 질송의 사상을,[89] 칸트적 사상과 칸트 사상에 근거한 철학들과 신학들,[90] 특히 신정통주의,[91] 신-해석학

---

[88] 이 진술을 하면서, 이는 반틸 자신이 매우 강조하고 있는 논의이기에, 많이 주저했었는데, 그의 후계자인 프레임도 비슷한 평가를 내리고 있음을 발견했다. Frame, *Cornelius Van Til: An Analysis of His Thought*, 97-113, 398. 특히 그 둘 모두가 다 이제 "하늘"(heaven)에 있을 것이고 이제 화해하였을 것임을 지적하면서 이 논의를 마치는 (113) 함의를 우리는 우리의 모든 신학적, 개인적 논쟁에서 유념해야 할 것이다.

[89] 이에 대한 그의 논의와 비판으로 Van Til, *The Reformed Pastor and Modern Thought*, 해당 부분을 보라.

[90] 이에 대한 그의 논의와 비판으로 Van Til, *The Reformed Pastor and Modern Thought*, 해당 부분을 보라.

[91] Cf. Van Til, *The New Modernism* (Oxford: Oxford University Press,

(New Hermeneutics),[92] 틸리히의 신학,[93] 사신 신학,[94] 후기 하이데거 철학, 몰트만과 판넨베르크의 신학[95] 등과 대화하며 아주 분명한, 성경적이고 개혁파적인 입장을 보였다면, 우리는 이제 이런 성경적 개혁파적 입장에서 우리 시대의 문제들인 의료 윤리를 포함한 생명신학과 관련된 문제, 개방된 신론(the open theism)의 문제, 종교다원주의의 문제, 새로운 십자가 신학의 문제, 이야기 신학의 문제, 문예적 해석과 관련된 문제, 여성신학, 인종신학, 지역 신학 등 모든 종류의 해방 신학의 문제, 포스트모던 사상의 문제, 문화 전쟁의 문제들에 대한 모든 문제를 잘 알고 있는 논박(informed dispute)을 하여, 그 논의의 결론에서뿐만이 아니라 그 논의의 태도에서나 방법에서도 성경적이고 개혁파적이도록 해야 할 것이다.

    웨스트민스터 신학교에서 그의 후임자였던, 그러나 예배 문제로 제기된 논쟁으로 말미암아 플로리다주 올란도의 개혁신학교(Reformed Theological Seminary)로 옮긴 존 프레임은 이 중의 일부에 대해서 반틸의 후계자다운 작업을 잘 해내었고, 또 그리하고 있다고 할 수 있다. 그의 『의료 윤리』와 『다른 신은 없다』는 책이 그런 작업의 일부다. 그러나 정작 변증학에 대한 그의 책인 『하나님의 영광을 위한 변증학』[96] 자체에 대해서는 과연 반틸이 이런 논의 방식을 그대로 인정하며 받아들일 것인지, 이것이

1946); *Christianity and Barthianism* (Phillipsburg, N. J.: Presbyterian and Reformed, 1962); *The Confession of 1967* (Phillipsburg, N. J.: Presbyterian and Reformed, 1967).

    [92] Van Til, *The New Hermeneutic* (Phillipsburg, N. J.: Presbyterian and Reformed, 1974).

    [93] 이에 대한 그의 논의와 비판으로 Van Til, *The Reformed Pastor and Modern Thought*, 해당 부분을 보라.

    [94] Van Til, *Is God Dead?* (Phillipsburg, N. J.: Presbyterian and Reformed, 1960).

    [95] Cf. Van Til, *The Great Debate Today* (1971).

    [96] Frame, *Apologetics to the Glory of God* (Phillipsburg, N. J.: Presbyterian and Reformed, 1994).

프레임 자신이 시사하는 반틸의 제한을 벗어나가는 시도인지를[97] 물어야 한다. 그리고는 과연 반틸적 변증 방법이 더 나은지, 아니면 프레임의 새로운 시도(그것은 일종의 절충으로도 평가될 수 있을 것이다)가 과연 더 나은 것인지가 변증학에서 더 논의되어야 한다. 아직까지는 좀 더 반틸적인 변증 방식을 심각하게 시도할 필요가 있다고 생각된다.

그리고 웨스트민스터의 변증학 교수인 에드가와 스콧 올리핀트의 노력도 주목하여 볼 만하다. 그러나 올리핀트는 아직 이에 대한 깊은 저작을 내어놓고 있지 않다.[98] 또한 1936/37에 반틸에게서 배우다가 페이뜨 신학교(Faith Theological Seminary)로 분리해 갔고, 후에 라브리의 창설자가 되어 많은 이들에게 큰 영향을 미친 프란시스 쉐이퍼(Francis Schaeffer)도 어느 정도는 반틸의 전제주의적인 입장에서의 변증을 했다고 할 수 있다. 그

---

[97] Frame, *Cornelius Van Til: An Analysis of His Thought*, 400.

[98] Cf. K. Scott Oliphint, "Jerusalem and Athens Revisited," *Westminster Theological Journal* (Spring 1987). 그리고 웨스트민스터의 변증학 강의 보조 교재로 사용되는 그의 팜플렛으로 다음을 참조하라: *The Consistency of Van Til's Methodology* (Scarsdale, N.Y.: Westminster Discount Bookservice, n. d.)(이는 원래 "The Consistency of Van Til's Methodology," *Westminster Theological Journal* (Spring, 1990)에 개재된 논문이었다); idem, *Van Til and the Reformation of Apologetics* (Scarsdale, N.Y.: Westminster Discount Bookservice, n. d.)(이도 "Cornelius Van Til and the Reformation of Christian Apologetics," in B. J. Van der Walt, ed., *Die Idee van Reformasie: Gister en Vandag* [Potchefstroomse Universiteit vir Christelike Hoer Onderwys, 1991]에 게재된 논문이었다).

세월이 상당히 지난 지금(2024년) 상황에서 올리핀트는 『전쟁은 여호와께 속하였다』 (*The Battle Belongs to the Lord: The Power of Scripture for Defending Our Faith* [Phillipsburg, N.J.: P&R, 2003])를 내어서 변증에서 성경이 얼마나 강력하게 사용될 수 있는지를 드러내어 반틸적인 관심을 유지하고 있음을 잘 드러내었고, 『신앙의 이유들』 (*Reasons for Faith: Philosophy in the Service of Theology* [Phillipsburg, N.J.: P&R, 2006])을 내어서 개혁신학에 대한 철학의 기여와 제대로 된 철학을 위한 개혁신학의 기여를 논하였으며, 『계시와 이성』 (*Revelation and Reason: New Essays in Reformed Apologetics* [Phillipsburg, N.J.: P&R, 2007])을 내어서 계속해서 개혁과 변증 작업을 새로운 상황에서 이어 가고 있다고 할 수 있다. 2013년에 낸 『언약적 변증학』 (*Covenantal Apologetics* [Wheaton, IL: Crossway, 2013])에서는 반틸과 자신의 전제주의 변증학이 개혁신학에 충실한 언약적 변증학이라고 제시하여, 적어도 프레임보다는 반틸의 작업에 가까이 있다고 할 수 있다.

러나 그의 변증 방법과 반틸의 전제주의가 어디까지 같이 가며, 어디서 다른가 하는 것은 좋은 논의의 과제가 될 수 있는 문제다. 반틸 자신은 쉐이퍼의 작업이 충분히 자신의 방법과 일치하지 않는다고 생각했다고 한다. 특히 쉐이퍼가 기독교 신앙을 불신자의 지식에 무엇을 더하는 보충물로 제시하는 듯이 보이는 것, 증거들과 논리적 검증이 처음부터 성경적 근거에 근거함을 선언하지 않은 채 다소 중립적으로 증거들과 논리적 검증을 사용한 점, 특히 쉐이퍼가 현대인들의 인식론에 대해서는 날카롭게 비판하면서 고대 희랍인들의 인식론을 다소 호의적으로 제시한 것에 대해서 비판하면서 심지어 그가 전통적인 변증 방법을 사용했다고 하였다고 한다.[99] 반틸과 쉐이퍼의 비교 문제는 변증학에서 앞으로 좋은 논의의 주제가 될 수 있을 것이다.[100] 쉐이퍼와 같이 사역했던 경험을 가졌던, 그러나 웨스트민스터 교수 임용과 관련해서 반틸의 방법론을 옹호한다고 했던 에드가(William Edgar) 교수의 앞으로의 활동이 어떻게 전개될지는 우리의 관심을 자극한다.

언약신학교 조직신학 교수로 있다가 낙스 신학교에서 가르치고 근자에 은퇴하여 좋은 조직신학 개론을 써낸 로버트 레이몬드도 반틸적인 접근에 근접하려고 한다.[101] 그러나 그 자신이 분명히 하듯이 그는 온전하

---

[99] 이와 같이 진술하는 이유는 반틸이 쉐이퍼에 대한 자신의 그을 출판하지 않았기 때문이다. 위의 진술은 이 반틸의 미출판 논문에 대한 프레임의 보고를 중심으로 쓴 것이다. Cf. Frame, *Cornelius Van Til: An Analysis of His Thought*, 395f.

[100] 사실 1979-1989까지 프랑스 Aix-en-Provence의 (지금은 칼빈 신학교라고 이름을 바꾼 개혁신학교[Faculté Libre de Théologie Réformé])의 변증학 교수로 있었고 후에 1993년에 스위스 쥐네브 대학교에서 학위(Dr. Theol.)를 한 William Edgar 교수가 1988년에 David W. Clowney를 대신해서 변증학 교수로 부임하게 되었을 때 그의 쉐이퍼적 성향에 대한 우려를 해결하도록 에드가 교수가 쉐이퍼와 반틸을 비교하면서 쉐이퍼에 대한 반틸의 비판을 지지하고, 단지 반틸이 현대 예술과 일반 문화에 대한 쉐이퍼의 통찰을 충분히 적절하게 높이 사지 않은 것을 안타까움으로 표시했다고 한다. 이 논문도 출판되지 않았다. 따라서 이에 대해서도 Frame, *Cornelius Van Til: An Analysis of His Thought*, 391을 보라.

[101] Cf. Robert L. Reymond, *The Justification of Knowledge: An Introductory Study in Christian Apologetic Methodology* (Phillipsburg, N. J.: Presbyterian and Reformed, 1979), 이승구 역, 『개혁주의 변증학』 (서울: 기독교문서선

게 반틸을 다 좇기보다는 기독교 합리주의자들과 반틸의 입장 가운데 서서 그러나 좀 더 반틸에게 가까운 위치에서 작업해 왔다.

또한 반틸을 존중하면서 그 전체적 운동에서는 강조점이 반틸과는 조금 다르다고 할 수 있는 신율주의자들의 작품도 언급할 수 있다.[102] 그러나 이들이 어떤 점에서 반틸과 같이 하고, 어떤 점에서 반틸과 입장이 다른지는 심각한 논의의 문제가 된다.[103] 그밖에 소위 반틸리안들 가운데서 가능성 있는 이들의[104] 추후 작품 활동이 없는 것이 우리를 안타깝게 한다. 물론 변증학 외의 다른 분야에서는 반틸이 카이퍼로부터 물려받아 강조해 온 반립(Antithesis) 사상에 충실하게 작업하는 제이 아담스(Jay Adams)의 "권면적 상담"(the nouthetic counseling) 이론, 반틸의 "다양한-관점주의"(mutiperspectivalism)를 강조하여 신학을 풍요하게 해 보려는 프레임과[105]

교회, 1989); *A New Systematic Theology of the Christian Faith* (Nashville, Tennessee: Thomas Nelson Publishers, 1998). 이에 대한 긴 서평 논문으로 이승구, "20세기 말 상황 속의 정통파 장로교 신학자 로버트 레이몬드의 신학 연구," 『국제신학』 3 (2001)= 본서, 제 2장을 보라.

[102] Rousas J. Rushdoony와 Greg Bahnsen, 그리고 Gary North을 중심으로 하는 소위 칼세돈 그룹, 또는 기독교 재건주의(Christian reconstruction)의 활동이 주목할 만하다. 내가 판단하기에 특히 신률주의적 특성을 그렇게 많이 나타내지 않으면서 이들의 가장 반틸적인 공헌으로는 *Foundations of Christian Scholarship: Essays in the Van Til Perspective*, ed., Gary North (Valecito, California: Ross House Books, 1979)을 들 수 있다고 본다.

[103] 그들에 대한 개혁파 입장에서의 비판을 위해서는 W. Barker and W. Robert Godfrey, eds., *Theonomy: A Reformed Critique* (Grand Rapids: Zondervan, 1990), 특히 반틸과의 비교를 위해서는 Frame, *Cornelius Van Til: An Analysis of His Thought*, 391-94를 보라.

[104] 앞서 언급한 John Frame 외에 다음 저자와 작품들을 언급할 수 있을 것이다: Jim Halsey, *For a Time Such as This* (Phillipsburg, N. J.: Presbyterian and Reformed, 1976); William White, *Van Til: Defender of the Faith* (Nashville: Thomas Nelson, 1979); Richard Pratt, *Every Thought Captive* (Phillipsburg, N. J.: Presbyterian and Reformed, 1979); Thom Notaro, *Van Til and the Use of Evidence* (Phillipsburg, N. J.: Presbyterian and Reformed, 1980); William Dennison, *Paul's Two-Age Construction and Apologetics* (Lanham, Md.; University Press of America, 1985).

[105] Cf. Frame, *The Doctrine of the Knowledge of God* (Phillipsburg, N. J.:

그의 영향을 더 받았다고 할 수 있는 베른 포이뜨리스의 작업 등이 언급될 수 있다.106 미국에서나 다른 나라들에서도, 그리고 한국에서도 반틸의 입장에 충실하면서 그의 인식을 가지고 우리의 문제를 많이 다루는 작업이 많이 나올 수 있기를 기대한다.

Presbyterian and Reformed, 1987); *Perspectives on the Word of God: An Introduction to Christian Ethics* (Phillipsburg, N. J.: Presbyterian and Reformed, 1990).

106 그의 여러 작품들, 특히 *Symphonic Theology* (Phillipsburg, N. J.: Presbyterian and Reformed, 1979)을 보라.

제 8 장

에드먼드 클라우니의 개혁파적 교회론

들어가는 말: 클라우니에 대한 소개

웨스트민스터 신학교가 총장 제도를 도입한 1966년부터 초대 총장(President)으로 섬겼던 클라우니(Edmund P. Clowney, 1917. 7. 30. – 2005. 3. 20.) 교수님께서 2005년 3월 20일에 87세의 나이로 주님의 부름을 받으셨다는 소식이 들려왔다. 클라우니의 개혁파 교회론을 소개하기 전에 먼저 클라우니에 대한 간단한 소개가 필요할 것이다.

필라델피아에서 케비넷 장인(cabinet maker)의 아들로 태어난 그는 그 아버지를 닮아서 손재주도 좋아서 후에는 주일학교 교육 교재를 만들기도 했다. 장로교적 배경을 지닌 그는 휘튼 대학(Wheaton College)에서 공부하고 여기서 그의 평생 반려자가 된 진 라이트 클라우니(Jean Wright Clowney) 여사를 만나서 후에 5명의 자녀를 두었다. 1939년에 휘튼 대학을 졸업하면서 신학을 본격적으로 공부하기로 마음먹은 클라우니는 웨스트민스터 신학교에서 공부하여 1942년에 신학사(Th. B.) 학위를 하고 정통장로교회(OPC) 목사로 임직하였다. 그 후에 그는 예일대학교 신학부(Yale University Divinity School)에서 신학석사(S.T.M) 학위를 하였고(1944), 1942년부터 46년까지 여러 교회에서 목회한 후에 1952년에 그의 모교인 웨스트민스터 신학교 실천신학 조교수로 청빙받아 모교를 섬기다가 휘튼 대학교에서 명예 신학박사(D.D.) 학위를 받은 1966년에 웨스트민스터 신학교의 초대 총장(President)이 되어 1984년까지 섬겼다.

1984년 총장직에서 은퇴한 그는 버지니아주 샤를로트빌(Charlottesville, Virginia)에 있는 삼위일체 장로교회(Trinity Presbyterian Church [PCA])의 주재 신학자(theologian-in-residence)로 섬기다가, 1990년에 (흔히 서부 웨스트민스터라고 언급되는) 캘리포니아 웨스트민스터 신학교의 겸임교수(adjunct professor)로 섬겼다. 그 후 2001년에는 텍사스주 휴스턴의 "왕이신 그리스도 장로교회"(Christ the King Presbyterian Church (PCA))의 협동목사로서 2년 동안 사역을 하시다가, 다시 샤를로트빌의 삼위일체 장로교회의 주재 신학자로 있으면서 죽기까지 봉사했다. 이때 그는 자신의 마지막 책이 된 『그리스도께서는 어떻게 십계명을 변혁시키셨는가?』(How Christ Transforms the Ten Commandments)를 탈고했다고 한다. 우리는 모두 기대에 찬 마음으로 그가 돌아가시기 불과 며칠 전에 출판사에 넘긴 원고가 출판된 것을 읽었다.[1] 클라우니는 "그리스도께서는 율법에 순종하셨을 뿐만 아니라 그것의 참된 의미와 깊이도 드러내셨다"고 밝혔다.[2] 이렇게 예수님께서는 "율법을 순종하심으로 또한 그 약속을 드러내심으로 율법을 완성하셨다"는 것을 분명히 하였다.[3] 이 귀한 책을 쓰는 동안 클라우니는 병으로

---

[1] Edmund, Clowney, *How Christ Transforms the Ten Commandments*, ed., Rebecca Clowney Jones (P&R, 2007).

[2] Clowney, *How Christ Transforms the Ten Commandments*, 2: "Christ not only obeyed the law, but also displayed its true meaning and depth."

누워 잠시 우리의 마음을 안타깝게 했고 마지막 주간에는 말씀도 잘못했다고 한다. 그러나 이때에도 그는 평소 그가 잘 나타냈던 유머 감각을 잃지 않고 손으로 하는 싸인과 눈을 사용해서 가족과 방문자들에게 그의 따뜻한 마음을 나타냈다고 한다. 그가 이제 '하늘'(heaven)에서 사랑하는 우리 주님의 품 안에 있다.

클라우니 교수는 무엇보다도 그의 선생님들에게서 배운, 특히 게할더스 보스에게서 배운 성경신학에 근거하여 구속사적인 설교를 어떻게 해야 하는지를 잘 제시하였고, 실제로 그런 설교를 잘 하신 분으로 기억되고 있다. 그의 성경신학적 설교 방법의 제시는 그의 유명한 책인 『설교와 성경신학』(Preaching and Biblical Theology)에서 살펴볼 수 있고 (이는 김정훈 교수의 번역으로 우리말로 소개된 바 있다), 그의 설교의 실제는 『전개된 신비』(The Unfolding Mystery)와 『모든 성경으로부터 그리스도를 선포함』(Preaching Christ in all of Scripture)에서 살펴볼 수 있다. 그의 설교를 듣거나 읽어 본 사람들은 그가 구속사의 끈을 잘 연결시켜서 그리스도의 온전하심과 그 영광을 성도들 앞에 잘 제시하여 주님을 더 사랑하고 경배하도록 하는 탁월한 설교를 하였음을 기억한다.

실천신학 교수로서 그가 한 교회론 강의를 기억하는 사람들은 클라우니의 개혁파적인 교회론을 잊을 수 없어 한다. 또한 그의 강의를 직접 듣지 못한 이들은 그가 은퇴 후에 낸 『교회론』(Doctrine of the Church)과 『사역으로 부르심』(Called to the Ministry)을 통해서 그의 철저한 개혁파적인 교회론적 가르침을 받을 수 있다. 베드로전서에 대한 그의 주석(The Message of I Peter)도 그의 성경주해 방법을 배우고 이를 설교에 어떻게 적용하는지를 잘 볼 수 있게 하는 귀한 책이다.

---

3 Clowney, *How Christ Transforms the Ten Commandments*, 7, 8: Jesus "*fulfills the law by obeying it, but also by revealing its promise.*"

클라우니 교수의 장례 예배는 2005년 3월 29일㈔ 오후 2시 버지니아주 샤를로트빌의 삼위일체 장로교회에서 거행되었다. 또한 그를 기념하는 예배는 2005년 4월 13일 저녁 7:30에 웨스트민스터 신학교 필라델피아 캠퍼스에서 열렸다. 그의 장례예배나 기념예배에 참여할 수 없었던 우리들은 멀리서나마 그의 생전의 큰 소망인 성경 전체로부터 그리스도를 온전히 그리고 바르게 선포하는 방법을 더 연구하고 그것을 실천하는 일에 우리 자신을 더 헌신할 수 있어야 할 것이다.

그와 직접 만나 본 일이 없이 책을 통해서만 그의 생각과 접할 수 있었던 나와 같은 독자들은 그의 부드러운 격려와 지혜, 동감어린 상담과 개혁 신학의 효과적이고 폭 넓은 전파와 적용을 위한 그의 구체적 사역, 즉 프랑스에 세우는 일을 도운 (지금은 칼빈신학교로 개명한) 개혁신학교(the Reformed Theological Seminary in Aix-en-Provence, France), 캘리포니아 웨스트민스터 신학교(Westminster Seminary California), 삼위일체 장로교회(Trinity Church), 로잔 회의(the Lausanne Conference), 그리고 필라델피아의 목사님들을 위한 도시 내의 훈련 프로그램이었던 웨스트민스터 사역 연구소(The Westminster Ministerial Institute)의 설립과 활동에 대해서는 잘 알 수 없다. 그러나 그의 책들과 그와 가깝게 지냈던 이들의 여러 말씀을 통해서 우리는 참으로 그가 개혁신학에 충실한 교회론을 이 현대적이고 포스트-모던적 상황 가운데서 잘 제시하였음을 깊이 느낄 수 있다.

그는 신약학자요 조직신학을 하는 리쳐드 개핀(Richard Gaffin, Jr.)과 함께 그야말로 웨스트민스터 신학교의 제2세대 신학자와 신학 교육자로서의 귀한 일을 잘 감당하셨다. 그의 선배 교수들에게서 물려받은 유산을 잘 발전시킨 이 귀한 분들의 사역에 대해서 우리는 감사하지 않을 수 없다. 특히 게할더스 보스적인 의미의 성경신학을 더 발전시키고 신약학과 조직신학과 실천신학에 적용시키는 이 귀한 일을 하신 분들의 공로를 우리는 크게 기리게 된다. 클라우니 교수님께 특히 감사하는 것은 실천신학을 철저한 개혁신학적 입장에서 해야만 한다고 강하게 주장하시고, 이 일을 잘 감당해 주신 것이다. 특히 실천신학 영역에서는 개혁파적 철저성과 순수성을 지닌 학문적 작업을 찾기 어려운 경우가 많은데, 클라우니 교수님께서 가장 철저한 개혁신학적 입장을 유지하면서 현대적 적용성을 잃어버리지 않는 참으로 개혁파적인 실천신학을 제시하신 것을 높이 사게 된다.

　　　　이제 참으로 개혁파적인 신학을 하는 학자들이 점점 없어지는 듯한 이 상황 가운데서 참으로 개혁신학에 충실한 성경을 잘 가르치는 좋은 목회자적 학자가 주님께로 가신 것은 그 분 자신에게는 기쁨이나 우리에게는 아쉬움이 크다. 한동안 클라우니 교수 등의 자극에 의해서 이런 성경신학적이고 구속사적인 설교에 대한 탐구가 이 한국 땅에도 조금 있었지만 그것이 아직 꽃도 피우지 못한 채 많은 학자들의 관심은 다른 성경해석 방법에 대한 추구로, 또한 많은 목회자들의 관심이 이런저런 실용적 관심으로 돌려진 안타까운 상황 가운데서 클라우니 교수의 소천 소식을 접하면서 우리에게도 클라우니를 따르는 좋은 목회자들과 목회자적 학자들이 더 많아져서 이 땅에도 구속사적 설교가 더 풍성히 들려지며, 성경신학적 사유에 충실한 목회와 실천들이 더욱 많아질 수 있기를 원하면서 이 글에서는 그의 개혁파적인 교회론을 구체적으로 정리해 보기로 하자. 왜냐하면 이제는 하늘(heaven)에 계신 클라우니 교수님의 가장 큰 공헌은 역시 20세기 말의 상황 속에서 가장 개혁파적인 교회론을 제시하셨다는 점일 것이기 때문이다. 비슷한 시기에 자신의 평생의 개혁신학적 가르침을 정리하신 레이몬드 교수와 함께 가장 개혁파적인 교회론을 제시한 분으로 우리는 클라우니 교수님을 생각하지 않을 수 없다.

　　　　20세기 말이라는 구체적 정황 속에 살고 있음을 명확히 의식하면서도 동시에 가장 개혁파적인 교회론을 제시하고 있는 것이 클라우니 교수의 큰 특성이다. 그리고 그는 그것은 바로 교회에 대한 성경적 교리에 충실한 교회론이라고 생각한다. 그래서 그는 이를 다룬 자신의 책을 웨스트민스터 신학교에서 그가 했던 강의 제목과 같이 "성경적 교회론"(the biblical doctrine of the church)에 대한 책이라고 말한다.4

이런 입장이 얼마나 현대인들의 마음에 부담이 되는 것인지도 클라우니 교수는 잘 의식하고 있다. 그는 20세기 말의 사람들이 자기중심적 종교(feel-good religion)에 깊이 심취되어(attached) 있다는 것을 잘 알면서도 이와 같이 한다.5 더구나 일부 신학자들과 상당히 많은 사람들은 배타적 주장을 하는 성경의 신을 비판적으로 보면서 "그 신은 이미 오래전에 정통 신학과 함께 죽었고 교회는 그 무덤"이라고 간주한다는 것을(15=15) 잘 알면서도 그리한다. 이 시대에 인기 없는 이 일을 그는 기꺼이 한다. 클라우니 교수는 또한 현대교회의 문제도 잘 알고 있다. 그는 이렇게 말한다: "교회 출석은 줄었지만 교회의 숫자는 늘어만 가고 있다. 어떤 사람들은 기존의 교회로부터 분리되는가 하면 어떤 사람들은 새로운 회중을 조직한다. 더구나 많은 사교 집단들도 그리스도의 이름을 사용한다"(99=115). 그래서 참 교회를 찾기도 어렵다.

또한 많은 사람들은 다른 사람들을 그리스도의 제자가 아니라 자신들의 제자로 만들려고 한다. 짐 조운스(Jim Jones)의 인민사원이나 텍사스 와코에 있었던 데이비드 코레쉬(David Koresh)의 비극적 공동체와 같은 사교 집단만이 아니라, 다른 사람들도 "사람들로 하여금 (지도자인) 자기를

---

4 Edmund P. Clowney, *The Church* (Leicester: IVP, 1995), 9. 황영철 목사님의 매우 잘된 한글 번역에서는 이 말의 의도가 잘 나타나 있지 않아 아쉽다. 『교회』(서울: IVP, 1998). 앞으로 이 책으로부터의 인용은 논문의 본문 중의 ( ) 안에 다음과 같이 제시하기로 한다(9=9). 앞의 숫자는 영문판의 페이지 수이고, 뒤의 숫자는 한글 번역본의 면수이다.

5 이 밖에도 다양한 현대적 정황을 잘 의식하고 있다. 이런 여러 다른 오늘날의 현실에 대한 논의로 이승구, "현대 상황에서의 개혁파 교회론의 제시를 칭송하며", 『개혁신학탐구』(서울: 하나, 2002), 455-83=개정판 (수원: 합신대학원출판부, 2012), 368-94를 보라.

의지하게 만들며, 그들의 성장을 저해한다"(146=165). 또한 오늘날의 교회에는 각 교회의 담임목사들이 "교황도 질투할 만한 권위를 행사한다"는 것을 클라우니는 정확히 지적하면서 "교회가 (회사 조직이나 군대 조직과 같은) 외부의 모델을 따라 조직될 때 성경적 원리를 무시하는 위험이 발생한다"고 경고한다(201f.=226). 그러므로 이런 시대에 성경적 교리에 대한 시리즈를 출판하는 출판사만이 용기 있고 헌신된 출판사가 아니라(9=9), 그런 책을 집필하고 제시하는 여러 필진과 함께 "교회에 대한 성경적 교리"에 대한 책을 제시하는 클라우니 교수도 용기 있고 헌신된 그리스도인이라고 할 수 있다.

이 장에서 나는 클라우니 교수님의 개혁파적인 교회론을 찬찬히 제시하는 작업을 해 보려고 한다. 그 작업에 근거해서 클라우니의 교회론과 우리들의 교회 이해와 교회의 현실을 비교해 보면 우리네 한국교회가 과연 어떤 교회론을 가지고 있는 것인지가 드러날 것이다. 따라서 이 장의 일차적인 목적은 클라우니의 개혁파적 교회론을 정리하여 제시하는 것이지만, 부차적으로 한국교회의 교회 이해와 현실이 클라우니가 제시하는 개혁파적인 교회 이해에 비추어 과연 어떤 것인지를 살피는 목적도 지니고 있음을 밝힌다.

1. 하나님 나라적 교회 이해

무엇보다 먼저 클라우니는 교회를 하나님 나라의 징표로 이해한다. 교회가 하나님 나라와 동일시 될 수는 없으나(58=65), 교회는 "성령님을 통하여 이미 현존하는, 그러나 그리스도께서 강림하실 때에 종국적으로 임할 그 나라의 증표"이다(16=16). "교회는 인간의 제도가 아니라 하나님이 만드신 것이다"(71=81). "주님이신 예수님은 자기 백성을 모아, 그분의 제자들을 불러 모으는 자의 무리로 만드신다"(159=179). 여기 하나님 나라의 현재성과 미래성에 대한 분명한 이해와 하나님 나라의 왕이신 그리스도에 대한 이해가 잘 나타나 있다. 그 하나님 나라는 "심판과 구원이라는 하나님의 뜻을 이루기 위한 그분의 능력과 활동"이다(38=42). 그 나라는 그 나라의 왕이신 예수님과 함께 임했다(38=42). (그가 친히 우리를 대신하여) 심판을 담당하려 오신 때에 이루어진 그 나라는 그가 심판하러 오실 때에 그 심판과 함께 종국적으로 임할 것을 기다리고 있다(39=43). "은혜에 의하여 선 그 나라는 은혜에 의하여 전진해야 하고 영광 가운데 절정에 이를 것이다"(188=213). 그러나 우리는 이미 하나님 나라가 임한 상태에 있으므로 이미 말세(the last days)에 있는 것이다(66=76).

하나님 나라의 현재성과 미래성 – 그 사이에 살고 있는 하나님 나라의 징표인 신약의 교회는 "어두움에서 하나님의 빛으로 부름받은 하나님의 백성임을 그들의 도덕적 고결성을 통해 잘 드러내야만 한다(벧전 2:9-12). 교회의 질서정연한 교제가 세상에 은혜의 징표가 되어야 한다"는 클라우니의 주장을(16=17)[6] 우리는 의미 깊게 들어야 한다. 이와 같이 클라우니가 말하는 하나님 나라는 성경적인 하나님 나라로서 교회와 밀접한 관계를 지닌다.

그러므로 클라우니가 말하는 하나님 나라는 제2차 바티칸 공의회 정신을 나름대로 이해하면서 "구원은 기독교회에 연합하는 것이 아니라 하나님 나라에 참여하는 것을 통해서 온다"고 하며, "모든 사람은 그 나라

---

[6] Cf. "세상에서 그리스도인의 행위는 질투어린 존경을 이끌어내고, 놀라운 호기심 혹은 위협적인 적대감을 이끌어낼 만큼 현저한 것이 되어야 한다(벧전 2:12; 3:16; 요 15:18)"(Clowney, *The Church*, 72=83).

로 부름을 받는다. 그러나 모든 사람이 교회로 부름을 받는 것은 아니다"라고 말하는[7] 이들의 하나님 나라 이해와는 상당히 다른 것이다. 클라우니는 오히려 (성경을 따르면서) "모든 사람이 하나님 나라에 모이는 것은 아니다"라고 단언한다(165=186). 예수님을 따라서, 선교에는 구별하는 요소, 분리의 측면이 있음을 분명히 한다.

성경적인 하나님 나라와 교회 이해에 근거해서 클라우니는 구약의 하나님 백성으로부터 시작하여 교회의 이야기를 다룬다(28=28). 따라서 클라우니는 교회는 신약시대에 오순절에서 비로소 시작한 것은 아니라는 점을 강조한다. 클라우니는 "오순절은 하나님의 백성을 만든 것이 아니라 그들을 새롭게 하였다"고 선언하면서(53=60), 이방인인 우리가 이스라엘의 갱신에 포괄된 것이고, 이를 위해 오순절에 이방인의 방언이 사용되어 그 징표가(사 49:6) 실현되는 것임을 보이는 것이라고 한다. 그리고 그 교회가 "하나님 백성"이요(제2장), "그리스도의 몸"이요(제3장), "성령님과의 교제"(제4장)라는 것을 분명히 한다.[8] 이를 표현하는 클라우니의 논의는 매우 성경 신학적이다. 다음과 같은 요약적 진술은 이를 보여 주기에 충분할 것이다:

> 누가 언약의 후사인가? 그리스도는 언약의 후손이요(창 3:15), 아브라함의 씨요(창 12:1-3), 다윗의 아들이다(삼하 7:12-16). 그만이 언약을 파기한 죄를 짓지 않았으므로 오직 그만이 합법적인 후사이다. (그리고) 그리스도께

---

[7] Richard P. McBrien, *Do We Need the Church?* (New York: Harper & Row, 1969), 228, 14f., Clowney, *The Church*, 21=22에서 재인용.

[8] 이렇게 정식화할 때 개혁파 교회는 하나님 백성으로서의 교회를, 성례전적인 교회는 그리스도의 몸으로서의 교회를, 그리고 재세례파 교회는 그리스도의 제자로서의 교회를, 그리고 오순절 교회는 성령의 교통으로서의 교회를 강조하였다는 레슬리 뉴비긴의 말을 어느 정도 긍정적으로 인용하면서 활용하고 있다. Cf. Leslie Newbigin, *The Household of God* (London: SCM Press, 1953), 30f. 그러나 이런 구별이 흥미롭기는 하지만 너무 구별하는 문제를 드러내기 쉽다. 이 책에서 클라우니 교수가 잘 드러내듯이 개혁파 교회는 이 모든 특성을 잘 강조해 왔기 때문이다.

연합한 자들은 그 안에서 하나님의 모든 약속의 후사가 된다. 그리스도는 이스라엘에 대한 부르심을 성취한다. 그에게 연합한 자들은 바로 이 사실에 의해서 하나님의 새로운 이스라엘이 된다(갈 3:29; 4:21; 롬 15:8).(43f.=48f.)

이와 같은 논의에 근거하여 클라우니는 다음과 같이 결론 내릴 수 있었다: "그리스도인들은 단지 거듭난 개인이 아니라 한 가족이요, '영적인 종족'(spiritual ethnics)이며 그리스도 안에서 새로운 하나님의 백성이다"(44=49). 이런 신약교회는 "구약의 레위족속처럼 … 주님을 우리의 유산으로 소유한다(민 18:20; 신 10:9)"(61f.=70).

이와 같은 교회는 "다른 자발적 사회 조직들과 달리 … 구성원들이 자유롭게 조직하는 것이 아니라, 족장적 가족과 언약의 나라처럼 그 기본 구조가 신정적이다"(192=216). 따라서 신약교회는 "영적인 의미에서 가족과 나라이기는 하지만 교회는 족장적 가족적 형태를 취하지 않으며, 세상의 국가들 중에서 기독교 국가로 그 자리를 대체하지도 않는다"(192=217). 따라서 "미국이나 영국은 하나님의 선택으로 이루어졌고 하나님의 호의와 복을 받을 자격이 있는 기독교 국가라고 보는 애국주의는 오도된 것이다. 그런 주장은 명백히 거짓이며, 이상으로도 부당한 것이다"(195=220). 또한 "그리스도인들은 그리스도의 이름으로 권력을 행사하기 위한 배타적인 기독교 정당을 형성할 자유가 없다. 그렇게 하는 것은 그리스도의 대의를 이 세상 나라와 동일시하는 일이 될 것이다. 그리스도인의 정치적 행동은 그때그때 같은 직접적 목적들을(the same immediate objectives) 추구하는 다른 사람들과 협의 하에서 추구되어야 한다."(193=218).[9]

---

[9] 영어의 의미를 살려서 번역을 재조정했다. 클라우니는 이런 주장이 아브라함 카이퍼의 생각과 실천과 대립된다는 것을 의식하면서 의도적으로 이렇게 주장한다. 카이퍼가 처한 상황과 클라우니가 살았던 미국의 차이를 잘 느끼게 한다. 우리나라는 훨씬 더 다원

2. 성경과 특히 성경의 충족성에 충실한 교회 이해

클라우니는 "하나님의 진리만이 사람들을 자유롭게 할 수 있다"고 주장한다(16=17). 그리고 그 하나님의 진리는 성경이고, 이는 하나님의 계획과 목적을 드러내는 하나님의 말씀이라고 확신한다. "언어 계시의 객관적 권위가 일단 상대화되면 성경이 아닌 교회가 진리의 궁극적 기준이 된다"(21=22f.). 그러므로 오히려 그 성경을 교회가 굳게 잡을 때, 즉 교회가 말씀의 공동체(the community of the Word)가 될 때에만 교회는 진리의 기둥과 터가 된다(16=17). 교회가 교회의 주인이신 분께 신실하려면 교회는 먼저 "교회를 향한 그분의 뜻을 알아야 하기 때문이다"(17=17). 그러므로 "교회를 세운 사역은 말씀의 사역이다(엡 4:11)"(102=119).

    따라서 교회는 그 가르침과 조직과 활동의 모든 것을 성경으로부터 가르침 받게 된다. "교회의 통치제(church government)는 (성경에) 무엇을 제하거나 더함으로써 말씀을 수정할 수 없다(계 22:18-20, 갈 1:8, 12). 교회의 권력은 입법적이 아니라 선포적이기 때문에, **교회는 새로운 교리를 만들어 내거나 성경적 근거가 없는 실천을 요구할 수 없다**"(202=227, 강조점은 필자의 것임). 무엇보다 먼저, "교회는 수 세기를 내려오면서 온 세계에 사도의 복음을 전파하고 있다. 교회가 견지하는 것은 전통 속에 안치된 복음의 기억도 아니고 후대에 맞추어진 새로운 복음도 아니다. 그것은 성령의 감동으로 기록된 신약성경의 사도의 복음이다"(75=85). 클라우니는 "**요한계시록의 최종성은 사도들이 기록한 다른 모든 성경에 동일하게 적용된다**"고 말

주의적인 미국 정황에 더 가까울 것이다.

한다(75=86, 강조점은 필자의 것임). 그러므로 "성경의 권위를 양보하는 것은 교회의 사도적 기초를 파괴하는 일이다"(76=86). 왜냐하면 "신약성경에 주어진 영감을 받은 사도들의 증언은 충분하고도 최종적이다(sufficient and final)"(77=87).[10] 성경을 이렇게 중요시하기에 클라우니는 성경을 계시와 동일시하지 않는 입장을 지닌 〈1967년 신앙고백서〉를 강하게 비판한다(105f.=122). 그는 칼빈을 따라서 "성경의 권위라는 교리에서의 공식적 변화는 교회의 목에 칼을 들이대는 것과 다를 바 없다"고 한다(106=123). 그리고 교회에서 가장 중요한 것은 말씀이라는 것을 과거 개혁자들의 전통을 따라서 매우 강조한다: "세상의 소금과 누룩으로서 교회가 미치는 간접적인 영향은 지대하지만, 교회는 무엇보다도 먼저 진리의 빛을 높이 들어야 한다"(165=186).

그런데 오늘날에는 이전의 몬타누스주의나 중세의 분파 운동, 종교개혁 시기의 재세례파("열광주의자들" 또는 신령파)와 비슷한 갈등을 정통교회에 대해 일으키는 카리스마 운동이 교파의 경계를 넘어서 세계로 퍼져 가고 있다. 이에 대해서 성경에 충실한 교회는 어떻게 해야 하는가에 대해서 클라우니는 성경과 개혁파 전통에 충실하게 성경의 충족성에 근거한 입장을 분명히 한다. 모든 복잡한 문제들에 대해 다양한 견해를 일일이 나열한 후에 클라우니는 "신자로서 우리의 대답은 하나님의 말씀으로부터 와야 한다"고 말하며(158=178), 그 문제들에 대한 성경적 신학은 무엇인가 하면서 성경의 입장을 제시하려고 한다.

그 대표적인 예가 성령님의 사역에 대한 성경적 이해를 제시한다.

---

10 이를 뒷받침하기 위해 인용하고 있는 한스 큉의 다음과 같은 주장은 옳은 것이라고 할 수 있다: "부활하신 주님을 직접 보고 보냄을 받은 자라는 점에서 사도들에게는 계승자가 있을 수 없다… 최초의 목격자들과 전령들이 지녔던 원래의 근본적 의미의 사도직은 마지막 사도의 죽음과 함께 사라졌다."(Hans Küng, *The Church* [New York: Sheed and Ward, 1968; London: Search Press, 1969], 355, Clowney, *The Church*, 77=87에서 재인용).

일차적으로 구약에서도 성령님께서는 온전하게 하나님 백성들 안에서 작용하여 사막에서도 그들을 가르치시며(느 9:20), 광야에서 그들을 인도하시고 보살피셨으며(사 63: 10-11; 행 7:51), 그 성령님이 그들 안에 계속해 계신다고 했다(학 2:5)(54=61). 그리하여 클라우니는 "오늘날과 똑같이 그때에도 성령님은 하나님의 백성의 마음속에 역사하였으며, 이 세상의 모든 좋은 것은 그 때에도 오늘날과 마찬가지로 성령님으로 말미암는다는 것을 보여준다"고 워필드의 견해에[11] 동의하면서 소개하고 있다(296=333). 그러므로 본질상 성령님의 사역은 구약이나 신약에 본질적인 차이가 있지 아니하다. 물론 신약의 성도들에게는 구약 성도들이 성령님 안에서 받고 믿고 고대해 온 그 약속이 성취된 상태에 들어가게 하시는 더 큰 복을 주셨다. 그렇지만 "우리에게 주어진 더 복은 바로 그들이[구약 성도들이] 찾던 복이었으며, 그들이 앞으로 우리와 함께 받을 복인 것이다"(55=63).

둘째로, 성령세례와 성령충만에 대해서도 클라우니는 성경주해에 근거하여 전통적 개혁파의 입장과 일치하는 논의를 제시하고 있다. 그는 존 스토트에게 동의하면서,[12] "신약성경은 그리스도인들에게 성령으로 세례를 받으라고 명하지 않는다"고 단언한다(69=79). 왜냐하면 성령세례는 성령의 씻음과 새롭게 하심이라는 최초의 복이기 때문이라는 것이다. 그런 의미에서 모든 그리스도인은 성령님을 소유하고 있으므로 또다시 성령세례를 받을 필요가 없다. 오순절에 일어난 성령세례와 충만은 새 언약의 인침이고, 따라서 "이것은 우리가 모방하여야 할 제자들의 영적인 발전의 한 일화가 아니고, 구속사의 새로운 시대의 시작을 보여 주는 것이다"(69=79). 또한 성령충만도 그리스도와 하나님으로 충만케 되는 것과 떼어낼 수 없는

---

[11] B. B. Warfield, "The Spirit of God in the Old Testament," in *Biblical and Theological Studies* (Philadelphia: Presbyterian and Reformed, 1968).

[12] Cf. John R. W. Stott, *Baptism and Fullness: The Work of the Holy Spirit Today*, 2nd Edition (Leicester: IVP, 1975), 50.

일이다. "성령으로 충만케 된다는 것은 그리스도로 충만케 된다는 것이고, 구주와 그의 사랑을 더 잘 알게 된다는 것이다"(70=80). 그리고 그것은 하나님의 사랑을 알고 사랑으로 더 충만하게 되는 것이며, 하나님과의 친밀한 교제를 더 깊이 누려간다는 것을 의미한다.

  셋째로, 계시적 목적에서 이루어졌던 사도적 이적은 중단되었음(the cessations of the apostolic signs)을 클라우니는 분명히 한다(241-44=269=173. 특히 244-272f.). 물론 성령의 사역은 지금도 계속되고, 오늘날에도 이적이 있을 수 있지만 오늘날 일어나는 이적과 사도적 이적은 구별되어야 한다는 전통적 개혁파 사상에 충실한 것이다. 하나님의 뜻에 의해서만 일어날 수 있는 오늘날의 이적과 성도들이 성령의 역사 가운데서 서로를 권면하는 것은 전혀 계시적인 것이 아니라는 것이다.

  이는 예언의 은사에 대한 클라우니의 이해와 일치한다. 클라우니는 오늘날에도 예언이 있을 수 있음을 가장 온건하게 주장하는 웨인 그루뎀의 주장을[13] 잘 검토한 후에 그런 주장도 논박하면서 전통적 개혁파의 이해를 잘 대변한다: "그의 견해는 예수 그리스도 안에서 주어진 계시의 최종성과 그리스도의 사도들과 예언자들을 통하여 하나님의 궁극적 말씀을 우리에게 전달할 때의 성경의 충족성을 정당하게 다루지 않는다"(268=300). 그러므로 클라우니는 그루뎀이 말하는 '작은 예언'(a small prophecy)이라는 용어를[14] 성령의 조명이라는 고전적 용어로 대체하면서 다음과 같이 말한다: "성령의 조명에 대한 온전한 인식은 성경을 하나님의 말씀으로 읽고 연구하고 설교하는 일뿐만 아니라, 매일의 삶의 인도를 위하여 우리가 하나님의 선물로 구하는 빛을 받은 지혜를 위해서도 필수적이

---

[13] Wayne A. Grudem, *The Gift of Prophecy in the New Testament and Today* (Westchester, IL: Crossway Books; Eastbourne: Kingsway, 1988).

[14] Grudem, *The Gift of Prophecy in the New Testament and Today* 36.

다"(268=300). 왜냐하면 "성령은 **새로운 계시가 아니라** 지혜의 은사를 통해서 교회를 진리의 지식과 순종의 길로 이끄시기" 때문이다(268=300, 강조점은 필자의 것임). 따라서 성경의 충족성을 참으로 인정하는 사람들은 새로운 계시가 있다고 해서는 안 된다.

넷째로, 방언에 대해서도 클라우니는 정통적 개혁파의 입장에 충실하게 성경적인 논의를 한다. 오순절 때 일어난 방언 현상은 언어적 사건으로써 "성령의 오심이 바벨의 저주를 반전시킨 것이고, 주님의 영광이 (바벨에서) 나누어진 땅의 언어들로[15] 시온에서 선포된 것이다"(254=274). 그런데 이와 같은 것이 에베소에서도 나타났고(행 19:6), "고린도에서 바울의 사역을 통하여 임한 방언의 은사도 에베소에서의 사역을 통하여 임한 은사와 다르지 않을 것이다"(246=275). 특히 방언을 불신에 대한 징조로 언급하는 이사야 28:11에 비추어 볼 때, 이 방언도 언어로 이해되어야 한다는 것이다. '천사의 말'이라는 표현도 과장법을 사용하여 "어떤 종류의 언어도 사랑이 없이는 무가치하다"는 뜻으로 말하는 것이라고 한다(247=276). 또한 경험과 체험에 근거해서 반론하는 분들에 대해서 클라우니는 강력하게 "문제는 경험에 호소해서 해결할 성질의 것이 아니다"라고 단언한다(249=278). (1) 다른 종교들에도 이와 비슷한 현상의 경험이 있으며,[16] (2) "경건을 표시하기 위한 특정한 말들을 사용하지 않아도 사람은 진정으로 하나님과 교제를 나눌 수가 있다"(278). 더구나 (3) "수백만의 그리스도인들이 방언의 은사를 가졌다고 확신하더라도 방언으로 말하는 사도적 은사

---

[15] 이에 반대하는 논의도 있지만(Cyril G. Williams, *Tongues of the Spirit: A Study of Pentecostal Glossolalia and Related Phenomena* [Cardiff: University of Wales, 1981]), 이에 대한 좋은 반론으로 D. A. Carson, *Showing the Spirit: A Theological Exposition of I Corinthians 12-14* (Grand Rapids: Baker, 1987), 80ff.를 보라.

[16] L. Carl May, "A Survey of Glossolalia and Related Phenomena in Non-Christian Religions," in Watson E. Mills, ed., *Speaking in Tongues: A Guide to Research on Glossolalia* (Grand Rapids: Eerdmans, 1986), 53-82.

는 얼마든지 중지되었을 수 있다"고 한다(249=278). 클라우니의 입장은 바울의 입장이다: "바울은 알아들을 수 없는 말에 대해서는 별로 가치를 부여하지 않았다(고전 14:19)"(251=281).

이와 같이 성경을 따른 자신의 입장을 분명히 한 후에 클라우니는 오늘날 방언을 말한다고 하는 분들에 대해서도 매우 관대하게 말한다: "성부와 주 예수의 이름을 사용하여 경건한 태도로 그 일을 실행하는 사람은 그 이름이 불려지고 찬송되는 그분의 능력에 의하여 보호된다 … 방언을 말하는 것이 확신의 근원이 되거나 영적인 교만의 원인이 되는 데서 위험이 발생한다"(252=281). 이것은 성경적 입장을 분명히 하면서도 사랑의 마음으로 말하는 매우 좋은 예이다.

그런가 하면 다섯째로, 성령님의 사역을 너무 확대하는 견해에 대해서는 클라우니가 아주 강하게 비판한다. 〈세계교회협의회〉는 1991년 캔버라에서 열린 제7차 총회에서 "생명의 수여자이신 성령은 전 우주를 통하여 모든 민족들과 모든 신앙 안에서 활동하신다"고 선언했다.[17] 또한 '일어나기 시작하는 기독교적 목소리의 새로운 문화적 조망'이 이른바 '물려받은 신앙적 선언들'과 갈등을 일으킨다고 하면서 이 총회의 보고서는 새로운 문화적 조망에 대해 "우리는 그들에게 등을 돌릴 수 없다"고 한다.[18] 클라우니는 이런 것이 성령님에게 대해 바른 입장이 되지 않는다는 것을 분명히 한다.

여섯째로, 클라우니는 교회성장에 대해서도 성경적인 입장을 잘 제시한다. 예를 들어서, 그는 바울의 사역에 대해서 다음과 같이 말한다: "복음을 전하고 교회를 세우기 위하여 바울보다 더 열심히 노력한 사람은

---

[17] "Report of the Report Committee," *Ecumenical Review* 43.2 (April, 1991), IV: 92, cited in Clowney, *The Church*, 157=177.

[18] "Report of the Report Committee," I: 22, 23, cited in Clowney, *The Church*, 157=177.

없었다. 하지만 교회 성장에 대한 그의 묘사는 수적인 성장이 아니라, 주의 날을 바라보는 거룩함에서 성장하는 것에 초점이 맞춰져 있다"(65=74). 미국의 '교회 성장운동'에 대해 우려하면서 다음과 같이 직접적인 언급도 마다하지 않는다:

> 몇몇 미국 교회의 급속한 성장은 치명적 위험을 내포하고 있다. 이것은 교회가 새로운 신자들로 넘쳐나게 되는 위험이 아니라 성장의 방법론에 매혹되어서 교회가 세속화될 위험이다. 예수님은 풍성한 추수를 약속하셨다. 작은 것은 아름답지만 작은 것 자체가 신령함일 수는 없다. 그러나 많은 교회의 지도자들은 교회의 크기가 성령을 감동시키지 못한다는 사실을 슬픈 경험을 겪고서야 배울 것이다… 교회가 성결을 추구하지 않고서는, 교회가 계시된 하나님의 뜻에 주의하고 갈보리를 다른 무엇보다 귀하게 여기지 않고서는, 더 큰 교회는 단지 소리 나는 구리와 울리는 꽹과리의 탑을 쌓을 뿐이다(69=78f.)

이 외에도 '교회 성장운동'의 어떤 주장은 교회의 보편성에 반하는 것이라고 옳게 비판한다(97=112).

일곱째로, 교회의 목사와 장로를 여성으로 선출해도 좋다는 논의에 대해서도 클라우니는 현대의 논의를 충분히 검토한 후에 성경적 관점에서 그것은 허용되지 않는다는 입장을 분명히 한다. 그는 바울의 글 가운데서 사도로서 그가 하는 말과 개종하기 전의 유대교 랍비로서의 견해를 구별하려는 폴 즈웨트(Paul Jewett)의 주장도[19] 잘 알고, 디모데서와 에베소서의 구절을 바울의 글이 아니라고 보는 견해들과 고린도전서 11:13-17이 바울의 것이 아니며,[20] 후에 삽입된 것이라는 주장들을[21] 잘 알고(215=241) 그

---

[19] Paul K. Jewett, *Man as Male and Female: A Study of Sexual Relationships from a Theological Point of View* (Grand Rapids: Eerdmans, 1975), 137-40. 바울은 에베소서 5:22-33에서 남자의 머리 됨을 말할 때 자신의 '역사적 제한'을 벗어날 수 없었던 것이라고 논의한다.

것들에 대해 깊이 있게 검토한다. 그러나 이 모든 것을 잘 검토한 후에도 클라우니는 "바울은 교회에서 여성이 다스리는 직책이나 가르치는 권위를 갖는 것을 금한 것으로 보인다"고 결론내린다(216=242). 그 이유는 근본적으로 디모데전서 2:13 등이 말하고 있는 창조질서 때문이다(217=243). 클라우니는 이렇게 말한다: "바울은 창세기의 창조와 타락 기사에서 발견되는 원리에 따라 교회 생활에 대해서 명하고 있다"(220=247). 남자와 여자가 동등하고 아내의 복종과 남편의 희생적 사랑이 요구되지만 그것이 하나님께서 가족을 위해 정하신 질서를 파괴하지 않는다. 그런데 "가정에서와 마찬가지로, 교회에서도 여자는 남자의 머리 됨에 복종해야 하며 남자 위에서 권위를 행사하지 말아야 한다(딤전 2:12; 참고 3:3; 엡 5:22–33). 교회에서 가르치는 직책은 말씀 사역을 통한 권위의 행사이다. 바로 이 때문에 바울은 여자가 교회에서 가르치는 것을 허락하지 않는다"(229=257). 금해진 것은 "교회의 공예배에서 이루어지는 권위 있는 가르침이다"(229=257). "다양한 비공식적인 상황에서는 여자가 자녀만 다른 여자들이나 남자들까지도 가르칠 수 있다. 단지 그 가르침이 사도의 질서를 어지럽힐 수 있는 류의 권위 있는 행동이 아니라면 말이다"(229=257). 클라우니는 이것을 공예배에서의 지침으로 주는 디모데전서 2장의 문맥으로부터 확인한다. 이와 같은 논의는 **모두 성경의 가르침에 복종하려는 태도와 그런 주해에서 온 것**이다.

이를 잘 보여 주는 클라우니의 태도는 성경의 가르침에 유의하면서 여성이 집사일 수 있는 가능성을 보여주는 그의 주해에서 나타난다. 그는 로마서 16:1–2에서 뵈뵈에게 적용된 "디아코노스"라는 용어와 관련하여 이 용어가 '일꾼'이라는 뜻으로 일반적으로 사용되었을 수 있지만, (1) 대개 "to be"라는 현재 분사는 직책을 밝히기 위해 사용된다(요 11:49; 행

---

[20] Howard Kerr, in *Evangelical Quarterly* 55 (January 1983): 33.
[21] Cf. Gordon D. Fee, *The First Epistle to the Corinthians* (Grand Rapids: Eerdmans, 1987).

18:12; 24:10)고 하면서, 겐그레아에 있는 교회의 이름을 첨가한 것은 신분에 대한 설명과 잘 어울린다고 하고. 로마서 16:1에서 바울이 사용하는 형태는 공식적 의미의 집사를 말하는 것이라고 결론짓는 크랜필드를[22] 긍정하며 인용하고 있다(232=260). (2) 또한 디아코노스가 하나의 직책을 가리킨다는 사실은 바울이 계속해서 뵈뵈가 어떻게 그 일을 수행했는지("교회의 보호자", *prostatis*)를 설명한다는 사실에 의해 뒷받침된다고 한다(232=260). (3) 더 나아가, 바울이 로마 교회에 뵈뵈를 천거하는 내용이 공식직 직책을 염두에 두고 있다고 한다(232=260f.). 또한 디모데전서 3:11을 주해하면서 여기 나타나는 여자들은 여자 집사이든지 집사의 아내들일텐데, (1) 감독에 대해서는 그들의 아내들에 대한 언급이 없다는 점에서, (2) '이와 같이'(*hosautos*)라는 말이 3:8-10에서 나오고 3:11에서 또 나온다는 점에서, 그리고 (3) 3:11에서 여자들에게 요구되는 목록이 집사 전체에게 요구되는 목록과 상당히 비슷하다는 점에서(233=261) 이는 여자 집사들에 대한 자격 요건 제시라고 결론 내린다. 그리하여 그는 미국 정통장로교회 55차 총회의 소수파 견해에[23] 동의하면서 "바울은 집사 직분에서는 여자를 위한 여지를 마련하며, 뵈뵈가 그 직책에서 일을 잘 했음을 인정한다"고 한다(262). 또한 "오늘날의 교회도 교회 내의 뵈뵈들을 인식하고 그들의 사역이 전진하도록 돌보아야 한다"고 말한다(235=263).

결론적으로 요약하자면, 교회 안에서의 여성의 사역은 항상 있어 왔고, 조장되어야 한다. 그러나 그것이 꼭 여성이 목사와 장로가 되어야 한다는 것은 아니다. 그렇게 하지 말라는 성경의 가르침에도 불구하고 여성을 목사와 장로로 봉사하도록 하려는 것은 말씀을 통하여 오늘도 교회를 다스

---

[22] C. E. B. Cranfield, *A Critical and Exegetical Commentary on the Epistle to the Romans* (Edinburgh: T. & T. Clark, 1986), vol. 2, 781.

[23] Robert B. Strimple, "The Minority Report," *Minutes of the Fifty-Fifth General Assembly* (Philadelphia: OPC, 1988), 356-73.

리시는 그리스도께 불복종하는 것이 된다는 것이다. 여성이 목사와 장로가 되어서는 안 된다는 것은 여성의 능력을 과소평가하는 것이 전혀 아니고, 순전히 성경의 가르침을 따르려는 노력일 뿐이다. 그러므로 우리는 여성을 존중하고 여성의 교회 사역을 최대한 신장하면서도 오직 성경의 가르침 때문에 목사와 장로직은 여성이 감당하지 않도록 해야 한다는 것이다.

3. 성경적 기독론의 토대에 서 있는 교회론

예로부터 바른 교회론은 항상 바른 기독론의 토대 위에 서 있었다. 클라우니의 교회론은 성경적 기독론의 토대 위에 서 있음을 분명히 하면서 진행되고 있다. 그의 건전하고도 성경적인 기독론은 그리스도의 신성과 인성에 충실한 것에서 뿐만이 아니라, 현대적 상황에서는 성경이 말하는 그리스도의 모습을 성경이 말하는 대로 받아들이면서 제시하는 그 모습에서도 나타난다. 그는 예수님께서 서 계셨던 감람산에서 행하신 예수님의 모든 행적과 갈릴리 호숫가에서 제자들을 위하여 생선을 구워주시던 것을 모두 그대로 받아들이면서 논의하고 있다(Cf. 49=55). 이런 접근은 복음서에 기록된 예수님의 말씀의 80%를 부정하는 '예수 세미나'(Jesus Seminar)의 신약 학자들의 접근(9=9)이나 예수님께서 실제로 12제자를 세우셨음을 부인하는 비판적 학자들의 접근과는[24] 매우 대조적인 것이다. 그는 또한 "신약 성경은 그리스도를 우주 혹은 세계의 구조와 동일시함으로써 일반화시키지 않는다"는 것을 강조한다(94=108). 이는 "하나님의 말씀은 충만한 인간의 실

---

[24] Cf. Walter Schmitals, *The Office of Apostle in The Early Church*, trans. John E. Steely (Nashville, TN: Abingdon Press, 1969), esp., 68, n. 49, cited in Clowney, *The Church*, 298, n. 4=335, n. 4.

존을 취함으로써 우주와의 일종의 일체 속으로 들어 왔다"고 말하는 덜레스(Avery Dulles)나[25] 그리스도는 물질적 우주와 동연적인 우주적 본성을 지닌다고 말하는 떼이아르 드 샤르댕(Pierre Teilhard de Chardin)의 견해[26] 등에 대해 강하게 비판한다. 클라우니에 의하면, "보편성은 넓은 길을 향하여 열린 넓은 문이 아니라 교회의 주님이 우리를 부르시는 좁은 문이다"(97=111). 그러므로 "우리는 그분이 환영하는 사람을 배제시킬 수 없고 그분이 배제시키는 사람을 환영할 수 없다"(97=111).

클라우니는 또한 "예수님의 죽음과 함께 성전의 기능이 끝났다"는 것을 잘 설명하면서 논의하고 있다(45=51). "하나님의 성전의 이미지가 그리스도의 몸에서 성취"되었기 때문이다(88=101). 그는 그리스도께서 이루신 일의 현재적 의미를 잘 드러내고 있다. 그러므로 이제는 건물로서의 성전이 있지 않고, 그리스도에게 연합된 성도들은 "그분의 신령한 집으로 지어지는 산돌이요, 황소나 양이나 향을 드리는 것이 아니라 입술과 삶의 신령한 제사를 드리는 거룩한 제사장들이다(벧전 2:4-5; 히 13:15-16)"(88=101). 클라우니는 이와 같이 그리스도께서 이루신 구속 사역에 대한 전통적 성경적 개혁파적 이해에 매우 충실하다.

따라서 "교회는 주님의 임재에 대한 사라져 가는 기억과 함께 살고 있는 것이 아니라, 성령 안에서 그분이 오신 현실과 함께 살고 있다"(50=56)는 것을 클라우니는 강조한다. 이와 같이 클라우니는 삼위일체 하나님의 구속사역에 대한 통합적 이해를 가지고 그것을 자주 언급한다. 예를 들어서, 그는 다음과 같이 말한다: "하나님만이 우리를 하나님 보시기에 옳은 존재로 만드실 수 있다. 그렇게 하기 위하여 하나님은 우리의 심

---

[25] Avery Dulles, *The Catholicity of the Church* (Oxford: Clarendon Press, 1985), 34.

[26] Cf. James A. Lyons, *The Cosmic Christ in Origen and Teilhard de Chardin* (Oxford: Oxford University Press, 1982).

판을 담당하시고 우리에게 의를 공급하며, 우리의 성품을 변화시키신다"(158=178).

그러나 이렇게 삼위일체적 사역 안에 있는 "교회는 성육신의 연장이 아니다"는 것을 클라우니는 강조한다(52=59). 이는 일부 신학자들, 특히 천주교 신학자들이 교회를 성육신의 연장으로 제시하려는 시도에[27] 대한 성경적인 강한 반대이다.

4. 성경적 예배를 제시하는 교회론

클라우니는 우리의 예배가 우주적인 예배요 천상에 예배에 참여하는 것임을 분명히 한다(히 10:22-29을 인용하는 118=134를 보라).

그리고 클라우니는 "하나님의 영광은 우리를 예배로 이끌고 하나님의 뜻은 우리의 예배를 명한다"고 선언한다(120=137). 그는 "참 하나님이 받으실 만한 예배의 방법은 하나님 자신이 제정하시고 그 분이 계시하신 뜻에 의하여 제한된다"고 말하는[28] 웨스트민스터 신앙고백서의 작성자들에게 동의하면서, 하나님께서는 그의 말씀 가운데서 예배를 규제하신다는 예배의 규정적 원리를 분명히 한다(121f.=138f.). 이 점에 있어서 그는 예배의 규정적 원리라는 생각이 엘리자베뜨 시대의 청교도들이 만든 원리라고 주장하는 제임스 패커와[29] 의견을 달리하면서, 이미 칼빈이 이 원리를 아

---

[27] 그 대표적인 예로 다음을 보라: Yves Congar, *Sainte Eglise* (1963), 144ff., cited in G. C. Berkouwer, *The Church* (Grand Rapids: Eerdmans, 1976), 341: "그리스도에게 죄가 없는 것처럼 그리스도의 몸인 교회에도 죄가 없다. 교회는 그리스도의 신비한 인격이다."

[28] *Westminster Confession of Faith*, XXI. 1.

주 명확히 했음을 분명히 드러낸다.30 클라우니는 예배에 대한 규정적 원리가 있다는 것에 동의하면서 다음과 같이 말한다: "우리는 새 언약 아래서도 옛 언약의 교훈을 잊지 말아야 한다. 하나님은 우리의 조건이 아니라 하나님의 조건으로 예배를 지도하신다"(123=140). "교회에서 함께 드리는 예배에는 은밀한 예배에서보다 좀 더 질서가 요구된다"(126=143).

신약성경은 예배의 원칙을 제공한다(126=144). 클라우니는 과거 개혁파 신학자들을 따라서 예배의 요소들에 대해서는 성경의 규정적 원리를 적용하고, 예배의 정황들(circumstances)에 대해서는 자유로운 태도를 가질 수 있다는 것을 분명히 한다. 악기는 예배의 요소가 아니라 정황에 속한 것이므로 그것은 우리가 찬양하는 노래의 질서를 잡는 데 도움이 된다면 사용할 수 있다고 한다(127=144). 장례식에서 가족들이 애도할 수 있는 여유를 줄 수는 있지만 집단적 애도의 시간을 장례 예배에 도입해서는 안 된다고 한다.

클라우니는 "동일한 원리가 연극과 춤에도 적용된다"고 말한다 (127=145). 때로 극적인 요소가 설교에 사용될 수는 있지만 강단을 무대로 바꾸는 것은 선포를 오락으로 바꾸는 것이라고 하면서 비판한다(127=145). "연기나 상징적 종교 예식으로서 춤을 예배에 도입하는 것은 어떤 예배의 정황에서도 지나친 것이다"고 한다(127=145). 이 문제에 대해서 다윗의 춤을 언급하는 사람들에 대해서 클라우니는 이렇게 말한다: "문화적 배경에서 보았을 때 다윗의 춤은 예배의 요소라기보다는 정황으로 보인다… 신약

---

29 James I. Packer, "The Puritan Approach to Worship," *Diversity in Unity* (Papers read at the Puritan and Reformed Studies Conference, December 1963), 4–5, Clowney, *The Church*, 122=139에서 재인용.

30 Cf. Calvin, *Tracts and Treaties on the Doctrine and Worship of the Church*, vol. 2 (Edinburgh: Calvin Translation Society, 1849; reprint, Grand Rapids: Eerdmans, 1958), 118, 122; *The Institutes*, IV. 10. 8, Clowney, *The Church*, 122=139 에서 재인용.

의 예배에서 주님의 임재 가운데로 들어가는 실체는, 하나님께 대한 공예배에 오락적 연기를 도입하려는 모든 노력에 대립된다"(129=146f.). 그리고 클라우니는 자신의 제자요 동료였던 존 프레임에게 어느 정도 동의하면서, "음악은 그 자체가 예배의 요소라기보다는 기도, 찬양, 선포 혹은 권면의 한 방법으로 보는 것이 당연하다"고 한다(133=151). 그러므로 예배 중에는 시편만이 아니라, 지나치지 않는다면 다양한 문화의 다양한 찬송들이 다 사용될 수 있다고 한다(cf. 135f.=153f.).

그리고 마지막으로 클라우니는 예배는 성령으로, 즉 예수님이 친히 주시는 성령님 안에서 드리는 것이라는 것을 바르게 강조한다(46=51).[31]

5. '성경적 성령님의 능력 아래 있는' 교회 이해

그러므로 클라우니가 앞서 언급한 대로 오늘날 나타나고 있는 카리스마 운동에 대해 비판한다고 해서 그것이 성령님에게 충실하지 않은 것이 아니다. 오히려 성경적이지 않은 잘못된 성령 운동을 비판하며 교회가 진정으로 성령님께 순종해 가도록 하는 일에 개혁파 교회는 항상 관심을 가졌었고, 클라우니 교수의 교회론도 그런 특성을 잘 나타내고 있다. 진정한 교회는 성령님의 교회다. 왜냐하면 교회는 "성령의 능력에 의하여 형성되고 그의 말씀으로 다스려지는 그리스도와 성령의 기관(institution)이기" 때문이다(58=65).[32] 우리가 극치에 이를 "오는 나라를 기다리는 동안 성령의 임

---

[31] 번역서의 맥락은 이 점을 분명히 한다. 그러나 개역성경을 따라 번역하므로 주의 깊지 않은 독서는 본래의 의미를 상실하게 할 수 있음에 유의해야 한다. 성령님 안에서 예배해야 한다는 것에 대해서는 또한 Clowney, *The Church*, 124=141도 보라.

[32] 황영철 선생님의 "제도"라는 번역을 "기관"으로 바꾸고 영어 원문인

재 안에서 그 영광의 보증금이요 첫 분할금을 이미 받아 누린다"(189=213).[33] 그렇다면 성령님은 우리와 관련하여 과연 어떤 일을 행하시는가? 몇 가지 요점으로 이를 정리해 보기로 한다.

첫째로, "성령, 곧 그리스도의 영이 우리를 그리스도와 연합시킨다"(64=72). 교회는 "성령을 통하여 그리스도와 생명의 연합을 이룬다"(64=73). 그러므로 "그리스도 안에 있는 이들은 한 유기체로 연합한다. 하나님의 공동체는 거룩하고 신령한 질서가 있다"(72=82). **"그리스도의 영은 열심뿐만이 아니라 질서도 가져다 주신다"**(199=223, 강조점은 필자의 것임). 그러므로 우리는 성령님의 인도하심 가운데서 성경 말씀이 규정하는 교회 제도와 그 질서를 파악하고 그것을 구현하기 위해 힘써야 한다.

둘째로, 성령님은 말씀과 성례와 기도의 "외적인 은혜의 수단을 유효하게 하신다"(89=103). 성령님은 "물이나 포도주나 혹은 떡에 의해 제한을 받지 않으시지만, 자신의 약속을 존중하며 말씀과 성례를 사용하여 우리를 거룩하게 하신다"(90=103). 말씀의 공적 선포와 성례는 교회 공동체 안에서 이루어진다. "성례는 공동의 경배(corporate worship)를 요구한다"(272=305). 이와 같은 방식으로 우리는 성령님 안에서 교회 공동체 속에서 거룩해진다. 이처럼 성령님은 우리를 거룩하게 하시는 영이시다. 그런데 "거룩해진다는 것은 진정한 인간이 된다는 것이다"(83=95). "거룩성은 하나님 백성의 소명이다. 교회는 미국 삼나무가 우거진 숲이다"(83=96). 이는 패커가 청교도들을 숲의 다른 나무들보다 높이 자라서 태풍과 화재를 견디어 내는 캘리포니아의 삼나무(redwoods)에 비교한 것에 빗대어서, 몇몇 사람만 그런 영웅이 되면 되는 것이 아니라 교회는 모두가 다 그런 존재가 되어야 한다는 뜻으로 쓴 말이다. 그러므로 성례는 교회 공동체 안에서 주

---

institution을 부가했음을 밝힌다.

[33] "down-payment"의 의미를 살리기 위해 역서의 번역을 조정하였음에 유의하라.

어지는 것이다("The sacraments of baptism and the Lord's Supper are celebrated in the community of the church." 89=103).34 이와 같이 "징계는 우리가 함께 그리스도를 따르려고 애쓰고, 우리가 어느 정도 책임을 져야 하는 친구들을 돌보는 데서 시작한다"(90=104).

셋째로, "성령은 하늘의 맛을 보게 해 줄 뿐 아니라 그리스도의 부활의 능력을 줌으로써 우리로 하여금 악을 대적하고 고난을 견디며, 주의 오심을 고대하게 한다"(66=76). "그분의 발걸음을 따라서 순례하는 그리스도의 교회는 시험 아래서 순종하는 생활 방식을 요구 받는다"(176=198). 그런데 "그리스도의 영은 교회를 주님이 택하셨던 길, 곧 골고다의 길로 이끈다"(Cf. 벧전 2:21)(62=70).

넷째로, "교회가 성경을 좇아서 그리스도를 선포할 때 성령은 계속해서 교회의 증언에 능력을 부여한다(행 5:32)"(47=53). 성령님은 특히 교회의 사명을 제대로 감당하게 해 주신다: 왜냐하면 "복음은 정치 권력이 아니라 성령의 능력에 의하여 열방으로 퍼져" 나가기 때문이다(188=213). 과연 "성령은 선교적 전파에 능력을 주시고 사도들과 복음 전도자들을 선교사로 준비시키시며, 성도들로 하여금 그 이름을 고백할 수 있도록 담대하게 만드신다"(162=183). 또한 "성령은 말씀을 검으로 사용하여 신자들의 죄를 꾸짖고 그들을 성화시키신다(엡 6:17, 히 4:12)"(59=67). 그 성령은 "우리보다 무한히 더 인격적이시다"(59=67). 그러므로 성령님은 전인의 인격적 변화를 가져온다. 왜냐하면 "성령 안에는 자연과 은혜의 대립이 없고, 성령은 인간의 영만이 아니라 그 사람 전체를 변화시키기" 때문이다(142=161). 이와 같이 하여 "그리스도의 통치는 성령에 의하여 실현된다. 그리스도께서는 성령을 통하여 우리에게 말씀에 대한 눈을 열어 주시고, 변화하는 삶 속에서 그 말씀을 적용할 지혜를 주신다"(202=227).

---

34 Cf. Clowney, *The Church*, 107f.=124f.

다섯째로, "우리는 성령이 주시는 은사를 따라 섬기는 자들이다"(65=74). 그러므로 "우리는 성령의 은사를 사용하여 섬긴다. 그러므로 우리의 사역은 겸손한 섬김이지 이기적 조작이 아니다"(63=71). 다시 말하여, "우리는 하나님을 섬기기 위하여 은사를 사용하여야 한다. 자신을 섬기거나 다른 사람들의 존경을 받거나 심지어 만족과 성취감을 위해서 은사를 사용해서는 안 된다"(65=75). "우리는 그리스도의 진리와 사랑을 실천하면서 다른 사람들을 섬기는 것이다"(90=104). 왜냐하면 "각각의 그리스도인에게는 그리스도의 교회의 성장을 위해 맡아서 할 역할이 있다"(141=159). "은사의 상이성은 바로 교회를 유기체로 자랄 수 있도록 해준다"(141=160). "교회를 세우는 것이 은사의 목적이다"(141=160).

따라서 은사에 따라 감당하는 직임도 섬김을 위해 있는 것이다(206=231); "모든 신자들과 마찬가지로 교회 직원들의 목적도 권력이나 특권의 행사가 아니라 봉사다"(206=231). "교회 직책은 주님과 그분의 백성을 섬기는 자리다"(206=230f.). 그리고 "교회 통치를 위한 조직(church government)은 지배를 위해서가 아니라 섬김을 위해 조직된다"(206=230).

6. 성경적 사명에 충실한 교회 이해

클라우니는 교회의 사명과 봉사를 세 가지로 요약해서 제시하기를 좋아한다: "예배로 하나님을 섬기고, 양육으로 서로를 섬기고, 선교로 세계를 섬기는 것이다"(65=74); "진정한 거룩에서의 성장은 항상 함께 하는 성장이다. 이는 교회의 양육, 사역, 그리고 예배를 통하여 성취된다"(89=102).[35]

---

[35] Cf. Clowney, *The Church*, 97f.=112, 117=133, 133=151, 137=155, 199=223, 207=232, 208-10=233-35, 224=251. 특히 제9장 10장, 11장의 주제가 각기 교

이 중에 예배에 대해서는 이미 언급했으므로 여기서는 양육과 사역에 대해서만 생각해 보기로 하겠다.

교회의 양육에 대한 클라우니의 이해는 매우 성경적이고 개혁파적이다. 무엇보다 먼저 그는 교회의 양육은 "성부, 성자, 성령의 삼위일체적 양육"이며(138-143=156-162), 그 양육의 장은 교회, 가정, 학교이고(149-153=169-174), 그 양육의 목표는 주님을 아는 것이며(143-44=162-164), 주님의 뜻을 행하게 하는 것이며(144-46=164-166), 주님처럼 되는 것이라고 한다(146-148=166-69). 한 마디로 "양육의 목표는 그리스도의 형상으로 자라도록 한다"(140=158). 그리고 그 성장은 공동의 것이다: "그들은 함께 자라간다"(growth together, 141=159). 또한 양육은 선교를 낳고 선교 가운데서 진행된다는 것도 클라우니는 강조한다: "만약 다른 사람들을 구주께로 모으려는 우리의 노력에 자녀들을 참여시키지 못한다면, 우리의 자녀들을 주님의 양육으로 키우지 못할 것이다"(160=181).

이와 같이 클라우니는 선교를 중심으로 하는 교회의 사역도 매우 강조한다. 클라우니는 서문에서부터 "2000년대의 교회가 되기 위해서는 단순히 '구도자들의 편의를 추구하는'(seeker-friendly) 데서 더 나아가서 구도자들에게 보내진(Seeker-sent) 교회, 즉 사람들에게 십자가의 복음을 전하도록 주님으로부터 보냄을 받은 자가 되어야 한다"는 것을 강조한다(9=9). 때로는 구도자 중심의 노력이 그들의 이의 제기의 대상이 될 수도 있다고 잘 지적한다(117=133). "보편 교회로서의 교회는, 지구라는 행성에 사는 종족들과 민족들을 사랑의 교제로 묶는 새 인류를 온 세상 앞에 제시하라는 부르심을" 받기 때문이다(92=106).[36] "교회의 선교적 사명은 온 세

회의 예배와 양육과 선교임을 주의해 보라.
 [36] 개혁파적 성격을 잘 드러내는 클라우니적 *Missio Dei* 개념 제시로 Clowney, *The Church*, 158f.=179, 177=199, 186=209를 보라.

계를 지향한다. 교회의 정체는 선교를 통하여 보편성으로 귀결된다"(93=107). "선교를 등한히 하는 회중은 쇠약해지고 곧 내적인 불화로 붕괴된다. 그런 교회는 필연적으로 결코 진군하지 않는 자들을 위하여 매일 아침 복음의 나팔 소리를 듣고 환멸을 느끼는 청년들을 잃어버릴 것이다"(160=180f.). 그러므로 참된 교회는 선교하는 교회이고, 선교 가운데 있는 교회이다. 그런데 효과적인 선교의 방법은 사랑으로 하는 것일 뿐이다. 다음 주장에 함축된 의미를 깊이 생각해 보라: "십자군은 1,000년에 걸쳐 이루어진 이슬람 땅에 대한 선교를 뿌리부터 잘라 버렸다. 그들이 기독교 신앙을 '지하드'(jihad) 곧 그리스도 깃발 아래 싸우는 성전(holy war)으로 바꿔 버렸기 때문이다. 이것이 세상을 향한 교회의 증거를 망쳐 버렸다"(187f.=211).

그리고 이 사명(mission)에 대한 언급에서 클라우니는 문화 사명에 대한 강조도 잊지 않는다. 그리하여 클라우니는 "두 번째 아담이신 우리 주님은 아담의 임무를 완수하셨고, 우리를 자유케 하셔서 문화적 사명 속에서 주님을 섬기게 하셨다"고 말한다(67=76). 왜냐하면 문화는 창조 때부터 하나님에 의해 의도된 것이기 때문이다. "인간은 하나님의 형상으로 지음받았기 때문에 문화적 존재가 되었다"(173=193). 다시 말하여, "하나님은 자기의 형상을 지닌 사람들에게 문화적 사명을 부여하셨다"(173=194). 하나님 나라를 지향하면 하나님이 원하는 문화를 드러낼 수 있다: "먼저 그 나라를 구하면 문화적 유익이 따라오게 된다"(173=194).

그런데 타락한 인간은 문화도 타락시켰다. "타락과 함께 문화적인 배교가 등장한다"(174=195). 다시 말하여, "타락과 함께 문화명령에 명시된 활동들이 저주 아래 놓이게 되었다. 그러나 그 저주조차도 하나님의 부르심이 여전히 계속됨을 암시한다"(173=194). "심판 아래서도 하나님은 문화를 보존하신다"(174=195); "질서 있는 인간의 문화의 존재 자체가 주께서 죄로 인한 붕괴를 막으신다는 것을 보여준다"(178=199); "사람들이 하나님을 회피하려고 시도하는 만큼 하나님은 그들을 대면하시며, 그들을 자기 형상대로 보존함으로써 문화적 구조가 유지되게 하신다"(180=202). 그러므로 "문화는 피조물 속에 있는 하나님의 형상을 반영한다"(180=202). 그리고 결국 구속사의 절정에서 그리스도께서는 구원을 가져다주실 뿐만 아니라, "또한 문화명령의 핵심을 성취하신다"(175=196).[37] 그러므로 그리스도의 구속은 우리의 문화도 변혁시키도록 한다. "각 문화는 진리의 힘에 의하여 변혁된다"(180=202). 다른 곳에서 클라우니는 같은 생각을 다음과 같이 표현하기도 한다: "두 번째 아담인 그리스도는 아담과 하와에 대한 부르심을 변혁하고 성취하면서 만물로 복종케 하고 만물을 충만케 하신다(창 1:28; 엡 1:21-23; 골 1:15-19). 그리스도께 연합한 자들은 그분이 주인인 세상에서 청지기가 된다"(140=158f.). 또 다르게는 이렇게도 말한다: "인간 존재와 문화와 하나님의 만남의 역사는 계속되며, 그 역사가 지금은 하나님의 아들인 그리스도의 통치 아래 있다"(179=201).

이런 문화적 사명을 수행하는 일에서 우리들의 좀 더 적극적인 자세가 요청된다. 1930년대 미국에서의 근본주의적 경건주의의 문화적 소극성에 대한 클라우니의 다음과 같은 지적을 깊이 생각해야만 한다:

> 위험한 것으로 간주된 행위에 대한 점검표는 그것을 통해 피하고자 했던 바로 그 세속성을 부정적으로 의지하게 만드는 기묘한 결과를 낳았다. 반드시 악하다고 할 수 없는 일들을 피하는 행동이, 삶의 모든 활동 속에서 그리스도의 영광을 추구하는 적극적 사랑의 순종을 대체할 수 없다.
>
> 세상으로부터의 신비주의적인 도피는, 문화적으로 형성된 금욕 훈련을 조장함으로써 그것이 거부하려던 것을 의지하는 결과를 낼 수도 있다

---

[37] 클라우니의 의도를 드러내기 위해 황영철 교수의 번역을 조금 수정하였음에 유의하라.

(178=199f.).

이와 같이 말할 때 클라우니는 터툴리안의 몬타누스주의, 영적인 프란체스코주의, 그리고 내적인 빛을 말하는 퀘이커주의의 내재주의적 정신주의를 염두에 두면서, 오늘의 우리도 그와 같은 것의 21세기 판인 문화에 대한 소극적 태도로 빠지지 말 것을 경고한다. 그리고 우리의 적극적 문화 활동에는 피조계에 대한 돌봄도 포함된다: "선교에서의 '새로운 조망'은 우리로 하여금 전 인류와의 연대 아니 전 피조계와의 연대를 발견하도록 촉구한다"(158=178f.).

그런데 교회의 모든 일은 다 하나님께 대한 헌신과 성령님의 인도하심 가운데서 이루어져야 한다. 그런 것이 없으면 외적으로 성경을 따른 것이라 해도 하나님 앞에서는 무의미하다. 그래서 클라우니는 이렇게까지 말한다: "최선의 교회 정부 형태라도 이 원리가 이끄는 자와 따르는 자들의 마음을 사로잡지 않는다면 껍데기에 불과하다. 교만한 태도나 사랑이 없고 악의에 찬 정신으로 운영되는 가장 성경적인 교회 정부 형태보다는 그리스도의 헌신된 종들에 의해서 운영되는 다소 불완전한 교회 정부 형태가 훨씬 더 낫다"(202=226). "그 사랑이 없다면 교회는 영혼을 파괴하는 가장 악한 형태의 압제가 된다"(206f.=232). 그러므로 그리스도인과 교회에게는 (1) 성경의 가르침과 (2) 성령님에 의해 행함이라는 이 두 가지가 가장 중요하다.

마치는 말

이 모든 개혁파적 교회론의 특성은 모두가 다 매우 의식적으로 성경적이라는 점이 매우 중요한 측면이다. 개혁파 그리스도인들이 예전부터 계속해서 그렇게 표현해 온 바와 같이 개혁파적인 것은 성경적인 것일 뿐이라는 것이 클라우니의 교회론 제시에서도 드러난다. 따라서 그들은 자신들의 교회론을 성경의 가르침에 비추어서 항상 고치려고 노력한다.[38]

이제 우리들이 해야 할 일은 우리들의 교회론과 우리들의 교회 현실이 이런 개혁파적인 교회론에 비추어 과연 어떤 것인지를 잘 살펴보는 것이다. 따라서 첫째는 우리의 교회론을 이와 같은 개혁파적인 교회론에 비추어 성경적인 교회론이 되어 가도록 노력해야 할 것이다. 그리고는 그런 교회론에 근거하여 우리의 현실 교회를 개혁해 가는 일을 해야 할 것이다. 그것이 우리가 이 시대에 이 한국 상황에서 감당해야 할 사명이다. 마치 클라우니 교수가 그의 상황 가운데서 이 작업을 위한 최선의 노력을 다한 것과 같이 말이다. 우리 모두가 이 사명을 제대로 감당해 갈 수 있었으면 한다.

---

[38] 성경적 관점에서 보았을 때 클라우니의 교회론 제시 과정 가운데서 다시 생각해 볼 만한 점들은 이미 이전의 이 책에 대한 서평에서 밝힌 바 있다. Cf. 이승구, "현대 상황에서의 개혁파 교회론의 제시를 칭송하며," 『개혁신학탐구』, 특히 469-77=개정판, 368-94를 보라.

제 9 장

성경신학적 설교를 위한 성경신학적 원리

개혁신학적 관점(觀點)을 가지고서 성경신학을 하는 분명한 모델을 제시한 게할더스 보스(Geerhardus Vos, 1862-1949)를 생각하면서 이 장에서는 그의 개혁신학적 성 신학에 충실한 설교는 과연 어떤 성격을 지니고 있어야 하는지를 생각해 보기로 한다.

아라빅 연구(Arabic studies)로 스트라스부르그 대학교에서 박사학위를 하고(1888), 현재 칼빈 신학교의 전신인 〈기독교 개혁신학교〉에서 조직신학을 비롯한 폭넓은 신학 분과를 가르치고 강의하던 그가 1893년 초에 프린스턴 신학교의 성경신학 교수로 초빙받고서 그가 은퇴할 때(1932)까지 39년 동안 성경신학을 강의하여 그 기록을 우리에게 큰 유산으로 남겨 놓은 보스는 개혁신앙을 가지고서 신학을 하는 사람들 중 많은 사람들에게 큰 영향을 미쳤고, 많은 개혁신학자들에게 깊은 영감의 원천이었다.[1]

---

[1] 그 유산이 바로 그의 강의 노트와 강의록을 책자로 출판한 그 유명한 『성경신학』 책이다. Cf. Geerhardus Vos, *Biblical Theology* (Grand Rapids: Eerdmans, 1948), 한역, 『성경신학』, 이승구 역 (서울: 기독교문서선교회, 1985). 여기엔 어떤 점에서는 강의록의 냄새가 사라지지 않고 남아있다. 그가 좀 더 전문적으로 성경신학 책을 쓸 수 있었다면 이보다 좀 더 풍성한 제시가 있을 수 있었으리라고 생각된다. 특히 신약의 계시를 다루는 데서 말이다.

그의 영향을 받고서 신학적 작업을 하였던 대표적인 인물을 몇 명만 열거하자면 다음과 같다. 먼저 그의 성경 신학적 통찰을 변증학과 기독교 윤리 영역에 적용시킨 코르넬리우스 반틸(Cornelius Van Til)을 언급하지 않을 수 없다.[2] 사실 그는 보스를 무척 존경하여 그의 연구실에 보스의 사진을 늘 걸어 놓았다고 한다.[3] 그리고 이런 사실을 우리에게 전해준 이로서 보스의 성경신학을 신약신학 영역에서 계승하여 발전시키며 이제는 이를 조직 신학 영역에도 적용하고 있는 리처드 개핀(Richard Gaffin, Jr.)을 들어야만 할 것이다.[4] 우리나라에서는 이런 접근에 가장 유사한 모범을 보여 준 분은 최낙재 목사님일 것이다. 그리고 개핀과 함께 조직신학에 있어서 소위 보스적 접근(Vosian Approach)을 하고 있는 사람들을 언급하지 않을 수 없다. 즉, 이런 용어가 사용되기 이전에 이미 그 내용에 있어서 그런 작업을 하여 보스의 성경 신학적 이해, 특히 하나님 나라에 대한 이해와 기독론적 이해를 신학에 잘 반영한 루이스 벌코프(Louis Berkhof)[5] – (그러나 사실

---

[2] 그의 많은 저작이 그러하지만 보스의 영향을 특히 잘 느낄 수 있도록 하는 것들로는 다음을 들 수 있을 것이다. Cornelius Van Til, *Christian Theistic Ethics* (Phillipsburg: Presbyterian and Reformed Publishing Company, 1980), Chapters 5, 10: *An Introduction to Systematic Theology* (Phillipsburg: Presbyterian and Reformed Publishing Company, 1971), 특히 Chapter 6. 또한 이를 잘 보여주는 글로 E. P. Clowney, "Preaching the Word of God: Cornelius Van Til, V. D. M.," *Westminster Theological Journal* 46 (1984): 233-53, 한제호 역, 『성경의 해석과 설교』(서울: 진리의 깃발, 1995), 410-40, 특히 413, 430을 보라.

[3] Richard B. Gaffin, Jr. "Geerhardus Vos and the Interpretation of Paul," in *Jerusalem and Athens: Critical Discussions on the Philosophy and Apologetics of Cornelius Van Til*, ed., E. R. Geehan (Phillipsburg New Jersey: Presbyterian and Reformed Publishing Co., 1971), 228.

[4] 그의 여러 저작과 함께 다음을 특히 유의해 보라. "Systematic Theology and Biblical Theology," *The Westminster Theological Journal* 38 (1975-76): 284-88; "Geerhardus Vos and the Interpretation of Paul," in *Jerusalem and Athens*, 229-37; "Introduction," to *Redemptive History and Biblical Interpretation: The Short Writings of Geerhardus Vos* (Phillipsburg, New Jersey: Presbyterian and Reformed Publishing Co., 1980), ix-xxiii. 그리고 그의 박사학위 논문을 개정해 내면서 이를 보스와 머리(Murray)에게 헌정하고 있음을 보라. *The Centrality of the Resurrection: A Study in Paul's Soteriology* (Grand Rapids: Baker, 1978), 5.

벌코프의 조직신학이 그 내용에 있어서는 얼마나 보스적인 성경신학에 깊이 뿌리박고 있는지를 잘 의식하고 있는 사람들은 드물다. 많은 이들은 그저 교과서적인 그의 진술 양식에만 신경을 쓰고 있기 때문이라고 생각된다.), 존 머리(John Murray), 그리고 보스적인 신학을 다음 세대의 복음주의 신학이 모델로 삼아 추구하고 나가야 할 신학이라고 제시하는 리처드 린츠(Richard Lints),6 그리고 기독론 분야에서 이를 잘 적용하고 좀 더 폭넓은 책들을 써서 그런 접근의 기반을 다지고 있는 데이비드 웰스(David F. Wells)7 등을 이에 포함시킬 수 있을 것이다. 또한 실천신학, 특히 설교에 있어서 보스적인 성경신학을 잘 반영해 보려고 한 에드문드 클라우니(Edmund P. Clowney)를 들어야 한다.8 그리고 다음 장에서 우리가 살펴보려고 하는 그레엄 골즈워디가 같은 노력을 호주에서 잘 전개하고 있는 사람이라고 할 수 있다.

---

5 Louis Berkhof, *Systematic Theology* (Grand Rapids: Eerdmans, 1941), 권수경, 이상원 옮김 (서울 크리스챤 다이제스트, 1991), 147(성경 신학에 대한 이해와 관련하여), 248 (하나님의 속성에 대한 분류와 관련하여), 497, 510 (은혜언약과 관련하여), 542 (인자 칭호와 관련하여), 543f. ('하나님의 아들' 용어와 관련하여), 652f.(하나님 나라와 관련하여), 832 (교회의 권세와 관련하여), 벌코프는 주로 바빙크, 카이퍼, 보스, 핫지, 댑니, 쉐드 등의 책을 일차적으로 참고하였다고 밝히고 있다.

6 Richard Lints, *The Fabric of Theology: A Prolegomenon to Evangelical Theology* (Grand Rapids: Eerdmans, 1993). 특히 보스(Vos)를 다루고 있는 181-90을 보라.

7 David Wells, *The Person of Christ: A Biblical and Historical Analysis of the Incarnation* (Westchester: Crossway Books, 1984), 이승구 역, 『기독론: 그리스도는 누구신가?』 (서울: 엠마오, 1994). 그의 근자의 작품으로 다음을 보라 *No Place For Truth* (Grands Rapids: Eerdmans, 1993); *God in the Wasteland: The Reality of Truth in a World of Fading Dreams* (Grand Rapids: Eerdmans, 1994); *Losing Our Virtue: Why the Church Must Recover Its Moral Vision* (Grand Rapids: Eerdmans, 1999); *Above All Earthly Powers: Christ In A Postmodern World* (Grand Rapids: Eerdmans, 2005).

8 Edmund P. Clowney, *The Preaching and Biblical Theology* (New Jersey: Presbyterian and Reformed Publishing Company, 1979)=김정훈 역, 『설교와 성경신학』 (서울: 한국기독교 교육연구원 1982).

시작하는 말: 개혁주의 성경신학의 설교에 대한 함의

이제 우리는 우리의 상황 속에서 보스적인 성경신학을 우리의 신학과 목회 사역에 적극적으로 적용하는 일을 구체화시켜 보려고 한다. 이 일의 첫째 과제로 우리는 이 장에서 보스적인 성경신학이 우리의 설교 사역에 주는 함의를 찾아보려고 한다. 이는 결국 어떻게 하면 우리의 설교가 진정한 개혁파적 설교가 되게 할 것인가 하는 문제의 한 측면을 다루는 것이 된다. 왜냐하면 보스는 진정한 개혁주의 성경신학을 수립해 보려고 했기 때문이다. 이 장에서는 보스가 보여준 바와 같은 개혁주의 성경신학에 대한 탐구가 우리의 설교에 어떤 도움과 지침을 주는지를 아주 일반적인 용어로 진술해 보려고 한다.

1. 하나님의 특별 계시를 섬기는 일로서의 설교에 대한 인식 강화

가장 먼저 '보스가 제시한 바와 같은 성경신학'(즉, '개혁주의 성경신학')은 하나님의 계시 앞에 우리를 세운다고 말할 수 있다. 왜냐하면 보스의 정의에 의하면 성경신학이란 "특별 계시의 역사"에 대한 연구이기 때문이다.[9] 계

---

[9] 사실 보스 자신은 "성경신학"이라는 용어보다 "특별 계시사"(特別啓示史)라는 명칭이 보다 알맞은 이름이라고 생각한다. 성경신학이란 용어는 그것만이 성경적이라거나, 이것이 다른 신학 분과보다 좀 더 성경적이라고 오해되기 쉽기 때문이라는 것이다. 보스에 의하면 "모든 참된 기독교 신학은 성경신학이어야 한다. 왜냐하면 일반계시가 아닌 성경이 학문으로서의 신학이 취급할 유일한 자료를 구성하고 있기 때문"이다(Vos, *Biblical Theology*, v=『성경신학』, "서언"에서).

시사(啓示史, historia revelationis)에 관심하는 성경신학은 무엇보다 먼저 우리로 하여금 계시의 독특성 앞에 서게 한다. 따라서 설교 자체의 성격이 본래 그러한 것이지만 개혁주의 성경 신학적 관심을 반영한 설교를 하려는 사람들은 가장 먼저 설교란 하나님의 계시와 관련된 것임을 각별히 유의하게 된다. 여기서 개혁주의 성경신학과 개혁주의적이지 않은 성경신학의 차이가 분명히 드러나게 된다.

이는 보스가 말하고 있는 개혁주의 성경신학의 세 가지 원칙을 생각할 때에 분명히 나타난다. 그 세 가지 원칙은 다음과 같다:

> (1) 계시의 무오한 성격에 대한 인식("하나님께서 인격적이시고, 의식적이시라면, 당신님의 모든 자기 계시 양식에 있어서도 당신님의 성품과 목적에 대한 무오한 표현을 할 것이라는 추정은 불가피하다").[10]
> (2) 계시의 기본 사역의 객관성("이는 하나님으로부터 인간에게 오는 계시는 밖으로부터 옴을 의미한다… 하나님께서 자신을 낮추시어 계시를 주셨으면, 그것을 어떤 형태로 할 것인가를 [즉 객관적인 방식으로 할 것인가, 시편 등에서와 같이 주관적 계시로 할 것인가를] 결정하는 것은 우리가 아니고 하나님이신 것이다. 우리가 하나님의 존엄성을 인정한다면 우리는 그의 말씀을 충분히 신적인 가치를 가진 것으로 받을 수 있는 것이다.")[11]
> (3) 기록 과정에서의 만전영감(plenary inspiration: "이 문제에 대한 성경 자체의 의식을 생각하면 우리는 곧 '만전 영감'이든지, 아니면 아무것도 영감된 것이 없다는 것을 배우게 된다."[12]

그러므로 이런 원칙을 가지고 계시의 역사를 드러내고 탐구하는 것이 개혁주의 성경신학이고, 이런 원칙에 충실하지 않은 것은 개혁주의적이지 않은

---

[10] Vos, *Biblical Theology*, 11=『성경신학』, 28.
[11] Vos, *Biblical Theology*, 12=『성경신학』, 28, 29.
[12] Vos, *Biblical Theology*, 13=『성경신학』, 30.

성경신학이 된다. 그러므로 개혁주의 성경신학에 유의하면서 설교를 하는 사람들은 객관적으로 주어진 하나님의 계시를 성문화시킨 영감된 하나님의 말씀을 밝히고 그 뜻을 잘 드러내는 것이라는 의식에 충실하지 않을 수 없다. 이런 입장에서는 오늘날 하나님의 특별 계시와 접촉할 수 있는 유일한 수단이 성경뿐이듯, 이 성경을 통해 하나님의 말씀을 선포하는 설교는 하나님의 계시인 성경을 세상에 선포하는 귀한 사역이라는 강한 의식을 갖지 않을 수 없다. 따라서 설교자는 "두려움과 떨림"을 가지고서 이 하나님의 말씀을 섬기는 일(*Verbum Dei Minister*)에 임해야 한다. 왜냐하면 이 일에 유의하지 않을 때 우리는 하나님의 객관적 계시를 곡해시키거나 오용하는 문제를 일으킬 수 있기 때문이다. 그것은 하나님에 대한 큰 범죄 행위요, 말씀을 통해서 하나님의 경륜 전체를 잘 파악하고 그 시대의 교회로서의 사명을 잘 감당해 나가야 하는 교회를 해치는 일이기도 하다. 그러므로 우리는 성경신학에 관심을 가지고 설교한다고 할 때에 무엇보다 먼저 이 설교 사역이 하나님의 계시를 전달하고, 분명히 하고, 밝혀주고, 해명하는 일임을 분명히 해야 한다. 그렇다면 과연 어떻게 할 때에 이런 설교의 본래적인 사명에서 벗어난 잘못된 일을 하는 것일까?

첫째로, 하나님의 계시인 성경 본문의 강조점과 상관없는 다른 것이 강조될 때에 계시와 하나님의 말씀을 섬기지 못하는 것이 된다. 시드니 그레이다너스가 잘 말하고 있듯이, 설교자가 아무리 성경에 대한 고등한 견해를 가지고 있다고 해도 성경 본문을 "독단이나 자기 자신의 개념들을 제시하기 위한 발판으로 사용한다면, '오직 성경'이라는 고백을 그것을 주창하는 사람이 해치는 것이 된다."[13] "말씀을 섬긴다는 것은 본문 가운데서 하나님께서 주신 메시지를 회중들에게 선포하는 것이기" 때문이다.

---

[13] Sidney Greidanus, *Sola Scriptura: Problem and Principles in Preaching Historical Texts* (Toronto: Wedge Publishing Foundation, 1970), 1.

따라서 우리는 각 본문이 전달하려는 "특별한 내용"을 찾아 설교해야 한다.14

또한 성경을 해석하여 설교한다고 해도 성경의 의미를 잘못 해석하여 전달하는 것은 사실상 설교를 모독한다. 하나님의 말씀을 섬기는 시간에 실질적으로는 하나님의 말씀을 왜곡하고 어지럽히는 것만큼 무시무시한 일이 어디 있겠는가? (그런데도 우리 주변에는 이런 일이 얼마나 많은가? 그런데도 그런 죄와 잘못을 회개하기보다는 어찌하든지 은혜만 되면 된다는 태도로 일관하는 것은 후안무치의 행동이 아닐 수 없다. 그것은 결국 계시를 주시고 그것을 성문화하신 하나님을 모독하는 것이고, 하나님의 말씀을 듣지 않는 것이다.)

둘째로, 성경 본문의 풍성한 의미를 다 드러내지 못하는 것도 말씀을 잘 섬기지 못한다. 물론 한 설교 시간에 본문의 모든 측면을 다 말할 수는 없고, 또 그래서도 안 된다. 상황이나 설교자에 따라서 다르겠지만 인간의 제한성을 생각할 때에 한 설교에서는 본문의 한 측면만을 잘 드러내려고 하는 것이 좋을 듯하다. 그러나 연속되는 설교나 몇 년에 걸쳐서 한 교회에서 성경을 강설하여 가면서 결국 본문의 모든 측면을 다 잘 드러내어서 본문의 풍성한 의미가 다 잘 드러나게끔 해야만 한다. 클라우니도 개혁파적인 설교는 결국 "**응용된 내용이 풍성할 것이다**"(will be rich in applied content)라고 말한 바 있다.15 이런 풍성한 설교의 결과로 모든 교우들이 하나님의 경륜 전체를 잘 이해하고 그에 근거해서 자신들의 삶을 살아갈 수 있도록 되어야 한다. 따라서 설교자가 나름의 편견과 제한을 가지고 있어서 본문의 다양한 측면을 다 드러내지 못하도록 하는 것도 큰 오류가 아닐 수 없다.

---

14 D. Van Dijk, "Tot onze Leering," *Pro-Ecclesia* VI (1940/41): 279, cited in Greidanus, *Sola Scriptura*, 42.

15 Clowney, "Preaching the Word of the Lord," 425, 강조점은 필자가 덧붙인 것임.

셋째로, 성경의 가르침에도 불구하고 우리가 가지고 있는 선입견을 계속 유지하려는 것도 큰 문제가 아닐 수 없다. 성경의 생각과 우리의 생각이 다를 때는 우리의 생각을 쳐서 성경의 생각에 복종시켜야만 한다. 예를 들어서, 우리는 오랫동안 예수를 열심히 믿으면 죽은 후에 "천국"(kingdom of heaven)에 간다고 말해 왔고, 성경에서 천국이라는 말이 나올 때마다 죽은 후에 가는 천국을 생각해 온 일이 많다. 그러나 보스(Vos)를 비롯한 성경신학자들이 성경에 나온 "천국"이라는 용어와 그 의미를 연구하고서 내린 결론은 천국은 "하나님 나라"(kingdom of God), 즉 "하나님의 다스리심의 역사적 실현"과 동의어로 사용된 말이라는 것이다. 이와 관련된 보스의 다음과 같은 강조를 깊이 생각하는 것이 도움이 될 것이다.

> '하나님 나라'는 하나님의 숙명도, 그의 통치의 추상적인 권한, 즉 그의 주권(His Sovereignty)도 아닌 것이다. 이는 그의 통치의 실제적 실현이다. 이런 의미에서, 그리고 이런 의미에서만 이는 '올' 수 있는 것이다. 하나님께서는 당신의 주권을 창세 전부터 가지셨으므로, 주권이란 의미의 하나님 나라는 '올' 수 없는 것이다… 그러므로 "하나님 나라"는 하나님의 영광에 관심을 가진 신적 최고권의 실제적 행사를 의미한다.[16]

그러므로 보스의 성경 신학적 탐구에 의하면 하나님의 나라라는 말은 하나님의 통치의 추상적 권한으로 이해되어서는 안 되고, 그런 통치의 실제적 실현이다. 이런 입장은 보스만의 견해가 아니라, 천국에 대한 성경 신학적 연구를 한 대부분의 사람들의 공통적인 견해이다. 예를 들어서, 래드는 다음과 같이 말한다:

---

[16] Vos, *Biblical Theology*, 385=『성경 신학』, 424f.

> … 복음서들은 하나님의 나라를 하나님의 구속적인 행위, 활동하시는 하나님의 구원하시는 뜻으로 제시한다. 그것은 추상적인 원리-- 심지어 '신적 통치의 원리'도 아니다. 왜냐하면 그와 같은 개념은 너무 철학적이며, 너무 하나님의 활동으로부터 분리하는 것이기 때문이다. 하나님의 나라는 **역사 속에서 활동하시는 하나님의 구속적 행위다**.[17]

또 다른 곳에서는 이렇게 말한다:

> 우리의 핵심적인 주제는 하나님의 나라가 **인간들 사이에 그의 통치를 확립하기 위하여 역동적으로 활동하시는 하나님의 구속적 통치**라는 것과 세대 말에 묵시론적 행위로 등장할 이 나라가 악을 정복하고, 인간을 이 악의 세력에서 구출하고, 그들을 하나님의 통치의 축복으로 인도하기 위하여 **예수의 인격과 사역과 함께 인류 역사 안에 이미 임하셨다**는 사실이다.[18]

또한 칼빈 신학교의 신약학 교수 취임 강연에서 레커 교수도 다음과 같이 말한다.

> 단지 조금만 숙고해 보더라도, 하나님 나라에 대한 이해가 어떠하든 간에, 그것은 다음과 같은 사실들을 강조하고 있는 것이 명백해진다. 역사의 말기에 일어날 종말론적이며 완전한 친교, 혹은 이 세대 안에서 갖는 하나님과의 합당한 사귐, 혹은 역사 내에 이루어질 천 년간의 그리스도의 통치 기간, 혹은 금세에서 신자들의 마음속에 실현되는 그리스도의 영적 통치, 혹은 하나님께서 그의 원수들을 굴복시키고, 죽은 자들에게 생명을 주시고, 그의 세상에 개선하시고, 세상에 대한 그의 주재권을 재천명하시므로 **역사 속에서 이루어지**

---

[17] G. E. Ladd, *The Presence of the Future: The Eschatology of Biblical Realism* (Grand Rapids: Eerdmans, 1974), 188f., 강조점은 필자의 것임.
[18] Ladd, *A Theology of the New Testament* (Grand Rapids: Eerdmans, 1974), 91, 강조점은 필자의 것임.

는 하나님의 활동 -- 이러한 모든 것들이 구속의 도리 가운데서 행하시는 능동적인 신적 능력을 반영한다.[19]

그러므로, "하나님의 나라"라는 용어는 하나님의 권위의 역사적 표현과 그의 우주의 마지막 구속을 효과 있게 하는 능력을 지칭하는 신약 성경의 요약이다.[20]

이 모든 것을 종합해 보면, 하나님의 나라, 즉 천국은 **이 땅과 역사 안으로 오는 통치이고, 오는 나라**라는 것이다. 그런데 이 하나님의 나라는, 보스를 비롯한 많은 성경 신학자들이 연구하고 잘 정리한 대로, 예수 그리스도의 초림에서 이미 원리적으로 실현되었으며, 그의 재림에서 그 나라의 극치에 이를 것이다. 이런 성경 신학적 연구의 결과는 하루아침에 될 수 있는 것은 아니나, 점차적으로라도 우리의 용어 사용과 설교에도 그대로 반영되어야만 한다. 그렇게 하지 않고서 이런 성경신학적 연구의 결과를 도외시하고 우리가 이전부터 가지고 있던 개념과 선입견을 유지하려고 애쓰는 것은 결국 성경의 계시를 계시답게 받아들이지 않는 것이 된다. 성경의 가르침에 의하면 "천국"(the kingdom of heaven)은 이 세상으로 침노하여 오는 것이고(신약에 사는 우리에게는 이미 우리에게 임하여 온 것이며), 장차 그 나라의 극치에 이를 것이며, 이런 하나님의 통치 영역으로 지금 여기서 우리가 들어가는 것이고, 극치에 이를 그 나라를 하나님께서 그의 백성들에게 주실 것이다. 다음과 같은 데이비드 웰스 교수의 요약은 지금까지 성경학자들이 발견한 천국에 대한 신약 성경의 가르침을 잘 요약하는 것이라고 할 수 있다.

---

[19] Robert Recker, "Redemptive Focus of the Kingdom of God," in 『구속사와 하나님의 나라』, 오광만 편역 (서울: 풍만출판사, 1986), 26, 강조점은 필자의 것임.
[20] Recker, "Redemptive Focus of the Kingdom of God," 57.

> 우리는 하나님 나라를 찾고, 이를 위해 기도하고, 바랄 수 있으나, 래드가 지적한 바와 같이 오직 하나님께서만이 이를 가져오실 수 있는 것이다. [눅 23:51; 마 6:10, 33; 눅 12:31] 하나님 나라를 주시고 취하시는 것은 하나님의 일이다. 우리는 오직 이를 받고, 이 나라에 받아들여지는 것일 뿐이다(마 21:43; 눅 12:32)… 우리가 이 나라를 세울 수 있는 것이 아니고, 더구나 이 나라를 파괴하는 것은 더욱 불가능한 것이다… 물론 우리는 하나님 나라를 위해서 일할 수는 있다. 그러나 우리가 하나님 나라에 어떤 영향력을 미칠 수 있는 것은 아니고, 우리가 이 하나님 나라를 선포할 수는 있으나 이 나라를 수립하시는 분은 하나님이신 것이다(마 10:7; 눅 10:9, 12:32).[21]

그러므로 우리의 설교는 모든 개념과 사상에 있어서, 심지어 그 용어 사용에 있어서도 이런 성경신학의 발견을 잘 반영하는 것이어야만 한다. 이렇게 할 때에 종말론적 사역으로서의 설교가 그 기능을 다 할 수 있을 것이다.

그러나 계시의 계시로서의 성격에 유의한다는 것은 이보다 좀 더 폭넓은 의미를 지니고 있다고 할 수 있다. 그것은 계시가 우리에게 주어진 방식, 즉 그 역사적 점진성에 유의한다는 것을 포함한다. 다음 절에서는 이 점을 언급해 보기로 한다.

2. 특별 계시사에 유의하는 설교

보스적인 성경 신학을 염두에 두면서 설교할 때에 우리가 특히 신경을 써야 하는 것은 하나님의 특별 계시가 단번에 주어진 것이 아니라, 역사 안에

---

[21] Wells, 『그리스도는 누구신가?』, 51f.

서 점진적인 계시의 과정을 거쳐서 우리에게 주어졌다는 사실을 염두에 두고 그 특별 계시사(啓示史)를 반영하는 설교를 해야 한다. 보스는 이렇게 말한다.

> 계시는 한 소진적(消盡的) 행위 안에서 완결된 것이 아니라, 오히려 점진적 행위의 긴 과정 중에서 전개된 것이다… 왜냐하면 계시는 그것 자체로서 자족하게 서는 것이 아니고, (특별계시에 관한 한) 우리가 구속이라고 부르는 하나님의 다른 행위와 불가피하게 연관된 것이며, 또 이 구속은 역사적으로 계속되는 성격을 가질 수밖에 없는 것이기 때문이다. 계시는 구속의 해석이다. 그러므로 구속이 점차로 전개되듯이, 계시도 그럴 수밖에 없는 것이다.[22]

그러나 이렇게 점진적으로 주어진 계시는 유기적인 성격의 계시이므로 계시의 절대적 완전성을 부인하거나 배제하는 것이 아니다. 여기서 말하는 "유기적 점진성이란 씨 형태로부터 완전한 성장에의 도달을 말한다."[23] 그러므로 우리는 유기적 점진성을 가지고 주어진 계시의 역사적 과정을 의식하는 것이 필요하고, 우리의 설교도 이 과정을 반영해야만 한다. 전문적인 학자가 아닌 목사님들은 전문적으로 특별 계시사를 연구하는 학자들의 도움을 받을 수 있고, 또 그래야만 한다. 물론 우리 주변에 특별계시사만을 전문적으로 깊이 연구하는 학자들이 많지는 않다. 그렇지만 하나님께서 인간들과 맺으신 언약이나 하나님의 약속의 역사를 연구한 이들이 우리에게 도움을 줄 수 있다.[24] 왜냐하면, 보스(Vos)가 말하는 바와 같이, "역사적 측

---

[22] Vos, *Biblical Theology*, 5f.=『성경신학』, 21f.
[23] Vos, *Biblical Theology*, 7=『성경신학』, 23.
[24] 그 대표적인 글들을 말하자면 다음과 같다. John Murray, *The Covenant of Grace: A Biblico-Theological Study* (London: Tyndale House, 1954); J. B. Payne, *The Theology of the Old Testament* (Grand Rapids: Zondervan, 1962); O. Palmer Robertson, *Christ of the Covenants* (Phillipsburg, N. J.: Presbyterian and Reformed Pub. Co., 1980); idem,, *The Christ of the Prophets* (Phillipsburg, N. J.: Presbyterian & Reformed Publishing Co., 2004); Michael Horton, *God of Promise: Introducing*

면을 염두에 둔 개혁파의 언약 교리는 계시사를 구성하려는 첫 시도였고 오늘날 성경신학이라고 불리는 것의 선구로 옳게 간주될 수 있기" 때문이다.25

그렇다면 이렇게 특별계시의 역사를 염두에 두면서 설교한다는 것은 무엇을 뜻할까? 첫째로, 어떤 본문을 해석하여 설교할 때에 일차적으로 그 본문이 다루는 그 시대까지 주어진 계시의 빛에서 그 본문을 해석해야 한다는 것이다. 그렇게 하지 않고서 후대에 주어진 계시를 넣어서 주어진 그 본문을 해석하게 되면 무리한 해석이 많이 발생한다. 예를 들자면, 아직 희생 제사에 대한 계시가 주어져 있지 않은 시대를 다루는 본문을 해석하고 설교하면서 그 본문에서 그리스도의 희생제사를 도출해 내는 것이 그러한 경우이다. 이와 연관된 몇 가지 예를 들어보기로 하자.

1. 아담과 하와를 에덴에서 축출하시기 전에 "하나님이 아담과 그 아내를 위하여 가죽옷을 지어 입히시니라"(창 3:21)는 말씀은 분명히 희생 제사에 대한 계시가 주어지기 전의 상황이므로 이 본문을 그리스도의 희생제사에 대한 표상으로나 그림자로 해석하고,26 그렇게 설교해서는 안 된다. 물론 이 일을 하시기 바로 전에 죄에 빠진 인류를 구원하시려는 하나님의 의지가 표현되어 있고 그 구원 방식에 대한 암시도 주어지긴 하였다. 바

Covenant Theology (Grand Rapids: Baker, 2006). 이 모든 것을 정리하여 제시한 이승구, 『교리사』 (수원: 합신대학원출판부, 2023)의 언약에 대한 장을 보라.

25 Vos, "Hebrews, The Epistle of the Diatheke," *The Princeton Theological Review* 14 (1916), 60=in *Redemptive History*, 232.

26 그런 해석의 대표적인 예로 다음과 같은 세일하머의 말을 들 수 있을 것이다: "비록 저자가 이 기사 자체에서는 이런 의미에 대한 시사를 주고 있지는 않으나, 저자는 가죽옷을 만들기 위해서 동물을 죽인 것에서 희생제사 개념을 선취하고 있을 수도 있다"(John H. Sailhamer, "Genesis," in *The Expositor's Bible Commentary*, vol. 2 [Grand Rapids: Zondervan, 1990], 58). 이렇게까지는 나가지 않아도 "하나님의 준비에는 동물 희생 제사가 함의되어 있다. 그러나 현저하게 나타난 것은 희생 제사적 방법이 아니라, 치유적 결과이다"고 말하는 클라인의 말에는 어느 정도 그런 방향으로 나아가는 그의 의도가 나타나고 있다고 여겨진다(Meredith G. Kline, "Genesis," in *The New Bible Commentary* [Leicester: IVP, 1970], 85). 클라인이 이렇게 나아가는 것은 좀 의아스러운 일이다.

로 원복음(原福音, Protevangelium)이라고 불리는 "뱀으로 표상되는 사탄의 세력에게 하신 다음과 같은 말씀"이 그것이다: "내가 너로 여자와 원수가 되게 하고, 너의 후손도 여자의 후손과 원수가 되게 하리니, 여자의 후손은 네 머리를 상하게 할 것이요, 너는 그 발꿈치를 상하게 할 것이니라"(창 3:15). 이 원복음에는 하나님께서 주체가 되셔서 인간들과 사탄의 세력 사이에 원수 관계를 설정하시리라는 것, 그 우주적 투쟁에서 결국 여자의 씨가 결정적인 승리를 거둘 것이라는 것 등이 시사되고 약속되어져 있다.27

아담은 이런 내용을 이해하고 이런 약속을 믿었던 것으로 보인다. 그래서 그는 자기 아내의 이름을 "생명"이란 뜻에서 하와라고 칭하였다. 그러나 이 원복음에는 아직 이 여자의 씨에 의한 결정적인 승리가 어떤 방식으로 성취되려는 지에 대한 계시나 그에 대한 시사와 암시도 아직 주어져 있지 않다. 그러므로 가죽옷을 지어 입히신 것에서 그리스도의 속죄와의 연관성을 찾으려는 것은 그 당시까지 주어진 계시의 내용을 넘어가는 것이다. 데렉 키드너는 이렇게 말한다: "여기서 구속을 미리 예견하는 것은 지나치게 나가는 것이고 문맥의 흐름에서 벗어나는 것이다."28 정확한 지적이다. 따라서 하나님께서 가죽옷을 지어 입히신 것에서 그런 의미를 찾으려는 것은 시대착오의 오류를 범한다. 이런 것이 계시사를 생각하지 않고서 아직 주어져 있지 않은 계시를 본문에서 미리 삽입하는 잘못된 해석의 대표적인 예에 해당한다.29 그러므로 이 본문에 대한 바른 해석은 범

---

27 이런 요점에 대한 구체적인 설명을 위해서는 Vos, *Biblical Theology*, 42-43.=『성경신학』, 58-60을 보라.

28 Derek Kidner, *Genesis: An Introduction and Commentary*, in Tyndale Old Testament Commentary, vol. 1 (Leicester: IVP, 1967), 72: "It is unduly subtle, and a distraction, to foresee the atonement here."

29 그런 잘못된 해석은 때로는 창세기 기록의 역사성을 무시하고 이 본문을 이 글이 기록될 당시의 시대적 배경 가운데서 이해하려는 의도에서 나타나기도 한다. 그 대표적인 예로 다음과 같은 존 스키너의 말을 생각해 보라: "페니키아의 우소오스(Usoos) 전설에서는 [가죽옷 입는 일의 기원은] 야생 동물 사냥과 연관되며, 이는 또다시 희생제사 제도와 연관된다… 고대 셈족들에게서는 희생 제사 제도와 동물의 고기를 음식으로 먹는 것이 불가분리적

죄하여 하나님 앞에서 축출되는 사람들도 하나님께서 불쌍히 여기시고 모든 점에서 세심하게 배려하신 것을 나타내 보여주는 것이라고 해석한다. 키드너는 이렇게 말한다: "가죽옷은 인간의 죄 때문에 필요하게 된 도덕적, 물리적 복지의 다양한 측면의 선구자라고 할 수 있다."30 그러므로 여기서 하나님의 보존자이심이 잘 드러난다.31

    2. 가인과 아벨이 하나님께 제사를 드린 사건과 관련해서도 이런 무리한 해석이 나타나곤 한다. 가인과 아벨이 제사를 드렸을 때에 "여호와께서 아벨과 그 제물은 열납하셨으나, 가인과 그 제물은 열납하지 아니하신 것"(창 4:4, 5)과 연관해서, 그 이유를 아벨은 "양의 첫 새끼와 그 기름"으로 제사를 드렸고, 가인은 땅의 소산으로 그 제물을 삼아드린 것에서 찾는 해석이 있어 왔는데, 이런 것도 계시의 역사를 고려하지 않은 해석의 대표적인 예라고 할 수 있다. 더구나 아벨의 제사와 연관해서 "피 흘림이 없은즉 사함이 없느니라"(히 9:22)는 말씀을 연관시켜 설명하는 것은 그런 시대착오적 해석을 더 강화시키는 것이다.

    이런 해석을 많은 사람들에게 제시하는 일에서 가장 큰 공헌을 한 것은 〈스코필드 주석 성경〉일 것이다. 이곳에서는 다음과 같이 진술되어 있다: "가인의 피 없는 제사는 신적인 방식에 대한 거부였다… 속죄의 피를 흘린(히 9:22)[아벨의]의 제사는 곧 바로 그의 죄의 고백이며, 대리(희생제)에

으로 연관되어 있었으므로, 이는 사람들이 자연의 자연스러운 열매로만 살던 황금시대로부터의 첫 이탈이라고 생각될 수도 있다"(John Skinner, *A Critical and Exegetical Commentary on Genesis*, second edition [Edinburgh: T. & T. Clark, 1930], 87). 스키너는 로버트슨 스미뜨도 이와 비슷하게 이 구절에서 가축의 희생제사 제도의 도입에 대한 J 문서 편집자들의(Yahwistic) 이론을 찾고 있다고 밝힌다(Robertson Smith, *Lectures on the Religion of the Semites*, second edition (1984), 306ff., cited in Skinner, *Genesis*, 87).

30 Kidner, *Genesis*, 72: "The coats of skins are forerunners of the many measures of welfare, both moral and physical, which man's sin makes necessary."

31 폰 라트는 심지어 우리가 여기서 처음으로 하나님을 보존자로 볼 수 있게 된다고까지 말한다. Cf. Gerhard von Rad, *Genesis: A Commentary*, trans., John H. Marks, revised by John Bowden (London: SCM Press, 1972), 96.

대한 그의 믿음의 표현이다(히 11:4)."32 그러나 희생제사에 대한 계시는 후대에 모세를 통해서 명확하게 주어진 것이다. 혹자는 이 모든 계시가 모세를 통해 주신 모세오경에 기록되었으니 모세 시대의 계시를 배경으로 하여 보아야 하지 않는 가고 반문할 것이다. 그러나 그런 태도는 그 이전의 역사 자체의 상황과 그 시기에 주어진 하나님의 계시적 의도를 무시한 채 그 계시가 기록된 시기의 "삶의 정황"(Sitz im Leben)만을 염두에 두는 또 하나의 시대착오적인 해석이라고 할 수 있다. 아직 희생 제사에 대한 계시가 주어져 있지 않은 상황 가운데서는 땅의 소산으로 제물을 삼아 하나님께 드리든지, 양과 그 기름으로 제사를 드리든지 그 자체는 문제가 되지 않는다.

더구나, 이 본문에서는 가인과 아벨이 드린 두 가지 제사 모두에 대해 다 같은 단어인 "민하"가 사용되어져 있다.33 이는 후대의 제사법에서 폭넓게 사용된 예들도 있기는 하지만(삼상 2:17) 주로 곡물 제사인 소제에 대해 사용되는 용어이다. 그러므로 이 본문에서는 아직 어떤 것으로 제사를 드리느냐 하는 것이 문제가 되고 있지 않다고 보아야 한다. 키드너가 말하는 대로 "피가 없음이 가인의 제물을 무자격하게 한 것이라고 주장하는 것은 믿을 수 없는 것이다."34

그러나 어떤 이유에서인지 하나님께서는 아벨과 그의 제물은 열납하시고, 가인과 그의 제물은 열납하지 않으셨다. 창세기 본문 가운데서는 **그 이유가 주어져 있지 않다.** 어떤 이들이 생각하듯이 가인의 제물은 그의 소산 중에서 최선의 것이 아니었다고35 추론할 근거가 **본문 가운데에는 없**

---

32 *Scofield Reference Bible*, 10-11.
33 아주 세심하게 이 점을 지적하고 있는 이들로 다음을 보라. C. F. Keil and F. Delitzsch, *Commentary on the Old Testament*, vol. 1: *The Pentateuch*, trans. James Martin, Reprinted (Grand Rapids: Eerdmans, 1976), 109; John H. Sailhamer, "Genesis," in *The Expositor's Bible Commentary*, vol. 2 (Grand Rapids: Zondervan, 1990), 61, 63.
34 Kidner, *Genesis*, 75.

다. 창세기 본문은 단지 그런 사실이 발생했다는 것과 그런 상황에 대해서 가인과 하나님께서 어떻게 반응하는지를 중심으로 기록되어 있다. 때때로 어떤 사람들은 가인이 후에 이 문제에 반응하는 방식에서 제사에 임하는 가인의 마음을 찾아보려고 한다. 즉, 후에 제대로 반응하지 않은 것은 그가 처음부터 순수한 마음으로 제사를 드린 것이 아님을 보여준다는 것이다.[36]

그러나 우리는 이 문제에 대해 언급하고 있는 후대의 계시에서만 이 문제에 대한 정확하고도 분명한 시사를 발견할 수 있을 뿐이다. 즉, "믿음으로 아벨은 가인보다 더 나은 제사를 하나님께 드림으로 의로운 자라 하시는 증거를 얻었으니, 하나님이 그 예물에 대하여 증거하심이라"(히 11:4)는 말씀에 근거해서 우리는 아벨의 예물이 열납된 이유가 그의 믿음에 있었다는 히브리서 기자의 주석을 볼 수 있다. 즉, 그때까지 주어진 하나님의 계시에 근거하여 하나님을 믿는 믿음이 그와 그의 제물이 받아들여진 이유임을 알 수 있게 된다. 그러므로 가인은 제사를 드렸어도 믿음이 없이 이런 종교적 행위에 참여한 것이라고 할 수 있다. 따라서 우리는 칼빈과 함께 다음과 같이 말할 수 있다: "[가인은] 자기 자신을 하나님께 드리려는

---

[35] 유대인들 가운데서 가인의 제물이 받아들여지지 않은 것은 그가 충실한 곡식으로가 아니라, 잘 여물지 않은 곡식으로 제사를 드렸기 때문이라는 생각이 있었던 듯싶다. 칼빈은 이런 생각을 "어리석은 상상"이라고 하였다. Cf. John Calvin, *Commentary on the First Book of Moses called Genesis*, trans. John King (Edinburgh: Calvin Translation Society, 1847; reprinted, Grand Rapids: Baker Book House, 1993), 196.

다른 점에서는 매우 세심한 카일과 델리취 주석이 이 점에서는 가인의 제물은 첫 열매가 아니었는데 이런 선택의 잘못이 그의 하나님께 대한 온전하지 못한 마음을 드러낸다고 말하는 점(Keil and Delitzsch, 110f.)이 매우 의아스럽다. 스티거즈 역시 그런 입장을 취하는데 그는 주로 아벨의 제물을 묘사하는 용어에 대한 분석에 근거해서 비교적으로 가인의 제물을 낮추어 보는 듯하다(Harold G. Stigers, *A Commentary on Genesis* [Grand Rapids: Zondervan, 1976], 87). 웬함도 그들과 같은 입장을 표한다(Gordon J. Wenham, *Genesis 1-15: Word Biblical Commentary* 1 [Waco, Texas: Word Books Publisher, 1987], 103, 104). 그러나 가인의 제물이 첫 열매가 아니었다는 그들의 주장에 반하여 Sailhamer는 그들의 제물이 "모두 첫 열매로 여겨질 수 있다"고 한다(61).

[36] 대표적인 예로 다음을 보라. Sailhamer, "Genesis," 61: "In his response we see the heart that lay behind the unaccepted offering."

마음이 없이 외적인 희생 제사로 하나님을 기쁘시게 해 보려고 했던 것이다… 사람들이 하나님과 자신들을 우롱하는 모든 허구는 다 불신의 산물임이 언급되어야만 한다."[37]

  3. 이런 것과 연관된 또 하나의 예로 하나님의 이름 "엘로힘"이 복수형인 것이나 사람을 창조하실 때 "우리가 우리의 모양대로…"라고 말씀하실 때(창 1:26)나 사람의 타락에 대해서 "이 사람이 선악을 아는 일에 우리 중 하나와 같이 되었으니"라고 말씀하실 때(창 3:22), 바벨탑과 관련하여 "자 우리가 내려가서"라고 말씀하신 때(창 11:7), 그리고 이사야를 파송하시기 전에 하나님께서 "내가 누구를 보내며, 누가 우리를 위하여 갈꼬" 하실 때(사 6:8) 등에서 "우리"라는 복수형을 쓰신 것 등을 후대 계시의 빛에서 삼위일체 하나님에 대한 계시나 그에 대한 시사라고 보는 것을 어떻게 이해해야 하는지의 문제를 생각하는 것이 도움이 될 수 있으리라고 생각된다. 물론 계시의 유기적 발전을 생각한다면 삼위일체와 관련해서도 우리는 반틸과 함께 "삼위일체 교리가 구약에서도 가르쳐졌으리라, 그러나 신약에서 훨씬 더 분명하게 가르쳐졌으리라고 생각한다"고 말할 수 있다.[38]

  그러나 위와 같은 예들에서 삼위일체에 대한 직접적인 증거를 찾는 것은 무리한 일이 아닐 수 없다. 워필드는 고대 교부들을 포함한 옛 저자들은 이런 예들과 같은 현상들에서 "삼위일체에 대한 시사"(intimations of the Trinity)를 발견했었다고 말한다.[39] 그런데 옛 저자들만이 아니라 오늘

---

[37] Calvin, *Commentary on the First Book of Moses called Genesis*, 196.
[38] Cornelius Van Til, *An Introduction to Systematic Theology* (Phillipsburg, New Jersey: Presbyterian and Reformed Publishing Co., 1971), 이승구 역, 『개혁주의 신학서론』(서울: 기독교문서선교회, 1995), 366.
[39] B. B. Warfield, "The Biblical Doctrine of the Trinity," in *Biblical and Theological Studies* (Philadelphia: The Presbyterian and Reformed Publishing Company, 1968), 29. 또한 Arthur W. Wainwright, *The Trinity in the New Testament* (London: SPCK, 1962, 1982), 18도 보라. 바빙크는 '엘로힘'과 관련하여 삼위일체에 대한 시사를 찾던 인물 중의 하나가 롬바르드(Lombard)라고 한다. Cf. Herman Bavinck, *The*

날에도 그렇게 아주 직접적인 언급을 하시는 분들이 있다. 그 대표적인 예로 '엘로힘'과 관련해서는 도날드 블뢰쉬가 그런 언급을 한 적이 있다. 그는 엘로힘은 "통일성(단일성) 안에 있는 신적인 복수성"(a divine plurality in unity)을 함의한다고 말한다.40 그러나 엘로힘의 복수형에 대해서는 그렇게까지 직접적인 계시가 여기에 있는 것으로 말하는 것은 지나친 해석이라고 하지 않을 수 없다. 반틸은 '엘로힘'이란 명칭과 관련하여 "우리는 최대한 말한다면 그것이 후에 계시된 삼위일체 교리에 대해 적합하다고 말할 수 있다"고 말한다.41 이를 우리말로 번역한 이는 이에 대해서 "그 자체가 삼위일체를 계시하는 것은 아니지만, 후대의 계시의 빛에서 볼 때 적절한 것이라고 할 수는 있다는 뜻"이라는 보역을 달고 있다. 그러므로 최대한으로 양보하여 말할 때 후대 계시에 대해서도 적합하다고 말한다. 그러나 이렇게 말하는 것보다도 좀 더 조심스럽게 엘로힘이란 명칭에서 삼위일체에 대한 증명을 찾는 것은 "최소한도로 말한다고 해도 매우 의심스럽다"(to say the least very dubious)고 말하는 벌코프와 같이 말하는 것이42 더 나으리라고 생각한다. 그러므로 '엘로힘'이라는 명칭과 관련해서는 삼위일체에 대한 증거나 시사를 말하는 것은 "타당하지 않다."43 이에 대해서는 델리취

Doctrine of God, trans. William Hendriksen (Grand Rapids: Eerdmans, 1951; reprint, Grand Rapids: Baker, 1977), 100=이승구 역, 『개혁주의 신론』 (서울: 기독교문서선교회, 1988), 141.

40 Donald G. Bloesch, *Essentials of Evangelical Theology*, vol. 1: *God, Authority, and Salvation* (New York: Harper and Row, 1978), 48, n. 20. 벌코프는 그런 해석을 하는 사람으로 Rottenberg를 들고 있다(*De Triniteit in Israels Godsbegrip*, 19ff., Berkhof, *Systematic Theology*, 86에서 재인용).

41 Van Til, 『개혁주의 신학서론』, 366. 핫지의 다음 같은 견해도 이와 연관시켜 이해할 수 있을 것이다: "창세기에조차도 후대의 계시에서 그 참된 해석을 찾을 수 있는 이 교리에 대한 시사들이 있다… 그러나 계시의 진전으로부터 신성 안에 삼위 계시다는 것이 분명해졌을 때에라야 그런 표현 형태가 그 위대한 교리[삼위일체 교리]에 그 토대를 두고 있음이 분명히 인식된다"(Charles Hodge, *Systematic Theology*, vol. 1 [Reprinted, Grand Rapids: Eerdmans, 1977], 446f.).

42 Berkhof, *Systematic Theology*, 86.

43 Payne, *The Theology of the Old Testament*, 146, 167. 또한 Bavinck, *The*

가 보고 있듯이 "생명과 능력의 충만함을 시사하는 집중의 복수(an intensive plural)"로 보는 것이 좋을 것이다.44

그렇다면 하나님께서 "우리"라는 말을 사용하신 것과 관련해서는 어떻게 보아야 할까? 제일 먼저 거부되어야 하는 견해는 이를 고대 이스라엘 사람들이 가지고 있던 다신론의 반영으로 보아야 한다는 궁켈(Gunkel)의 견해이다.45 이에 대해서는 창세기 1장이 가지는 반(反) 다신론적인 입장을 고려하면서 거의 모든 사람들이 거부한다.

둘째로 하나님께서 "우리"라는 복수형을 쓰신 것과 관련해서 고대 유대인 학자 필로를 비롯해서 폰 라트 등이 생각하듯이 "하나님이 자신을 천상적 존재들[천사들] 가운데 포함시킨다"고 보는 것도46 거부하야 할 것이다. 창 1:26을 그렇게 보면 함의상 인간이 천사의 형상으로도 창조된 것이 될 수 있기 때문이다.47 이 구절의 직접적인 문맥에서 사람이 천사들

Doctrine of God, 256=한역, 372f.을 보라.

44 Bavinck, *The Doctrine of God*, 100=한역, 141에서 재인용. 또한 Bavinck, *Our Reasonable Faith*, tran. Henry Zylstra (Grand Rapids: Eerdmans, 1956; Grand Rapids: Baker, 1977), 147: "… Elohim is in plural form, and therefore, although it does not, as was formerly generally supposed, designate the three persons of the divine Being, it does, in its character as an intensive plural, point to the fullness of life and of power which are present in God"도 보라(강조점은 필자의 것임). 워필드도 바빙크를 인용하면서 같은 의견을 제시한다(Warfield, "The Biblical Doctrine of the Trinity," in *Biblical and Theological Studies*, 30). 또한 Berkhof, *Systematic Theology*, 48도 보라: "The plural is to be regarded as intensive, and therefore serves to indicate a fullness of power."

45 Wenham, *Genesis 1-15*, 28에서 재인용.

46 Von Rad, *Genesis*, 58. 또한 그의 『구약성서신학』, 제1권, 허 혁 역 (왜관: 분도 출판사, 1976), 152도 보라. 이와 같은 견해를 표현하는 이들로 다음을 보라. John Skinner, *A Critical and Exegetical Commentary on Genesis* (Edinburgh: T&T Clark, 1930), 31; M. G. Kline, "Genesis," in NBC, 83; Donals E. Gowan, *Genesis 1-11: From Eden to Babel, International Theological Commentary* (Grand Rapids: Eerdmans, 1988), 27. Gordon Wenham에 의하면 다음 같은 학자들도 같은 견해를 취한다고 한다. W. Zimmerli, T. N. D. Mettinger, W. H. Gispen, Day (Wenham, *Genesis 1-15*, 27).

47 이 점에 대한 강한 지적과 논의로 Keil and Delitzsch, *Genesis*, 62를 보라. 이는 어거스틴 때부터도 있어 온 반론이다. Augustine, *City of God*, 해당 부분을 보라.

의 형상으로 언급된 것이 없고, 또한 27절의 단수형이 이런 해석을 불가능하게 한다.48 비슷한 해석을 하는 웬함은 이런 점에 유의하면서 이 견해에 좀 변형을 시도하여 다음과 같은 해석을 제시한다: "그러므로 '우리가…만들자'라는 것은 창조의 최종 걸작인 사람에게 만군의 천사들의 관심을 집중시키면서 말씀하시는 하늘 궁전에 대한 신적인 선언으로 여겨져야만 한다."49 그는 이렇게 보는 것이 욥기 38:4, 7의 말씀과도 일치한다고 본다. (그런데 이는 다음의 언급할 엄위의 복수로 보는 견해와 연관될 수는 없을까?) 사람이 천사의 형상으로도 간주될 수 있는 가능성을 배제할 수만 있다면 이런 견해가 소위 왕적 선언으로서의 "우리"를 취하는 해석 중에서 가장 나은 것으로 여겨질 수 있을 것이다. (그리고 사실 이는 이하에 언급될 하나님의 자기 의논형의 복수형과도 어울릴 수 있는 해석이라고도 여겨진다.)

엄위의 복수로 보는 견해들이 현대에 많이 시도된 견해들이다. 떼오도루스 프리젠은 이를 장엄의 복수로 보아 창세기 1:26에 삼위일체에 대한 함의가 있다는 생각을 거부한다.50 그런가 하면 이사야 6:8에서는 하나님이 천사들에게 둘러싸여진 것으로 보면서 천사들을 포함한 천상회의에서 "우리"라는 말을 쓰는 것으로 이해한다.51 이사야 6:8과 관련해서는 이처럼 천상회의에서 천사들을 포함하여 말씀하시는 것으로 보는 것이 좋을 것이다. 그러나 창세기 1:26 이하와 관련해서는, 위에서 말한 것과 같은 이유에서, 그렇게 보기 어려운 점이 있다. 그러나 구약에서는 장엄의 복수로 사용된 예가 없다는 지적들도 있다.52 웨인 그루뎀도 하나님께서

---

48 이에 대한 좋은 지적으로 Sailhamer, "Genesis," 37을 보라.
49 Wenham, *Genesis 1–15*, 28.
50 Theodorus Vriesen, *An Outline of Old Testament Theology*, trans. S. Neuijen (Oxford: Basil and Blackwell, 1958), 179.
51 Vriesen, *An Outline of Old Testament Theology*, 179–80.
52 비록 엘로힘과 관련해서이기는 하지만 바빙크가 그렇게 말한다(Bavinck, 100=한역, 141).

"우리"라는 복수형을 쓰신 것이 "엄위의 복수"(a plural of majesty)로 볼 수 있는 증거가 없다고 하면서,53 이에 대한 최선의 설명은 "하나님 자신 안에 다양한 위격이 있음을 시사하는 것"이라고 한다.54 물론 그는 창세기 기록에는 "하나님의 신격 안에 위격이 몇 있으신지, 또 온전한 삼위일체 교리에 접근하는 것은 전혀 없고, 단지 한 인격 이상이 관여하고 있음만이 시사되어 있을 뿐이다"라고 말한다.55 창세기 1:26과 11:7과 관련해서 벌코프도 그 구절들이 삼위일체를 지지하지는 않지만 인격의 복수성이 시사되어 있다고 보는 것이 더 개연성이 있다고 한다.56 이런 표현들이 단도직입적으로 "삼위일체가 함의되어 있다"고 말하는 것이나67 이 구절과 관련하여 "신성 안에 위격들의 복수성이 있다"고58 말하는 것보다 좀 더 계시사에 유의하는 것이라고 할 수 있다. 이런 입장에서 보면 다음과 같은 워필드의 주장도 계시사를 유의한 표현이라고 할 수 있다:

> 이것은 구약 본문에 신약적 개념을 무리하게 넣어 읽는 것이 아니다. 이것은

---

53 Wayne Grudem, *Systematic Theology: An Introduction to Biblical Doctrine* (Grand Rapids: Zondervan, 1994), 227. 그는 이와 관련해서 이 구절들에서 복수형이 "옳지 않게 이와 같은 식으로 [즉, 엄위의 복수로] 설명되었다"고 말하는 카우취가 편집한 게제니우스의 히브리 문법을 인용하고 있다(E. Kautzsch, ed, *Gesenius' Hebrew Grammar*, 2nd ed. (Oxford: Clarendon Press, 1910), section 124g, n. 2). 그는 또한 자신의 랍비 문학에 대한 조사를 언급하면서 "후기 유대인 해석자들은 이 문제에 있어서 만족할 만한 의견의 일치에 이르지 못하고 있다"고 말한다(*Systematic Theology*, 227, n. 2).

54 Grudem, *Systematic Theology*, 227.

55 Grudem, *Systematic Theology*, 227.

56 Berkhof, *Systematic Theology*, 96.

57 Payne, *The Theology of the Old Testament*, 167. 비슷한 입장의 표현으로 Sailhamer, "Genesis," 37f. 을 보라.

58 Calvin, *Genesis*, 92: "Christians, therefore, properly contend, from this testimony, that there exists a plurality of Persons in the Godhead." 그는 다음과 같이 계속하여 말한다: "하나님께서는 다른 모사를 부르지 않으신다. 그러므로 우리는 그가 자신 안에 구별된 어떤 것을 발견하신다고 추론할 수 있다. 사실 그의 영원한 지혜와 능력이 그 안에 내재한다"(92f.). 성경 전체의 빛에서 보면 이 진술들 자체는 옳은 것이다, 그런데 지금 우리는 이것이 창세기 1:26에 얼마나 분명히 나타나 있느냐에 대해서 논의한다.

단지 신약 계시의 조명 아래서 구약 본문을 읽는 것이다. 구약은 풍성하게 가구가 놓여 있으나 조명이 잘 안된 방과 비교될 수 있다… 삼위일체의 신비는 구약에 계시되어 있지 않다. 그러나 삼위일체의 신비는 구약 계시 밑에 깔려 있어서, 이곳저곳에서 보여지고 있다고 할 수 있는 것이다. 따라서 하나님에 대한 구약의 계시는 그 후에 오는 온전한 계시에 의해 교정되는 것이 아니라, 단지 더 온전해지고, 확대되며, 더 넓어진다고 할 수 있다.59

이런 입장과 연관될 수 있는 좀 복합적이고 독특한 견해는 데렉 키드너의 견해다. 그는 창세기 1:26의 "우리"라는 복수를 "충만의 복수"(the plural of fullness)라고 보면서, "구약에서는 그저 지나가면서 시사된 이 충만함이 후에 요한복음 14:23(14:17)의 '우리'에서 삼일체(triunity)로 전개될 것이었다"고 한다.60 카일도 장엄의 복수와 삼위일체적 견해의 기초적 시사로 보는 견해를 연관시키면서 다음과 같이 해석한다.

그러므로 이를 장엄의 복수(*pluralis majestatis*)로 여기는 것 외에 다른 어떤 해석이 남아 있지 않다. 이는 [이 복수형을] (하나님께서 경외적 이유(*reverentiae causa*)에서가 아니라, 당신님께서 가지신 신적 능력과 본질의 충만함을 언급하면서 복수로서 자기 자신에게 자기 자신과 함께 말씀하신다는) 가장 깊이 있고 가장 집중적인 형태[의 복수]로 이해하는 해석이다. 또한 이는 절대적 신적 존재 안에 집중되어 있는 잠재력들(potencies)이 하나님의 능력과 속성들 이상의 것이라는 삼위일체적 견해의 토대에 놓여있는 진리다. 즉, 그것들이 그의 나라에서의 하나님의 후대의 계시의 과정에서 신적 존재의 위격들로서 점점 뚜렷하게 구별되어 나타날 위격들(hypostases)이라는 것이다.61

---

59 Warfield, "The Biblical Doctrine of the Trinity," 30f. 또한 각주 41에서 인용한 바 있는 Hodge, *Systematic Theology*, 446f.도 이런 의미로 이해할 수 있을 것이다.
60 Kidner, *Genesis*, 52: " … the fullness, glimpsed in the Old Testament, was to be unfolded as triunity, in the further 'we' and 'our' of John 14:23 (with 14:17)."

그러므로 어떻게 보면 너무 지나치게 후대의 계시를 넣어서 이해하는 듯한 이런 해석들도 계시의 진전을 염두에 두면서 진술한 것이라고 할 수 있다.

그런데 웬함은 별 논의 없이 단적으로 "원저자에게는 이것[삼위일체에 대한 시사]이 이 복수에서 의도된 것이 아니라는 것이 이제는 보편적으로 인정된다고 한다."[62] 그 자신은 위에서 보았듯이 이 "우리"가 천사들에 대해서 하신 말씀이라고 본다. 그러나 삼위일체에 대한 시사가 이 구절에 대한 소위 "충만한 의미"(the sensus plenior)로 있을 수는 있다고 보면서 "신약은 분명히 그리스도께서 성부와 함께 창조 사역에 함께하셨다고 보고 있으며, 이것이 초대교회로 하여금 삼위일체적 해석을 할 수 있는 토대를 제공했으나" 그런 통찰은 분명히 창세기의 기록자의 지평을 넘어서는 것이라고 말한다.[63]

이 복수를 "자기 의논의 복수"(a plural of self-deliberation)로 보자는 의견이 제출되었고 많은 이들이 이 견해를 따른다.[64] 이런 견해를 따르면 이 구절에서 신적 인격의 복수성이나 그에 대한 시사가 있음을 생각하지 않아도 된다는 이점(利點)이 있다. 물론 이 견해에 대한 반론도 있다. 세일하머는 비슷한 경우로 인용되는 창세기 11:7에서 복수가 사용된 것은 "우리가 만들자"(창 11:3)는 말과 교차구조적 말장난(the chiastic wordplay) 때문에 "우리가 혼동시키자"는 표현이 나온 것이며, 창 18:7에

---

[61] Keil and Delitzsch, *Genesis*, 62f.
[62] Wenham, *Genesis 1–15*, 27.
[63] Wenham, *Genesis 1–15*, 28.
[64] Umberto Cassuto, *A Commentary on the Book of Genesis*, trans., Israel Abrahams, 2 vols. (Jerusalem: Magnes Press of Hebrew University, 1961, 1964), 155–56; Claus Westerman, *Genesis 1–11: A Commentary*, trans. John J. Scullion (Mineapolis: Augsburg Publishing House, 1984), 144f.; Bruce Vawter, *On Genesis: A New Reading* (Garden City, N. Y.; Doubleday, 1977), 54. Wenham에 따르면 Steck, W. Gross, P. E. Dion 등도 이 견해를 취한다고 한다(Wenham, *Genesis 1–15*, 28).

서는 그런 의논에 단수가 사용되었다는 점들을 지적하고 있다.65 그러므로 창세기 1:26 이하의 "우리가"라는 이 복수는 아직도 논란의 여지가 많은 복수다.

그러므로 이 구절과 관련해서는 (1) 창세기 1:26 이하에 하나님의 인격의 복수성에 대한 함의가 있으나 당시 사람들은 그 충분한 함의를 알 수 없었고, 후대의 계시의 빛에 비추어 볼 때 그 충분한 함의가 나타난다고 보는 견해와 (2) 왕적 선언으로서의 "우리"(royal we), 그러니 일종의 장엄의 복수로 보아야 한다는 견해, 그리고 (3) 이는 하나님의 어떠하심에 대한 시사보다는 하나님의 "자기 의논의 복수"로 보아야 본문의 문맥에 더 잘 어울린다는 견해 등이 해석 가능한 것들로 제시된다. 지금까지 학자들의 논의는 이 각각의 견해에 대해서 나름의 근거를 제시하며 논란해 가는 형편에 있다. 이런 상황에서는 어떤 입장을 취하든지 논의의 가능성을 열어 놓고 논의할 수 있는 태도를 가져야 한다.

그러나 이에 대해서 어떤 견해를 취하든지 계시의 진전을 생각하면서 논의하고, 계시의 진전을 반영하는 식으로 진술해야 할 것이다. 특히 반(反)삼위일체적 해석을 하는 일들도 이런 계시의 진전을 생각하면 "더 깊은 의미"(sensus plenior)로서 이런 함의가 있을 수 있는 가능성은 웬함과 같이 열어 놓아야 할 것이다. 그러므로 우리는 계시의 진전을 탐구하는 성경신학의 도움을 얻어서 일차적으로는 당시까지 주어진 계시의 빛에서 본문을 해석하고 설교하는 일에 힘써야 한다. 그것이 계시를 계시답게 받아들이는 일의 한 부분이다. 물론 그 이후에는 계시의 좀 더 넓은 맥락 안에서 그 의미의 진전을 살피는 일이 뒤따라야 할 것이다.

---

65 Sailhamer, "Genesis," 37-38. 창 11:3, 7의 교차구조에 대해서는 다음을 보라고 한다. J. P. Fokklemann, *Narrative Art in Genesis* (Assen: Van Gorcum, 1975). 자기 의논의 경우에 단수가 사용된 예(창 2:18, 시 12:5, 사 33:10)에 주의를 촉구하며, 이 의견에 반대하는 Keil and Delitzsch, *Genesis*, 62도 보라.

3. 구속 역사의 진전에 유의하는 설교

계시사에 유의하는 것은 이 계시사와 밀접한 관련을 지니고 있는 구속사의 진전에 유의한다는 것이기도 하다. 따라서 성경신학에 유의하는 우리의 설교는 구속사적 설교가 되지 않을 수 없다. 이는 본문의 구속사에서의 위치를 밝히며, 이 구속사의 최종적 성취인 예수 그리스도의 인격과 사역과의 관계를 밝히는 설교를 말한다. 그러므로 이는 그리스도 중심적 설교가 될 것이다.66 그러나 이때 주의해야 하는 것은 그리스도에 대해 무시간적인 접근을 해서는 안 된다는 점이다. 구약의 어떤 본문에서든지 그리스도의 모형을 무리하게 찾아가는 것은 옳지 않은 것이고, 구속사적 성경해석과 설교를 제시한 이들의 생각과 아주 거리가 먼 것이다.

예를 들어서, 여리고성의 기생 라합이 정탐군들과 맺은 약속인 라합의 집 창문에 붉은 줄을 내려뜨려 놓겠다는 것에서, 로마의 클레멘트(Clement of Rome) 시대로부터 교회 내에서 많이 시도된 대로, 그리스도의 희생제사에서 흘려진 피에 대한 상징이나 모형을 찾아보려는 것은67 잘못이라는 말이다. 이에 대한 우드스트라의 다음 같은 말은 매우 시사적이다.

> 이런 종류의 모형론적 연관은 아주 조심해서 다루어야 한다. 사실 신구약 사

---

66 이에 대한 가장 강한 강조는 1930년대에 화란에서 구속사적 해석과 설교 운동을 일으켰다고 할 수 있는 끌라스 스킬더(K. Schilder)가 하였다고 볼 수 있다. Greidanus, *Sola Scriptura*, 40, 141f.을 보라.

67 로마의 클레멘트(Clement of Rome)로부터 이런 해석이 시도되었다는 것에 대한 언급으로는 Francis A. Schaeffer, *Joshua and the Flaw of Biblical History*, 이주익 옮김, 『여호수아: 끝없는 전진, 끝없는 승리』 (서울: 기독지혜사, 1988), 85.

이의 참된 모형론적 연관성은 성경 자체의 의식의 빛에서만 인식되어야 한다. 그러나 '모형'으로부터 그것이 모형하는 바 사이에 실제로 연속성이 있는가 하는 것을 찾기 위해서는 상당한 주의가 요청된다. 그저 색깔이 같다든지, 다른 외적인 것들이 같은 것으로는 (그런 논의를 하기에) 충분치 않다.[68]

이런 점을 유의한다면 유월절 의식의 붉은 피와 여기서의 붉은 줄을 연관시키는 것이[69] 과연 유지될 수 있는 생각인지를 물어야 한다. "어쩌면 이 줄과 출애굽 유월절 때에 문에 바른 피 사이의 어떤 연관성이 있을 수도 있으나, 그런 연관성을 찾는 데는 상당한 주의가 요청된다"고 말하는[70] 우드스트라의 조심스러운 태도보다 좀 더 조심스러울 필요가 있다. 유월절의 붉은 피는 분명히 그리스도의 희생제사와 모형론적인 관계를 가지며 성경 자체가 그것을 분명히 하고 있지만, 라합 기사에서의 붉은 줄은 "성경 어디에서도 모형론적 관계를 지닌 것으로 진술하고 있지 않기 때문이다."[71] 그러므로 이 붉은 줄은 "그저 이스라엘 사람들이 [라합]의 집을 알고, 그 안에 있는 사람들을 살려 두겠다는 표(sign)일 뿐이다."[72]

또한 시편의 거의 많은 부분에서 그리스도와의 연관성을 드러내

---

[68] M. H. Woudstara, *The Book of Joshua*, NICOT (Grand Rapids: Eerdmans, 1981), 75.
[69] 이런 연관성을 생각하는 대표적인 예로 다음을 들 수 있을 것이다. J. Alberto Soggin, *Joshua*, trans. R. A. Wilson (London: SCM Press, 1972), 42.
[70] Woudstara, *The Book of Joshua*, 75, n. 33.
[71] Donald H. Mavig, "Joshua," in *The Expositor's Bible Commentary*, vol. 3 (Grand Rapids: Zondervan, 1992), 263. 그런데 이 말 앞에 그가 하고 있는 말인 "비록 붉은 줄은 그리스도의 피를 상기시키지만"이란 말은 그의 이 주장을 좀 약화시키는 인상을 줄 수도 있어 상당히 안타까운 표현이라고 여겨진다.
[72] J. Maxwell and Gene M. Tucker, *The Book of Joshua, The Cambridge Bible Commentary* (Cambridge: Cambridge University Press, 1974), 32. 이렇게 붉은 줄을 그저 이런 표로만 보고 옳게 주해하는 주석들로 다음을 들 수 있다. Keil and Delitzsch, *Joshua* (Reprinted, Grand Rapids: Eerdmans, 1976), 38; John Rea, "Joshua," in *Wycliff Bible Commentary*, 209; Trent C. Butler, *Joshua*, Word Biblical Commentary 7 (Waco, Texas: Word Books Publisher, 1983), 32.

려고 한 루터의 시도들은 상당히 지나친 것이라고 하지 않을 수 없다. 이런 가르침과 설교는 그리스도 중심적인 것처럼 보이기는 하지만, 사실은 성경을 주신 하나님의 사역을 계시답게 받아들이지 않는 일이 된다.

그러므로 우리의 모형론적 해석이 너무 지나치게 나아가지 아니하도록 해야 한다. 그렇게 할 수 있는 최선의 방법은 본문 자체가 다루고 있는 시기의 구속사적 위치에 끊임없이 유의하면서, 그 시대에 주어진 계시의 한도를 벗어나지 않도록 해야 한다. 이런 노력을 충분히 한 후에는 구속사의 최종적 목표인 예수 그리스도 안에서 이루어진 성취의 빛에서 각각의 본문이 어떤 의미를 지닐 수 있는지를 드러내는 작업을 할 수 있다. 여기서 과거의 본문이 이 시대를 살아가는 백성들에게 미치는 효과가 나타나게 된다. 구약의 본문이 지금 여기서도 살아 있을 수 있는 것은 이런 구속사적 연관성 안에 우리가 있다는 것을 의식할 때이기 때문이다.

이런 의미에서 신약, 특히 서신서들은 지금 우리가 살고 있는 시기에 본질적으로는 동일한 시대적 지평, 즉 원칙적으로 그리스도 안에서 우리에게 임하여 온 "종말의 시대", 즉 "현재적 하나님 나라의 시대"라는 지평 안에 있다는 의미에서는 2000년의 시대적 거리와 과거의 본문에 대한 현대의 해석이라는 해석학 일반의 문제 외에는 별다른 문제를 가지지 않고 있다고 할 수 있다. 1세기의 그리스도인에게 제시된 형태가 그대로 21세기를 살아가는 우리에게도 적응성 있는 계시가 될 수 있는 것이다. 그러므로 서신서에 대한 설교에서의 적용은 비교적 쉬운 작업이다. 그러나 구약의 계시는 항상 그 시기 안에서의 계시사적 의미를 찾고, 그 후에 성취의 빛에서 신약과 연관시켜 보아야 한다.

마치는 말

우리는 이제까지 개혁주의 성경신학이 우리의 설교에 주는 함의를 간단히 생각해 보았다. 우리가 발견한 것은 개혁주의 성경신학에 유의하면 (1) 우리의 설교가 참으로 하나님의 계시를 계시답게 받고, 전달하는 일이 될 수 있고, (2) 계시의 역사에 유의하면서 주어진 본문을 해석하고 설교해야 하고, (3) 구속사적 진전에 유의하면서 그 본문의 독특한 위치와 내용을 드러내는 설교가 되어야 한다는 것이었다. 이런 점에 유의하는 우리의 설교는 얼마나 풍성하게 하나님의 뜻을 드러낼 수 있는 것이 될 수 있을까?

그런데 이런 제안은 실질적으로 우리의 설교를 돕고 그 사역을 강화시키기 위해 주어진 것이지, 우리의 마음을 좁게 하고 성경의 풍성하고 다양한 내용을 억압하는 것으로 이해되어서는 안 된다. 설교자는 자신을 포함하여 이 시대를 사는 하나님의 백성들에게 하나님께서 전달하시고자 하는 풍성한 내용을 다 전달해야만 제대로 하나님의 말씀을 섬기는(*Verbum Dei Minister*) 자신의 직무를 다하는 것임을 다시 한번 더 상기하도록 하자.

제 10 장

그레엄 골즈워디의 성경신학적 설교에의 요청

우리는 이 장에서 이 책에서 유일하게 호주 신학자, 그것도 조직신학자가 아닌 성경 신학자를, 또한 장로교 신학자가 아닌 성공회 구약 학자 또는 성경 신학자라고 할 수 있는 분의 주장을 다루고자 한다. 그 이유는 이 사람 그레엄 골즈워디(Graeme Goldsworthy)가 우리가 앞서 논의한 게할더스 보스적인 의미의 성경신학에 철저한 성경 신학을 할 것을 제안하고, 또한 보스적 사상에 충실하려고 하는 코넬리우스 반틸의 정신과 사상을 높이 사면서 신학적 작업을 하려고 한 매우 드문 학자들 중의 하나이기 때문이다. 흥미롭게도 그레엄 골즈워디는 보스나 반틸과 직접 공부한 일이 없다. 골즈워디가 영국 캠브리쥐에서 공부한 후에 미국에서 박사 학위를 하였으나, 그는 버지니아 주의 유니온 신학교에서 존 브라이트(John Bright)의 지도 아래서 박사 학위를 했기에 보스나 반틸과 직접적인 연관 관계를 가지고 있지 않은 분이다. 그럼에도 불구하고 호주 교회와 신학교에서의 간접적 영향을 받은 것과 순전히 책을 통해 접촉하면서 상당히 보스적이고 반틸적인 입장에 충실하게 작업을 하고 있기에 우리는 여기서 골즈워디를 철저한 개혁신학을 할 것을 주장하는 신학자로, 특히 우리의 설교가 개혁파적 성경신학에 충실한 설교가 되어야 한다는 것을 주장하는 분으로 소개하고자 한다. 우리들 대부분도 보스나 반틸과의 직접적인 접촉 없이 순전히 책을 통해서만 이런 대가들과 공감하고 그런 개혁신학을 발전시키려고 하는 것이므로 비슷한 입장에서 같은 사상을 발전시키고 있는 골즈워디와 어떤 동질감이나 일종의 동병상련의 마음을 가질 수 있을 것이라고 여겨진다.

골즈워디는 『복음과 하나님 나라』,[1] 『복음과 지혜』,[2] 『복음과 요한계시록』을[3] 그의 기본적 3부작으로 내어 놓았으며, 하나님 계시의 진전을 다룬 『계획에 따라』,[4] 기도에 대한 성경 전체의 가르침을 정리한 책,[5] 그리고 성경 전체를 기독교 성경으로 설교하는 문제를 다룬 본서,[6] 그리고 최근에 『복음-중심적 해석학』을 내었다.[7] 호주 성공회의 매우 중요한 목회자 양성 기관인 대학원 과정의 무어 컬리지(Moore Theological College)에서 오랫동안 성경신학을 가르치고 성경신학적 정향을 주도하여 그가 은퇴한

---

[1] Graeme Goldsworthy, *The Gospel and the Kingdom: A Christian Interpretation of the Old Testament* (Exeter: Paternoster, 1981). 골즈워디는 이 책이 1973-74년에 무어 신학교에서 가르친 성경신학 과정의 토대였으며 이는 구약을 다루는 기독교 설교자와 교사에게 도움을 주기 위해 쓰여졌다고 밝힌다.

[2] Goldsworthy, *Gospel and Wisdom: Israel's Wisdom Literature in the Christian Life* (Exeter: Paternoster, 1987).

[3] Goldsworthy, *The Gospel in Revelation* (Exeter: Paternoster, 1984). 이는 미국에서는 *The Lamb and the Lion* (Nashville: Thomas Nelson, 1985)으로 출간되었다.

[4] Goldsworthy, *According to the Plan: The Unfolding Revelation of God in the Bible* (Leicester: IVP, 1991; Downers Grove, IL: IVP, 2002). 이를 우리말로 옮긴이는 이 책의 제목을 『복음과 하나님의 계획』이라고 제시하여 골즈워디의 3부작과 어울리게 조절하였다.

[5] Goldsworthy, *Prayer and the Knowledge of God: What the Whole Bible Teaches* (Reprint, Downer Grove, IL: IVP, 2005).

[6] Goldsworthy, *Preaching the Whole Bible as Christian Scripture* (Grand Rapids: Eerdmans, 2000). 이를 김재영 목사께서 『성경신학적 설교 어떻게 할 것인가』(서울: 성서 유니온, 2002)로 잘 번역해 내셨다. 이하 이 책으로부터의 인용은 이 번역본에 근거하여 그 면수만을 본문 중 ( ) 안에 제시하기로 한다.

[7] Goldsworthy, *Gospel-Centered Hermeneutics: Foundations and Principles of Evangelical Biblical Interpretation* (Leicester: IVP Academics, 2007).

지 오래된 (그리하여 가끔 강의하고 있는) 지금도 그의 영향력이 무어 컬리지에서 느껴질 정도이다. 현재 무어 컬리지 교수로 있는 분들이 그들이 젊은 날에 골즈워디의 성경신학 강의를 통해 영향을 받았다고 고백하고 있으므로,8 골즈워디는 많은 분들이 그런 성경신학적 정향을 가지고 신학과 목회를 하도록 하는 좋은 토대를 무어 컬리지와 시드니 교구, 그리고 온 세상에9 마련해 놓은 성경신학자라고 할 수 있을 것이다.

이 글에서는 먼저 성경 신학적 설교에 대한 골즈워디의 강한 요청을 생각해 보고(I), 그가 말하는 성경 신학적 설교는 과연 어떤 특성을 지닌 것인지를 살피고(II), 각 장르에 따라 그 구체적 해석과 설교 방법에 대하여 논의한(III) 후, 이에 대한 우리의 비판적인 성찰을 하여 보기로 하자 (IV).

I. 골즈워디의 성경신학적 설교에의 요청

골즈워디의 책 가운데서 『성경신학적 설교, 어떻게 할 것인가』라고 흥미롭게 바꾸어 한국에 소개된 번역서의 제목을 따라서 말하자면, 이 책은 우리의 설교가 철저히 성경신학적이어야 할 것을 주장하는 책이다. 우리가

---

8 필자가 2005년 여름(호주의 가을 겨울에)에 연구를 위해 호주 무어 컬리지를 방문했을 때 많은 교수들이 이런 반응을 하고 있다는 것을 확인하였다. 심지어 기독교 윤리를 가르치는 교수님조차도 자신의 신학은 골즈워디의 성경신학에 의해 형성되었다고 언급하는 것을 들었다.

9 캘리포니아에서 목회하고 있는 젊은 미국인 목사 Justin Buzzard가 그레엄 골즈워디에 성경신학의 의미와 중요성에 대해 한 인터뷰를 보면 그의 영향력이 얼마나 전세계적인지를 알 수 있을 것이다(accessed on April 7, 2007, available at:http://buzzardblog.typepad.com/buzzard_blog/2007/02/graeme_goldswor_1.html)

앞서 언급한 그의 다른 책들에서 성경신학이 무엇인지를 대중적으로 제시하는 역할을 잘 감당한 골즈워디는 이 책에서는 목회자들로 하여금 참으로 성경신학적인 설교를 하게끔 하려고 한다. 그러므로 이는 우리의 목회와 설교에서도 개혁파적이어야 한다는 것을 주장하는 이 장의 매우 적절한 논의 대상이 된다. 이는 에드먼드 클라우니가 오래 전에『성경신학과 설교』에서 말한 바를 좀 더 폭 넓고도 **더 철저하게 논의하고 있다고 골즈워디 자신도 의식하고**(26), 그 스스로가 이 일을 아주 잘 감당하고 있다고 여겨진다. 이를 통해서 우리들은 신학적 작업에서 뿐만 아니라 우리들의 설교에서도 철저한 개혁파적이어야 한다는 강한 도전을 받을 수 있었으면 한다.

혹시 왜 성경신학적 설교가 개혁파적인 것인가를 묻는 분들이 있다면, 이곳과 다른 곳에서 골즈워디가 제시하는 성경신학이 리처드 개핀이나[10] 우리가[11] 개혁파 성경신학이라고 이름한 게할더스 보스적인 접근을 따르고, 그를 더 성경적으로 발전시키는 것이라는 점을 지적하고자 한다. 골즈워디는 성경신학의 정의를 제시할 때 바로 "성경 안에 있는 하나님의 자기 계시의 과정을 다루는 주경신학의 한 분과"라는 보스의 정의를[12] 소개하고 있다(53). 그는 가블러와 그를 따르는 이들의 문제점을 지적하면서 보스와 같이 "성경신학에 대한 정의의 출발점은 성경 자체가 되어야 한다"고 주장한다(57).[13] 그러면서 "성경신학이 마땅히 시행되려면 성경의 최고

---

[10] Richard Gaffin, Jr., "Introduction," to Geerhardus Vos, *Redemptive History and Biblical Interpretation*, ed., Richard B. Gaffin, Jr. (Phillipsburg, NJ: Presbyterian and Reformed, 1980), xiv.

[11] 특히 한국 성경신학회의 전체적 분위기를 생각해 보라. 이에 대해서 한국 성경신학회의 학술지인『교회와 문화』를 참조하라. 또한 보스적인 성경신학의 의미에 대해서는 본서의 9장과 이승구, "성경신학과 조직신학",『21세기 개혁신학의 방향』(서울: SFC, 2005), 189-221=『성경신학과 조작신학』(서울: SFC, 2018), 17-51을 보라.

[12] Geerhardus Vos, *Biblical Theology* (Grand Rapids: Eerdmans, 1948), 13=이승구 역,『성경신학』(서울: CLC, 1985), 30.

[13] 또한 Goldsworthy, "Is Biblical Theology Viable?" in *Interpreting God's Plan: Biblical Theology and the Pastor*, ed., R. J. Ginson, Explorations 11 (Carlislie:

권위에 기꺼이 복종하고 성경의 계시가 우리의 전제들을 형성하게 해야 한다"는 것을 강조한다(57). 따라서 골즈워디는 "성경적이기를 원하는" 모든 설교는 "하나님의 말씀의 권위 아래 서겠다는 설교자의 단호한 결심"을 가지고 있어야 한다고 주장한다(196).

골즈워디는 오늘날 많은 이들이 계몽주의적 전제를 취하는 것을 비판적으로 바라보면서("현대의 성경신학은 자주 이 길에서 벗어나고 있다." 57), 그런 신학은 "결함이 있는 신학"이라고 아주 강하게 공언한다(45). "일련의 비평적-신학적 주장들은 성경 역사의 본질적 특성을 손상시켰다"는 것을 골즈워디는 분명히 지적한다(125). 예를 들어서 이사야서를 세 부분으로 나누어 각기 다른 연대와 사상을 지닌 것으로 생각하는 것에 대해서 골즈워디는 "복음주의 설교자는 이러한 접근 방법에서 아무 도움도 얻을 수 없다"고 강하게 말한다(282). 더 나아가서 새로운 설교의 유행을 따라 가는 풍조를 비판하면서 골즈워디는 "전통적 설교 양식에 관해 제기된 질문들 몇 가지에서 유익을 얻고자 새로운 설교 철학을[14] 따라갈 필요는 없다"(358)고 단언한다.

골즈워디는 심지어 일각에서 성경신학의 부흥을 일으킨 것으로 언급되는 차일즈의 작업에 대해서도 비판적으로 보면서 "그의 성경신학은 성경 권위의 문제를 제대로 파악하는 데 이르지 못했다"고 하고(55), 그는 "여전히 비성경적인 전제들에 얽매여 비평학의 방법을 사용한다"는 것을 분명히 지적하면서 자신이 보기에 "성경신학에 대한 차일즈의 방대한 저술은[15] 참된 성경신학을 제시하는 데는 성공하지 못했다"고 평가 내린다

Paternoster, 1997)도 언급한다.

[14] 이에 대한 대표적인 예가 Fred B. Craddock의 *As One Without Authority*라는 책과 그에 의해 제시된 신문예주의적 해석과 크래덕이 말하는 귀납적 설교나 내러티브 설교에 대한 논의라고 한다. 이에 대해서 골즈워디는 G. R. O'Day and T. G. Long, eds., *Listening to the Word: Studies in Honour of Fred B. Craddock* (Nashville: Abingdon, 1993)을 언급한다(358, n. 8).

(55). 또한 조오지 라이트 등의 신정통주의적 성경신학에 대해서도[16] 골즈워디는 "성경계시를 다룸에 있어서 무능함을 드러낼 수밖에 없었다"고 공언한다(63). 또한 오늘날 유행하고 있는 "포스트모더니즘은 복음에 대한 도전"이요, "저자의 의도가 회복 가능함을 받아들이지 않는 문학적 형태의 무신론"이요, 따라서 이는 "기독교 유신론과는 전적으로 상치된다"고 강하게 말한다(121). 왜냐하면 골즈워디에 의하면 "성경의 통일성이란 우선적으로 복음에 계시된 하나님의 자기 계시를 근거로 한 일종의 신학적 확신"이기 때문이다(119). 이와 같이 골즈워디는 "문학적 차원, 역사적 차원, 신학적 차원 모두를 견지해야 한다"고 말한다(283).

또 다른 편에 있는 "세대주의는 해석학적 전제들을 성경에서 도출해 내지 않았기 때문에 흠이 있는 성경신학 체계"라는 것을 잘 지적한다. "모든 예언이 문자 그대로 성취된다는 점을 강조하는" 세대주의는 "신약성경에 있는 증거를 따르는 것이 아니다"(132).

그러므로 성경에 대한 비판주의를 허용하지도 않고, 문자주의로 나아간 세대주의적 해석도 배격하는 골즈워디는 자신의 입장과 전제가 "개혁주의적이며 복음주의적 입장"이라고 아주 분명히 밝힌다(21). 그는 이런 신학, 즉 "복음주의적 전제들과 일치하는 성경신학"이 (1) "훌륭한 주석 능력이 있으며", (2) "성경의 통일성을 보존"하며, (3) 이런 신학이 "성경의 다양성을 인정"한다고 주장한다(45). 그는 자신이 말하는 것이 무어 신학교에서 형성된 것이며, 영국 캠브리지와 미국 버지니아 유니온 신학교에서 대학원 과정을 공부하면서 자신의 전제들과 그 전제를 견지하는 이유들을 검토해 보았지만, 결국 자신이 "더 성숙할 필요는 있었지만 전통적

---

[15] 이렇게 말할 때 골즈워디는 특히 Brevard Childs, *Biblical Theology of the Old and New Testaments* (London: SCM, 1992)를 염두에 두고서 이렇게 말한다.

[16] Cf. George Ernest Wright, *God who Acts: Biblical Theology as Recital* (London: SCM, 1952).

역사적 기독교의 견해가 가장 일관성 있다고 확신하게 되었다"고 주장한다(21). 더 놀라운 것은 골즈워디가 그것을 코넬리우스가 사용한 용어대로 "기독교 유신론"(Christian Theism)이라고 언급하고 있다는 점이다(21, n. 6). 그는 반틸을 따라서 우리가 하나님께 대한 완전한 지식은 아니지만 참된 지식을 가질 수 있다고 주장한다(40). 또한 반틸과 함께 중생한 지성의 역할을 의식하며 매우 적극적으로 그 점을 강조하면서 논의한다(319). 그리하여 예를 들어서, 시편 19편 같은 것은 자기가 한 사람의 신자로 … 특별 계시 덕분에 자연에 있는 진리를 보고 있는 신자들의 마음의 눈을 통해 말하고 있다"는 것을 매우 강조하면서 논의한다(319). 골즈워디는 또한 반틸을 따라서 "하나님이 우리를 당신님께 의존해야 하는 언약적 존재로 만드셨으므로 오직 두 부류, 즉 언약을 지키는 사람들과 언약을 어기는 사람들이 있을 뿐이다"고 강하게 동의하며 말한다(189f.).[17]

골즈워디는 이렇게 자신이 제시하는 것이 보스적이고 반틸적인 전제에 충실한 것임을 처음부터 분명히 밝히면서 논의하여 가는 것이다. 그러므로 우리는 그를 **철저한 개혁파적 설교를 하여야 한다**는 주장을 하는 대표자로 제시한다. 그리고 그런 대표적인 개혁파적 성경신학자는 성경신학과 조직신학의 관계를 상호 보완적으로 보는 것이다.[18] 그래서 그는 "교의학자가 되기를 힘쓰지 않는 성경신학자는 성경신학자로서 덜 유능할 것이며, 성경신학자가 되기를 힘쓰지 않는 교의학자는 교의학자로서 덜 유능할 것이다"고 선언한다(104-105). 골즈워디에 의하면 가장 성경적이고, 성경신학적인 설교는 또한 "해당 본문의 성경적 진리들을 드러내준다는 의

---

[17] 이때 골즈워디는 Cornelius Van Til, *The Reformed Pastor and Modern Thought* (Phillipsburg: Presbyterian and Reformed, 1974)을 언급한다.
[18] 같은 태도로 보스(G. Vos), 개핀(R. Gaffin), 그리고 머리(John Murray) 등의 입장을 보라. Cf. 이승구, "성경신학과 조직신학", 『21세기 개혁신학의 방향』 (서울: SFC, 2005), 189-221=『성경신학과 조작신학』 (서울: SFC, 2018), 17-51.

미에서 언제나 교리적이어야 한다"고 선언하기도 한다(202). 그리고 모세 율법을 설명하면서도 율법의 세 가지 기능에 대한 종교 개혁적 논의를 잘 반영하면서 논의하고 있다(262). 골즈워디는 이만큼 개혁신학의 가르침에 충실한 것이다.

또한 그런 개혁신학의 정신에 매우 충실한 실천적 주장도 골즈워디는 매우 분명히 한다. 예를 들어서, 그는 이전의 청교도들과 같이, 하나님을 형상화하는 모든 시도를 십계명 제2계명에 근거해서 강하게 비판한다(253f.). 또한 골즈워디는 우리는 어디서나 하나님 앞에 있으므로 "오늘날의 '성지 순례'라는 것은 틀린 명칭"이라고 단언한다(276). 같은 정신에서 골즈워디는 "오늘날의 이스라엘이나 팔레스타인 땅은 결코 성지(聖地)가 아니다"고 단언한다(276, n. 11). 더 나아가 "교회 건물들이나 그 건물들의 어떤 부분을 성전 혹은 성소라고 지칭하는 것은 팔레스타인 땅을 성지라고 일컫는 것과 마찬가지로 틀린 호칭"이라고 단언한다(276, n. 11). 우리는 성경 신학적 통찰이 담긴 이런 단언들에 매우 주의해야 할 것이다.

이와 같은 성경신학적 설교는 구체적으로 과연 어떤 것일까? 다음 절에서는 그가 말하는 성경신학적 설교의 특성들을 찾아 제시해 보기로 한다.

II. 성경신학적 설교란 무엇인가?

골즈워디가 말하는 성경신학적 설교는 기본적으로 **성경 전체를 기독교 성경으로**(the whole Bible as Christian Scripture) 설교하는 것을 뜻한다. 다시 말하여, 설교가 "**일관성 있는 그리스도 중심적 접근 방법**"을 가져야 한다(11,

강조점은 필자의 것임)는 것이다. 그는 최근에 설교에 대해서 나온 책들이 "주로 효과적인 전달과 설교 준비 방법들에 치중되어 있다"는 것을 안타깝게 여긴다(32). 즉, 그는 "해석과 적용의 원칙들을 제공해 주는 성경의 본질에 대한 질문들은 그다지 눈에 띄지 않는" 것을 한스러워 한다(32). 바로 이 이유 때문에 그는 이 책을 써서 이와 같은 주장을 한다. 그는 "성경이 메시지를 제시하는 방식이 우리에게 필요한 원칙들을 제공한다"는 것을 주장한다(32). 왜냐하면 "성경 본문의 내용을 제시하는 방식을 성경 본문 그 자체가 주관하게 하는 것보다 나은 법칙은 없기" 때문이다(202).

그런데 성경에 의하면, "예수라는 인물이 하나님 나라에 대한 하나님의 계시의 최종적이며 충만한 표현이라고 선포되고" 있다(58).[19] 그러므로 예수님이 "구약 전체의 목표와 성취"이고, "하나님의 진리의 구현으로서 예수님은 성경을 해석하는 핵심적 열쇠"라고 한다(58). 그러므로 우리의 성경 해석은 항상 그리스도로부터 시작해야 하고, 따라서 우리의 성경 해석은 항상 기독교적일 수밖에 없다는 것을 부끄럼 없이 강조한다. "그리스도에게로 돌이킨 다음에는 성경에 대한 우리의 관점을 비롯하여 모든 것이 바뀐다… 이제는 성경을 진리에 대한 하나님의 말씀으로 보게 된다"(58). 그리고 이렇게 볼 때 "복음 가운데 있는 예수 그리스도를 언급하지 않고서도 그 본문의 참된 의미를 드러낼 성경 본문은 없다"(198, cf. 344). 심지어 지혜서를 해석할 때에도 "예수님이 우리의 지혜가 되셨다는 사실 … 우리가 지혜롭고 의롭게 살아가지 못했지만 예수님께서 우리를 의롭게 해 주시기 위해서 죽은 자들 가운데서 살아나셨다는 사실에 달려 있다는 점을 명확히 짚어주어야" 한다고 강조한다(305).

---

[19] 골즈워디는 자신의 책 『복음과 하나님의 계획』(*According to the Plan: The Unfolding Revelation of God in the Bible*)이 바로 이 점을 상세하게 다룬 책이라고 언급한다.

그러므로 성경신학적 설교는, 첫째로, 구속사의 중심이신 그리스도를 중심으로 하여 해석되고 설교되어야 한다는 점에서 **바른 의미에서** 그리스도 중심적 해석이다(143, 145f., 164f., 179) (이를 잘못된 의미의 기독론적 집중과 구별하기 위해 **삼위일체론적 그리스도 중심적 설교**라고 할 수 있을 것이다). 왜냐하면 "성경 전체의 모든 본문은 보고 알 수 있는 관계를 그리스도와 맺고 있으며, 주로 그리스도에 대한 증언으로 기록되었기" 때문이다(185). 그러므로 그는 "모든 주제들은 그리스도에게 이른다"고 선언한다(187). 그리고 "그 분을 떠나서는 이 우주 가운데 있는 그 어떤 사실도 그 궁극적 의미를 파악할 수 없을 것이다"(190).[20] 이런 의미에서 골즈워디는 "복음 없는 권면들은 율법주의적"이라고 선언하면서(191, cf. 378), 이런 의미에서 우리 주변에 많이 있는 이런 설교는 사실 "하나님의 은혜를 거부하는 것이며, 사람들을 자력과 자기 수양을 추구하도록 이끄는" 것이고, "솔직히 말해 불경건한 것이다"라고까지 선언한다(193, 200f.도 참조하라).

그러므로 성경신학적 설교는 그 내용을 중심으로 말하면 **신국적인 설교요**(148-50), 그 시기적 성격을 중심으로 말하자면 **종말론적 설교**이다. 왜냐하면 바른 설교는 "예수님 안에서, 우리를 위하여, 우리를 대신하여 세상의 끝이 임했다"(156)는 것을[21] 바르고 강하게 선포하는 것이기 때문이다. 하나님 나라는 "구약 성경에서는 실제로 그 말이 언급되지 않았지만, 그 개념은 성경 전체에 나온다"(392). 이는 "하나님이 시공간 안에서 당신님의 백성을 다스리시는 일을 포함하는 중심적 실체"이다(392) 그러므로 골즈워디는 하나님 나라 개념을 "성경신학에서 하나의 중심적이며 통일적

---

[20] 이는 모든 바른 그리스도인들의 생각이지만 이 점을 가장 잘 표현하고 강조한 이는 역시 Cornelius Van Til임을 생각할 때 반틸이 골즈워디의 생각에 미친 영향은 매우 크다고 하지 않을 수 없다.

[21] 이에 대해 Goldsworthy는 특히 자신의 *According to Plan*과 *The Gospel in Revelation*, 그리고 Adrio König, *The Eclipse of Christ in Eschatology* (Grand Rapids: Eerdmans, 1989)을 언급한다(159, n. 16).

인 주제로서 추적할 수 있다"고까지 강하게 말한다(392).

그러므로 성경신학은 "하나님의 원대한 계획과 목적에 대한 안목을 제공해" 주고(65), 따라서 "하나님의 전체 경륜을 선포하도록 도와준다"(65). 따라서 "성경신학은 설교자가 무엇을 설교해야 할지를 모르는 답답함에서 벗어나게 할 것이다"(65). 이런 뜻에서 골즈워디는 모든 목회자는 성경신학자여야만 한다는 것을 매우 강하게 말한다(65).[22] 그리고 예수님을 중심으로 하는 성경 신학적 이해에 의하면 "교회는 종말론적 실재"이다(104). 따라서 "열방을 향한 교회의 사역은 우리가 특별한 의미에서 역사의 종말에 다다랐다는 표적이다"(104). 그러므로 우리의 설교도 하나님 나라의 일이며, 사람들을 하나님 나라로 이끌어 들이고, 이미 하나님 나라 안에 들어온 사람들은 진정 하나님 나라의 백성답게 살게 하는 종말론적인 사역이고, 하나님 나라적 사역이다. "하나님 나라가 설교를 통해서 이 세상에 임할" 것이기 때문이다(87). 이런 의식을 가지고 성경이 말하는 하나님 나라의 성격을 드러내며, 그런 성격을 구현하게 하는 것이 성경신학적 설교요, 개혁파적인 설교다. 골즈워디는 설교에 대한 이런 이해를 "선포된 말씀에 대한 성경신학"이라고 표현하기도 한다(69).

둘째로, 성경신학적 설교는 **"계시의 점진적 성격을 반영해야 한다"**(133, 강조점은 필자의 것임). 모든 계시는 "점진적"이기 때문이다(290, 127-33). "모든 설교에는 성경신학을 한 결과가 들어 있어야 한다"(383). "다시 말해서, 설교를 들으면서 사람들은 성경을 읽고 이해하는 방법을 배울 수" 있어야만 한다(383). 이 점에서 있어서 언약은 골즈워디에게도 매우 중요한 것이다. "성경신학은 다양한 언약 사상들을 취하여 그 배후에 있는

---

[22] Cf. Goldsworthy, "The Pastor as Biblical Theologian," in *Interpreting God's Plan: Biblical Theology and the Pastor*, ed., R. J. Ginson (Carslie: Paternoster, 1997).

다양성과 통일성을 검토하는 데 관심이 있다. 언약의 다양성은 점진적 계시의 기능이다"(392f.).

모형론(typology)은 지나치면 안 되지만 "그 방법 자체는 명백히 성경을 기초로 한 방법이며 무시될 수 없는 방법이다"(133). 왜냐하면 하나님께서는 "근본 진리들을 먼저 그림자. 즉 예표로 계시하셨으며, 그 다음에는 확실한 실체, 즉 원형으로 계시하셨기" 때문이다(393). 골즈워디는 신약성경이 그 모형을 분명히 드러내는 "명백한 모형론"과 신약 성경에서 그런 명백한 언급이 없으나 "그 시기 자체에서 그 사건의 신학적 의미를 파악할 수 있는"(394) 암시적 예표 모두를 긍정적으로 본다(393f.). 그런 의미에서 약속-성취 모델도 계시의 점진적 성격을 잘 보여 주는 방식이다.

그러나 잘못된 모형론에 대해서는 골즈워디가 매우 강하게 비판한다. 예를 들어서 느헤미아가 예루살렘 성문들을 재건하는 일에 대해 설명하면서 양문(羊門)을 재건한 것과 연관하여 "양 떼와 선한 목자"에게로 나아가고, "마문(馬門)"을 재건한 것에서 하나님의 군대를 생각하는 것 등이 이와 같은 잘못된 모형론의 대표적인 예로 언급하며 비판한다(180, 181, n. 7).[23] 또한 언약궤의 나무는 그리스도의 인성을, 금박은 신성을 나타낸다고 하는 해석이나, 제사장 의복에 있는 석류 문양은 성령의 열매를 뜻한다고 보는 해석들이 그런 해석의 대표적인 예들로 언급된다(181). 그는 이런 해석과 설교는 알레고리요 무모한 예표론이라고 하면서 강하게 비판한다.

바른 예표를 찾는 시금석으로 골즈워디는 다음과 같은 원칙을 제안하는 존 커리드의 말을[24] 동감적으로 인용한다: "첫째, 예표는 역사를 기반으로 해야 한다. 예표와 원형은 모두 반드시 실제 역사 사건이나 사람

---

[23] 사실 이는 Goldsworthy, *Gospel and Kingdom*, 110, 111에서 자신이 이미 비판적으로 언급한 바를 다시 언급한다.
[24] 이는 John Currid, "Recognition and Use of Typology in Preaching," *Reformed Theological Review* 53/3 (1994): 121의 인용이다.

이나 제도여야 한다는 것이다. 둘째, 예표와 원형 사이에는 역사적 대응성과 신학적 대응성이 반드시 있어야 한다. 셋째, 예표의 원형은 강화된 특성이 있어야 한다. 넷째, 그 예표가 원형을 예시하는 것을 하나님이 정하셨다는 증거가 반드시 제시되어야 한다."(182f.)

셋째로, 성경신학적 설교는 **성경의 구원사적 맥락을 존중하는 설교**이다. 구원사적 맥락을 존중하는 성경 해석과 설교는 "일차적으로 본문의 위치"를 확인하고[구속사에서의 본문의 위치 확인], 그 후에 모든 성경의 정점이신 그리스도와 신학적으로 연결시킨[그리스도와의 관계성 확정] 후에야 신자와 청중에게 연관시키는[신자에게로의 구속사적인 적용] 것이다(167, 190).

그러므로 골즈워디는 "계시가 지닌 구원사적 구조를 무시하고 청중에게 개별적이고 관련 없는 본문을 직접적으로 적용"하는 것을 강하게 비판한다(166). 그런 성경 해석과 설교는 "계시의 구조를 도외시하고"(190), "설교자의 직관과 선택이나 편견"을 반영하는 것일 뿐이라는 것이다(166). 그러나 바른 설교에 대한 전략은 "하나님께서 말씀하신 방식, 성경의 내용, 성령의 영감 아래 성경의 메시지가 취한 형식을 무시할 수 없다"(196).

넷째로, 이런 개혁파적 설교는 **그 모든 내용에 있어서도 성경이 제시하는 근본적 가르침에 충실한 설교이어야 한다.** 예를 들어서, 바른 설교는 "만약 그리스도의 구원 사역이 몸을 포함하여 우리의 완전한 인성이 포함된다면, 몸의 부활은 필수적이다"는 점을 분명히 하는 것이어야 한다(107).[25] 그리고 그것은 몸을 존중하게 하고 몸을 경시하지 않게 하는 것이어야만 한다.

또한 그는 율법이 하나님의 은혜로 형성되어 있다는 것을 아주 분

---

[25] Cf. Goldsworthy, "'With Flesh and Bones': A Biblical Theology of the Bodily Resurrection of Christ," *Reformed Theological Review* 57/3 (1998): 121–35.

명히 하면서 논의한다(참조. 19, n. 3, 109, 11장). 그리고 구원을 은혜로 얻는 것이 분명하다면 "우리는 모든 윤리적 명령들을 복음과 함께 받은 것이며, 명백히 그와 같은 것으로 여겨야 한다"고 주장한다(108).

이런 설교는 경륜적 삼위일체만이 아니라 존재론적 삼위일체도 인정하는 것이어야 하며(117), 칼시돈 정의에 충실한 것이기도 해야 한다 (116). 그런 설교자는 "범신론이나 범재신론에서 발견되는 [실재들의 잘못된 방식의 통합을] 전적으로 반대한다"(118).

또한 이런 설교는 하나님의 영원하신 작정도 매우 중요시하며 (225), 또한 성경 역사의 역사적 성격을 매우 존중한다. 이런 해석과 설교는 예를 들어서, "아담을 인류의 선조로"보며, 창세기 3장이나 로마서 5장과 고린도전서 15장 등을 그가 "자신의 창조주에게 반역한 실제 인간에 대한 언급"으로 보는 것이다(170). 이런 의식에서 골즈워디는 고대 근동의 종주권 언약 체결식과 성경 언약 체결식의 연관 관계를 관찰하면서 "신명기가 모세보다 훨씬 오래된 구조를 가지고 있는 것으로 보인다는 주장"을 한 클라인의 작업은[26] "신학적으로 중요한 기여를" 한 것으로 평가하며 제시하는 것이라고 여겨진다(258).

그런데 오늘날 복음주의 설교에서도 반역사적 영향력이 종종 나타난다는 점을 골즈워디는 우려한다(127).[27] 예를 들어서, '내 마음 속에 계신 예수님' 신학은 신약의 삼위일체적 관점을 왜곡할 뿐 아니라, 중세 가톨릭주의의 내면화된 복음에 가깝다는 점을 지적한다(127).

다섯째로, 이런 성경신학적 설교는 **그 형식에서는 매우 다양할 수 있다.** "우리가 사용하는 전략은 상황에 따라 매우 다를 수" 있기 때문이

---

[26] Cf. Meredith G. Kline, *Treaty of the Great King: The Covenant of Deuteronomy* (Grand Rapids: Eerdmans, 1963).

[27] 또한 Goldsworthy, "The Gospel and the End of History," in *Explorations* 13, ed. R. J. Gibson (Carlisle: Paternoster)도 보라.

다(198). 가정 예배에 적합한 전략이 있을 수 있고, 소그룹 모임에 대한 전략이 있을 수 있고, 교회공동체의 예배에 적합한 전략이 있을 수 있다는 것이다(198-200). 물론 모든 설교는 주해와 해석과 적용의 요소들을 가지고 있지만(206), 그 과정을 통해서 하나님의 말씀이 전달되는 방식은 다양하다는 것이다. 그러므로 "오용되지 않도록 성경 신학이 보호하는 강해 설교는 많은 방향으로 나아갈 수 있다"(202). 이는 성경신학적 설교란 어떤 고정된 틀을 가지고 그것에 맞추기를 강요하는 것이 아니라는 말이다. 예를 들어서, 골즈워디는 바른 성경신학적 주해에 근거한 설교가 되어진다면 "때로는 한 구절이나 한 단어에 초점을 맞추어 설교하는 것도 가능하고 허용될 수 있는 일이며, 아주 바람직한 일이기도 하다"고 말한다(196). 그 구절이나 단어를 "본래의 문맥에서 지니고 있는 의미에 따라" 다루기만 한다면 말이다. 그래서 골즈워디는 "주해의 기초 작업이 겉으로 드러나지 않으면서도, 다루는 본문을 정확히 주해하는 토대를 확고하게 제공해 준다면, 하나님의 진리를 청중에게 적용하고자 하는 설교의 목적이 여전히 존재한다"고 말한다(201).

더 나아가서 성경이 증언하는 그리스도의 풍성함 때문에 성경적 설교는 다양할 수밖에 없다. 이런 뜻에서 골즈워디는 다음과 같이 매우 강하게 말하기도 한다:

> 성경의 모든 부분에서 그리스도를 설교한다는 것은 구약 성경의 풍성한 다양성을 '예수님을 피상적으로 대하는 얄팍한 경건'이라는 편협한 틀에 집어넣어 천편일률적으로 짜내는 것과는 거리가 멀다. 성경의 모든 부분에서 그리스도를 설교한다는 것은 이 큰 다양성을 성취자이신 그리스도의 끝없는 풍성함 속으로 확대한다는 의미다. 만약 모든 설교에서 그리스도의 풍성함의 측면을 선포하지 않는다면, 우리는 설교단에 서지 말아야 한다(204).

이와 같이 골즈워디는 성경이 증언하는 그리스도의 풍성함을 잘 의식하며, 우리의 설교가 그 풍성함을 드러내도록 해야 한다는 것을 매우 강조한다. 그러므로 그는 설교를 준비하면서 "우리는 하나님의 성령이 그 말씀의 풍성함을 우리에게 능동적으로 보이시기를 기도해야 한다"고 말한다(205).

III. 성경 신학적 설교의 실제들에 대하여

이제 이와 같은 성경 신학적 설교를 제대로 감당하기 위해 우리는 성경의 다양한 장르에 맞게 해석하고 설교해야 할 것이다. "장르를 잘 의식하며 해당 본문을 다르게 해석하지 않을 수 있게" 되기[28] 때문이다. 그러나 "어떠한 문학적 형태나 장르라는 표지를 붙이는 것이 중요하지 않다. 설교자는 구체적 본문이 하나님의 말씀을 위한 도구로서 어떤 역할을 하는지 이해하려고 노력해야 한다. 장르 확인은 이 작업에 도움을 주는 한에서만 중요하다"(284). 왜냐하면 시드니 그레이다너스가 잘 말하고 있는 것처럼, "복음서 장르와 예언서 장르와 히브리 내러티브 장르 사이에 유사성이 존재한다는 사실은 결코 놀랄 일이 아니기"[29] 때문이다.

1. 구약 성경의 역사 서술 본문(narrative text)은 어떻게 설교할 것인가?

---

[28] 이는 골즈워디가 John Barton, *Reading the Old Testament: Method in Biblical Study*, 2nd edition (London: Darton, Longman and Todd, 1996), 16을 인용하여 하는 말이다(218, n. 1).

[29] Sidney Greidanus, *The Modern Preacher and the Ancient Text* (Grand Rapids: Eerdmans, 1988), 263.

다른 본문들과 같이 이런 역사적 기사 본문(narrative text)들도 구원사의 맥락에 따라 해석되어야 한다(224, 233, 234). 이는 아브라함을 부르시는 일과 언약적 약속들을 주시는 일의 예비적 무대를 제공하는 창세기 1-11장으로부터 시작하여, "시내 산에서 하나님 백성으로서 나라(a nation)가 세워진" 일을(226) 중시하고, "다윗의 통치에 영광이 있었지만 하나님의 나라는 아직 오지 않았다는 사실을" 분명히 하면서 논의되어야 한다(225). 즉, "역사 내러티브에 대한 설교를 할 때 하나님 나라와 더불어 우주를 바꾸시겠다는 하나님의 계시된 목적을 존중해야 한다"(238f.).

그러므로 "바빌론에서의 귀환이 여호와의 큰 날과 만물의 영광스러운 회복에 대한 서곡"으로 해석되어 설교될 수 있다(235). 물론 그것은 "선지자들이 예언한 [종국적] 하나님 나라가 아님이 명백하다"(236). 이때까지도 "이가봇의 그림자가 그 땅에 드리워져 있었다"(236). 그러므로 후기 선지자들의 메시지는 (1) "장차 실현될 진정한 성취의 필요성을 가리키는 동시에" (2) "다가올 하나님 나라에 대한 소망 가운데 당신의 백성을 지키시는 하나님의 신실하심을 보여 주는" 것이다(236).

그러므로 이런 본문을 그저 "처음부터 끝까지 설교 전체를 하나의 플롯을 주제로 엮어 내는 설교"로 보는 기사적 설교도[30] 그 이야기가 **"역사라는 틀에서 벗어나면, 신학은 무기력하게 왜곡된다"**고 말하는 골즈워디의 말은 매우 중요한 것이다(238, 강조점은 필자가 붙인 것임).

---

[30] 이는 Calvin Miller, "Narrative Preaching," in *Handbook of Contemporary Preaching*, ed., Michael Dudiut (Nashville: Broadman, 1992)을 인용하여 하는 말이다(237, n. 11).

2. 구약 율법을 어떻게 설교할 것인가?

골즈워디에 의하면 율법도 구원사 안에 그 맥락을 가지고 있다. "율법이 공로와 노력에 의한 구원의 길을 제공하는 것이 아니었다"(261). 오히려, "율법은 은혜로 택함을 받고 은혜로 먼저 구원함을 받은 백성에게 주어진" 것이다(242). 이런 뜻에서 "율법은 단순히 인간 행위를 위한 지침이 아니다"(247). "우선적으로 율법은 그 율법이 지니고 있는 윤리와 복종이 하나님과 어떤 관계가 있는지 보여 주기 위해 존재한다"(247).

골즈워디는 율법을 시내 산 율법 중심으로 생각한다. 따라서 에덴에서는 하나님과의 언약 관계는 있었으나 아직 율법이 주어지기 전이라고 보아야 한다(242, n. 2)고 계시의 역사를 존중하는 논의를 한다. 그래서 골즈워디는 에덴에서 첫 부부의 불순종으로 하나님과의 언약 관계가 깨어졌다고 말한다(242, n. 2). 이는 성경 신학자인 골즈워디가 타락 이전의 인간과 하나님의 관계를 언약적으로 보고 그렇게 표현하고 있음을 보여 주는 것이다. (그러므로 좋은 성경 신학자는 교의학에 적대적이지 않은 것이다.)

음식법을 포함하여 위생적인 이유가 아닌 신학적으로 규정된 구약의 법들이[31] "복음을 근거로 하여 대체된" 것이다(245, n. 6); "복음은 그러한 구별을 아예 없앤 것으로 보인다"(255). 그러므로 윤리적 행위를 언급하는 구약의 율법들도 그리스도와 연관해서 신약의 그리스도인에게 적용되는 것이니(244f.), 이는 "그리스도인이란 그리스도와의 연합을 통해 규정되는 사람"이기 때문이다(244).

---

[31] 이는 구약에서 부정한 음식이 금해진 것이 "위생적인" 것이 아니라 "신학적인 것이었다"는 고오든 웬함의 이해를 반영하는 말이다(Godfon Wenham, *The Book of Leviticus*, NICNT [Grand Rapids: Eerdmans, 1979], 21).

율법 안에 이미 희생 제사라는 인간의 불순종을 다루는 수단이 있는 것이다(246). 즉, 율법 안에 이미 복음이 있는 것이다. 그러나 율법 안에 있는 세세한 부분들의 상징성을 다룰 때 그것들을 알레고리화하지 않도록 주의해야 한다(248, 254). 골즈워디는 베른 포이뜨리스의 성막에 대한 해석에서 "증거에서 벗어나는" 것들이 상당수 있음을 잘 지적한다(248, n. 8).[32] 성막과 성전, 참 성전이신 그리스도(248, 254, 275, 276), 그리고 "복음 전파를 통해 성령께서 창조하신 결과물인 땅 위에 있는 새 성전"(255)의 관계를 잘 보아야 한다. 율법과 그리스도의 관계성에 대한 골즈워디의 탁월한 이해는 다음 인용문에서 잘 나타나고 있다:

> 하나님의 아들 이스라엘이 받은 율법이 깨지자, 그 민족은 그 약속의 땅에서 유배의 광야로 쫓겨나게 되었다. 참 순종을 하는, 하나님의 언약 파트너로서 오신 마지막 아담은 자신의 도움이 절대적으로 필요한 백성과 자신을 동일시하셨다. "아 마침내 하나님의 참 아들이 왔구나!" 하는 안도의 한숨이 하늘에서 들리는 것 같다… 그런 다음에 이 참 아담, 이 참 이스라엘이 광야로 나가서 시험을 받고 승리하셨으며, 그리하여 우리가 하나님의 동산으로 되돌아갈 수 있는 길을 여신다(251).

이와 같이 율법도 복음과 밀접히 연관되고, 그리스도에게서 그 목표점을 발견한다. 그러므로 우리는 그리스도에게서 "율법을 스스로 지켜보려는 왜곡된 노력들을 버리고 우리를 대신하여 율법의 모든 요구들을 다 성취하

---

[32] 이는 Vern Poythress, *The Shadow of Christ in the Law of Moses* (Bretwood, Tenn.: Wolgemuth and Hyatt, 1991)에 대한 비판적 언급이다. 그러나 골즈워디는 포이뜨리스의 이런 접근이 "이것을 탁월하게 다룸에 있어서 그다지 심각한 실수는 아니다"고 말하면서 매우 균형 잡힌 비판을 하고 있다. 비슷한 비판적 논의로 필자의 "포이뜨리스 교수의 『모세 율법에 나타난 그리스도의 그림자』에 대한 서평", 「월간 목회」1993년 5월호: 311-18과 1993년 6월호: 404-23=『개혁신학탐구』(수원: 합신대학원출판부, 2012), 301-20을 보라.

신 그분을 신뢰하고 의지함으로써 율법을 세운다"(252). 그러므로 "복음 사건은 율법에 대한 거부가 아니라, 율법의 가장 완벽한 표현이다"(252). 신구약 시대에 "변한 것은 하나님의 계시와 구원 방법의 명확성이다"(252).

그러나 이와 같이 그리스도와 관련된 우리들도 "하나님의 성품으로 닮으라는 성경의 가르침의 중요한 측면을 제시하는" 십계명을 존중한다(253). 특히 하나님의 형상화에 반대하는 2계명은 성육신하신 예수님을 시각화하는 데도 그대로 적용된다고 골즈워디는 이전의 패커와 같이 강하게 반대한다(253f.). 안식일 계명은 "안식일에 대한 신약 성경의 이해에 비추어 다루어야 한다"고 주장한다(254).

3. 선지서를 어떻게 설교해야 하는가?

"예언과 율법은 함께 간다"(268). 선지자들은 율법에서 벗어 나아갈 때 "바른길에서 벗어난 백성에게 하나님의 은혜를 보여 주고, 그들로 시내 산 언약으로 되돌아가게 해서 은혜로 구속받은 백성들로 살도록 촉구하는" 일을 하도록 하기 위해 파송된 것이다(268). 엘리야와 엘리사가 이 일을 시작한다. 그러나 "북방 이스라엘 왕국이 거의 무질서한 종국에 다다른 시기"인 "여로보암 2세가 다스리던 비교적 조용한 시기"에 예언한" 호세아 이스라엘의 언약 배반의 심각성을 강하게 비판하며(271f.), 동시에 "하나님의 언약적 사랑의 신실함을" 보여준다(272) 그 "결혼 관계의 완성은 요한계시록 19:7; 21:2, 9에 나오는 것처럼 마지막 날 어린양의 결혼이다"(273). 그러므로 선지서는 이런 구속사적 맥락에 유의해서 설교해야 한다.

이런 뜻에서 골즈워디는 "이스라엘과 유다의 언약 파기에 대한 고발을 시작으로 해서 현대 사회의 병폐를 고발하는 식의 접근은 만족스럽지 않다"고 강조한다(285). 마치 "미국이 새 언약 국가나 되듯이 미국에게 직접 적용하는" 것은 있을 수 없다는 것이다(285).[33] 이는 다른 어떤 나라에 대해서도 마찬가지로 적용된다. 그러므로 골즈워디는 선택한 구절은 "언제나 문학적이며 동시에 구속사적인 틀 가운데 놓아야 한다"는 것을 강조한다(286). "만약 좀 더 작은 단위를 선택할 경우, 완결된 말씀의 일부분으로서 그 의미를 해석"해야 한다는 것이다(286). 그리고 성취의 사건과 때를 "정확하게 예견하려는 시도는 반드시 피해야 한다"는 것도 매우 강조한다(286).

4. 지혜 문학은 어떻게 설교할 것인가?

이에 대한 골즈워디의 기본적 입장은 이 논의의 처음부터 아주 분명하게 천명되고 있다: "그 백성에게 계시된 하나님의 지혜는 하나님이 인류에게 첫마디를 하셨을 때 시작한다. 계속되는 계시는 하나님의 지혜의 틀이 된다. 그 틀 안에서 인간의 지혜가 발전될 수 있다. 참된 지혜는 인간 경험을 하나님의 지혜에 비추어 본 반응이다"(287). 하나님께서는 아담과 하와에게 "그들이 마땅히 생각하고 행동해야 할 틀로서 신적인 질서를 계시해 주셨다"(289). 그러므로 "그 시점 이후로 우리는 하나님의 계시가 인간의 모든 고유한 사고와 의지의 토대가 된다는 것을 볼 수 있다"고 골즈워디는 강하게 천명한다(289f.). 그리고 지혜는 성경신학적 맥락에서 "하나님 나라 계시의 첫 시기의 끝에서[다윗 솔로몬 시대] 성숙하게 된다"(29). 그러므로 지혜 문학에 대한 골즈워디의 해석은 구속사에 근거한 것이다. 그래서 그

---

[33] 이때 골즈워디는 Donald E. Gowan, *Reclaiming the Old Testament for the Christian Pulpit* (Atlanta: John Knox, 1976), 126의 지적에 동의하면서 이를 주장한다.

는 "설교에서 지혜 문학을 다룰 때 가장 큰 함정은 분량이 적은 본문을 그 부분의 문학적, 정경적 맥락과 구속사의 맥락과 떼어 놓으려는 유혹일 것이다"라고 한다(303).

그리고 이런 지혜가 필요함은 "하나님이 우리를 위해서 우리의 모든 결정을 내려 주지" 않으신다는 것과 그럼에도 불구하고 하나님께서 우리를 구체적으로 인도하신다는 것에서[34] 나오는 것이다(288). 이때에 "사람들로 하여금 세계와 인간 경험을 이해할 수 있게 하는 신적 계시의 틀이 잡힌 것이다. 이 인식 구조와 사유 구조의 틀은 세상에서 우리의 실존을 해석하는 데 지극히 중요하다"(291). 이 문제에 대한 논의에서 골즈워디는 토마스 아퀴나스적 자연 은총의 구조를 지닌 이해를 강하게 비판하면서 "하나님의 은혜의 계시가 모든 사실을 비추어 주고 이해하게 해주는 프리즘이다"고 말하며 강한 개혁파적 입장을 드러낸다(291). 그는 또한 이런 입장은 "포스트모더니즘이 지닌 상대주의와 직접적으로 반대된다"는 것을 분명히 한다(191). 성경의 지혜 문학서들은 "지성과 사고의 기능들을 활용하라고 신자들에게 격려하고 동시에 그 모든 것을 다 안다고 주장하는 사람들의 교만을 책망한다"(292).

지혜 문학서에 대한 골즈워디의 해석은 그 지혜가 창조만이 아니라 구원과도 연결되어 있음을 분명히 천명한다는 점에서도 의미 있다(293). 그는 율법과 잠언적 지혜의 연관성과 차이도 아주 분명히 한다: "시내 산 율법은 하나님의 오류 없는 지혜다. 잠언은 개인의 구체적 체험의 상황을 반영하며 하나님의 영감을 받은 인간의 지혜다"(300). 즉, 하나님께서는 친

---

[34] 이 인도하심 주제에 대해 골즈워디는 다음 두 책을 추천한다. Gary Friesen, *Decision Making and the Will of God* (Potland: Mulnomah, 1980); Philip D. Jensen and Anthony J. Payne, *The Last Word on Guidance* (Homebush West, Sydney: Anzea Press, 1991). 이 주제에 대해서는 이승구, "성령의 인도하심과 성도의 삶", 『개혁신학탐구』 (서울: 하나, 1999), 82-97=개정판 (수원: 합신대학원출판부, 2012), 81-96과 거기 인용된 책들을 참고하라.

히 계시하신 법적인 틀 안에서 그의 백성들이 "나름의 사유와 사고 능력을 사용해서 인간다움을 표현할 것을 계시하신다"(300) 또한 선지자들의 종말론에도 구속사적 큰 그림을 "완성하는 데 도움을 줄 만큼은 존재한다"(293)고 말하는 점에서 골즈워디는 온전히 성경 계시의 연관성과 연속성을 잘 드러내며, 그것을 중시하는 모습을 잘 드러내고 있다. 그러므로 그는 "지혜의 종말론은 장차 오실 메시아적 왕의 지혜로운 통치를 가리킨다"(294). 구체적으로 잠언서 8장에 대해서 골즈워디는 "이 단락은 그리스도에 관하여 직접 말하지는 않지만, 창조에서 하나님의 지혜로서 그리스도의 역할(골 1:15-17)을 분명하게 미리 보여준다"고 균형 잡힌 논의를 하고 있다(295f.). 아가서에 대해서도 창조 가운데 있는 남자와 여자의 사랑을 다루고 있음을 분명히 하면서도,[35] "그와 같은 사랑은 당신님의 백성에 대한 하나님의 사랑, 특히 당신님의 교회에 대한 그리스도의 사랑에 그 토대를 두고 있는 것으로도 계시된다"(299)고 말하여 극단적 알레고리적 해석으로 나아가지도 않고 하나님과의 관계성을 전혀 배제하지도 않는 매우 균형 잡힌 해석을 제시한다.[36]

5. 시편을 어떻게 설교할 것인가?

시편에 대한 골즈워디의 이해의 기본은 다음과 같다: "시편 90편은 모세의

---

[35] Cf. Goldsworthy, 『성경신학적 설교 어떻게 할 것인가』, 303: "아가서는 자유롭게 표현된 사랑의 신비들과 사랑의 쾌락들을 찬양하지만, 외설의 기미는 전혀 없다… 아가서는 고상한 척하지 않지만, 그렇다고 해서 정욕적이지도 않다." (한글 번역서의 번역을 조금 수정하였다).

[36] 이와 연관하여 그는 Barry G. Webb, "The Song of Songs as a Love Poem and as Holy Scripture," *Reformed Theological Review* 49/3 (1990): 91-99도 언급하고 있다.

작품으로 여겨지고 있다. 초기의 영창시가 그 시가에 등장할 수도 없었다고 볼 근거가 전혀 없다.37 시편 대부분은 다윗부터 포로기에 이르는 시기에 쓰여졌다"(307). 그리고 "시편은 구약의 책들 가운데서 가장 자주 인용되거나 암시되는 책이다."(310) 그는 시편이 "신약 성경에 영향을 가장 많이 준 책"이라고 말하는 헨리 샤이어즈의 말도 인용한다.38 예수님도 "시편을 가장 많이 사용하신 것으로 기록되어" 있고(311), 시편은 사도적 설교에서도 매우 중요한 역할을 하였다(311f.). 이런 의미에서 골즈워디는 덤브렐의 다음 말들을 매우 긍정적으로 소개한다: "시편은 성경 신학의 개요이다. 그래서 구약 성경의 사상과 삶의 모든 측면들에 대한 논의가 그 안에 담겨 있다";39 "시편은 창조주이자 구속주이신 하나님이 토라를 통해서, 역사 속에서의 자기 계시를 통하여, 이스라엘에게 새로운 삶의 가능성과 그 삶을 어떻게 살아가야 하는지를 완전히 지시하신다는 것을 선포하는 찬양의 책이다."40

일반적으로 시편에 대한 골즈워디의 논의는 매우 포괄적이면서도 균형 잡혀 있고 통찰력이 뛰어나다. 예를 들어서 그는 시편 22편을 해석하면서 다음같이 매우 포괄적이면서도 통찰력 깊은 논의를 제공하고 있다: "이 시편 저자가 찬송하기 전에 먼저 실제로 구원을 받는 경험을 했는지, 아니면 하나님은 신실하시니 앞으로 그 구원이 일어날 것으로 단정하는 것인지는 판단하기 힘들다. 십자가 위에서 예수님이 이 시편을 사용하신 것을 보면, 그 부르짖음이 그 순간의 흑암을 분명히 표현함을 깨닫게 된다 …

---

37 이와 연관해서 골즈워디는 William J. Dumbrell, *The Faith of Israel* (Grand Rapids: Baker, 1988), 208을 언급한다(308, n. 1).

38 Cf. Henry Shires, *Finding the Old Testament in the New* (Philadelphia: Westminster, 1974), 126-27. 그에 의하면 신약에 시편을 명확히 언급하는 인용으로는 70회, 소개 없이 인용한 것이 60회(합 120회), 확인 가능한 인유와 참조가 220회 된다고 한다.

39 Dumbrell, *The Faith of Israel*, 211 (313, n. 9).

40 Dumbrell, *The Faith of Israel*, 212 (313, n. 10).

철저히 버림받았음을 느끼신 것이다. 그러나 … 예수님이 사실은 이 시편 전체를 다 자신에게 이루어지고 있는 것으로 확인하셨을 가능성도 실제로 존재한다 … 이 패러다임은 현세에서 그리스도인이 받는 고난을 이해하고, 예수님이 받으신 변호와 함께 받을 것을 확신하는 데 있어서 지극히 중요하다. 이것이 바로 로마서 8장에서 바울이 그토록 설득력 있게 진술하는 메시지다"(321).

6. 묵시론적 본문들을 어떻게 설교할 것인가?

묵시론적 본문 해석과 설교에서도 골즈워디는 "성경은 성경으로 해석한다는 원칙", 즉 종교 개혁자들이 "성경의 유비"(analogia scripturae)라고 부른 원칙을 중요시해야 한다고 주장한다(343). 이는 매우 중요한 점이라고 판단된다. 이런 원칙에 따라서 묵시론적 이상들(visions)을 해석하는 원리도 골즈워디는 다음과 같이 매우 분명히 천명하고 있다:

> 비유 하나에 담겨 있는 모든 것을 모두 일일이 해석하지 않아도 되듯이 이상 하나에 있는 모든 세부적인 묘사를 일일이 해석할 이유가 없다. 성경의 유비의 원칙은 이상을 해석할 때는 반드시 인접 문맥이 허용하는 내용만 받아들여야 하며, 복음에서 성취된 것으로 규제받아야 함을 보여 준다. [그러나] 몇몇 세부 묘사들에 대해서는 주의를 기울여야 하고, 그 본문이 묘사하는 질감을 죽이지 말아야 할 것이다(343).

골즈워디는 다니엘서가 말하는 것을 그대로 받아들이면서 이 책은 이스라엘 백성이 "유배 중이던 주전 6세기에 나왔다"고 한다. 그는 이렇게 말한다: "나는 예언에 대한 … 회의주의적 태도를 배격하며, 저작 시기를 주전

6세기로 보는 것이 주전 2세기보다 훨씬 더 다니엘서 전체의 분위기를 잘 설명해 준다고 본다"(333, n. 1).[41] 그리고 하나님 나라의 종국적 승리를 말하는(333, 344) 이 다니엘서는 "그 문학적 특징이 무엇이든지 간에 후기 선지자들의 종말론과 동일선상에 있다"(333)는 것을 잘 드러내며 강조한다. 그리고 이와 연관해서 다니엘 7장의 이상이 중심적임을 강조하면서, "이 이상은 예수님이 자신을 인자라고 칭한 사실의 배경임에 틀림이 없다"(334)고 단언한다.

스가랴는 "포로 이후의 재건기"에 속하는 문서로 "우선은 실망스러운 재건기라는 그 자체의 역사적 맥락에 놓은 다음에, 참된 성전의 도래에서 그 실망의 해결이라는 더 넓은 맥락에 놓아야 한다"(334)고 잘 논의한다. 그리하여 골즈워디는 스가랴 4:6을 중심으로 보면서 "다윗 계열의 군주에 의한 그와 같은 초자연적인 건축은 사흘날에 하나님의 성령에 의해 새 성전이 일어난 후에야 완성되었다"(336)고 선언하여 성경신학적 통찰을 잘 드러내면서 스가랴 4:6에 대한 사람들의 피상적 이해를 잘 수정하고 있다.

공관복음서의 소묵시록과 관련해서도 골즈워디는 다음과 같이 매우 건전하며 좋은 강조를 하고 있다: "이 본문들과 몇몇 다른 묵시문학의 부분을 오용하여 예수님이 재림하실 시기를 예견하려는 시도를 하는 자들이 있다는 것은 불행한 일이다. 마태복음 24:36에 있는 것처럼 예수님은 이러한 연구가 쓸데없다고 말씀하셨는데도 끊임없이 사람들은 현대 역사에서 보이는 시대의 징조들을 기반으로 해서 재림 시기를 예견하려 한다"(334f., cf. 343f.).

요한계시록과 관련해서도 골즈워디는 이것이 본질적으로 복음을

---

[41] 이 문제에 대한 논의로 그는 다음을 언급한다: Joyce Baldwin, *Daniel*, Tyndale Old Testament Commentaries (Leicester: IVP, 1978); D. W. Gooding, "The Literary Structure of the Book of Daniel and its Implications," *Tyndale Bulletin* 32 (1981).

다른 책이라고 보면서(335, 338f.),42 이는 "본질적으로 종말이 복음 사건들과 함께 이미 임하였으며, 지금 교회의 삶 가운데서 임하고 있으며, 그리스도의 재림과 함께 장차 임할 것이라는 뜻이다"(335f.)고 말하여, 신약적 의미의 종말 개념을 아주 분명히 제시하고 있다. 특히 "그리스도의 초림은 반드시 다른 모든 사건들을 좌우하는 그 종말론적 사건으로 이해해야 한다"(336, cf. 337f.)고 말하는 데서 이런 성경이 잘 드러난다. 그리고 계시록은 "분투하던 1세기 그리스도인들을 격려하기 위하여 썼을 가능성이 훨씬 높다"(338)고 하면서도 계시록에 "묘사된 거대한 우주적 싸움은 현재 지교회의 회중이 하고 있는 싸움의 배후에 있는 실재이며, 그것은 그리스도께서 다시 오실 때까지; 계속될 싸움이다"(339)라고 하면서 그 성격을 잘 드러내어 주고 있다.

7. 복음서를 어떻게 설교할 것인가?

복음서에 대한 골즈워디의 기본적인 그러나 매우 통찰력 있고 중요한 생각은 이 부분 논의의 제일 앞에 있는 도표와 그 설명에서 나타나고 있다. 그는 이렇게 말한다: "복음서는 예수 그리스도를 구약 성경의 약속들과 하나님 백성의 장차 있을 구원에 대한 소망들의 성취로 제시함으로써 성경 구원사의 그림을 완성한다. 중간사 시기의 역사적 공백에도 불구하고, 복음서는 구약 성경의 구속사적인 틀에 뿌리박고 있다"(345). 그래서 그는 창조부터 다윗/솔로몬 시기까지는 "역사적 예표에 있는 복음"으로 다윗/솔로몬 시기부터 예수님까지를 "선지적 종말론에서의 복음"으로, 그리고 예수

---

42 여기서 그는 자신의 책인 *The Gospel in Revelation*의 제목으로 우리의 관심을 유도시킨다.

님으로부터 새 창조 때까지를 "원형으로, 또는 [예표들의] 성취로서 복음서 안에 있는 복음"으로 제시하기도 한다(345). 그런 뜻에서 예수님께서는 "지금 우리에게 성경에 있는 당신님의 말씀을 통해서 말씀하시며, 당신님의 성령으로 당신님을 나타내신다"(347)는 주장은 매우 중요한 것이다.

"예수님의 초림은 종말의 도래이며, 마지막 날들의 시작이며, 우리들과 함께하는 새 시대의 시작이다"(349)는 주장은 다른 곳에서 나타나는 같은 강조와 함께 골즈워디의 논의가 얼마나 신약적 종말 개념에 충실한지를 잘 보여 주는 것이다. 이와 같이 예수님에게서 임하여 온 "하나님 나라의 도래는 예기치 못한 일을 일으키며, 예상되고 평범한 일은 파괴되어야 한다"(352)고 하면서 성전 청결사건과 무화과나무에 대한 저주를 설명하는 것이 매우 좋은 논의로 여겨진다.

8. 사도행전과 서신서를 어떻게 설교할 것인가?

복음 사건으로 말미암아 유대인들의 기대가 수정되어 그리스도의 초림으로 새 세상이 왔다는 것을 골즈워디는 분명히 한다(361, 362). 그러므로 "바울과 우리는 똑같이 오순절 이후 시기에 있고"(363), 그러나 "바울은 결코 되풀이되지 않는 독특한 직무를[즉, 사도직을] 가진 사람들의 일원이었다"(363)는 점에서 우리와는 근본적으로 다르다는 것을 골즈워디는 분명히 천명한다. "지금 우리에게는 그와 같은 사도들은 없지만, 사도들의 증언의 결과인 신약 성경이 있다"(363). 오순절에 오신 성령님은 "구약에서도 활동하셨다"(371).[43]

---

[43] 구약 신자들 가운데서의 성령의 역할에 대한 논의로 골즈워디는 Glenn Davies, "The Spirit of Regeneration in the Old Testament," in *Spirit of the Living*

이를 잘 의식하면 오순절 성령 강림 사건이 우리에게도 발생하느냐를 논쟁하던 1960년대의 혼동을 벗어날 수 있다고 골즈워디는 잘 논의한다. "이러한 혼란 대부분은 그 문제에 … 성경신학을 잘 적용하지 못했기 때문에 생긴 것이다"(363). 그러나 성경을 제대로 이해하면 이와 같은 변화는 "단 한 차례만 일어날 수 있으며, 그와 같이 단 한 차례만 일어났다"(364). 이런 점에서 오순절 성령 강림은 "결코 반복될 수 없는 측면이 존재한다"(364). 그런 점에서 보면 사도행전 19장의 "세례 요한의 제자들은 단순히 예수 그리스도에 대한 온전한 복음을 들을 필요가 있는 제자들이었다." 또한 "사도행전 10-11장에 있는 고넬료와 베드로의 기사와 함께 이 사건들은 하나님의 구원 사역에서 유대인에게 집중되던 초점이 이방인들을 포함하는 것으로 바뀌는 장면의 한 부분이다"(365). 그러므로 성령님의 중생의 은혜와 성화시키는 은혜 가운데 있는 성도들은 "성령으로 또 다시 세례 받을 필요도 없다"(371). 그들은 이미 성령으로의 세례를 받은 이들이기 때문이다. 그러므로 그들에게는 "오직 성령과 더불어서 걸어가는, 성령의 충만함으로 계속되는 삶이 있을 뿐이다(갈 5:25, 엡 5:18)"(371f.).

이와 같은 사도행전의 구속사적 위치에 잘 유의하여 설교할 때만 사도행전을 제대로 선포하는 것이 된다. 이런 이해에서 보면 "하나님 나라는 진실로 이스라엘에게 회복되고 있지만, 그 일은 전 세계에 복음을 전파하는 일을 통해서 실현될 것이다"(368).

그런 이해에서 보면 주일이 "안식일을 대신하게 되었다는 생각을 품고 주일에 [예배하기 위해] 모일 것이다. 매 주일이 부활의 날이다"(369). 또한 이런 이해 가운데서 골즈워디는 신약의 성전에 대한 가장 바른 견해를 잘 드러내고 있다: "이제는 예수님이 성전이다. 예수님은 하늘에 있는

God, ed., B. G. Webb, Explorations 5 (Homebush West, Sydney: Lancer, 1991)을 언급한다(371, n. 10).

성전으로서 하나님 우편에 앉아 계시며, 동시에 땅에 있는 성전으로서 성령과 복음을 통해서 계신다. 이사야가 본 것처럼, 이방인들은 여전히 계속해서 그 성전으로 밀려들어 오고 있다… 그 성전은 예수님의 영이 복음 전파를 통해서 당신의 백성들을 불러 모으고 어느 곳에든지 존재하는 성전이다"(373).

"서신서를 설교할 경우 … 해당 서신서 전체의 메시지가 드러나도록 설교해야 한다. 각 설교는 그 자체가 그리스도에 대한 선포로서 이해되어야 한다"(367). 왜냐하면 "어떠한 본문이나 사건이나 인물이든지 그리스도를 증거하고 있는 통일체의 한 부분"이기 때문이다(380). 그러므로 서신서에 의하면 "경건의 이유와 동기는 율법이 아니라 복음이다"(373). 골즈워디는 이 점을 특히 여러 번에 걸쳐서 강조한다: "우리의 모든 윤리적 권고나 성화적 권고들은 복음에서 비롯되어야 하며, 복음에서 비롯되는 것으로 여겨져야 한다"(377). 골즈워디에 의하면, "율법주의를 예방하는 최선의 방법은, 어떠한 설교도 복음을 기반으로 하는 그 서신서 전체 주제와 분리되어서는 안 된다는 조건에 맞는 조직적 강해설교다"(378). 물론 "서신서에 표현되는 모든 진리는 언급된 구체적인 상황과 문제와 관련해서, 그리고 그것을 위해서 표현된 것이다."44 그러나 골즈워디가 잘 지적하고 있듯이, "특정한 상황 그 자체가 메시지는 아니다"(376). 그러므로 우리는 그 맥락 전체를 잘 유의하면서 그 말들로부터 "하나님이 오늘날 우리들에게 하시는 말씀"을 찾아야 한다(376).

---

44 골즈워디는 이를 Scott Hafemann, "Preaching in the Epistles," in *Handbook of Comtemporary Preaching*, ed., Michael Duduit (Nadhville: Broadmann, 1992)으로부터 인용하고 있다.

IV. 논의점들

우리는 이와 같은 논의에 나타난 골즈워디의 구속사적이며 성경신학적 해석의 큰 의미를 발견한다. 그러나 골즈워디의 논의에도 우리가 더 깊이 생각해 보아야 할 점이 없는 것은 아니다.

    1. 예를 들어서, 골즈워디는 율법에 대한 해석 부분에서 세일해머의 기사적 모형론(narrative typology)를 긍정적으로 받아들이면서 논의하는데, 과연 다음과 같은 세일해머의 말에 골즈워디가 동감적으로 인용할 필요가 있는지가 좀 의심스럽다: "오경은 시내 산 언약의 실패를 회고하면서 그 언약이 성취될 시기를 바라보는 시각(즉 신 30장)을 보여 준다."[45] 우리가 모세 오경을 해석하고 설교할 때 "모세 오경의 전반적 구조에 주의를 기울여야 한다"는 것에 대해서는 기꺼이 동의한다(260). 그러나 세일해머와 같은 식으로 표현하는 것은 모세 오경이 결국 시내 산 언약의 실패라는 맥락 가운데서 주어진 것이라는 말이 되는데, 영 교수나 골즈워디 자신도 인정하고 있듯이 모세의 죽음을 기록하고 있는 신명기 마지막 부분에 그런 시각이 있다는 것은 인정할 수 있으나(265), 모세 오경 전체를 그런 식으로 보는 것이 과연 주어진 계시를 그대로 받아들이는 것이 될 것인지가 의문시된다. 상당히 조심스럽게 접근하는 골즈워디가 왜 이런 오해를 살 만한 구절을 동감적으로 인용하는지 의문이다.

    2. 또한 골즈워디는 요한계시록 21:2, 9을 언급하면서 시온은 도성일 수도 있고, 그 도시 안에서 하나님의 백성으로 살고 있는 사람들일 수도 있다"고 하는데(273, n.7), 왜 구약과 같이 두 가능성을 다 제시하는지 의

---

[45] 이는 John Sailhamer, *The Pentateuch as Narrative: A Biblical-Theological Commentary* (Grand Rapids: Zondervan, 1992), 27을 인용하는 말이다(260, n. 19).

문이 있다. 오히려 이는 종국적으로 나타날 하나님 백성의 온전함을 지시하는 것으로 보는 것이 더 나은 것이 아닐까?

3. 골즈워디는 한 곳에서 신약 성경은 유대인과 이방인들을 계속해서 구별한다고 하면서, 그 둘은 "그리스도 안에서의 새로운 인류로서 하나님께 받아들여지는 하나 됨이지만, 그 구별들은 없애지 않는다"고(277, n. 13)[46] 말하는데, 그렇게 십자가 이후에도 구별을 말하는 이유가 모호하다. 유대인들이 많은 수가 돌아올 것을 말하는 바울의 의도와 연관하여 생각하는 듯하나 과연 바울이 그런 계속되는 구별을 유지하면서 말하고 있는 것인지가 의심스럽기 때문이다. 오히려 그 둘이 십자가로 하나가 되었으나 이와 같은 식으로 유대인 가운데서도 이방인들과 같은 방식으로 주께 오는 것을 말하는 맥락에서만 바울이 그 둘을 구별하고 있는 것으로 보는 것이 더 좋지 않을까? 골즈워디의 이런 구별이 잘못하면 세대주의자들의 해석과의 연관성을 지닌 것으로 오해될 위험도 있어 보이기 때문에 그것이 아닌 입장에서 굳이 이 구별을 유지해야 한다는 논의를 하는 것이 이상하다.

4. 그리스도가 구약 지혜의 완성이요 성취라고 하는 것을 잘 드러내면서 그것을 강조하기 위해 골즈워디는 그리스도 삼중직에 근거한 "고전적 종교 개혁의 기독론에 우리는 지혜자라는 직분을 하나 더 해야 한다"는 주장을 한다(294). 지혜 개념과 그리스도의 연관성과 그리스도의 성취이심을 강조하는 것은 좋으나 고전적 이해에 이 새로운 직분을 더 하는 식으로가 아니라 그 모든 것의 개념 속에서 구약적 지혜 개념이 성취되는 것으로 말하는 것이 더 나은 것이 아니었을까? 왕도 선지자도 제사장도 모두 모형 역할을 제대로 감당하려면 지혜를 가졌어야 하는데, 그리스도에게서

---

[46] 이런 계속되는 구별을 잘 연구한 사례로 골즈워디는 Donald W. B. Robinson, *Faith's Framework: The Structure of New Testament Theology* (Sydney/Exeter: Albatross/Paternoster, 1985), 제4장을 언급한다(277, n. 13).

그것이 온전히 드러나기 때문이다. 그러므로 골즈워디가 제안하는 바와 같이 새로운 직분을 추가하기보다는 고전적 개념을 유지하면서 그 모든 것을 지혜의 틀에서 보는 것이 더 나을 것이다.

5. 골즈워디가 시편에 대한 브루스 워키의 복음주의적 정경적 접근을[47] 잘 소개하고(315f.), 그러면서도 그 첫 단계에서 워키가 "모든 시편이 [일차적으로는] 왕의 말이라는 워키의 주장은 불필요하다고 생각한다"(316)고 잘 비판하면서 활용하는 것은 매우 좋은 작업이다. 브루스 워키가 말하는 4가지 단계와 의미는 다음과 같다:

1. 본래의 시편의 의미,
2. 첫 성전과 관련하여 이전의 있었던 시편들의 선집상에서 그 시편의 의미,
3. 제2성전과 관련해서 구약 정경이 최종적으로 완성된 상태에서 그 시편의 의미
4. 신약 성경을 포함하여 정경으로서의 성경 전체상에서 그 시편의 의미

이는 매우 흥미로운 생각이나 둘째 단계에서는 첫째 단계의 왕적인 관심들이 "메시아적 종말론적으로 해석되었을" 것이라고 보는 부분(316), 또한 중간기 시대에 "회당에 맞게 다듬어졌다"고 보는 부분에서 좀 더 깊은 논의가 필요할 것이다. "그리스도의 오심과 함께 시편들의 참된 의미가 떠오른다"(316)고 말하는 것이 진정이려면, 첫째 단계에서의 의미와 연관성이 "더 깊고 충만한 의미"(the *sensus plenior*)의 의미에서라도 생각되어야 할 것이기 때문이다. 그리고 그것이 둘째와 셋째 단계에서 해석되었다는 것이 과

---

[47] Cf. Bruce K. Waltke, "A Canonical Process Approach to the Psalms," in *Tradition and Testament*, ed., J. Feinberg and P. Feinberg (Chicago: Moody, 1981).

연 어느 정도로 이해되고 언급될 것인가 하는 것이 매우 심각한 논의의 문제로 남는 것이다.

6. 계시록이 "1세기 그리스도인들을 격려하기 위하여 썼을 가능성이 훨씬 높다"(338)고 했을 때 골즈워디의 정확한 의미와 그것이 계시록 해석에 미치는 영향은 좀 더 깊이 논의되어야 할 부분이다. 그리고 요한계시록 7장에 두 부분을 "동일한 실재를 다른 관점에서 본 것"이라고 했던 이전 관점이[48] 좀 더 강조해야 할 것이 아닌가 하는 논의도 할 수 있다. 물론 이를 유지하면서 "아브라함의 자손을 통해 모든 민족이 복을 받을 것이다"는 것을 강조하는 것은 옳다. 그러나 "그렇다고 해서 모든 구별이 사라지는 것은 아니다… 바로 이스라엘의 구원이 이방인들을 불러 모으는 일을 하게 될 것이다"(339)는 말의 뜻을 좀 더 자세히 논의하는 것이 필요하다고 여겨진다.[49]

7. 복음서와 사도행전에 있는 구원사를 설명하는 도표(한역으로 347에 있는 도표) 중에서 "승천은 새 창조가 이제 우리를 위해서 하늘에 있음을 의미함"이라고 하였는데, 이는 좀 더 심각한 숙고와 논의를 필요로 한다고 판단된다. 오히려 지금 주께서 계시는 "하늘"과 그리스도의 재림 이후에 드러나게 될 "새 하늘과 새 땅"을 구별하여 언급하는 성경 계시의 구조에 충실한 것이 더 좋다고 생각된다.[50]

8. 골즈워디가 구체적으로 설명하지는 않아서 모호하기는 하나 아마도 선한 사마리아인 비유에 대한 그의 해석은 가장 독특하고 또 보는 이들에 따라서 이상한 해석이라고 여겨질 수 있을 것이다. "예수님이 하나님 나라가 임하게 하기 위한 죽으심과 부활이라는 특별한 목적으로 예루살

---

[48] Goldsworthy, *The Gospel in Revelation*, 42-46.
[49] 이 문제와 관련해서는 안토니 후크마의 논의가 그래도 가장 뛰어난 논의라고 할 수 있을 것이다. 본서의 첫 장에 언급된 논의를 참조하라.
[50] 이 점에 대해서도 본서 1장의 있는 후크마에 대한 논의를 참조하라.

렘을 향해 가시는 내러티브 구조 안에 누가가 그 비유를 놓았음"(353)을 유의하면서 이 비유를 해석해야 한다는 것은 매우 중요한 요점이다. 그러나 그 결과 "우리는 다른 이웃들을 사랑할 수 있게 되는 것보다 먼저 사마리아인과 같은 이웃이 되어 우리를 구원하려 오신 그분을 사랑하고 영접해야 한다"(354)는 해석으로 나아간 것은 상당히 의아한 것이다. 이는 이 비유에 대한 상당한 논란을 일으키는 해석이라고 보아야 할 것이다. 흥미로운 제안이기는 하나 본문을 짧은 지면은 우리를 설득하기에는 상당히 부족함을 느끼게 된다.

9. 부활 이후에 마리아에게 "나를 만지지 말라"(요 20:11-18)고 하신 말씀에 대한 해석에서 골즈워디는 언급하고 있지는 않지만 보스의 해석을 따르면서, 부활 이후에는 "이제 상황이 달라지며, 예수님과 마리아의 관계는 말씀과 성령에 의한 관계가 될 것이다. 이제 마리아는 이전처럼 육체에 거하시는 예수님과 이야기할 수 없다"(355)고 해석하고 있다(355f. 참조). 그러나 레온 모리스나 도날드 카슨 등이 하고 있는 보다 자연스러운 해석을 따르는 것이 더 나은 듯하다. 즉, 예수님은 지금이 나를 볼 수 있는 마지막이 아니라고, 즉 얼마 동안은 너희에게 나타날 것이니 지금 보면 다시 못 볼 것처럼 나를 붙잡지 말라고 하시는 뜻으로 해석한다.[51] 많은 논란의 여지가 있으나 일단 자연스럽게 해석하는 것이 좋은 해석으로 여겨진다.

이상과 같은 점들을 골즈워디와 우리가 좀 더 깊이 생각하는 것이 좋겠다고 여겨진다. 그러나 다른 점에서 골즈워디가 제시하는 성경신학적 설교는 우리의 설교와 목회도 철저히 개혁파적이어야 한다는 것을 잘 드러

---

[51] Cf. Leon Morris, *The Gospel According to John*, NICNT (Grand Rapids: Eerdmans, 1971), 840-41; idem, *Expository Reflections on the Gospel of John* (Grabnd Rapids: Baker, 1988). 702. 또한 D. A. Carson, *The Gospel according to John* (Grand Rapids: Eerdmans,, 1991), 644f.

내 준 좋은 예라고 여겨진다. 우리나라에도 이처럼 철저한 개혁파적 설교와 개혁파적 목회에 대한 주장이 더 강하게 나올 수 있기를 바라면서 골즈워디를 더 높이 사게 된다.

IV.
개혁신학의 새로운 패러다임 제시

제 11 장

고오든 스파이크맨의 종교 개혁적 기독교 철학적 신학

이 장에서는 오랫동안 칼빈 대학의 종교학과 신학 교수를 지냈고, 『종교 개혁적 신학: 교의학을 하는 새로운 패러다임』이라는 책을 쓰고, 소천하여 많은 사람을 아쉬워하게 하는 고오든 스파이크맨(Gordon J. Spykman, 1926-1993)의 새로운 교의학적 시도인 그의 이른 바 종교 개혁적 교의학의 시도를 분석해 보기로 하자.

I. 고오든 스파이크맨의 종교 개혁적 교의학(Reformational Dogmatics)의 성격

---

[1] Gordon J. Spykman, *Reformational Theology: A New Paradigm for Doing Dogmatics* (Grand Rapids: Eerdmans, 1992). 이 책으로부터의 인용은 면수만으로 본문에 삽입시킬 것이다.

창조, 타락, 구원, 극치의 구조를 지니고 제시된 스파이크맨의 조직신학적 논의는 개혁파 신학의 전통적 개념과 내용을 잘 반영하면서 이를 성경적 이야기의 선(線)의 양상(the pattern of the biblical story line)인 창조, 타락, 구원, 극치의 구조 속에서 제시하고 있는 것이라고 할 수 있다(139, 195, 255, 301).[2] 그는 때때로 자신의 시도를 "성경적으로 지향된 삼위일체적 교의학"(a biblically directed trinitarian dogmatics, 142)이라고도 하고, "[성경] 종교의 한도 내에서 작업하려고 하는 개혁파 교의학"이라고 하는데(A Reformed dogmatics, willing to rest its case 'within the bounds of [biblical] religion alone.'150), 이는 성경이 시작하는 데로부터 그 순례의 길을 하려고 하는 것이라고 주장한다(150).

그러므로 "성경적으로 지향된 삼위일체적 교의학"(142)인 스파이크맨의 교의학의 구조는 한편으로는 도여베르트적 기독교 철학이 제시하는 창조, 타락, 구원, 극치의 역사적 구조를 지니고 있다. 그는 곳곳에서 이에 충실한 논의를 하고 있다(163). 특히 우리가 그리스도의 사역으로 말미암아 "종말론적 완성의 맛보기를 이미 누리고 있다"(already enjoy a foretaste of its eschatological fulfillment)는 것을 아주 잘 드러낸다(163). 물론 그는 이런 신학적 구조가 절대적인 것이라고는 생각하지 않는다. 이 구조는 상대적으로만 우리를 얽어맨다는 것이다(144).

이렇게 성경 계시를 중요시하는 스파이크맨은 사람들이 이런 접근에 대해서 어떤 비판을 하려는 것인지도 잘 의식하고 있다. 그래서 그는 모든 바른 신학적 작업자들과 함께 자신의 이런 작업이 지적인 추구를 막

---

[2] 이런 생각의 배후에 도여베르트의 강한 주장이 있음은 주지의 사실이다. 그 대표적인 예로 다음을 보라: "따라서 창조, 죄로의 타락, 그리고 구속은 또한 우리의 신학적 철학적 사유의 중심적 출발점과 동기(motive-power)여야만 한다."(Herman Dooyeweerd, *In the Twilight of Western Thought* [Nutley, NJ: Craig Press, 1968], 187). 이에 비해 도여베르트의 논의에는 함의 되어 있는 극치(consummation)를 따로 언급하고 있음을 보라 (Spykman, *Reformational Theology*, 352).

는 것이기보다는 성경 계시의 규범들과 일치시키려는(150) 의도를 지닌 것임을 분명히 한다. 그가 말하는 요점은 "합리성은 창조적 계시의 전반적 규범성 안에서만 그 바른 맥락을 찾을 수 있다"는 것이다(150). 그러므로 계시와 합리성은 서로 대립적이거나 배타적인 것이 아니라 계시가 합리성의 조건이 되어서 계시는 규범이고 합리성은 반응이라는 것이다(150f.). 이는 성경적 창조론에서 온 합리성에 대한 이해이다. 따라서 그는 성경적 창조 교리는 합리성에 정당한 종의 지위(its rightful servant role)를 부여한다고 말한다(151).

이런 접근은 그 근본적 의도에서 매우 좋은 측면을 많이 가지고 있다. 일단 스파이크맨은 성경이 아주 구체적인 정황 속에 있는 사람들의 언어로(in the words of men) 주어졌지만 하나님의 말씀으로(as the Word of God) 주어졌음을 분명히 한다. 그러므로 성경은 "정경적이고, 자증적이며, 규범적이다."(167) 그러한 성경의 "메시지는 그 범위에 있어서 초역사적이고 초문화적"이라고 그는 강조한다. 그러므로 "성경은 모든 시대의 사람들에게 경감되지 않은 권위로 말할 수 있다"는 것이다(167). 하나님의 눈, 귀, 손 등을 말하는 성경의 신인동형론적 표현도 그것을 일의적(univocally)으로나 다의적으로(equivocally) 보지 않고, 유비적으로(analogically) 보면 그 표현 의도에 따라 바르게 해석할 수 있음을 분명히 한다(168). 성경 해석에는 '계시적 유비 개념'(the idea of revelational analogy)에 대한 감수성이 요구된다는 것이다. 이와 같이 성경은 그 전체가 하나님 말씀이므로 우리에게 항구적인 구속력을 지니고 있음을 분명히 하면서, 더 나아가 우리들로 하여금 성경의 구조에 좀 더 충실한 방식으로 신학적 작업을 하도록 요청한다. 이는 조직신학을 하는 방법이 다양할 수 있음을 잘 보여 준다고 판단된다. 그러나 과연 이것이 성경 계시의 내용에 얼마나 충실한가 하는 것은 그 구체적인 내용에 대한 검토와 함께, 또 그 이후에 이루어질 수밖에 없다. 그러므로 이제 그가 제시하는 교의학의 내용을 살펴보기로 하자.

II. 스파이크맨의 새로운 형태의 조직신학의 구조와 내용

1. 제 1 부 "선한 창조"의 내용

선한 창조라는 제하에서 스파이크맨은 우주론과 인간론, 그리고 역사 문제를 다루고 있다. 이는 삼위일체를 전제로 하면서 삼위일체 하나님의 창조 사역을 잘 정리하고, 창조의 빛에서 볼 때 일반 계시를 긍정적으로 제시하면서 우리는 자연 신학에 대해서는 반대해야 한다는 입장을 잘 밝히고(제 2 부 제 1 장 12절), 복음주의 기독교와 은사 운동과 실존주의, 과정신학들, 그리고 "독일 그리스도인들"의 창조에 대한 실질적인 무시를 비판한 후(15절), 보편적 규범성, 혼인 규범, 국가 생활의 토대, 그리고 공동체를 위한 틀인 '창조 질서'(the creation order)를 제시하고(16절), 안식일 문제를 논의한다(17절).

제2장에서 다루는 인간론에서는 전통적 개혁파의 입장에서의 정리를 잘 제시한 후 전인에 대한 강조(제2장 9절), 책임과 봉사로서의 인간의 자유(10절), 인간의 권리(12절)를 논의하고, 문화 명령을 따로 다룬 점에서(13절), 그리고 언약과 왕국을 연관시켜 제시한 점에서 앞서가는 개혁신학자로서의 정리를 잘 하였다고 할 수 있다.

제3장에서 역사를 다루면서는 시간 역사 문화의 의미와 섭리, 이적을 다루고, 역사적 흐름을 정리한 면에서 흥미롭고, 특히 서구 기독교 전통 안에서 교회/국가 사이의 투쟁을 논의하고 대학의 발전을 논의한 점

에서 흥미롭다고 할 수 있다. 이 같은 스파이크맨의 논의 가운데서 주목할 만한 점들만을 정리해 보면 다음과 같다.

1-1. 삼위일체적 창조론

전통적 의미의 신론의 내용 상당 부분, 즉 삼위일체 논의와 하나님의 속성에 대한 논의는 따로 나타나지 않고 그의 다른 논의 안에 녹아 있거나 전제되어 있다. 이는 창조를 말하는 그의 논의가 삼위일체 하나님의 사역이라는 절로 시작하는 데서 잘 나타난다. 그는 고전적 기독교 교의학, 특히 카이퍼와 칼빈에게 의존하면서 창조가 **삼위 모두의 사역**임을 강조한다. 벌코프가 요약하는 대로, "모든 것은 동시에 성부로부터 말미암고, 성자를 통해 나오고, 성령 안에 있는 것이다"(Systematic Theology, 129)(141). 이를 따라서 스파이크맨은 성부를 모든 것의 창시자(the *Initiator* of all things)로, 성자 하나님을 만유의 중보자(the *Mediator* of all things)로, 그리고 성령님을 만물을 가능하게 하시는 분(the *Enabler* of all things)으로 표현한다(141f.). 또 다른 곳에서는 다음과 같이 요약적으로 진술하기도 한다: "… 창세기는 신앙 고백적으로 우주의 창시자이신 하나님께 초점을 맞추고 있다. 그의 주권적 의지가 모든 피조된 존재의 근원과 기원이다. 그에게서 나오시는 중보적인 말씀(his outgoing and mediating Word)으로 그는 세상을 질서 있게 불러내신다. 그의 영으로 그는 생명이 풍성하게 하신다"(154).

  그리고 사실 이는 창조에서만이 아니라 창조, 타락, 구원, 극치 모두를 보는 포괄적이고 균형 잡힌 삼위일체적 접근으로 제시된다. 이는 신학하는 일에서 매우 중요한 균형감을 잘 드러내는 점이다. 그래서 그는 이렇게 말한다: "신 중심주의, 그리스도 중심주의, 그리고 성령 중심주의를 서로 대립시킬 이유가 없다. 왜냐하면 성경적으로 지향된 삼위일체적 교의학은 우리를 위하시는 성부, 우리와 함께하시는 성자, 우리 안에 계시는 성령에 대한 고전적 기독교적 강조의 메아리가 울려 퍼지게 하기 때문이다"(142). 스파이크맨은 이런 균형을 상실하고 있는 것을 삼위일체적 불균형이라고 하면서, 그 대표적인 예로 하나님의 보편적 아버지이심을 말하는 자유주의 신학을 성부 중심의 신학(first-article theology)이라고 하고, 그리스도 단일론(Christomonism)을 말하는 신정통주의를 성자 중심의 신학(second-article theology)이라고 하며, 성령의 은사들을 잘못 강조하는 오순절주의를 셋째 조항 중심의 신학(third-article theology)이라고 하면서, 칼빈에게서는 그런 불균형이 있을 수가 없다고 한다(146).

선한 창조를 강조하는 스파이크맨의 입장은 성경의 이야기 선(線)을 문자적으로 이해하려는 점에서, 그리고 선과 악의 붙박여져 있는 변증법적 긴장을 지닌 창조를 말하는 현대의 변증법적 신학, 과정 신학들, 그리고 단일론적 신학들에 대한 비판적 입장이라는 점에서(143) 아주 중요하다. 더구나 칼빈이 창조주 하나님과 구속주 하나님에 대해 나누어 말하면서도 창조주 하나님을 말하면서도 계속해서 구속주 하나님 이야기가 연관되어 나오는 현상을 잘 설명하면서 **우리의 모든 신 지식과 논의는 성경 계시에서의 창조, 타락, 구원의 세 가지 중요한 전환점의 영향을 받는다는 점**을 상당히 설득력 있게 소개하고 있다(144).

더구나 스파이크맨은 자신이 성경이 시작하고 있는 창조 이야기로부터 시작하는 것이 현대 신전통주의 신학의 언약적 사상이나 실존주의적 접근과 대립되는 것을 잘 의식하면서(144, 45) 의도적으로 "성경적 이야기 선(線)의 정경적 순서"를 따라 시작하려고 한다는 점에서 그 큰 공헌을 말할 수 있을 것이다. 스파이크맨은 이것이 칼빈이 "바른 가르침을 위한 순서"("the order of right teaching," Institutes I. 2. 1; I. 6. 1; II. 6. 1), 즉 신학적 가르침을 위한 순서로 채용한 존재적 순서(ontic order)라는 것을 강조한다(145).

그리고 스파이크맨은 "태초에 하나님이"라는 말로부터 성경에서 하나님은 "위대한 전제적 인격으로"(the great presuppositional Person) 계실 뿐이라고(147) 성경과 같이 처음부터 단도직입적으로 선언한다. 따라서 그는 전통적인 '신 존재에 대한 논증들'을 우리의 역사적 유산의 한 부분들로 우리가 어떻게 생각해 왔는가를 부분적으로 이해하게 할 수 있는 기능을 하는 (147) "연약한 논의들"(venerable arguments)로만(148) 취급할 뿐이다. "이 논의들의 기독교적 결론들은 이미 기독교적 가정들 안에 붙박여 있다"는 그의 지적은(148) 매우 옳다. 그리고 이런 논의들이 하나님에 대한 믿음이 근거를 갖춘 개념이라는 점에서 옳으나 자율적인 인간 이성의 능력을 과신(過信)하고 이성에 대한 죄의 인지적 영향과 계시의 필요성을 약화시킨 점에서 잘못되었다는 지적도 옳다. 그러나 그로부터 이는 "기독교 이단의 전형적 예들"이라고 한 것은(148, twice) 그 의도는 이해되나 조금은 지나친 언급이라고 여겨진다. 그러나 그가 잘 강조하듯이, "하나님은 삼단논법의 결론에 의존해서는 것이 아니라, 태초부터" 계셔서 창조하신 분이시다(148).

이런 뜻에서 스파이크맨은 "태초에"를 분명한 시작(definitive beginning)을 의미하는 말로 받아들인다(148). 그것은 모든 피조적 존재의 분명한 시작점(alpha-point)이다(149). 이 궁극적 출발점이 모든 피조적 실재의 시공간적 지평을 수립한다(149). 그는 다른 개혁신학자들과 같이 창세기 1:1의 창조를 "원창조"(*creatio prima*, primary creation)라고 부른다(151, 256, 301).[3] 모든 것의 근원적 시작을 분명히 하는 것이라는 말이다. 그리고 창조하심으로 하나님께서는 이전에는 없던 관계(unprecedented relationship)를 창설하신 것임을 분명히 한다(149). 그러므로 성경이 그 용어가 나타나지는 않지만 "그 진리성은 성경 모든 곳에서 나타나고" 있는, "창조자에 대한

---

[3] 이에 비해서 그 후에 계속되는 6일의 형성 사역(the six-day formation)을 "둘째 창조"(*creatio secunda*)로 부른다(192, 256, 301).

성경의 증언의 전 구조에 통합적으로 엮여져 있는"(woven integrally into the entire fabric of the Bible's witness to the Creator) "무로부터의 창조"(creatio ex nihilo)를 강조한다(158f.). 그리고 여기서 말하는 것은 '절대적 무'이지 이를 하나님을 대항하여 서 있는 부정적인 "어떤 것"(159), 바르트의 이른바 "무성"(無性, nothingness)과 같은 것이 아니라고 한 것은 매우 옳다. 그러나 스파이크맨은 이렇게 새로운 일을 시작하신 것을 생각할 때 전통적인 "불변성" 개념이 적절하지 않은 것처럼 보인다고 말한다. 이 개념에는 희랍적 개념이 너무 많이 스며들어 있는 듯하고, 따라서 그보다는 하나님의 신실하심에 대한 강조가 성경 기사에 더 충실하다고 한다(149).

그리고 이 시작에 대해서 우리는 달리 알 수 없고 오직 계시에 의존해야 하므로 말씀을 들음으로서만 이 창조에 접근할 수 있다는 것을 스파이크맨은 강조한다(149). 그러면서도 스파이크맨은 진화론/창조론의 대립과 싸움을 경계하면서 이런 싸움에서 벗어날 수 있는 제3의 대안으로 (자신이 이 책의 제1부 5장 21절에서 제안한 바 있는) 신앙고백적 해석학(a confessional hermeneutic)의 함의를 이끌어 내어 작업해 볼 것을 제안한다. 이에 의하면, 원창조의 근원적 시작(beginning)을 따르는 여러 시작들(beginnings)을 지칭하는 창세기 1:2 이하에 언급되고 있는 각 "날"은 창조적 시작들에서의 진전(an advance in this series of creative beginnings)을 표한다는 것이다(153).

이 날들은 근원적 시작을 말하는 원창조에 따르는 여러 시작점들을(beginnings) 말한다. 그러나 우주의 이런 전개적 발전은 진화의 자율적 과정으로부터 온 것도 아니고, 때때로만 신적 개입이 있는 사건들의 자연적 흐름도 아니라는 것이다. 오히려 이 시작들은 창조자에 의한 지속적인 이적적 행위들의 질서 있는 연속(an ordered succession of sustained miraculous acts by the Creator)을 나타낸다는 것이다(153). 그러므로 그는 자신이 성경적 창조론이라고 부르는(158, 168) 일종의 유신진화론적인 입장을 주장한다. 창세기 1장이 말하는 각각의 새로운 '날'은 하나님의 세계에서 생명을 위한 규범적으로 구조화된 관계들의 보다 충분히 개방된 틀들의 시작을 나타내는 것이라고 한다. 역사적 발전을 위한 모든 잠재 가능성은 선행하는 하나님의 위대한 행위에 의해 주어져 있고, 그에 뿌리박고 있는 것이라고 한다(153). 따라서 6일의 시작이라는 것은 지구의 연대를 계산할 수 있는 시간의 길이를 나타내 주는 것이 아니고, "나타나고 있는 창조 질서 안에서 발전하는 조화된 일련의 생명 관계"(orchestrated sets of developing life relationships within the emerging creation order)를 지시해 주는 것이라는 것이다.

이와 비슷하게 하나님께서는 피조계를 위해 신적으로 규정해 주신 구조(the divinely ordained structures for creation)를 주셨을 뿐만 아니라, 이렇게 잘 구조화된 피조계는 그 피조계에 붙박여 있는 잘 질서 지워진 잠재력들이 역동적으로 드러나게 되는 능동적 기능화를 동반하는 역사도 부여받은 것이라고 한다(157). 예를 들어서, 혼인제도라는 것은 우연히 일어난 문화적 진화의 우연한 결과물이 아니고, 하나님의 피조계 안에서의 우리의 삶 안에서, 그와 함께, 또 그것을 위해 처음부터 주어진 규례인 것이다(158). 또한 하나님께서 친히 교회 건물이나 학교를 지으신 것은 아니지만, 사람을 경배하고 배우는 피조물로 지으셔서 그들이 교회 건물이나 학교를 만들게 하셨다는 것이다(158). 그러므로 문화적으로 형성된 기관이나 제도가 그 기능을 제대로 하지 못하게 되면 그때는 그 기관과 제도를 변혁(reformation)할 때가 된 것이라고 볼 수 있다는 것이다(158). 하나님께서 주신 창조 질서와 창조의 구조가 각각의 기능에 앞서며 그 가능들을 규정한다고 보기 때문이다. 그러므로 이 세상은 안정적이나 (정태적이지는 않고) 전개적이나 (진화적이지는 않은) 우주라는 것이다(179).

창조를 이야기하면서 스파이크맨은 시간도 하나님의 피조물이라는 것을 옳게 아주 강조한다(153, 154). 그리고 이렇게 시간을 창조물로 여기는 히브리-기독교적 전통은 다른 고대인들의 순환적 시간 이해와 대조됨을 관찰한다. 성경적 이해에 의하면, "시간은 선적이고, 연속적이며, 목적론적이다(linear, sequential, and teleological). 한 순간은 다음 순간을 예기한다… 매순간은 아주 독특하게 중요하며 반복될 수 없는 어떤 것을 품고 있다. 그것은 회고적(retrospective)이며 또한 예상적(prospective)이다"(153).

1-2. 창조 질서(the creation order)에 대한 이해

스파이크맨은 창조 질서를 보편적 규범성(universal normativity)이라고 이해한다(178). 이는 하나님께서 그의 말씀으로 창조하신 잘 질서 지어진 창조의 한 부분으로 그에 붙박여 있는 "질서성"(orderliness)에 해당하는 것으로 보는 것이다. 이것이 지속적으로 하나님과 관련된다는 것을 강조하기 위해서 스파이크맨은 창조하신 바로 그 말씀으로 하나님께서는 계속해서 피조계를 질서 있게 하신다(continually calls it to order)고 말하기도 한다. 이처럼 하나님의 말씀은 우리의 생명이라는 것이다(178). 그 말씀으로 "그의 세상 안에서의 우리의 공동 생활을 위한 항구적으로 규범적인 환경을 있게 하셨기 때문이다"(178). 그것을 창조적인 법, 창조 질서, 보편적 규범성이라고 그는 말한다. 모든 피조물들은 다 그들 나름의 방법으로 이 지속적이면서도 역동적인 창조적 법의 환경계(ecosystem)에 종속한다고 한다. 그러나 이것은 부담스럽고 고역스러운 일이 아니고, 피조물들의 복지를 확보하기 위해 손을 펼치시는 창조주의 돌아보시는 손길의 증거이다(178). 그러므로 이는 생명을 싸며(life-enveloping), 사랑을 진작시키고(love-impelling), 평강을 증진시키는(shalom-enhancing) 법과 질서의 틀로도 언급된다. 이런 창조 질서의 자원하는 순종은 자유와 의와 기쁨을 가져다준다. 그것은 우리가 (하나님에 의해) 의도된 그런 존재가 되게 한다(178). 그러므로 실재의 의미도 하나님의 선한 창조 질서에서 찾아져야 한다고 한다(179). 그러면서 스파이크맨은 네 가지 질서(즉, 혼인을 위한 질서, 국가를 위한 질서, 공동체를 위한 질서와 안식일 제도)를 특히 강조한다.

1-2-1. 혼인을 위한 규범(norm for marriage)

이는 혼인을 두 사람 사이의 계약으로 보는 개인주의적 생각과 대조되며 이를 비판한다. 원래 그리고 계속해서 혼인은 남편과 아내 사이의 배타적인 둘이 하나 되는 언약으로 의도된 것이다(183). 이것이 하나님의 뜻이다(183). 혼인 제도는 창조 질서에 뿌리를 두고 있는 규범이다(183).

1-2-2. 국가 생활의 토대들(foundations for state life)

스파이크맨은 기독교계 안에는 국가 생활의 토대를 이해하는 세 가지 견해가 있다고 한 뒤(183), 그 토대를 구속에 두고 그리스도의 구속 사역을 일차적으로 드러내는 교회의 유비체(analogy)로 국가를 이해하려는 견해와 국가를 타락에 근거해 이해하려 하여 교회는 "영의 검"을, 국가는 세속적 권세의 검을 부여받았다고 보는 견해에 반대하면서 창조 질서에 근거해서 국가를 이해하려고 한다(184). 오늘날 국가에 의해서 수행되고 있는 통치하는 과제는 사람의 본래 문화 명령의 한 측면이라는 것이다(184). 그렇게 보면 정치적인 봉사도 사회사업이나 사업이나 교육, 예술, 심지어 교회 사역과 비교될 수 있는 피조적으로 적법한 지위를 누릴 수 있는 것이라고 한다(184). 그래서 "우리의 정치적 과업은 언덕들만큼이나 오래된 것이고, 우리의 신앙을 고백하는 것이나 우리의 몸을 돌보는 것만큼이나 인간에게 본유적인 것이다"(185). 그런데 죄의 영향 때문에 문제가 많다는 것을 스파이크맨은 인정하면서 말한다. 그는 로마서 13장은 정부의 정상적인 모습, 최상의 상태의 국가, 하나님께서 의도하신 대로의 국가를 제시하는 것이라며, 요한계시록 13장은 비정상적인 국가, 가장 악한 상태의 국가, 사단적 세력에 노예된 국가, 우리가 오늘날 신문에서 볼 수 있는 국가를 잘 그려 주고 있다고 흥미롭게 묘사한다(185).

1-2-3. 공동체를 위한 틀(framework for community)

스파이크맨은 참된 공동체의 근거가 하나님께서 우리를 함께 살도록 창조하신 것에 있다는 것을 잘 지적한다.(185) 하나님께서 집을 지으시고 질서 있게 정돈하시고 그것을 우리를 위한 집으로 만드신다고 창세기 첫 부분을 이해한다.(186) 그 안에는 우리의 다양한 문화 활동에 상응하는 많은 방들이 있다고 표현하는 것도(186) 성경 전체를 연결시키고 문학적 상상력을 자극시키며 우리들의 문화사역의 의미를 강조하는 매우 흥미로운 표현이다. 그는 비유적으로 이렇게까지 말한다: "각 방은 이 삶에서의 우리들의 다양한 소명을 수행할 수 있도록 매혹적으로 구성되어져 있으며, 잘 구비되어 있다. 낙원의 열매들을 즐길 수 있는 식당이 있고, 사회적 즐김을 위한 거실이 있으며, 주일 오후의 차 시간을 가지며 즐겨 환담하기 위한 가족 방이 있고, 우리의 일상적 허드렛일을 위한 부엌과 공작소가 있고, 땅을 경작하기에 적절한 도구들을 보관하는 창고도 있고, 명상하고 기도하기 위한 작은 방도 있고 기쁨에 찬 바쁜 날을 마치고 휴식의 잠을 잘 수 있는 침실도 있는 것이다."(186)

그러나 죄 이후에 하나님 말씀의 유지하시고 치유하시는 능력이 새로운 시작을 위한 구속적 가능성을 위하여 사회적 삶을 "손상하지 않게 보존한다"(keeps intact)고 하는 것은 너무 지나친 낙관론으로 보인다.(185)

물론 하나님의 말씀을 통하여 신적으로 보존되는 창조 질서는 공동체적으로 공유하는 샬롬을 위한 지속적 맥락으로 있게 된다고 말하는 것은 옳다. 그러나 지금 현재 그대로가 손상하지 않은 것이라는 것은 성경의 묘사나 현실과도 맞지 않고, 더구나 스파이크맨이 강조하는 그리스도의 오심에 대한 고대(186)와도 어울리지 않는다.

1-2-4. 안식일(Sabbath) 규례

스파이크맨은 하나님께서는 재창조에서의 영원한 삶을 바라보면서(191) 6일의 창조의 날을 안식(a sabbath rest)으로 마무리하셨다고 한다.(192) 이런 좋은 통찰은 잘못하면 타락 사건과 모든 역사 과정을 필연화하는 것 같아 불안하기는 하다. 그러나 그런 생각이 조금이라도 스며들지 않게 한다면 (이것이 중요한 전제 조건으로 여겨져야 한다!), 하나님께서 6일 동안 창조하시고 안식하신 것이 장차 올 역사를 위한 안식일 규례를 주신 것으로 보는 이해는 의미심장한 것이다. 하나님이 창조하시느라고 지치셔서가 아니라 당신님의 창조 사역이 마쳐진 것이므로 피조계는 그의 완성된 사역으로, "영광스러운 우주법적 무대"로 서 있는 것이다.(192) 세상은 그가 의도하신 대로 되었다.[4] 그리고는 안식일 준수의 날이 동터 온다. 하나님께서는 만족하셔서 당신님의 피조물을 관조하신다. 이 처음 안식은 하나님 편에서의 계속되는 일련의 새로운 시작들의 첫째이다.(192) "그의 안식은 창조 역사의 원 6일과 지금도 계속되고 있는 창조적 역사를 연결시키는 다리를 형성한다."(192) 그러나 안식은 결코 게으름을 뜻하지 않는다. 안식은 하나님의 사역의 새로운 국면을 도입시키는 것이다. 하나님께서는 결코 그의 세상에서

---

[4] "The world was all it was meant to be."(Spykman, *Reformational Theology*, 192).

물러나지 않으신다. 또한 그의 감독하시는 돌봄을 멈추지 아니하시는 것이다. 시작에서뿐만 아니라 연속성에서도 우주는 하나님의 말씀의 유지시키시는 능력에 전적으로 의존한다. 후에 안식을 규례를 깨었다는 혐의에 대해서 예수님께서는 "내 아버지께서 지금도 일하시니 나도 일한다"고 하셨다(요 5:17).(192)

하나님의 모범으로 하나님의 백성들은 일하고 쉬는 건강한 리듬을 가지도록 되었다(출 20:8-11) 그러나 "안식일 신학"은 또한 우리로 하여금 "안식일 정신을 가지고서 세상일에 관여하는 것을 즐기도록 한다"(193). 바른 안식일 신학은 모든 것을 주일에만 집중하게 하는 것이 아니라 "주간 동안의 날들과 삶의 방식"과 관련된다.(193) 이런 안식일적 관점이 하이델베르크 요리문답 제 38문에 반영되어 있다: "나의 삶의 모든 날 동안에 악한 일들을 그치고, 주께서 성령으로 내 안에서 일하게 되어, 이 세상에서의 삶에서 영원한 안식을 시작하도록 하시는 것입니다." 그러므로 안식일 준수는 하나님의 세상의 경이에 안식적으로 즐겨하며 참여하는 일에 우리 하나님과 함께하는 것을 의미하고, 거룩을 즐김을 의미한다.(194) 이와 관련하여 "하나님께서 안식을 수립하신 궁극적 목적은 모든 것의 성화이다"는 허버트 리챠드슨의 말을 인용하면서 그의 다음과 같은 중요한 말을 길게 인용한다:

> 성경에 의하면, 창조 해석은 신학적으로 구속 해석보다 앞서는 것으로 확언된다. 그러므로 이것은 안식일 명령이 항상 (그들이 순종하든지 안 하든지를 불구하고) 모든 사람에게 주어져 있음을 의미한다. 이스라엘을 이집트에서 구속하실 때 안식일은 처음으로 수립된 것이 아니라 재수립된 것이다 (re-established). 도덕법은 시내 산에서 처음으로 주어진 것이 아니고, 거기서 재수립된 것이다. 그러므로 … 안식일 법은 창조 질서 자체에 근거한 것이고 모든 피조계에 관한 것이다.[5]

2. 인간론

창조와 타락의 구조로 인간을 바라보던 전통을 벗어나서 창조와 타락을 역사적으로 보지 않고 현존하는 인간을 규정하는 변증법적 관계로 이해하는 바르트주의적 전통을 따르는 오토 웨버의 언급과 헨드리쿠스 베르코프의 논의를[6] 비판하면서 스파이크맨은 역사적 창조와 역사적 타락, 그리고 구속의 빛에서 인간을 바라보아야만 한다는 것을 강조한다(197). 또한 인간 중심주의와 신 중심주의를 대립적으로 보는 태도를 비판하면서, 칼빈을 따라서 하나님을 바로 이해할 때 사람을 바로 이해하게 된다는 것을 강조하면서 하나님을 아는 것과 사람을 아는 것의 연관성을 강조한다. "이 두 가지 지식은 한 동전의 양면과 같다. 그것은 항상 관계적이다"(199).[7] 그렇게 이해된 인간의 정체성, 즉 "인간의 삶은 결코 자기 설명적이거나 스스로를

---

[5] Herbert Richardson, *Toward an American Theology* (New York: Harper & Row, 1967), 112-15, cited in Spykman, *Reformational Theology*, 194. 그러나 모든 사람에게 주어져 있다는 것의 함의를 더 밝히는 작업을 했었어야 할 것이다. 그렇지 않으면 오해가 발생할 가능성이 높다.

[6] Otto Weber, *Foundations of Dogmatics*, vol. 1 (Grand Rapids: Eerdmans, 1981), 550, 553; Hendrikus Berkhof, *Christian Faith* (Grand Rapids: Eerdmans, 1979), 196.

[7] 그러나 이 관계성의 두 측면을 너무 균형 있게 제시하는 것은 문제를 낳을 수 있음에 주의해야 한다. 항상 하나님의 지식에 근거해서라야 우리를 바로 알 수 있다고 하는 점을 먼저 강조해야 한다. 물론 우리의 바른 지식이 하나님에 대한 바른 지식을 향하게 하지만 말이다. 그러나 우선적으로는 하나님의 대한 지식의 우선성이 있어야 한다. 또한 헨드리쿠스 베르코프의 견해를 같이 제시하는 데(*Essays on the Heidelberg Catechism*, 94, cited in Spykman, *Reformational Theology*, 201) 그가 하이델베르크 요리 문답을 설명할 때에도 그의 독특한 이해가 작용할 수 있는 가능성을 유념해야 한다. 나는 그가 "*the union of a real God and a real man* in an encounter which is real and relevant because it is an encounter of dissimilar persons."라고 표현하는 것에 헤겔적 이해가 작용하고 있을까 불안하다.

정당화하고 있지 않고, 우리의 삶의 의미에 대한 가장 심오한 열쇠는 우리를 넘어 서 있고, 인간이 무엇인가 하는 그 신비는 사람 자신에 의해서는 대답되어질 수 없으므로"(204) "오직 하나님의 말씀 계시에 의해서만 대답되어질 수 있는"8 인간은 아주 미약한 존재이지만 놀랍게 만들어진 존재라는 정체성을 지녔다(시편 8;139:13-16).

이런 성경적 관점을 받아들이지 않는 현대의 다양한 인간관을 (1) 자유주의적 인간관, (2) 인간주의적 인간관, (3) 실존적 인간관, (4) 진화적 인간관, (5) 기술적 인간관, (6) 혁명적 인간관, (7) 프로이드적인 인간관, (8) 행동주의적 인간관 등으로 제시하면서, 각각에 대해 간단히 정리하고 있다(208-15). 자유주의적 인간관이 진화론적 관념에 호소하고 있다고 자신이 언급하고 있을 정도로(208) 또한 자신이 인정할 중첩적이기도 하고(216), 너무 간단히 제시되어 있어서 조금 아쉽기는 하지만 현대인들이 정체성의 위기가 성경적 관점을 제대로 가지지 않기 때문에 나타나는 것임을 잘 드러낸다는 점에서는 의미 있다고 여겨진다. 이와 같이 "현대 서구 사회의 정체성 위기를 잘 드러내"는(215) 점에서는 의미 있지만,9 이 분류는 좀 다른 방식으로 하여 제시하는 것이 더 나았을 것이다. 그러나 이는 현대인들의 다양한 자기 현혹(self-deception)을 잘 드러내준다고 지적한 것은 옳다.(215)

성경과 칼빈의 전통에 충실하게 인간의 마음에 대한 전인적 이해를 잘 제시하면서(218, 219, 221f.), 스파이크맨은 마음 이외의 성경의 다른 용어들인 영혼, 영, 정신, 내면적 사람, 심지어 몸과 같은 용어들도 그 나름의 방식으로 인간 전체를 지칭하는 것이라는 점을 잘 밝히고 있다. 이는 하

---

[8] Herman Dooyeweerd, *In the Twilight of Western Thought*, 179, 195.

[9] Cf. "This checkerboard collage of contemporary models of man highlights the identity crisis of our modern Western societies."(Spykman, *Reformational Theology*, 215)

나님의 말씀으로서의 성경이 항상 이런 저런 관점에서 전인으로서의 우리 앞에 있는 것임을 잘 드러낸다는 것도 잘 지적한다(219). 더 나아가 도여베르트가 이런 전통으로부터 강조한 마음의 중심성을 같이 강조하면서 "마음은 사람의 모든 것이 그것을 중심으로 도는 중심이고, 사람의 모든 원이 그것을 중심으로 하고 있는 중심(the hub)이라고 한다(220). 전인적 인간관을 잘 드러낸 것은 스파이크맨의 큰 기여이다. 그러나 이로부터 전통적 이분법적 이해를 비성경적인 것이라고 강하게 비판하는데(233), 이에 대해서는 후의 비판적 논의에서 더 다루어 보기로 한다.

이제 성경적 인간관의 핵심적 고동(heartbeat)이라고 언급되는 하나님의 형상에 대한 스파이크맨의 견해를 살펴보기로 하자. 그는 "형상"(image)과 "모양"(likeness)을 나누어 "형상"은 신적으로 부여된 자연스러운 상태(*datum*)요 "모양"은 사람이 추구해야 할 거룩성이라는 더 높은 목표(*mandatum*)라는 교부들과 천주교적 견해를 잘 비판하면서 칼빈과 바빙크와 함께 성경에서는 이 두 용어가 거의 같은 의미로 나타난다고 지적한다.[10] 또한 형상은 덧붙여진 은사가 아니라 사람이라는 것은 바로 하나님의 형상임을 의미한다는 것을 강조한다(224). 그래서 사람이 형상을 가지고(have) 있다거나 형상을 지닌 존재(image-bearer)라고 하는 표현도 바르게 비판한다(224). 형상됨은 선택이 아니라 주어진 것이다. 그리고 그것이 전인에 대한 것임도 바르게 지적한다. 그것은 우리의 존재와 행위와 소유 모두를 포함한다. 그는 바빙크와 함께 우리 전인이 하나님의 형상임을 강조한다(224f.). 천주교회의 존재의 유비(*analogia entis*)의 문제를 잘 드러내면서 우리는 우리의 삶에서 하나님을 반영해야 한다고(226) 하며 형상에 대한 성경적 개념은 관계적이고 하나님 지시적이라는 것을 강조하면서(228) 형상의

---

[10] Calvin, *Institutes*, I. 15. 3; Bavinck, *Gereformeerde Dogmatiek* (Kampen; Kok, 1928), II, 492, cited in Spykman, *Reformational Theology*, 224.

의미를 잘 드러낸다(226). 그런데 이와 함께 그는 전통적 좁은 의미의 형상과 넓은 의미의 형상의 구별을 버려 버린다(227). 이에 대해서는 후의 비판적 논의에서 더 논의하기로 한다.

형상과 인간의 직분을 연관시켜 논의한 것은(II. 8) 개혁파 정통신학에서 보편적 직임(universal offices)으로 언급하던 바를 형상과 연관시켜 잘 제시한 기여가 있는 논의라고 할 수 있다. 그가 잘 말하고 있듯이 우리는 잃어버린 토대를 잘 회복하기 위해서 옛 개념을 다시 살펴봄으로 이 건전한 성경적 개념을 다시 회복해 내고 재수립해야 한다(229). 인간이 하는 일을 직분으로 성경이 언급하고 있지는 않지만 이런 직분 개념은 성경 계시 전체에 암묵리에 현존하고 있는 것이다(229). 칼빈이 그리스도의 삼중직과 연관하여 제시한11 우리네 인간의 보편적 직임론은 신칼빈주의에 의해서 더 발전하게 되었다고 스파이크맨은 잘 지적한다(230). 참으로 카이퍼는 그의 『칼빈주의 강연』에서 "모든 인간 삶의 세 가지 근본적 관계들"을 논의하면서 보편적 직임을 언급하며 그것을 그리스도의 삼중직과 연관시켜 아담에게 주신 직임을 아담은 제대로 감당하지 못했으나 그리스도께서 회복해 내신 것으로 제시하고 있다. 그러므로 우리네 인간은 하나님 아래 피조물들 위에 놓여져 있는 것이다(231). 그러므로 우리는 하나님께서 우리에게 부여해 주신 인간으로서의 권위를 의식해야 하고, 따라서 결국은 우리가 시행하는 것에 대해서 만왕의 왕에게 책임져야 한다는 것을 기억하고, 그리고 이렇게 인간답게 사명을 감당하는 것이 봉사임을 잊지 말아야 한다. 따라서 개인적 특권이나 유익, 자기만족이나 자아 확대를 위해 살고 일하는 것은 성경적

---

11 스파이크맨은 "칼빈에 의해서 도입된 이 직분 신학"(this theology of office inaugurated by Calvin)이라고 말하는데(230), 이는 틀리다고는 할 수 없으나 어떤 면에서는 부정확한 표현이 될 것이다. 칼빈은 그리스도의 삼중 직분을 처음으로 제시한 사람은 아니고 그는 이를 가장 잘 정식화한 신학자라고 할 수 있다는 것이 학계의 일반적 의견의 일치이다. 그리스도의 직분과 보편적 직임을 연관시키는 것은 칼빈에게 시사된 것을 개혁파 전통주의자들이 정식화한 것으로 보는 것이 좋을 것이다.

직분관의 왜곡이라는 것을 스파이크맨은 잘 지적한다(232).

이는 자연스럽게 '공동체 안에서의 인간'의 대한 논의로 우리를 인도해 간다. (II. 10) 스파이크맨은 카이퍼와 도여베르트에게 동의하면서 개인주의와 집단주의(전체주의, collectivism) 모두가 성경적 가르침에서 떠난 반기독교적 정신을 드러낸다고 비판한다. (245f.) 그러나 인간들끼리의 연합은 무의미하다는 것도 스파이크맨은 잘 지적한다: "순전히 수평적이고 역사적인 소여에만 근거하여 우리의 '지구촌'이나 '세속 도시' 안의 거주민들끼리의 유기적, 조직적 연대성을 구현해 보려는 모든 시도는 그 안에 이미 파괴의 씨앗을 간직하고 있다. 참된 인간 공동체에는 하나님의 말씀의 통일하는 힘에 대한 초월적 개방성이 본질적인 것이다."(249)

또한 이런 인간은 처음부터 그리고 극치 상태에서도 문화 명령을 수행하도록 하기 위해 창조되었음도 스파이크맨은 분명히 한다. 그리고 그 문화 명령은 어떤 이들이 오해하듯이 피조계를 파괴하면서 우리 마음대로 손상하듯이 개발하라는 것이 아니고 땅을 지키고 돌보는 것으로 표현되는 섬기는 권위를 준 것이라는 것도 분명히 한다. (257) 이를 설명하면서 스파이크맨은 "에덴동산은 하나님의 의도상 도성(a City)이 되도록 의도되었고,"[12] 이를 위해 "우리의 창조주께서는 모든 하나님께서 풍성하게 은사를 주신 모든 사람들의 은사들을 이끌어 내도록 고안하신 명령을 발하신다"고 말한다. (256) 이와 함께 그는 하나님의 언약과 하나님 나라라는 큰 주제에 대한 논의를 이미 시작한 것이다. 이 주제에 대한 스파이크맨의 논의에서 가장 큰 공헌은 언약과 왕국이라는 주제가 뗄레야 뗄 수 없이 연관되어 있는 주제들이며, 개념을 명확히 하기 위해 편의상 나누어 설명할 수는 있

---

[12] 이 비유적인 말의 뜻을 오해하지 않도록 해야 한다. 에덴동산은 아담과 하와 순종의 결과로 말미암아 모든 것들이 하나님께 순종하고 하나님의 의도를 잘 구현하는 하나님의 나라가 되도록 의도되어졌다는 뜻임에 유의하라.

지만 그 둘은 결코 떨어질 수 없는 개념들임을 분명히 한 것이다.(257f.) 그것들은 한 동전의 양면과 같다고도 표현한다.(258) 스파이크맨은 언약은 항상 함께하는 성격(an abiding character)을 시사해 주고, 왕국(나라)은 계속되는 프로그램(an ongoing program) 개념을 시사해 준다고 말한다. 언약은 토대 지향적(foundation oriented)이고 왕국은 목표 지향적(goal oriented)이라는 것이다.(258) 그러나 언약과 왕국은 같은 기원을 가졌고, 같은 것을 다루며, 같은 사람들과 관련되고 (언약 백성 하나님 나라 백성), 따라서 모든 역사는 언약사요 왕국의 역사라고 할 수 있다.(258) 언약과 왕국은 좋은 창조 질서 안에서 어린아이 같은 신실함과 순종하는 종으로 가야 할 방향을 지시해 주고, 우리가 죄에 빠졌음을 전제로 할 때는 타락한 피조계의 구조 내에서 구속적으로 작용하는 재정향적 방향 지시 역할을 한다고 한다.(259) 특히 리덜보스가 하나님 나라, 즉 천국을 어떻게 정의하는지를 잘 지시하면서 그에 동의하는 마음으로 스파이크맨은 리덜보스의 천국에 대한 정의를 정확히 인용하고 있다: "천국은 하늘에서 내려오는 공간적이고 정적인 실체로 생각해서는 안 되고, (역사 가운데서) 실제적으로 그리고 유효하게 그 작업을 시작하는 하나님의 왕으로서의 통치로, … 즉 하나님의 왕의 통치 행위로" 이해되어야 한다.[13]

스파이크맨은 전통적 개혁신학의 언약적 구조를 염두에 두고 칼빈과 알더스의 주해적 작업, 헤르만 바빙크의 언약 이해, 또한 20세기에 이런 언약 신학적 내용을 잘 정리하고 발전시킨 클라인(Meredith Kline), 로벗슨(O. Palmer Robertson) 등의 논의를 소개하면서 "영원한 언약"에 대한 그의 이해를 제시한다. 이로써 그는 개혁신학이 처음부터 언약 신약에 충실한 신학임을 잘 드러내면서 자신도 그 언약 신학적 구조에 충실하려고 함

---

[13] Herman N. Ridderbos, *The Coming of the Kingdom* (Philadelphia: Presbyterian and Reformed Publishing Company, 1975), 25.

을 드러내는 것이다. 이와 같은 스파이크맨의 언약론에서는 (1) 비록 창조 기사에 언약이라는 용어는 나타나지 않아도 그 안에 이미 언약적 요소가 있으므로 창조부터 언약적으로 이해해야 한다는 것을 맥칼티(D. J. McCarthy), 아이히로트(Eichrodt), 클라인(Kline), 칼빈(Calvin), 알더스(G. C. Aalders), 로벗슨(Robertson), 바빙크(Bavinck) 등을 인용하며 잘 논의하고 있는 것(260-63), (2) 언약이 그 기원에서는 일방적이고 단선적(unilateral, one-sided, monopleuric)이나 구성에서는 쌍방적(bilateral, two-sided, dipleuric)이라는 것을 잘 지적한 점(263), 그리고 (3) 언약은 우리의 예배와만 관련되는 것이 아니라 삶 전체와 관련된다고 하면서 언약의 전포괄성을 잘 드러낸 점은 오늘날 이 문제를 제기하는 이들과 달리, 개혁파 정통주의 언약 이해와 의견을 같이 하는 큰 기여이다.

3. 역사에 대한 이해

시간과 연관된 역사는 창조에 근거해 있음을 잘 드러내고, 시작과 지속과 끝을 가진 이런 역사관은 동양의 순환적 역사관과 대조됨을 잘 설명하고(268-70), 이를 잘 구별하여 보지 않을 때 타계적 경건의 정신이 들어와 시간과 영원의 극단적 대조적 이원론을 제시하여 하늘 역시도 피조계임을 생각하지 않도록 하여 바른 신학적 이해를 손상했음을 잘 지적하고 있다.(269) 성경에 나타나는 용어는 아니고 때때로 역사상에 나타난 모든 내용을 정당화하는 것 같은 오해도 발생하기도 하여 독일의 제3제국과 아우슈비츠에 대한 경험을 가진 이들은 사용하기를 꺼려하기도 하는(271) "섭리"라는 용어는 창조를 전제로 하고(272), 하나님의 피조계의 유지와 통치를 잘 설명하므로 (특히 하이델베르크 요리문답 제28문답)(271-72) 창조와 섭리를 나누어 설명하는 것이 좋으며 그 구분을 없애며 경계선을 흐리려는 모든 노력은 비판받을 만한 것이다.(272) 섭리는 계속되는 반복이 아니라, 창조에 대한 하나님의 돌보시는 사역이다(follow-up work).(272) 이는 우리의 모든 삶의 과정이 그 기원에서와 같이 계속적으로 하나님의 질서 지우시는 말씀(God's ordering Word)에 의존하는 것임을 인정한다.(273) 이런 섭리 교리를 잘 가지면 (하나님의 관여를 강조하면서 하나님의 초월성을, 세상의 순전성, 그리고 인간의 책임을 손상하는) 범신론과 만유재신론적인 오류와 이단에 빠지지 않을 수 있게 되고(274), 또한 하나님의 섭리를 전적으로 부인하는 이신론의 오류와 이단도 피할 수 있게 된다.(274) 그리고 전통적 이해에 따라 (1) 보존, (2) 동시 발생(협력), 그리고 (3) 통치로 이루어지는 섭리를 잘 설명하고 있다.(276)

역사의 과정을 설명하면서는 구약사 일반을 하나님께서 주신 직임의 구별을 중심으로 잘 설명하고(279-80), 그런 관점에서 주전 167년에 일어나 제사장 가문인 하스모니안가의 마카비 반역의 결과로 주전 142년에 제사장가의 시몬 마카비가 그 땅의 총독이 되어 한 권위 하에 왕권과 제사장권이 집중되게 된 것의 문제점을 지적하는 것이(282) 독특한 관점이라고 여겨진다. 신약사를 간단히 개관하면서도 직분과 권한의 구별을 중심으로 논의하는 것은 흥미로우나 또한 너무 영역 주권을 중심으로 역사를 개괄하고 있다는 점과 너무 간략히 논의하여 혹시 오해를 일으킬 수 있다는 문제점도 드러내고 있다.

그 이후의 역사에 대한 개관도 너무 간단히 처리되고 있어서 문제가 있으나 간간히 중요한 통찰을 드러내고 있기는 하다. 교회와 국가의 관계에 대해 논의하면서 콘스탄틴 대제 이후의 상황을 교회와 국가에 대한 거룩하지 않은 결혼 관계(an unholy wedlock)로 표현하는 것이나(285), 그로 말미암아 정치적 통제와 교회적 통제를 혼동시켜 설명하는 것, 종교 개혁으로 당회와 시 의회, 학교, 산업, 대학의 바른 관계가 바른 방향으로 나아 갔던 것을 설명하는 것, 그러나 서구 기독교의 점진적 파괴로 말미암아 현대 세속 국가의 뷰로크라틱한 세력이 나타나게 된 것을 설명하는 점에서 그러하다.(286)

4. 제3부 "죄와 악"의 내용

4-1. 죄의 뿌리

타락한 선한 피조계를 다룬 제 3 부에서는 문제의 근원을 드러내기 위해 논의하여 원죄를 다루고 죄의 기원과 전이 문제를 다룬 후 죄를 인식하는 문제를 제기하면서 율법과 복음을 다룬다. 이때도 스파이크맨은 우리는 이 문제에 대해 성경이 말하는 것으로 답할 수밖에 없고, 따라서 성경이 시작하는 곳으로부터 시작해야만 한다고 말한다.(303-304, 312) 따라서 스파이크맨은 우리의 모든 문제와 비참함은 하이델베르크 요리 문답이 잘 요약하고 있는 대로 "낙원에서의 우리의 첫 조상의 타락과 불순종으로부터" 출발하는 것임을 분명히 하면서 논의한다. 그 외의 "더 독창적이고 궁극적 설명의 시도는 공허하게 마칠 수밖에 없다"고 하며, 칼빈을 따르면서 성경의 한계 밖으로 나가는 것은 "일종의 미친 짓이다"(a kind of madness)고 스파이크맨은 말한다.(304) 물론 이제까지 사람들이 제시한 설명의 시도들을 비판적으로 검토해야 하나 결국 그 모든 과정에서 사변에 대해 경계하기를 더 배워야 한다는 베르까우어의 말에[14] 동의하면서(305), 죄의 원인에 대한 시

---

[14] G. C. Berkouwer, *Sin* (Grand Rapids: Eerdmans, 1971), 26.

도들로 (1) 단일론적 설명들, (2) 이원론적 설명들, (3) 죄가 악마에서 기원한 것으로 보는 소위 악마적 설명(demonic explanations)을 비판적으로 제시하고 이 모든 설명들이 "모두 다 유지될 수 없다"고 베르까우워를[15] 인용하며 결론 짖는다(311). 즉, 이런 합리주의적 설명들은 성경이 대답하지 않고 내버려둔 것을 설명해 보려고 하는 것이므로 결국 헛된 것이 되고 만다는 것이다. 결국 "아담의 타락 안에서 우리 모두가 죄를 범했습니다"라고 말하는 것이 우리가 말할 수 있는 모든 것(the bottom line)이라는 것을 스파이크맨은 아주 분명히 한다(311). 이것은 패배주의에 사로잡힌 정신이 무지의 도피성을 찾아 가는 것이 아니라는 것이다. 이는 오히려 성경적 출발점에 대한 존중을 나타내 주는 것이다.

    이렇게 성경으로부터 출발해야 함을 강조하면서 스파이크맨은 기본적으로 창세기 3장과 다른 성구들에(시 51:1-5, 롬 5:12-21, 고전 15:22) 근거해서 아담과 하와의 첫 범죄를 단순하고 순수한 피조물의 순종(a test of creaturely obedience) 여부를 드러내는 시험적인 명령(probationary command)에 대한 불순종으로, 이로써 언약적 신실함의 여부를 판단하는 것이었다는 것을 정통적 개혁신학의 이해를 따라 잘 제시하고 있다(312). 따라서 여기에 사람과 그의 창조자의 모든 관계가 걸려 있는 것이며, 이 명령은 피조계 내에서의 우리의 위치와 과제를 보호하는 친절한 보호적 울타리(a friendly protective hedge)였다고 하며, 이 명령은 우리가 하나님으로 하나님 되시게 하며 우리의 창조주의 의지에 온전히 의존하여 우리의 피조물 된 한계 내에서 살려고 하는가의 검증을 위한 것이었다고 설명하는 것도(312) 매우 적절하다. 또한 우리의 고의적인 불순종으로 경고의 말씀이 실재가 되었다고 단언하며 로마서 8:23을 연관시켜 설명하는 것도(312) 성경에 따르는 개혁신학적 진술이다. 스파이크맨은 저항하는 인간의 이 행동으로 가장 급진적

---

[15] Berkouwer, *Sin*, 128.

이고 전포괄적인 변화가 일어났다고 바르게 진술한다. 또한 이 죄에 대한 그 종류에 따른 적절한 심판 선언(즉 남자들은 남자들에게 적합하게 날마다의 일에서, 여자들은 아이를 낳는 일에서의 심판)과 그럼에도 불구하고 울려 퍼지는 원복음(protevangelium)을 하나님께서 사탄과 인간 사이의 "원수 관계"(enmity)를 창설하심에 대한 약속으로(314, 320) 잘 설명하고 있다.16

4-2. 죄의 열매를 짊어짐

현대인들이 진실을 외면하면서 (잠시 바른 판단을 못한 것일 뿐임, 프로이드적인 실수, 사소한 하얀 거짓말, 또는 그와 같은 것들이라고) 다른 이름들을 끊임없이 창안해 내도 가장 솔직한 책인 성경이 분명히 하듯이 죄는 죄일 뿐임을 분명히 하고(315), 또한 그 죄는 우리 존재 전체에 영향을 미치고 있다는 것을17 즉 전통적으로 전적 부패라고 부르는 바를 마가복음 7:20-23과 로마서 7:24을 인용하면서 아주 분명히 표현하면서(II.1), 인류 최초의 죄로 한 상태에서 다른 상태로, 즉 창조 받은 원 상태(the state of righteousness/integrity)에서 타락한 상태(the state of condemnation/corruption)로 떨어졌음을 분명히 하

---

16 스파이크맨이 명시적으로 언급하고 있지는 않지만 이 배후에 Geerhardus Vos, *Biblical Theology* (Grand Rapids: Eersmans, 1948), 42의 가르침이 있음이 분명하다.

17 Cf. "죄는 우리 인격 전체에 영향을 미친다. … 혹세마가 잘 표현하고 있듯이, '성경에서 죄에 대한 수많은 단어들을 발견하게 되는 것은 결코 놀라운 일이 아니다. 왜냐하면, 죄는 삶 자체와 같이 다면적이기 때문이다(Reformed Dogmatics, 245)… 인간 됨의 다양한 방식 그 어느 것도 죄의 오염에서 벗어나 있지 않다."(315) 또한 "컵의 물에 떨어진 한 방울의 잉크처럼 우리의 최초의 죄는 우리의 환경 전체에 물결 효과를 내는 것이다"(319)고 말하는 것도 보라. 여기서는 "전적 부패"(total depravity, 319, 320) 또는 "절대적 부패"(absolute depravity, 320)라는 전통적인 용어도 사용하고 있다. 물론 이에 대한 오해도 불식시키면서 그런 오해를 낳는다는 점에서 이는 모호하며 오도하는 용어가 될 수도 있음을 잘 지적한다.(320) 문제는 항상 선배들이 사용한 용어의 의도에 따라서 오해하지 않고 이런 용어를 사용한다.

고(II.2),¹⁸ 이런 두 상태 이론이 구속에 대한 만족설적 이해의 신학적 근거가 된다고 선언한다.(319) 또한 그 타락한 상태는 저주와 상실의 상태고(II.3), 이런 원죄의 부패성은 타락한 모든 세대에게 공통적이어서 그들 모두가 아버지와 같이 그 아들도 죄인일 뿐임을 분명히 하고(II.4), 따라서 모든 세대는 처음의 뿌려진 죄가 가져온 죄들과 저주라는 참상의 회오리 가운데 있음을 잘 표현하고(II.5),¹⁹ 모든 사람은 그 의지가 죄에 묶여진 노예 의지를 가지고 자원하여 죄를 범한다는 것을 말하고(II.6), 그 죄의 값이 궁극적으로 사망이라는 것을(II.7) 성경의 가르침에 충실한 전통적 입장에 부합하게 설명하고 있다. 죄 때문에 모든 이들이 죽는 데도 역사가 진행되는 것은 하나님의 개입하시는 은총(일반 은총) 때문임도 잘 지적한다.(335)

4-3. 우리의 죄 인식: 회복의 길(On the Road to Recovery)

그러나 사람들은 그 스스로는 죄를 죄로 알지 못한다. 죄 때문에 죽는다는 것도 인정하지 않고, 이 이후에 영원한 사망이 있다는 것도 받아들이지 않는다. 그것이 타락한 상태 가운데 있다는 증거이다. 그러나 성령의 역사로 하나님의 율법은 "세상의 죄와 심판"에 대한 확신을 우리 안에 주신다(요 16:8).(337)

---

18 그래서 스파이크맨은 정통적 입장을 따라서 "[하나님과 우리 사이의] 언약 관계가 [창조에서] 맺어졌으나, [인간의 타락으로] 깨어졌고, 그러나 [그리스도의 구속으로] 이제 회복되었다. 죄책은 우리 안에 있고, [믿는] 우리는 그리스도 안에서 의롭다고 선언되었다"고 단언한다.(319)

19 "바람을 심으면 회오리를 거둔다(Sowing the wind, reaping the whirlwind). 이 표현은 원죄와 자범죄의 밀접한 관계성을 매우 적절히 표현하고 있다"는 말은(327) 이 맥락에서 매우 적절하고 흥미롭다.

5. 제4부 "구원의 길"의 내용

구원을 다룬 제4부에서는 구원의 길이 **하나뿐**임을 강조하고(1장: One Way), 하나님께서 이스라엘을 다루신 역사를 정리한 후(2장) 그리스도 안에서의 구원을 말하면서(3장) 하나님의 그리스도와 성령의 오심, 기관으로서의 교회와 유기체로서의 교회를 다룬 뒤에 교회를 이루는 지체로서의 그리스도인의 삶을 다루고 있어서(361) 성경 역사 이해, 기독론, 성령론, 교회론, 그리고 전통적 구원론의 순서로, 그리고 개인들을 교회라는 맥락 안에서 논의하는 점에서 매우 흥미롭다. 특히 선택에 대한 논의가 전통적 구원론에 대한 논의인 중생, 칭의, 성화, 견인, 그리고 "끊임없이 기도함"에 대한 논의 뒤에 마지막으로 제시되고 있는 것도 흥미롭다.

이 모든 것은 십자가와 부활에서 결정적으로 이루어진 승리에 근거하여(351) 논의되고 있다는 것도 스파이크맨의 구원 논의의 특징이다. 메시아로서 예수님께서는 종말(the "last days"), 즉 언약사의 마지막 때("the end times" of covenant history)를 도입시키셨다는 것, 그 안에서 천국이 현존하는 실재로 뚫고 들어 왔다는 것, 이사야 56:8이나 시편 87편이 바라보는 것들이 실현되기 시작했다는 것을 스파이크맨은 분명히 천명한다(373). "비록 '아직 아니'의 측면이 아직도 스트레스를 주는 실재로 있기는 하지만, **원칙상 모든 것이 '이미' 새로워졌다**"는 것을 아주 분명히 언급하는 것은 매우 중요한 일이다.(374, 강조점은 필자가 부가한 것임) 그러므로 교회는 "마지막 때"의 신자들("end-time" believers or latter-day children)이고(351, 356), 이전에 이스라엘 백성이 가나안 땅이라는 제한된 한계 내에서 그려내던 것이 예수 그리스도 안에서 보편적 실재로 이미 와 있다는 것을 잘 지적하므로(367) 스파이크맨의 생각이 종말론 논의 이전에 이미 신약 성경의 가르침에 충실하여 신약 종말론에 친숙하고 충실함을 드러낸다. 이런 맥락에서 그는 "세상에 대한 하나님의 마지막 말씀"(God's last Word for the world)이 그리스도시라고 말한다(362). 이런 의미에서 그는 현대 신학계의 거의 모든 이들이 나타내는 좀 더 조심스럽게 말하려는 강한 정향들을 잘 알고 있음에도 불구하고, 그리스도가 "모든 성경을 통일하는 주제"(the unifying theme of all Scriptures)라고 말하며(354), 그리스도께서 신구약 모두의 해석의 "원리"라고 말하기를(367) 부끄러워하지 않는다.

또한 이 논의에서 타락한 사람들을 구원하시려는 하나님의 보편적 의지를 잘 드러내면서 처음부터 하나님께서는 보편적인 관심을 가지고 "모든 백성을" 염두에 두시고 구속사를 전개해 나가셨음을 잘 드러낸다.(355f.) 라합, 룻, 니느웨 사람들에 대한 언급과 함께 이사야서 56:7, 49:6 등을 잘 인용하면서(362) 하나님의 보편적 관심을 드러낸다. 이를 위해서 아브라함을 부르심으로 하나님께서는 이스라엘을 "그들에게 하나님께서 말씀하시는 백성으로, 그리고 그들을 통해서 세상의 다른 백성들에게 말씀하시는 백성으로" 창조하시는 것이었다는 수잔 드 디트리히의 말과[20] 그리하여 구약의 하나님 백성은 "모든 백성들을 가깝게 하시기 위해 살아계신 하나님께서 자유롭게 선택하신 입국항(the port of entry)이 되었다"는 크라우스의 말을[21] 인용하면서 스파이크맨은 궁극적으로 보편화하기 위한 도구를 선택하시는 하나님의 의도를 잘 드러내고 있다.(357) 이렇게 선택된 이스라엘은 하나님의 주권적 통치와 세상에 대한 은혜로우신 목적을 모든 민족들에게 증언할 사명을 가지고(357) 신정적 삶의 방식(a theocratic life-style)으로 부름받았다는 것을(366) 잘 지적한 것은 매우 중요한 점이다.

---

[20] Suzanne de Dietrich, *God's Unfolding Purpose* (Philadelphia: Westminster, 1974), 51, cited in Spykman, *Reformational Theology*, 357.

[21] H.-J. Kraus, *The People of God in the Old Testament* (New York: Association, 1958), 70, cited in Spykman, *Reformational Theology*, 357.

또한 메시아를 십자가에 못 박게 한 것을 그 누구만의 책임으로 돌려서는 안 되고 "하나님의 아들의 죽음에 책임이 있는 것은 바로 인류의 죄, 아담과 하와의 모든 아들들과 딸들의 집합적 죄책일 뿐이다"는 것을 스파이크맨은 잘 지적하고 있다.(371)

그리스도 안에서의 구원의 길을 가장 길게 논의하면서 그는 증언(*martyria*), 선포(*kerygma*), 그리고 가르침(*didache*)의 삼중적 모티브로 시작해서, 그리스도와 성령과 교회와 성도의 삶을 모두 다룬다.

5-1. 예수와 그리스도

그리스도에 대한 논의는 지난 두 세기에 걸친 역사적 예수에 대한 탐구와 역사적인 것 배후에 있는 영원한 진리에 대한 추출 노력을 라이마루스에서 그와 비슷한 50여 신학자의 탐구를 다룬 슈바이쳐에 이르는 옛 탐구(383-86), 바르트와 불트만의 이해를 다루는 신정통주의적 막간(386-91), 그리고 불트만의 제자들인 에른스트 케제만(Ernst Käsemann)과 그의 동료들의 새로운 탐구(391-92), 그리고 미래의 현존을 말하는 판넨베르크와 몰트만의 이해(392-94)로 요약한 뒤, 성경적이고 교회적인 그리스도 이해를 제시하는 것으로 진행된다.22 예수 탐구에 대해서는 "그들의 객관적이고 전제 없다고 하는 주장 자체가 신화(a myth)라는 프레드 끌로스터 교수의 비판으

---

22 조직신학 책 내에서 이를 다 논의하기는 어렵지만 그의 이런 논의는 너무 간단하고 피상적으로 평가되기 쉽다. 조직신학자들의 작품 중 이런 문제를 잘 다룬 것으로 최근의 제3의 탐구(the third wave)까지를 다룬 Hans Schwarz, *Christology* (Grand Rapids: Eerdmans, 1998)와 20세기 말의 다양한 접근들까지를 다 다룬 Millard J. Erickson, *The Word Became Flesh* (Grand Rapids: Baker, 1991) 등을 볼 수 있을 것이다.

로23 마무리한다(385). 왜냐하면 이 옛 탐구로부터 우리는 "그의 신성을 상실한 예수, 급진적으로 길들여진 인간성, 해체된 역사, 거의 알아 볼 수 없게 개정된 케리그마를 물려받게 되었기 때문이다(385).

자유주의적 역사적 예수에 대한 탐구를 비판하는 신정통주의는 역사 비평적 방법을 더 철저화하기를 요구하고,24 역사 속에 있는 것은 그 어떤 것이든지 역사 너머에 있는 "그리스도 안에 있는 하나님의 자유롭고 주권적 은혜의 영단번의 행위"인 계시에 대한 증거(Hinweis)임을 주장하면서, 계시와 역사를 절단시키고 있음을 스파이크맨은 잘 논의하고 있다(388). 바르트는 역사로부터 분리된 새로운 케리그마를 창조했다는 것이다. 불트만이 바르트나 부룬너보다 더 회의적이었고, 그 결과를 거부하는 일에 있어서 더 급진적이었다는 것은 잘 알려진 사실이다(389).

불트만 학파에서 나온 새로운 탐구가 신약 저자들의 그때 그곳의 의도성과 지금 여기 믿는 이들의 믿는 수용성을 융합시키려 했다는 것, 그러나 이를 위해 그들은 그 스승과 같이 실존주의적 역사관을 사용했다는 것은 좋은 지적이다(392). 그러므로 다른 사실들은 조금씩 받아들이려고 하던 그들도 부활의 역사성은 받아들일 수 없는 위치에 있었다.25

판넨베르크와 몰트만까지의 탐구를 마치면서 스파이크맨이 역사 비평적 방법의 종말을 선언하는 게르하르트 마이어의 책을 소개하고 있는 것은 의미 있다고 판단된다. 그 방법은 실패할 수밖에 없으니 그것은 그 탐구의 대상과 맞지 않기 때문이라는 마이어의 지적은 매우 옳다. "계시에

---

23 Fred Klooster, *Quests for the Historical Jesus* (Grand Rapids: Baker, 1977), 26.
24 이는 융엘이 그의 *Karl Barth: A Theological Legacy* (Philadelphia: Westminster, 1986), 70에서 인용하고 있는 바르트의 말이다(Spykman, *Reformational Theology*, 386).
25 이 점을 지적하는 Klooster, *Quests for the Historical Jesus*, 63을 언급하는 Spykman, *Reformational Theology*, 292를 보라.

상응하는 것은 비판이 아니라, 순종이며, 수정이 아니라 [계시에 비추어] 수정받기 바라는 것"이기 때문이다.[26]

정통적 기독론에 대한 논의 중에서는 아폴리나리스(Apollinaris)의 입장은 결국 그리스도의 인성의 양보를 하여(402) 그의 온전한 인성을 가리는 일종의 가현설을 낳으며, 이는 결국 후일의 단성론(monophysitism)과 단일 의지론(monothelitism)의 길을 연 것이라고 할 수 있다고 잘 논의한다(403).

또한 루터파적 기독론 이해와 칼빈파의 이해를 잘 비교하면서 루터파는 인성 밖에도 역사하시는 신성을 말하는 칼빈파의 이해로부터 네스토리우스의 이원론적 오류가 있다고 비판하려고 했고(405), 칼빈주의자들이 보기에 루터파적인 기독론은 양성을 혼합시키는 유티쿠스(Eutychus)의 오류를 다시 살리는 것으로 보였다는 것을 잘 지적한다(405f.) 이에 대해 왜 루터파의 비판이 옳지 않은가를 논의하지 않고, 또한 루터파가 칼시든 정의를 따르지 않는 것은 아니나 그에 온전히 충실한 것은 아니라는 것을 지적하지 않은 것은 아쉬운 점이다.

그리스도의 삼중직에 대해서는 "우리 가운데 계신 중보자의 현존"(the Mediator's presence among us)이라는 제목으로 표현하면서(406), 이를 인간이 창조함을 받은 본래의 직임과 연관해서 그리스도께서 마지막 아담으로써 그것을 대리하여 갱신하여(vicariously renewed) 회복하여 내셨다고 하며(407), 또한 칼빈의 삼중직 이해는 루터의 만인 제사장직을 온전하게 발전시킨 것이 된다고 잘 논의한다(407). 이런 개혁파의 삼중직 이해를 베르까우어는 "그의 선지자이심과 제사장이심과 불가분리적으로 연관된 그리스도의 왕직은 세상에 대한 복이다"는[27] 말로 잘 요약하고 있음도 잘 지적한다

---

[26] Gerhard Maier, *The End of the Historical Critical Method* (St. Louis: Concordia, 1977), 23.

(407). 왕직에 대한 설명에서 십자가와 면류관을 십자가와 관련해서 전적으로 감취어진 직임이요, 부활 후 면류관과 관련해서 온전히 드러난 직임으로 표현하고 있는 것도 흥미롭다(413). 또한 "기독교 신앙이 부활과 함께 서고 넘어진다"는 베르코프의 말을28 인용하고 있는 것도 의미 있다(418).

5-2. 성령님의 오심

스파이크맨은 오순절은 브루스의 견해에 동의하면서 주후 30년 5월 28일 주일에 일어난 것으로 보면서(417),29 또한 이때 바벨의 혼란이 극복되었다고 한다(417). 또한 구약 교회와의 관계를 생각하면서 오순절에서 교회가 탄생했다(born)고 하기보다는 이 사건에서 교회가 재탄생(reborn)한 것으로 말한다(422). 교회는 이미 인간을 창조하셔서 하나님께 함께하도록 하시며 그의 청지기로 사역하도록 하신 일에서 시작되었다는 것이다. 이런 입장에서 보면 우리는 타락했을 때 "교회됨을 상실하게 된"(unchurched) 것이고, 이런 인간들에게 은혜를 베푸셔서 셋, 에녹, 노아의 믿음의 계열을 통해서 타락한 인류를 "다시 교회화"(re-church) 하기 위해 하나님께서 관여하기 시작하신 것이다(422). 그런 뜻에서 스데반은 광야 교회를 말할 수 있었고 (행 7:38), 바울은 이 광야 교회가 "신령한 반석으로부터" 물을 마셨다(고전 10:4)고 말할 수 있었다(423). 그러나 "이제 오순절을 통해서 제단이 설교단으로 제사장이 목사들과 복음 전하는 자들과 장로들과 집사들로 대체된 것

---

27 G. C. Berkouwer, *The Work of Christ* (Grand Rapids: Eersmans, 1965), 76.

28 H. Berkhof, *The Christian Faith*, 307.

29 Cf. F. F. Bruce, *The Spreading Frame* (Grand Rapids: Eerdmans, 1958), 58.

이다"(423).

오순절에 신약 교회에 임하여 오신 성령님께서는 지속적으로 우리와 함께하시는데(abiding presence), 그 내주하심으로 인해 교회는 하나님 나라 도래의 증인(witness)과 모델(model)과 중요 요원들(agent)로 섬길 수 있는 힘을 얻게 된다(424).

서방 교회에서의 성령에 대한 신조적 표현의 안정은 589년 톨레도(Toledo) 공의회의 "아버지와 아들로부터도(*filioque*) 나오시는 성령"이라는 어귀에서 이루어져, 이는 루이스 벌코프가 말하는 바와 같이 "동방과 서방이 분열하게 된 반석"이[30] 되었고 결국 1054년의 분열로 이끌어 가는 큰 원인 중의 하나가 되었음을 잘 지적한다(418). 이 어귀의 삽입을 인정하지 않는 동방 교회는 말씀과 성령의 느슨한 연관성만을 주장하여 결국 매우 경험적 기독교를 낳는 결과를 내었다는 논의도 흥미롭다(418f.). 이에 대한 결론으로 언급하고 있는 말은 매우 시사적인 것이다: "건전하고 건강한 기독교적 삶은 상당 부분 그리스도[말씀]와 성령의 관계에 대한 바른 이해에 달려 있다"(419). 그리스도의 생애 처음부터 끝까지 "성령님께서는 그리스도를 중보적 사역을 위해 능동적으로, 그리고 역동적으로 힘 있게 하셨다"(419). 또한 "그 역으로 그리스도께서도 성령의 오심에 능동적이고도 역동적으로 관여하셨다"는 것도 잘 지적한다(419).

5-3. 교회

5-3-1. 교회

---

[30] Louis Berkhof, *The History of Christian Doctrines* (Grand Rapids: Eerdmans, 1949), 96.

근본적으로 갱신된 하나님의 백성(renewed people of God)으로서의 신약 교회는 선지자들과 사도들의 증언에 근거하고, 머리되신 그리스도에 의해서 재수립되었고, 성령에 의해서 능력을 받았다(430). 그러므로 교회는 "본질적으로 교회를 수립하시고 그 구조를 규정하신 그 주님의 뜻에 의해 사는 것이다."31 스파이크맨은 하나님 백성, 즉 유기체로서의 교회를 대문자로 Church라고 하고, 제도(institute)로서의 교회를 소문자로 church라고 쓰면서(430 이하) 두 가지 성격에 다 충실해 보려고 한다. 특히, "그리스도의 부활과 함께 우리의 주간 리듬에 극적인 변화가 일어났다"(431)고 말하는 부분은 안식일에서 주일로의 변화를 매우 잘 설명한 부분이라고 할 수 있다. 그래서 그는 "the Church가 주일에 church에 간다…[그리고 월요일부터는] 교회가 일하러 가고 학교에 가고, 심지어 휴가가고 한다"(432)고 표현하기도 한다. 이것은 건물로서의 교회를 용인하는 듯한 말이므로 상당히 아쉽기는 하지만 그런대로 노력하는 표현이라고 할 수 있다. 그는 어떤 예배당 앞에 있는 어구인 "그리스도의 교회가 여기서 예배합니다"(The Church of Christ worships here)는 표현이 매우 적절한 것이라고 말한다(432). 그러면서 교회는 "교회를 이 세상 가운데서 하나님 나라의 삶을 살도록 할 때 그 소명에 가장 충실한 것이다"고 말한다(432). 이런 의미에서 "개인주의는 이단이다"고 말하는(440) 스파이크맨은 옳다. 왜냐하면 "근본적으로 신자들은 개인적 결단에 의해서 이 공동체에 속하는 것이 아니라, 신적인 선택과 부르심의 끌어당기는 능력에(the magnetic power of divine election and calling) 의해 이 공동체에 속하게 되었기" 때문이다(440).

5-3-2. 신자들의 어머니로서의 교회

---

31 Otto Weber, *Foundations of Dogmatics*, vol. II (Grand Rapids: Eerdmans, 1983), 513, cited in Spykman, *Reformational Theology*, 430.

교회에 대해서 기본적인 설명을 한 후에 스파이크맨은 키프리안(Cyprian)의 말을 염두에 두고서 갈라디아서 4:26에 근거하여 교회를 "신자들의 어머니"로 표현하고 그 의미를 새롭게 한 칼빈의 말과 그 의미를 잘 설명하고(433), 이를 리덜보스가 바울의 교회 이해를 설명하는 것과 잘 연관시키고 있다(4334f.). 스파이크맨이 이 맥락에서 말하는 교회의 소명은 "외적이며(outreach) 동시에 내적이다(edification)"는 표현이 매우 적절하다(434).

5-3-3. 세상 안에서 세상을 위한 교회의 사역들

세상 안에서 세상을 위한 교회의 사역들(435, 437)을 (1) 선교들(missions), (2) 도고, 즉 서로를 위한 기도(intercession), (3) 봉사 사역(diaconal service), (4) 성도(聖徒)를 온전케 하여 준비시킴(equipping the saints)으로 나누어 설명한다. 교회는 십자가로 인해 이 세상과 구별된 공동체이면서 동시에 세상에 있는 사람들과 연대하며 개방적이어야 한다(435). 도고, 즉 서로를 위한 기도가 이에 포함된 이유는 "예배하는 교회는 세상을 위해 기도해야만" 하기 때문이다(436). 그러므로 예배 중에 "기도하기를 전혀 배우지 못한 이들, 너무 바빠서 기도하지 못하는 사람들, 기도하기를 포기한 사람들, 다른 대상을 향해 기도하는 수많은 사람들에 대한 기도가 포함되어야" 한다(436). 교회는 "기도하지 않은 세상을 위하여 그들 대신에 그들의 자리에서 기도하도록 부름받았다"(436). 이런 의미에서 교회는 "소리 없는 이들의 소리요(the voice of the voiceless), 그들을 위해 옹호해 주는 이 없는 이들의 기도 동료(prayer patner for those who have no advocate)"이다(436). 세상을 위한 교회의 기도는 디모데전서 2:1-2의 바울의 말을 순종하느냐의 문제일 뿐이다(437)는 말은 아주 옳다.

또한 "세상 전체는 교회의 봉사 사역(*diakonia*)을 위한 공개된 영역이다"는 말도 전적으로 옳다(437). 먼저는 믿음의 가정들에 우리의 의무를 다해야 하지만 "기회 있는 대로 모든 사람에게 선한 일을 하라"는 말도 (갈 6:10) 옳은 것이다. 왜냐하면 "우리 주위의 세상도 성령의 열매를 풍성히 맛보아야 하기" 때문이다. "봉사 사역은 그 안에서 우리가 살고 기동하며 있는 하나님의 오래 참으심과 자비의 증언이다"(437).

5-3-4 교회의 속성들

스파이크맨은 전통적 이해에 따라서 통일성, 거룩성, 보편성, 사도성을 모두 교회의 속성을 제시하며 논의한다(440-50). 그리고 이 "모든 측면들은 아주 밀접하게 연관되어 있으므로 그 어떤 것의 우월성을 생각하는 것도 불가능하다"고 말하는 베르까우어에게 동의한다(442).[32] 그 중 보편성을 말하면서는 "보편성은 선교를 함의한다"고 잘 지적하고 있다(446). 또한 "교단주의는 이단이고, 그 어떤 교회도 그 자체를 절대화할 수 없다"고 하며 "보편성은 모든 지방주의와 분리주의적 경향들을 거부하게 한다"고 잘 지적한다(447). 또한 스파이크맨은 보편성과 통일성의 연관성도 잘 지적하고 있다: "교회의 통일성은 내면적으로 보면 보편성이고, 보편성은 외적으로 보면 통일성을 함의한다"(447).

5-3-5. 교회의 표지들

종교개혁자들은 오직 성경(*Sola Scriptura*)의 원칙에 충실하게 하나님의 말씀의 중심성을 강조함에서 하나님 말씀의 신실한 선포를 참된 교회의 중요

---

[32] Cf. G. C. Berkouwer, *The Church* (Grand Rapids: Eerdmans, 1976), 25.

한 표지로 강조하였다(451)는 것을 스파이크맨은 잘 지적한다(451). "복음의 선포는 다른 어떤 것보다 더 핵심적인 표지이다. 그것은 모든 교리와 삶의 근본적 시금석이다"(452).33 "언제나 그러하듯이 우리 시대에도 교회의 다양한 사역들은 복음의 신실한 선포와 함께 서거나 무너지는" 것이기 때문이다(453). 이런 뜻에서, 개혁자들은 천주교회가 "하나님의 주권적 은혜에 반응하는 믿음으로 말미암는 칭의의 복음을 온전히 그리고 자유롭게 선포하는 일에서 지속적으로 실패하였음을" 스파이크맨은 잘 지적했다(451). 이것이 중요한 이유는 "하나님의 말씀이 우리의 생명이기" 때문이다(454). 말씀은 신앙이 없는 곳에서는 신앙을 일으키고, "경배하기 위해 믿음으로 모인 신자들의 신앙을 강화시키는" 것이다(454).34

또한 천주교회의 성례 이해와 시행을 고찰하는 중에 성례의 신실한 시행이 교회의 두 번째 표지로 등장하게 되었다는 것도 스파이크맨은 잘 지적한다(451). 구약과 관련해 볼 때 "유월절은 성찬에서 성취되고, 할례는 세례에서 성취된다"(455, 459). "할례는 세례에서 구속적으로 갱신되었다(updated)"(456). 세례의 물은, 노아 홍수의 물과 같이, 깨끗하게 함뿐만 아니라 심판도 상징한다(456).

교회의 치리를 따로 언급하지 않는 불링거나 칼빈의 입장은 이를 따로 언급하면서 교회의 세 가지 표지를 말하는 우르시누스(Ursinus)나 벨직 신앙고백서 29조의 언급과 그리 멀지 않은 것이다. 그런데 스파이크맨은 말씀과 성례만을 종교 개혁 전통에서 교회의 표지로 여기게 된 것으로

---

33 같은 입장에 스파이크맨은 Bavinck, *Gereformeerde Dogmatiek*, IV, 427; Louis Berkhof, *Systematic Theology*, 577; Herman Hoeksema, *Reformed Dogmatiics*, 620-21을 언급한다(Spykman, *Reformational Theology*, 452f.).

34 Cf. Bavinck, *Gereformeerde Dogmatiek*, IV, 428, cited in Spykman, *Reformational Theology*, 454; Louis Berkhof, *Systematic Theology*, 616.

자주 언급한다(460). 이런 뜻에서 교회의 치리라는 세 번째 표지는 두 가지 중요한 표지들에서 나온 것으로 보게 되었다고, 즉 신실한 선포와 성례의 바른 시행을 지지하고 시행하도록 하는 수단으로 여기게 되었다고 말하는 스파이크맨의 말이 옳다(452). 그러나 치리는 교회뿐만 아니라 가정, 학교, 국가 등도 그 사역에 맞는 일종의 치리를 시행하는 것이므로 교회의 표지에는 넣을 필요가 없다는 카이퍼의 견해를 이와 연관시키는 것은(452) 더 생각해 보는 것이 좋을 것으로 판단된다.

5-3-6. 교회 리더쉽과 교회의 정체(polity)

교회에는 직임들이(offices) 있도록 의도되어졌고, 이 직임들은 "지도력"(leadership)을 위한 것이라는 논의는 흥미롭다(462). 특히 교회 안에서의 직임을 창조 때 주어졌고 인간들이 폐기시켰으나 그리스도께서 회복해 내신 모든 인간의 보편적 직임과 연관해서 설명하는 것은(463) 명확히 개혁파적인 성격을 잘 드러내고 있다. 특히 특별한 직임들의 행사를 통해서 모든 신자들의 보편적 직임의 바른 섬김을 그리스도와 성령의 사역이 회복시켰다고 논의하는 것은 매우 중요한 점이다(463). 또한 신약의 직임을 가진 이들은 모두가 그 영예와 권위에 있어서 근본적으로 평등하다고 논의하는 것도 매우 개혁파적인 것이고 옳은 것이다(463). 또한 특별한 직임을 지닌 이들이 섬기러 오신 주님과 같이 회중의 유익을 위해 권위를 행사해야 한다는 것도 옳은 것이다. 신실한 직임자들의 표지를 (1) 하나님의 말씀의 지시하심에 개방되어 있고, (2) 회중과의 사랑하는 연대를 드러내며, (3) 회중들 가운데 성숙한 분들의 지혜를 존중하는 것으로 제시하는 것은(464) 매우 새롭고 중요한 지적이라고 판단된다.

또한 교회의 정체(政體, polity)에 대해 다양한 체제를 소개하면서 전체로서의 몸을 대신하여 행동하는 선출된 직임자들을 가진 "대의의 원리"(the principle of representation)를 존중하는 개혁파적-장로교회적 정체가 "상호 협조"(fraternal cooperation)이라는 성경적 양상을 가장 잘 호응하는 것이라는 견해를 칼빈, 바빙크, 그리고 벌코프 등의 논의에 근거해 이끌어 내고 있는 것도(466-67) 의미 있다고 여겨진다.

    그러나 교회제도에 대한 근본적 원리들은 성경으로부터 직접 도출되었으나 그 구체적인 것들은 상당 부분 편의와 인간의 지혜에 의해 결정된다는 것을 기꺼이 용인하는 루이스 벌코프의 견해를 잘 소개하고서는[35] 이 모든 것을 전제로 할 때 "교회 질서는 – 특히 우리 시대의 교회 질서는 편의에 따라 이럴 수도 있고 저럴 수도 있다(loose-leaf)"고 하는 헨드리쿠스 베르코프의 결론으로[36] 마치고 있는 것은(467) 의아스럽고 상당히 안타까운 점이다.

    또한 교회의 특별한 직임들은 그리스도에 의해서 제정된 사도직이라는 공통된 뿌리에서 나온 것이다(spring up)는 논의도(463) 그것을 어떻게 이해하느냐에 따라서 상당히 심각한 문제를 야기할 수도 있는 것이기에 상당히 조심하는 것이 좋을 것으로 판단되는 논점이다.

5-3-8. 유기체로서의 교회

하나님의 백성으로서의 교회, 즉 유기체로서의 교회의 논의에 앞서서 교회가 세상 가운데서 삶을 살며 제자됨을 드러내려 할 때 나타나는 교회의 모습을 스파이크맨은 (1) 증인, (2) 모델, 그리고 (3) 사역 감당자(agent)로서의 교회로 제시한다(467-68). 인간의 삶이란 다른 것에 준거를 지니고 다른

---

[35] Louis Berkhof, *Systematic Theology*, 581, cited in Spykman, 467.
[36] Hendrikus Berkhof, *Christian Faith*, 384, cited in Spykman, 467.

것을 언급하는(referential) 것이므로, 모든 사람이 다른 사람의 증인인 것은 사실이나, 특히 교회의 사역은 하나님께서 이스라엘을 다루신 것과 그리스도 안에서 하신 것과 미래를 규정하는 구원의 길에서 성령님께서 인도해 주시는 것을 증언해야 한다고 한다(467). 또한 "기독교 신앙 가운데서 백성들을 양육하는 일에 있어서 신앙이 작용하는 모범을 보임보다 더 강한 형성적 역할을 하는 것은 없다"는 것을 강조하면서 스파이크맨은 "기독교인들은 삶의 모든 측면에서 모델 공동체를 창조하는 일에 협력적이어야 한다고 말한다. 특히 우리 시대는 대안적 삶의 방식의 구체적인 표들을 보기를 매우 필요로 하기 때문이다. 또한 그리스도는 성부의 세상에서 그리스도의 사역을 하는 그의 대리자로, 그의 사역 감당자(agents)로, 그의 대사들로 세우셨다는 것도 스파이크맨은 강조한다(268). 두 번째 것(모델)과 사역자 됨은 떨어질 수 없는 것이니, "세상이 모델 공동체를 목격하려면 그것은 사회 속에서 소금과 빛과 누룩으로 섬기는 하나님의 백성들의 사역을 통해서만 이루어질 수 있는" 것이기 때문이다(268).

이제 이런 역할을 하는 유기체로서의 교회를 논의하면서[37] 스파이크맨은 교회의 사명은 이 세상 가운데서 날마다 하나님 나라의 삶을 살 수 있도록 교회를 무장시키는(equip) 것임을 강조하면서(468), 교회가 이 세상에 있으나 이 세상에 속하지 않았다는 것과 그것이 함의하는 무한한 사명(mission unlimited), 즉 문화 명령과 대위임령을 말하고,[38] 기독교적 공동

---

[37] 이를 그는 대문자로 시작하는 Church로 표시하기를 즐겨한다 (Spykman, *Reformational Theology*, 467). 즉 스파이크맨은 제도(institute) 즉 조직체로서의 교회들에 대해서는 church라고 쓰고, 전체 유기체로서의 교회는 Church라고 쓰기를 즐긴다. 그러나 이런 용례를 절대화할 필요는 없을 것이다.

[38] 문화 명령과 대위임령의 연관성을 잘 드러내면서 대위임령을 "무한한 권위"(unlimited authority)를 지닌 분으로서 "무한한 과제"(an unlimited task, "모든 민족")를 주시면서 "무한한 함께 하심"(an unlimited companionship, "항상")을 말하고 있는 것으로 재미있게 표현하는 리덜보스의 해석을(Ridderbos, *Matthew's Witness to Jesus Christ* [New York: Association, 1958], 94) 따르면서 설명하는

생활의 표지들로 자유와 거룩으로의 부르심 받음을 잘 논의한다(474).

　　세상 안에 있으나 속하지 않음에 대해 말하면서는 요한복음 17장 9절-19절과 연관하여 바빙크의 유명한 말인 그리스도인들은 먼저 세상으로부터 변개해야 하나 또 다른 의미에서는 세상으로 파송받는다는 뜻으로 세상으로 향하게 된다(converted to the world)는 말을 적절히 소개하고 있다(469). 또한 성경이 "세상"(cosmos)이라는 말은 하나님의 피조계, 사람들의 사회 즉 인간 행동의 복잡한 양상들과 사회의 구조들, 그리고 어두움의 악마적 세력 등과 같은 세 가지 다른 의미로 사용되고 있음을 잘 드러내면서 논의하는 것은(470-72) 매우 중요하고 의미 있는 논의라고 여겨진다.

　　성경이 말하는 거룩에 대해 말하면서 그 핵심을 잘 드러내고 있는 다음과 같은 리덜보스의 말을 인용하고 있는 것도 매우 의미심장한 것이다: "(로마서 12장, 13장, 14장에 대해 언급한 후에) 여기서는 제사와 섬김이 성전 밖으로 이끌어 내어졌다. 새로운 의식이나 예배는 주일이나 예배당에만 한정되는 것이 아니다. 그것은 오히려 교회 지체들의 날마다의 자연스러운 삶으로 구성된다. 즉, 혼인에서, 사회에서, 정부와의 관계에서, 심지어는 그리스도인이 아닌 이웃들과의 관계 등으로 구성된다."[39] 즉, 성경이 말하는 거룩은 예배나 교회 안에서의 삶에 한정되는 것, 즉 "세상으로부터 물러서는 종류의 거룩성"(a world-withdrawing brand of holiness)이 **아니라**는 것이다(477).

5-3-9. 교회와 하나님 나라

것이 흥미롭다(Spykman, *Reformational Theology*, 473-74).
　　[39] Herman Ridderbos, "The Kingdom of God and Our Life in the World," *International Reformed Bulletin*, No. 28 (January 1967): 6, cited in Spykman, *Reformational Theology*, 477.

하나님 나라와 교회의 관계를 말하면서 스파이크맨은 하나님 나라의 우선성과 중요성을 언급한 후에 "성경에 의하면 교회는 그 의미를 하나님 나라로부터 얻고 있다"고 말하면서(478), 동시에 제도로서의 교회들(church)과 유기체로서의 교회(Church)와 하나님 나라(Kingdom)의 관계를 하나님 말씀을 중심으로 하는 다양한 동심원으로 표현한다(478-80). 이를 잘 설명하기 위해 스파이크맨은 "교회는 그를 통해 그리스도께서 하나님 나라의 유익들을 나누어주시며 그 나라의 극치를 준비하게 하는 수단이다"고 말하는 바빙크의 말을 인용하기도 한다.40

5-4. 구원과 그리스도인의 삶

스파이크맨은 전통적 구원론의 내용을 교회론에 대한 논의 뒤에 배치시킨다. 구원받은 백성들에 대해 먼저 이야기하고 구원받은 그리스도인의 삶의 내용을 그 뒤에 제시하는 전략이다. 그리고 바빙크에 따르면서 그리스도인이 된다는 것은 세상에서 가장 자연스러운 것이라고 한다(480).41 그러나 그리스도인의 삶은 "그 평생이 매우 강렬한 영적 투쟁이 되고(로마서 7장)", 따라서 "이 순례길은 오직 은혜로만, 오직 믿음으로만 이루어질 수 있다"는 것을 스파이크맨은 잘 지적한다(481, 486, 491). 그리고 이 순례는 어떤 특정한 사람들만의 것이 아니고, 은혜를 받은 모든 그리스도인의 공통된

---

40 Bavinck, *Gereformeerde Dogmatiek*, IV, 281: "[The] church is the means by which Christ distributes the benefits of the kingdom of God and prepares for its consummation."(cited in Spykman, *Reformational Theology*, 479).

41 이 점을 강조하는 Jan Veenhof, *Nature and Grace in Bavinck* (Toronto: Institute for Christian Studies, n.d.), 23-24의 인용도 보라 (Spykman, *Reformational Theology*, 480).

것임을 잘 지적한다(487).[42] 이 점에서 그는 후에 언급할 바와 같이 철저한 개혁 신학적 구원론을 제시한다고 할 수 있다.

그러나 그는 전통적인 구원의 서정에 대한 논의를 조금은 안타까워하면서 "성경에서는 결정적인 것이 순서 자체가 아니라, 그리스도인의 삶의 아주 풍성한 실재"라고 보는 베르까우워에게[43] 동의하면서 논의를 전개시킨다(482). 그리하여 스파이크맨은 구원의 서정을 구원 과정에 있는 일련의 연속적인 계단들로보다는 구원의 과정의 다양한 동시적 측면들(various simultaneous aspects)로 제시하는 안토니 후크마에게[44] 동의하면서 구원론을 전개한다(483). 그러나 칭의와 성화를 혼동해서는 안 된다는 칼빈의 말에 유의하면서 아이러니컬하게도 엄격한 서정을 제시하는 머리(Murray)의 순서에 대한 강조를 제시하기도 하면서(483) 어느 정도의 순서는 제시한다. 그러므로 이 문제는 실질적으로 너무 엄격한 순서를 기계적이고도 시간적으로 제시하려는 것도 안 되지만, 구원의 서정의 논리적 순서를 생각하지 않으려고 하는 것도 문제를 일으킬 수 있다고 여겨서 선배들의 노력을 너무 무시하지 않도록 해야 할 것이다. 스파이크맨은 중생과 칭의와 성화를 그리스도인의 삶의 중요한 측면들로 제시한다. 이 논의 후에 전체 과정을 생각하며 견인도 언급하고, 마지막으로 그리스도 안에서의 선택도 언급한다.

스파이크맨은 중생을 협의로 제시하는 정통주의자들이나 벌코프의 견해에도[45] 의의는 있다고 하면서도(487) 포괄적으로 생각하던 개혁자들

---

[42] 스파이크맨은 이 점을 잘 지적하고 있는 G. C. Berkouwer, *Faith and Sanctification* (Grand Rapids: Eerdmans, 1952), 149를 잘 인용하고 있다 (Spykman, *Reformational Theology*, 487).

[43] G. C. Berkouwer, *Faith and Justification* (Grand Rapids: Eerdmans, 1954), 29-33, cited in Spykman, *Reformational Theology*, 482.

[44] Anthony Hoekema, *Saved by Grace* (Grand Rapids: Eerdmans, 1989), 15, 16.

의 용례를 따라 진술하는 것을[46] 선호하는 듯하다(487-89). 그래서 그는 중생은 "그리스도인의 삶의 다른 측면들 모두의 배후에 있는 깊은 차원을(a depth dimension of all the other aspects) 지시한다"고 말하기도 한다(488). 그러나 논의 과정 가운데서 "새로운 시작에서 하나님의 칭의하시는 은혜를 받아들이게 되는 참된 신앙이 탄생한다"고 말하는 것을(488) 보면 적어도 논리적으로 좁은 의미의 중생과 신앙과 칭의의 순서를 말하지 않을 수 없다고 여겨진다. 또한 스파이크맨 자신이 말하듯이 "중생은 실재적인 영적 전쟁의 시작을 표시한다"(489). 그렇다면 중생이 논리적으로 먼저 와야 한다. 그렇게 불가피한 것을 배제하려고 하는 것은 본인 자신의 좋은 논의도 가리게 할 수 있는 것이 되므로 너무 무리하게 서정의 논리적 순서를 부인하려는 노력을 하지 않는 것이 더 나은 것으로 보여진다. 물론 좁은 의미의 중생에서 시작된 갱신은 새로워진 혼인, 새로워진 우애, 심지어 새로워진 습관과 새로워진 정치로 표현되고 구현되어야 하고, 언젠가는 모든 피조계의 종국적 중생에 참여하라는 부름을 듣게 될 것이지만 말이다(490).

　　칭의에 대한 천주교회의 오해(492), 알미니우스주의의의 오해(493), 바르트의 오해(493), 죽은 정통주의적 오해(493)를 잘 지적한 후에 성경이 말하는 칭의는 그리스도의 대리 속죄라는 흔들릴 수 없는 토대에 근거하고 있음을 로마서 4:25, 8:1 등에 근거해서 잘 지적하고(493), 성경과 정통신학, 그리고 그 내용을 잘 요약하는 벌코프에게[47] 동의하면서 칭의의 의가 우리에게 "전가된 의"라는 것을 강하게 언급하면서 칭의가 법정적 선언의 행위임을 다시 강조한다(494). 그렇기 때문에 이제 성령님께서 우리가

---

[45] Louis Berkhof, *Systematic Theology*, 467.
[46] Cf. Calvin, *Institutes*, III. 3; Luther, "Ninety-Five Theses; Belgic Confession," Article 24; Helmut Burkhardt, *The Biblical Doctrine of Regeneration* (Downers Grove, Ill.: IVP and Exeter: Paternoster, 1978), 23, 26, 29 (Spykman, *Reformational Theology*, 487-89).
[47] Louis Berkhof, *Systematic Theology*, 523.

죄 없다고 증언하신다는 것이다(494). 그러므로 "이런 법적인 은유들을 거부하는 것은 대속의 실재를 변화시키는 것이 된다. 왜냐하면 법정적 칭의 개념은 '오직 은혜로'만 말미암고 '오직 믿음으로'를 말하는 복음'의 온전한 의미를 존중하는 것이기 때문이다"(494).

그러나 오직 믿음으로 말미암는 칭의는 반드시 성화를 동반함을 강조하고, 이때 성화는 "버터와 빵의 문제나 매일의 삶의 돈의 문제와 같은 가장 세상적인 것까지와 관련된다"는 것을 스파이크맨은 잘 강조한다(497). 또한 성화도 칭의와 마찬가지로 전적으로 은혜로 되며, 동시에 그리고 계속적으로 전적으로 믿음으로 된다는 것과 신인 협력적(synergism)인 것이 아니라는 것을 강조함으로(498) 개혁파적 성화론에 충실함을 잘 드러낸다. 또한 평생에 걸친 투쟁(a lifelong struggle)을 강조하면서도(499) 동시에 로마서 7:25, 고린도전서 15:57, 로마서 8:37 등에 근거하여 그 결과가 더 이상 회의될 수 있는 것은 아니라는 것을 강조한다는(500) 면에서도 구원의 확신을 분명히 드러낸다. 그리고 그것만이 "투쟁 가운데 있는 우리 삶에서의 유일한 위로의 근원"이라고 말하는 것도(500) 매우 정확하다. 그리하여 스파이크맨은 이렇게 결론 내린다: "하나님의 신실하심은 우리들의 신실함을 불러일으키고, 우리들의 '미약한 시작'[〈하이델베르크 요리문답〉 114문]을 그의 신실하심이 떠맡으신다"(500).

이와 연관해서 성도의 견인도 "뒤돌아 설 수 없음"(no turning back)이라는 부제 하에 잘 제시되고 있다. 믿음으로 하나님과 바른 관계를 시작하여 사랑의 법에 따라 살고 있는 사람들이 하나님의 은혜가 우리를 실망시키지 않을 것이라는 확신 가운데서 계속 살아가는 것이 가능한가를 묻고는 스파이크맨은 "그렇다! 뒤돌아 설 수 없는 것이다."라고 강한 긍정의 대답을 한다(500). 요한복음 10:28, 로마서 8:39, 빌립보서 1:6, 말라기 3:6, 로마서 11:29에 근거하고 〈하이델베르크 요리문답〉 54문답의 요약을 토대로 하여 "하나님께서는 그의 백성들을 그로부터 떨어져 나가는 것으로부터 지켜주실 것이며, 그리스도께서는 [구속받은] 그 누구도 그의 손에서 채어 갈 수 없게 하시며, 성령님께서는 그들을 구속의 날까지 인치셨다"는 안토니 후크마의 말에[48] 동의하면서 성도의 견인을 확언한다(500-501). 성도의 경인에 대한 말은 자기 의나 영적인 태만과는 거리가 멈을 지적한 것도(501) 정확한 관찰이다. 이것은 오직 하나님의 은혜의 문제이니, 루이스 벌코프가 잘 지적하는 바와 같이 "신자가 그 자신에게만 맡겨지면 그는 반드시 [구원으로부터] 떨어져 나갈 것이기" 때문이다.[49] 이렇게 성도의 견인도 전적으로 하나님의 은혜로만 이루어지는 일이다. 이런 뜻에서 스파이크맨은 예레미야 20:7을 언급하기도 하면서 "항상 하나님의 불가항력적 은혜가 우리들의 저항을 극복한다"(503)고 말한다. 그러므로 "견인은 실재적인 것이나 [이 세상에서의] 죄 없는 온전함이라는 것은 신화(myth)이다"고 말하는 스파이크맨의 언급은(502),[50] 그가 인용하고 있는 후크만의 "새로운 삶의 새로움은 정태적인 것이 아니라 역동적인 것이니, 이는 계속적인 갱신과 상장과 변혁을 필요로 한다"라는 말과[51] 함께 매우 성경적이고 개혁파 구원론에 충실한 것이다.

구원론을 마무리하면서 기도에 대해 언급하고 있는 것도 매우 의미 있는 일이다. 이렇게 할 때 스파이크맨은 자신이 몇몇 신학자들의 기도에 대한 강조를[52] 계승하고 있다고 생각하면서 매우 의도적으로 기도에 대

---

[48] Hoekema, *Saved by Grace*, 255.

[49] Louis Berkhof, *Systematic Theology*, 546.

[50] 이와 비슷한 언급을 하는 Otto Weber, *Foundations of Dogmatics*, vol. II, 287, cited in Spykman, *Reformational Theology*, 503도 보라.

[51] Hoekema, *Saved by Grace*, 212-13. 또한 "죄가 우리 가운데서 주관하는 일을 그만두긴 하였지만, 여전히 우리 안에 거한다"고 말하는 Calvin, *Institutes*, III. 3. 10-11도 보라.

[52] 스파이크맨은 개혁파 조직신학에서 기도에 대한 언급이 별로 많지 않음을 심각한 결여로 언급하는 에드윈 H. 팔머의 박사학위 논문(*Scheeben's Doctrine*

해 논의한다. 그는 기도는 세속적인 다른 일 속에 자리 잡은 때때로 있는 거룩한 활동이라고 보아서는 안 되고, 삶의 모든 것은 하나님과 대화하도록 하는 전체적인 것으로 보아야 한다고 강조한다(505). 또한 기도는 삼위일체적이다. 삼위일체를 대표하는 아버지께 그리스도의 희생 제사에 근거해서 성령의 도우심으로 드리는 것이 기도이기 때문이다(505). 기도할 때 우리 마음은 하나님의 말씀에 대답하는 말들을 찾으려고 해야 한다(506)는 지적도 매우 적절하다. 기도는 헨드리쿠스 베르코프가 잘 말하고 있듯이 "독백이 아니라 만남이기" 때문이다(506).[53]

그러나 스파이크맨의 구원론의 마침은 "그리스도 안에서의 선택"에 대한 주제로 장식되고 있다. 이렇게 할 때 스파이크맨은 매우 의식적으로 칼빈의 배열을 따르면서 그리하고 있다고 자신의 의도를 밝힌다. 그러나 그는 절대로 이 예정에 대한 이야기가 사후 생각이기에 구원론의 마지막에 위치하는 것은 아님을 분명히 한다. 왜냐하면 " 하나님의 뜻의 이런 표현들은 처음부터 끝까지 우리 세상 안에서의 하나님의 주권적 통치의 근원적이고 전포괄적인 표현이기 때문이다"(507).

6. 제5부 "극치"의 내용

---

of Divine Adoption [Kampen: Kok, 1953)의 한 주장에 공감하면서, 이 결여를 보충하고 있는 Berkouwer, "Perseverance and Prayer," in *Faith and Perseverance*, 127-53; Hendrikus Berkhof, "Prayer," in *Christian Faith*, 490-97; Thielicke, "Empowering for Prayer by the Pneuma," in *The Evangelical Faith*, III: 83-89 등이 "기도를 신앙의 주된 표현"(the Chief exercise of faith)으로 보고 제시하는 칼빈의 강조로 돌아가는 것이라고 하면서 자신의 기도론을 제시한다(*Reformational Theology*, 504-507, 인용은 504로부터 온 것임).

[53] H. Berkhof, *Christian Faith*, 496, cited in Spykman, *Reformational Theology*, 506.

전통적 종말론의 자리에 스파이크맨은 그리스도의 마지막(종말) 되심을 강조하는 아드리오 쾨니히에 생각에 동의하면서 제일 먼저 우리의 종말론적 삶의 태도를 논하는 방법론으로부터 시작해서(제1부), 천년 왕국 문제를 논하고(제2부), 마지막으로 종말론적 시간 세기(eschatological countdown)이라는 제하(제3부)에서 때의 징조, 적(適)그리스도(들), 막는 자 문제, 중간 상태 문제, 부활의 삶, 마지막 심판, 그리고 "만유 가운데 만유가 되심"에 대한 논의를 제시한다.

한편으로 스파이크맨의 종말론은 구속사 전체가 처음부터 끝까지, 특히 그리스도 초림이 후에는 명확히 종말론적이라는 신약 종말론적 인식에 충실하며(515, 522-23, 525, 541, 544, 554),[54] 따라서 마지막에 될 일을 다루는 그 장 전체를 "극치"(consummation)이라고 아주 정확하고 바르게 표현하고, "극치는 성취의 마무리"(the completion of the fulfillment, 527)라고 정확히 표현하고 있음에도 불구하고, 주로는 마지막에 될 일에 집중해서 논의하는 전통적 종말론의 문제를 드러내고 있다. 그런 점에서 아쉽다. 오히려 그의 책 전체의 주제에 일치하게, 또한 그가 긍정적으로 인용하는 안토니 후크마 등의 주장과 일치하게 그의 신학 전체를 종말론적으로 제시하고, 그 가운데서 이 부분에서는 마지막에 되어질 일을 중심으로 논의를 했어야 한다고 여겨진다. 아마 그도 그런 의도를 지니고 있었으나 표현 자체로는 그 소망을 온전히 이루지 못하고 있는 것으로 파악된다. 그래도 기본적으로 그리스도 안에서 이미 도입된 종말에 충실하면서 스파이크맨은 이

---

[54] 이를 가장 잘 나타내는 표현 중의 하나가 "그의 삶과 죽음과 부활에서 그리스도께서는 하나님 나라 역사의 마지막 단계를 시작하신다. 사도들은 그에게서 위임을 받아서 '마지막 때'(the end times)를 열어 간다. 그들과 함께 우리도 지금 '종말'(end days)에 들어섰다"는 표현이라고 할 수 있다(Spykman, *Reformational Theology*, 522). 또한 "성령 안에서의 삶이 종말론적인 삶"이라는 개핀의 말에 대한 인용을(Richard Gaffin, "Life in the Spirit," in *The Holy Spirit: Renewing and Empowring Presence*, 48) 주목하여 보라.

미 종말 안에 있는 하나님 나라 백성은 "생명과 땅과 문화에 충실하여" 능동적인 화평케 하는 자, 땅을 지키는 이, 의의 변호자, 그리고 이웃 사랑의 주체로서 "하나님께서 주셔서 누리게 하신 삶을 받아들이게끔 한다"는 것을 잘 강조한다(530).55

천년 왕국에 대한 논의에서는 비교적 간단하기는 하지만 후천년설과 역사적 전천년설과 세대주의적 전천년설을 소개하고 그 문제를 드러낸 후에 "성경적 세계관이 요한 계시록 20장에 대한 우리의 해석을 주장해야 한다"고 하면서(538) 무천년설을 옹호하는 논의를 한다. 그러나 부정적 함의를 전달하는 무천년설이라고 하기보다는 그 내용을 설명하는 용어가 필요하다는 생각에서 "천년왕국을 위한 이론"(pro-millennialism)이라는 용어를 제안하고 있다(540). 그러나 후크마가 그런 문제를 알고 "실현되는 천년 왕국설"(realized millennialism)이라는 용어가 좀 서투르고 어색한 용어(a clumsy one)라고 하면서 짧고 많이 사용되는 무천년설이라는 용어를 사용한 것과56 같이 이 전통적 용어를 사용하되 그 의미를 잘 설명하는 것이 더 나은 것이라고 여겨진다.

"때의 징조들"에 대해서도 그것이 모든 시대를 위한 것이며 모든 신자들로 하여금 늘 깨어 준비하도록 하기 위한 것임을 분명히 하면서(545) 안토니 후크마의 논의를 따르며 정리하고 있는 것은 의미 있는 태도라고 여겨진다. 이 모든 것 앞에서 우리는 과연 그 누가 종말론적인 지시 등에 민감한지를 깊이 생각해야 한다는 도전은, 현대 사회는 "접근하는 마지막

---

55 이때 그는 Herman Ridderbos, *The Coming of the Kingdom*, 471을 적절히 잘 인용하면서 이 논의를 한다: "Nothing in the gospel forbids [Christians] to be faithful to life, to the earth, to culture. [Rather, the gospel urges us to] accept life for the time God gives us to enjoy it"(cited in Spykman, *Reformational Theology*, 530).

56 Cf. Hoekema, *The Bible and the Future*, 173-74.

의 이 모든 표들에도 불구하고 계속해서 잘못된 마음의 평안 가운데서 살며[살전 5:3] 회개하려 하지 않으니"57 그것이 우리들의 급속히 세속화하는 포스트-기독교 사회의 비극적 운명이라는 의식과 함께 매우 의미심장하다(546). 적그리스도는 하나님께 저항하는 인류를 나타낸다고(547) 보는 것도 중요한 해석이다. 그런 의미에서 적그리스도는 여럿이고 많다. 그러나 최후의 그 적그리스도는 이는 "하나님께 대적하는 인류의 최종적 죄악의 드러남"이라고 말하는 리덜보스의 표현이58 더 정확하다고 할 수 있다. 스파이크맨이 용인하듯이 바울은 결국 그것이 인격적 적그리스도로 나타나리라는 것을 분명히 하기 때문이다(547). 그 최종적 적그리스도가 나타나기까지 막는 자가 막는 역할을 하고 있다는 것을(살후 2:6-8) 용인하면서 그 막는 자가 누구인지를 묻고는 이는 데살로니가 성도들이 알 수 있는 용어로 말하고 우리들이 알 수 있는 말로 하기 때문에 말하기는 어렵다고 하면서 혹시 일반 은총의 막고 보존하며 유지시키는 영향력이 아닌가고 시사한다(549).

중간 상태에 대한 스파이크맨의 언급은 상당히 모호하다. 특히 그는 믿지 않는 자들의 중간 상태에 대해서는 전혀 언급하지 않는다. 믿는 자들의 중간 상태에 대해서는 그리스도와 함께 있다고 하며 그 실재는 "근본적 성경적 전제"라고 밝히고 있는 점에서는 긍정적이다(550). 그는 죽음 이후의 삶이 멸절(extinction or annihilation)이 아님을 분명히 하고, 영혼의 수면이나 무의식적인 실존이 아님을 아주 분명히 하면서(551), 죽음 이후에도 삶의 계속적인 실재가 있음을 긍정하고, 죄와 악이 그치고, 그러나 그리스도의 재림을 기다리는 상태라고 하는 것은 분명히 하나(551), 현재의

---

57 Ridderbos, *The Coming of the Kingdom*, 480.
58 Ridderbos, *Paul*, 515. 비슷하게 둘 다 용인하여 말하는 Hoekema, *The Bible and the Future*, 162도 보라.

역사적 실존을 벗어나서 이 영적으로 살아 있는 상태에 대해서 리덜보스와 함께 "생각할 수 없는 존재 방식"(an inconceivable mode of existence)이라고 말하고(552),[59] "구조적으로나 기능적으로 그것을 묘사하려는 모든 시도는 실패한다"고 하며, 우리는 이에 대해서 인간론적인 해결책을 가지고 있지 않고, 단지 그 방향만이 주어져 있는 데, 그것은 이 모호성 가운데서도 우리는 "하나님의 손길 하에 있고" "지금으로서는 그것으로 족하다"고 할 때에(552) 한편으로서는 사후의 존재를 긍정하는 면에서는 스파이크맨에게 감사하면서도 그러나 더 나아가서 그가 중간에 인용하는 바와 같이 "그리스도와 그들과 함께하며 그들을 낙원으로 영접하신다"는 칼빈의 말에[60] 좀 더 충실하여 신자들의 영혼이 사후에 낙원에 있음을 명확히 진술하고, 그러한 신자들의 중간 상태는 몸 없이 영혼만 살아 있는 상태로서 그 상태는 죄로부터는 벗어났으나 칼빈과 바빙크가 말하는 대로 "잠정적이고 불완전한 상태"로서,[61] 그리스도의 재림으로 있게 될 하나님 나라의 극치를 기다리는 상태라는 것을 좀 더 명확히 해 주었더라면 하는 아쉬움을 가지게 된다.

    부활에 대한 스파이크맨의 언급은 정통적 개혁신학이 말하는 바를 후크마의 표현으로 제시하고 있다고 할 수 있다. 심판에 대해서도 현재적 심판과 최후의 심판을 다 말하고, 최후의 심판이 하나님의 불변하는 말씀의 종국적 공적 선언임을 분명히 하고(555), 그 심판의 기준도 동일하게 우리의 생명이 그리스도와 함께 하나님 안에 있느냐 아니면 여전히 죄 안에 있느냐에 따라 판단될 것임을 분명히 한다(555). 그러나 그때 모든 것이 바르게 되고 드러날 것이므로 각 사람에게 주어진 계시의 빛에 따라 그리

---

[59] Cf. Ridderbos, *Paul*, 507.
[60] Cf. Calvin, *Institutes*, III. 25. 6.
[61] Cf. Herman Bavinck, *Magnalia Dei* (Kampen: Kok, 1931), 634, cited in Spykman, 552. 또한 Calvin, *Institutes*, II., 25. 6도 보라.

고 그에 대한 그들의 반응에 따라(마 11:20-24) 공정하게 심판이 내려질 것임도 명백히 천명한다(556). 단지 독특한 것은 최후의 심판에서 정죄된 자들의 방향을 지옥으로 옳다 선언된 자들의 방향을 하늘(heaven)로 언급하는 스파이크맨의 표현이다(557). 이는 전통적 표현 양식에 어울리지 않고, 성경의 표현과도 다르다는 점에서 좀 더 성경적 표현으로 고쳐야 할 것으로 생각된다. 신자들의 영원 상태는 마지막에서 그가 잘 제시하는 의가 거하는 "새 하늘과 새 땅"(558-59)으로 표현했어야 했을 것이다. 그러하기에 우리에게 있어서 미래는 결코 "미지의 영역"(terra incognita)이라고 표현해서는 안 되며, 베르까우어가 말하듯이 "종말론적 성찰에서 결정적인 것은 미래의 알려지지 않은 것이 아니라 미래 가운데서 알려진 것이다"라는 것을[62] 강조하는 것은 매우 옳은 것이다. 또한 그때의 새로운 질서는 문화 명령을 더 새롭게 수행할 수 있는 기회를 제공할 것이라는 것을 강조하는 것도(560) 매우 옳고 중요하다.

III. 스파이크맨의 시도의 장점들과 공헌 점들

1. 균형 잡힌 개혁신학의 제시

1-1. 삼위일체 전체의 사역 강조하는 삼위일체적 교의학의 시도

스파이크맨은 온 세상을 창조하신 분도 삼위일체 하나님이심을 잘 드러내

---

[62] Berkouwer, *The Return of Christ*, 13, cited in Spykman, *Reformational Theology*, 559.

고, 창조 후 인간들에게 친근한 삶의 가이드(율법)를 주신 분도 삼위일체 하나님이심을 잘 강조하고 있다.(337)[63] 또한 그 후에도 삼위일체 하나님의 함께 하시는 사역(the joint operations)은 계속된다고 강조한다.(337) 그러나 또한 어떤 사역은 특히 삼위 중 한 위에게 돌릴 수 있음[專有]을 분명히 하면서 다음과 같이 잘 요약하고 있다: "처음부터 성부 하나님은 근원자(the Originator, or the Initiator)이시고, 성자 하나님은 중보자(the Mediator)이시며, 성령 하나님은 가능하게 하시는 분(the Enabler), 즉 피조계에 있는 생명의 법이 역동적으로 이루어지게(implements) 하시는 분이시다"(337, cf. 420).

이와 같이 우리와 관련한 모든 일에서 관여하시는 분이 삼위일체 하나님이심을 잘 드러냄으로 "삼위일체의 밖으로의 사역은 나누어지지 않는다"고 했던 교부들과 그 전통을 성경적으로 발전시킨 개혁파 신학에 충실하게 삼위일체 하나님이심을 강조하는 입장을 보이고 있다. 바로 이런 의미에서 스파이크맨은 자신이 제시하는 조직신학을 "성경적으로 지향된 삼위일체적 교의학"(a biblically directed trinitarian dogmatics, 142)이라고 하는 것이며, 이는 참으로 옳은 방향에 서 있는 것이라고 할 수 있다. 이런 입장에서 그는 자신이 자주 인용하는 헨드리쿠스 베르코프의 성령론이 성령을 그리스도와 교회와 세상 안에 있는 "하나님의 능동적 현존"으로 보는 점에서[64] 양태론적인 것이라고 잘 비판한다(420).

1-2. 성경으로부터 시작하고 성경 계시에 유의하는 성경적 신학의 시도

스파이크맨은 "하나님의 말씀이 교의학의 규범이라는 것"을 강조하고 있

---

[63] 강조를 위한 원문 대조: "All three Persons are pervasively involved in issuing and upholding the law"(*Reformational Theology*, 337).

[64] H. Berkhof, *The Christian Faith*, 331-32.

다(75, 139). 구체적으로 그는 우리가 창조에 대해서 달리는 알 수 없고 오직 계시에 의해서만 알 수 있다는 것을 바르게 강조하고 있으며,[65] 인간의 비참함의 근원도 다른 것에서가 아니라 성경이 말하고 있는 타락의 역사적 사실에서 찾고 있다(304, 311, 317). 이는 정통적 개혁 신학의 성경으로부터 논의하고 성경을 그대로 받아들이며, 따라서 성경의 역사성을 그대로 받아들이는 입장에 충실한 것이다. 스파이크맨은 근자의 신학계의 사유는 대개 이런 성경적 해석학과 관계를 끊고 있다는 것을 잘 지적하면서(317) 자신은 전통적 정통주의 입장을 잘 고수하며 논의를 전개하고 있다.

예를 들어서, (1) 원상태와 타락한 상태를 역사적인 것으로 보는 정통적 이해와 반하는 현대의 논의로 그 둘을 항상 있는 것으로 보는 그리하여 그 둘 사이의 변증법적 긴장이 세계사 전체의 모든 인간관계에 있는 것이라고 여기는 웨버와 헨드리쿠스 베르코프의 논의를[66] 대표적인 것으로 제시하면서 스파이크맨은 고전적 종교 개혁적 사상이 더 나은 길을 제시한다고 하면서 정통주의적 입장을 잘 변호하고 있다(318).

또한 (2) 인간의 보편적 죄 문제를 설명할 때에도 펠라기우스주의와 반(半)-펠라기우스주의의 문제를 잘 지적하고(323-24), 현대의 진화론적인 설명의 심각한 문제점도 잘 지적하며(326-27), 어거스틴이 대표하는 유전설적인 설명도 소개하고 그 문제를 드러내면서(324-25) 종교개혁적인 직접 전가설을 잘 제시하며 그 우위성을 잘 표현하고 있는 데서도(325-26) 정통적 개혁신학의 입장에 충실하려는 모습이 잘 나타나고 있다.

또한 (3) 타락한 인간과 그 참상을 지적하는 성경의 용어인 "육체"(flesh)라는 말을 성경적으로, 그리고 개혁신학적으로 정확하게 설명하

---

[65] 창조의 구체적 과정에 대한 문제에 대해서는 후기하는 비판적 고찰을 보라.
[66] Cf. Otto Weber, *Foundations of Dogmatics*, vol. 1, 580; Hendrikus Berkhof, *Christian Faith*, 188.

면서 이는 인간이 몸과 영혼으로 구성된 것을 말할 때의 몸과는 다른 것임을 분명히 하는 것도(329) 개혁신학에 충실한 것이고 중요한 기여라고 할 수 있다. 즉 이 "육체"라는 말이 전인(全人), 즉 그의 영혼과 몸을 다 지칭하는 것임을 잘 지적하고 있다. 그리하여 예를 들어서, 시편 145:21과 같이 "모든 육체는 그의 이름을 영원히 송축하라"고 할 때의 육체는 인간이라는 뜻으로 사용하는 것이며, 이사야 40:6과 같이 "모든 육체는 풀과 같다"고 할 때는 타락한 인간의 "연약성, 잠시만 있는 성질, 죽어야 할 존재" 등을 지칭하는 것이고, 그 외에 "육체"라는 말은 "생명을 주시는 하나님의 성령에 저항하는 죽음에 붙잡혀 있는 세력"(329), 즉 부패한 인간성을 지칭하는 것임을 아주 잘 설명하고 있다.[67] 그것은 "우리 안에서 역사하는 악의 원리"(the principle of evil at work in us)다. 그것은 사람의 마음(롬 1:24)과 영혼에도 영향을 미친다(계 18:14). 이 육체는 그리스도 안에 있는 새로운 생명의 원리인 영과 전쟁한다는 것도 잘 지적하고 있다(329).

(4) 타락한 사람의 의지가 선을 행하기에 자유로운가 하는 고전적 문제에 대해서도 중세 천주교회의 주장을 잘 살핀 후에 그러한 자유 의지 주장은 결국 부분적 타락을 말하는 것이 되고, "(그러한) 자유 의지의 능력으로는 그 누구도 구원받을 수 없다"고 단언하는 루터의 말에[68] 동의하면서, 또한 모든 것을 살피면 결국 "하나님의 불변하는 의지와 인간의 부패한 의지의 무력성"을 인정하게 된다는 루터를[69] 따라서 성경의 가르침에 충실하면서 타락한 인간은 진정한 의미의 자유 의지가 없다는 것도 잘 논

---

[67] 이와 같은 견해를 말하는 칼빈의 표현도 유의하라: "[부패한] 전인이 육체이다. 죄는 전인을 전복시킨다."(*Institutes*, II. iii. 1; II. I. 9) 그런데 문제는 칼빈이 늘 이와 일치한 표현을 하는 것이 아니라는 데에 있다.

[68] Martin Luther, "Bondage of the Will," in *Martin Luther: Selections from His Writings*, ed., J. Dillenberger (Garden City, New York: Anchor Book, 1961), 188–89.

[69] Luther, "Bondage of the Will," 183.

의하고 있다(331). 오직 주에게로 갈 때만 자유가 주어지니 "주의 영이 계신 곳에 자유가 있기" 때문이다(고후 3:17)(334).

또한 (5) 타락한 이후에는 모든 인류가 "허물과 죄로 죽었다"는 것을 아주 분명히 밝히고 그에 충실한 것(334), 또한 이 죄가 한 사람으로 이 세상에 들어왔음을 성경에 근거하여(롬 5:12) 잘 제시하는 것, 죽음은 죄의 삯이요, 죄에 대해 하나님께서 부과하신 형벌이라는 것(334, 336), 그리고 모든 죄는 모두 다 중죄(重罪, mortal sin)라는 것, 즉 "하나님께는 죄의 위계가 있지 않다는 것"을 분명히 하는 것도(334), 또한 죄 때문에 모든 이들이 죽지만 그래도 역사가 진행되며 새로운 세대가 나타나고 하는 것은 하나님의 개입하시는 은혜(일반 은총) 때문임을 잘 말하고 있는 데서(335) 스파이크맨이 정통적 개혁파에 충실함을 드러낸다.

또한 (6) 타락 이전에 이미 하나님의 말씀이 사랑하시는 부모의 친절한 경고와 지침으로 주어져 있었음을 잘 지적하고 있는 것도(334, 337) 개혁신학의 이해에 충실한 것이다. 이전 개혁파 선배들이 행위 언약이라고 부르던 바의 내용을 이와 같이 풀어서 잘 제시함으로써 스파이크맨은 사람들이 그 내용을 잘 이해하도록 하고 있다.

그리고 (7) 선택된 백성으로서의 이스라엘의 역사가 기원전 2,000년경 초기에 아브라함을 부르심으로 시작된다고(355) 말하는 것도 전통적 신학적 입장에 충실한 모습을 잘 보여 준다. 더 나아가 구원사는 타락 상황에서 에덴동산에서 주어진 원약속(mother promise)에서부터 시작된다고(355) 하는 것, 따라서 창세기 1-11장을 이스라엘의 전(前) 역사(pre-history) 라고 볼 수 있다고 하는(355) 것도 스파이크맨이 아주 전통적 입장에 충실함을 잘 드러내어 보여 준다.

(8) 재창조와 창조의 연관성을 잘 설명한 것도(457) 개혁신학의 기본적인 틀에 충실한 스파이크맨의 모습을 잘 드러내어 주는 것이다.

1-3. 율법과 복음 문제에 대해 철저히 개혁파적 대답을 하는 신학

스파이크맨은 율법과 복음 모두에서, 즉 구약과 신약 모두에서 다 그리스도를 통한 단일한 구원의 길이 제시되어 있음을 분명히 하고 있다. 이런 입장을 잘 제시하므로 스파이크맨은 마르시온주의자들이나 영지주의, 그리고 통속적 루터주의와 다르고, 세대주의적 해석과 다른 개혁파적인 입장을 아주 잘 제시하고 있는 것이다(특히 340, 352의 비판을, 그리고 358, 363, 365, 371f.의 구약 역사에 대한 긍정적 진술을 보라). 그는 이렇게 말한다: "율법과 복음 모두 안에 단일한 기독론적으로 초점 지워진 구원의 길이 그 역할을 하고 있다"(338). 그러므로 "족장들과 율법 수여자들과 선지자들과 시편 기자들은 그리스도 안에서 나타난 은혜와 영광을 미리 맛보았다"(340) 바로 이런 의미에서 스파이크맨은 십계명의 서문이 구원을 이루신 하나님을 제시하고 있다는 분명한 개혁파적 강조를 한다(338).

또한 스파이크맨은 율법을 주신 이유가 그리스도가 오시기까지 준비시키시려는 것이었다는 것을 분명히 하는 칼빈의 말을[70] (338f.), 또한 그리스도는 "율법이 약속하는 모든 것을 확언하고 만족시키며, 그림자들에 대해 실체를 제공한다"고 말하는 칼빈의 말을[71] 아주 정확한 것이라고 제시하고 있다(345). 이와 같은 점에서, 다른 개혁파적인 성도에게와 같이 스파이크맨에게 있어서도 "율법과 복음은 분리될 수 없는 것"이고(339), 그리스도인의 삶에서 율법과 복음은 항상 함께 간다(340, 342). 〈하이델베르크 요리문답〉에서 율법으로 깨닫게 되는 죄에 대해서 말할 때에도 이미 그 안에 복음 메시지가 예기되어져 있다(340). 그러므로, 스파이크맨이 잘 표

---

[70] John Calvin, *Institutes*, II. vii. 1.
[71] Calvin, *Institutes*, II. vi. 3.

현하고 있는 바와 같이, "복음이 없는 율법은 율법주의이고, 하나님의 뜻의 명령이 없는 좋은 소식은 '값싼 은혜'일 뿐이다"(340). 그래서 스파이크맨은 "율법과 복음의 둘인데 하나인 복"(the two-in-one blessing of law and gospel)이라는 흥미로운 표현도 하고 있다(340). 구약이 말하는 것도 본질과 실재에 있어서는 신약에서 말하는 것과 같은 것이기 때문이다.[72] 그래서 스파이크맨은 "율법은 언약적 삶의 생동적인 맥동이다"라고까지 말한다.[73] 물론 그도 다른 개혁자들과 같이, 구약과 신약의 비연속성과 구약의 있는 것들의 예기적이고 예표적 성격을 분명히 하면서 이렇게 말한다.[74] 그러므로 율법과 복음이 정확히 같은 것은(one and the same or identical) 아니라는 것도(340, 341) 지적한다.

1-4. 개혁파적 성화론 제시

우리들이 율법의 제 3의 용도에 따라 드러난 하나님의 의도에 따라서 순종하며 살아가야 하지만 우리의 삶은 이 세상에 있는 한 늘 부족한 것임을 분명히 하여 루터가 말한 대로 항상 "의인이면서 동시에 죄인인"(simul justus et peccator) 모습을 지니고 있음을 강조하고 있는(340) 점에서 개혁파의 율법의 제3의 용(用)에 대한 강조와[75] 함께 이 세상에서는 하나님이 의도하신 완전을 결코 이루지는 못하고 계속적으로 그러한 노력을 하도록 되어 있다

---

[72] Spykman, *Reformational Theology*, 253. Cf. Calvin, *Institutes*, II. x. 2. 또한 Irenaeus, *Against Heresies*, IV. 6. 6; IV. 9. 1; S. G. De Graff, *Promise and Deliverance* (St. Catherines: Paideia, 1977), vol. 1, 18–21도 보라.

[73] Cf. Spykman, *Reformational Theology*, 367: "The law is the vital pulse-beat of covenant living."

[74] Spykman, *Reformational Theology*, 340, 353. Cf. Calvin, *Institutes*, II. xi. 1.

[75] 특히 Spykman, *Reformational Theology*, 346, 367을 보라. 또한 Calvin, *Institutes*, II. vii. 6–12; Berkouwer, Sin (Grand Rapids: Eerdmans, 1971), 165, 185, 186도 보라.

는 것을 강조하는 개혁파적 성화 이해를 잘 드러내고 있다. 그러므로 진정한 그리스도인은 결코 율법폐기론자일 수도 없고(342f., 343),[76] 동시에 완전주의자일 수도 없음을 잘 드러내고 있다.

1-5. 개혁파적인 소명관과 학문관 제시

스파이크맨은 모든 소명은 종교적 소명임을 분명히 하며(179), 하나님 백성에게는 그들의 삶의 모든 활동이 다 언약적으로 하나님과 연관된 것임을 분명히 제시하는 점이(359, 366) 철저히 개혁파적이다. 스파이크맨은 개혁파 전통에 분명히 서서 하나님 백성에게 있어서는 "언약의 자녀 출산과 언약의 표와 인으로서의 성례, 언약적 교육과 훈련, 그리고 예배하는 언약 공동체의 모습을 드러냄"이라는 몇 가지 소위 좁은 의미의 영적인 것에서만이 아니라, "혼인과 학교, 노동, 사회봉사, 학문, 예술, 그리고 정치를 포함한 모든 지상적 기관들"까지도 언약 관계에 포함된다는 것을 잘 드러내고 강조하고 있다.(359) 이런 언약적 소명론이야말로 개혁신학적 가르침에 충실한 것이고 이는 우리 상황에서는 좀 더 강조해야 하는 점이라고 할 수 있다.

특히 학문계에서 하나님과의 이런 언약적 관계가 잘 드러나야 한다는 것을 스파이크맨은 강조한다. 이 세상의 모든 학문도 하나님을 인정하지 않고 작업하는 것으로서는 그 자체로 사물의 의미를 수립할 수 없고, "사물의 의미는 창조에 의해 주어진 것"임을 분명히 하면서(179), 따라서 우리는 철저히 하나님께 의존하는 학문을 해야 한다는 것을 강조한다. 스

---

[76] Cf. "The law had not lost a single jot or title of its significance. This is abundantly clear from the Sermon on the Mount… Even within this Christological context of fulfillment, the law still retains its sin-disclosing function"(*Reformational Theology*, 343).

파이크맨은 사물의 의미에 대한 창조적이고(근원적이고) 근본적인 설명을 위해서는 계시에 의존할 수밖에 없는데, 이는 피조계에 반영적으로 현존하고 있고 성경 가운데서 인지적으로 드러나 있음(179)을 점을 아주 분명히 한다. 즉, 우리는 "성경의 빛에서 우리는 창조 질서의 지속적인 규범들을 분별하라고 부름 받고 있다"(181)는 것이다. 이와 같이 우리는 (하나님에 의해서) 미리 규정된 세계 안에(in a predefined world) 살고 있다고 잘 지적하면서, 그러므로 "교의학을 포함한 모든 학문적 노력은 발견의 과정이다"(179)고 하며, 이런 의미에서 학문적 탐구는 제한되어 있고, 겸손하며, 섬기는 것이고(subservient), 잠정적인 작업이다(179)는 것을 잘 밝히고 있는 것이 기독교 학문의 의미에 대한 정통적 개혁신학의 가르침에 충실한 모습이다. 그러므로 "기독교 학문은 하나님의 세상 안에서의 의미 있는 삶을 위해 도움이 되는 통찰을 제공해야만 한다"(179)고 하는 것은 이런 이해의 매우 자연스러운 결론인 셈이다.

1-6. 성경적 언약 이해를 잘 제시하는 언약 신학

스파이크맨은 개혁파 전통에 깊이 뿌리를 내리고서 성경의 언약 이해를 잘 제시한다. 그래서 구약과 신약 성경이 모두 언약 책임을 스파이크맨은 잘 드러내고 있다.(365) 그는 이 책이 언약사의 산물이며, 또한 언약사를 형성한다는 것을 잘 논의하고 있다.(365) 이 논의를 하면서 스파이크맨은 오늘날 이에 대한 다양한 논의들을 잘 염두에 두고서 은혜 언약은 근원적으로 살피면 그 시작에 있어서 하나님이 모든 것을 내시며 궁극적 성취도 하나님께서 친히 보장하신다는 점에서는 일방적 언약(unilateral covenant)이라는 것을 분명히 하면서, 또한 언약적 관계가 도입되고 나면 인간의 역할도 강조되는 쌍방적 언약(bilateral)이라는 것도 정확히 제시하면서(360) 사람들이 오해하지 않도록 잘 진술하고 있다. 이는 다음에 언급할 측면과 함께 하나님과 인간관계에 대한 분명한 개혁파적 입장을 잘 드러내는 것이다.

1-7. 하나님의 주권과 인간의 책임을 모두 강조하는 개혁파적 입장 제시

문화사는 주권적인 하나님의 말씀에 종속한다는 것을 잘 드러내면서도 이런 이해가 인간의 책임을 약화시키지 않고 오히려 더 강조한다는 것을 잘 지적하고 있는 점(270)도 정통주의 개혁파에 충실한 모습이다. 즉, 하나님이 주권적이므로 우리가 더 책임 있게 된다는 것을 잘 드러내고 있는 것은 매우 중요하고, 그것이 개혁 신학에 일치한다.

1-8. 성령 세례 문제에 대한 개혁파적 견해를 제시하는 신학

스파이크맨은 성령의 은사와 성령세례 문제에 대해 리처드 개핀(Richard Gaffin, Jr.), 얀 베인호프(Jan Veenhof),[77] 데이비드 홀베르다(David Holwerda)의 견해를 긍정적으로 인용하면서 철저한 성경 주해에 근거한 개혁파적인 입장을 잘 제시한다. 홀베르다의 말로 요약해 본다면 그것은 다음과 같은 것이다: "[그가 진정한 신자라면] 성령으로 세례 받지 못한 신자란 없다. 모든 신자들은 새로운 시대로 들어선 것이고, 그 새로운 시대의 표와 실재가 성령이시다… [성령의 은사들은] 그리스도의 몸의 풍성함과 능력을 위해 주어진다… [이와 같은 성령의 현존의 표는 개인에게 주어진 것이 아니라] 모든 세대의 하나님 백성에게 주어진 것이고, 우리가 그리스도의 몸의

---

[77] 이는 모두 George Vander Velde, ed., *The Holy Spirit: Renewing and Empowering Presence* (Winfield, B.C.: Wood Lake Books, 1989)에 나온 글들로부터의 인용이다.

지체이기에 바로 그 자격 때문에 주어진 것이다."[78]

2. 바르트 신학의 문제를 잘 드러낸 점

바르트가 자연 신학을 비판하다가 자연 계시(창조 계시)도 결국 무시하므로 목욕물과 함께 아이도 같이 내어 버리는 잘못을 행했음을 스파이크맨은 잘 논의한다(168-76, 특히 169). 바르트가 이 문제에 대한 고전적 성구인 시편 19편, 104편, 로마서 1장 내용을 언급하기는 하나 결국 아주 교조적인 주해를 하여 성경적 자료들을 자신의 조직신학적 구조에 맞게 휘어 버리고 있음, 그리하여 바르트는 "창조에 대한 성경적 가르침에 대한 환원주의적 제시"를 하고 있음을 잘 지적하고 있다(175). 그리하여 바르트는 엄격한 둘째 항목(그리스도 안에서의 구속) 중심의 신학을 남기면서, 사도신경의 첫째 항목과 셋째 항목을 심각하게 사라지게 하는(eclipse) 문제를 남겨두고 있다고 옳게 비판한다. 그는 이같은 비판을 다음과 같은 식으로 흥미롭게 표현하기도 한다: "바르트의 기독론적 인식론이 기독론적 존재론을 주도한다(dictates). 그러므로 방법론적으로 창조는 그의 신학에서 실제적인 작용을 하지 못하게 되고 말았다. 그것은 오직 상대적으로만 독립적이고, 종교적으로 중립적인 영역, 비계시적 소여로서만 기능한다. '은총과 자연'(grace *and* nature)이 '자연에 대립하는 은총'(grace *against* nature)에 길을 내어준 것이다"(175). 심지어는 바르트가 강조하는 객관성은 사라지고 새로운 주관성이 주도하게 한 결과를 만들어 내게 되었다는 것도 스파이크맨은 잘 지적하여 말한다: "결정적인 것은 (칼빈에게서와 같은) 창조 안에 나타난 하나님

---

[78] David Holwerda, *Neo-Pentecostalism Hits the Church* (Grand Rapids: CRC Board of Publications, 1968), 13, 15, 36, cited in Spykman, *Reformational Theology*, 428.

의 행위의 존재적 질서(the ontic order)가 아니라, 인간 수납의 인지적 질서(the noetic order)가 되었다"(176).

또한 바르트는 신앙에서의 하나님의 주도권을 강조하려다가 너무 지나쳐서 하나님을 신앙의 주체로 인간을 신앙의 객체로 만들었음도 스파이크맨은 잘 지적하고 있다(493). 이에 비해 성경은 신앙이 비록 전적으로 공로가 없는 것이기는 하지만 인간의 행위임을 드러낸다는 것도 잘 지적한다. 성경이 말하는 신앙은 하나님의 은혜의 말씀에 반응한다(493). 그리고 그 신앙만이 우리를 구원한다.

3. 인간 존중의 좋은 토대를 잘 제시한 점

사실 이는 모든 바른 신학이 하는 기여인데, 스파이크맨의 신학도 인간의 생명은 그 시작되는 순간부터, 즉 수정되는 순간부터(at conception)라는 것을 아주 잘 강조하여(242, 243) 수정란과 태아들의 생명까지를 존중해야 하는 좋은 토대를 제시하고 있다. 그는 필요하면 낙태를 할 수 있다는 입장은 **그 어떤 정당화도 가질 수 없는 것**이라고 하고서, 신적으로 부여된 거룩성은 **그 시작부터**(inception) **황혼에 이르기까지** 삶의 구조 전체에 스며들어 있다고 강하게 강조한다(243). 이는 생명 윤리에 대한 강조가 필요한 이 시대에 매우 좋은 기여를 하는 논의가 아닐 수 없다.

IV. 스파이크맨의 시도에 대한 비판적 고찰

이와 같이 여러 면에서 개혁신학에 큰 기여를 하고 있는 스파이크맨의 논의와 시도는 모두 우리가 따를 만한 것인가? 그렇게 완벽한 신학을 제시할 수 있는 이는 이 세상에 없으니 모든 좋은 개혁신학적 시도들도 항상 논의의 여지를 가지기 마련이다. 이하에서는 스파이크맨의 논의 가운데서 우리가 다시 생각해야 할 것이라고 여겨지는 것들을 몇 가지 측면으로 나누어서 이 점들을 점검해 보기로 하자.

1. 아쉬운 점

(1) 이왕 안식일 신학을 잘 제시하였으니 그 부분에서 구약의 안식일과 주일의 관계를 잘 드러내는 논의를 하였더라면 그의 안식일 신학의 무게가 더 강화되었을 수 있다. 현재로는 단지 주일을 안식일과 동일시하며 논의하고 있을 뿐이어서 조금은 아쉬운 마음이 있다.

또한 (2) 스파이크맨은 우리의 인간에 대한 성찰의 결론은 항상 성경에 근거해서 내려져야 한다는 것을 잘 드러내면서도, 구체적인 작업에 있어서는 매우 조심하는 태도를 나타내고 있는데 이것이 상당히 아쉬운 점이다. 그는 성경이 (신학적으로가 아니라) 종교적으로, (추상적으로가 아니라) 경험적으로, (이론적으로가 아니라) 상식적이고 일상적이며 실천적인 방식으로, 그리고 (아주 다양한 존재 방식 전체가 아니라) 전인을 바라보면서 인간에 대해서 말하고 있으므로 성경은 인간에 대한 이론(a theory of man)이 아니라 인간관(a view of man)을 보여 준다고 말한다(205). 그는 성경이 실천 정향적이고(221), 신앙 고백적 용어로 쓰여 있다는 것을 여러 번 강조한다(205, 221). 이런 조심스러운 표현은 한편으로는 자신의 견해만을 독단적으로 성경적인 것이라고 하는 오류에서 벗어나 있다는 점에서 존중할 만한 것이지만, 혹시 성경이 말하는 바를 절대적으로 받아들이지 않도록 하는 기연으로 작용할까 봐 불안하기는 하다. 특히 개인적 자아 지식에 대한 신학적 분석은 출생과 죽음 사이의 인간 삶에 대한 학문적 관점에만 한정되어야만 한다고 말할 때, 한 편으로는 이렇게 조심하려는 태도를 존중하게 되면서도 그 함의가 혹시 성경으로부터 단언할 수 있는 내용을 찾는 것에 대해 소극적일 것 같아 우리를 더욱 불안하게 한다(205). 그러나 스파이크맨은 죄의 파괴적이고 인지적으로 왜곡하는 영향을 인정하면서 성경의 빛에서 작업해야 한다는 주장을 하기 때문에 이런 불안이 어느 정도는 해소될 수 있다(206).

그러므로 차라리 앞부분의 표현을 신학적 인간론에도 적용되는 제한으로 표현하지 않았더라면 더 좋았을 것이다. 이런 표현들이 나타나는 것은 스파이크맨이 도여베르트와 함께 신학과 성령의 역사로 우리 실존의 중심인 마음 안에서 작용하는 하나님의 말씀 계시의 산물로 얻어지는 지식을 분리시키는 데서[79] 오는 결과라고 여겨진다. 진정한 신학은 우리 심령 안에 역사하시는 말씀 계시의 산물이라는 확신에서 논의를 하였더라면 진정한 신학과 계시의 산물을 분리시키지 않는 더욱 좋은 논의로 나타날 수 있었을 것이다. 물론 그는 사람들이 신학이라고 제시하지만 그 계시의 산물이 아니거나 계시에 대한 바른 반응이 아닌 경우를 염려하면서 이렇게 표현하려는 것은 잘 알 수 있다. 그렇지만 이런 조심스러운 표현은 항상 현대 신학적 논의의 다른 주장과 잘 연관될 수 있기에 우리를 불안하게 한다.

(3) 스파이크맨은 개혁파의 언약 신학적 전통을 잘 소개하고 그에 충실한 작업을 계속하면서도 언약이 창조로부터 있었음을 강조하나 개혁

---

[79] 이런 분리적 표현은 스파이크맨이 인용하고 있는 Dooyeweerd, *In the Twilight of Western Thought*, 184-85에서도 나타난다. Cf. Spykman, *Reformational Theology*, 206-207. 이런 분리는 특히 랭돈 길키의 비슷한 시사(Langdon Gilkey, *Maker of Heaven and Earth*, [Garden City, NJ: Doubleday, 1959], 117, 135, 137)와 이를 연관시켜 제시하는 스파이크맨의 논의에서 더욱 더 문제가 될 수 있다고 여겨진다(Spykman, *Reformational Theology*, 207).

파 정통주의가 행위 언약 (혹 창조 언약, 생명 언약, 에덴 언약)과 은혜 언약을 나누어 설명한 것을 잘 드러내어 논의하지 않고 마치 단일한 하나의 언약이 있으며, 그 단일한 언약이 창조로부터 계속되는 것으로 설명하고 있어서 아쉽고, 또 다른 의도가 있는가 하는 의혹을 낳게 할 수도 있게 논의하고 있어서 아쉽다. 짧은 지면 가운데 설명하다가 전체적으로 설명하는 과정에서 나온 것이라면 몇 가지 중요한 주제도 같이 논의하였더라면 더 좋았을 것인데 하는 아쉬움을 표현하는 정도로 그칠 수 있을 것이다. 이런 경우라면 창조 언약과 은혜 언약에 대한 설명을 좀 더 하고, 왜 로벗슨을 따라 창조 언약을 말하고 보다 전통적인 행위 언약이라는 용어를 피하고 있는지에 대한 논의를 하였으면 하는 아쉬움을 언급할 수 있을 것이다.

그러나 스파이크맨은 "언약사(言約史)는 처음부터 끝까지 근본적 연속성을 가진다"는 것을 강조하고(264), "참된 종교는 언약적으로 창조에서 말씀하셨고, 성경에 성문화되었으며, 예수 그리스도에게서 성육신하신 중보적인 하나님의 말씀을 중심으로 한다"고 말하고 있다.(263) 물론 인간 타락 이후의 상황을 가지고 "하나의 언약"(a single covenant)을 말하는 것이라면(359) 이는 매우 옳고 중요한 지적이다.

그러나 스파이크맨이 창조 언약까지를 여기에 넣어 생각하는 것이라면 이야기가 달라진다. 그런데 그는 창조 언약과 은혜 언약을 잘 설명하지 않고 특히 이들을 분리해 설명하지 않고 있기 때문에, 최근의 신학사(神學史)에 친숙한 사람들은 이런 입장이 혹시 창조와 연관되어 있는 그리고 그리스도를 중심으로 하는 단 하나의 언약만을 강조하는, 그리하여 "언약은 창조의 내적 원리이고 창조는 언약의 외적 표현"임을 강조하는 바르트의 강조점과 연관되기 쉽지 않을까 하는 의혹을 가지게 될 수도 있다. 특히 "극치에서는 우리와 우리 세계를 하나님께서 본래 창조에서 정하신 그 언약적 교제로 회복하실 것이다"는(264) 표현의 궁극적 함의를 묻게 한다. 이는 스파이크맨이 자신의 입장을 명확히 하지 않는 데서 발생하는 **그의 모호성에서 기인한 의혹 제공**이라고 할 수 있다.

(4) 스파이크맨이 바르트처럼 만인구원론적 논리를 품고 가지는 않는다고 하더라도 한 곳에서 그는 너무 요약적으로 진술하려고 하다가 성경과 전통적 신학의 "새 언약" 용어 사용의 용례에서 상당히 벗어나는 무리한 표현을 하고 있다는 점을 말하지 않을 수 없다. 원복음부터 노아, 아브라함, 모세, 급기야 마지막 아담으로 오신 그리스도에 이르는 언약사(言約史)를 다 언급한 후에 그는 "여러 시대에 걸친 **이 일련의 오랜 '새' 언약들은** 근본적으로는 반복적으로 갱신된 단일한 언약이다"라고 말한다. (264, 강조점은 필자가 부가한 것임) 이는 지나친 용어의 사용이라고 여겨지며, 더구나 하나의 언약을 말할 때 그 내용을 사람들이 오해하지 않도록 표현을 가다듬는 것이 책임 있는 신학자의 태도라고 생각된다. 그러므로 다른 사람들이 오해할 만한 기연을 제공하지 않도록 하였으면 하는 안타까움을 표현해 본다.

또한 (5) 구원받은 사람의 모습을 제시하면서 스파이크맨은 여러 곳에서 거의 무의식적으로 구원받은 사람들 안에 아담 안에 있는 "옛 사람"(the "old man" in Adam)이 잔존하고 그가 우리 안에서 새 사람과 싸움을 하고 있는 것으로 표현하는 일이 있는데(319, 340), 이런 점은 이미 그리스도 안에서 우리는 옛사람을 벗었고, 새 사람이라고 말하며 그런 식의 주해를 강조하는 입장을[80] 따라 조금 더 주의하며 논의하였더라면 하는 많은 아쉬움이 있다.

(6) 비슷한 문제로 성령의 열매에 대해서 그것을 단수로 표현하고 있는 성경의 표현과는 달리 일반적으로 언급되는 대로 열매들이라는

---

[80] 머리(Murray)나 후크마(Hoekema)가 이런 입장을 잘 표현하고 있다. 이에 대해서는 이 책의 1장 후크마에 대한 논의를 보라.

복수형을 사용하고 있는데(427, 428), 이는 매우 아쉬운 점이다. 많은 분들이 이미 이에 대한 바른 주해적 논의를 하고 있음에도[81] 불구하고 일반적 용어를 그대로 사용하고 있는 것이 아쉬운 것이다.

(7) 또한 스파이크맨은 때때로 헨드리쿠스 베르코프의 글을 긍정적으로 인용하고 있는데(52-55, 190, 196f., 274, 304f., 311, 318, 322, 340f., 343, 345, 347, 353, 365, 367, 369, 373, 374, 453), 물론 그때그때 논의되는 문제들에 대해서 인용된 문장 자체는 적절한 것들이기는 하지만 때로는 과연 베르코프의 견해를 그대로 받아들여야 할 것인지가 의문시되는 경우들도 있고(343), 더 심각한 것은 이런 계속되는 인용 방식이 마치 중요한 문제들에 대해서 베르코프가 말한 것이 개혁파적인 것이라는 인상을 줌으로써 베르코프 견해에 대한 비판적 고찰로부터 독자들을 오도할 위험이 있다고 판단되어 아쉬움을 표하게 된다. 현재로서는 그의 신학 방법이 복합적인 방법(a mixed method)이라는 논의(52-55)와 성령에 대해서 양태론적인 이해를 제시한다고 언급하는 것(420) 외에는 상당히 긍정적으로 제시되고 있기 때문에 이런 언급을 하게 된다. 거의 비슷한 말을 랭던 길키로부터의 인용(160f., 207, 219, 238f.)이나 오토 웨버의 글에 대한 인용(47, 196, 249, 271, 275f., 304, 309, 317, 344, 345, 372, 373)의 문제에 대해서도 언급할 수 있다.

또한 (8) 예수님께서 사용하신 칭호 중에서 "인자"를 언급하면서 자신의 인간성의 참됨에 대한 강조라고 언급하고 지나가는 것은(396) 이 인자 칭호의 풍성한 함의의 빛에서[82] 볼 때 상당히 아쉬운 점이라고 생각된다.

---

[81] 이런 논의의 예로 Simon Chan, *Spiritual Theology: A Systematic Study of the Christian Life* (Downers Grove, Ill.: IVP, 1998), 김병오 역, 『영성 신학』 (서울: IVP, 2002), 292; 이승구, 『성령의 위로와 교회』 (서울: 이레서원, 2001); 이승구, 『사도신경』 (서울: SFC, 2005), 289; 또한 김홍전 목사님의 다양한 강설집도 보라.

[82] 이 점에 대한 논의로 Geerhardus Vos, 『예수의 자기 계시』 (서울: 엠마오, 1988), David Wells, 『기독론 그리스도는 누구신가』 (서울: 엠마오, 1992), 김세윤, 『하나님의 아들로서의 사람의 아들』 (서울: 엠마오, 1992), 그리고 이승구, 『사도신경』 (서울: SFC, 2005), 해당 부분을 보라.

(9) 또한 스파이크맨은 성령님에 대한 논의를 하면서 오순절에 성령님이 교회에 임하여 하나님 나라의 증인과 모델 역할을 한다고 하고서는 "세상에서의 성령의 운동"을 언급하고(424-27) 교회에서의 성령의 운동을 언급하면서(427-29), 앞부분에서는 단지 성령님의 일반적 사역을 제시하고 있어서 처음에 제시한 교회를 통한 증언 부분이 잘 드러나지 않으며, 혹시 (그 내용에서는 그렇지 않으나 스파이크맨의 진술의 구조상) 성령님의 일반적 사역도 오순절과 연관될 수 있는 것처럼 오해할 수 있는 듯이 제시하고 있는 것이 상당히 아쉽다. 더구나 그 마지막 논의가 복음이 전해지기 전에도 하나님은 그들 가운데서 이미 주도권을 잡고 일하고 계셨다는 것이어서(427)[83] 그가 인용하고 있는 J. H. 바빙크의 진정한 의도를 잘 고려하지 않으면 오해할 수 있는 소지가 더 있다고 여겨진다.

또한 (10) 스파이크맨은 성령의 은사 등에 대해서 개혁파적인 입장에서 잘 논의한 후에 예언의 은사에 대해서 말하면서는 조오지 반더 벨데의 말을 인용하면서[84] 모호하게 결론내리고 있는 것은(429) 그의 이 논의가 매우 의미 있는 것이었다는 점에서 아쉬운 부분이 아닐 수 없다.

이와 비슷하게 (11) 스파이크맨은 교회의 표지를 개혁파 전통에 따라 잘 논의한 후에 "우리 에큐메니칼 시대의 폭 넓어지는 전망을 전제로 할 때" "교회의 표지에 대한 좀 더 확산된 이해가 두드러지게 되었다"고 하면서(453), "가르침, 세례, 설교, 논의, 성찬, 봉사직, 예배, 직임, 그리고 교회 질서"의 9 가지를 교회를 제도로 유지시키는 데 있어서 본질적인 것으로 제시하는 헨드리쿠스 베르코프의 이해를[85] 긍정적으로 제시하는 것

---

[83] 그는 이때 J. H. Bavinck, *The Church between Temple and Mosque* (Grand Rapids: Eerdmans, 1966), 126과 *The Impact of Christianity on the Non-Christian World* (Grand Rapids: Eerdmans, 1948), 109를 언급하고 있음에 유의하라.

[84] George Vander Velde, "The Gift of Prophecy and the Prophetic Church," in *The Holy Spirit*, ed., George Vander Velde, 95, 118, cited in Spykman, *Reformational Theology*, 429.

은(453) 의아 하며 아쉬운 점이다. 베르코프의 복음에 대한 이해와 제시를 전제로 할 때 이와 같은 태도는 결국 교회의 표지를 명확히 하는 것을 불편해 하는 길로 우리를 이끌어 갈 수 있기 때문이다.

2. 의문들

(1) 스파이크맨은 신 존재 증명의 문제점을 바르게 지적하면서 이것이 그 중심에서는 이단적인 것이라고까지 지적하고 있는데(148) 과연 그렇게까지 말할 수 있는가가 의문시될 수 있을 것이다. 필자 자신도 반틸 등에게 동의하면서 신 존재 증명을 잘못된 태도를 지닌 것으로 늘 강조하여 말하지만, 신 존재 증명을 시도하는 이들을 과연 이단적이라고 말할 수 있는지에 대해서는 의문이 있다.

(2) 창조의 규범성을 잘 논의하는 것, 따라서 창조 질서를 특히 성경에 근거하여 찾아보려고 노력하는 것에 대해서는 찬동한다. 그러나 혹시 창조적 규범성에 대한 논의가 지나치게 이해되면 그런 규범성을 인간 스스로 따를 수 있을 가능성을 열 수 있지 않을까 하는 우려가 발생할 수 있다는 점을 지적하지 않을 수 없다. 일반 은총은 인정하나 자연 신학을 형성할 수 있는 가능성을 분명히 부인하는(168-70) 스파이크맨이 그렇게 나갈 가능성은 없지만, 혹시 창조와 타락 이후에도 일반 은총적으로 주어진 점들에 대한 강조가 인간의 타락과 죄의 문제에 대한 고려와 함께 논의되지 않으면 잘못된 결과를 낼 수도 있는 것이다. 죄 문제를 논의하기 이전 창조의 빛에서만 제시된 논의는 잘못하면 독립적 논의의 가능성이 있을 수 있음을 그가 시사하는 듯이 보일 수도 있기에 조심스러운 생각이 들게 된다.

---

85 H. Berkhof, *Christian Faith*, 345ff.

특히 창조 질서가 죄 이후에도 말씀의 작용 때문에 손상 없이 보존된다고 하는 데서(185)와 이를 우리의 다양한 소명들과 문화 명령과 연관시켜 제시하는 논의에서 그런 의아심이 강하게 나타날 수 있다. 일반적인 규범성을 말하는 맥락에서 "이런 빛에서 보면 모든 소명은 종교적 소명이다"는 주장은(179) 그런 의아심을 낳기 쉽다.

물론 그는 학문적 방법이란 미명 하에서 계시적인 것을 배제하는 것을 비판하며(179), "피조계는 우리가 자유롭게 찾아낼 수 있거나 그리하지 않을 수 있는 그런 의미를 가지고 있지(have) 않고, 피조계 자체가 의미요(is) 의미로 가득 차 있다(is full of meaning)고 말하므로"(179), 또한 "죄의 파괴적인 힘은 어디에서나 능동적이다"(185)고 말하므로 우리의 우려를 어느 정도는 방지하긴 하지만 그래도 그의 논의 방식은 우려를 자아낼 수도 있다. 그러므로 우리는 그가 이 점을 좀 더 조심해서 진술했더라면 하는 생각을 하게 된다. 피조계, 특히 피조된 질서성에 대한 진술은 항상 타락성에 대한 논의와 함께 논의되었어야 할 것이다.

이런 강조에 대한 필요성은 스파이크맨이 창조 질서의 보편성을 강조하면서 특히 "그리스도는 모든 피조계의 중보자"라고 하며, "기독론은 구원론보다 더 큰 것이다"라고 주장하는 것 때문에 더 강화된다(179). 물론 그는 모든 세상의 구원을 생각하고 있지는 않다. 그럼에도 불구하고 스파이크맨의 논의 방식에는 불안함이 있다. 또한 정치를 창조에 근거해서 설명할 때에 타락과 별로 연관시키지 않고, 특히 "구속이 더해 준 것도 없다"(185)는 표현 등은 오해를 낳게 한다. 오히려 창조, 타락, 구속, 극치에 충실하게 설명했더라면 더 건설적인 결과를 내었을 것이다. 즉, 정치적인 것도 창조 때에 주어진 질서이나 그것도 타락의 영향 하에서 부패하여 오늘날 우리가 정치나 국가 생활에 대해서 생각할 때 떠오르는 모든 어두운 측면들이 나온 것이나 이제 그리스도의 구속의 빛에서 우리 그리스도인들은 정치적인 영역에서도 적극적으로 주님을 섬기려 해야 하나, 그리스도 재림 때까지 온전한 질서는 나타나지 않을 것이고, 그리스도의 재림으로 오는 하나님 나라의 극치에서는 모든 문제가 해결되어 좀 더 적극적인 주를 위한 봉사가 동터 오리라고 했더라면 말이다. 물론 스파이크맨도 우리는 하나님이 의도하신 본래적인 국가와 우리가 오늘날 흔히 경험하는 국가를 구별해야 한다고 말한다(185). 그가 이런 선상에 좀 더 충실하게 진술했더라면 그의 논의가 더 힘 있는 결과를 내었을 것이다. 그렇지 않으며 국가와 관련해서 마지막에 그가 문학적으로 하는 다음과 같은 말도 오해될 수도 있기 때문이다: "세상을 위한 하나님의 첫 말씀은 정치적 샬롬이고, 마지막 말씀은 비할 바 없는 의가 거주하는 '새 땅'이다"(185).

또 하나 (3) 스파이크맨이 카이퍼를 인용하면서 "우리는 하나님께서 창조에서 수립하신 경계선을 흐리지 않도록 주의해야 한다"는(186f.) 말의 함의에 대해서 필자는 조금 불안하다. 이것이 남아공에서 오용된 대로 인종 분리와 차별이나 또 그와 같은 것들의 근거로 다시 사용될 위험이 있을 수 있지 않을까 하는 우려 때문이다.

또한 (4) 바르트의 이적과 신비의 구별을 긍정적으로 언급하면서 이것이 개신교 스콜라주의의 이원론적 성향들(the dualist tendencies of Protestant scholasticism)을 극복하는 것이라고 말하는 것(294)에 대해 의문이 제시될 수 있다. 과연 개신교 정통주의가 이원론적 경향을 가지고 있다고 말할 수 있는지가 가장 심각한 의문이며, 개신교 스콜라주의와 이신론의 관계에 대한 스파이크맨의 논의가 과연 유지될 수 있는지도 의문이며, 더 나아가서 과연 이적과 신비를 구별해 논의하는 바르트의 입장이 개신교 정통주의보다 더 나은 것인지에 대해서도 의문이 제기되지 않을 수 없다.[86]

---

[86] 이에 대해서는 리처드 멀러의 여러 책들의 입장과 비교해 보는 것이 좋을 것이라고 생각된다.

스파이크맨 자신은 하나님께서 그의 말씀의 유지하시고 치유하시는 능력으로 모든 피조물들을 계속해서 유지하시며 통치하시어 계속해서 모든 점에서 섭리적으로 역사하시며 우리와 직면하신다고 보는 성경적 견해를 주장하기 원하는데(294) 이신론이 이와 다른 이원론적 견해를 나타나고 있다는 것에는 모든 이들이 동의하지만, 과연 스파이크맨이 말하는 성경적 견해에 좀 더 충실한 것이 정통주의적 입장일는지, 바르트주의적 입장일는지는 심각한 토론의 대상이 된다.

(5) 이적들이 일어난다는 것을 강조하고(296), 하나님의 능력과 의도를 생각할 때 이적들은 비정상적이거나 하나님의 본성이나 피조계에 어울리지 않는 일이 아니며(296), 이는 현존하는 실재 안에 현존하는 미래적인 하나님 나라의 증시이고, 따라서 하나님 나라의 "이미"를 나타내며, 동시에 그 나라의 "아직 아니"를 나타낸다는 뜻에서 이적은 하나님 나라의 표지(signposts)라고 잘 지적하고 있는 것에 동의하면서도 하나님의 섭리 가운데서 일상적으로 일어나는 일과 하나님의 섭리 가운데서 이적적으로 일어나는 방식을 구분하는 것(벌코프와 정통주의자들), 따라서 하나님께서 간접적으로 관여하시는 것과 하나님이 직접적으로 관여하시는 것을 칼빈과 같이 구별해서 말하는 것은 가능하기 때문이다. 그러므로 이런 구별을 하지 않으려고 하고 이런 구별을 비판하면서(294-96), 오히려 바르트의 이적과 그와 연관된 신비를 구별하는 것에 찬동하는 것은(293f.) 오히려 더 이상한 것이라고 생각된다. 그러므로 우리는 이적에 대한 스파이크맨의 이해, 즉 이적이 일어났고 일어날 수 있으며, 그것은 하나님 나라를 보여 주는 것이며, 하나님과 피조계의 성격상 이는 자연스러운 것이라는 이해에 동의하고 그를 높이 사면서도 그가 신학사적으로 이를 표현하는 방식에는 의문을 표하게 된다. 그러므로 이적은 **자연에 반하는 것이 아니다**(not *contra naturam*)는 것을 너무 강조하는(295, 296) 그 이유에 대해서는 의문이 제기될 수 있

다. 이적의 가능성을 열어 놓으면서도 자연적 법칙에 따라 일어나는 일과 자연 법칙에 역행하여 일어나는 이적과 자연적인 것을 전혀 사용하지 않고 그야말로 직접적으로 역사하여 일으키시는 이적을 나누어 말하는 것도 가능하기 때문이다.

또한 (6) 올터스(Albert Wolters)의 견해에[87] 동의하면서 스파이크맨은 타락한 상태에서 구조(structure)는 문제가 없고 방향(direction)만 문제가 되었다고 논의하고 있는데(321, 333), 이에 대해서는 올터스의 논의와 스파이크맨의 논의 모두에 대해서 좀 더 심각한 논의가 필요한 부분이라고 여겨진다. 물론 올터스와 그를 따르는 스파이크맨이 이와 같이 표현하는 의도는 존중할 만한 것이다. 그들의 의도는 "타락한 후에도 인간은 여전히 인간이고 그 이상도 이하도 아니다"는 것이다.(333) 즉, 하나님께서 창조하신 근본적 구조(structure)는 파괴되지 않았으므로 타락한 세상은 여전히 하나님의 피조계이고 타락한 사람도 여전히 하나님의 형상인데, 이전에는 하나님을 향해 살고 하나님을 향해 나가던 세상이 이제 타락한 상태에서는 그 방향을 바꾸어 하나님을 등지고 하나님에게 저항하게 된다는 것을, 따라서 구속되었을 때는 그 삶의 방향(정향)이 바뀌는 것이라는 것을 표현하고자 한다. 이를 표현하기 위해 올터스가 창안한 용어인 "구조와 방향"이라는 용어를 스파이크맨이 동의하면서 사용하고 있다. 이는 우리 상황을 성경적으로 바로 이해하기 위해 새로운 용어를 만들고 그것을 신학에 적용하는 일이다. 그러하기에 이 새로운 용어의 사용에 대해서 신학계에서의 검토가 요청된다고 보여진다. 올터스의 의도를 이해할 수 있으나 일부에서는 타락이 "구조"에도 어느 정도 영향을 미치며, 우리는 그것도 고려해야 한다는 논의도 할 수 있기에 타락할 때 구조는 전혀 손상받지 않았고, 방향

---

[87] Albert Wolters, *Creation Regained: Biblical Basics for a Reformational Worldview* (Grand Rap[ids: Eerdmans, 1985), 10, 60, 71, 72.

즉 지향성만 달라졌다는 말에 대해 의문이 나타나기 쉬운 것이다. 물론 올 터스나 스파이크맨이 이런 용어를 사용할 때 전적 부패를 인정하지 않는 방향으로 나가는 것은 아니어서 그렇게 큰 문제는 없다. 그는 "전적 타락은 전적인 잘못된 방향 지음이요 전적인 지향 오설정(disorientation)이다"고 잘 말하고 있다(322).[88]

그러나 잘못하면 "타락한 상태에서도 구조는 그대로 있다"는 이 표현은 전적 부패라는 전통적 용어가 일으킬 수 있는 오해보다 더 심각한 오해를 낳을 수도 있기에 아직 신학계에서 일반적으로 검증되지 않은 용어를 일반화하여 사용하는 것의 문제를 제기할 만하다. 스파이크맨조차도 "하나님의 보존하시는 은혜 때문에 그의 피조계의 구조들이 유지된다"고 (321, 333) 하고 있지 않은가? 그러므로 타락 상태에서 구조가 그대로 있다는 표현은 마치 타락의 영향이 심각하지 않고, 그 자체로 있을 수 있는 것인 듯한 인상을 줄 수 있는 것이다. 오히려 구조도 심각하게 문제가 될 정도로 왜곡되었는데 하나님의 보존하시는 일반 은총에 의해서 이 세상이 그래도 유지되며, 사회가 보존되고, 인간이 인간이요 비록 부패하고 왜곡되었어도 여전히 하나님의 형상으로 인정되는 것이라고 표현하는 것이 더 나았을 것이다.

또한 (6) 스파이크맨은 원죄를 전통신학의 입장에 따라서 잘 인정하면서도 그 용어 사용에 있어서 인류 최초의 죄를 원죄와 동일시하는 듯하게 표현하는 이들과 비슷하게 표현하고 있다(312, 322). 그래서 아담의 원죄의 죄책과 오염과 같은 표현을 한다(324, 326). 오히려 칼빈이나 벌코프와[89]

---

[88] 원문 참조: "Total depravity means total misdirection, complete disorientation"(*Reformational Theology*, 322).

[89] Cf. Calvin, *Institutes*, II. I. 5: "This is the inherited corruption, which the church fathers termed 'original sin,' meaning by the word 'sin' the depravation of a nature previously good and pure"(Battles edition, 246); Louis Berkhof, *Systematic Theology* (Grand Rapids: Eerdmans, 1948), 244-46. 레이몬드는 이 용어를

같이 아담과 하와의 "최초의 죄"의 결과로 "원죄"(최초의 죄의 대한 죄책[original guilt)과 최초의 죄로 인한 오염(original corruption)이 아담과 하와에게와 그 안에 있는 우리 모두에게 있게 되었다고 표현하는 것이 더 정확했을 것이다. 다른 곳에서는 매우 정교하게 용어를 사용하면서도 원죄라는 용어 사용에서는 최초의 죄와 동일시하는 듯이 사용하는 것은 좀 아쉬운 점이 아닐 수 없다. 또한 이 부분을 설명하면서 주로 칼빈을 인용하면서 그에게 의지하여 설명하면서도 이와 같이 말하고 있는 것이 매우 아쉽다. 때로는 지금 우리의 상태가 본래의 죄책과 본래의 부패성 (original guilt and corruption) 아래 있다고 정확히 표현하면서도(322, 323) 이를 원죄라고 표현하는 것의 일관성을 스파이크맨이 나타내지 못하는 것이 아쉬운 것이다.

(7) 기독론에 대해 헨드리쿠스 베르코프가 제시하는 4가지 접근,[90] 뒤로부터의 접근(the approach from behind), 아래로부터의 접근(the approach form below), 위로부터의 접근(the approach from above), 그리고 앞으로부터의 접근(the approach from before us)을 다 언급하고 그 모두가 있을 수 있으며 유용한 것이라는 시사를 주는 것(396, 412f.)에 대해 그런 다양한 접근이 과연 유익한 것인지를 묻지 않을 수 없다. 특히 근대 신학의 밑으로부터의 접근의 문제점을 잘 의식하면서도(특히 404) 그런 종합적 태도를 나타내는 것에 대해서 굳이 그런 방식을 취하는 것이 더 유익한가 하는 의아한 마음이 든다. 과연 공관 복음서들이 뒤로부터의 접근과 아래로부터의 접근을 강조하고 바울과 요한이 위로부터의 접근을 하고 있다고 할 수 있는지

사용하지는 않지만, 웨스트민스터 신앙고백서 6장을 따르면서 아담과 하와의 최초의 죄와 그로 인한 결과를 나누어 설명하면서 아담과 하와의 최초의 죄 때문에 이 죄의 죄책과 같은 죄 가운데서의 죽음과 부패한 본성이 보통 생육법에 의해 출생한 모든 후손들에게 전가되었다는 것을 설명하고 있다. Cf. Robert L. Reymond, *A New Systematic Theology if the Christian Faith* (Nashville: Thomas Nelson Publishers, 1998), 446.

[90] Cf. Hendrikus Berkhof, *Christian Faith* (Grand Rapids: Eerdmans, 1979), 267-68.

도(396f.) 의문시 될 수 있다. 마가복음도 "하나님의 아들 예수 그리스도 복음의 시작이라"고 시작하고 있기 때문이다. 또한 역사성이 뒤로부터의 접근이고 이성에 대한 강조가 밑으로부터의 접근이라고(396) 할 수 있는지도 의심스럽다. 위로부터의 접근도 그의 신성뿐만 아니라 그의 인간성과 역사성을 강조해야만 하기 때문이다. 이는 위로부터의 접근이 임마누엘, 즉 "우리와 함께하시는 하나님"으로서의 예수 그리스도를 계시해 준다(397)는 점에서도 명백해진다. 그가 참으로 우리와 함께하시는 하나님이시려면 그의 신성뿐만 아니라 그의 인간성과 특히 역사성이 강조되지 않을 수 없기 때문이다.

(8) 스파이크맨이 스쳐 지나가면서 간단히 말하는 것이지만, 디모데 후서 4:8을 언급하면서 이미 그리스도 안에서 죽은 자들을 의로운 재판장으로부터 의의 면류관을 이미 받은 것으로 표현하고 있는 것이(438) 과연 바르고 자연스러운 주해인지 의문이다. 보다 자연스러운 주해를 따라 논의하였어야 했다고 판단된다.

(9) 참 교회와 거짓 교회 문제를 교회의 표지들에 대한 논의에 이어서 논의하면서 바빙크에게 동의하면서 "하나님의 말씀이 옳게 선포되고, 성례가 신실하게 시행되는 곳에는 교회가 참으로 현존한다"고 논의하는 것과 특히 "참된 교회는 하나님의 백성들로 그들의 언약적 서약들을 수행하게 하고 그들의 신국적 소명들을 수행하게 하는 교회다"는 결론은 매우 옳다. 또한 교회의 표지는 상실될 수도 있고 다시 얻을 수도 있다고 논의한 것은(462) 교회의 표지를 잃은 교회들의 회복을 바라는 측면에서 의미 있는 논의라고 여겨진다. 그러나 이 말이 혹시 지금 표지를 가지지 않은 교회도 교회로 여겨야 한다는 의식과 말을 낳게 할 수도 있기에 우려되는 점도 있다. 또한 스파이크맨이 자신의 주장을 논의하기 위해서 순수한 교회와 거짓 교회에 대한 정태적 견해는 하나님의 말씀의 역동적 능력과 모순된다고

말하는 것(461)과 성령의 사역은 제한받지 않는다는 어귀(462) 등은 스파이크맨이 생각한 것보다 훨씬 많은 문제를 일으킬 수도 있어서 우리들을 걱정스럽게 하는 표현이라고 하지 않을 수 없다. 더구나 참 교회와 거짓 교회는 같은 회중 가운데서도 그때그때 바뀔 수 있다고 주장하는 것은(462) 지나치게 역동적 교회 이해를 불러일으킬 수 있으므로 좀 주의해서 생각하고 표현하는 것이 더 좋았을 것이라고 판단된다.

(10) 그리스도인이 새 사람임을 후크마에게 동의하면서 잘 제시하면서도[91] 때때로 마치 그리스도인 안에 새 사람과 옛 사람이 같이 있는 것처럼 표현하는 것은(500, 502) 후크마가 강조하는 구원받은 그리스도인의 모습에 대한 성경적 진술의 의도에 충실하지 않은 것으로 보인다. 특히 502쪽에서 "그리스도 안에 있는 새 사람이 아담 안에 있는 옛 사람을 아직 다 방출시키지 못한 것이다"와 같은 표현은 전반적인 오해를 다시 불러일으킬 수 있는 표현이므로 상당히 아쉽다.

(11) 칼빈의 예정론 배후에 있는 어거스틴의 이중 예정을 언급하면서 아무런 논의 없이 이 이중 예정론이 신-플라톤주의적 사유에게 영향을 받은 것으로 볼 수 있다고 언급하는 것에(508) 대해서 상당한 의아한 생각이 들 수 있다. 이와 같이 심각한 주제는 매우 심각한 논의를 필요로 하는 것이며, 특히 칼빈이 이중 예정으로 말할 때는 그것이 신플라톤주의의 산물이라고 하기 어렵기 때문에 이런 언급 자체가 상당한 오해를 낳을 수 있을 것으로 생각된다.

또한 (12) 칼빈이 하나님의 말씀과 하나님과의 관계성으로부터 시작한 "신성한 복음적 통찰"로부터 그 후대의 학자들이 급속히 멀어져 갔다는 주장도(508) 이 문제에 대한 근자의 논의의 빛에서 보면 너무 지나치

---

[91] 이 점을 강조하는 Hoekema, *Saved by Grace*, 209를 인용하는 Spykman, *Reformational Theology*, 499를 보라.

고 개혁파의 주장 점을 모호하게 하고 약화시킬 수 있는 성급한 언급이라고 하지 않을 수 없다.

예정론에 대한 스파이크맨의 언급은 어떤 면에서는 매우 명확하나 어떤 면에서는 매우 모호하다. 우리가 그리스도 안에서 선택되었다고 하며 그것이 우리의 구원을 확실히 해 준다는 것을 강조하는 면에 있어서 그는 자신이 자주 인용하고 있는 베르까우어나 빌헬름 니젤의 생각과 같이 매우 명확하다. 그러나 이것이 유기 문제에 대해서 어떻게 나타나는지에 대해서는 상당히 모호하다. 그러나 스파이크맨은 자신의 이해가 개혁파 정통주의자들의 예정관과 다르다는 것을 명확히 하면서 논의를 전개시킨다(508-509). 그는 타락전 선택설과 타락후 선택설의 논의가 나타나는 배후의 생각 자체에 대해서 반감적이다.

그는 오히려 하나님의 본래적 말씀이 하나님의 긍정과 부정을 포함하고 있다고 말하며, "순종하라!"는 말씀이 선택의 말씀이고, 이와 동시에 언급되는 "그리하지 아니하면"에 해당하는 말씀이 유기의 말씀이라고 표현한다(509). 즉 그는 유기는 "하나님의 사랑의 명령의 "그리하지 아니하면"의 측면"이라고 말한다.(510) 다시 그는 말하기를 "먹는 날에는 정녕 죽으리라"는 말씀이 유기의 말씀(God's reprobating Word)이라고 한다(510). 그가 본래적 하나님의 예정의 시점을 따로 생각하지 않는 듯한 시사를 주는 이런 표현은 결국 그가 동일한 언약의 말씀에 선택의 말씀과 유기의 말씀이 포함되어 있다고 보는 것임을 나타내 준다. 그리하여 그는 영단 번에 주어진 말씀에 일치하게 하나님께서는 "계속적으로 그를 거부하는 자들을 거부하신다"고 말한다(510). 이에 덧붙여서 "모든 사람에게 정죄가 내려졌다. 그러므로 그와 대조해서 우리는 로마서 8:1의 '그리스도 안에 있는 자에게는 정죄가 없다'는 놀라운 안도를 경험하게 된다"고 말한다. 이와 같은 그의 논의는 마치 우리 모두는 유기되었으나 그리스도 안에서 일부가 선택되었다는 인상을 준다. 그 외의 다른 유기를 말하지 않으려고 한다.

이런 논의에 대해 성경 자체가 명확히 하는 시간-이전적 (pre-temporal) 하나님의 선택과 유기 행위를 말하는 에베소서 2:10, 마태복음 25:24, 에베소서 1:4 등의 말씀들에 대한 질문이 나올 것임을 예상하면서 스파이크맨은 이런 구절들은 우리의 삶의 드라마에 더 깊은 배경이 있다는 기독교적인 확신을 확언해 주고, 하나님의 본래적이고 중보적 말씀에 호소하는 것을 가능하게 해 주지만, 이로부터 작정론적 해석을 하는 것은 내켜 하지 않는 것 같다(510).

이는 그가 칼빈의 이해를 독특하게 해석하는 빌헬름 니젤의 견해를 매우 긍정적으로 제시하는 데서도 잘 나타난다. 그리하여 스파이크맨은 니젤 등에게 동의하면서 선택은 "나에게 오라"는 후렴을 반영하고 유기는 그 배후의 음조인 "내게서 떠나가라"는 말을 반영한다고 말한다(511) "그 같은 한 말씀이 하나님의 공의와 그의 자비를 모두 계시한다… 그가[그리스도가] 선택/유기에 대한 하나님의 종국적이고 궁극적 말씀이다… 그는 세상에 대한 하나님의 첫 말씀이요 마지막 말씀이다"고 말하는(511) 스파이크맨 언급에는 니젤 등이 제시하는 사상의 메아리가 나타나고 있음이 분명하다. 그리고 그것은 스파이크맨 자신이 잘 의식하고 있듯이 정통적 개혁파 사상과는 상당히 다른 것이다.

이를 의문점에 제시한 이유는 그가 이 점을 상당히 모호하게 제시하고 있기 때문이다. 그와 같은 사상을 나타내는 이들에게 아마 다음과 같은 질문들은 제기될 것이다: '창조 이전에 하나님의 예정은 없다고 보는 것인가? 사람들에게 주신 하나님의 명령에 동시에 선택과 유기의 말이 있다고 하는 것은 결국 최종적 결정을 하나님이 하지 않았다는 것인가? 우리들은 유기된 자이고 동시에 선택된 자라는 말인가?' 아마도 이 모든 질문에 긍정할 스파이크맨과 그에 동의하는 이들과 전통적 칼빈주의자들 사이에 상당한 사상적 거리가 있어 보인다.

3. 전통적 입장으로부터의 일탈들

단순히 의문을 표시하는 것 이상으로 전통적 개혁 신학의 입장에서 벗어나는 방향으로 스파이크맨이 그의 신학을 발전시키며 제시하는 부분들이 있다. 이와 같은 점들은 심각한 논의를 필요로 하는 것이 아닐 수 없다. 이에 해당하는 몇 가지 요점들을 논의해 보기로 하자.

3-1. 하나님의 불변성 개념에 대하여

스파이크맨은 별 논의 없이 하나님의 창조 사실로부터 하나님의 새로운 일을 시작하신 것에 근거하여 **전통적 불변성 개념이 적절하지 않다고 하면서** (149) 이런 용어와 개념의 사용을 피하고 있는데, 이런 진술이 가져 올 수 있는 영향과 결과를 깊이 고려하고 논의하는 것인지에 대해서 안타까운 마음을 가지게 된다. 특히 비슷한 주장을 펴고 있는 몰트만 등의 신학의 방향을 생각하면 이런 주장이 과연 유익할 수 있으려는 지를 묻지 않을 수 없다.

3-2. 스파이크맨의 창조론에 대하여

스파이크맨이 창조 사실을 계시로부터만 알 수 있다고 하면서(149, 155)도 창조에 대해서 일종의 유신 진화론적인 입장을 나타내 보인 것이 오해를 초래

할 수도 있을 것이다. 그는 자신의 입장을 창조론과 진화론의 전쟁을 극복한 성경적 창조론(biblical creationism)이라고 한 곳에서 언급한다(168). 이런 입장에서 스파이크맨은 창조의 6일의 날들로부터 제7일로 나아갈 때 우리는 '형성되는 시간'(time in the making) 또는 '창조하는 시간'(creating time)으로부터 '역사적 시간'(historical time)으로 나간다고 한다(154, 192). 그는 창조하는 역사의 원 6일(the original six days of creating history)과 지금까지 지속되고 있는 창조적 역사(creational history)를 철저히 구별한다(192). 우리는 이에 대해서도 심각한 의문을 제기할 수 있다. 우리가 알고 있는 시간, 우리가 달력에서 확인하는 시간, 시계의 시간(clock time)은 6일 동안의 시작들의 기간에 형성되던 시간과 "질적으로 다른" 시간이라는 주장(154, 163f.)이 과연 바르고 견지될 수 있을 것인가? 이는 결국 그가 창세기의 창조 기록이 말하는 시간을 우리의 시간과 어느 정도는 달리 보려고 하는 데서 나오는 그의 추론이라고 하지 않을 수 없다. 그는 창세기의 기록은 어떻게 사물이 오늘날과 같이 있게 되었는가에 대한 확실한 학문적 결론을 내리는 것을 미리 배제한다(precludes)고 주장한다(156).

그러나 우리는 오히려 그가 때때로 의미 있게 인용하는 루이스 벌코프가 나타내 보이는 고전적 입장이 성경의 기록과 시간 이해에 더 타당한 것이라고 판단하게 된다. 도무지 창조의 6일의 시간(그는 이를 '창조되는 시간' [creating time], 또는 '시간 이전의 시간', [pretime], 또는 전 역사[prehistory]라고 한다)과 그 이후의 시간(그가 말하는 '창조된 시간', [creational time], 또는 칼렌더 시간'[calendar time], 또는 세계사[world history])의 질적인 차이를 말하는 이런 추상적 논의를 할 필요가 없는 것이다. 스파이크맨은 창조되는 시간의 6일과 계속되는 창조된 시간의 제7일 사이에는 도무지 건널 수 없는 장애물이 서 있다고 주장한다(156, 164, 268). 그러므로 균일론의 원리(the principle of uniformitarianism)가 여기서 막다른 길에 부딪힌다고 한다. 그러나 과연 그런 주장이 성경적으로 정당화될 수 있는 것인가? "창조되는 시간은 형성 과정 가운데 있는 시간"이라고 주장하는(155) 그는 "하나님의 창조하시는 행위가 있던 그 6일의 기간을 통해서 시간이 지속적으로 성숙했다"고 표현한다(154)[92]. 과연 이런 표현이 필요할까?

사실 그는 다음과 같이 말하기 위해 이런 구분을 한다: "이 6일 동안에는 이는 아직 창조되고 있는 시간이었지, 우리가 지금 약속 시간을 정하고, 나이를 세고 하는 그런 종류의 시간이 아니었다. 그러므로 그것은 모든 과학적, 역사적 계량 기준을 피한다"(154, cf. 268). 즉, 스파이크맨은 역사적, 과학적 방법은 창조된 시간(creational time)에게만 적용되는 것이지, 창조되고 있는 시간(creating time)에는 적용되지 않는다는 것이다(156). 스파이크맨이 이렇게 말하는 것은 그가 긍정적으로 인용하고 있는 디머(J. Heinrich Diemer)의 다음 같은 견해와 찬동하기 위한 것이다: "… (창세기 1장이 말하는) 날들은 그 어떤 기준에 의해 측정될 수 없다. 각 날은 새로운 창조 영역의 기본적 구조의 시작이다… (이런 의미의) 6일 동안에 그것이 없으면 세계 역사의 진행이 불가능한 창조 질서가 시간 안에 자리 잡게 된 것이다. 창조에 대한 설명 가운데서 이 미래 역사가 예상된 것이다."[93] 그래서 그에게 창세기가 말하는 '6일'은 "이론적 탐구를 할 수 없는 절단점을 표시하는"(The 'sixth day' marks a cut-off point for the theoretical inquiry) 것이다(155). 그러므로 이는 오히려 그가 창조를 자기 나름의 유신진화적으로 보려는 데서 나타난 자신의 창세기 읽기라고 여겨진다. 그러나 다른 유신진화론자들과는 조금 달리 그는 우리는 우주 발생에 대한 연구(cosmogony)는 할 수 없다고 본다. 신학도 그러하고 다른 과학들도 우주가 존재하게 된 궁

---

[92] 그의 의도 전달을 위한 영문 대조: "Time matures steadily across that 'six-day' span, concurrent with the full range of God's creating activity."

[93] J. Heinrich Diemer, *Nature and Miracle* (Toronto: Wedge, 1977), 13, cited in Spykman, *Reformational Theology*, 155.

극적 사건을 탐구할 수는 없다는 것이다(160). 우리는 현존하는 우주에 대한 연구인 우주론을 하는 것만으로도 충분하다는 것이다. 스파이크맨의 이런 입장에 반해서, 우리는 오히려 창세기 1:1의 근원적 시작 이후의 모든 시간이 창조된 시간(creational time)이라고 해야 할 것이다. 하나님은 시간을 창조하신다(God is creating time); 시간은 항상 피조된 시간(creational or created time)인 것이다.

그가 계시로만 접근 가능한 것을 언급하는 것은 좋으나(155, 157) 계시로 접근 가능한 것에 대해서 일단 성경이 언급한 것에 대해서는 그대로 받아들여야 하지 않을까? 그렇게 하지 않으면 그가 계시를 강조하고 계시로만 알 수 있는 것이 있다고 말하는 것은 모두 그 진정한 의미를 상실하게 될 것이다. 한 예로 그는 한 곳에서 "모든 과학에 대해서와 마찬가지로 신학 역시도 창조된 시간이라는 고정된 지평(the fixed horizon of creational time) 안에서 살기를 배워야만 한다"고 주장한다(156). 또한 그는 계시에만 의존하는 것은 지혜에 대한 성경적 개념에 가까운 일종의 신중한 무지와 같이 있게 된다고 말한다(157). 이는 결국 그가 말하는 창조되는 시간, 즉 창세기가 말하는 6일에 대해서는 우리는 신학으로도 다룰 수 없다는 것이 아닌가? 그리고 그에 대해서는 우리는 일종의 신중한 무지로 만족해야 한다는 것이 아닌가? 물론 그는 이 "창조되고 있는 6일"에 대해서도 신학적으로 많은 말을 한다. 그 자신이 내 보이는 이 모순이 우리가 계시를 받아들이고 난 후에는 계시의 내용에 근거해서 창조되고 있는 6일에 대해서도 말할 수 있는 내용이 있고, 또 말해야만 하다는 것을 보여 주는 것이라고 여겨진다. 그렇게 하지 않으면 결국 계시된 것을 받아들이는 듯하면서도 그 지적 내용은 증발시켜 버리는 것이 된다. 그가 보다 더 그 자신도 강조하고 있는 계시의 내용에 충실해 주었으면 하는 바램과 아쉬움이 있다.

또한 그의 문화적 관심은 좋으나 하나님의 창조 사역이 마쳐진 후에 우리가 (하나님께서 부여하신) 피조계의 잠재력들을 이끌어내는 문화적 발전에서의 하나님의 동역자로 하나님을 섬기는 명령은 "셋째 창조"(creatio tertia)로 표현하는 것은(193, 256, 301) 역시 오해를 낳게 할 수 있는 지나친 표현으로 생각된다. 인간 자신의 역할을 지나치게 표현할 수 있는 위험이 도사리고 있기 때문이다.

3-3. 스파이크맨의 작정 이해에 대하여

가장 심각한 문제의 하나는 그가 창조의 명령을 매우 중요시하면서 그 말씀이 모든 삶을 위한 최초의 작정(the initiating decree for all life)라고 하면서, "그의 말씀 배후에 있는 하나님의 마음속에 있는 일련의 영원한 작정들은 없다"고 주장하는 데서(159) 나타난다고 여겨진다. 그는 심지어 그런 작업을 하는 것을 "게으른 사변"(idle speculation)에 빠지는 것이라고 칼빈이 말했다고도 한다. 하나님의 말씀을 존중하고 그 이상으로 나가지 않으려고 하는 것은 좋으나 하나님의 말씀이 창조 이전에 있었던 하나님의 예정에 대해 말하는 바는[94] 어떻게 하려고 이렇게 주장하는지가 문제이다. 그는 성경의 이런 표현들이 "삶의 드라마 배후에 더 깊은 배경이 있다는 기독교적인 확신을 확언해 준다"고 말한다(510). 그러나 이를 작정과 관련해서 생각하던 개혁파 전통을 스파이크맨은 꼭 따를 이유가 없다고 하면서 창조하는 중보적인 하나님의 말씀(the originating, mediating Word of God)으로 이를 만족스럽게 해석할 수 있다고 한다. 그러면서 그 말씀이 하나님의 작정이라고 한다. 그리고 그리스도는 "선택/유기에 대한 하나님의 종국적 말

---

[94] 그가 언급하고 있는 예로 마태복음 25:24; 에베소서 1:4; 2:10과 같은 구절들이다(510).

씀"(God's final and ultimate Word)이라고 한다(511). 이에 덧붙여 "우리는 그를 넘어서 그 어떤 말씀도 가지고 있지 않으며 가질 필요도 없다"고 한다(511). 또한 그가 다른 곳에 기고했던 글을 인용하면서 그는 "그리스도는 세상과의 하나님의 유일한 접촉이다"고 말한다(512).[95] 이런 생각 배후에 바르트주의적 사고가 있는 것이 아닐까를 우려하는 독자들의 기대에 부응하게 칼빈의 선택론을 바르트주의적 의미로 해석하는 빌헬름 니젤의 말을 여러 번 긍정적으로 인용하고 있다(511f.). 그리고 이 논의의 마지막에 그가 또한 긍적적으로 인용하고 있는 베르까우어의 말에서 "선택이 그리스도 안에서의 선택이므로, 메시지의 빛이 찬연히 빛나게 된다. 이 빛이 비취므로 복음은 이미 이루어진 사태(an accomplished state of affairs)에 대한 선포로서가 아니라, 부르심과 왕의 소환으로 선포될 수 있는 것이다"는 말이 과연 어떤 의미를 지니는가를 묻게 된다(512).[96] 그리스도 안에서의 작정은 이미 하나님의 마음 가운데 확립된 것으로 있는 것이 아니라는 말인가? 그렇게 보는 듯한 인상이 강하게 나타나고 있다. 그렇다면 후에 그리스도를 믿게 되는 이들이 그 시점에서 선택된 자들로 이해되게 된다는 것인가? 선택은 오직 결과적인 것인가? 그러므로 그들이 과연 그런 의도로 말하는 것인지 우리는 강하게 묻지 않을 수 없다. 이는 이렇게 말하는 베르까우어와 이를 긍정적으로 인용하는 스파이크맨과 그와 같은 생각을 나타내는 것으로 스파이크맨이 인용하는 빌헬름 니젤과 그 배후에 있는 바르트에게 같이 묻게 되는 질문이다. 우리가 선택에 대해서 결과적으로 알게 된다고 하는 것은 우리의 인식의 순서상 어쩔 수 없는 것이다. 그러나 존재의 순서에 있어서는 선택이 가장 먼저 있는 것이라고 해야 하지 않을까? 그들은 이 둘을 구

---

[95] Gordon Spykman, "A New Look at Election and Reprobation," in *Life is Religion*, ed., Henry Vander Goot (St. Catharines: Paideia, 1981), 182.

[96] G. C. Berkouwer, *Divine Election* (Grand Rapids: Eerdmans, 1960), 162 로부터의 인용이다.

별하지 않고 말하는 것이지 않을까?

3-4. 스파이크맨의 언약론에 대하여

이와 연관된 문제로 스파이크맨이 "하나님의 중보적 말씀을 통해서 그의 피조물과, 창조자-피조물의 관계를 손상시키지 않으시면서, 언약적 관계를 수립하셨다"고 말하는 것에 대해서(160) 심각하게 언급하고자 한다. 그렇게 되면 모든 피조계는 이미 하나님과 언약 관계에 있는 것이 된다. 이런 의미에서 그는 "태초에 하나님이 그의 나라를 창조하셨다! 그는 그의 왕국을 언약으로 존재하게 하셨다"고 말하고 있다.(265) 스파이크맨은 그렇게 말할 때의 함의를 심각하게 생각하지 않는 것일까? 창조와 왕국이 동일시되면 결국 피조계는 다 하나님의 나라가 되고 마는 것이다. 특히 이를 강하게 의문시하는 것은 그리스도를 하나님의 유일한 관계로 보는 것이 연관되면 결국 모든 피조계가 다 하나님과 언약 관계에 있는 결과를 내므로 바르트에게서와 같은 보편 구원론적인 함의가 들어오기 쉽기 때문이다. 물론 스파이크맨은 지옥의 실재를 분명히 말하고 있다. 끝까지 불순종하는 이들이 심판받아 그에 처하게 되는 그 실재를 두려움과 떨림을 가지고서 분명히 말한다(557). 그러나 앞부분의 표현 방식에서는 좀 조심하여 제시할 필요가 있는 것이다. 피조계 자체가 그 자체로 하나님 나라인 것으로 말하는 것은 권능의 왕국과 은혜의 왕국에 대한 고전적 구별에 충실하지 않은 표현으로 평가받지 않을 수 없다. 이렇게 창조를 언약적으로 제시하면 모든 사람이 다 언약 파기자가 된다는 것을 잘 설명할 수 있지만(264), 그 뒤에 곧바로 따라 나오는 "그리스도 안에서 우리가 언약적 관계와 교제로 회복되었다"고 말할 때(264) 그 "우리"의 범위에 대한 의문이 나타나기 쉽다. 그러므로 이런 쓸데없는 오해가 생겨나지 않도록 하는 진술 방식이 요구된다.

3-5. 스파이크맨의 창세기 기록 이해에 대하여

창세기 기록을 창세기 기자의 시대 속에서 그 시대의 다신론적 분위기에 대한 변증적 주장이 담겨 있는 것으로 보는 것은(161f.) 스파이크맨이 창세기 기사가 구체적으로 언제, 어떻게 기록된 것인지를 말하지 않는 상황에서 단정하기는 어려우나 혹시 창세기 기사의 본질적 의미를 손상시키는 것이 될까 우려가 되기도 한다. 당시 사람들이 신들로 여기는 것들이 사실 신들이 아니고, 또한 인간을 해칠 수 있는 세력들도 아니고, 사실 그것들도 하나님의 피조물임을 말하려는 저자의 의도에는 충실할 수 있으나, 혹시 창세기 기사로부터 하나님이 이 세상을 어떻게 만드셨는지를 전혀 알 수 없는 것이라면 문제라고 여겨진다. 물론 우리가 위에서 지적한 대로 스파이크맨은 창세기 기록에서 하나님께서 이 세상을 어떻게 만드셨는지의 사실을 찾아보려고 하면 안 된다는 입장을 취하고 있으므로 그는 일관성을 유지하는 것이라고 할 수 있다. 그러나 바로 그 점 때문에 우리는 스파이크맨이 '창조되는 시간'(creating time)에 대해서 말하면서 그에 대해서는 우리가 어떻게 탐구할 수 없다고 했을 때에 문제를 제기했던 것이다. 그러므로 우리는 창세기 기사로부터 사실을 전혀 무시하는 해석, 그 기사로부터 스파이크맨이 "비종교적 상상들"(irreligious fantasies)이라고 부르는(162) 당대의 다신론적 입장들에 대한 반박과 변증만을 찾아보려는 해석에 대해서 마음이 편안하지 못하다. 결국 창세기 1, 2장이 "낮에는 해가 밤에는 달이 너를 해하지 못하리라"고 말하는 시편 121편이 말하는 메시지(163) 이상을 전하지 못하게 되기에 이는 창세기 1, 2장의 계시적 의미를 다 드러내지 못한다고 여겨진다. 오히려 그가 "후대의 죄가 부가된 세상 역사의 조건을 의의 원상태로 넣어 읽으려는 것은 잘못된 해석학"이라고 하고 있는데 (163), 우리는 스파이크맨이 이 원칙에 더 충실해 주었으면 하는 마음을 갖게 된다.

3-6. 스파이크맨의 이분설적 인간 이해 비판에 대하여

전인적 인간관을 잘 드러낸 것은 스파이크맨의 큰 기여이다. 그러나 이로부터 전통적 이분법적 이해를 비성경적인 것이라고 강하게 비판하는데 (233), 이는 심각한 논의를 필요로 한다. 스파이크맨은 다음과 같이 말하는 파울러의 견해에 찬동하면서 그를 인용한다: "인간이 두 요소로 이루어졌다는 이론(the two component theory)은 기독교 전통에서 성경에 부가하여 읽혀진 비성경적 관념이다… 그것은 기독교 사상에 부과된 이교 철학의 부패하게 하는 개입이고 복음의 온전한 풍성함을 경험하는 일의 심각한 장애다."[97] 플라톤주의적 이원론이나 그의 영향을 강하게 받고 있는 이원론적 인간 이해, 그리하여 영혼을 몸보다 높이고, 몸을 무시하는 논의들은 성경에 비추어 비판받아 마땅하다. 그것이 칼빈에게서 나타나는 것이어도 영혼과 비교하여 몸에 대해 경시한 것, 특히 몸을 영혼의 감옥으로 표현한 것 등을 비성경적인 것이라고 비판하는 것은 옳다. (234, 235) 또한 영혼은 높은 부분으로 몸을 낮은 부분으로 표현하는 것도 당연히 성경적으로 수정해야 한다. (236) 또한 그를 확대해서 영적인 것을 다루는 교회가 몸과 관련되는 국가보다 높다고 한다든지, 교회에서도 성직자는 성도들보다 더 높은 영에

---

[97] Stuart Fowler, *On Being Human* (Blackburn, Australia: Foundation for Christian Scholarship, 1980), 3-4, cited in Spykman, *Reformational Theology*, 233.

해당하는 이들이라고 여긴다든지 하는 것은 비판받아 마땅하다. (234)

그러나 그것이 우리들로 하여금 과연 이분법적 이해 전체를 다 버려 버리도록 하는가? 우리 선배 개혁 신학자들 가운데 교회를 국가보다 높이지 않고, 목사직을 다른 직분자들과 동등시하면서도 영혼과 몸을 인간을 구성하는 두 가지 요소로 이해한 이들이 모두 다 플라톤주의의 영향을 받은 것으로 간주하는 것은 과연 옳은 일인가? 예를 들어서, 스파이크맨은 잘 설명하고 있는 루이스 벌코프의 견해는 인간에 대한 유기적이고 전인적 이해를 성경적으로 드러내면서도 인간을 구성하는 두 부분인 영혼과 몸을 분명히 지적하고 있다.[98] 이를 "아주 양면적인 인간론적 분석"이라고 하면서 이것이 "이제는 더 이상 자명한 것으로 받아들여 지지 않는다"고 말하는 스파이크맨의 논의는(235) 좀 더 심각한 논의를 필요로 한다.

첫째로, 스파이크맨은 이분법적 이해와 이원론을 동일시하면서 논의하는데(233, 236, 237, 242, 243), 이는 정당화되기 어려운 논의로 여겨진다. 이원론적 견해를 지지하지 않으면서도 이분법적 인간 이해를 제시할 수 있기 때문이다. 벌코프나 바빙크, 아브라함 카이퍼, 그리고 머리(Murray)나 후크마 등의 개혁신학자들을 그 대표적인 예로 언급할 수 있다. 그들은 이원론자가 아님이 분명하다. 예를 들어서, 이들은 리덜보스가 인간의 몸에 대해서 말하는 바와 다 동의할 것이다. 또한 이들은 인간의 몸이 시원적 과거로부터 물려진 어떤 "동물적 짐"(some animal baggage)라고 생각하지 않는다. (238) 이와 관련하여 데까르트적인 이원론을 비판하는 바빙크의 말을 스파이크맨이 인용하는 것은 흥미롭다. (238) 바빙크는 이원론자가 아니면서 이분법적 이해를 가지고 있는 것이다. 바빙크 같은 분들은 몸을 존중하며 몸이 인간에 대한 한 표현이라고 보면서도 또한 몸이 영혼과 동

---

[98] Louis Berkhof, *Systematic Theology* (Grand Rapids: Eersmans, 1947), 191-96.

일시될 수는 없다는 것을 말하면서, 인간이 영혼과 몸의 두 요소로 구성되어 있음을 그들은 분명히 한다. 그러므로 20세기 중반부터는 이원론을 점차 전인적 이해가 대치하게 되었다는 식으로 표현하는 것은(235, 236) 문제가 있는 표현이라고 할 수 있다. 이원론에 반대하면서 전인적 이해를 강조하면서도 인간의 구성에 대해서는 이분법적 이해를 말할 수 있기 때문이다. 따라서 이분법적 표현이 스파이크맨이 말하듯이 꼭 이원론적 세계관을 생성시킨다고(237) 할 수도 없다. 그러므로 이를 자명한 듯이 말하는 것은 너무 지나친 주장이다.

몸 영혼 등의 용어들이 전인을 다른 측면에서 보면서 하는 말이라는 것은 분명하지만(236), 동시에 그것이 인간 구성 요소에 대한 시사를 주고 있다는 것을 전적으로 부인하기도 어렵다.

더 나아가서 벌코프 등의 표현을 말만 하나 됨과 통일성을 인정하지 실제로는 하나 됨을 드러내지 못하는 "허구적 통일성"(a fictitious unity)을 말하는 것이라고 베르까우워를 따라 말하는 것은(236) 벌코프 등에 대해 불공평한 일이고, 심각한 논의에 앞서서 비난하는 명칭을 미리 붙이는 논의를 하는 것이 된다고 여겨진다. 또한 전통적 이분법적 이해를 "시각적 환상"(optical illusions)이라고 표현하는 것(237)도 좀 지나친 것이다.

이 문제에 대한 가장 심각한 문제는 죽음과 몸의 부활 문제에서 나타난다. 스파이크맨은 예수님께서 "나는 믿는 자는 죽어도 살겠고"(요 11:25)라는 말씀을 전인이 죽으나 "영적으로는 전인이 계속해서 살며 주님과 함께 있다"고 해석한다.(244) 그리하여 스파이크맨은 전인인 우리가 몸적으로는(bodily) 죽으나 영적으로는(spiritually) 전인인 우리가 살고, 부활에서는 "몸적으로 영적으로 생명 전체의 전적인 갱신"(the total renewal of life bodily and spiritually)을 경험하게 될 것이라고 한다(245). 사실 "몸적으로 죽는다"는 말, 그리고 "영적으로 산다"는 말에 스파이크맨이 좀 더 충실해 주었으면 그의 입장이 개혁신학의 정통적 견해와 좀 더 가깝게 표현될 수 있었을 것이다. 그가 속으로 생각하는 것이 바로 그런 것이기를 바란다.

우리가 죽을 때 우리는 참으로 몸으로(bodily) 죽는 것이다. 따라서 부활 때까지는 우리의 몸이 있지 않다. 그래야만 몸의 부활의 의미가 있다. 그렇지만 몸이 없어도 우리는 영적으로 하나님 앞에 살아 있다. 스파이크맨이, 후크마의 견해를[99] 동감적으로 인용하면서 기꺼이 인정하는 대로 우리는 죽은 상태에서도 그리스도와 함께 있게 된다(550). 또한 그가 칼빈에게 동의하면서 말하는 대로 "낙원에서 그리스도와 함께 있게" 된다(550). 그때는 죄와 악과의 투쟁이 더 이상 있지 않다. 이와 같이 우리 주 예수 그리스도께서 다시 오시기까지 우리는 항상 살아서 그리스도와 더불어 왕 노릇하며 그의 재림으로 그의 나라가 극치에 이를 것을 기다리고 있게 된다. 그러므로 아직 극치의 영광은 주어지지 않았다(551). 스파이크맨이 인용하고 있는 칼빈이 잘 말하고 있듯이 그때는 "파루시아를 기다리는 잠정적인 영광으로 특징 지워지는 전조적 성격을 지닌"[100] 상태다(551). 바빙크는 그것을 "잠정적이며 불완전한"(provisional and incomplete) 상태라고 표현하기도 했다.[101]

이와 같이 정통신학에서는 그것을 죽은 후에 우리의 영이 살아서 주와 함께 있는 것이라고 하였다. 따라서 몸의 부활이 있기까지는 성도들은 그 영이 살아서 주와 함께 있는 중간 상태에 있다. 이때는 기쁘고 즐거우며 의식이 있는 상태이나 온전하지는 않으니 아직도 기다리는 상태, 몸의 부활은 이루어지지 않았기에 몸의 부활을 기다리는 상태에 있기 때문이

---

[99] A. A. Hoekema, *The Bible and the Future* (Grand Rapids: Eerdmans, 1979), 104.

[100] John Calvin, *The Institutes of the Christian Religion*, III. 25. 6.

[101] Bavinck, *Magnalia Dei*, 634., cited in Spykman, *Reformational Theology*, 552.

다. 주의 재림 때에야 몸의 부활이 이루어져 다시 우리의 전인이 온전히 주 앞에 있게 된다. 스파이크맨이 이와 같은 이해에 나아갈 수 있었으면 한다. 그런데 지금까지의 그의 표현으로는 모호한 점이 있게 된다.

첫째로, 그는 우리가 몸이나 영혼이라는 말로 표현하는 바를 다 전인으로 본다. 그리고 그는 혹시 몸이 없어도 전인이라고 하는 것 같다. 그는 몸, 영혼 등의 표현이 인간 실체에 대한 지칭이 아니라고 보므로 몸이 없는 존재도 전인으로 생각하는 듯하다. 그렇다면 그는 위에서 요약적으로 제시한 정통적 이해와 비슷한 이해를 말하는 것인데 사용하는 용어만 다른 용어를 사용한다. "낙원"에 있는 존재가 전인이라고 그는 말한다. 그러나 그도 그 상태의 존재와 부활 이후의 존재를 나누어 설명하기도 한다. 그렇다면 그는 중간 상태를 인정하는 것이 된다(550-52에 긴 논의도 참조하여 보라). 단지 중간 상태에 있는 존재를 영혼으로만 보지 않고 성경에서 영혼이라는 말로 표현하는 몸 없는 전인으로 보는 것이다. (그런데 바로 그것이 전통적 개혁 신학의 중간상태가 말하는 근본 취지였다는 것을 강조하지 않을 수 없다. 그 상태에 몸이 아닌 우리의 존재가 의식을 가지고 하나님 앞에 살아 있다는 취지로 우리 선배들은 말한 것이다.)

이것이 아니라면 그는 죽은 뒤에 바로 우리의 전인(몸과 영혼을 구비한 존재)이 영적으로 하나님 앞에 있다가 부활 때에 "몸적으로, 영적으로 생명의 갱신이 있게 된다"(the total renewal of life bodily and spiritually)고 하는 것인데(245) 그것이 무엇을 의미하는 지가 모호하다. 이와 연관해서 그가 중간 상태와 파루시아를 두 가지의 기대로 보지 않고, 하나의 종말론적 운동의 두 가지 국면이라고 말하는 것(551)의 의미를 물어야 할 것이다.

그것이 아닌 경우에 있을 수 있는 것은 전인이 죽음 후에 바로 부활한다고 보는 것인데 성경 전체에서 그리스도의 재림과 우리의 부활을 연관시키는 것에 비추어 볼 때 지지하기 어려운 견해가 된다. 그러므로 스파이크맨이 이를 염두에 두고 있는 것 같지는 않다.

그것도 아니면, 오늘날 특히 일부 천주교 신학 사상에서 유행하고 있는 견해로, 죽음 후에 존재가 없어졌다가 부활에서 부활하는 것으로 보는 것인데 스파이크맨은 이런 견해를 지지하는 것은 분명히 아니니, 그는 몸적으로는(bodily) 전인이 죽지만 동시에 영적으로는(spiritually) 전인이 산다고 말하기 때문이다.

그런데 사실 이 영적으로 산다는 것은 우리가 이 세상에 있을 때도 이미 그렇게 영적으로 살고 있다는 것을 스파이크맨이 받아들여야 할 것이다. 죽는 순간에 그 영적인 삶을 시작하는 것이 아니기 때문이다. 우리는 이미 그 영적인 삶을 여기서도 살고 있다. 따라서 성도인 우리는 죽음에서 몸적으로 죽으나, 영적으로는 이미 살고 있던 그 영적인 생명(영생)을 계속 유지하여 하나님과 함께 사는 것이다.

이때 몸이 없다는 것을 스파이크맨은 아마도 인정하는 듯하다. 그래야 부활 때에 몸적으로도 생명이 갱신된다는 그의 말이 의미가 있기 때문이다. 그 상태에 있는 인간 존재의 지속성에 대해서는 – 그것도 스파이크맨은 "전인"이라고 표현하려고 하고, 정통적 개혁신학에서는 "영혼"이라고 부르는 차이가 있으나 스파이크맨과 정통적 개혁신학이 의견을 같이 한다. 그러므로 스파이크맨이 전인성에 대한 견해를 조금만 수정하여 제시하며 성경의 가르침에 좀 더 비중을 두어 확실히 말한다면, 그는 정통적 개혁신학이 전통적으로 말하는 것과 사실 같은 말을 하게 될 것이다. 그런데 그는 이를 용인하려고 하지는 않는다. 사실 차이는 중간 상태에 대해서 정통적 개혁신학에서와 같이 좀 더 강하게 말하려고 하는가, 결국은 그와 비슷하게 말하면서도 리덜보스와 같이 그 뜻이 덜 분명하다고 하며, 중간상태의 존재는 "생각하기 어려운 존재 방식"(an inconceivable mode of existence)이라고 말하여[102] 여러 사람에게 의혹을 주려고 하는지에 관한 것이며, 중간 상태에 있는 존재가 몸이 없으므로 성경이 말하는 대로 "영혼"이라고 할 것인가(정통적 개혁신학), 아니면 스파이크맨이 다른 단일론자들과 함께 말하려고 하듯이 몸이 없는 그 존재도 전인(全人)이라고 말하려고 하는지의 차이일 뿐이다.

스파이크맨의 주장의 또 하나의 문제점은 끝까지 복음을 믿지 않는 이들에 대한 그의 입장이다. 결국 죽음은 전인의 죽음이므로 불신자들은 사후에 어떻게 되는가에 대해서 그의 논의는 논리적으로는 멸절설을 향해 나가고 있으나[03] 한 곳에서는 하늘과 지옥의 두 실재와 그에 속한 사람들이 있음을 시사하는 말이 나타나기는 한다. 그는 그리스도만이 하늘과 지옥의 실재를 명확히 경험하셨으며, 그 나머지 사람들에게 있어서 "지옥과 하늘의 온전한 실재는 심판 날을 기다리고 있다"고 한다(557). 이미 죽은 사람들이 하늘의 온전한 실재를 경험하지 못하고 있다고 표현하는 것은 그의 하늘 언어(the language of heaven)가 부정확하게 사용되고 있든지, 아니면 서구인들에게 익숙한 대로 죽음 이후의 상태와 최종상태를 모두 표현하는 형태로 되어 있고 여기서는 최후 상태를 중심으로 사용하고 있음을 보여 준다. 따라서 이 문제에 대한 그의 입장은 명확히 주어져 있지 않고, 최소한으로 말해도 모호하다. 이것도 스파이크맨이 정통적 개혁신학의 주장과 다른 점의 하나이다.

3-7. 스파이크맨의 하나님 형상론에 대하여

---

[102] Herman Ridderbos, *Paul, An Outline of His Theology* (Grand Rapids: Eerdmans, 1975), 506, 507. 이 문제에 대한 비판적 고찰로 이승구, "하나님 나라와 교회에 대한 리덜보스의 이해", 『21세기 개혁신학의 방향』 (서울: SFC, 2005), 344-45=『성경신학과 조직신학』 (서울: SFC, 2018), 382-85를 보라.

[103] 그는 한 곳에서 멸절설을 부인하는 데(551) 그것은 신자들의 경우에 대한 말이다. 불신자에 대해서 어떤 입장을 취하는지는 모호하다.

하나님 형상을 인간 전인과 연관시켜 논의하는 점에서 스파이크맨은 다른 신학적 전향을 지닌 이들의 국지적 형상 이해를 잘 비판하고, 또한 바빙크와 후크마 등과 함께 정통적 개혁신학을 좀 더 성경적이게 하는 큰 기여를 하면서도 개혁파 정통신학이 분류해온 좁은 의미의 하나님의 형상과 넓은 의미의 하나님의 형상에 대한 이해조차도 버림으로써 성경적으로 고쳐 보려고 하다가 선배들의 좋은 의도도 다 제거해 버리는 잘못을 범하고 있다고 여겨진다. 이 구분을 유지하면서도 우리는 스파이크맨이 강조하고자 하는 우리의 전인으로 하나님을 반영해야 한다는 것을 잘 드러낼 수 있다. 또한 이 구별을 유지하면 타락한 인간이 어떻게 한편으로는 전혀 형상을 상실했으면서도(좁은 의미의 하나님의 형상), 동시에 또 한편으로는 형상이라고 불릴 수 있는가 하는 것을 잘 설명할 수 있는 것이다. 그러므로 스파이크맨처럼 이런 구별 자체를 버려 버릴 이유는 없다고 여겨진다.

스파이크맨은 결국 이 구별은 없애면서 사람이 하나님의 형상 역할을 제대로 하지 못할 때의 상황을 적절하게 표현할 길을 잃은 것이다. 사실 그의 하나님 형상론 논의에서 사람이 이 형상 역할을 제대로 하지 못할 때 어떻게 지칭해야 하는지를 잘 표현하고 있지 않다. 아쉬운 점이라고 여겨진다. 형상을 명사로가 아니라 동사로 생각해야 한다는 것을 문자적으로 철저화 했을 때 발생하는 가장 큰 문제가 오직 동사적으로만 본다면 그 형상 역할을 하지 않은 상황에서는 인간은 하나님의 형상이 아닌가 한다. 사실 개혁파 선배들의 넓은 의미의 하나님의 형상됨에 대한 논의가 이 문제를 해결하는 방안의 하나였다는 것을 유념할 필요가 있다.

3-8. 스파이크맨의 하나님 나라 이해에 대하여

사소한 것이긴 하지만 처음부터 이 세상 속에는 하나님 나라가 현존하는 것처럼 표현하고 있는 것도(193) 아주 엄격한 성경적 구조에 의해 신학을 하려는 입장에서는 비판적으로 언급해야 할 부분이라 하지 않을 수 없다. 스파이크맨은 때때로 이 세상이 시작되는 그 시점부터 하나님 나라가 현존해 있다고 표현하며, 이를 피조계에 대한 하나님의 본래 관계의 언약적 성격을 연관시키고 있다(193). 이 세상의 피조계가 언약적 관계를 함의한다고 보는 것은 좋으나 그로부터 하나님 나라의 현존을 말하기보다는 창조된 세계가 하나님 나라를 향해 가도록 하나님이 의도하신 것에서 언약적 구조를 찾던 행위 언약 개념의 창시자들의 의도가 성경 구조에 더 맞는 것으로 파악된다.

3-9. "눈에 보이지 않는 교회"(invisible church)에 대한 비판적 언급에 대해서

스파이크맨은 개혁자들의 의도를 잘 알고 특히 "하나님이 보시는 교회"라는 측면에서 눈에 보이지 않는 교회를 잘 이해하고 제시하면서도(439) 중간 부분에서 교회는 근본적으로 가시적이어야 한다는 스튜어트 포울러와 한스 큉의 견해에[104] 동감하면서, 심지어 "눈에 보이지 않는 교회라는 말은 모순되는 말이다"고 하는 헨드리쿠스 베르코프의 말을[105] 인용하기도 한

---

[104] Cf. Stuart Fowler, *The Church and the Renewal of Society* (Potchefstroom: Potchefstroom University Press, 1988), 16; Hans Küng, *The Church* (New York: Doubleday, 1976), 342.

[105] H. Berkhof, *Christian Faith*, 398: "an 'invisible' church is a contradiction in terms."

다(439). 개혁자들이 눈에 보이지 않는 교회는 반드시 눈에 보이는 교회로 나타나야 한다고 하는 취지를 알면서도 이렇게 말하는 것이 매우 의아한 일이 아닐 수 없다.

또한 승리한 교회가 제도로서의 교회의 "더 깊은 배경과 목적"이라고 하면서, 불가시적 차원도 실재적인 것이지만 "역사적으로 구체적이고 가시적인 실재를 지닌 제도적 교회가 우리의 관심"이라고 말하고, 제도로서의 교회는 가운데 원이요 그 외부의 원은 유기체로서의 교회, 날마다의 하나님 나라의 삶으로 부름받은 신자들 전체라고 말하는 데서(440) 스파이크맨이 조직체로서의 교회를 제도적 교회와 동일시하며 이를 전투하는 교회와 연관시키고 있는 인상을 받게 된다. 그러나 전통 개혁파적 이해에 의하면 이 땅에 있는 전투하는 교회가 불가시적 교회요 동시에 가시적 교회이며, 동시에 유기체로서의 교회와 조직체로서의 교회다. 그러므로 승리한 교회를 불가시적 교회와 전투하는 교회를 가시적 교회와 동일시하면서 그 가시적 교회를 제도로서의 교회로만 이해하는 것은 선배들의 명확한 개념에 충실하지 못한 것이다.

V. 마치는 말

이상에서 우리는 스파이크맨이 새로운 개혁파 신학으로 제시하는 신학의 내용을 살피고 그것을 전통적 개혁신학의 내용과 비교하는 논의를 하여 보았다. 한편에서는 여러 현대 신학의 논의들을 잘 살피면서 성경에 근거하여 검토하고, 또한 개혁파적 전통에 뿌리를 박고 있으면서도 그것을 새롭게 신학하는 방법을 제시하고 있다는 점에서 스파이크맨은 개혁신학을 새롭게 제시하는 매우 중요한 시도를 하였다고 평가할 수 있다.

그러나 창조론과 인간론, 중간 상태, 그리고 하나님 나라나 신학의 다른 측면과 관련해서 전통적 개혁파 입장에서 상당히 벗어나가려고 하는 것이 상당히 있는 것에 대해서는 **최소한으로 말해도** 심각한 논의를 필요로 하고 있다고 할 수 있다. 그러므로 이런 점에서는 스파이크맨의 논의는 **최대한으로 말하자면** 우리를 불안게 하며, 개혁파의 정체성을 흔들 위험성을 지닌 요소를 지니고 있다고 평가하지 않을 수 없다. 그러나 그의 이런 요소들을 극복한, 창조, 타락, 구속의 구속사적인 틀에 근거한 새로운 개혁파 교의학의 제시는 매우 환영할 만한 새로운 시도라고 할 수 있다.

제 12 장

리쳐드 린츠의 구속사적 조직신학의 프로그램

미국 매사츄세츠주 싸우뜨 해밀턴에 위치한 고든-콘웰 신학교 (Gordon-Cornwell Theological Seminary)의 신학과 변증학 교수로 있는 리쳐드 린츠(Richard Lints)는 미국 신학교 연합(the Association of Theological Schools) 과 퓨 재단(Pew Charitable Trusts)으로부터 연구 기금을 받아 듀크 신학교 (Duke Divinity School)에서 신학의 과거와 현재를 잘 분석하는 연구를 하여 1993년에 복음주의 신학의 새로운 패러다임을 제시하면서 복음주의 신학의 프롤레고메논, 또는 "프롤레고메논의 프롤레고메논"을 제시하였고,[1] 그의 이 아이디어는 이미 여러 번 우리들에게 소개된 바 있다.[2] 그러나 그

---

[1] Richard L. Lints, *The Fabric of Theology: A Prolegomenon to Evangelical Theology* (Grand Rapids: Eerdmans, 1993). 인용문은 335의 그의 후기로부터의 인용이다. 앞으로 이 책으로부터의 인용은 본문 안의 ( ) 안에 책의 면수만을 밝히기로 한다.

[2] 이 책과 린츠 교수의 아이디어에 대한 소개로 다음을 보라. 이승구, "20세기 후반 북미 개혁신학의 동향",「신학지평」 8 (안양대학교 신학 연구소, 1998): 193, n. 6; 그리고 이승구, "21세기와 개혁 신학의 새로운 패러다임",『21세기와 개혁신학의 새로운 패러다임: 한국개혁신학회 논문집』 8 (2000): 96-99=이승구,『21세기 개혁신학의 방향』(서울: SFC, 2005), 48-53.

의 주장은 매우 중요하므로 좀 더 폭 넓게 그의 생각이 논의되는 것이 필요하다고 생각해서 이 글에서는 린츠의 구속사적 신학의 프로그램을 구체적으로 논의해 보기로 하겠다.

린츠 교수는 미국 펜실베니아(Pennsylvania) 주의 뉴 윌밍톤(New Wilmington)에 있는 웨스트민스터 대학(Westminster College)에서 철학과 종교학을 전공하여 문학사 학위(B. A.)를 받았고, 노트르담 대학교(the University of Notre Dame)에서 철학 전공의 석사 학위(M. A.)와 박사 학위(Ph. D.)를 하였고, 시카고 대학교(the University of Chicago)에서 신학 전공의 석사 학위(A. M.)를 한 후에, 1981년에는 노트르담 대학교의 연구원(senior teaching fellow)으로 있으면서 가르치기도 하였고, 1982-1983년에는 그의 모교인 웨스트민스터 대학에서, 그리고 1984-1986에는 영국 브리스톨(Bristol)에 있는 성공회 신학교인 트리니티 대학(Trinity College)에서 가르치다가, 1986년부터 고든-콘웰 신학교에서 신학과 변증학을 가르쳐 왔다. 그는 미국 장로교회 (the Presbyterian Church in America, PCA)의 목사이며, 한 동안 매사츄세츠 주의 콩코드(Concord)에 있는 구속주 장로교회(Redeemer Presbyterian Church)에서 목회를 하기도 했었다.[3]

우리는 그가 제시하는 새로운 조직신학의 틀에 관심을 가지게 된다. 그래서 이 글에서는 좀 더 구체적으로 그가 제시하는 새로운 신학의 구조를 검토해 보려고 한다. 이렇게 신학의 틀과 방법에 대해 집중하는 것은 린츠 자신의 그의 처음 책에서 이 문제에 집중하고 있기 때문이다(특히 279를 보라). 이미 여러 번 강조한 바와 같이 그는 전통적 조직신학의 틀을 그대로 놓고서 작업하기보다는 신약학이 잘 밝혀준 구속사에 근거하여 조직신학의 구조 자체를 새롭게 할 것을 제안하고 있다. 그의 이런 시도에 있어서

---

[3] 그에 대한 개인적 정보는 고든-콘웰 신학교 홈페이지에 있는 그에 대한 교수 소개를 참조하라. Cf. http://www.gcts.edu/facl/lints.html.

토대를 마련해 준 이들은 기본적으로 루터와 칼빈, 그리고 개혁파 정통주의자들이라고 할 수 있다. 그러나 구속사적 개념을 좀더 의식적으로 신학적 구조에 도입하는 일에 보다 직접적인 영향을 미친 학자들은 역시 요나단 에드워즈(Jonathan Edwards)와 게할더스 보스(Geerhardus Vos)라고 할 수 있다. 그는 특히 보스가 잘 정리하고 제시한 구속사와 구속적 계시 개념에 근거하여 구속적 신학을 시도할 것을 요청한다. 그가 말하는 구속적 신학(redemptive theology), 좀 더 구체적으로 볼 때 구속사적 신학은 구체적으로 어떤 모습을 지니는 것인지를 생각하기로 하자.

I. 린츠가 말하는 구속사 신학의 모습

린츠는 신학의 본질은 구속사의 해석(the interpretation of the history of redemption)이라고 본다(268). 이를 제대로 하려면 목표를 향해 나아가는 성경 계시의 움직임 전체를 잘 보아야 하며, 그것을 잘 드러내는 신학적인 틀을 가져야 한다고 말한다. 그렇게 하지 않으면 우리는 우리 자신과 우리 문화에 대해서 형편없이 그야말로 희망이 없을 정도로 파편화 된 개념을 가지게 될 것이라고 린츠는 우려한다(276). 그리고 과거와 현재와 미래의 통일성을 제대로 이해하고 있지 못하면 우리의 삶 자체도 통일성과 정합성을 갖기 어렵다고 한다(276f.). "과거, 현재, 그리고 미래"를 알 때, 우리는 우리 자신을 새롭게 알 수 있게 된다." 그리고 그때에야 "우리는 과거 현재 미래를 붙잡는 하나님을 다시 만나고 알 수 있게 된다"(336). 그러므로 마치 구약의 선지자들이 하나님의 구속사의 관점에서 역사를 해석하고 과거와 미래에 대한 의미를 밝혔던 것처럼(269, 303), "현대 복음주의자들의 신학적 틀도 이런 유목적적인 역사 읽기(this purposeful reading of history)를 시도해야 한다"고 린츠는 주장한다(269). 우리가 어디서 왔으며, 어디를 향해 가고 있는지를 이해해야만 우리가 지금 어디에 있는지를 바로 이해할 수 있다는 것이다(276). 그러므로 성경이 제시하는 구속사적 관점을 가지고 해석하지 않으면 그저 "세속적"인 것으로 여겨질 사건들의 의미를 제시할 신학적 틀을 제공해야 한다는 것이다(269). 그런데 그런 해석의 틀은 오직 성경이 제시한다. 그는 이렇게 말한다:

> 성경은 인간 역사를 세계적 용어로 설명하고, 우리들로 하여금 그 역사 안에서의 우리의 역할을 이해하도록 하는 해석의 틀(the interpretive matrix)을 제공한다. 물론 그 역사는 볼 수 있는 눈과 들을 수 있는 귀를 가진 이들에게만 궁극적으로 유목적(purposeful)인 것이다(269).

그러므로 린츠에 의하면 우리의 해석의 틀은 성경의 해석의 틀이어야만 한다(269). 우리는 성경이 구속사적인 틀로 과거, 현재, 미래를 의미 있게 바라보듯이, 같은 방식으로 과거, 현재, 미래를 의미 있게 해야 한다. 성경의 서로 다른 시기들의 유기적 관계를 더 발전시켜 현대까지를 포괄하게 해야 하고, 그리하여 모든 역사를 성경의 해석적 우산 아래 있도록 해야 한다(271). 린츠는 바로 여기에 우리의 조직신학적 작업이 있다고 본다.

그렇게 하기 위해서는 우리가 우리 시대의 질문을 가지고 성경에서 대답을 찾아보려고 하지 말고, 과거와 현재와 미래를 이해하는 데에 중요한 "성경이 묻는 질문을 찾아야 한다"(269). 그리고 그렇게 본문 자체가 묻는 것에 대한 대답을 본문으로부터 찾으려고 해야 한다(293). 그 성경의 질문을 찾고 그에 대답하려다 보면 해석자인 우리는 우리들의 근본적 가정들과 사유 방식을 다시 생각하게 된다고 한다(291). 따라서 성경의 본문이 묻는 질문이 우리의 신학의 기본적 질문이어야 하고, 성경 본문의 중요한 주제들이 우리들의 신학의 중요한 주제여야만 한다는 것이다(271). 이런 말을 할 때 린츠는 과거의 많은 신학자들이 조직신학이라는 말을 생각할 때 성경의 다양한 자료들을 설명해 줄 수 있는 교리적 모델이나 열쇠를 찾는 것으로 생각했던 것을 염두에 두면서 그런 접근의 신학에 대한 의식적인 반대를 표현한다. 19세기 말에 모든 추론의 법칙들과 정상 과학들을 보면서 그와 대등한 학문(science)으로서의 신학을 강조하던 찰스 핫지의 접근이 이런 성향을 가졌었다고 린츠는 말한다.[4] 마치 과학자들이 여러 모로 설명 가능한 자료들을 가지고 현대 과학적 공동체에 가장 이해하기 쉽게 (intelligible) 설명할 수 있는 이론을 찾으려고 하듯이, 이런 모델의 신학을 하는 신학자들은 성경의 모든 자료들을 이해할 수 있게(intelligible) 만드는 교리들을 발전시키려고 할 것이라는 것이다(270). 린츠는 신학적 작업을 이렇게 이해하는 가장 명백한 진술로 클락 피녹의 논문을 예로 든다.[5]

린츠는 이와 같은 모델이 개신교 개혁자들의 중요한 통찰인 오직 성경(*sola Scriptura*)의 원리에 대한 심각한 배반일 수도 있음을 말한다. 성경은 신자 개인의 삶에서 최종 권위일 뿐만 아니라, 해석학적으로도 최종 권위여야 한다. 그 말은 해석된 결과만이 아니라, 해석의 과정에서도 성경은 규제적인 역할을 해야 한다는 것이다(292). 즉, 성경이 성경을 해석하게 해야 한다는 것이다. 이 "성경의 유비"(*analogia Scriptura*)의 원리를 린츠는 다시 한번 더 강조하면서 우리의 신학이 이 원리를 따르고 반영하여야 한다고 주장한다(291). 다시 말해서, "오직 성경"을 말하려면 신학의 **내용**뿐만이 아니라, **신학의 구조**도 성경의 구조와 연관되어 있어야만 한다는 것

---

[4] Charles Hodge, *Systematic Theology* I (1872; reprint, Grand Rapids: Eerdmans, 1946), Part 1, chapter 1을 언급하면서 이 점을 지적하는 Lints, *The Fabric of Theology*, 270, n. 13을 보라.

[5] Clark Pinnock, "How I Use the Bible in Doing Theology," in *The Use of the Bible in Theology: Evangelical Options*, ed. Robert K. Johnston (Atlanta: John Knox Press, 1985), 18-34.

이다(270, 271). 그래야만 성경의 내용과 구조에 참으로 충실할 수 있다는 것이다. 따라서 만일에 우리가 그렇게 하지 않는다면, 그것으로써 성경의 규범적 역할을 손상하게 된다는 것이다(270).

이는 신학적 틀, 즉 조직신학이 성경 본문을 반복해서 그대로 말해야만 한다는 것이 아니라, 신학적 틀의 개념적 범주들이 성경의 현상을 적절하고 바르게 반영해야만 한다는 주장이다(270). 그래서 그는 자신의 주장의 가장 중요한 요점으로 조직신학의 구조가 성경 신학의 구조를 상당히 반영해야만 한다고 주장한다(270, cf. 290). 그는 때로는 "조직신학이 구조적으로 성경 신학에 의존해야 한다"고 표현하기도 한다(271, n. 17). 그는 자신이 이렇게 말할 때 근본적으로는 보스의 주장을, 그리고 좀 더 직접적으로는 리처드 개핀과 클라인의 주장과 같은 의견을 말한다는 것을 밝힌다.6 그리고 바로 이것이 요나단 에드워즈가 죽기 얼마 전에 그가 작업하고 있으며 이루어 보려고 하던 것을 표현한 것, 즉 "구속 사역의 역사"(history of the work of redemption)에 근거한 신학적 틀을 만드는 것, "역사의 형태로 구성된 전혀 새로운 방법의 일단의 신학"(a body of divinity in an entire new method, being thrown into the form of a history)을7 오늘의 시점에서 시도하는 것이라고 말한다(271, 176). 린츠는 에드워즈와 보스가 전통적 의미의 칼빈주의 신학에 깊이 헌신하였으나, 그 신학의 틀의 내용을 전복시키려는 의도가 전혀 없었다는 것을 잘 안다(271). 그들은 당시 대부분의 조직신학의 틀이 성경 본문에 나타나고 있는 역사적 움직임을 잘 반영하고 있지 못함

---

6 그는 특히 다음과 같은 글을 염두에 두고 있는 것이다. Meredith Kline, *By Oath Consigned: A Reinterpretation of the Covenant Signs of Circumcision and Baptism* (Grand Rapids: Eerdmans, 1968), 29: "조직신학은 연관된 것들을 좀 더 체계적으로 엮어야 할 것이다"; Richard B. Gaffin, "Systematic Theology and Biblical Theology," *Westminster Theological Journal* 38 (1975-1976): 284-88.

7 Cf. Sereno E. Dwight, *The Life of President Edwards* (New York, 1830), 569.

을 안타깝게 생각하면서 그들의 신학 틀에서 그 역사적 움직임을 다시 나타내 보려고 했고(271), 그것을 오늘날 계속해서 유지하는 것이 중요하다고 주장한다.

린츠는 이것을 설명하기 위해서 하나님 속성에 대한 대부분의 신학 책의 논의 방식의 문제를 잘 지적하고 있다(272). 그러나 그는 우리가 하나님의 속성에 대해서 전혀 말하지 말아야 한다거나 말할 수 없다는 것이 아니라, 속성들은 하나님의 행동이라는 성경적 출발점에서 나오는 결론들(a derivation)로 논의되어야 한다는 것임에 유의해야 한다(272, n. 18). 또한 흔히 린츠나 다른 이들의 말을 오해하여 생각하듯이 주제별 진술 방법 자체를 문제 삼는 것도 아니니, 린츠는 "주해적이고 구속사적 관심이 계속해서 염두에 두어진다면 성경 자료들에 대한 주제적 진술이 정당하다"고 말하고 있기 때문이다(272).

II. 구속사 신학의 방법론

(1) 구속사적 성경 해석

신학적 작업에서 제일 먼저 오는 것은 역시 주어진 성경 본문에 대한 해석이다. 그런데 린츠는 다른 모든 정통적 그리스도인들과 함께 "신구약 성경은 하나님의 구속적 계시"라고 생각한다(295). 성경은 하나님과 세상을 묘사할 뿐만이 아니라, 하나님의 구속적 목적을 구현하기도 한다는 것이다. 이런 의미에서 성경의 진리는 변화시키는 진리이다(295). 린츠는 성경이 구속에 대한 묘사와 계시이기만 할 뿐 아니라, 구속을 성취하는 일도 한다는 것을 여러 번에 걸쳐서 강조한다(295, 298). 그러므로 성경 본문에 대한 해석을 잘하려면 린츠가 클라우니에게서 배운 개념들을 자신의 용어로 표현한 (1) 본문적 지평(the textual horizon), (2) 시기적 지평(the epochal horizon), (3) 그리고 정경적 지평(the canonical horizon) 모두에 잘 유의해야 한다(293).[8] 성경 자료를 바르게 이해하기 위해서는 이 각각의 지평을 신중하게 취급해야 하는데, 주어진 어떤 구절의 의미는 상당히 그것이 그 특정한 구속사의 시기 중 어떤 위치를 차지하고 있는가와 구속 계시 전체에서의 자리에 의존하는 것이라고 한다(293).

이런 주장을 하면서 린츠는 대개의 주해가들이 본문적 지평에는 유의하나 시기적, 정경적 지평에서 그 본문을 떼어 내는 우를 범하는 것을 안타깝게 여기면서 본문의 의미를 시기적 지평과 정경적 지평에서 분리해 내지 않도록 해야 한다는 것을 강조한다(294, 294f.). 우리가 보기에 매우 중요한 점이 시기적 지평과 정경적 지평이라는 유리한 점에서 보면 사소한 문제일 수도 있음을 의식해야 한다는 것이다(294). 그러므로 성경에 대한 신학적 해석은 이 세 가지 지평이 끊임없이 서로 대화하도록 하여 각각의 의미를 설명하고 더 분명히 하도록 해야 한다는 것이다(293).

본문적 지평(the textual horizon)이라는 말은 본문의 의미를 찾을 수 있는 그 본문의 직접적 문맥이나 그 본문이 속해 있는 책의 맥락을 지칭한다. 이를 드러내는 데 개신교에서 강조해 온 문법적-역사적 주해가 매우 도움이 된다고 린츠는 강조한다(296f.). 그런데 성경 본문은 그 구속적 목적 때문에 다양한 스타일과 장르로 기록되어져 있다(295). 더구나 성경은

---

[8] Cf. Clowney, *Preaching and Biblical Theology* (Grand Rapids: Eerdmans, 1961), 16. 이 점들에 유의하는 해석의 필요성에 대한 지적으로 이승구, "복음주의와 성경,"『개혁신학 탐구』(서울: 하나, 1999), 46-48을, 그리고 그런 해석의 실례로 이승구,『개혁신학에의 한 탐구』(서울: 웨스트민스터 출판부, 1995), 1장과 2장인 15-25, 27-48을 보라.

보다 풍성한 사상의 전달을 위해 다양한 심상들(the imagery)과 상징적인 언어(symbolism)로 표현되어 있다. 이런 심상들과 상징들은 "그저 번역되어져서는"(translate out) 안 된다. 그렇게 하는 것은 그 의미를 추상화하여 본문의 생명력을 제거해 버리는(drain away) 것이다(296). 예를 들어서, 예수께서 일으키신 다양한 이적들은 결국 그리스도께서 그의 죽음과 부활을 통해 그의 백성을 위해 이루신 구속의 성격과 변화시키는 능력을 지시해 주는 것임을(299)[9] 잘 의식하면서 해석해야 한다는 것이다.

그렇게 하지 않고 그저 이런 일의 역사성만을 강조하고, 구속의 변혁시키는 힘을 보지 못하는(299) 방식으로 심상들과 상징들을 제거시킨 "문자주의적" 신학(literalistic theology)은 필연적으로 가난한(impoverished) 신학이 될 것이고(298, 300), 또한 성경적 상징을 모두 현대의 상징들로만 대치시킨 "토착화" 신학(contextual theology)은 필연적으로 성경적 메시지를 변경시킬 것이라고 한다(299). 그러므로 우리는 그런 두 가지 문제에 빠지지 말고, 오히려 그런 심상들과 상징들이 풍성히 전달하는 의미와 그것이 이루려고 하는 변화를 잘 드러내도록 해야 한다(296).[10]

그리고 상징으로부터 상징된 것으로의 자연스럽고 직관적인 전환을 해석자와 신학이 잘 파악해서 현대인들에게 잘 드러낼 수 있어야 한다(300). 즉, 심상들과 상징들이 의미하는 것만을 말하려고 하지 말고, 그 의미가 전달되는 방식과 그것이 우리의 삶 가운데서 이루어 내려고 하는 변화를 파악하여 표현해 내려고 해야 한다는 것이다(296). 그러므로 예를 들

---

[9] 린츠는 이 점을 잘 지적하는 콜린 브라운을 언급하기도 한다. Cf. Colin Brown, *Miracles and the Critical Mind* (Grand Rapids: Eerdmans, 1984), 293-326.

[10] 이렇게 말할 때 린츠는 본문의 의미란 논리실증주의에서 말하는 지시된 것(the reference) 이상의 것이라는 입장, 즉 본문이 유발하는 삶의 변화도 포함하는 것이라는 입장을(296) 표현한다. 논리실증주의적 의미 이해에 대한 고전적 진술로 린츠는 Ludwig Wittgenstein, *Tractatus Logico-Philosophicus*, trans. D. F. Pears and B. F. McGuinness (London: Routledge & Kegan Paul, 1974)를 들고 있다(*The Fabric of Theology*, 296, n. 6).

어, 성경의 이적들을 참으로 이해하게 되면 우리가 세상을 개념화하는 방식이 변화하게 되는 것이라고까지 말한다(300).

린츠는 성경 언어의 풍성함을 드러내기 위해 케빈 반 후저(Kevin Van Hoozer)가 말하는 각 문장(구절)이 가지고 있는 네 가지 근본적인 요소들인 명제적 요소(the proposition), 목적의 요소(the purpose), 현존의 요소(the presence), 그리고 힘의 요소(the power)들에 대한 분석의 통찰력을 높이 산다.[11] 즉, 각 문장은 무엇인가에 관한 것(명제적), 즉 어떤 사실이나 특정한 사태를 지시하는 것이며, 그것이 이루려고 하는 특별한 기능이 있고(목적), 그것을 표현하는 특정한 방식을 가지고 있으며(현존), 또 그것을 이룰 수 있는 힘을 가지고 있다는 것이다(297). 이런 점들에 유의함으로써 우리는 본문의 다양한 성격을 신중하게 고려하며 해석할 수 있게 된다. 린츠는 이런 다양성이 성경 기록의 인간적인 요소들 때문에 발생하고 있다고 시사하는 반 후저를 비판하면서, "성경의 근본적 저자이신 하나님께서 당신님의 다양한 목적들의 전달을 위해서 다양한 문학적 장르를 의도하셨다고 생각하는 것이 더 합리적으로 보인다"고까지 말한다(297, n. 8).

시기적 지평(the epochal horizon)은 한 계시가 주어진 시기적 특성을 지칭한다. 그 시기들에 따라 하나님이나 그의 약속, 또 하나님의 계획이 달라진 것은 아니다(301). 그 모든 시기를 하나님께서 붙들고 계시기 때문이다. 따라서 구속의 모든 시기들의 통일성이 있는 것이다. 그러나 모든 시기의 근본적 통일성은 각 시기의 독특성들을 간과하지 않도록 해야 한다(301). 예를 들어서, 모세 언약은 성공적이었으나 그 자체가 구속을 가져오는 언약은 아니고 인도해 가는 언약(caretaker covenant)이고, 구속을 미리

---

[11] Cf. Kevin Van Hoozer, "The Semantics of Biblical Literature," in *Hermeneutics, Authority and Canon*, ed. D. A. Carson and John Woodbridge (Grand Rapids: Zondervan, 1996): 53-104.

보여 주는 언약이며, 예수님의 사명과 사역을 준비하는 언약이다(301). 그러나 그렇다고 해서 모세 언약이 그 자체로 흠 있고 약한 언약이었다고 해서는 안 된다. 모세 시기의 힘은 그리스도 안에서 장차 임할 구속을 준비하게 하는 능력에 있기 때문이다. 이와 같이 성경의 모든 시기들은 다른 것들과의 관계해서와 또 그 자체로 이해해야 한다(301).

그렇다면 린츠는 구속사의 시기를 어떻게 구분하고 있는가? 그는 성경 여러 곳에서 그 자체가 시사하고 있는 시기의 구분들을 잘 살피면서 언급한 후에, 구약은 복잡하고 성경의 저자들은 시기를 단일하게 구분하여 말하지 않고, 각각 다른 신학적 목적에 따라서 시기를 구분하여 말한다고 한다(302). 그러나 한 곳에서 그는 결국 보스, 에드워즈, 클라인, 로벗슨, 맥코미스키, 엘리스 등의 견해에[12] 동의하면서, 아브라함에게 주신 약속, 시내 산에서 주신 율법, 다윗에게 주신 약속의 갱신 등을 중심으로 구약의 시기들을 나누어 생각한다(302). 그러나 그는 아주 분명한 시기 구분을 제시하지 않고 단지 그가 앞에서 제시한 신학의 틀에 따라 말하면 아브라함을 중심으로 약속된 언약(the covenant promised), 모세를 중심으로 하는 중간 언약(interim covenant), 그리스도를 중심으로 도입된 성취(the fulfillment inaugurated), 그리고 극치에 이른 구속(redemption consummated)로 나누어(287f.) 구속사를 생각하고 있음을 알 수 있다. 다윗 시기를 중심으로 한 갱신을 따로 나누어 논의할 것을 시사하지 않은 것이 의아하다.

마지막으로 정경적 지평(canonical horizon)은 정경 전체의 범위와

---

[12] Jonathan Edwards, *A History of the Work of Redemption*, ed. John F. Wilson, vol. 9 of the *Works of Jonathan Edwards* (New Haven: Yale University Press, 1989); Vos, *Biblical Theology* (Grand Rapids: Eerdmans, 1948); Meredith G. Kline, *The Structure of Biblical Authority*, rev. ed. (Grand Rapids: Eerdmans, 1975); O. Palmer Robertson, *The Christ of the Covenants* (Grand Rapids: Baker, 1981); Thomas McComiskey, *The Covenants of Promise* (Grand Rapids: Baker, 1985); 그리고 E. Earle Ellis, *Prophecy and Hermeneutic in Early Christianity: New Testament Essays* (Grand Rapids: Eerdmans, 1978).

내용에 신경 쓰는 것을 뜻한다. 왜냐하면 성경을 해석할 때 우리는 **전체로서의 성경**이 우리의 주해의 규정점(the defining point)이 되게 해야 하기 때문이다. 린츠는 "바른 주해는 그 해석적 지평으로 전체로서의 정경을 신중하게 취하여야만 한다"고 주장한다(273). 성경의 각 부분을 지도하며 그 전체를 하나로 묶는 것은 구속사와 구속적 계시 전체이기 때문이다(273). 그러므로 하나님의 약속들 사이의 연속성과 그 약속들의 성취가 성경 해석의 정경적 지평에서 본질적인 것이라고 할 수 있다(303). 그러므로 약속-성취의 모델이 다양한 성경 저작들을 하나로 묶고, 그 통일성을 확보하는 끈이라고 할 수 있다, 그것이 현재 상황에서 의미를 제공하며, 미래 구원에 대한 희망을 제공한다(303). 린츠는 루터의 말인 "그리스도를 지시하는 것"(*ob sie Christum treiben*, "what urges Christ")이라는 말을 사용해서 정경 안의 정경 개념의 선구가 된 루터를 비판하면서 정경 자체가 그리스도를 지시하는 것이 무엇인지를 바르게 규정한다고 말한다(274).[13] 그래서 그는 성경의 해석적 틀은(the interpretive matrix) 모든 성경(all of Scripture)이라고 말한다 (274, cf. 279).[14]

예를 들어서, 그리스도의 죽음을 바르게 해석하기 위해서는 그 사건을 인정할 뿐 아니라, 그 사건의 성경적 의미(biblical significance)도 이해해야 한다. 그런데 그렇게 하려면 우리는 그리스도의 죽음을 "구약의 언약들과의 관련 가운데서, 그리고 마지막의 역사의 극치와의 관련 가운데서 이해해야만 한다." 이처럼 그리스도의 죽음에 대한 교리는 해석학적으로

---

[13] 그는 리덜보스가 이 점을 강하게 주장하였음을 말한다(274, n. 22). Cf. Herman Ridderbos, *Redemptive History and The New Testament Scriptures*, trans. H. DeJonste and Richard B. Gaffin, Jr. (Phillipsburg, N. J.: Presbyterian & Reformed, 1988), 36-40.

[14] Cf. O. Palmer Robertson, "The Outlook for Biblical Theology," in *Toward a Theology for the Future*, ed., David F. Wells and Clark Pinnock (Carol Stream, Ill.: Creation House, 1971): 65-91.

과거와 미래 모두와 연관되어 있다(292).

그렇게 성경 전체의 틀에서 성경을 해석하면 자연스럽게 성경 계시의 각 시기를 성경 자체가 제시하는 것과 같이 바르게 연관시켜 이해할 수 있다고 한다. 그렇게 하면 우리는 각 시기 간의 연속성을 너무 강조하는 미국의 신율주의자들(theonomists)이나,[15] 그 시기 간의 연속성을 너무 부인하는 세대주의자들의 오류에 빠지지 않을 수 있다고 한다(278).[16]

약속-성취의 모델을 제시하는 중요한 방식의 하나는 모형론(typology)이다. 모형론적인 관계는 특정한 본문적, 시기적 지평이 후기의 지평과 연관되는 중요한 수단이다(304). 이런 모형론적 이해는 결국 하나님의 약속들과 그 약속들의 성취에 대한 유기적 연관성에 기초하고 있는 것이다. 린츠는 프란시스 폴크스를 따라서,[17] 모형론의 이중적 성격에 대해서 말한다. 즉, 첫째는 구속사에 있어서 약속-성취 양상의 반복이 있다는 것이고, 둘째는 하나님의 이전 행위와 새로운 것 사이의 정도의 차이가 있어서 하나님 약속의 성취는 원래의 약속을 받았던 이들이 생각했던 것보다 훨씬 더 크다는 것이다(305). 그리고 "모형과 실현 사이에는 유기적 관계가 있고, 따라서 실현이 이루어졌을 때에는 원래의 모형의 의미의 발전이 있게 된다"(309).

그러므로 모형론은 결국 섭리와 예언 개념에 근거하고 있다(306).

---

[15] 린츠는 신율주의자들이 근본적으로 신구약 사이의 유기적 **점진성**을 잘 이해하지 못한다는 개핀의 지적에 동의하면서 소개하고 있다: Richard B. Gaffin, Jr., "Theonomy and Eschatology: Reflections on Postmillennial," in *Theonomy: A Reformed Critique*, ed., William S. Baker and W. Robert Godfrey (Grand Rapids: Zondervan, 1990); 197-224.

[16] 세대주의자들이 각 시기들이 하나의 은혜스러운 계획의 발전하는 표현이라는 시기들 사이의 유기적 관계를 잘 이해하지 못하고 있다는 점에 대한 지적으로 E. Clowney, *Preaching and Biblical Theology* (Grand Rapids: Eerdmans, 1961), 15를 언급한다.

[17] Francis Foulkes, *The Acts of God: A Study of the Basis of Typology in the Old Testament* (London: Tyndale Press, 1940).

그래서 린츠는 "모형론이 구속 계시의 신학적 해석의 토대인 것처럼, 하나님의 섭리도 모형론의 신학적 해석의 토대"라고 한다(306). 그래서 아담과 모세도 다윗과 솔로몬도 이런 섭리 가운데서 각기 그 나름대로 그리스도와 모형론적으로 연관되어 있다고 할 수 있는 것이다(307f.). 이렇게 섭리의 빛에서 린츠는 신약 성경이 명확히 말하는 것을 넘어서도 더 풍성한 모형론을 말할 수 있다고 주장한다(309).[18] 이를 드러내기 위해서 린츠는 "구속사는 서로 다른 시기들을 하나로 묶는 중요한 끈들로 역사라는 한 직물로 짜져 있다"고 한다(309). 그래서 모형론적 해석에 대한 확언은 구속적 계시의 이런 직물적 성격을 확언하는 것이라고도 말한다(309).

이런 입장에서 보면 우리들이 살고 있는 시기는 그리스도의 초림과 재림 사이, 성육신과 파루시아 사이의 구속사적 시기인 것이다. 이 시기는 바울이 살고 있던 그 구속사적 시기이므로 바울과 우리는 같은 구속사적 지표(the same redemptive-historical index)를 가지고 있다고 할 수 있는 것이다(278). 바로 여기서 우리의 신학적인 틀 구성의 방향이 제시된다.

(2) 신학적인 틀(Theological Framework)의 형성(constructing): 조직 신학의 과제

그런데 린츠에 의하면 성경이 과거와 현재와 미래에 대해서 설명할 때 성경은 그 자체가 그 나름의 구성 원리들(its own principles of organization)을 가지고 있다(273). 그러므로 린츠에 의하면, 우리가 구성하는 신학적인 틀

---

[18] 그리고 비슷한 입장에 대한 변호로 Leonhard Goppelt, *Typos: The Typological Interpretation of the Old Testament in the New*, trans. D. H. Madvig (Grand Rapids: Eerdmans, 1982)과 Clowney, *Preaching and Biblical Theology*를 언급한다(*The Fabric of Theology*, 309, n. 25).

은 구속사에 의해서 조건화되어야 한다(279). 신학의 틀은 정경의 구조를 반영하려고 해야 하기 때문이다(290). 즉, 우리의 신학의 틀은 성경의 구속적 계시에서 발견되는 해석적 틀(matrix)을 반영하는 것이어야 한다는 것이다(310). 그러므로 우리의 신학적인 틀은 하나님의 구속적 활동에 대한 계시를 조심스럽고 유목적적으로 읽는 것을 통해서 이루어진다(312). 그렇게 하면 할수록 우리의 신학의 틀이 보다 성경적인 것이 될 뿐만 아니라, 동시에 우리가 처한 상황에 대해서도 더 적절한 것이 된다(310). 왜냐 하면 성경적으로 적절한 신학적인 틀만이 현대의 개념적 범주들을 효과적으로 변화시킬 수 있고, 현대에 살고 생각하는 사람들을 효과적으로 변화시킬 수 있기 때문이다(311).

그리고 린츠는 성경이 "이야기 같은"(story-like) 성격을 지니고 있음을 강조한다(274). 성경은 신학 책이나 사전으로 하루아침에 주어진 것이 아니라는 것이다. 그런 의미에서, 성경의 "이상"을 파악하는 것은 현대 어린이들에게 중세기 이야기의 이상을 파악하도록 전달하는 시도와 유비적이라고 한다. 린츠에 의하면 어린이들에게 중세의 이야기가 궁극적으로 말하는 바(vision)를 제대로 파악하게 하는 최선의 방법은 (1) 추상적 개념들을 사용해서 중세의 이야기에 포함된 심상들(imagery)을 설명하는 것도 아니고, (2) 현대인의 개념적 틀 안에서 그 심상(imagery)을 이해해 보려는 것도 아니고, 오직 (3) 스스로가 이야기의 심상들을 이해해서 그 이야기에 사로잡히게 하는 것이라고 한다(276). 즉, 그 이야기 자체의 개념적 범주들 안에서 생각하기를 돕는 것이 성경을 제대로 이해하게 하는 최선의 방법이라는 것이다. 이와 마찬가지로 오늘날에 효과적인 신학적인 이상도 결국 현대의 독자들이 그 풍성한 성경의 플롯으로 다시 돌아가도록 하고, 그리하여 독자들이 현대 세계에 대해서 생각하는 방식을 도전하도록 해야 한다는 것이다. 즉, 원래 이야기의 범주들을 해석해 주기보다는 현대인들을 성경의 개념적 세계로 데리고 가야 한다는 것이다(276).

그렇다면 린츠가 생각하는 성경 자체의 가장 중요한 개념의 틀은 무엇일까? 그는 "구속사적 지표"(redemptive-historical index)를 강조하면서 말한다(276). "성경은 수 세기 동안 쓰여졌고, 그 이야기는 점진적으로 발전해 갔다"고 하면서(275), 린츠는 성경 전체의 구속사의 진전을 매우 강조하고 있다. 결국 성경 읽기를 효과적으로 마친 뒤에 우리는 하나님의 구속 목적의 역사적 전개 안에서의 우리의 위치를 이해할 수 있어야 한다는 것이다(276). 그런데 그렇게 하려면 "성경에 기록되고 해석된 구속사의 통일성에서 시작"해야 한다(277). 그리고 그 구속사의 통일성이란 결국 성경에 기록되고 해석되어져 있는 "창조주와 피조물 사이의 언약적 관계의 역사의 연속성"(the continuity of the history of the Creator-creature covenantal relationship)이다. 이것을 말하고 주장하면서 린츠는 20세기의 많은 신학자들이 구원사의 통일성, 신구약의 통일성을 인정하지 않고 연속성보다는 비연속성(disunity)을 강조하는 것에 대해서 우려에 찬 비판을 하고 있다. 린츠 자신은 신구약이 다양성 가운데 통일성을 가지고 있는데(the unity-in-diversity of the Testaments), 그 중에서도 통일성이 좀 더 앞서는 것으로 이해해야 한다고 주장한다. 왜냐하면 "당신님을 다양한 역사적 시기에 드러내시고 계시하신 분은 한 분 하나님이시기 때문이다"(277). 여기서 린츠는 "하나님의 창조적이고 구속적인 성격과 활동 안에서의 신구약의 정합성과 일치성을 인정하지 못하는 신학적인 틀은 성경 자체에 온전히 공정하지 못한 것"이라고 강하게 주장한다(277).

그리하여 이런 점들에 유의하면서 린츠가 그리고 있는 신학적인 틀은 어떤 것일까? 린츠는 "당신님의 영광을 위해 창조하시고 재창조하시는 하나님"이라는 주제를 중심으로 자신이 생각하는 신학적 틀의 구조를 다음과 같이 제시하고 있다:

I. 창조하시는 하나님
　　A. 창조의 계시
　　B. 창조의 언약
　　　　1. 언약적 왕이신 하나님 (God as Covenant-King)
　　　　　　a. 선택의 원리(The Principle of Election)
　　　　　　b. 심판의 원리(The Principle of Judgment)
　　　　2. 하나님의 형상(Imago Dei)
　　　　　　a. 창조주/피조물의 구조
　　　　　　b. 형상일 뿐이며 유일한 형상인 피조물
　　C. 창조와 피조계에서의 하나님의 영광(The Glory of God in Creation)

II. 재창조(구속)하시는 하나님
　　A. 구속의 계시
　　　　1. 구속사
　　　　2. 해석된 구속사-구약과 신약
　　　　　　a. 성경의 권위와 영감
　　　　　　b. 문학적 다양성→신학적 구조
　　　　　　c. 해석학
　　　　　　　　기사(narrative)-역사성
　　　　　　　　　　(1) 교훈적 - 신학적 주해
　　　　　　　　　　(2) 모형론 - 종말론
　　　　3. 살아 계신 말씀 -성육신 (기독론)
　　B. 구속의 언약
　　　　1. 약속된 언약(the Covenant Promised) - 아브라함
　　　　2. 중간 언약(The Interim Covenant) - 모세

        3. 도입된 성취(The Fulfillment Inaugurated) – 그리스도
            a. 그리스도와의 연합(구원론)
            b. 그리스도의 사역의 적용(성령론)
            c. 새 언약적 공동체(교회론)
        4. 극치에 이른 구속
            a. 최후의 심판
            b. 새 하늘과 새 땅
    C. 구속에서 나타난 하나님의 영광(The Glory of God in Redemption)(287f.)

린츠는 이와 같이 신학적인 틀을 구성하는 것은 성경이 참으로 하나님 백성을 위한 구속적 계시의 정경으로 기능하는 방식을 존중하는 것이라고 한다(288). 그러면서 이 틀은 새로운 주해적, 성경 신학적 작업이 나타남에 따라서 상당히 수정되고 바꾸어질 수도 있는 것이라고 한다(288). 그는 주의 나라가 극치에 이르기 전에는 바른 신학적인 틀을 구성하는 우리의 사역이 결코 완성되지 못할 것임을 아주 현실적으로 인정한다. 그때까지는 온전한 틀(a completely exhaustive framework)을 가질 수는 없으리라는 것이다(288). 물론 그런 틀이 없거나 있을 수 없어서가 아니라, 우리의 눈이 마땅히 보아야 할 것을 다 보지 못하고, 우리의 귀가 마땅히 들어야 할 것을 다 듣지 못하기 때문이다(289). 그때까지는 다음과 같은 바울의 말과 같이 말할 수밖에 없다는 것이다: "우리가 이제는 거울로 보는 것과 희미하나 그때에는 얼굴과 얼굴을 대하여 볼 것이요, 이제는 내가 부분적으로 아나 그때에는 주께서 나를 아신 것 같이 내가 온전히 알리라"(고전 13:12).

(3) 린츠의 신학적 이상(Theological Vision)

린츠는 위와 같이 성경의 구속적 틀을 잘 반영하는 신학적 틀로부터, 그런 틀을 토대로 하여 우리가 살고 있는 현대라는 정황 가운데서의 현대적 신학적 이상을 이끌어 내고, 그런 이상을 제시하려고 한다(312, 315). 성경적 신학적 틀의 구속사가 계속되고 있기에 이런 성경적인 현대적 신학적 이상(modern theological vision)이 생성될 수 있는 것이다. 이 시대의 신학적 이상을 통해서 우리는 현대를 사는 개인들과 해석적 공동체의 바른 정체성을 이해하게 되고, 구속사에서 현대라는 시기의 바른 위치를 이해할 수 있게 된다고 한다(312). 성경에서 시작되고 그 구속사의 정점에 이른 그 이야기가 이미 그 극치를 시사하고 있고, 그 역사가 지속되고 있으므로 성경은 과거 현재 미래를 해석하는 틀을 제공하고, 따라서 오늘 우리의 상황에도 적절한 것이다(313). 그리고 제대로 된 우리의 신학적 이상이 우리를 준비시키는 "복음의 희망은 우리가 하나님의 영광 가운데 빠져 영원을 영원히 또 영원히 보내게 될 것"이라는 것이다(336).[19]

그런데 이런 영원에 대한 소망과 이해에서 나오는 현세대에 대한 해석은 기독교 공동체의 과제와 책임을 이해하고 비판하게 할 뿐만 아니라, 현대의 불신 공동체도 이해하게 할 수 있는 틀의 개발도 포함한다. 기독교 공동체와 불신 공동체 모두가 다 성경의 구속사적인 틀 안에 있고, 그에 대한 해석에 종속한다(313). 이 공통의 틀의 보편성은 창세기 1장에 근거한다(313). 신자와 불신자 모두가 다 하나님의 창조물이며, 다 같이 하나님을 신체적으로 드러내는(fleshly representative) 하나님의 형상이다. 이 하나님의 형상 됨이 서로 다른 상황 가운데 있는 사람들 간의 신학적인 다리를

---

[19] 린츠의 책의 마지막의 이 감동적인 구절을 그의 말 그대로 소개하고 싶다: "The hope of the gospel is that we will spend eternity basking in the glory of God, forever and ever and ever. May our theological vision prepare us for that."

제공해 주고, 그들 사이의 문화와 역사를 넘어선 의사소통을 가능하게 해 준다(313). 그러나 그들 사이의 또 하나의 공통성이 있는데 그것은 창세기 3장이 보여 주고 있는 인간의 반역과 죄의 현실이다(314). 그리고 특히 현대에 살고 있는 사람들에게 해당하는 세 번째 공통점은 우리들 모두가 구속사의 극치를 향해 가는 그 과정 가운데 있다는 현실이다(314). 우리 모두가 다 그리스도의 초림, 특히 오순절과 그리스도의 재림 사이의 기간에 있는 것이다. 이 근거에서만 성경이 현대 세계에 효과적으로 적용될 수 있는 것이다(314). 물론 차이가 있음을 린츠는 분명히 말한다. 불신자들은 장차 올 심판을 기다리고 있으나, 신자들에게는 그 심판이 이미 그리스도의 십자가에 내려졌다는 것이다(315). 이렇게 신자와 불신자 모두가 같은 역사적 정황 속에 있으나 그들이 처한 상황이 다르다는 것을 지적하는 것은 우리 모두가 같은 역사적 시기, 즉 그리스도의 구속 사역에 의해 규정된 시기 안에 있음을 잘 드러낸다는 점에서 매우 강하고 귀한 확신의 표현이라고 할 수 있다. 린츠의 의도는 이미 그리스도 안에서 영적으로 시작된 하나님의 통치를 인정하지 않고 저항하여 나가는 이들의 문제를 크게 부각시키려는 것이며, 또한 불신자들의 큰 문제와 그들이 실질적으로 처해 있는 위치를 잘 보여 주는 것이라고 생각된다.

결국 인간의 죄의 문제는 현대에 와서도 아주 복잡하고 다양하게 나타나게 되고, 이를 잘 분석하는 것이 현대 문화에 대한 신학적 비판을 하게 한다. 린츠에 의하면, 문화란 '우리들 각자'와 우리가 그 안에서 살고 있는 '환경' 사이에서 일어나는 계속적인 대화이다(316, 29), 그리고 린츠는 이 대화가 교회(the church)와 대중문화(popular culture)와[20] 학문계(the

---

[20] 비록 린츠는 여기서 '대중문화'라는 말을 사용하고 있지만 린츠는 좁은 의미의 대중문화를 생각하기보다는 교회와 학문계를 제외한 우리들의 문화 활동 영역 일반의 의미로 사용하고 있은 것이다. 그렇게 볼 때에라야 린츠가 문화 영역을 교회, 문화, 학계로 나누어 생각하는 일이 이해될 수 있을 것이다.

academy)의 세 부분으로 나뉘어져 있는 것으로 볼 수 있다고 하면서, 신학은 이 각 부분과 대화를 계속하고, 이 각각을 비판하는 과제를 가졌다고 한다(316). 물론 린츠는 문화에 대한 분석을 이렇게 세 영역으로 나누어 하는 것이 어느 정도는 자의적(恣意的)인 것임을 잘 의식하고, 이렇게 나누어 분석하는 것은 단지 아주 복잡한 것들을 개념적으로 처리할 만한 조각으로 나누어 보기 위한 것이라고 말한다(316). 그저 신학적인 틀로부터 신학적 이상으로 나아가는 논의로 들어가기 위한 접촉점일 뿐이라고 한다. 그리고 각각의 문화의 부분과 관련해서 신학이 할 수 있는 일은 그 문화를 잘 설명하는 일(exposition)과 그 영역으로 신학을 적용하는 것(application)이라고 한다(316).

   이 작업의 궁극적 목적은 현대를 사는 개개인들을 성경의 사상 세계로 다시 이끌어 들이고, 그들로 하여금 성경적 역사관을 이해하도록 하고, 성경적 상징과 심상들, 그리고 은유들을 존중하도록 돕는 것이라고 한다(316). 그리하여 현대의 문화 생활 배후의 가정들을 성경의 신학적 틀에 근거해서 비판할 수 있도록 도전한다(316). 그리하여 현대인들이 그들이 살고 있는 세계를 새롭게 보게 되었을 때, 그리하여 그들이 문화에 대해서 선지자적인 입장을 갖게 되었을 때, 우리의 신학적인 이상이 그 역할을 제대로 수행하는 것이 된다고 한다(316). "신학은 현대 문화 안에서 선지자적이어야만 한다. 기독교는 그 본질에 있어서 대안 문화적 운동이다"(317).[21]

   그러므로 우리의 "현대적 신학적 이상은 이 시대가 변화될 수 있도록 하기 위해서 하나님의 전 경륜을 우리 시대 전체 세계에 적용시키기를 추구해야만 한다"(317). 이런 우리의 신학적 이상이 의도하는 목적의 하나로 우리는 현대 문화에 대한 비신화화를 말할 수 있다. 즉, 우리는 현대

---

  [21] "Theology must be prophetic in the modern culture. Christianity is a countercultural movement at heart" (*The Fabric of Theology*, 317).

문화의 신화들을 드러냄으로써 현대 문화가 그 본질이 무엇인지를 잘 드러낼 수 있어야 한다는 것이다.

우리의 신학적 이상은 무엇보다 먼저 교회, 즉 신자들의 공동체에서 강하게 나타나야 한다(317). 새 언약의 시대에는 교회가 "하나님께서 허락하신 신학적 이상을 수행하기로 하나님께서 선택하신 근본적인 장(fundamental context)"이요, "하나님의 활동의 근본적 기관"(the primary organ of God's activity)이기 때문이다(318). 신자들과 공동체의 정체성을 분명히 하는 것에서 교회의 신학적 이상의 실현이 시작된다(317). 사도들은 특정한 교회들에 대해서 말하면서도 사람들에게 세계를 보는 새로운 방식인 공통적인 신학적 틀을 제공하였던 것이다(318).

그런데 19세기 이후에는 신학과 교회의 거리가 여러 면에서 나타나게 되었다. 심지어 복음주의 진영에 의해서도[22] 신학과 예배와 선교의 분리가 일어났고, 그리하여 신학적 구성의 기본적 맥락이 교회 밖으로 움직여졌고, 그 결과로 당신님의 백성을 자신의 것으로 부르시는 하나님에 대한 이상을 잃어버리고 말았다(318). 그러나 20세기에도 신학적 이상을 위한 출발점은 바로 교회라는 실재이다(318f.). 교회의 정체성도 성경에 근거하고 있고, 교회의 활동도 성경과 관련해서 수행되어야 한다. 그런데 교회는 하나님의 전 경륜을 보호하고 선포하는 책임을 가지고 있다. 신학이 추상화되면 신학은 신앙 공동체로부터 유리되고 변혁적이기를 그만두게 될 것이다(336).

이 작업을 통해서 가장 크고 복잡한 영역인 대중 문화의 영역에

---

[22] 복음주의 진영에서의 이런 변화를 말하면서 린츠는 (1) 복음주의의 parachurch적 성격의 등장과 이로 인한 교회 신학의 가능성의 전복, (2) 신학 교육 기관의 사유화(예, Fuller, Gordon-Conwell, Dallas, Reformed, Westminster, Talbot, Asbury 신학교 등), 그리고 (3) 신학적 틀의 중요한 범주로서의 교회론의 파괴를 들고 있다(*The Fabric of Theology*, 318).

대한 우리의 신학적 작업이 나타나야 한다. 이 문화 영역이 오늘날 세상에서 일반적으로 받아들여지고 있는 가치의 원천이고, 심지어 복음주의 운동에도 우리가 상상하는 것보다 훨씬 큰 영향을 미치고 있은 것이므로, 이 문화 영역이 성경적 비판을 가장 많이 받아야 할 영역이 된다(317). 그리고 대중 문화의 포괄성과 강함을 생각할 때 현대 신학은 이 문화 영역에 대해서 말하려고 할 때 매우 주의해야 한다(322). 현대 문화에 대해 선지적 입장을 지녀야 함을 강조한 한 논문에서 부루스 니콜스는 이런 입장의 논의는 다음 세 가지 요소를 가지고 있어야 한다고 했다: 믿는 공동체 안에서 성경적 신앙에 대한 왜곡된 부착을 비문화화(deculturalize)할 것, 우리 사회 안에 있는 하나님 말씀에 반하는 문화적 요소들을 판단하고 정죄하는 일, 그리고 하나님의 계시와 일치하는 문화적 요소들을 재창조하고 변형시키는 일이 그것들이다.[23] 그리고 이 일을 제대로 하도록 하기 위해서 린츠는 현대 대중 문화의 근본적 가치를 드러내는 몇 가지 요점을 제시한다: (1) 문화적 다원주의, (2) 고백적 단순성(confessional simplicity), 그리고 (3) 자아 숭배(the cult of the self)(322).

현대 문화의 다양성은 부인할 사람이 없을 정도로 피부에 와 닿는 현상이다. 그런데 이와 함께 종교의 다원성에 대한 관심도 고조되고 있다(323). 그리하여 현대 문화는 모든 종교들이 같은 입장에 있다고 보고, 그런 근거에서 관용을 최대의 덕목으로 높이고 있다(323). 이리하여 다원주의의 사회학적 사실이 규범적 가치로 변화되고 말았다. 이런 상황에서는 진리가 평가의 적절한 범주가 안 된다고 거부된다(323).[24] 심지어 복음주의자

---

[23] Bruce Nicholls, "Towards a Theology of Gospel and Culture," in *Down to Earth: Studies in Christianity and Culture*, ed., Robert T. Coote and John Stott (Grand Rapids: Eerdmans, 1980), 49-62.

[24] Cf. Leslie Newbegin, *Truth to Tell: The Gospel as Public Truth* (Grand Rapids: Eerdmans, 1991).

들도 이런 다원주의에 미묘한 영향과 압력 아래서 복음주의의 좀 더 공격적이고 걸려 넘어지게 할 만한 요소들을 덜 강조하고, 하나님을 위해 무엇을 할 것인가보다는 하나님께서 우리를 위해 무엇을 하실 수 있는가를 강조하는 것이 복음주의자들 사이에 유행한다(323).

또한 현대 문화의 고백적 단순성도 우리의 신학적 이상이 공격해야 할 점이다(323). 현대 사회에서는 정치 유세와 같은 데서 잘 나타나듯이 복잡한 내용을 슬로우건이 대신하고, 복잡한 논의를 대체해 가고 있다(324). 이에 부합해서 현대 복음주의에서는 복음도 대중이 쉽게 소화할 수 있는 것만으로 단순화되어 버리고 말았다.25 그 결과 신학조차도 잘 어우러진 옷으로보다는 조각조각을 기워만든 퀼트(a patchwork quilt)와 같이 나타나게 되었음을 린츠는 지적한다(324). 예를 들어서, 본질적인 것을 넘어서는 신학은 주변적인 것이고 중요하지 않은 것으로 여겨지는 현상이 이를 반영한다는 것이다. 복음을 몇 가지 본질적인 것(소위 "증류된 본질"[distilled essence])으로만 환원시키는 일이 일어났다는 것이다(324, 333).26 그리고 이를 대중적인 시장에 내어놓아 많은 이들에게 소비시키는 일에 관심을 기울인 것이다. 그런데 "현대의 자유 시장 경제에서는 진리가 항상 승리하는 것이 아니다"(325). 그러므로 "현대 복음주의 신학자들은 다시 돌아가서 교회로 하여금 이런 복음 전도 전략에 대해서 비판적으로 성찰하도록 도와야 한다"(325).

셋째로, 현대 문화의 자아 숭배 문제도27 신학이 비판적으로 관여

---

25 이를 잘 설명하기 위해서 린츠는 심지어 예수님을 현대판 세일즈맨의 전형으로 만들어 버린 점을 Bruce Barton, *The Man Nobody Knows* (Indianapolis: Bobbs-Merrill, 1925), 195ff.를 언급하면서 잘 지적하는 H. J. Cadbury, *The Peril of Modernizing Jesus* (London: SPCK, 1962), 11을 언급한다.

26 Cf. James D. Hunter, *American Evangelicalism: Conservative Religion and the Quandary of Modernity* (New Brunswick, NJ: Rutgers University Press, 1983), 83-84.

27 이에 대해서 린츠는 Philip Rieff, *The Triumph of the Therapeutic* (New

해야 할 문제이다. "우리는 자아에 열광된 시대(a age that is fascinated with the self), 주관주의적 전환(the subjective turn)을 이룬 문화 가운데서 살아간다"(335). 특히 현대 기술의 발전과 함께 현대인은 선택하는 대로 무엇이나 할 수 있는 사람들이 된 듯한 상황 가운데서, 현대인들은 자신들이 운명을 통제할 수 있다고 생각하면서 자아가 아주 중요하게 된 것이다.[28] 그런데 복음주의에서도 이런 현상이 나타나고 있으니 건강과 부를 약속하는 복음을 강조하는 현상으로부터, 온갖 주관주의가 판치는 현상이 이를 입증한다는 것이다(326). 복음주의자라는 우리도 역사와 세계 안의 객관적인 하나님의 말씀을 손상시키고, 신앙의 대상인 분보다는 신앙을 가진 사람을 더 강조한다(335). 교회가 사람들이 편안하게 느끼고 행복하도록 하기 위해 존재한다는 의식의 확대도 그것을 보여 준다(326). 그러나 "이것은 기독교적 수사로 세례된 쾌락주의일 뿐이다"(326). 린츠가 볼 때 우리는 인간의 최고 목적인 하나님의 영광을 반영하는 에드워드적인 신학의 이상에서 상당히 멀리 벗어난 것이라고 한다(326). 그러나 우리는 성공과 성장보다는 하나님께 대한 신실성을 주장해야만 한다. "복음주의자들은 신학적으로 생각하고, 신학적으로 정의되기를 배워야만 한다"(327).

20세기 초기 복음주의자들이 거의 포기했던 영역인 학문 영역은 우리의 신학적 이상이 구현되어야 할 세 번째 영역이라고 할 수 있다. 그러나 점점 이 영역에 대한 작업을 하면서 기독교계에서는 복음의 가치들보다는 학계의 가치들이 수용되는 유혹이 나타나고 있다고 한다(317). "(학계에든지 다른 데에든지를 막론하고) 타당성에 대한 추구는 본래적으로 위험한 것이다"(328). 다른 문화에서와 같이 복음주의도 권위에 대한 전통적 재가를 자아의 권위로 대체했다(329). 그 대표적인 예가 성경 해석에서 드러난다. 주

York: Harper & Row, 1966)을 언급하고 있다.
    [28] Cf. Peter Berger, *The Heretical Imperative* (Garden City, NY: Doubleday-Anchor, 1979).

관적 직관이 성경을 충용하는 효과적 틀이 되고 있기 때문이다(329). 사람들은 구속적/역사적/문법적 주해의 힘든 과정을 통하기보다는 주관적으로 성경을 읽는다(329).

그리고 현대에는 "본문의 권위는 그 본문이 가지고 있는 객관적 성질이나 의미에 있는 것이기보다는 그 본문에 대한 개인적 경험에 근거한다"(329).[29] 그 결과 "복음주의자들은 그들이 변호한다고 주장하는 성경의 권위를 손상시키고 있다"(330). 그러므로 이제 과제는 우리의 독특성을 잃지 않으면서 어떻게 학문적으로 책임적일 수 있을까 한다. 그것은 소위 학계의 승인을 받으려고 학계에 참여하는 것이 아니라, 명료성과 정확성과 깊이 때문에 학문적 작업에 관여하려는 과제를 부여한다(331). 그리고 이것은 그 동안 복음주의자들에게 없던 것에 대한 좋은 교정제 역할을 하며, "깊은 지각력과 조심스러운 표현으로 우리의 신학적 이상을 생각할 수 있는 기회를 부여해 주는 것이다"(332). 린츠는 이 점을 강조하면서 이렇게 말한다: "복음주의 신앙의 사유화를 극복할 수 있는 전략 중 중요한 한 부분이 대학으로 되돌아가는 것이다"(332). 그러나 이것은 신학의 내용에 관한 진술이기보다는 형식에 대한 진술임을 린츠는 또한 강조한다. 신학적 이상이 부분적으로 학계에서도 충용되지 않는 한 우리가 겪고 있는 현재의 많은 결점들을 계속 가져갈 것이라는 것을 알기에 이를 주장한다.

현재로서는 복음주의자들은 신학적 내용보다는 우리 시대에 유행하는 기술적이고 기능적 합리성을 사용할 뿐이고(332, 333), 그들을 다른 이들과 구별하는 일은 비교적 잘 하면서도(332, 336) 그들의 정확한 모습을 규정하는 일에서 아주 명확하지 못하다(332). 즉, 우리는 우리의 정체성을 소

---

[29] Cf. Scott Hafeman, "Seminary, Subjectivity and the Centrality of Scripture: Reflections on the Current Crisis in Evangelical Seminary Education," *Journal of the Evangelical Theological Society* 32 (1989); 129-43.

극적으로만 진술할 뿐(어떤 이가 복음주의자가 아닌가를 진술할 뿐), (우리가 어디서 왔으며 어디로 가는지를) 적극적이고도 긍정적으로 제시하지 못한다(336). 우리는 우리의 교리적 사고만을 겨우 정당화할 뿐 이 세상에 변변하게 제공해 주는 것이 없다(335f.). 더 나아가서 "현대 복음주의의 기능적 통제는 하나님의 초자연적 섭리를 손상시킨다"는 문제도 나타난다(333). 복음주의자들 안에서 "어떻게 ——을 할 것인가"를 논하는 규범들이 많이 나타나고 있다는 것이 이 사실을 증거해 준다고 한다.

이런 영적 실증주의(spiritual positivism)를 극복할 수 있는 방안은 "심각하고 일관성 있는 비판적 성찰로 되돌아가는 것"이다(333). 이제는 신학적으로 쉬운 이해를 제시하는 것이 아니라, 깊이 있는 이해(depth of understanding)을 제시해야 한다. "하나님의 경륜 전체에 신실하려는 노력은 모든 의미에서 고통스러운 노력(both painful and painstaking effort)을 동반한다"(333). 그런데 그동안 복음주의자들이 발전시켜 온 복음주의자들을 격리시키고 보호하는 조치가 어쩌면 우리들로 하여금 조심스러운 반성을 하지 못하도록 했었다는 것도 생각해야 한다는 것을 린츠는 지적한다(333). 예를 들어서 변증 영역에서, 복음주의 책들은 이미 회심한 자들에게만 선포하고, 다른 이들에게 대해서 작업하지 않는 경우가 너무 많다. 그러므로 린츠는 신학적 이상에 있어서 참된 깊이와 참된 명료성을 다시 회복할 수 있는 길이 대학과 공적인 영역으로 되돌아감으로써 얻어질 수 있다고 결론 내린다.

III. 논의 점

이제까지 우리는 린츠가 조직신학의 새로운 틀을 어떻게 제시하고 있는지를 살펴보았다. 이제 그의 신학의 골격을 제시하고 있는 이 서론의 서론(335)에 충실한 여러 권의 구체적인 신학 책들이 이 내용을 확신시켜 주기를 기다린다. 일단 이 서론 가운데서 우리가 제기할 수 있는 논의 점들을 다음 같이 몇 가지로 제시해 보고자 한다.

첫째로, 때때로 린츠는 중요한 주장을 하면서 어떤 점에서 같은 의견이 나누어질 수 있으나 궁극적으로 다른 입장에 있는 이들을 그 문제점에 대한 지적이 없이 끌어와 사용하는 일이 있다. 물로 이것은 린츠만의 문제가 아니라, 오늘날 많은 보수적 신학자들이 비슷하게 공유하고 있는 문제점이다. 물론 그들로서는 그들이 언급하는 모든 이의 사상에 전부 동의하는 것이 아니라, 논의를 하는 구체적인 점에 대해서는 같은 의견을 지닌 것으로 인용될 수 있다는 의미에서 다른 사상가들을 인용한다고 할 수 있다. 그러나 이런 인용 방식이 가져올 수 있는 오해와 잠재적 위험성은 특히 우리나라 사회와 같은 전통적으로 권위주의적인 사회 속에서는 좀 더 크다고 생각된다.

예를 들어서, 린츠는 바른 성경 해석을 위해 우리는 전체 정경을 해석적 지평으로 신중하게 취하여야 한다고 주장하면서(273), "정경 안의 정경" 개념을 강하게 비판하면서, 주해를 위해 전체로서의 정경을 강조하고, 교회의 정체성은 나누어진 구절들로부터가 아니라 전체로서의 정경에서 형성되며, 교회의 주해도 전체로서의 정경이라는 관점에서 수행되어야 한다는 것을 강조하는 브레바드 챠일즈를[30] 언급하고 있다(273, n 20). 그러나 그가 더 이상 그에 대한 논의를 하지 않으므로, 챠일즈를 잘 알고 있는 사람이 아니라면 챠일즈의 문제에 대해서는 결과를 낳을 수도 있는 것이

---

[30] Cf. Brevard Childs, *The New Testament as Canon: An Introduction* (Philadelphia: Fortress Press, 1985).

다. 그는 이 책에서 챠일즈를 세 번 인용하고 있는 데 두 곳에서는 긍정적으로 그의 말에 동감하면서 소개하고(255, 273), 한 곳에서는 "상당히 보수적인 구약 학자"인 챠일즈도 계몽주의 이전의 이해로 돌아가자고 하는 것은 "그 개념이 잘못된 것일 뿐만 아니라, 실제적으로 불가능한 것일 것이다"(The New Testament as Canon, 35)고 말하고 있다고 언급하고 지나가는 것이다(197). 그러므로 린츠는 이 책에서는 챠일즈에 대해 별로 비판적인 언급을 하지 않는다. 이런 진술 방법이 가져올 수 있는 문제점을 생각하면, 그의 좋은 구성 전체가 희석될까 두려운 마음을 갖게 한다.

이런 것의 두 번째 예로 어느 정도는 파크리의 주장과 작업에[31] 동의하면서 일종의 기사적 접근(narrative approach)을 시사하는 린츠의 방법에 대해 다음과 같은 질문을 할 수 있을 것이다. 일단 그것이 성경이 말하려는 바를 전달하는 효과적인 방법의 하나가 될 수 있고, 아마 이야기에 중독된 현대 사회 속에서는 그것이 전달의 가장 효과적인 수단이라고까지 말할 수도 있을 것이다. 그러나 그것을 제대로 다 전달하고 났을 때, 만일 피전달자가 그 이야기를 그저 (린츠가 예로 들어 설명한) 중세의 어떤 이야기(a medieval tale) 수준으로만 받아들인다면 그것은 과연 제대로 된 전달이라고 할 수 있을까? 그 이야기에 의해서 세상을 보는 눈이 바뀌고, 현대인들이 생각하는 대로만 생각하는 것이 다는 아니라는 수준에만 이른 것을 성경이 말하려는 바(vision)를 다 파악한 것이라고 할 수 있을까? 성경 이야기의 의미에는 동의하되, 그것이 사실성, 역사성에 대해서는 동의하지 않는다면 우리는 어떻게 할 것인가? 바로 여기에 소위 기사적 접근의 한계가 있다고 해야 하지 않을까?

---

[31] Cf. Gabriel Fackre, *The Christian Story*, vol. 1: *A Narrative Interpretation of Basic Christian Doctrine* (Grand Rapids: Eerdmans, 1984), esp., 4-10.

그렇다면 우리는 기사적인 접근은 결국 성경과 신학이 말하려는 바 이상(vision)을 현대인에게 효과적으로 전달하는 수단으로서의 구실을 하고, 일단 그 이상을 받아들인 이들 사이에서는 결국 일종의 추상적 개념을 사용한 정리들이 필요하다고 말해야 하지 않을까? 물론 이렇게 되면 우리의 신학적 작업은 이를테면 두 단계의 작업을 하는 것이 된다: (1) 일차적으로는 기사적인(narrative) 접근에 근거한 이야기하기(story telling), 그리고 (2) 이차적으로 그 모든 이야기의 궁극적 의미를 설명해 보려는 작업. 사실 이 두 단계의 작업은 그동안 계속해서 기독교회 내에서 이루어진 일이 아닐까? 그리고 일단 그 이야기에 충실한 접근을 한 뒤에 추상적인 논의를 한다면, 린츠가 우려하는 "성경의 정보를 추상적인 신학적 언어로 번역하는 것이 명료성을 전달할 뿐만 아니라, 또한 그 명료성을 앗아갈 수도 있다"는(275) 문제를 피할 수 있는 것은 아닐까? 아니면 린츠는 끝까지 신학적인 용어를 사용한 정리에 반대하는 것일까?

여기서 린츠 자신이 든 예를 들어 설명한다면, 일단 이야기가 말하려는 바를 다 파악한 후에 그 아이가 자란 후에는 그것을 추상적인 용어, 현대인들이 사용하는 용어로 설명할 수도 있어야 하지 않겠는가 한다. 그렇지 않고 항상 그 이야기 수준에 남겨두는 것은 더 이상 성장하지 못하기를 바라고, 항상 그 이야기 속에 가두어 놓으려고 하는 것이 되지 않겠는가 말이다. 그러므로 린츠가 동의하며 사용하는 이 기사적 접근은 결국 일단 성경이 말하는 바로 현대인들을 걸림돌 없이 접근시키는 한 방법으로만 여겨져야 한다고 생각된다. 물론 이 과정까지를 신학적 작업에 포함시키는 것에 대해 반대할 수는 없다. 그러나 신학적 작업이 그것으로만 그쳐서 그 후에 그 이야기를 가지고 어떻게 할 것인가 하는 문제가 도외시되어서는 안 된다. 근자의 기사적 접근들은 바로 이 문제를 도외시하는 문제를 가진 것 같고, 린츠도 이 문제를 깊이 있게 생각하고 있지 않은 것 같아 아쉽다.

즉, 우리의 신학적 작업은 이야기하는 것(story telling)이나 기사(narrative)를 전달하는 것으로 과연 족한가에 대한 문제를 제기한다.

둘째로, 린츠는 그리스도 왕국의 시작(the inauguration of the Christ's kingdom)을 그리스도의 승천의 결과로 이루어진 오순절에서 시작된 것으로 말한다(308, 314). 그리스도께서 승천하셨을 때 그는 면류관을 가진 왕이 되기 위해 승천하신 것(ascended to be crowned king)이라고 한다(308). 이것은 매우 중요한 요점이다. 그러나 승천과 오순절 사건만을 중심으로 이렇게 강조하여 말하기 위해서는 좀 더 깊이 있는 주해적 논의가 필요했다는 생각을 하게 된다. 그런 주해적 논의의 과정 가운데서 그리스도의 초림과 관련된 여러 사건들을 한 묶음(one package)으로 묶어서 그런 일련의 사건들을 통해 하나님 나라가 이미 임한 것으로 말할 수 있다는 생각이 하나의 대안으로 제시될 수도 있을 것이다. 구속을 위해 필수적인 일들이 모두 마쳐진 후 승천하고 성령이 보내진 것을 그 나라 도입(inauguration)으로 말하느냐, 아니면 그의 초림과 그 사역 전체를 그 시작으로 말하느냐는 대립적으로 논의될 문제는 아니라고 생각된다. 그러나 린츠의 강조점이 혹시 지나치게 승천과 오순절을 강조하는 것으로 오해될 수도 있다는 생각에서 이 말을 덧붙이게 된다.

IV. 결론

우리가 이 장에서 살펴 본 린츠의 조직신학적 구성에 있어서 가장 강하게 부각되는 점은 그가 성경을 실질적으로 중요시하는 신학을 제시한다는 점이다. 그는 성경이 하나님의 구속적 목적을 계시해 줄 뿐만 아니라, 또한 그 구속적 목적의 한 도구(agent)라는 것을 강조하여 말한다(274). 그는 "성경에 기록된 특별 계시가 구속적"이라고 말한 존 머리(John Murray)가[32] 같은 요점을 말한 것임을 분명히 한다(274). 하나님께서 하고 계시는 근본적인 일이 구속을 이루시는 것인데, 이를 이루는 것이 부분적으로는 성경 안에서 그리고 성경을 통해서 이루어진다는 것이다(275). 성경이 이렇게 중요하므로 성경의 내용만이 아니라, **성경의 구조를 반영하는 조직신학적 구조**를 세워야 한다고 주장한다. 이런 린츠의 요구는 조직 신학을 하는 새로운 구조를 제시한다는 점에서, 그것도 성경의 구속사적 구조를 반영하는 구조를 제시한다는 점에서 매우 흥미롭다. 그러므로 우리가 위에서 제기한 사소한 문제점들이 극복되고 그의 구조를 가지는 조직신학이 린츠에 의해서 또 그의 영향을 받은 다른 이들에 의해서 제시되기를 우리는 큰 소망을 가지고 기다리게 된다.

---

[32] John Murray, "Systematic Theology, Second Article," in *The Collected Writings of John Murray*, vol. 4 (Edinburgh: Banner of Truth Trust, 1982), 4.

제 13 장

마치는 말

지금까지 우리는 1970년대 이후 영미 개혁신학계의 신학적 진전(進展)에 중요한 기여를 해 온 몇몇 신학자들의 작품을 세밀하게 검토해 보는 긴 여행을 하였다. 비교적 정통적 개혁신학에 충실하게 작업하는 개혁신학자들의 작업들을 선별하여 검토하였지만 때로는 그들의 새로운 시도의 과정에서 정통적 개혁신학의 방향을 모호하게 하는 일도 발견하였고, 또한 생각하는 방향이 다른 폭넓은 학자들과의 대화 속에서 다른 영향을 받아 가는 일도 있음을 발견하였다. 이와 같은 것들은 우리들이 언제나 염려해야 할 일이 아닐 수 없다. 그 누구라도 매우 조심하지 않는다면 성경과 개혁신학의 강조점으로부터 이런저런 측면에서 벗어날 위험성이 있기 때문이다. 전반적으로는 개혁신학적인 틀 안에서 사유하면서도 한 두 곳에서 벗어나기 시작할 때 그런 생각을 발전시켜 나가는 사람들을 개혁신학 밖에 있다고 하기도 어렵고 또 안에 있다고 하기도 어려운 문제는 항상 발생할 수 있다. 그러므로 우리들은 될 수 있는 대로 이전 학자들이 사용한 용어와 그 틀을 존중하고 이해하는 마음으로 용어를 사용하고 사상을 발전시켜 나가야 할 것이다. 그러나 스파이크맨의 새로운 시도에서 나타나는 몇몇 문제들을 제외한다면 이 책에서 검토된 대부분의 신학자들은 20세기 말이라는 매우 복잡한 상황 속에서도 참으로 정통파 개혁신학에 매우 충실하게 신학적 작업을 하고 있음을 우리는 확인할 수 있었다. 세계 곳곳에서 이와 같이 개혁파 정통신학의 주장에 충실한 분들을 상당히 많이 발견할 수 있다는 것은 놀라운 일이 아닐 수 없다.

20세기라는 사상적 소용돌이 한 가운데서 성경에서 자증하시는 하나님과 그 성경의 가르침을 직간접적으로 또한 의식적으로나 무의식적으로 공격하는 수많은 사상들과의 대화 가운데서도 성경의 하나님과 성경의 가르침에 매우 충실한 학자들이 있는 것은 그야말로 기적에 가까운 일이라고 할 수 있다. 그런 사람들을 남겨두신 하나님의 놀라운 섭리에 감사하면서, 또한 우리들로서는 성경의 하나님과 성경의 가르침을 끝까지 지켜보려고 노력하는 이 분들의 지난(至難)한 노력과 헌신을 높이 사지 않을 수 없다. 이 분들 중의 일부는 너무 좁은 마음을 가지고 있다는 비난과 교조적이라는 비난도 들어야 했고, 그에 따른 여러 어려움들을 감수하였다. 이런 의미에서 항상 새로운 것을 시도하는 일에 바쁜 현대(modern)와 후현대적(post-modern) 정황 가운데서도 이와 같이 성경과 개혁신학적 전통에 충실한 사상가들을 발견하고 그들과 대화할 수 있다는 것은 우리에게 큰 기쁨이다. 그런 점에서 이런 공부는 어려움과 함께 우리에게 기쁨도 선사한다. 이와 같은 사상가들을 존중하고 그들과 대화하면서 개혁파적 전통을 더 전개시키는 이들과 이런 분들의 작업을 더 확대하는 이들이 전세계적으로 그리고 우리나라에서도 더 많아져야 한다. 요나단 에드워드와 게할더스 보스의 통찰을 가지고 '복음주의 신학의 프롤레고메나'를 제시하였던 리처드 린츠의 작업은 개혁신학적 통찰을 복음주의 일반으로 확대하는 작업이었다고 할 수 있고, 그런 점에서 그의 후속 작업을 더 기대하게 된다. 또한 그보다 더 연장자인 그의 동료요 (다음 기회에 좀 더 깊이 다루기 위해 우리가 이 책에서는 별로 다루지 않은) 데이비드 웰스의 근자의 작업들은 그런 확산의 시도를 매우 성공적으로 수행하고 있는 것이라고 판단된다.

우리가 이 책에서 검토한 신학자들에게서 나타나는 어떤 공통된 특성을 말할 수 있을까? 이들 모두에게 공통되는 특성으로 우리는 무엇보다 먼저 (1) 성경을 영감된 하나님의 말씀으로 받으면서 권위 있는 하나님의 말씀인 성경에 충실하려고 하는 모습을 지적할 수 있다. 특별 계시로서의 성경의 내용에 충실하려고 할 뿐만 아니라, 그 구조에까지도 충실하여 신학을 성경의 계시적 구조에 따라 제시하려고 하는 노력은 매우 의미 있는 것이라고 하지 않을 수 없다. 이는 신학하는 틀의 변화를 요구하기도 하는 매우 중요한 특성이라고 여겨진다.

또한 (2) 개혁파 신조들과 칼빈 등의 개혁파 사상가들의 사상에 충실하려고 한다는 것도 매우 중요한 특성으로 지적할 수 있다. 레이몬드는 매우 의식적으로 웨스트민스터 신앙고백서에 따라 조직신학을 진술하려고 노력함으로 장로교 신조를 성경적으로 잘 설명하는 장로교 교의학자로서의 역할에 충실해 보려고 하였다. 이와 같이 어느 한 신조에 따라 진술하지 않아도 여기 검토된 신학자들은 개혁파 신조들의 신학에 충실하려는 모습이 잘 나타나고 있다. 후크마와 스파이크맨이 그들의 논의 주제에 어울리게 적절히 인용하는 하이델베르크 요리문답은 16세기의 교회와 20세기 교회가 참으로 하나의 교회임을 잘 느끼게 해준다. 현대의 여러 사상적 도전은 성경에 충실한 개혁파적 전통을 그대로 유지하고 발전시켜 가는 것을 여러모로 억압하고 막는 분위기인데 그 한 가운데서 정통파적 개혁신학에 충실한 노력을 하는 이런 모습은 매우 귀하다고 여겨진다. 그런 점에서

---

1 이에 대해서는 이승구, 『데이비드 웰스와 함께하는 하루』 (서울: 약속과 언약, 2021)을 보라.

우리는 이들을 20세기 말의 정통적 개혁신학자들이라고 언급한다.

정통파 개혁신학을 발전시키고 있는 이들에게서 당연히 기대할 수 있는 이와 같은 특성 외에도 (3) 상당히 많은 신학자들에게서 게할더스 보스의 성경 신학적 작업과 그와 같이 계시사(啓示史)에 충실한 신학적 작업을 하는 것을 본다(안토니 후크마, 코넬리우스 반틸, 리처드 개핀, 그레엄 골즈워디, 리처드 린츠 등은 그 대표적인 인물들로 언급할 수 있을 것이다.) 또한 존 머리(Murray)의 성경의 표현에 충실하려고 하는 신학 작업, 특히 성경 주해에 좀 더 충실하려고 하는 작업을 따르려는 특성도 상당히 많이 나타내고 있다(안토니 후크마와 레이몬드 등의 논의에 머리(Hohn Murray)가 강조한 특성을 잘 따르는 모습을 보라). 아마도 이것을 **20세기 말 정통주의적 개혁 신학계의 가장 큰 형식적 특성**이라고 할 수 있다.

이와 같은 형식적 특성을 더 강화하는 방향으로 많은 분들이 같이 작업을 한다면 신학 작업이 좀 더 효과적이었을 것이다. 그들이 봉직했던 학교를 중심으로 언급하면 (후크마가 섬겼던) 칼빈 신학교(Calvin Theological Seminary), (반틸과 리처드 개핀, 싱클레어 퍼거슨, 그리고 반틸의 후계자들이 봉직한) 웨스트민스터 신학교(Westminster Theological Seminary), (데이비드 웰스와 리처드 린츠가 섬기고 있는) 고든 콘웰 신학교(Gordon-Cornwell Theological Seminary), (레이몬드 교수가 섬겼던) 커버넌트 신학교(Covenant Theological Seminary)와 낙스 신학교(Knox Theological Seminary), (반틸의 가장 중요한 후계자라고 할 수 있는 프레임이 웨신 이후에 섬겼던) 개혁신학교(reformed Theological Seminary), (도날드 맥클라우드가 오랫동안 봉직했던) 영국의 자유 장로교 신학교(Free Church College, Edinburgh), (지금까지도 골즈워디의 성경신학적 도전의 영향 하에 있다고 할 수 있는) 호주의 무어 신학교(Moore College) 등을 아우르는 일종의 폭 넓은 전선의 운동이 일어날 수 있는 기반이 있었다는 말이다. 그러나 지금 현실에서는 그와 같은 공동 전선이 잘 드러나지 않는 것이 매우 안타까운 현실이다. 예를 들자면, 칼빈 신학교에서 후크마의 조직신학적 노력을 더 진전시키는 발전이 이루어지지 않고 있고, 웨스트민스터에서도 반틸의 노력이 과연 제대로 계승되고 있는가에 대한 여러 형태의 질문이 나타나고 있고, 각각의 신학교에서 이제는 어떤 한 가지 틀을 따라가는 것에 대한 반감이 상당히 나타나고 있는 현실은 어쩔 수 없는 것일까?

비록 여러 가지 현실 가운데서 각기 다른 신학교와 각기 다른 교단을 섬길지라도 사상적으로 이와 같은 방향으로 진전해 가는 사람들 간의 **의미 있는 사상적 연대가 형성된다면** 그것은 이 세상에 좀 더 효과적으로 하나님의 경륜 전체를 선포하는 역할을 할 수 있게 될 것이다. 이는 여러 가지 복잡한 상황으로 교단이 많이 나누어져 있고 신학교들이 나뉘어져 있는 우리나라에서도 아주 깊이 있게 생각하여 우리 상황에도 적용해야 하는 큰 과제가 아닐 수 없다. 여기 제시한 형식적 특성을 지닌 학자들의 공동 연대적 활동이 요구된다. 그것이 이렇게 복잡한 상황에서도 하나님의 경륜 전체를 한국 교회와 온 세상에 잘 알릴 수 있는 효과적인 토대를 마련하는 것이 될 것이다.

이것을 그 내용을 중심으로 하여 말한다면 (4) 하나님 나라 사상의 전개와 신약적 종말 개념에 충실한 신약적 종말 사상의 전개를 **20세기 말 개혁신학의 내용적 특성**으로 언급할 수 있을 것이다. 물론 이 점은 20세기 성경학자들의 발견과 가르침을 상당히 충실히 반영하는 이 시기 조직신학 전반의 큰 특징이라고 할 수 있다. 단지 여기서 검토되는 개혁신학들은 그 가운데서도 성경이 말하는 하나님 나라 사상과 신약적 종말 사상에 매우 충실한 작업을 하기에 하나님 나라에 대해서 말하고 종말에 대해 말하며 종말이라는 용어를 사용하는 데 있어서 우리가 안심하고 의존할 수 있는 작업이라고 할 수 있다. 오늘날 모든 종류의 신학이 다 하나님 나라의 신학을 한다고 말한다. 그러나 하나님 나라라는 말로써 각기 의미하는 바가 상당히 다른 것이다. 그러므로 각각의 신학자들이 말하는 하나님 나라가 무엇인지를 심각하게 물어야 한다, 그런 의미에서 이 책에서 검토된 신학자들이 말하는 하나님 나라와 그 종말 개념은 마음 놓고 받아들여서 같은 것이라고 논의할 만하다는 의미에서 이것이야말로 우리가 지향하는 하나님 나라 신학이라고 할 수 있다.

우리나라에서 신학과 설교와 목회에 있어서 이런 강조점들에 좀 더 충실한 모습이 나타날 수 있기를 간절히 소망한다. 그리스도의 초림 이후의 우리의 모든 신학과 모든 활동은 종말론적인 것이기에 한국 교회가 바로 이런 의미의 종말 사상에 충실해야만 그 사명을 다 할 수 있기 때문이다. 우리가 진정한 신자라면, 우리의 모든 작업은 그것이 이 책에서 하는 바와 같은 좀 더 이론적인 신학적 작업이든지, 일상생활에서 하는 실천적인 것이든지 그 모든 것이 모두 종말론적인 활동이며, 예수 그리스도 안에서 이미 우리에게 임하여 와서 우리들 가운데서 통치하여 가며 그리스도의 재림으로 그 극치(consummation)에 이를 하나님 나라적인 활동이다. 그런 우리의 활동이 제대로 규정되고, 성경이 말하는 대로 하나님 나라적 활동으로 전개되어야 한다. 그것은 성경의 가르침에 충실하다는 의미에서 가장 성경적(biblical) 활동일 것이고, 성령님의 인도하심에 잘 따라간다는 의미에서 가장 영적인(spiritual) 활동이며, 그 모든 것에 근거해서 가장 철저하게 생각한다는 뜻에서 가장 이론적이고(theoretical), 그러나 하나님의 인도하심과 가르침대로 사랑의 실천에 힘써 나간다는 점에서 가장 실천적인(practical) 일일 것이다. 바로 그런 것이 우리의 신학이고, 우리의 교회생활이고, 우리의 목회이며, 우리의 삶이어야 한다.

또한 (5) 우리가 살펴 본 신학자들의 작업에는 곳곳에서 성경의 주해에 더 충실하려는 노력들이 나타나고 있다. 그러므로 여기서 검토된 학자들의 가르침에 충실하게 우리의 사유를 발전시킨다면 우리들의 신학은 여러 면에서 좀 더 성경에 충실한 방향으로 진전해 갈 수 있을 것이다. 존 머리(John Murray)의 작업이 상당히 성경의 주해에 근거한 신학을 하도록 하였고, 게할더스 보스가 계시사의 흐름에 충실하게끔 하는 작업을 하였다면, 머리(Murray)와 보스(Vos)의 신학적 통찰을 더 잘 반영하는 방향으로 신학이 진전될 때 우리의 신학은 좀 더 성경적인 방향으로 나아가게 될 것이다. 그런 의미에서 이 책에서 시도된 곳곳의 비판적 언급들은, 이들을 하나로 만들기 위한 견강부회적 작업이라기보다는, 이 사상가들을 상호 비교시키면서 그들의 생각을 좀 더 성경적이게 이끌 수 있는 방향을 지시하기 위한 미약한 시도의 한 부분일 뿐이다. 우리의 사유가 좀 더 명확히 성경적이며 개혁신학적인 방향으로 가도록 하기 위한 시도다.

또한 (6) 이 책에서 검토한 신학자들의 작업들에서는 20세기 말의 다양한 사상들과 폭 넓게 대화하면서 한편으로는 그들의 입장을 이해하려고 하면서도, 결국 성경과 개혁신학적 입장에서 벗어나는 것에 대해서는 명확히 비판하는 모습이 나타난다. 이것은 이들이 참으로 정통파 개혁신학자들이며, 동시에 20세기 말에 작업을 하는 신학자들임을 여실히 느끼게 해 준다. 그들의 사상의 내용은 16세기나 17세기 개혁신학자들의 개혁파적 강조와 같은 것이나 그들은 16세기나 17세기에 나타나지 않았던 다양한 현대의 문제들을 깊이 있게 의식하면서 그 문제들과 깊이 대화하며, 대결하는 **20세기 말의 신학자들의 모습**을 보여준다. 우리는 이와 같은 의미에서 이들에게서 20세기 말의 신학자들의 작업 가운데 개혁신학적인 작업이 어떻게 나타나야 하는지를 잘 배울 수 있다.

이제는 이로부터 이제 우리가 살고 있는 이 21세기에도 이와 같은 정통파 개혁신학이 과연 계속될 수 있는지, 포기될 것인지, 계속해서 더 발전할 수 있는지를 예상하는 일이 남아 있다. 성경의 권위와 하나님의 권위를 무섭게 도전하던 20세기에 그 심각한 도전 한 가운데서도 끈질기게 하나님을 위해, 성경을 위해, 그에 충실한 사상의 전개를 위해 투쟁한 이들의 모습 가운데서 기적에 가까운 하나님의 도움을 느끼게 되고, 또한 이런 입장을 유지하려고 애쓴 이들의 헌신과 노고를 높이 사게 된다. 그런 점을 보면서 우리는 21세기에도 이와 같은 정통적 개혁신학이 더 성경적인 방향으로 자신을 갱신해 가면서 교회를 섬겨 가는 일을 하리라고 예상할 수 있을 것이다. 21세기라는 더 복잡한 정황 가운데서는 과연 어떤 도전들 앞에서 우리가 이 일을 감당해야 할 것인가? 이에 대해서는 이미 오래전에 출간된 『21세기 개혁신학의 방향』(서울: SFC, 2005; 개정판, 나눔과 섬김, 2018)을 참조해 주시기 바란다. 사실 사상적으로 그 책은 여기서 검토된 20세기 말 개혁신학자들의 사상을 상당히 반영하면서 그것을 좀 더 진전시키는 21세기 개혁신학의 방향을 시사하기 위해 집필되었었기 때문이다.

우리들의 신학이 하나님과 성경을 존중하면서 성경 주해에 더 충실하게 진전된다면 **전통적 개혁신학을 좀 더 성경적으로 수정해 가면서, 아이러니칼하게도 사상적으로는 그 전통적 개혁신학에 더 충실한 방향으로 나아갈 수 있게 되리라고** 확신한다. 왜냐하면 과거의 개혁신학이 이루려고 한 것이 바로 성경의 가르침에 가장 충실한 신학을 제시하려고 한 것이기 때문이다. 개혁신학은 성경에 비추어 항상 개혁되어야 한다는 개혁파 선배들의 인식을 따르면서 우리의 신학과 교회를 성경에 따라 새롭게 하는 작업에 이 책에서의 검토 작업이 약간의 도움이 될 수 있었으면 하는 마음으로 이 책을 여러분들 앞에 제출한다. 우리 모두 같이 검토해서 우리의 신학적 작업이 좀 더 성경에 충실한 방향으로 나아갈 수 있기를 바란다.

참고 문헌

Baillie, Donald. *God was in Christ*. London: Faber, 1948.

Baising, Craig A. and Darrell L. Bock. *Progressive Dispensationalism*. Wheaton: Victor, 1993.

Barker, W. and W. Robert Godfrey. Eds. *Theonomy: A Reformed Critique*. Grand Rapids: Zondervan, 1990.

Barth, Karl. *Church Dogmatics*. I/2. Edinburgh: T. & T. Clark, 1956.

_____. *Christ and Adam*. Trans. T. A. Smail. 1957; Reprint, New York: Macmillan, 1968.

_____. *Church Dogmatics*. IV/1. Edinburgh: T. & T. Clark, 1961,

Bavinck, Herman. *The Doctrine of God*. Trans. William Hendriksen. Grand Rapids: Eerdmans, 1951; Reprint. Grand Rapids: Baker, 1977. 이승구 역. 『개혁주의 신론』. 서울: 기독교문서선교회, 1988.

Bavinck, *Our Reasonable Faith*. Trans. Henry Zylstra. Grand Rapids: Eerdmans, 1956; Reprint. Grand Rapids: Baker, 1977.

Beeby, H. D. *Hosea: Grace Abounding*. International Theological Commentary. Grand Rapids: Eerdmans, 1989.

Beilby, James K. Ed. *For Faith and Clarity. Philosophical Contributions to Christian Theology*. Grand Rapids: Baker Academics, 2006.

Bekhof, Hendrikus. *The Doctrine of the Holy Spirit*. London: Epworth, 1965.

_____. *Christian Faith*. Grand Rapids: Eerdmans, 1979.

Berkhof, Louis. *Introductory Volume to Systematic Theology*. Grand Rapids: Eerdmans,

        1932.

_____. *Systematic Theology*. Grand Rapids: Eerdmans, 1941.

_____. *The History of Christian Doctrines*. Grand Rapids: Eerdmans, 1949.

Berkouwer, G. C. *Faith and Sanctification*. Trans. Lewis B. Smedes. Grand Rapids: Eerdmans, 1954.

_____. *The Triumph of Grace in the Theology of Karl Barth*. Trans. Harry R. Boer. Grand Rapids: Eerdmans, 1956.

_____. *Divine Election*. Grand Rapids: Eerdmans, 1960.

_____. *Man: The Image of God*. Trans. Dirk W. Jellema. Grand Rapids: Eerdmans, 1962.

_____. *The Return of Christ*. Trans. James Van Oosterom. Grand Rapids: Eerdmans, 1962.

_____. *The Work of Christ*. Trans. Cornelius Lambregste. Grand Rapids: Eerdmans, 1965.

_____. *Sin*. Trans. Philip C. Holtrop. Grand Rapids: Eerdmans, 1971.

_____. *The Church*. Grand Rapids: Eerdmans, 1976.

Bloesch, Donald G. *Essentials of Evangelical Theology*. Vol. 1: *God, Authority, and Salvation*. New York: Harper and Row, 1978.

Boettner, Loraine. *Studies in Theology*. Phillipsburg, NJ: Presbyterian and Reformed, 1985.

Boice, James M. Ed. *Our Savior God: Man, Christ, and the Atonement*. Grand Rapids: Baker, 1980.

Bornkamm, Günter. *Jesus of Nazareth*. New York: Harper and Brothers, 1960.

Bray, Gerald. *The Doctrine of God*. Downers Grove, Ill.: IVP, 1993.

Bromiley, Geoffrey W. *Children of Promise*. Grand Rapids: Eerdmans, 1979.

Brown, K. E. and M. W. Elliott. Eds. *Eschatology in Bible and Theology*. Downers Grove, IL: IVP, 1997.

Brown, R. E. *The Gospel According to John, 1-XII*. New York: Doubleday, 1966.

Bruce, F. F. *The Spreading Frame*. Grand Rapids: Eerdmans, 1958.

_____. *Paul: Apostle of the Heart Set Free*. 1977; Reprint, Grand Rapids: Eerdmans, 1980.

_____. *The Gospel of John*. Hants, U.K.: Pickering & Inglis, 1983.

Brunner, Emil. *The Christian Doctrine of Creation and Redemption*. Trans. Olive Wyon. Philadelphia: Westminster Press, 1952.

Bultmann, Rudolf. "New Testament and Mythology." In *Kerygma and Myth*. Ed. Hans-Werner Bartsch. London: SPCK, 1972.

Bultmann, Rudolf. *Theology of the New Testament*. Trans. Kendrick Grobel. London: SCM Press, 1952.

Buswell, James Oliver, Jr. *A Systematic Theology of the Christian Religion*. 2 Vols. Grand Rapids: Zondervan, 1962, 1963.

Butler, Trent C. *Joshua*. Word Biblical Commentary 7. Waco, Texas: Word Books Publisher, 1983.

Calvin, John. *Commentary on a Harmony of the Evangelists*. Vol. II. Edinburgh: Calvin Translation Society, 1945.

_____. *Tracts and Treatises on the Doctrine and Worship of the Church*. Grand Rapids: Eerdmans, 1958.

_____. *The Gospel according to John 1-10*. Trans. T. H. L. Parker. Edinburgh: St. Andrew Press, 1959.

_____. *Institutes of the Christian Religion*. 2 Vols. Ed. John T. McNeill. Trans. Ford Lewis Battles. Philadelphia: The Westminster Press, 1960.

_____. *Concerning the Eternal Predestination of God*. Cambridge: James Clarke, 1961.

_____. *The Epistle of Paul the Apostle to the Hebrews and the First and Second Epistles of Peter*. Edinburgh: Oliver and Boyd, 1963.

_____. *The Epistle to the Romans and Thessalonians*. Trans. Ross Mackenzie. Grand Rapids: Eerdmans, 1979.

_____. *Commentary on the First Book of Moses called Genesis*. Trans. John

King. Edinburgh: Calvin Translation Society, 1847; Reprinted, Grand Rapids: Baker Book House, 1993.

Campbell, Donald K. Ed. *Walvoord: A Tribute*. Chicago: Moody Press, n.d.

Carson, D. A. *Showing the Spirit: A Theological Exposition of I Corinthians 12-14*. Grand Rapids: Baker, 1987.

_____. *The Gospel According to John*. Grand Rapids: Eerdmans, 1991.

Cassuto, Umberto. *A Commentary on the Book of Genesis*. Trans. Israel Abrahams, 2 Vols. Jerusalem: Magnes Press of Hebrew University, 1961, 1964.

Chafer, Lewis Sperry. *Systematic Theology*. Dallas: Dallas Seminary Press, 1948.

Chan, Simon. *Spiritual Theology: A Systematic Study of the Christian Life*. Downers Grove, IL: IVP, 1998. 김병오 역. 『영성 신학』. 서울: IVP, 2002.

Childs, B. S. *Myth and Reality in the Old Testament*. London: SCM Press, 1960.

Childs, Brevard. *The New Testament as Canon: An Introduction*. Philadelphia: Fortress Press, 1985.

Clark, Gordon H. *What Do Presbyterians Believe? The Westminster Confession: Yesterday and Today*. Philadelphia: Presbyterian and Reformed Pub. Co., 1965. 나용화 역. 『장로교인들은 무엇을 믿는가?』 개역판. 서울: 한국개혁주의신행협회, 1980.

Clark, James Kelly. *Return to Reason*. Grand Rapids: Eerdmans, 1992. 이승구 역. 『이성에로의 복귀: 개혁파 인식론에 대한 서론』 서울: 여수룬, 1998.

Clowney, Edmund P. *The Preaching and Biblical Theology*. Phillipsburg, NJ: Presbyterian and Reformed Publishing Company, 1979. 김정훈 역. 『설교와 성경신학』. 서울: 한국기독교 교육연구원 1982.

_____. "Preaching the Word of God: Cornelius Van Til, V. D. M." *Westminster Theological Journal* 46 (1984): 233-53. 한제호 역. 『성경의 해석과 설교』. 410-40. 서울: 진리의 깃발, 1995.

_____. *The Church*. Leicester: IVP, 1995. 황영철 역. 『교회』. 서울: IVP, 1998.

Cranfield, C. E. B. *The Gospel According to Saint Mark*. Cambridge: Cambridge University Press, 1966.

_____. *A Critical and Exegetical Commentary on the Epistle to the Romans*. 2 Vols. Edinburgh: T. & T. Clark, 1986.

Cullmann, Oscar. *The Christology of the New Testament*, 2nd Edition. London: SCM Press, 1963.

_____. *Immortality of the Soul or Resurrection of the Dead?* New York: Macmillan, 1964.

Dabney, Robert Lewis *Lectures of Systematic Theology*. 1878; Grand Rapids: Zondervan, 1972.

Dale, James W. *Classic Baptism*. 1867; Reprint, Phillipsburg, NJ: Presbyterian and Reformed, 1989.

De Graff, S. G. *Promise and Deliverance*. St. Catherines: Paideia, 1977.

Dennison, William. *Paul's Two-Age Construction and Apologetics*. Lanham, MD: University Press of America, 1985.

Dieter, Melvine. et al. *Five Views on Sanctification*. Grand Rapids: Zondervan, 1987.

Dodd, C. H. "*Hilasterion*, its Cognates, Derivatives and Synonyms in the Septuagint." *Journal of Theological Studies* 32 (1931): 352-60.

Dooyeweerd, Herman. *A New Critique of Theoretical Thought*. Vol. 1. Philadelphia: Presbyterian and Reformed Pub. Co., 1953.

_____. *In the Twilight of Western Thought*. Philadelphia: Presbyterian and Reformed Pub. Co., 1960.

Dulles, Avery. *The Catholicity of the Church*. Oxford: Clarendon Press, 1985.

Dunn, J. D. G. *Christology in the Making*. London: SCM Press, 1980.

Ellis, E. Earle. *Prophecy and Hermeneutic in Early Christianity: New Testament Essays*. Grand Rapids: Eerdmans, 1978.

Elwell, Water A. Ed. *Evangelical Dictionary of Theology*. Basingstoke: Marshall Pickering, 1985.

Erickson, Millard. *Christian Theology*. Grand Rapids: Baker, 1984.

_____. *The Word Became Flesh*. Grand Rapids: Baker, 1991.

Fackre, Gabriel. *The Christian Story.* Vol. 1: *A Narrative Interpretation of Basic Christian Doctrine.* Grand Rapids: Eerdmans, 1996.

Fee, Gordon D. *The First Epistle to the Corinthians.* Grand Rapids: Eerdmans, 1987.

Ferguson, S. B., D. F. Wright, and J. I. Packer. Eds., *New Dictionary of Theology.* Leicester: Inter-Varsity Press, 1988.

Ferguson, Sinclair B. *The Holy Spirit.* Leicester: IVP, 1996. 김재성 역. 『성령』. 서울: IVP, 1999.

Frame, John M. *The Doctrine of the Knowledge of God.* Philipsburg, NJ: Presbyterian and Reformed, 1987.

_____. *Perspectives on the Word of God: An Introduction to Christian Ethics.* Phillipsburg, NJ: Presbyterian and Reformed, 1990.

_____. *Apologetics to the Glory of God.* Phillipsburg, NJ: Presbyterian and Reformed, 1994.

_____. *Cornelius Van Til: An Analysis of His Thought.* Phillipsburg, NJ: Presbyterian and Reformed, 1995.

Fuller, R. H. *The Foundations of New Testament Christology.* London: Lutterworth Press, 1965.

Gaffin, Richard B., Jr. "Systematic Theology and Biblical Theology." *The Westminster Theological Journal* 38 (1975-76): 284-88.

_____. *The Centrality of the Resurrection: A Study in Paul's Soteriology.* Grand Rapids: Baker, 1978.

Perspectives on Pentecost. Phillipsburg, NJ: Presbyterian and Reformed, 1979.

_____. "Introduction," to *Redemptive History and Biblical Interpretation: The Short Writings of Geerhardus Vos,* ix-xxiii. Phillipsburg, NJ: Presbyterian and Reformed Publishing Co., 1980.

_____. "A Cessationist View." In *Are Miraculous Gifts for Today?,* 25-64. (Ed.) Wayne A. Grudem. Grand Rapids: Zondervan, 1996.

Geehan, E. R. Ed. *Jerusalem and Athens: Critical Discussions on the Philosophy and Apologetics of Cornelius Van Til.* Phillipsburg, New Jersey: Presbyterian and Reformed Publishing Co., 1971.

Gerstner, John H. *A Predestination Primer*. Winona Lake, Indiana: Alpha Publications, 1980.

Girod, Gordon. *The Way of Salvation*. Grand Rapids: Baker, 1960.

Goldsworthy, Graeme. *The Gospel and the Kingdom: A Christian Interpretation of the Old Testament*. Exeter: Paternoster, 1981.

_____. *The Gospel in Revelation*. Exeter: Paternoster, 1984. American Editiom. *The Lamb and the Lion*. Nashville: Thomas Nelson, 1985.

_____. *Gospel and Wisdom: Israel's Wisdom Literature in the Christian Life*. Exeter: Paternoster, 1987.

_____. *According to the Plan: The Unfolding Revelation of God in the Bible*. Leicester: IVP, 1991; Downers Grove, IL: IVP, 2002.

_____. *Preaching the Whole Bible as Christian Scripture*. Grand Rapids: Eerdmans, 2000. 김재영 역. 『성경신학적 설교 어떻게 할 것인가』. 서울: 성서 유니온, 2002.

Gore, Charles. *The Incarnation of the Son of God*. London: John Murray, 1898.

Gowan, Donald E. *Genesis 1-11: From Eden to Babel, International Theological Commentary*. Grand Rapids: Eerdmans, 1988.

Greidanus, Sidney. *Sola Scriptura: Problem and Principles in Preaching Historical Texts*. Toronto: Wedge Publishing Foundation, 1970.

_____. *The Modern Preacher and the Ancient Text*. Grand Rapids: Eerdmans, 1988.

Grudem, Wayne A. *The Gift of Prophecy in 1 Corinthians*. Lanham, MD: University of America Press, 1982.

_____. *The Gift of Prophecy in the New Testament and Today*. Westchester, IL: Crossway Books; Eastbourne: Kingsway, 1988.

_____. *Systematic Theology: An Introduction to Biblical Doctrine*. Leicester: IVP; Grand Rapids: Zondervan, 1994.

Guthrie, Donald. *New Testament Theology*. Leicester: IVP, 1981.

Hafemann, Scott J. Ed. *Biblical Theology: Retrospect & Prospect*. Downers Grove, IL:

IVP, 2002.

Halsey, Jim. *For a Time Such as This*. Phillipsburg, NJ: Presbyterian and Reformed, 1976.

Hendriksen, William. *The New Testament Commentary on Ephesians*. Grand Rapids: Baker, 1967.

Hengel, Martin. *The Son of God*. London: SCM Press, 1976.

_____. *The Atonement A Study of the Origins of Doctrine in the New Testament*. London: SCM Press, 1981.

Henry, Carl F. H. Ed. *Christian Faith and Modern Theology*. Grand Rapids: Baker, 1964.

Hick, John. Ed. *The Myth of God Incarnate*. London: SCM Press, 1977.

_____. *God and the Universe of Faith*. London: Collins, 1977.

Hindley, J. B. "Hosea." In *The New Bible Commentary*. Third Edition. Grand Rapids: Eerdmans, 1970.

Hodge, A. A. *The Confession of Faith*. 1869; Reprinted, Edinburgh: The Banner of Truth Trust, 1992.

_____. *Outlines of Theology*. 1878; Grand Rapids: Eerdmans, 1957; Edinburgh: Banner of Truth, 1972.

Hodge, Charles. *Systematic Theology*. 1871; Reprint, Grand Rapids: Eerdmans, 1952.

_____. *A Commentary on the Epistle to the Ephesians*. Grand Rapids: Eerdmans, 1954.

Hodges, Zane. *Absolutely Free! A Biblical Reply to Lordship Salvation*. Grand Rapids: Zondervan, 1989.

Hoekema, Anthony A. "Herman Bavinck's Doctrine of the Covenant." Unpublished Th. D. dissertation, Princeton Theological Seminary, 1953.

_____. *The Bible and the Future*. Grand Rapids: Eerdmans, 1979). 류호준 역. 『개혁주의 종말론』. 서울: 기독교문서선교회, 1986.

_____. *Created in God's Image*. Grand Rapids: Eerdmans, 1986. 류호준 역. 『개혁주의 인간론』. 서울: 기독교문서선교회, 1990.

_____. *Saved by Grace*. Grand Rapids: Eerdmans, 1989). 류호준 역. 『개혁주의 구원론』. 서울: 기독교문서선교회, 1991.

Hoeksema, Herman. *Reformed Dogmatics*. Grand Rapids: Reformed Free Publishing Association, 1966.

Holwerda, D. Ed. *Exploring the Heritage of John Calvin*. Grand Rapids: Baker, 1976.

Horton, Michael. *God of Promise: Introducing Covenant Theology*. Grand Rapids: Baker, 2006.

Hughes, P. E. *A Commentary on the Epistle to Hebrews*. Grand Rapids: Eerdmans, 1977.

Hulst, John B. "북미에서의 개혁신학". 「한국개혁신학」 3 (1988): 147-77.

Hunter, James D. *American Evangelicalism: Conservative Religion and the Quandary of Modernity*. New Brunswick, NJ: Rutgers University Press, 1983.

Hunter, W. Bingham. *The God Who Hears*. Downers Grove, Ill.: IVP, 1986.

Jeremias, Joachim. "$\gamma\varepsilon'\varepsilon\nu\nu\alpha$." In *Theological Dictionary of the New Testament*. Ed. Gerhard Kittel and Gerhard Friedrich. Trans. Geoffrey W. Bromiley. 10 Vols. Grand Rapids: Eerdmans, 1964-1976: 1: 657-58.

_____. *New Testament Theology*. Vol. 1. London: SCM Press, 1971.

Jewett, Paul K. *Emil Brunner's Concept of Revelation*. London: James Clarke, 1954.

_____. *Man as Male and Female: A Study of Sexual Relationships from a Theological Point of View*. Grand Rapids: Eerdmans, 1975.

Jones, David Clyde. "The Gift of Prophecy Today." *The Presbyterian Guardian* (December 1974): 163-64.

Kaiser, Walter C., Jr. *Toward an Exegetical Theology: Biblical Exegesis for Preaching and Teaching*. Grand Rapids: Baker, 1981.

Keil, C. F. & F. Delitzsch. *Commentary on the Old Testament*. Vol. 1: *The Pentateuch*. Trans. James Martin. Reprinted. Grand Rapids: Eerdmans, 1976.

_____. *Joshua*. Reprint. Grand Rapids: Eerdmans, 1976.

_____. *Commentary on the Old Testament*. Vol. X: *Minor Prophets*. Trans. James Martin. 1866; Grand Rapids: Eerdmans, 1977.

Kendall, R. T. *Calvin and English Calvinism to 1649*. New York: Oxford University Press, 1979.

Kidner, Derek. *Genesis: An Introduction and Commentary*. Tyndale Old Testament Commentary. Leicester: IVP, 1967.

Kim, Seyoon. *The Origin of Paul's Gospel*. Grand Rapids: Eerdmans, 1982.

Kline, Meredith G. *Treaty of the Great King*. Grand Rapids: Eerdmans, 1963.

_____. *By Oath Consigned*. Grand rapids: Eerdmans, 1968.

_____. "Genesis." In *The New Bible Commentary*. Leicester: IVP, 1970.

_____. *The Structure of Biblical Authority*. Rev. Ed. Grand Rapids: Eerdmans, 1975.

_____. *Images of the Spirit*. Grand Rapids: Baker, 1980.

Klooster, Fred H. "The Uniqueness of Reformed Theology: A Preliminary Attempt at Description." *Calvin Theological Journal*. Vol. 14, No. 1 (April, 1979): 32-54.

Kuitert, H. M. *Do You Understand What You Read?* Trans. Lewis B. Smedes. Grand Rapids: Eerdmans, 1970.

Kuyper, Abraham. *Calvinism*. Grand Rapids: Eerdmans, 1931.

_____. *The Work of the Holy Spirit*. Trans. H. de Vries. Grand Rapids: Eerdmans, 1946.

Kuyper, R. B. *For Whom Did Christ Die?* Grand Rapids: Baker, 1982.

Ladd, G. E. *The Presence of the Future: The Eschatology of Biblical Realism*. Grand Rapids: Eerdmans, 1974.

_____. *The Last Things*. Grand Rapids: Eerdmans, 1971. 이승구 역. 『마지막에 될 일들』 개정판. 서울: 이레서원, 2002.

Lampe, G. K. W. *God as Spirit*. Oxford: Clarendon Press, 1977.

Lane, William L. *The Gospel of Mark*. Grand Rapids: Eerdmans, 1974.

Leith, John H. *Introduction to Reformed Tradition: A Way of Being the Christian Community*. Atlanta: John Knox Press, 1977.

Letham, Robert. "Saving Faith and Reformed Theology: Zwingli to the Synod of Dort."
 2 Vols. Ph. D. thesis, University of Aberdeen, 1979.

_____. *The Work of Christ*. Downers Grove, IL: InterVarsity Press, 1993.

Liefeld, Walter L. "Theological Motif in the Transfiguration Narratives." In *New Dimensions in New Testament*. Eds. R. N. Longenecker and M. C. Tenney. Grand Rapids: Zondervan, 1974.

Lightfoot, J. B. *Saint Paul's Epistles to the Colossians and Philemon*. London: Macmillan, 1879.

Lightner, Robert P. *Evangelical Theology*. Grand Rapids: Eerdmans, 1979.

Lindars, Barnarbas. *The Gospel of John*. The New Century Commentary. 1972; Grand Rapids: Eerdmans, 1987.

Lints, Richard. *The Fabric of Theology: A Prolegomenon to Evangelical Theology*. Grand Rapids: Eerdmans, 1993.

Livingston, G. Herbert. "Hosea." In *Evangelical Commentary on the Bible*. Grand Rapids: Baker, 1989.

Luther, Martin. "Bondage of the Will." In *Martin Luther: Selections from His Writings*. Ed. J. Dillenberger. Garden City, New York: Anchor Book, 1961.

Lyons, James A. *The Cosmic Christ in Origen and Teilhard de Chardin*. Oxford: Oxford University Press, 1982.

MacArthur, John. *The MacArthur New Testament Commentary: Hebrews*. Chicago: Moody Press, 1983.

Machen, Gresham. *Christianity and Liberalism*. Grand Rapids: Eerdmans, 1923.

MacLeod, Donald. *The Person of Christ*. Leicester: IVP, 1998. 김재영 옮김. 『그리스도의 위격』. 서울: IVP, 2001.

Maier, Gerhard. *The End of the Historical Critical Method*. St. Louis: Concordia, 1977.

Marshall, I. Howard. *The Acts of the Apostles*. Tyndale New Testament Commentary. Leicester: IVP, 1980.

Mavig, Donald H. "Joshua." In *The Expositor's Bible Commentary*. Vol. 3. Grand Rapids: Zondervan, 1992.

Maxwel, J. and Gene M. Tucker. *The Book of Joshua*. The Cambridge Bible Commentary. Cambridge: Cambridge University Press, 1974.

May, L. Carl. "A Survey of Glossolalia and Related Phenomena in Non-Christian Religions." In Watson E. Mills. Ed. *Speaking in Tongues: A Guide to Research on Glossolaria*. Grand Rapids: Eerdmans, 1986. Pp. 53-82.

Mays, James L. *Hosea*. London: SCM Press, 1969.

McComiskey, Thomas. *The Covenants of Promise*. Grand Rapids: Baker, 1985.

McKeating, Henry. *Amos, Hosea, Micah*. The Cambridge Bible Commentary. London: Cambridge University Press, 1971.

Meek, Theophile J. *The Bible: An American Translation*. Chicago: University of Chicago Press, 1931.

Moberg, David O. *Inasmuch*. Grand Rapids: Eerdmans, 1965.

_____. *The Great Reversal*. New York: Lippincott, 1972.

Mongomery, John W. Ed. *God's Inerrant Word*. Minneapolis: Bethany, 1974.

Morris, Leon. *The Apostolic Preaching of the Cross*. London: Tyndale Press, 1965.

_____. *The Gospel According to John*. NICNT. Grand Rapids: Eerdmans, 1971.

_____. *New Testament Theology*. Grand Rapids: Academic, 1986.

_____. *Expository Reflections on the Gospel of John*. Grand Rapids: Baker, 1988.

Moule, C. F. D. *The Holy Spirit*. Oxford: Mowbray, 1978.

_____. Review of Dunn's *Christology in the Making*. JST 33 (1982): 258-63.

Mouw, Richard J. *Called to Holy Worldliness*. Philadelphia: Fortress, 1980.

_____. *When the Kings Come Marching In*. Grand Rapids: Eerdmans, 1983.

Murray, Ian. Ed. *Collected Writings of John Murray*. 4 Vols. Edinburgh: Banner of Truth, 1976, 1977, 1982, 1983.

Murray, John. *Christian Baptism*. New Jersey: Presbyterian and Reformed Pub. Co., 1952.

_____. *The Covenant of Grace*. London: Tyndale House, 1954.

_____. *Redemption: Accomplished and Applied*. Grand Rapids: Eerdmans, 1955.

_____. *Principles of Conduct*. Grand Rapids: Eerdmans, 1957.

_____. "Historicity of Adam." *The International Standard Bible Encyclopedia*. Revised Edition. Grand Rapids: Eerdmans, 1979: 1:50.

Nash, Ronald H. *The Concept of God*. Grand Rapids: Zondervan, 1983.

New Scofield Reference Bible. New York: Oxford University Press, 1967.

Nicholls, Bruce. "Towards a Theology of Gospel and Culture." In *Down to Earth: Studies in Christianity and Culture*. Eds. Robert T. Coote and John Stott. Grand Rapids: Eerdmans, 1980. Pp. 49-62.

Nicole, Roger. "C. H. Dodd and the Doctrine of Propitiation." *Westminster Theological Journal* 17 (1955): 117-57.

_____. "The Theology of Gordon Clark." In *The Philosophy of Gordon H. Clark*. Philadelphia: Presbyterian and Reformed, 1968.

North, Gary. Ed. *Foundations of Christian Scholarship: Essays in the Van Til Perspective*. Valecito, CA: Ross House Books, 1979.

Notaro, Thom. *Van Til and the Use of Evidence*. Phillipsburg, N.: Presbyterian and Reformed, 1980.

O'Brien, Peter T. and David G. Peterson. (Eds.) *God Who is Rich in Mercy*. Grand Rapids: Baker, 1986.

Okholm, Dennis L. & Timothy R. Phillips. (Eds.) *Four Views on Salvation in a Pluralistic World*. Grand Rapids: Zondervan, 1996. 이승구 옮김. 『다원주의 논쟁』 서울: 기독교문서선교회, 2001.

Orlebeke, C & Lewis Smedes. Eds. *God and the Good*. Grand Rapids: Eerdmans, 1975.

Owen, John. *The Holy Spirit, His Gifts and Power*. Grand Rapids: Kregel Publications, 1954.

Packer, J. I. "The Adequacy of Human Language." In *Inerrancy*, 197-226. (Ed.) Norman L. Geisler. Grand Rapids: Zondervan, 1980. Pp. 197-226.

Pannenberg, W. *Jesus - God and Man*. London: SCM Press, 1968.

Payne, J. Barton. *The Theology of the Older Testament*. Grand Rapids: Zondervan, 1962.

Pfeiffer, Charles F. "Hosea." In *The Wycliffe Bible Commentary*. Chicago: Moody Press, 1962.

Pinnock, Clark. "How I Use the Bible in Doing Theology." In *The Use of the Bible in Theology: Evangelical Options*, 18-34. (Ed.) Robert K. Johnston. Atlanta: John Knox Press, 1985.

Poythress, Vern. *Symphonic Theology*. Phillipsburg, NJ: Presbyterian and Reformed, 1979.

_____. *The Shadow of Christ in the Law of Moses*. Bretwood, Tenn.: Wolgemuth and Hyatt, 1991.

Pratt, Richard. *Every Thought Captive*. Phillipsburg, NJ: Presbyterian and Reformed, 1979.

Radmacher, Earl D. & Robert D. Preus. (Eds.) *Hermeneutics, Inerrancy, and the Bible*. Grand Rapids: Zondervan, 1984.

Rahner, K. *The Trinity*. Turnbridge Wells: Burns & Oates, 1970.

Recker, Robert. "Redemptive Focus of the Kingdom of God." In 『구속사와 하나님의 나라』. 오광만 편역. 서울: 풍만출판사, 1986.

Relton, H. M. *A Study in Christology*. London: SPCK, 1917.

Reymond, Robert L. *Barth's Soteriology*. Philadelphia: Presbyterian and Reformed, 1967.

_____. *What About Continuing Revelations and Miracles in the Presbyterian Church Today?* Phillipsburg, NJ: Presbyterian and Reformed, 1977.

_____. *The Justification of Knowledge: An Introductory Study in Christian Apologetic Methodology*. Phillipsburg, NJ: Presbyterian and Reformed, 1979. 이승구 역. 『개혁주의 변증학』. 서울: 기독교문서선교회, 1989.

_____. *Jesus, Divine Messiah: The New Testament Witness*. Phillipsburg, NJ: Presbyterian and Reformed, 1990.

_____. *A New Systematic Theology of the Christian Faith*. Nashville, Tennessee: Thomas Nelson Publishers, 1998.

Ridderbos, Herman N. *The Coming of the Kingdom*. Trans. H. de Jongste. Ed. Raymond O. Zorn. Philadelphia: Presbyterian and Reformed, 1962.

_____. *Paul: An Outline of His Theology*. Trans. John R. De Witt. Grand Rapids: Eerdmans, 1975.

_____. *Redemptive History and The New Testament Scriptures*. Trans. H. DeJonste and Richard B. Gaffin, Jr. Phillipsburg, NJ: Presbyterian & Reformed, 1988.

Robertson, O. Palmer. "The Outlook for Biblical Theology." In *Toward a Theology for the Future*. Eds. David F. Wells and Clark Pinnock. Carol Stream, Ill.: Creation House, 1971. Pp. 65-91.

_____. *The Christ of the Covenants*. Grand Rapids: Baker, 1980.

_____. *The Final Word*. Carlislie, Pa.: Banner of Truth, 1993.

_____. *The Christ of the Prophets*. Phillipsburg, NJ: Presbyterian & Reformed Publishing Co., 2004.

Robinson, J. A. T. *The Human Face of God*. London: SCM Press, 1973.

Sailhamer, John H. "Genesis." In *The Expositor's Bible Commentary*. Vol. 2. Grand Rapids: Zondervan, 1990.

Saucy, Robert L. *The Case for Progressive Dispensationalism*. Grand Rapids: Zondervan, 1993.

Schaeffer, Francis A. *Joshua and the Flaw of Biblical History*. 이주익 옮김. 『여호수아: 끝없는 전진, 끝없는 승리』. 서울: 기독지혜사, 1988.

Schwarz, Hans. *Christology*. Grand Rapids: Eerdmans, 1998.

Scofield, C. I. Ed. *The New Scofield Reference Bible*. New York: Oxford University Press, 1967.

Shaw, Robert. *An Exposition of the Westminster Confession of Faith*. 1845; Reprinted, Fearn, Rossshire, Scotland: Christian Focus Publications, 1992.

Shedd, William G. T. *Dogmatic Theology*. 1889; Grand Rapids: Zondervan, n. d.

Skilton, J. H. Ed. *The Law and the Prophets*. Nutley, NJ: Presbyterian and Reformed, 1974.

Skinner, John *A Critical and Exegetical Commentary on Genesis*. Edinburgh: T & T. Clark, 1930.

Soggin, J. Alberto. *Joshua*. Trans. R. A. Wilson. London: SCM Press, 1972.

Sproul, R. C. et al. *Classical Apologetics*. Grand Rapids: Zondervan, 1984.

Sproul, R. C. *Faith Alone: The Evangelical Doctrine of Justification*. Grand Rapids: Baker, 1995.

Spykman, Gordon J. *Reformational Theology: A New Paradigm for Doing Dogmatics*. Grand Rapids: Eerdmans, 1992.

Stigers, Harold G. *A Commentary on Genesis*. Grand Rapids: Zondervan, 1976.

Stob, Henry. *Ethical Reflections*. Grand Rapids: Eerdmans, 1978.

Stott, John R. W. *Baptism and Fullness: The Work of the Holy Spirit Today*. 2nd Edition. Leicester: IVP, 1975.

Stott, John. *The Cross of Christ*. Downers Grove, Ill.: IVP, 1986.

Suh, Chul Won. *The Creation Mediatorship of Jesus Christ*. Amsterdam: Rodopi, 1982.

Swete, Henry Barclay. *The Holy Spirit in the New Testament: A Study of Primitive Christian Teaching*. London: Macmilan, 1909.

_____. *The Holy Spirit in the Ancient Church: A Study of Christian Teaching in the Age of the Fathers*. London: Macmilan, 1912.

Temple, William. *Christus Veritas*. London: Macmillan, 1925.

Thornwell, James Henry. *Collected Writings of James Henry Thornwell*. Edited by John A, Adger, 1871-73; Richmond: Presbyterian Committee of Publication, 1886; Reprint, Edinburgh: Banner of Truth, 1974.

Torrance, Thomas. F. Ed. *The Incarnation: Ecumenical Studies in the Nicene-Constantinople Creed*. Edinburgh: Handsel Press, 1991.

_____. *The Mediation of Christ*. Grand Rapids: Eerdmans, 1983.

Turretin, Francis. *The Atonement of Christ*. Grand Rapids: Baker, 1978.

_____.. *Institutes of Elenctic Theology*. Ed. James T. Dennison, Jr. Philipsburg, NJ: Presbyterian and Reformed, 1994.

Urban, Wilber Marshall. *Language and Reality*. London: George Allen & Unwin, 1961.

Van Til, Cornelius. *The New Modernism*. Oxford: Oxford University Press, 1946.

_____. *Is God Dead?*. Phillipsburg, NJ: Presbyterian and Reformed, 1960.

_____. *Christianity and Barthianism*. Phillipsburg, NJ: Presbyterian and Reformed, 1962.

_____. *Christianity in Conflict*. Classroom Syllabus, 1962.

_____. *The Confession of 1967*. Phillipsburg, NJ: Presbyterian and Reformed, 1967.

_____. *The Defense of Faith*, Revised Third Edition. Phillipsburg, NJ: Presbyterian and Reformed, 1967.

_____. *A Christian Theory of Knowledge*. Phillipsburg, NJ: Presbyterian and Reformed, 1969.

_____. *An Introduction to Systematic Theology*. Phillipsburg, NJ: Pres. and Reformed, 1971. 이승구 역.『개혁주의 신학서론』. 서울: 기독교문서선교회, 1995.

_____. *Christian Theistic Ethics*. Phillipsburg, NJ: Presbyterian and Reformed Publishing Company, 1980.

_____. *The New Hermeneutic*. Phillipsburg, NJ: Presbyterian and Reformed, 1974.

_____. *The Reformed Pastor and Modern Thought*. Phillipsburg, NJ: Pres. and Reformed, 1971, 1980.[2.] 이승구 역.『개혁신앙과 현대사상』. 서울: 엠마오, 1984.

Vanhoozer, Kevin. "The Semantics of Biblical Literature." In *Hermeneutics, Authority and Canon*, 53-104. (Eds.) D. A. Carson and John Woodbridge. Grand Rapids: Zondervan, 1996.

Vawter, Bruce. *On Genesis: A New Reading*. Garden City, N. Y.: Doubleday, 1977.

Versteeg, J. P. *Is Adam a "Teaching Model" in the New Testament?* Trans. Richard B. Gaffin. Nutley, NJ: Presbyterian and Reformed, 1978.

von Balthasar, Hans. *The Glory of the Lord.* Edinburgh: T. & T. Clark, 1989.

von Rad, Gerhard. *Genesis: A Commentary.* Trans. John H. Marks. Revised by John Bowden. London: SCM Press, 1972.

_____. 『구약성서신학』. 제1권. 허혁 역. 왜관: 분도 판사, 1976.

Vos, Geerhardus. *Biblical Theology.* Grand Rapids: Eerdmans, 1954. 이승구 역. 『성경신학』 개정역. 서울: 기독교문서선교회, 2000.

_____. *The Teaching of the Epistle to the Hebrews.* Grand Rapids: Eerdmans, 1956.

_____. *The Self-disclosure of Jesus.* Philipsburg, NJ: P&R, 1978. 이승구 옮김. 『예수의 자기 계시』. 서울: 엠마오, 1986.

Vriesen, Theodorus. *An Outline of Old Testament Theology.* Trans. S. Neuijen. Oxford: Basil and Blackwell, 1958.

Wainwright, Arthur W. *The Trinity in the New Testament.* London: SPCK, 1962.

Warfield, Benjamin B. *Biblical Doctrines.* New York: Oxford, 1929.

_____. *Calvin and Calvinism.* New York: Oxford University Press, 1931.

_____. *The Person and Work of Christ.* Philadelphia: Presbyterian and Reformed, 1950.

_____. *Biblical and Theological Studies.* Philadelphia: Presbyterian and Reformed, 1952.

_____. *Calvin and Augustine.* Ed. Samuel G. Craig. Philadelphia: Presbyterian and Reformed Pub. Co., 1956.

_____. *Miracles: Yesterday and Today.* Grand Rapids: Eedrmans, n. d.

_____. *Selected Shorter Writings of Benjamin B. Warfield.* Ed. John E. Meeter. Nutley, NJ: Presbyterian and Reformed, 1973.

Warren, M. A. C. *The Gospel of Victory.* London: SCM, 1995.

Weber, Otto. *Foundations of Dogmatics.* Vol. 1. Grand Rapids: Eerdmans, 1981.

Wells, David F. *The Person of Christ: A Biblical and Historical Analysis of the Incarnation.* Wetchester, IL: Crossway Books, 1984.

_____. Ed. *Reformed Theology in America.* Grand Rapids: Eerdmans, 1985.

_____. *God in the Wasteland: The Reality of Truth in a World of Fading Dreams.* Grand Rapids: Eerdmans, 1994.

_____. *Losing Our Virtue: Why the Church Must Recover Its Moral Vision.* Grand Rapids: Eerdmans, 1999.

_____. *No Place For Truth.* Grands Rapids: Eerdmans, 1993.

_____. *Above All Earthly Powers: Christ In A Postmodern World.* Grand Rapids: Eerdmans, 2005.

Wenham, Gordon *The Book of Leviticus,* NICNT. Grand Rapids: Eerdmans, 1979.

_____.. *Genesis 1-15.* Word Biblical Commentary 1. Waco, Texas: Word Books Publisher, 1987.

Westcott, D. F. *The Gospel according to St. John.* London: John Murray, 1896.

_____. *The Epistle to the Hebrews.* London: Macmillan, 1889.

_____. *The Revelation of the Risen Lord.* London: Macmillan, 1898.

Westerman, Claus. *Genesis 1-11: A Commentary.* Trans. John J. Scullion. Minneapolis: Augsburg Publishing House, 1984.

White, William, Jr. *Van Til: Defender of the Faith.* Nashville: Thomas Nelson, 1979.

Wolff, Hans Walter. *Hosea.* Hermenia Series. Trans. Gary Stansell. 1965; Philadelphia: Fortress Press, 1974.

Wolters, Albert M. *Creation Regained.* Grand Rapids: Eerdmans, 1985.

Wood, Leon J. "Hosea." In *The Expositor's Bible Commentary.* Vol. 7. Grand Rapids: Zondervan, 1985.

Woudstara, M. H. *The Book of Joshua.* NICOT. Grand Rapids: Eerdmans, 1981.

Yandell, Keith E. 『기독교와 철학』 개정판. 서울: 이컴비즈니스, 2007.

Young, Edward J. *Studies in Isaiah.* Grand Rapids: Eerdmans, 1954.

_____. *Studies in Genesis One*. Philadelphia: Presbyterian and Reformed, 1964.

_____. *In the Beginning*. Edinburgh: Banner and Truth, 1976.

김세윤. 『하나님의 아들로서의 사람의 아들』. 서울: 엠마오, 1992.

손봉호 외. 『하나님을 사랑한 철학자 9인』. 서울: IVP, 2004.

이승구 편. 『현대 영국 신학자들과의 대담』. 서울: 엠마오, 1992.

이승구. "종말 신학의 프롤레고메나: 하나님 나라의 신학을 지향하여". 「성경과 신학」 13 (1993): 193-225.

_____. "휴거의 신학적 의의에 대한 논평". 「성경과 신학」 13 (1993): 24-34.

_____. 『개혁 신학에의 한 탐구』. 서울: 웨스트민스터 출판부, 1995.

_____. 『개혁신학 탐구』. 서울: 하나, 1999.

_____. 『진정한 기독교적 위로』. 서울: 여수룬, 1998.

_____. 『성령의 위로와 교회』. 서울: 이레서원, 2001.

_____. 『기독교 세계관이란 무엇인가?』. 서울: SFC, 2005.

_____. 『사도신경』 개정판. 서울: SFC, 2005.

_____. "성경신학과 조직신학". 『21세기 개혁신학의 방향』, 189-221. 서울: SFC, 2005.

 =『성경신학과 조직신학』. 서울: SFC, 2015.

_____. 『코넬리우스 반틸: 개혁파 변증학의 선구자』. 서울: 살림, 2007.

최낙재. 『웨스트민스터 소요리 문답 강해』 I & II. 서울: 크리스챤 다이제스트, 2000.